中国城市建设统计年鉴

China Urban Construction Statistical Yearbook

2014

中华人民共和国住房和城乡建设部

Ministry of Housing and Urban-Rural Development, P. R. CHINA

中国统计出版社
China Statistics Press

图书在版编目（CIP）数据

中国城市建设统计年鉴. 2014 : 汉英对照 / 中华人民共和国住房和城乡建设部编. -- 北京 : 中国统计出版社, 2015.9
ISBN 978-7-5037-7587-1

Ⅰ. ①中… Ⅱ. ①中… Ⅲ. ①城市建设－统计资料－中国－2014－年鉴－汉、英 Ⅳ. ①TU984.2-66

中国版本图书馆 CIP 数据核字(2015)第 204276 号

中国城市建设统计年鉴—2014

作　　者/中华人民共和国住房和城乡建设部
责任编辑/佘竞雄
封面设计/张　冰
出版发行/中国统计出版社
通信地址/北京市丰台区西三环南路甲 6 号　邮政编码/100073
电　　话/邮购（010）63376909　书店（010）68783171
网　　址/http://www.zgtjcbs.com/
印　　刷/河北天普润印刷厂
经　　销/新华书店
开　　本/880mm×1230mm　1/16
字　　数/1300 千字
印　　张/41.5
版　　别/2015 年 9 月第 1 版
版　　次/2015 年 9 月第 1 次印刷
定　　价/308.00 元

如有印装差错，由本社发行部调换。

《中国城市建设统计年鉴—2014》

编委会和编辑工作人员

China Urban Construction Statistical Yearbook—2014

Editorial Board and Editorial Staff

编辑说明

一、为贯彻落实科学发展观和城乡统筹精神，全面反映我国城乡市政公用设施建设与发展状况，方便国内外各界了解中国城乡建设全貌，我们编辑了《中国城乡建设统计年鉴》和《中国城市建设统计年鉴》中英文对照本，每年公开出版一次，供社会广大读者作为资料性书籍使用。

二、《中国城市建设统计年鉴 2014》根据各省、自治区和直辖市建设行政主管部门上报的 2014 年及历年城市建设统计数据编辑。全书共分 14 个部分，包括城市市政公用设施水平、城市人口和建设用地、城市维护建设财政性资金收支、城市市政公用设施固定资产投资、城市供水、城市节约用水、城市燃气、城市集中供热、城市轨道交通、城市道路和桥梁、城市排水和污水处理、城市园林绿化、国家级风景名胜区、城市市容环境卫生。每部分均包含分年度、分地区、分城市数据。

三、本年鉴统计范围为设市的城市的城区：(1)街道办事处所辖地域；(2)城市公共设施、居住设施和市政公用设施等连接到的其他镇（乡）地域；（3）常住人口在 3000 人以上独立的工矿区、开发区、科研单位、大专院校等特殊区域。

四、2014 年底全国 31 个省、自治区、直辖市（不含台湾省），共有设市城市 653 个。本年鉴统计了 651 个城市、1 个特殊区域、1 个新撤销市。其中，陕西省杨凌区按城市统计；福建省建阳市由市改区，仍按城市单独统计；另外 2 个城市，即云南省香格里拉市属于撤县改市，仍按县城统计，没有统计在城市（城区）部分；新疆霍尔果斯市新设市，暂未统计。

五、北京市和上海市县镇部分的数据含在本年鉴中。全国 13 个县（河北省邯郸县、邢台县、宣化县、沧县，山西省泽州县，辽宁省抚顺县、盘山县、铁岭县、朝阳县，河南省许昌县、安阳县，新疆乌鲁木齐县、和田县）因为和所在城市市县同城，因此县城的统计数据含在本城市年鉴中。

六、本年鉴数据不包括香港特别行政区、澳门特别行政区以及台湾省。

七、城市统计分组

分类一（按自然地理位置）：

（1）东部地区：北京、天津、河北、辽宁、上海、江苏、浙江、福建、山东、广东、广西和海南 12 个省、自治区的城市和直辖市；

（2）中部地区：山西、内蒙古、吉林、黑龙江、安徽、江西、河南、湖北和湖南 9 个省和自治区的城市；

（3）西部地区：重庆、四川、贵州、云南、西藏、陕西、甘肃、宁夏、青海和新疆 10 个省、自治区的城市和直辖市。

分类二（按区域经济带 1）：

（1）东部地区：北京、天津、河北、辽宁、上海、江苏、浙江、福建、山东、广东和海南 11 个省的城市和直辖市；

（2）中部地区：山西、吉林、黑龙江、安徽、江西、河南、湖北和湖南 8 个省的城市；

（3）西部地区：内蒙古、广西、重庆、四川、贵州、云南、西藏、陕西、甘肃、宁夏、青海和新疆 12 个省、自治区的城市和直辖市。

分类三（按区域经济带 2）：

（1）东部地区：北京、天津、河北、上海、江苏、浙江、福建、山东、广东和海南 10 个省的城市和直辖市；

（2）中部地区：山西、安徽、江西、河南、湖北和湖南 6 个省的城市；

（3）西部地区：内蒙古、广西、重庆、四川、贵州、云南、西藏、陕西、甘肃、宁夏、青海和新疆 12 个省、自治区的城市和直辖市；

（4）东北三省：辽宁、吉林、黑龙江 3 个省的城市。

八、本年鉴中“—”表示本数据不足本表最小单位数。

九、本年鉴中部分数据合计数或相对数由于单位取舍不同而产生的计算误差，均没有进行机械调整。

十、为促进中国城乡建设行业统计信息工作的发展，欢迎广大读者提出改进意见。

EDITOR'S NOTES

1. Under the guideline of the Scientific Outlook on Development and in line with the efforts to promote the coordinated urban and rural development, *China Urban-Rural Construction Statistical Yearbook* and *China Urban Construction Statistical Yearbook* are published annually in both Chinese and English languages to provide comprehensive information on urban and rural service facilities development in China. Being the source of facts, the yearbooks help to facilitate the understanding of people from all walks of life at home and abroad on China's urban and rural development.

2. *2014 China Urban Construction Statistical Yearbook* is complied based on statistical data on urban construction in year 2014 and past years that were reported by construction authorities of provinces, autonomous regions and municipalities directly under the central government. This yearbook is composed of 14 parts, including 1.Level of Urban Service Facilities, 2.Urban Population and Construction Land, 3.Revenue and Expenditure of Urban Maintenance and Construction Fund, 4. Fixed Assets Investment in Urban Service Facilities, 5.Urban Water Supply, 6.Urban Water Conservation, 7.Urban Gas, 8.Urban Central Heating, 9.Urban Rail Transit System, 10. Urban Roads and Bridges, 11.Urban drainage and Waste Water Treatment, 12.Urban landscaping, 13.State-level Scenic Spots and Historic Sites, and 14.Urban Environmental Sanitation. In each part, the data is classified by year, by region and by city.

3. Scope of the data collected from the survey covers urban area of cities, including (1) areas under the jurisdiction of neighborhood administration; (2) other towns (townships) connected to city public facilities, residential facilities and municipal utilities; (3) special areas like independent industrial and mining districts, development zones, research institutes, and universities and colleges with permanent residents of 3000 and above.

4. There were a total of 653 cities in all the 31 provinces, autonomous regions and municipalities (excluding Taiwan Province) across China by the end of 2014. In the Yearbook, data are from 651 cities, 1 special zones and 1 city that has been newly removed. Yangling District in Shannxi Province is classified as city; Jianyang City in Fujian Province has been reorganized to become a district, but is still classified as city in the Yearbook; Shangri-la City in Yunnan Province was a county previously which has been removed to establish city, and its data are still included in the Part of County Seats instead of the Part of Cities (Urban Districts); Huoerguosi City in Xinjiang Autonomous Region is a newly established city, and its data are currently unavailable.

5. Data from the counties and towns in Beijing and Shanghai are included in the Yearbook. Data from the county seats of 13 counties including Handan, Xingtai, Xuanhua, and Cangxian County in Hebei Province, Zezhou County in Shanxi Province, Fushun, Panshan, Tieling, and Chaoyang County in Liaoning Province, Xuchang and Anyang County in Henan Province, and Urumqi and Hetian County in Xinjiang Autonomous Region are included in the Urban Construction Yearbook due to the identity of the location between the county seats and the cities administering the above 13 counties respectively.

6. This Yearbook does not include data of Hong Kong Special Administrative Region, Macao Special Administrative Region as well as Taiwan Province.

7. Grouping of cities

Group one: (by geographic location)

East China: Cities in 12 provinces, autonomous regions and municipalities, which are Beijing, Tianjin, Hebei, Liaoning, Shanghai, Jiangsu, Zhejiang, Fujian, Shandong, Guangdong, Guangxi, and Hainan

Central China: Cities in 9 provinces and autonomous regions which are Shanxi, Inner Mongolia, Jilin, Heilongjiang, Anhui, Jiangxi, Henan, Hubei, and Hunan

West China: Cities in 10 provinces, autonomous regions and municipalities which are Chongqing, Sichuan, Guizhou, Yunnan, Tibet, Shaanxi, Gansu, Ningxia, Qinghai, and Xinjiang

Group two: (by regional economic zone 1)

East China: Cities in 11 provinces and municipalities which are Beijing, Tianjin, Hebei, Liaoning, Shanghai, Jiangsu, Zhejiang, Fujian, Shandong, Guangdong, and Hainan

Central China: Cities in 8 provinces which are Shanxi, Jilin, Heilongjiang, Anhui, Jiangxi, Henan, Hubei, and Hunan

West China: Cities in 12 provinces, autonomous regions and municipalities which are Inner Mongolia, Guangxi, Chongqing, Sichuan, Guizhou, Yunnan, Tibet, Shaanxi, Gansu, Ningxia, Qinghai, and Xinjiang

Group three: (by regional economic zone 2)

East China: Cities in 10 provinces and municipalities which are Beijing, Tianjin, Hebei, Shanghai, Jiangsu, Zhejiang, Fujian, Shandong, Guangdong, and Hainan

Central China: Cities in 6 provinces which are Shanxi, Anhui, Jiangxi, Henan, Hubei, and Hunan

West China: Cities in 12 provinces, autonomous regions and municipalities which are Inner Mongolia, Guangxi, Chongqing, Sichuan, Guizhou, Yunnan, Tibet, Shaanxi, Gansu, Ningxia, Qinghai, and Xinjiang

Northeast China : Cities in 3 provinces which are Liaoning, Jilin, and Heilongjiang

8. In this yearbook, "—" indicates that the figure is not large enough to be measured with the smallest unit in the table.

9. The calculation errors of the total or relative value of some data in this Yearbook arising from the use of different measurement units have not been mechanically aligned.

10. Any comments to improve the quality of the yearbook are welcomed to promote the advancement in statistics in China's construction industry.

目　录

Contents

综合数据

General Data

专业数据
Sectorial Data

2014年城市建设统计概述

概况 2014年末，全国设市城市653个，城市城区人口3.86亿人，暂住人口0.60亿人，建成区面积4.98万平方公里。

城市市政公用设施固定资产投资 2014年城市市政公用设施固定资产完成投资16245.0亿元，城市市政公用设施固定资产完成投资总额占同期全社会固定资产投资总额的3.17%。道路桥梁、轨道交通、园林绿化分别占城市市政公用设施固定资产投资的47.1%、19.8%和11.2%。

全国城市市政公用设施投资新增固定资产10656.0亿元，固定资产投资交付使用率65.6%。主要新增生产能力（或效益）是：供水日综合生产能力530万立方米，天然气储气能力1342万立方米，集中供热蒸汽能力0.15万吨/小时，热水能力40.6万兆瓦，道路长度1.09万公里，排水管道长度2.34万公里，城市污水处理厂日处理能力443万立方米，城市生活垃圾无害化日处理能力2.1万吨。

城市供水和节水 2014年，城市供水总量546.7亿立方米，其中，生产运营用水162.4亿立方米，公共服务用水73.9亿立方米，居民家庭用水200.5亿立方米，用水人口4.35亿人，用水普及率97.64%，人均日生活用水量173.73升。2014年，城市节约用水40.5亿立方米，节水措施总投资27.4亿元。

城市燃气和集中供热 2014年，人工煤气供应总量56.0亿立方米，天然气供气总量964.4亿立方米，液化石油气供气总量1082.8万吨。用气人口4.21亿人，燃气普及率94.57%。2014年末，蒸汽供热能力8.5万吨/小时，热水供热能力44.7万兆瓦，集中供热面积61.1亿平方米。

城市轨道交通 2014年末，全国有22个城市已建成轨道交通线路长度2715公里，车站数1786个，其中换乘站366个，配置车辆数14654辆。全国在建轨道交通线路长度3004公里，车站数2047个，其中换乘站532个。

城市道路桥梁 2014年末，城市道路长度35.2万公里，道路面积68.3亿平方米，其中人行道面积15.0亿平方米，人均城市道路面积15.34平方米。

城市排水与污水处理 2014年末，全国城市共有污水处理厂1807座，污水厂日处理能力13087万立方米，排水管道长度51.1万公里。城市年污水处理总量401.6亿立方米，城市污水处理率90.18%，其中污水处理厂集中处理率85.94%。

城市园林绿化 2014年末，城市建成区绿化覆盖面积201.7万公顷，建成区绿化覆盖率40.2%；建成区绿地面积182.0万公顷，建成区绿地率36.3%；公园绿地面积58.2万公顷，人均公园绿地面积13.1平方米。

国家级风景名胜区 2014年末，全国共有225处国家级风景名胜区，风景名胜区面积9.9万平方公里，可游览面积4.2万平方公里，全年接待游人7.8亿人次。国家投入56.8亿元用于风景名胜区的维护和建设。

城市市容环境卫生 2014年末，全国城市道路清扫保洁面积67.6亿平方米，其中机械清扫面积34.1亿平方米，机械清扫率50.5%。全年清运生活垃圾、粪便1.94亿吨。全国城市共有生活垃圾无害化处理厂（场）818座，日处理能力53.3万吨，处理量1.64亿吨，城市生活垃圾无害化处理率91.79%。

Overview

General situation

There were 653 cities across the country at the end of 2014 with a total population of 386 million, among which 60 million were temporary population. The urban built areas amounted to 49.8 thousand square kilometers.

The fixed assets investment in municipal service facilities

In 2014, the total fixed assets investment in the urban municipal service facilities reached 1624.5 billion yuan, accounting for 3.17% of the country's total fixed assets investment. The fixed assets investment in roads and bridges, transit system, and landscaping and greening accounted for 47.1%, 19.8%, and11.2% of the total fixed assets investment in municipal service facilities respectively.

This year saw the newly added fixed assets in the municipal service facilities amounting to 1065.6 billion yuan. The fixed assets delivery rate reached 65.6%. The newly added production capacity or efficacy of major facilities were as follows: daily overall water production capacity was 5.3 million cubic meters, natural gas storage capacity was 13.42 million cubic meters, supply capacity of central heating from steam and hot water was 1.5 thousand tons per hour and 40.6 thousand megawatts respectively, length of urban roads totaled 10.9 thousand kilometers, drainage pipelines reached 23.4 thousand kilometers, daily urban wastewater treatment capacity was 4.43 million cubic meters, and daily urban domestic garbage treatment capacity was 21 thousand tons.

Urban water supply and water conservation

In 2014, the urban water supply totaled 54.67 billion cubic meters. 16.24 billion cubic meters of water was consumed in production and operation, 7.39 billion cubic meters in public service, and 20.05 billion cubic meters was for domestic use. The water supply served a population of 435 million with coverage rate of 97.64% and daily per capita consumption of domestic water being 173.73 liter. 4.05 billion cubic meters of urban water was saved in the year with total investment in water saving measures reaching 2.74 billion yuan.

Urban gas and central heating supply

In 2014, the man-made coal gas, natural gas, and LPG supply totaled 5.6 billion cubic meters, 96.44 billion cubic meters, and 10.828 million tons respectively, serving a population of 421 million and with coverage rate of 94.57 %. By the end of 2014, the supply capacity of heating from steam and hot water reached 85 thousand tons per hour and 447 thousand megawatts respectively. The centrally heated area extended to reach 6.11 billion square meters.

Urban rail transit system

By the end of 2014, 2715 kilometers rail transit lines have been built in 22 cities across the country. The number of stations totaled 1786, among which 470 were transfer stations, and the number of vehicles in service amounted to 14654. There were 3004 kilometers rail transit lines under construction. These projects involved the construction of 2047 stations, among which 532 were transitions.

Urban roads and Bridge

At the end of 2014, the country claimed a total length of urban road of 352 thousand kilometers covering an area of 6.83 billion square meters with sidewalks 1.5 billion square meters, and per capita road surface area is 15.34 square meters.

Urban drainage and wastewater treatment

At the end of 2014, there were a total of 1807 wastewater treatment plants in cities with daily treatment capacity of 130.87 million cubic meters. The length of drainage pipelines reached 511 thousand kilometers. The total quantity of urban wastewater treated within the year was 40.16 billion cubic meters with treatment rate of 90.18% and central treatment rate of 85.94%.

Urban landscaping

By the end of 2014, the area in urban built district covered by greenery totaled 2.017 million hectares with coverage rate of 40.2%. The total green space in built areas amounted to 1.82 million hectares with coverage rate of 36.3%. The total public green space in cities was 582 thousand hectares with per capita public green space 13.1 square meters.

State-level Scenic Spots and Historic Sites

By the end of 2014, there were 225 state-level scenic spots and historic sites in China. They covered an area of 99 thousand square kilometers with 42 thousand square kilometers open to visitation which added up to 780 million people times for the whole year. The Central Government invested 5.68 billion yuan in the development and maintenance of national parks.

The urban environmental sanitation

By the end of 2014, the total surface area of road cleaned and maintained was 6.76 billion square meters, of which mechanically cleaned area was 3.41 billion square meters with a mechanical cleaning rate of 50.5%. The yearly amount of domestic garbage and night soil cleared and transported totaled 194 million tons. There are 818 non-hazardous treatment facilities for domestic solid waste in cities across the country, handling a treatment volume of 164 million tons with daily treatment capacity of 533 thousand tons. The non-hazardous treatment rate for urban domestic solid waste is 91.79%.

综合数据

General Data

一、城市市政公用设施水平
1. Level of Urban Service Facilities

简要说明

本部分反映城市市政公用设施水平，均为相对指标。主要包括人口密度、用水普及率、燃气普及率 、人均拥有道路面积、污水处理率、人均公园绿地、建成区绿地率、建成区绿化覆盖率、每万人拥有公厕等内容。

从 2006 年起，人均水平（除人均日生活用水量）和普及率水平均以城区人口和城区暂住人口合计数为分母计算。

Brief Introduction

This section demonstrates the level of urban service facilities in a comparative way. Main indicators include population density, water coverage rate, gas coverage rate, surface area of roads per capita, wastewater treatment rate, public green space per capita, green space rate of built-up areas, green coverage rate of built up area, number of latrines owned by every 10,000 people etc.

Since 2006, figure in terms of per capita and coverage rate, excluding domestic water use per capita have been calculated based on denominator which combines both permanent and temporary residents in urban areas.

1 全国历年城市市政公用设施水平(1981-2014)
Level of National Urban Service Facilities in Past Years(1981-2014)

年 份 Year	用水普及率 (%) Water Coverage Rate (%)	燃气普及率 (%) Gas Coverage Rate (%)	每万人拥有公共交通车辆 (标台) Motor Vehicle for Public Transport Per 10,000 Persons (standard unit)	人均道路面积 (平方米) Road Surface Area Per Capita (m^2)	污水处理率 (%) Wastewater Treatment Rate (%)	园林绿化 Landscaping			每万人拥有公厕 (座) Number of Public Lavatories Per 10,000 Persons (unit)
						人均公园绿地面积 (平方米) Public Recreational Green Space Per Capita (m^2)	建成区绿化覆盖率 (%) Green Coverage Rate of Built District (%)	建成区绿地率 (%) Green Space Rate of Built District (%)	
1981	53.7	11.6		1.81		1.50			3.77
1982	56.7	12.6		1.96		1.65			3.99
1983	52.5	12.3		1.88		1.71			3.95
1984	49.5	13.0		1.84		1.62			3.57
1985	45.1	13.0		1.72		1.57			3.28
1986	51.3	15.2	2.5	3.05		1.84	16.90		3.61
1987	50.4	16.7	2.4	3.10		1.90	17.10		3.54
1988	47.6	16.5	2.2	3.10		1.76	17.00		3.14
1989	47.4	17.8	2.1	3.22		1.69	17.80		3.09
1990	48.0	19.1	2.2	3.13		1.78	19.20		2.97
1991	54.8	23.7	2.7	3.35	14.86	2.07	20.10		3.38
1992	56.2	26.3	3.0	3.59	17.29	2.13	21.00		3.09
1993	55.2	27.9	3.0	3.70	20.02	2.16	21.30		2.89
1994	56.0	30.4	3.0	3.84	17.10	2.29	22.10		2.69
1995	58.7	34.3	3.6	4.36	19.69	2.49	23.90		3.00
1996	60.7	38.2	3.8	4.96	23.62	2.76	24.43	19.05	3.02
1997	61.2	40.0	4.5	5.22	25.84	2.93	25.53	20.57	2.95
1998	61.9	41.8	4.6	5.51	29.56	3.22	26.56	21.81	2.89
1999	63.5	43.8	5.0	5.91	31.93	3.51	27.58	23.03	2.85
2000	63.9	45.4	5.3	6.13	34.25	3.69	28.15	23.67	2.74
2001	72.26	60.42	6.10	6.98	36.43	4.56	28.38	24.26	3.01
2002	77.85	67.17	6.73	7.87	39.97	5.36	29.75	25.80	3.15
2003	86.15	76.74	7.66	9.34	42.39	6.49	31.15	27.26	3.18
2004	88.85	81.53	8.41	10.34	45.67	7.39	31.66	27.72	3.21
2005	91.09	82.08	8.62	10.92	51.95	7.89	32.54	28.51	3.20
2006	86.07 (97.04)	79.11 (88.58)	9.05 (10.13)	11.04 (12.36)	55.67	8.30 (9.30)	35.11	30.92	2.88 (3.22)
2007	93.83	87.40	10.23	11.43	62.87	8.98	35.29	31.30	3.04
2008	94.73	89.55	11.13	12.21	70.16	9.71	37.37	33.29	3.12
2009	96.12	91.41		12.79	75.25	10.66	38.22	34.17	3.15
2010	96.68	92.04		13.21	82.31	11.18	38.62	34.47	3.02
2011	97.04	92.41		13.75	83.63	11.80	39.22	35.27	2.95
2012	97.16	93.15		14.39	87.30	12.26	39.59	35.72	2.89
2013	97.56	94.25		14.87	89.34	12.64	39.70	35.78	2.83
2014	97.64	94.57		15.34	90.18	13.08	40.22	36.29	2.79

注：1.自2006年起，人均和普及率指标按城区人口和城区暂住人口合计为分母计算，以公安部门的户籍统计和暂住人口统计为准。括号中的数据为与往年同口径数据。
2."人均公园绿地面积"指标2005年及以前年份为"人均公共绿地面积"。
3.从2009年起，城市公共交通内容不再统计，增加城市轨道交通建设情况内容。

Note: 1.Since 2006,figure in terms of per capita and coverage rate have been calculated based on denominater which combines both permanent and temporary residents in urban areas. And the population should come from statistics of police. The data in brackets are same index calculated by the method of past years.
2.Since 2006, Public Green Space Per Capita is changed to be Public Recreational Green Space Per Capita.
3.Since 2009, statistics on urban public transport have been removed, and relevant information on the construction of rail transit system has been added.

1-1 2014年全国城市市政公用设施水平分组资料

地区名称 Name of Regions		人口密度(人/平方公里) Population Density (person/square kilometer)	人均日生活用水量(升) Daily Water Consumption Per Capita (liter)	用水普及率(%) Water Coverage Rate (%)	燃气普及率(%) Gas Coverage Rate (%)	建成区供水管道密度(公里/平方公里) Density of Water Supply Pipelines in Built District (kilometer/square kilometer)	人均道路面积(平方米) Road Surface Area Per Capita (m^2)
全　国	**National Total**	**2419**	**173.73**	**97.64**	**94.57**	**13.60**	**15.34**
分类一	**Group one**						
东部地区	East China	2097	187.31	98.95	98.05	16.57	15.75
中部地区	Central China	3116	149.38	96.56	91.26	10.58	15.18
西部地区	West China	2769	169.18	95.14	88.65	9.56	14.25
分类二	**Group two**						
东部地区	East China	2119	185.39	99.14	98.26	16.72	15.75
中部地区	Central China	3481	152.83	96.47	91.18	10.72	14.74
西部地区	West China	2351	169.80	95.31	89.46	9.90	15.06
分类三	**Group three**						
东部地区	East China	2192	191.10	99.18	98.48	16.89	16.07
中部地区	Central China	3373	161.84	96.84	91.82	11.50	14.97
西部地区	West China	2351	169.80	95.31	89.46	9.90	15.06
东北地区	Northeast China	2344	125.35	96.81	92.32	11.24	13.36

Level of National Urban Service Facilities (2014)

建成区排水管道密度(公里/平方公里) Density of Sewers in Built District (kilometer/square kilometer)	污水处理率(%) Wastewater Treatment Rate (%)	污水处理厂集中处理率 Centralized Treatment Rate of Wastewater Treatment Plants	人均公园绿地面积(平方米) Public Recreational Green Space Per Capita (m^2)	建成区绿化覆盖率(%) Green Coverage Rate of Built District (%)	建成区绿地率(%) Green Space Rate of Built District (%)	生活垃圾处理率(%) Domestic Garbage Treatment Rate (%)	生活垃圾无害化处理率 Domestic Garbage Harmless Treatment Rate	地区名称 Name of Regions
10.27	**90.18**	**85.94**	**13.08**	**40.22**	**36.29**	**96.43**	**91.79**	**全　国**
								分类一
11.81	91.12	86.94	13.76	42.46	38.44	97.80	94.71	东部地区
8.87	89.57	84.58	11.95	38.90	34.90	93.58	86.89	中部地区
7.91	87.19	83.94	12.75	37.37	33.64	96.41	90.02	西部地区
								分类二
12.02	91.29	88.21	13.87	42.61	38.66	97.80	94.68	东部地区
8.74	89.59	84.32	11.44	38.83	34.77	93.40	86.22	中部地区
8.10	87.37	80.71	13.15	37.83	33.94	96.51	91.01	西部地区
								分类三
12.56	91.52	88.26	14.11	42.87	38.80	97.77	95.01	东部地区
9.51	91.38	86.93	11.27	39.73	35.42	96.66	94.31	中部地区
8.10	87.37	80.71	13.15	37.83	33.94	96.51	91.01	西部地区
6.57	86.01	81.36	11.85	37.74	34.69	89.99	74.84	东北地区

1-2 2014年全国城市市政公用设施水平(按省分列)

地区名称 Name of Regions	人口密度(人/平方公里) Population Density (person/square kilometer)	人均日生活用水量(升) Daily Water Consumption Per Capita (liter)	用水普及率(%) Water Coverage Rate (%)	燃气普及率(%) Gas Coverage Rate (%)	建成区供水管道密度(公里/平方公里) Density of Water Supply Pipelines in Built District (kilometer/square kilometer)	人均道路面积(平方米) Road Surface Area Per Capita (m^2)	建成区排水管道密度(公里/平方公里) Density of Sewers in Built District (kilometer/square kilometer)
全　国	**2419**	**173.73**	**97.64**	**94.57**	**13.60**	**15.34**	**10.27**
北　京	1525	187.52	100.00	100.00	19.69	7.44	10.31
天　津	3328	124.33	100.00	100.00	18.03	16.71	23.52
河　北	2540	116.91	99.29	94.26	8.47	18.49	8.69
山　西	3974	114.59	98.54	95.77	8.86	13.34	6.77
内蒙古	1291	103.49	97.79	92.28	8.96	21.10	10.23
辽　宁	1615	131.79	98.72	96.19	15.16	12.75	6.93
吉　林	3171	122.79	93.79	91.98	8.63	14.62	7.24
黑龙江	4946	116.54	96.20	86.23	7.91	13.32	5.56
上　海	3826	186.40	100.00	100.00	35.11	4.11	21.00
江　苏	2038	209.62	99.75	99.49	19.52	23.89	16.48
浙　江	1828	197.01	99.93	99.81	21.53	18.40	14.45
安　徽	2416	166.72	98.63	96.81	12.12	20.33	13.39
福　建	2627	180.98	99.49	98.83	12.47	13.61	9.58
江　西	4671	178.71	97.78	95.18	11.42	15.77	9.00
山　东	1426	138.78	99.92	99.49	10.77	25.77	11.26
河　南	5149	107.44	92.99	83.76	8.67	11.67	8.15
湖　北	2448	210.60	98.75	94.71	14.27	16.57	10.34
湖　南	3402	202.96	97.05	91.24	13.31	13.76	8.19
广　东	2999	247.51	97.26	96.64	17.68	13.20	9.32
广　西	1684	234.97	94.40	92.99	13.29	15.75	7.35
海　南	2069	243.54	98.10	96.49	12.75	17.97	11.62
重　庆	1872	146.13	96.78	94.27	9.42	11.68	9.00
四　川	3068	216.00	91.12	90.89	12.39	13.32	9.30
贵　州	2393	159.65	94.47	76.30	12.00	10.33	7.71
云　南	2853	129.06	97.85	76.18	9.81	17.12	10.37
西　藏	1857	328.98	89.07	57.13	8.38	14.44	4.83
陕　西	5474	154.05	96.31	95.08	7.05	15.38	7.48
甘　肃	3682	146.25	94.95	83.48	6.76	15.30	6.44
青　海	2604	176.52	99.71	88.81	13.45	11.08	8.86
宁　夏	1295	148.60	97.26	89.23	5.23	23.16	3.31
新　疆	4280	171.82	98.15	96.87	7.74	16.46	5.36

注：本表中北京市的建成区绿化覆盖率和建成区绿地率均为该市调查面积内数据，全国城市建成区绿化覆盖率和建成区绿地率作适当修正。

Note: All of the green coverage rate and green space rate for the built-up areas of Beijing Municipality in the table refer to the data for the areas surveyed in the city. The green coverage rate and green space rate for the nationwide urban built-up area.

Level of National Urban Service Facilities by Province(2014)

污水处理率 (%) Wastewater Treatment Rate (%)	污水处理厂集中处理率 Centralized Treatment Rate of Wastewater Treatment Plants	人均公园绿地面积(平方米) Public Recreational Green Space Per Capita (m^2)	建成区绿化覆盖率 (%) Green Coverage Rate of Built District (%)	建成区绿地率 (%) Green Space Rate of Built District (%)	生活垃圾处理率 (%) Domestic Garbage Treatment Rate (%)	生活垃圾无害化处理率 Domestic Garbage Harmless Treatment Rate	地区名称 Name of Regions
90.18	**85.94**	**13.08**	**40.22**	**36.29**	**96.43**	**91.79**	**全　国**
86.11	84.52	15.94	47.40	45.34	99.59	99.59	北　京
91.04	90.23	9.73	34.93	31.75	96.67	96.67	天　津
95.06	94.87	14.45	41.93	38.12	92.26	86.61	河　北
88.37	87.18	11.30	40.08	35.28	92.07	92.07	山　西
89.21	89.21	18.80	39.79	36.37	96.07	96.07	内蒙古
89.05	87.69	11.61	40.11	37.33	98.08	91.59	辽　宁
90.10	89.40	12.05	35.82	32.22	97.60	61.91	吉　林
77.22	63.35	12.10	35.98	32.99	69.63	58.86	黑龙江
89.72	89.72	7.33	38.43	33.92	100.00	100.00	上　海
93.46	78.40	14.41	42.61	39.23	99.62	98.11	江　苏
90.68	87.97	12.90	40.75	36.71	100.00	100.00	浙　江
96.21	90.19	13.20	41.18	36.98	99.51	99.51	安　徽
88.66	83.76	12.76	42.80	38.99	97.92	97.86	福　建
83.76	82.55	14.13	44.61	41.61	100.00	93.09	江　西
95.27	95.07	17.10	42.79	38.29	100.00	100.00	山　东
92.52	90.99	9.93	38.32	33.47	92.84	92.84	河　南
92.08	88.55	11.10	37.87	33.24	98.07	90.16	湖　北
90.11	79.93	9.85	38.64	34.78	99.70	99.70	湖　南
91.55	91.40	16.28	41.44	37.18	94.66	86.38	广　东
87.45	60.47	11.19	39.26	33.74	97.86	95.40	广　西
71.42	71.42	13.01	41.32	36.88	99.83	99.83	海　南
92.99	91.94	16.97	40.60	37.38	99.20	99.20	重　庆
85.36	79.58	11.26	37.51	33.58	97.24	95.37	四　川
94.79	94.79	12.50	33.97	31.27	93.26	93.26	贵　州
91.14	88.75	11.00	38.14	34.38	97.37	92.47	云　南
16.07	16.07	10.80	43.77	32.80	92.54		西　藏
91.56	91.56	12.48	40.46	34.11	95.78	95.78	陕　西
85.00	75.96	12.79	30.81	27.60	98.43	62.60	甘　肃
59.19	59.19	10.78	31.56	31.01	95.37	86.27	青　海
92.38	79.15	17.91	37.98	36.43	93.25	93.25	宁　夏
86.24	85.19	10.74	36.83	33.72	94.04	81.87	新　疆

1-3 2014年全国城市市政公用设施水平(按城市分列)

城市名称 Name of Cities	人口密度(人/平方公里) Population Density (person/square kilometer)	人均日生活用水量(升) Daily Water Consumption Per Capita (liter)	用水普及率(%) Water Coverage Rate (%)	燃气普及率(%) Gas Coverage Rate (%)	建成区供水管道密度(公里/平方公里) Density of Water Supply Pipelines in Built District (kilometer/square kilometer)	人均道路面积(平方米) Road Surface Area Per Capita (m^2)	建成区排水管道密度(公里/平方公里) Density of Sewers in Built District (kilometer/square kilometer)
全　国	**2419**	**173.73**	**97.64**	**94.57**	**13.60**	**15.34**	**10.27**
北　京	**1525**	**187.52**	**100.00**	**100.00**	**19.69**	**7.44**	**10.31**
天　津	**3328**	**124.33**	**100.00**	**100.00**	**18.03**	**16.71**	**23.52**
河　北	**2540**	**116.91**	**99.29**	**94.26**	**8.47**	**18.49**	**8.69**
石家庄	5431	140.10	98.57	100.00	6.98	18.57	7.75
晋　州	1468	92.08	100.00	100.00	6.17	19.88	12.06
新　乐	1842	196.77	100.00	100.00	10.27	23.43	7.73
唐　山	1605	131.87	100.00	100.00	7.91	15.67	9.44
遵　化	2825	136.10	95.46	94.18	6.18	19.13	7.27
迁　安	1916	104.31	100.00	100.00	11.89	19.45	4.65
秦皇岛	2722	139.66	98.79	30.35	8.83	19.77	13.72
邯　郸	4496	108.52	100.00	100.00	9.81	19.89	13.49
武　安	2594	135.66	100.00	100.00	17.17	24.15	16.17
邢　台	8167	56.62	100.00	100.00	8.16	15.59	8.97
南　宫	2692	82.50	100.00	89.58	8.84	22.46	10.01
沙　河	2605	101.46	100.00	100.00	10.57	26.06	9.96
保　定	4547	100.38	96.12	87.45	6.31	19.92	5.70
涿　州	5054	147.27	100.00	100.00	4.85	17.92	4.94
安　国	1226	151.81	99.80	90.63	8.74	30.71	11.62
高碑店	4450	123.91	100.00	100.00	15.48	32.21	12.75
张家口	2339	83.97	100.00	99.60	10.42	15.53	7.76
承　德	771	101.89	100.00	99.89	5.10	13.24	4.10
沧　州	3077	116.21	100.00	100.00	7.28	17.19	8.18
泊　头	7659	165.04	100.00	100.00	12.58	15.19	7.33
任　丘	5152	69.10	100.00	100.00	14.01	15.44	5.49
黄　骅	975	94.84	100.00	100.00	12.84	29.08	9.94
河　间	2519	88.24	100.00	100.00	13.01	17.77	7.06
廊　坊	1822	162.34	100.00	100.00	9.77	17.39	9.35
霸　州	1980	113.51	100.00	100.00	17.50	16.42	8.30
三　河	1193	151.23	100.00	100.00	17.49	22.53	12.40
衡　水	1348	98.97	99.38	97.69	5.61	20.14	8.57
冀　州	1240	63.52	100.00	100.00	10.08	25.63	14.61
深　州	2116	99.00	100.00	100.00	9.58	19.32	8.49
辛　集	1284	164.70	99.43	98.01	4.53	23.00	5.98
定　州	7020	100.22	100.00	90.60	2.92	17.32	6.82
山　西	**3974**	**114.59**	**98.54**	**95.77**	**8.86**	**13.34**	**6.77**
太　原	3500	124.39	100.00	99.80	6.02	11.26	5.53
古　交	7103	121.54	98.18	87.97	6.94	13.29	4.08

Level of National Urban Service Facilities by City (2014)

污水处理率 (%) Wastewater Treatment Rate (%)	污水处理厂集中处理率 Centralized Treatment Rate of Wastewater Treatment Plants	人均公园绿地面积 (平方米) Public Recreational Green Space Per Capita (m^2)	建成区绿化覆盖率 (%) Green Coverage Rate of Built District (%)	建成区绿地率 (%) Green Space Rate of Built District (%)	生活垃圾处理率 (%) Domestic Garbage Treatment Rate (%)	生活垃圾无害化处理率 Domestic Garbage Harmless Treatment Rate	城市名称 Name of Cities
90.18	**85.94**	**13.08**	**40.22**	**36.29**	**96.43**	**91.79**	**全　国**
86.11	**84.52**	**15.94**	**47.40**	**45.34**	**99.59**	**99.59**	**北　京**
91.04	**90.23**	**9.73**	**34.93**	**31.75**	**96.67**	**96.67**	**天　津**
95.06	**94.87**	**14.45**	**41.93**	**38.12**	**92.26**	**86.61**	**河　北**
95.60	95.60	15.33	44.05	39.75	74.68	71.04	石家庄
96.55	96.55	11.92	42.19	38.81	93.74	93.74	晋　州
95.46	95.46	9.33	35.05	30.68	95.00	95.00	新　乐
95.00	95.00	15.08	41.17	38.65	100.00	92.01	唐　山
91.53	91.53	10.96	41.21	36.52	100.00	100.00	遵　化
100.00	100.00	20.77	41.75	40.81	100.00	100.00	迁　安
98.72	98.72	20.41	46.50	43.97	100.00	100.00	秦皇岛
97.56	97.56	18.98	46.62	42.96	100.00	100.00	邯　郸
95.95	95.95	15.22	48.60	42.68	100.00	100.00	武　安
96.35	96.35	12.53	42.92	37.06	100.00	100.00	邢　台
93.54	93.54	12.20	40.05	35.69	100.00	100.00	南　宫
87.91	87.91	14.52	33.31	31.46	100.00	100.00	沙　河
100.00	100.00	10.52	40.49	38.36	96.00	96.00	保　定
97.25	86.74	10.66	35.23	30.86	99.41	99.41	涿　州
89.85	89.85	9.67	34.12	29.12	100.00		安　国
98.88	98.88	8.36	37.54	33.38	98.11	98.11	高碑店
93.61	93.61	12.33	43.38	38.74	90.00	90.00	张家口
93.60	93.60	24.76	41.75	37.51	99.55	83.53	承　德
100.00	100.00	10.68	37.08	32.44	96.16	96.16	沧　州
98.06	98.06	9.01	38.29	32.59	98.03	98.03	泊　头
98.05	98.05	9.97	38.02	32.50	98.60	98.60	任　丘
98.14	98.14	13.43	37.81	33.29	100.00	100.00	黄　骅
100.00	100.00	13.44	38.42	34.35	100.00	100.00	河　间
90.23	90.23	13.46	44.69	41.27	95.50		廊　坊
95.94	95.94	12.98	41.94	37.58	95.45	95.45	霸　州
92.86	92.86	10.64	37.49	32.11	100.00	100.00	三　河
60.41	60.41	12.15	42.52	38.73	38.36	38.36	衡　水
100.00	100.00	13.23	39.89	38.00	100.00	100.00	冀　州
89.04	89.04	8.32	38.35	33.11	99.02	99.02	深　州
92.81	92.81	9.13	37.80	32.88	92.57	92.57	辛　集
91.57	91.57	10.03	40.46	35.03	100.00	100.00	定　州
88.37	**87.18**	**11.30**	**40.08**	**35.28**	**92.07**	**92.07**	**山　西**
85.85	85.85	10.94	40.50	35.57	100.00	100.00	太　原
88.17	88.17	8.33	39.00	34.97	100.00	100.00	古　交

1-3 续表 1

城市名称 Name of Cities	人口密度（人/平方公里） Population Density (person/square kilometer)	人均日生活用水量（升） Daily Water Consumption Per Capita (liter)	用水普及率（%） Water Coverage Rate (%)	燃气普及率（%） Gas Coverage Rate (%)	建成区供水管道密度（公里/平方公里） Density of Water Supply Pipelines in Built District (kilometer/square kilometer)	人均道路面积（平方米） Road Surface Area Per Capita (m^2)	建成区排水管道密度（公里/平方公里） Density of Sewers in Built District (kilometer/square kilometer)
大　同	9614	99.20	100.00	98.60	10.48	16.21	5.09
阳　泉	10885	122.92	97.15	67.20	20.04	14.02	7.64
长　治	9822	162.68	97.50	92.00	16.42	8.79	7.70
潞　城	610	122.02	98.26	92.05	10.23	14.86	13.51
晋　城	3092	146.93	99.81	97.91	11.99	12.17	6.98
高　平	1894	118.08	99.58	93.80	13.31	17.43	6.89
朔　州	2490	108.86	99.12	94.80	7.67	16.87	12.27
晋　中	6995	94.89	100.00	98.20	6.42	17.37	10.74
介　休	4455	89.70	100.00	95.40	5.05	13.64	7.93
运　城	7679	93.81	94.00	98.86	5.52	16.65	8.21
永　济	798	108.26	99.01	94.15	3.17	14.41	5.98
河　津	7634	88.47	90.91	95.00	4.79	23.47	4.10
忻　州	1591	72.70	100.00	96.53	12.93	18.96	11.04
原　平	807	119.11	100.00	99.92	14.96	12.39	6.95
临　汾	9667	103.58	98.28	99.33	8.81	10.63	2.06
侯　马	8078	100.93	99.32	98.52	8.04	10.78	6.82
霍　州	7246	118.20	98.16	92.14	4.55	10.00	5.44
吕　梁	10757	111.40	95.22	94.00	8.09	11.29	10.88
孝　义	5424	74.78	91.34	95.03	9.48	18.72	7.47
汾　阳	8735	52.51	91.99	92.10	10.98	9.43	6.13
内 蒙 古	**1291**	**103.49**	**97.79**	**92.28**	**8.96**	**21.10**	**10.23**
呼和浩特	7115	88.77	99.69	98.60	3.43	11.91	8.68
包　头	2079	85.62	99.45	96.14	9.02	14.51	10.96
乌　海	1995	137.21	100.00	83.99	33.46	17.99	4.60
赤　峰	1788	96.87	96.00	96.50	11.62	20.20	7.25
通　辽	5971	128.90	95.50	95.99	9.37	24.12	11.94
霍林郭勒	224	138.29	97.64	91.53	21.41	30.51	20.71
鄂尔多斯	2473	148.33	99.75	93.45	7.13	60.07	18.83
呼伦贝尔	1206	114.18	95.94	89.44	4.66	29.97	8.29
满 洲 里	290	113.79	98.96	89.11	17.47	36.84	10.78
牙 克 石	3372	125.28	93.46	82.97	4.79	23.57	5.02
扎 兰 屯	343	64.99	93.64	84.85	5.00	23.19	7.01
额尔古纳	45	69.91	93.65	94.20	6.35	23.07	5.51
根　河	203	107.94	93.53	84.39	1.63	15.11	1.60
巴彦淖尔	610	120.54	95.66	89.20	8.68	22.35	21.59
乌兰察布	5683	80.66	97.07	85.04	5.35	25.94	5.23
丰　镇	5456	90.19	95.01	72.29	7.54	22.47	9.03
乌兰浩特	2901	155.33	97.16	65.57	7.11	18.62	9.82
阿 尔 山	3169	50.03	47.13	20.49	4.45	14.86	3.79
二连浩特	1556	81.43	100.00	88.11	6.12	37.23	6.36
锡林浩特	489	107.04	97.65	95.00	14.03	29.18	10.87

Continued 1

污 水处理率 (%) Wastewater Treatment Rate (%)	污水处理厂集中处理率 Centralized Treatment Rate of Wastewater Treatment Plants	人均公园绿地面积 (平方米) Public Recreational Green Space Per Capita (m^2)	建成区绿化覆盖率 (%) Green Coverage Rate of Built District (%)	建成区绿地率 (%) Green Space Rate of Built District (%)	生活垃圾处理率 (%) Domestic Garbage Treatment Rate (%)	生活垃圾无害化处理率 Domestic Garbage Harmless Treatment Rate	城市名称 Name of Cities
83.50	70.27	8.84	38.70	34.76	96.30	96.30	大　同
77.81	77.81	10.85	47.80	41.26	78.52	78.52	阳　泉
92.73	92.73	12.35	45.86	41.15	100.00	100.00	长　治
81.25	81.25	8.90	41.66	35.49	100.00	100.00	潞　城
95.00	95.00	11.94	45.80	32.73	100.00	100.00	晋　城
90.28	90.28	13.16	41.52	35.90	100.00	100.00	高　平
97.71	97.71	10.86	42.84	38.17	100.00	100.00	朔　州
96.61	96.61	16.68	36.02	31.89	85.00	85.00	晋　中
95.02	95.02	9.46	32.57	28.40	91.93	91.93	介　休
91.01	91.01	10.51	39.50	36.48	95.50	95.50	运　城
87.08	87.08	14.16	41.07	34.29	88.00	88.00	永　济
90.10	90.10	15.00	35.91	35.05	90.00	90.00	河　津
94.98	94.98	16.50	32.11	27.94			忻　州
100.00	100.00	5.58	31.79	29.91	100.00	100.00	原　平
90.93	90.93	11.13	37.37	33.95	100.00	100.00	临　汾
91.67	91.67	12.41	43.85	43.51	100.00	100.00	侯　马
85.80	85.80	9.46	26.96	24.51			霍　州
91.23	91.23	13.02	40.20	35.46	100.00	100.00	吕　梁
84.82	84.82	13.05	43.99	39.22	100.00	100.00	孝　义
78.59	78.59	6.90	38.46	33.19	94.94	94.94	汾　阳
89.21	**89.21**	**18.80**	**39.79**	**36.37**	**96.07**	**96.07**	**内 蒙 古**
81.02	81.02	17.32	40.27	35.72	98.74	98.74	呼和浩特
86.06	86.06	13.04	42.60	39.67	95.97	95.97	包　头
94.57	94.57	18.39	41.89	40.18	90.70	90.70	乌　海
89.60	89.60	18.21	38.86	35.78	97.94	97.94	赤　峰
97.50	97.50	20.07	42.32	38.18	91.00	91.00	通　辽
98.03	98.03	14.09	35.88	30.09	87.65	87.65	霍林郭勒
98.13	98.13	37.45	43.14	39.34	95.20	95.20	鄂尔多斯
92.30	92.30	21.95	35.03	32.91	93.49	93.49	呼伦贝尔
88.04	88.04	12.89	35.06	30.35	90.91	90.91	满 洲 里
88.47	88.47	16.50	35.21	33.68	90.52	90.52	牙 克 石
89.00	89.00	14.24	37.60	36.56	97.15	97.15	扎 兰 屯
88.89	88.89	16.02	39.69	36.22	92.00	92.00	额尔古纳
88.21	88.21	16.60	35.03	31.69	97.60	97.60	根　河
97.88	97.88	16.71	38.43	36.52	99.26	99.26	巴彦淖尔
98.54	98.54	34.81	39.10	36.01	98.08	98.08	乌兰察布
91.38	91.38	29.62	35.66	33.92	93.33	93.33	丰　镇
86.24	86.24	20.06	40.31	33.69	97.84	97.84	乌兰浩特
82.61	82.61	39.55	35.57	20.50	96.26	96.26	阿 尔 山
95.67	95.67	17.48	36.48	32.37	100.00	100.00	二连浩特
79.98	79.98	15.51	35.02	35.02	100.00	100.00	锡林浩特

1-3 续表 2

城市名称 Name of Cities	人口密度(人/平方公里) Population Density (person/square kilometer)	人均日生活用水量(升) Daily Water Consumption Per Capita (liter)	用水普及率(%) Water Coverage Rate (%)	燃气普及率(%) Gas Coverage Rate (%)	建成区供水管道密度(公里/平方公里) Density of Water Supply Pipelines in Built District (kilometer/square kilometer)	人均道路面积(平方米) Road Surface Area Per Capita (m^2)	建成区排水管道密度(公里/平方公里) Density of Sewers in Built District (kilometer/square kilometer)
辽　宁	**1615**	**131.79**	**98.72**	**96.19**	**15.16**	**12.75**	**6.93**
沈　阳	1593	173.33	100.00	100.00	13.85	16.29	8.84
新　民	988	87.89	92.95	95.87	15.93	14.54	5.31
大　连	2797	140.00	100.00	99.63	13.59	13.47	6.77
瓦房店	1986	95.66	100.00	100.00	14.13	11.65	7.02
普兰店	615	111.71	99.76	59.09	10.14	14.35	6.56
庄　河	1394	76.88	99.82	99.37	8.37	14.30	5.35
鞍　山	2581	154.28	100.00	100.00	17.14	9.17	5.48
海　城	3887	122.73	86.05	89.96	15.80	12.21	1.87
抚　顺	2114	78.53	98.62	98.39	16.95	10.51	6.85
本　溪	626	109.64	97.89	96.51	10.02	10.78	3.32
丹　东	2861	117.27	100.00	100.00	22.06	16.31	14.70
东　港	1295	141.85	100.00	75.80	9.08	23.56	3.60
凤　城	607	104.23	86.39	80.04	20.03	5.89	3.70
锦　州	2209	122.28	100.00	99.18	19.78	11.58	6.94
凌　海	984	106.94	100.00	96.65	5.43	13.35	3.02
北　镇	2057	109.68	80.14	71.01	7.05	6.75	4.55
营　口	5459	89.17	97.44	96.71	20.14	7.17	5.05
盖　州	2047	72.21	87.89	84.63	8.03	10.99	5.35
大石桥	1957	70.40	100.00	100.00	26.68	10.39	3.56
阜　新	1747	132.88	98.77	76.67	26.30	6.60	3.73
辽　阳	1098	159.47	100.00	98.36	12.71	16.76	8.48
灯　塔	969	93.76	96.59	92.61	11.80	12.53	6.30
盘　锦	2658	111.08	100.00	100.00	14.15	13.33	8.73
铁　岭	2216	130.20	97.72	97.52	16.07	14.02	6.86
调兵山	7610	196.44	98.14	94.02	24.97	12.74	7.67
开　原	1763	128.09	100.00	100.00	24.87	14.72	9.69
朝　阳	1113	73.95	99.78	87.27	11.66	6.64	13.17
北　票	1047	84.48	98.17	74.01	16.74	12.77	5.46
凌　源	450	91.16	99.23	85.58	19.54	7.98	3.14
葫芦岛	874	111.49	100.00	97.87	13.30	11.54	8.11
兴　城	729	210.42	87.84	77.12	9.97	17.80	5.62
吉　林	**3171**	**122.79**	**93.79**	**91.98**	**8.63**	**14.62**	**7.24**
长　春	7605	139.41	99.40	98.60	4.75	19.19	10.56
九　台	7677	97.33	95.09	97.26	11.33	12.83	4.85
榆　树	2661	71.26	78.97	93.17	9.88	13.15	5.72
德　惠	2356	87.63	76.83	54.66	47.49	8.61	3.82
吉　林	2559	123.49	98.50	97.19	7.34	10.74	5.41
蛟　河	7579	82.60	96.53	87.50	3.32	10.50	5.48
桦　甸	844	77.39	96.11	80.20	11.79	13.37	4.63
舒　兰	739	111.58	82.71	90.23	5.21	9.04	1.44
磐　石	5360	107.16	84.33	79.85	5.47	16.19	4.62

Continued 2

污水处理率 (%) Wastewater Treatment Rate (%)	污水处理厂集中处理率 Centralized Treatment Rate of Wastewater Treatment Plants	人均公园绿地面积 (平方米) Public Recreational Green Space Per Capita (m^2)	建成区绿化覆盖率 (%) Green Coverage Rate of Built District (%)	建成区绿地率 (%) Green Space Rate of Built District (%)	生活垃圾处理率 (%) Domestic Garbage Treatment Rate (%)	生活垃圾无害化处理率 Domestic Garbage Harmless Treatment Rate	城市名称 Name of Cities
89.05	**87.69**	**11.61**	**40.11**	**37.33**	**98.08**	**91.59**	**辽　宁**
95.11	95.11	14.10	41.78	38.19	100.00	100.00	沈　阳
100.00	100.00	8.63	19.35	17.51	100.00		新　民
91.42	91.42	11.18	44.84	43.77	100.00	100.00	大　连
95.97	95.97	13.96	39.53	32.55	100.00	100.00	瓦房店
25.16	25.16	9.04	24.28	21.24	100.00	100.00	普兰店
93.18	93.18	12.73	38.13	34.82	100.00	100.00	庄　河
87.08	87.08	11.68	38.90	38.36	100.00	100.00	鞍　山
97.89	97.89	5.52	28.39	17.17	99.66	99.66	海　城
70.34	70.34	10.41	41.64	37.67	100.00	100.00	抚　顺
93.69	91.59	10.32	50.46	48.92	100.00	100.00	本　溪
89.99	65.65	11.21	38.78	37.55	100.00	100.00	丹　东
63.28	63.28	8.70	25.03	20.22	100.00	100.00	东　港
85.01	85.01	8.46	29.95	21.95	86.00	86.00	凤　城
88.21	79.91	12.75	42.03	39.89	100.00	87.44	锦　州
100.00	44.20	10.78	25.18	19.36	100.00		凌　海
90.74	90.74	3.27	27.27	25.96	99.80	62.35	北　镇
100.00	100.00	10.18	39.57	36.32	100.00	100.00	营　口
90.68	90.68	6.61	34.19	33.31	100.00		盖　州
96.77	96.77	9.21	34.09	31.29	100.00	100.00	大石桥
53.24	53.24	12.39	42.87	38.43	99.55	99.55	阜　新
100.00	100.00	10.58	41.91	39.16	100.00	100.00	辽　阳
97.07	97.07	12.66	36.26	32.89	100.00	100.00	灯　塔
100.00	100.00	12.76	41.51	38.47	100.00	100.00	盘　锦
100.00	100.00	11.95	39.34	36.28	100.00	100.00	铁　岭
95.22	95.22	8.99	39.74	36.83	100.00	100.00	调兵山
100.00	100.00	11.27	40.38	35.54	100.00	100.00	开　原
88.62	88.62	9.24	30.00	27.05	100.00	100.00	朝　阳
100.00	100.00	8.06	28.63	28.03			北　票
100.00	100.00	8.22	29.84	29.80	78.90		凌　源
89.35	89.35	14.92	37.55	36.58	100.00	100.00	葫芦岛
60.39	60.39	11.83	47.43	39.77	100.00		兴　城
90.10	**89.40**	**12.05**	**35.82**	**32.22**	**97.60**	**61.91**	**吉　林**
92.08	89.85	13.81	38.84	34.16	99.23	88.91	长　春
98.73	98.73	7.48	27.92	25.22	100.00	100.00	九　台
100.00	100.00	8.03	20.13	19.98	100.00	100.00	榆　树
63.23	63.23	7.24	19.23	21.37	100.00		德　惠
94.50	94.50	12.04	46.65	39.51	100.00	90.12	吉　林
78.43	78.43	12.64	23.35	19.78	100.00		蛟　河
85.11	85.11	16.90	35.03	34.88	100.00		桦　甸
70.48	70.48	11.65	15.60	14.16	100.00	100.00	舒　兰
85.17	85.17	8.96	24.83	23.45	88.33		磐　石

1-3 续表 3

城市名称 Name of Cities	人口密度(人/平方公里) Population Density (person/square kilometer)	人均日生活用水量(升) Daily Water Consumption Per Capita (liter)	用水普及率(%) Water Coverage Rate (%)	燃气普及率(%) Gas Coverage Rate (%)	建成区供水管道密度(公里/平方公里) Density of Water Supply Pipelines in Built District (kilometer/square kilometer)	人均道路面积(平方米) Road Surface Area Per Capita (m^2)	建成区排水管道密度(公里/平方公里) Density of Sewers in Built District (kilometer/square kilometer)
四　平	7094	98.58	77.10	83.55	18.02	20.94	3.95
双　辽	889	92.27	84.46	38.76	3.70	6.10	4.47
辽　源	10335	78.77	97.18	89.03	12.14	10.98	4.28
通　化	7376	121.09	91.21	96.11	10.46	8.57	3.11
集　安	1842	83.36	96.74	96.74	21.54	4.19	9.20
白　山	1028	79.00	83.65	83.67	8.31	10.46	3.33
临　江	586	70.89	93.72	96.62	10.27	7.54	9.39
松　原	6072	159.91	95.48	96.92	8.71	17.98	4.61
扶　余	5901	160.33	69.79	85.05	4.67	18.05	7.49
白　城	4197	119.94	98.13	95.31	7.68	11.23	6.27
洮　南	3019	60.42	99.57	36.20	4.89	7.47	6.00
大　安	1338	111.25	89.99	96.71	5.53	14.50	9.78
延　吉	12346	141.34	99.02	99.80	12.84	9.93	8.74
图　们	5600	104.06	59.88	95.24	10.57	8.24	6.40
敦　化	2079	96.17	95.85	98.67	7.48	13.85	7.04
珲　春	1603	239.30	82.09	80.60	7.80	15.21	10.18
龙　井	3939	88.60	89.78	84.63	10.74	8.02	7.37
和　龙	708	192.65	92.50	89.48	27.42	7.02	8.17
公主岭	1874	142.77	97.21	85.21	9.91	17.01	10.55
梅河口	2485	128.19	97.08	99.60	8.61	20.19	4.49
黑龙江	**4946**	**116.54**	**96.20**	**86.23**	**7.91**	**13.32**	**5.56**
哈尔滨	10418	131.22	100.00	100.00	5.34	14.22	7.06
双　城	3535	94.26	95.68	86.42	8.15	12.68	5.00
尚　志	844	143.52	100.00	78.64	9.99	15.85	4.98
五　常	1385	120.10	99.57	93.32	5.62	11.35	4.09
齐齐哈尔	7799	101.16	100.00	97.61	8.04	9.03	5.54
讷　河	5060	82.14	94.17	90.32	9.30	12.57	9.34
鸡　西	9137	150.29	98.38	86.53	9.03	8.96	4.03
虎　林	565	96.47	100.00	83.91	18.53	14.45	5.66
密　山	1016	114.38	98.92	95.03	8.50	21.30	4.87
鹤　岗	6506	87.70	96.51	64.01	11.03	8.13	5.82
双鸭山	3975	101.73	99.57	52.45	7.08	8.46	4.51
大　庆	4761	139.26	92.44	99.78	10.56	22.79	6.24
伊　春	4383	96.66	75.52	36.53	7.64	11.29	2.66
铁　力	5864	198.50	86.77	58.17	13.68	15.25	4.93
佳木斯	6228	100.58	95.53	91.46	6.55	9.50	4.87
同　江	4647	85.49	94.26	23.53	14.17	20.27	9.97
富　锦	7331	76.04	100.00	97.96	5.68	15.51	6.17
七台河	1314	89.34	94.36	68.75	10.42	11.88	2.42
牡丹江	7768	106.90	94.94	88.35	7.36	13.63	5.28
绥芬河	3313	127.99	100.00	98.47	5.79	18.87	4.15
海　林	4140	62.92	99.70	94.12	4.24	26.99	7.58

Continued 3

污水处理率(%) Wastewater Treatment Rate (%)	污水处理厂集中处理率 Centralized Treatment Rate of Wastewater Treatment Plants	人均公园绿地面积(平方米) Public Recreational Green Space Per Capita (m^2)	建成区绿化覆盖率(%) Green Coverage Rate of Built District (%)	建成区绿地率(%) Green Space Rate of Built District (%)	生活垃圾处理率(%) Domestic Garbage Treatment Rate (%)	生活垃圾无害化处理率 Domestic Garbage Harmless Treatment Rate	城市名称 Name of Cities
85.11	85.11	8.89	33.71	33.23	81.99	81.99	四　平
100.00	100.00	7.09	15.67	12.98	100.00		双　辽
98.39	98.39	9.43	40.02	39.08	100.00		辽　源
92.84	92.84	11.52	35.04	30.39	99.73		通　化
100.00	100.00	10.30	37.46	31.48	100.00	100.00	集　安
74.20	74.20	10.26	27.23	22.33	98.00		白　山
99.77	99.77	20.97	38.28	33.81	100.00		临　江
95.88	95.88	17.54	43.11	42.11	95.75	95.75	松　原
95.96	95.96	5.79	17.45	15.85	77.73		扶　余
69.67	69.67	12.90	27.30	24.05	96.05	96.05	白　城
87.42	87.42	8.90	30.49	27.51	100.00	100.00	洮　南
90.51	90.51	14.80	28.56	24.39	100.00	100.00	大　安
90.55	90.55	9.76	39.91	36.26	98.57	98.57	延　吉
100.00	100.00	10.83	33.36	28.90	100.00		图　们
88.19	88.19	21.85	46.59	43.96	100.00	100.00	敦　化
66.67	66.67	8.61	40.36	39.80	78.51	78.51	珲　春
93.65	93.65	10.63	45.19	40.48	100.00	100.00	龙　井
63.16	63.16	5.18	20.59	18.09	100.00	100.00	和　龙
84.39	84.39	7.61	18.63	16.12	98.36		公主岭
77.62	77.62	12.32	42.61	47.36	100.00		梅河口
77.22	**63.35**	**12.10**	**35.98**	**32.99**	**69.63**	**58.86**	**黑龙江**
89.30	89.30	10.41	35.50	32.88	85.00	85.00	哈尔滨
100.00	100.00	11.83	17.23	15.03			双　城
94.67	94.67	11.30	15.08	14.92	100.00	100.00	尚　志
99.09	99.09	14.21	17.25	15.28	100.00		五　常
73.06	64.59	10.02	38.61	37.96	61.73	61.73	齐齐哈尔
100.00	100.00	12.75	35.36	32.35	99.79		讷　河
32.47	32.47	10.71	40.12	35.38	48.08	48.08	鸡　西
90.91	90.91	14.99	39.89	29.59	100.00	100.00	虎　林
100.00	100.00	12.32	21.43	18.64	100.00		密　山
50.14	50.14	14.90	42.16	38.20			鹤　岗
89.51	44.76	14.71	43.55	36.68	81.11		双鸭山
97.61	41.11	14.20	45.40	40.40	97.90	97.90	大　庆
41.74	41.74	20.51	26.78	26.50	10.40	4.23	伊　春
88.28	88.28	15.06	40.55	38.85	90.16		铁　力
81.98	81.98	14.02	41.57	39.94	100.00	100.00	佳木斯
100.00	100.00	14.78	41.26	36.87	8.89	8.89	同　江
100.00	100.00	7.59	28.64	26.14	100.00	100.00	富　锦
39.72	39.72	11.84	38.12	34.14	100.00	100.00	七台河
41.95	22.31	11.24	37.63	36.47	98.28	98.28	牡丹江
100.00	100.00	13.48	38.26	32.98	100.00		绥芬河
100.00	100.00	13.94	32.82	26.25	100.00	100.00	海　林

1-3 续表 4

城市名称 Name of Cities	人口密度（人/平方公里） Population Density (person/square kilometer)	人均日生活用水量（升） Daily Water Consumption Per Capita (liter)	用水普及率（%） Water Coverage Rate (%)	燃气普及率（%） Gas Coverage Rate (%)	建成区供水管道密度（公里/平方公里） Density of Water Supply Pipelines in Built District (kilometer/square kilometer)	人均道路面积（平方米） Road Surface Area Per Capita (m^2)	建成区排水管道密度（公里/平方公里） Density of Sewers in Built District (kilometer/square kilometer)
宁 安	5556	129.68	100.00	99.33	12.42	12.61	7.32
穆 棱	7461	110.14	100.00	95.79	12.90	12.97	6.11
黑 河	5179	93.93	96.95	90.72	9.22	12.35	5.10
北 安	2384	110.49	98.39	36.60	5.75	21.00	4.91
五大连池	5000	90.41	90.00	20.00	19.00	6.88	13.41
绥 化	3784	106.73	95.44	61.25	11.32	7.20	5.47
安 达	9287	88.29	94.89	90.09	3.84	9.51	7.07
肇 东	6541	80.25	94.98	90.91	4.36	9.51	8.84
海 伦	4071	54.30	92.67	52.91	8.86	7.90	5.75
上 海	**3826**	**186.40**	**100.00**	**100.00**	**35.11**	**4.11**	**21.00**
江 苏	**2038**	**209.62**	**99.75**	**99.49**	**19.52**	**23.89**	**16.48**
南 京	1440	295.96	99.98	99.35	14.38	22.17	10.77
无 锡	2115	205.10	100.00	100.00	15.92	25.23	38.72
江 阴	1834	181.17	100.00	100.00	13.24	26.49	8.15
宜 兴	958	183.49	100.00	100.00	19.21	26.07	24.96
徐 州	3963	129.98	97.54	98.17	12.23	25.31	8.21
新 沂	2845	97.01	92.38	92.27	18.78	18.99	17.45
邳 州	2935	110.15	98.49	94.53	10.34	16.76	12.52
常 州	3035	217.19	100.00	100.00	57.35	25.52	23.93
溧 阳	1854	177.02	100.00	99.52	24.82	19.08	10.55
金 坛	1717	198.62	100.00	100.00	50.51	19.42	18.79
苏 州	1926	288.54	100.00	100.00	18.32	28.13	17.48
常 熟	1201	202.39	100.00	100.00	17.39	30.94	17.76
张家港	2348	240.29	100.00	100.00	12.37	28.38	14.46
昆 山	2817	299.82	100.00	100.00	13.08	28.65	12.44
太 仓	1658	209.26	100.00	100.00	13.18	33.19	16.91
南 通	3887	181.35	100.00	100.00	16.25	29.24	20.58
启 东	4240	115.40	100.00	100.00	27.86	17.60	17.31
如 皋	2977	181.64	100.00	100.00	25.60	16.27	17.82
海 门	4883	155.30	100.00	100.00	39.18	20.42	16.22
连云港	1232	152.26	100.00	99.98	13.14	21.40	9.38
淮 安	6133	146.05	100.00	100.00	30.04	20.90	13.18
盐 城	2658	125.94	100.00	99.40	20.94	20.08	13.50
东 台	2490	107.71	100.00	100.00	26.33	20.70	11.84
大 丰	1050	186.97	100.00	100.00	17.98	21.95	10.47
扬 州	2628	230.83	100.00	99.51	23.94	21.69	17.05
仪 征	3105	165.53	100.00	97.57	26.05	18.51	9.42
高 邮	1977	140.86	100.00	99.09	15.53	16.27	8.12
镇 江	1598	219.57	100.00	100.00	18.23	24.19	14.82
丹 阳	2311	166.03	100.00	100.00	11.81	18.87	20.78
扬 中	1726	198.57	100.00	100.00	34.39	17.22	21.03

Continued 4

污水处理率(%) Wastewater Treatment Rate (%)	污水处理厂集中处理率 Centralized Treatment Rate of Wastewater Treatment Plants	人均公园绿地面积(平方米) Public Recreational Green Space Per Capita (m^2)	建成区绿化覆盖率(%) Green Coverage Rate of Built District (%)	建成区绿地率(%) Green Space Rate of Built District (%)	生活垃圾处理率(%) Domestic Garbage Treatment Rate (%)	生活垃圾无害化处理率 Domestic Garbage Harmless Treatment Rate	城市名称 Name of Cities
100.00	100.00	14.60	36.10	31.77	100.00	100.00	宁安
100.00	100.00	15.02	35.48	25.98	100.00	100.00	穆棱
90.09	90.09	13.45	40.36	35.38	100.00	100.00	黑河
97.62	97.62	12.23	23.41	21.01			北安
100.00	100.00	8.80	13.52	11.39	3.24		五大连池
100.00	100.00	8.69	29.76	24.65	83.71	83.71	绥化
100.00	100.00	3.72	14.25	13.54	100.00	100.00	安达
100.00	100.00	13.04	43.36	38.63	98.40		肇东
96.57	96.57	5.59	20.36	19.32			海伦
89.72	**89.72**	**7.33**	**38.43**	**33.92**	**81.92**	**81.92**	**上海**
93.46	**78.40**	**14.41**	**42.61**	**39.23**	**99.62**	**98.11**	**江苏**
95.32	65.41	14.98	44.14	40.23	100.00	92.16	南京
96.79	89.86	14.81	42.90	39.86	100.00	100.00	无锡
96.51	80.00	14.87	42.53	39.05	100.00	100.00	江阴
86.50	77.57	15.78	42.79	39.75	100.00	100.00	宜兴
92.74	92.74	16.21	43.26	40.45	95.07	95.07	徐州
86.35	76.12	8.99	41.03	39.56	100.00	100.00	新沂
61.07	61.07	13.69	42.43	37.97	96.04	96.04	邳州
95.00	88.36	13.21	42.97	39.04	100.00	100.00	常州
94.61	94.61	12.53	42.36	38.07	100.00	100.00	溧阳
90.76	90.76	12.66	41.72	37.74	100.00	100.00	金坛
95.74	79.32	15.20	42.18	38.03	100.00	100.00	苏州
92.78	78.88	19.48	45.14	41.98	100.00	100.00	常熟
92.05	89.11	14.32	43.84	39.75	100.00	100.00	张家港
94.23	73.05	14.60	44.15	40.22	100.00	100.00	昆山
94.18	94.18	13.20	42.35	39.96	100.00	100.00	太仓
92.81	88.52	16.76	42.59	39.57	100.00	100.00	南通
90.87	80.86	10.38	40.57	37.91	100.00	100.00	启东
86.67	85.37	12.17	40.84	38.55	100.00	100.00	如皋
91.48	91.48	10.15	40.58	38.27	100.00	100.00	海门
84.09	66.74	14.15	40.01	37.45	100.00	100.00	连云港
90.99	79.40	13.83	40.92	37.74	100.00	100.00	淮安
89.17	79.74	11.97	40.52	36.87	100.00	100.00	盐城
83.45	78.76	13.00	41.24	38.90	100.00	100.00	东台
80.96	64.94	12.65	41.39	39.43	100.00	100.00	大丰
93.72	88.50	18.01	43.61	41.27	100.00	100.00	扬州
89.89	71.90	9.61	40.99	37.14	91.54	91.54	仪征
84.78	80.65	9.96	41.40	37.29	100.00	100.00	高邮
92.80	83.42	18.69	42.48	39.78	100.00	100.00	镇江
86.24	63.00	9.94	40.79	37.87	100.00	100.00	丹阳
91.06	88.59	10.37	40.00	37.22	100.00	100.00	扬中

1-3 续表 5

城市名称 Name of Cities	人口密度（人/平方公里） Population Density (person/square kilometer)	人均日生活用水量（升） Daily Water Consumption Per Capita (liter)	用水普及率（%） Water Coverage Rate (%)	燃气普及率（%） Gas Coverage Rate (%)	建成区供水管道密度（公里/平方公里） Density of Water Supply Pipelines in Built District (kilometer/square kilometer)	人均道路面积（平方米） Road Surface Area Per Capita (m^2)	建成区排水管道密度（公里/平方公里） Density of Sewers in Built District (kilometer/square kilometer)
句　容	1754	173.34	100.00	100.00	17.34	20.21	7.97
泰　州	2244	122.72	100.00	99.60	22.98	24.30	16.85
兴　化	3281	111.82	100.00	99.52	11.70	22.16	14.05
靖　江	1651	140.56	100.00	95.60	26.20	24.32	18.86
泰　兴	3450	105.38	100.00	100.00	10.47	20.79	14.97
宿　迁	1909	131.23	100.00	99.92	16.79	27.68	17.14
浙　江	**1828**	**197.01**	**99.93**	**99.81**	**21.53**	**18.40**	**14.45**
杭　州	3772	255.85	100.00	100.00	21.72	14.78	9.82
建　德	1580	150.55	100.00	100.00	63.96	10.23	24.11
富　阳	861	221.22	100.00	100.00	36.11	11.81	15.67
临　安	1078	163.54	100.00	100.00	90.31	8.85	34.51
宁　波	2395	339.97	100.00	100.00	12.01	15.84	15.13
余　姚	1265	148.84	100.00	100.00	43.30	23.87	15.66
慈　溪	1915	173.25	100.00	100.00	40.05	33.14	29.19
奉　化	1043	148.26	100.00	100.00	31.73	13.06	11.02
温　州	2524	155.79	100.00	100.00	11.95	15.16	14.70
瑞　安	2517	158.34	100.00	96.97	37.26	13.58	14.68
乐　清	1694	156.77	100.00	100.00	30.45	16.26	38.27
嘉　兴	3910	159.86	99.31	99.54	8.90	17.12	7.84
海　宁	1438	146.74	100.00	100.00	13.82	28.15	13.23
平　湖	2386	244.61	100.00	98.31	16.47	19.88	20.76
桐　乡	1321	167.44	100.00	100.00	18.94	19.82	13.87
湖　州	1381	163.32	100.00	100.00	31.03	24.97	19.71
绍　兴	2919	169.10	100.00	99.92	23.76	17.98	13.39
诸　暨	987	196.02	100.00	100.00	29.61	11.19	8.76
嵊　州	1334	125.17	100.00	100.00	28.32	13.71	4.15
金　华	1656	166.46	100.00	100.00	17.43	26.38	20.07
兰　溪	1247	108.32	97.16	99.49	25.18	13.58	12.69
义　乌	1721	172.80	100.00	100.00	17.15	19.96	14.63
东　阳	1103	100.26	100.00	100.00	23.41	20.13	20.28
永　康	1708	126.16	100.00	100.00	32.20	26.01	16.68
衢　州	1775	194.27	100.00	98.99	17.26	31.07	17.76
江　山	1172	129.18	100.00	92.15	30.83	20.82	18.55
舟　山	1023	116.37	100.00	99.28	23.15	18.23	15.27
台　州	1364	200.52	100.00	100.00	27.25	27.77	16.85
温　岭	2313	218.57	100.00	100.00	11.11	23.63	12.36
临　海	861	145.27	100.00	100.00	18.25	20.06	13.15
丽　水	1293	167.85	100.00	100.00	33.19	12.59	16.15
龙　泉	458	131.13	100.00	99.89	23.17	21.01	13.00

Continued 5

污水处理率 (%) Wastewater Treatment Rate (%)	污水处理厂集中处理率 Centralized Treatment Rate of Wastewater Treatment Plants	人均公园绿地面积 (平方米) Public Recreational Green Space Per Capita (m^2)	建成区绿化覆盖率 (%) Green Coverage Rate of Built District (%)	建成区绿地率 (%) Green Space Rate of Built District (%)	生活垃圾处理率 (%) Domestic Garbage Treatment Rate (%)	生活垃圾无害化处理率 Domestic Garbage Harmless Treatment Rate	城市名称 Name of Cities
85.33	74.99	11.60	41.28	39.95	100.00	100.00	句容
89.45	58.53	9.47	40.66	37.01	100.00	100.00	泰州
89.10	78.89	13.10	40.00	37.05	100.00	100.00	兴化
90.27	60.83	10.97	41.85	38.10	100.00	100.00	靖江
88.82	80.00	9.78	41.20	37.52	100.00	100.00	泰兴
93.45	83.95	13.81	42.33	39.38	100.00	100.00	宿迁
90.68	**87.97**	**12.90**	**40.75**	**36.71**	**100.00**	**100.00**	**浙江**
95.61	95.61	15.50	40.57	37.32	100.00	100.00	杭州
87.49	87.49	10.95	38.79	35.25	100.00	100.00	建德
85.52	85.52	8.66	38.19	33.60	100.00	100.00	富阳
89.94	89.94	10.01	39.13	37.81	100.00	100.00	临安
92.35	78.97	10.64	38.28	35.04	100.00	100.00	宁波
86.30	86.30	10.71	42.38	37.75	100.00	100.00	余姚
86.00	86.00	13.00	39.22	35.33	100.00	100.00	慈溪
85.18	85.18	12.05	40.76	37.45	100.00	100.00	奉化
91.45	91.45	12.99	38.25	33.04	100.00	100.00	温州
89.00	89.00	12.78	39.04	34.40	100.00	100.00	瑞安
80.12	65.76	10.08	35.92	31.29	100.00	100.00	乐清
90.48	90.48	13.34	42.94	39.71	100.00	100.00	嘉兴
91.02	91.02	14.96	43.02	38.65	100.00	100.00	海宁
90.16	90.16	13.62	36.68	31.71	100.00	100.00	平湖
90.04	90.04	14.77	44.10	39.27	100.00	100.00	桐乡
92.00	92.00	16.57	48.32	44.21	100.00	100.00	湖州
89.26	89.26	13.28	43.64	37.60	100.00	100.00	绍兴
85.56	85.56	10.76	36.11	32.02	100.00	100.00	诸暨
83.37	83.37	11.07	35.99	31.67	100.00	100.00	嵊州
90.02	90.02	11.48	37.55	35.11	100.00	100.00	金华
83.51	83.51	9.58	37.65	34.61	100.00	100.00	兰溪
90.01	90.01	12.03	40.68	35.70	100.00	100.00	义乌
85.04	85.04	10.23	40.43	35.41	100.00	100.00	东阳
83.13	83.13	9.61	41.05	36.01	100.00	100.00	永康
89.26	88.95	14.56	41.45	36.22	100.00	100.00	衢州
86.02	84.34	11.41	45.63	43.21	100.00	100.00	江山
86.34	60.57	13.00	38.51	33.68	100.00	100.00	舟山
90.05	90.05	12.07	44.79	41.28	100.00	100.00	台州
89.25	89.25	13.16	44.04	38.47	100.00	100.00	温岭
89.01	89.01	14.65	40.96	40.28	100.00	100.00	临海
89.02	88.51	10.90	44.59	39.67	100.00	100.00	丽水
90.40	90.40	12.82	36.71	33.37	100.00	100.00	龙泉

1-3 续表 6

城市名称 Name of Cities	人口密度（人/平方公里） Population Density (person/ square kilometer)	人均日生活用水量（升） Daily Water Consumption Per Capita (liter)	用水普及率（%） Water Coverage Rate (%)	燃气普及率（%） Gas Coverage Rate (%)	建成区供水管道密度（公里/平方公里） Density of Water Supply Pipelines in Built District (kilometer/square kilometer)	人均道路面积（平方米） Road Surface Area Per Capita (m^2)	建成区排水管道密度（公里/平方公里） Density of Sewers in Built District (kilometer/ square kilometer)
安　徽	**2416**	**166.72**	**98.63**	**96.81**	**12.12**	**20.33**	**13.39**
合　肥	4592	215.27	99.78	98.50	10.26	16.40	18.96
巢　湖	6854	193.86	99.39	91.79	9.72	15.71	15.38
芜　湖	1782	144.91	100.00	100.00	9.68	25.94	17.29
蚌　埠	2544	201.85	100.00	100.00	8.63	19.24	8.86
淮　南	2183	122.77	99.19	95.01	14.20	13.92	6.66
马鞍山	4017	190.66	100.00	100.00	21.52	17.67	15.38
淮　北	3930	97.06	99.05	98.39	12.35	13.32	2.08
铜　陵	2404	251.03	100.00	100.00	19.49	11.54	17.39
安　庆	2105	133.00	100.00	97.62	11.26	17.04	12.25
桐　城	1823	106.16	92.27	89.28	8.33	18.88	9.46
黄　山	794	172.97	100.00	100.00	11.71	21.05	7.65
滁　州	1429	134.54	99.88	99.83	7.77	44.53	16.45
天　长	5848	191.61	84.46	83.94	14.98	31.17	10.58
明　光	613	154.61	88.03	95.30	20.04	23.18	18.56
阜　阳	2243	125.23	93.92	88.13	11.12	23.73	7.42
界　首	2275	140.62	91.54	61.48	8.06	15.00	10.49
宿　州	3224	152.56	99.96	97.21	10.52	27.06	11.19
六　安	3570	115.46	99.48	97.82	5.79	21.16	7.03
亳　州	4155	149.86	91.22	90.00	15.85	39.82	19.23
池　州	1199	126.03	99.01	99.64	11.05	25.09	15.14
宣　城	2686	158.72	98.33	96.58	32.74	27.37	14.32
宁　国	531	139.92	98.65	98.77	9.48	25.29	11.88
福　建	**2627**	**180.98**	**99.49**	**98.83**	**12.47**	**13.61**	**9.58**
福　州	2264	229.59	99.99	99.53	9.27	11.06	8.21
福　清	1467	199.82	99.94	98.82	15.09	11.35	8.07
长　乐	1244	164.27	99.86	96.58	14.79	7.26	12.69
厦　门	9735	164.02	100.00	99.34	12.62	12.29	8.69
莆　田	2287	155.96	99.73	99.07	15.45	14.88	22.52
三　明	1021	200.94	99.87	99.64	13.31	15.79	5.48
永　安	545	246.65	98.16	97.49	15.98	14.88	4.99
泉　州	2361	125.54	99.04	97.06	20.28	15.65	6.96
石　狮	9338	260.61	99.97	99.52	9.87	16.19	11.69
晋　江	5583	202.10	99.34	97.19	15.74	25.20	29.30
南　安	2404	116.67	92.80	98.56	7.33	13.60	11.26
漳　州	5029	176.82	99.85	99.06	7.63	23.20	13.09
龙　海	6985	129.86	99.89	97.51	10.25	13.89	10.68
南　平	1273	222.73	100.00	99.53	12.44	12.03	5.38
邵　武	1207	162.90	100.00	99.56	7.97	14.72	5.84
武夷山	667	225.96	97.23	99.89	13.05	18.15	20.22
建　瓯	3923	148.08	98.40	100.00	6.72	7.49	5.62
建　阳	3181	149.62	99.63	100.00	9.04	11.39	6.68

Continued 6

污水处理率 (%) Wastewater Treatment Rate (%)	污水处理厂集中处理率 Centralized Treatment Rate of Wastewater Treatment Plants	人均公园绿地面积 (平方米) Public Recreational Green Space Per Capita (m^2)	建成区绿化覆盖率 (%) Green Coverage Rate of Built District (%)	建成区绿地率 (%) Green Space Rate of Built District (%)	生活垃圾处理率 (%) Domestic Garbage Treatment Rate (%)	生活垃圾无害化处理率 Domestic Garbage Harmless Treatment Rate	城市名称 Name of Cities
96.21	**90.19**	**13.20**	**41.18**	**36.98**	**99.51**	**99.51**	**安徽**
98.90	89.40	13.32	45.20	40.30	100.00	100.00	合肥
88.00	88.00	12.77	38.25	37.56	100.00	100.00	巢湖
91.61	90.50	12.59	39.34	35.64	98.00	98.00	芜湖
99.30	93.78	12.79	38.81	34.09	100.00	100.00	蚌埠
98.18	86.62	12.17	39.72	36.77	98.50	98.50	淮南
99.08	87.93	15.39	43.78	41.09	98.14	98.14	马鞍山
97.87	90.09	14.96	44.62	43.15	100.00	100.00	淮北
90.04	90.04	14.79	46.60	44.02	100.00	100.00	铜陵
90.97	85.34	13.19	42.20	40.94	98.92	98.92	安庆
85.57	81.30	13.42	33.74	31.09	100.00	100.00	桐城
94.11	94.11	14.98	46.79	39.28	100.00	100.00	黄山
96.00	94.29	13.31	40.54	37.15	100.00	100.00	滁州
99.93	99.93	14.40	41.02	36.97	99.84	99.84	天长
97.92	97.92	5.94	14.19	8.82	100.00	100.00	明光
90.03	90.03	12.26	33.98	29.57	100.00	100.00	阜阳
93.66	92.20	4.68	32.38	18.37	94.91	94.91	界首
99.47	86.63	12.39	44.09	39.77	100.00	100.00	宿州
91.20	87.00	14.23	38.99	34.97	100.00	100.00	六安
96.93	96.93	11.52	36.31	28.98	100.00	100.00	亳州
92.31	92.31	17.08	42.30	33.51	100.00	100.00	池州
93.40	91.60	13.23	41.28	36.43	100.00	100.00	宣城
97.26	97.26	13.15	40.70	34.49	100.00	100.00	宁国
88.66	**83.76**	**12.76**	**42.80**	**38.99**	**97.92**	**97.86**	**福建**
87.73	86.51	12.94	42.92	39.52	96.00	96.00	福州
85.19	85.19	14.36	43.99	39.96	98.94	98.94	福清
86.63	75.81	15.95	41.27	39.85	92.89	92.89	长乐
93.38	88.01	11.44	41.87	37.12	100.00	100.00	厦门
87.46	87.46	12.72	44.65	38.84	99.13	99.13	莆田
85.49	33.00	13.71	43.94	40.51	98.09	98.09	三明
86.34	41.89	12.06	44.39	40.49	98.07	98.07	永安
87.68	87.68	14.00	43.09	40.21	98.40	98.40	泉州
87.98	87.98	13.00	43.79	38.99	98.03	98.03	石狮
87.53	87.53	11.33	43.93	39.76	98.03	98.03	晋江
86.36	86.36	10.27	40.31	35.01	98.04	98.04	南安
89.06	89.06	14.20	42.56	39.83	99.21	99.21	漳州
83.07	72.83	14.86	42.59	39.69	98.18	98.18	龙海
86.96	86.96	13.64	43.83	39.29	99.99	99.99	南平
88.76	88.76	15.69	43.92	41.13	96.51	96.51	邵武
87.83	87.83	12.99	42.33	40.11	85.85	85.85	武夷山
72.24	72.24	11.29	41.43	40.35	85.22	85.22	建瓯
87.35	87.35	15.94	43.61	41.00	99.77	90.53	建阳

1-3 续表 7

城市名称 Name of Cities	人口密度（人/平方公里） Population Density (person/square kilometer)	人均日生活用水量（升） Daily Water Consumption Per Capita (liter)	用水普及率（%） Water Coverage Rate (%)	燃气普及率（%） Gas Coverage Rate (%)	建成区供水管道密度（公里/平方公里） Density of Water Supply Pipelines in Built District (kilometer/square kilometer)	人均道路面积（平方米） Road Surface Area Per Capita (m^2)	建成区排水管道密度（公里/平方公里） Density of Sewers in Built District (kilometer/square kilometer)
龙　岩	1762	176.11	99.79	98.99	5.05	14.33	5.11
漳　平	8162	113.53	96.64	95.86	7.77	10.87	6.90
宁　德	2353	131.20	99.21	99.01	10.74	16.07	8.13
福　安	3939	219.94	99.18	98.44	9.30	8.96	13.80
福　鼎	1282	244.23	98.99	97.04	9.67	11.80	7.56
江　西	**4671**	**178.71**	**97.78**	**95.18**	**11.42**	**15.77**	**9.00**
南　昌	7564	271.32	98.85	94.82	13.36	11.09	7.88
景德镇	2511	206.57	99.78	98.54	8.38	16.21	9.01
乐　平	3483	96.00	97.67	91.72	8.35	12.40	7.89
萍　乡	5232	115.89	100.00	98.57	9.75	15.85	0.85
九　江	6286	139.09	100.00	99.45	14.11	23.22	11.13
瑞　昌	8048	157.83	100.00	95.16	11.06	22.84	10.68
共青城	4229	134.01	77.87	74.83	13.20	22.58	6.30
新　余	2009	176.13	100.00	99.44	7.09	24.23	10.71
鹰　潭	3702	137.23	97.77	95.54	5.80	13.16	5.17
贵　溪	1433	141.48	99.22	93.02	8.00	16.28	6.35
赣　州	7765	144.00	99.89	98.19	15.20	11.64	8.61
瑞　金	3204	69.98	88.15	66.04	24.98	9.14	5.69
吉　安	1867	156.13	92.99	97.62	12.70	18.73	9.78
井冈山	4843	176.87	85.38	46.40	9.58	25.80	8.24
宜　春	6403	151.32	95.21	95.08	8.88	14.24	8.47
丰　城	5666	156.51	91.01	94.39	9.61	20.11	7.19
樟　树	5421	95.32	91.60	96.89	5.68	18.16	11.39
高　安	4496	142.47	99.66	93.24	8.38	22.00	16.90
抚　州	6393	170.27	99.34	99.19	9.45	20.49	13.35
上　饶	7156	151.60	99.73	96.16	7.88	21.20	14.89
德　兴	3081	165.17	97.99	95.67	18.18	16.98	9.26
山　东	**1426**	**138.78**	**99.92**	**99.49**	**10.77**	**25.77**	**11.26**
济　南	2488	148.22	100.00	100.00	9.54	26.51	6.74
章　丘	731	123.95	100.00	100.00	7.08	22.24	18.03
青　岛	1657	195.35	100.00	100.00	12.59	24.31	13.94
胶　州	826	139.58	100.00	99.98	8.67	22.57	12.77
即　墨	909	135.02	100.00	99.78	12.66	21.12	12.49
平　度	660	120.47	100.00	99.83	9.53	19.73	14.35
莱　西	722	136.18	100.00	99.97	16.28	25.13	22.35
淄　博	2374	130.15	100.00	100.00	9.78	23.98	10.06
枣　庄	2708	125.95	99.42	99.48	11.31	25.51	8.15
滕　州	3665	156.04	100.00	99.86	16.83	22.34	8.64
东　营	609	134.81	100.00	99.73	10.09	34.32	8.69
烟　台	1910	140.22	100.00	100.00	10.99	19.49	10.54

Continued 7

污水处理率 (%) Wastewater Treatment Rate (%)	污水处理厂集中处理率 Centralized Treatment Rate of Wastewater Treatment Plants	人均公园绿地面积 (平方米) Public Recreational Green Space Per Capita (m^2)	建成区绿化覆盖率 (%) Green Coverage Rate of Built District (%)	建成区绿地率 (%) Green Space Rate of Built District (%)	生活垃圾处理率 (%) Domestic Garbage Treatment Rate (%)	生活垃圾无害化处理率 Domestic Garbage Harmless Treatment Rate	城市名称 Name of Cities
89.51	89.51	12.22	41.50	38.68	99.50	99.50	龙　岩
85.18	85.18	12.08	44.52	37.50	98.50	98.50	漳　平
87.00	87.00	15.45	42.47	39.33	94.00	94.00	宁　德
83.53	83.53	12.52	42.24	38.13	91.80	91.80	福　安
82.69	82.69	10.66	43.95	39.57	93.00	93.00	福　鼎
83.76	**82.55**	**14.13**	**44.61**	**41.61**	**100.00**	**93.09**	**江　西**
91.98	91.98	12.04	42.08	40.01	100.00	100.00	南　昌
72.07	72.07	14.81	51.65	49.50	100.00	100.00	景德镇
88.61	88.61	17.97	39.53	37.77	100.00	100.00	乐　平
84.89	84.89	10.58	40.51	38.76	100.00	100.00	萍　乡
99.47	97.67	17.65	51.07	48.73	100.00	100.00	九　江
92.16	92.16	12.07	42.07	37.82	100.00	16.21	瑞　昌
91.72	91.72	23.31	45.14	45.07	100.00	91.95	共青城
100.00	96.80	18.08	50.80	49.29	100.00	100.00	新　余
94.22	94.22	13.29	41.34	36.36	100.00	100.00	鹰　潭
45.67	45.67	14.08	39.90	35.96	100.00	100.00	贵　溪
50.35	41.09	10.37	39.93	35.24	100.00	100.00	赣　州
61.74	61.74	20.66	40.81	37.96	100.00	100.00	瑞　金
90.96	90.96	16.97	45.75	41.26	100.00	100.00	吉　安
90.13	90.13	49.81	50.56	49.10	100.00	100.00	井冈山
93.18	93.18	15.55	43.50	41.05	100.00	100.00	宜　春
72.43	72.43	12.09	45.65	41.52	100.00	100.00	丰　城
66.56	66.56	12.54	44.29	39.73	100.00		樟　树
15.22	15.22	14.89	43.51	41.13	100.00		高　安
92.19	92.19	16.38	46.90	43.06	100.00	100.00	抚　州
90.32	90.32	14.27	46.68	41.44	100.00	100.00	上　饶
68.83	68.83	18.08	49.35	45.47	100.00	100.00	德　兴
95.27	**95.07**	**17.10**	**42.79**	**38.29**	**100.00**	**100.00**	**山　东**
98.00	96.05	10.50	39.74	34.80	100.00	100.00	济　南
92.10	92.10	16.92	42.58	38.71	100.00	100.00	章　丘
94.93	94.93	14.57	44.71	39.71	100.00	100.00	青　岛
97.00	97.00	12.15	44.43	38.51	100.00	100.00	胶　州
96.99	96.99	12.98	43.70	39.55	100.00	100.00	即　墨
96.99	96.99	12.12	41.92	33.89	100.00	100.00	平　度
97.02	97.02	14.23	45.52	39.93	100.00	100.00	莱　西
95.76	95.73	15.94	44.33	37.26	100.00	100.00	淄　博
95.12	95.12	15.03	42.15	37.54	100.00	100.00	枣　庄
96.00	96.00	13.05	34.40	30.75	100.00	100.00	滕　州
94.71	94.71	23.50	44.35	41.67	100.00	100.00	东　营
95.54	95.54	20.22	40.00	38.99	100.00	100.00	烟　台

1-3 续表 8

城市名称 Name of Cities	人口密度（人/平方公里） Population Density (person/square kilometer)	人均日生活用水量（升） Daily Water Consumption Per Capita (liter)	用水普及率（%） Water Coverage Rate (%)	燃气普及率（%） Gas Coverage Rate (%)	建成区供水管道密度（公里/平方公里） Density of Water Supply Pipelines in Built District (kilometer/square kilometer)	人均道路面积（平方米） Road Surface Area Per Capita (m^2)	建成区排水管道密度（公里/平方公里） Density of Sewers in Built District (kilometer/square kilometer)
龙　口	2750	83.26	99.97	99.72	8.06	26.45	12.67
莱　阳	1183	96.33	99.87	99.71	7.83	12.05	6.87
莱　州	1005	99.05	100.00	99.73	15.73	20.98	10.45
蓬　莱	1110	104.60	96.76	94.03	13.27	26.59	13.39
招　远	1456	102.16	100.00	100.00	13.84	22.55	14.84
栖　霞	5438	108.13	98.74	98.85	6.88	8.56	10.28
海　阳	981	107.89	99.65	99.61	10.34	17.50	9.79
潍　坊	1075	120.41	100.00	100.00	12.44	28.16	12.27
青　州	1094	103.34	100.00	100.00	13.62	30.94	15.43
诸　城	930	107.40	100.00	100.00	7.18	33.27	12.20
寿　光	1043	120.70	100.00	100.00	9.44	31.75	20.10
安　丘	912	106.83	100.00	100.00	6.29	25.19	13.98
高　密	1364	145.03	100.00	100.00	4.58	31.10	9.32
昌　邑	1274	223.26	100.00	100.00	4.44	21.59	7.37
济　宁	1547	157.64	100.00	97.15	5.49	32.73	7.78
曲　阜	3136	159.09	100.00	96.62	11.70	25.38	7.89
邹　城	3075	116.12	100.00	92.99	8.83	20.69	7.53
泰　安	1634	164.59	100.00	100.00	12.02	25.79	6.93
新　泰	1021	109.39	100.00	100.00	12.31	25.79	7.78
肥　城	1875	104.15	100.00	100.00	5.06	26.30	7.60
威　海	1495	131.16	100.00	100.00	16.03	31.63	18.98
荣　成	763	111.55	100.00	100.00	16.65	27.04	18.22
乳　山	1341	103.48	100.00	100.00	16.93	31.81	18.51
日　照	1644	132.67	100.00	99.40	16.36	29.84	13.91
莱　芜	986	105.94	100.00	99.90	7.87	29.00	8.53
临　沂	1565	168.54	100.00	98.40	9.44	23.32	13.78
德　州	1445	108.45	99.82	99.63	13.78	32.72	8.05
乐　陵	2523	90.98	99.80	98.85	2.91	28.02	6.61
禹　城	2865	129.46	98.31	95.99	5.62	24.95	7.27
聊　城	1759	137.90	99.70	99.38	11.10	31.18	15.18
临　清	1184	143.30	99.26	99.26	9.84	30.74	12.04
滨　州	1334	97.25	100.00	100.00	12.15	20.71	12.61
菏　泽	1736	119.95	100.00	99.11	2.99	22.19	8.66
河　南	**5149**	**107.44**	**92.99**	**83.76**	**8.67**	**11.67**	**8.15**
郑　州	14530	90.57	100.00	90.15	7.03	6.54	8.71
巩　义	9239	93.65	94.47	85.72	5.77	9.08	6.40
荥　阳	6138	125.51	89.78	91.52	9.32	20.02	11.13
新　密	2002	152.31	90.17	94.00	10.86	17.05	5.41
新　郑	7289	121.42	67.60	84.00	10.83	15.96	7.31
登　封	3524	83.36	80.69	48.02	5.29	17.15	10.03
开　封	7642	112.56	94.76	94.54	11.90	14.49	7.43

Continued 8

污水处理率 (%) Wastewater Treatment Rate (%)	污水处理厂集中处理率 Centralized Treatment Rate of Wastewater Treatment Plants	人均公园绿地面积(平方米) Public Recreational Green Space Per Capita (m^2)	建成区绿化覆盖率 (%) Green Coverage Rate of Built District (%)	建成区绿地率 (%) Green Space Rate of Built District (%)	生活垃圾处理率 (%) Domestic Garbage Treatment Rate (%)	生活垃圾无害化处理率 Domestic Garbage Harmless Treatment Rate	城市名称 Name of Cities
96.98	96.98	14.97	45.09	39.54	100.00	100.00	龙　口
97.00	97.00	14.97	42.70	36.72	100.00	100.00	莱　阳
96.99	96.99	14.69	42.55	38.92	100.00	100.00	莱　州
91.74	91.74	15.76	42.75	38.44	100.00	100.00	蓬　莱
97.01	97.01	17.47	42.20	38.43	100.00	100.00	招　远
97.01	97.01	12.36	35.56	33.33	100.00	100.00	栖　霞
95.29	95.29	14.79	42.04	40.37	100.00	100.00	海　阳
92.79	92.79	17.87	40.83	39.74	100.00	100.00	潍　坊
96.99	96.99	25.62	46.19	43.24	100.00	100.00	青　州
97.00	97.00	23.38	43.39	38.17	100.00	100.00	诸　城
97.00	97.00	23.46	44.89	39.90	100.00	100.00	寿　光
96.99	96.99	25.83	44.33	37.18	100.00	100.00	安　丘
96.99	96.99	24.19	39.96	36.31	100.00	100.00	高　密
97.00	97.00	20.93	49.06	41.93	100.00	100.00	昌　邑
94.40	94.40	13.61	35.50	33.13	100.00	100.00	济　宁
95.72	95.72	14.83	39.30	31.00	100.00	100.00	曲　阜
97.01	97.01	14.09	41.38	39.83	100.00	100.00	邹　城
95.37	95.37	19.90	43.97	37.40	100.00	100.00	泰　安
96.84	96.84	20.37	45.74	44.88	100.00	100.00	新　泰
91.59	91.59	20.04	43.95	40.53	100.00	100.00	肥　城
94.83	94.83	25.31	48.91	43.98	100.00	100.00	威　海
96.97	96.97	24.09	48.12	43.91	100.00	100.00	荣　成
97.05	97.05	18.67	45.46	41.43	100.00	100.00	乳　山
93.98	93.73	22.64	43.46	41.22	100.00	100.00	日　照
83.39	83.39	19.59	44.72	40.60	100.00	100.00	莱　芜
92.83	92.77	19.82	41.25	37.13	100.00	100.00	临　沂
95.96	95.96	24.93	44.00	36.98	100.00	100.00	德　州
84.39	84.39	13.75	44.39	34.52	100.00	100.00	乐　陵
96.96	96.96	17.37	42.82	35.32	100.00	100.00	禹　城
94.65	94.65	14.99	46.86	37.52	100.00	100.00	聊　城
92.79	92.79	13.44	42.86	34.80	100.00	100.00	临　清
93.00	93.00	18.51	44.37	37.86	100.00	100.00	滨　州
95.99	95.99	12.44	40.89	37.46	100.00	100.00	菏　泽
92.52	**90.99**	**9.93**	**38.32**	**33.47**	**92.84**	**92.84**	**河　南**
95.89	95.89	6.98	40.20	34.90	95.00	95.00	郑　州
76.34	76.34	13.79	40.78	36.92	100.00	100.00	巩　义
99.28	99.28	11.05	37.85	29.64	100.00	100.00	荥　阳
87.98	87.98	13.03	35.49	28.75	99.80	99.80	新　密
84.97	84.97	9.24	36.66	29.72	100.00	100.00	新　郑
90.92	90.92	9.16	38.93	33.00	90.51	90.51	登　封
92.63	92.63	10.51	37.06	34.27	100.00	100.00	开　封

1-3 续表 9

城市名称 Name of Cities	人口密度(人/平方公里) Population Density (person/square kilometer)	人均日生活用水量(升) Daily Water Consumption Per Capita (liter)	用水普及率(%) Water Coverage Rate (%)	燃气普及率(%) Gas Coverage Rate (%)	建成区供水管道密度(公里/平方公里) Density of Water Supply Pipelines in Built District (kilometer/square kilometer)	人均道路面积(平方米) Road Surface Area Per Capita (m^2)	建成区排水管道密度(公里/平方公里) Density of Sewers in Built District (kilometer/square kilometer)
洛　阳	7335	115.04	98.01	75.94	8.52	9.66	8.22
偃　师	8600	101.25	96.01	80.18	11.31	8.05	5.59
平顶山	3608	107.37	97.53	87.40	16.44	11.52	6.21
舞　钢	1801	119.42	97.39	66.12	8.69	19.59	10.64
汝　州	2108	77.86	46.16	48.49	7.18	10.55	6.56
安　阳	4697	149.45	100.00	98.25	9.92	13.87	10.59
林　州	4895	107.94	98.39	98.49	10.68	15.07	9.86
鹤　壁	3553	120.69	96.03	90.63	10.08	16.09	6.41
新　乡	5436	115.33	99.08	98.55	6.82	14.45	7.40
卫　辉	3244	158.00	100.00	67.12	8.19	11.33	6.29
辉　县	1863	138.14	93.32	86.13	18.67	12.75	11.56
焦　作	7268	106.43	99.83	93.99	9.46	16.12	8.61
沁　阳	4194	65.61	93.27	92.36	4.79	26.54	12.45
孟　州	1341	83.29	98.68	80.26	13.94	19.41	15.69
濮　阳	3338	120.28	91.01	89.00	2.95	13.04	7.64
许　昌	5103	110.14	97.01	88.65	6.62	12.56	5.90
禹　州	8056	105.13	86.72	67.70	4.52	9.34	7.72
长　葛	2520	87.69	86.71	83.51	2.96	19.79	8.64
漯　河	5224	143.97	91.43	78.05	7.75	14.52	7.89
三门峡	11363	122.75	98.74	89.70	8.35	9.57	7.17
义　马	1579	70.09	89.71	89.88	4.82	16.19	3.64
灵　宝	6479	95.66	95.26	69.66	5.55	11.18	6.35
南　阳	2427	94.85	74.72	69.42	9.35	12.98	8.90
邓　州	8975	75.92	70.89	44.57	17.45	10.77	9.61
商　丘	9362	104.22	67.10	77.42	9.06	9.52	6.74
永　城	4650	130.69	88.68	73.68	7.65	16.00	10.72
信　阳	2035	147.30	94.62	97.80	14.60	16.59	3.82
周　口	3531	148.45	100.00	88.02	5.32	21.88	9.07
项　城	5007	93.79	99.97	57.12	7.92	11.75	12.20
驻马店	2522	105.25	86.69	68.80	7.00	23.23	9.84
济　源	5810	136.94	99.93	98.31	8.29	19.12	9.43
湖　北	**2448**	**210.60**	**98.75**	**94.71**	**14.27**	**16.57**	**10.34**
武　汉	4369	315.41	100.00	98.95	22.34	13.99	16.47
黄　石	3721	132.19	100.00	85.00	11.62	18.13	14.18
大　冶	1060	93.93	95.47	94.44	8.87	16.47	5.81
十　堰	1821	238.34	97.59	95.52	6.67	15.91	10.27
丹江口	686	160.70	93.71	78.05	12.43	11.67	7.18
宜　昌	1626	152.53	100.00	92.87	8.58	21.34	6.32
宜　都	759	109.84	100.00	99.29	14.26	24.94	5.94
当　阳	787	130.27	97.98	94.86	20.69	18.56	8.17
枝　江	2000	108.99	95.40	90.00	7.72	14.67	8.34

Continued 9

污水处理率 (%) Wastewater Treatment Rate (%)	污水处理厂集中处理率 Centralized Treatment Rate of Wastewater Treatment Plants	人均公园绿地面积 (平方米) Public Recreational Green Space Per Capita (m^2)	建成区绿化覆盖率 (%) Green Coverage Rate of Built District (%)	建成区绿地率 (%) Green Space Rate of Built District (%)	生活垃圾处理率 (%) Domestic Garbage Treatment Rate (%)	生活垃圾无害化处理率 Domestic Garbage Harmless Treatment Rate	城市名称 Name of Cities
97.71	97.71	8.54	42.08	34.51	83.08	83.08	洛　　阳
92.07	92.07	8.91	37.69	34.72	100.00	100.00	偃　　师
91.76	91.76	10.31	39.89	33.44	92.81	92.81	平 顶 山
92.62	38.07	12.00	40.49	36.54	99.96	99.96	舞　　钢
99.19	99.19	7.44	28.60	22.78	97.70	97.70	汝　　州
97.72	97.72	10.09	39.27	33.97	100.00	100.00	安　　阳
92.62	92.62	10.80	38.10	34.30	100.00	100.00	林　　州
70.38	70.38	14.85	39.62	35.33	92.88	92.88	鹤　　壁
90.00	90.00	10.25	39.99	37.28	100.00	100.00	新　　乡
100.00	100.00	7.69	36.25	30.13	100.00	100.00	卫　　辉
88.85	88.85	7.05	35.30	31.16	100.00	100.00	辉　　县
87.50	87.50	11.03	39.86	34.70	97.40	97.40	焦　　作
56.13	56.13	8.27	24.69	16.79	93.07	93.07	沁　　阳
97.51	97.51	9.77	38.21	32.89	91.10	91.10	孟　　州
91.96	65.42	13.59	38.57	33.06	90.97	90.97	濮　　阳
96.99	96.99	10.51	38.30	33.72	96.44	96.44	许　　昌
99.88	99.88	7.72	30.67	25.75	67.02	67.02	禹　　州
99.06	99.06	14.86	34.74	26.76	91.80	91.80	长　　葛
96.25	96.25	14.78	39.28	32.08	99.89	99.89	漯　　河
97.10	97.10	14.14	43.40	39.80	79.18	79.18	三 门 峡
77.07	77.07	11.14	33.05	27.38	69.64	69.64	义　　马
90.56	90.56	10.43	35.64	30.91	100.00	100.00	灵　　宝
88.22	83.60	17.15	25.39	28.38	76.21	76.21	南　　阳
91.47	91.47	6.65	36.19	31.30	91.52	91.52	邓　　州
90.03	90.03	6.33	42.23	35.82	90.53	90.53	商　　丘
94.85	94.85	12.78	41.63	36.11	92.01	92.01	永　　城
88.99	88.99	14.14	42.41	36.93	94.04	94.04	信　　阳
90.34	90.34	10.38	38.71	31.93	91.00	91.00	周　　口
88.31	88.31	10.69	39.40	33.37	100.00	100.00	项　　城
92.07	92.07	10.50	40.39	34.40	91.88	91.88	驻 马 店
96.70	96.70	12.25	41.93	39.26	100.00	100.00	济　　源
92.08	**88.55**	**11.10**	**37.87**	**33.24**	**98.07**	**90.16**	**湖　　北**
95.26	93.00	11.06	39.21	33.80	100.00	100.00	武　　汉
92.51	90.60	10.91	39.10	36.80	100.00	100.00	黄　　石
93.03	93.03	8.35	28.53	25.34			大　　冶
92.50	89.20	11.64	40.41	38.76	100.00	100.00	十　　堰
100.00	100.00	10.40	39.25	35.64	100.00		丹 江 口
91.00	91.00	14.24	41.35	36.76	95.14	95.14	宜　　昌
95.83	85.20	13.30	42.88	36.17	91.22	91.22	宜　　都
85.29	85.29	9.32	36.12	31.04	100.00	100.00	当　　阳
90.50	90.50	9.40	34.46	30.03	100.00	100.00	枝　　江

1-3 续表 10

城市名称 Name of Cities	人口密度(人/平方公里) Population Density (person/square kilometer)	人均日生活用水量(升) Daily Water Consumption Per Capita (liter)	用水普及率(%) Water Coverage Rate (%)	燃气普及率(%) Gas Coverage Rate (%)	建成区供水管道密度(公里/平方公里) Density of Water Supply Pipelines in Built District (kilometer/square kilometer)	人均道路面积(平方米) Road Surface Area Per Capita (m^2)	建成区排水管道密度(公里/平方公里) Density of Sewers in Built District (kilometer/square kilometer)
襄　阳	2809	155.77	100.00	99.86	6.40	17.56	7.34
老河口	1178	115.74	100.00	97.92	7.96	18.98	9.17
枣　阳	1154	132.60	100.00	98.00	6.41	20.29	9.72
宜　城	7162	135.16	96.46	97.74	5.60	19.94	7.29
鄂　州	1732	211.27	100.00	95.39	16.19	27.56	9.70
荆　门	2027	146.40	100.00	100.00	9.99	17.38	14.12
钟　祥	1349	193.87	100.00	100.00	9.79	22.14	7.43
孝　感	4535	171.76	100.00	94.63	10.76	22.66	8.81
应　城	936	245.43	99.88	84.53	9.74	24.70	6.60
安　陆	2216	156.47	98.64	68.44	8.59	23.03	6.97
汉　川	4429	116.57	94.48	92.61	9.62	9.08	8.74
荆　州	9221	206.13	99.71	99.84	23.16	14.61	7.58
石　首	6500	127.07	99.93	95.97	6.17	16.36	7.26
洪　湖	7345	90.06	93.37	96.42	19.07	15.25	7.53
松　滋	1292	142.56	99.03	100.00	18.33	21.18	14.52
黄　冈	5994	202.35	99.36	99.04	7.50	31.16	6.87
麻　城	1578	200.48	98.71	94.67	15.21	30.46	9.69
武　穴	9500	186.50	96.49	76.28	11.07	19.61	3.40
咸　宁	2487	115.69	96.27	93.64	4.25	12.96	3.39
赤　壁	4867	159.41	98.19	90.57	11.63	16.44	12.04
随　州	1842	110.90	94.08	91.02	14.71	9.84	6.04
广　水	4406	110.89	95.66	47.51	10.09	11.18	4.36
恩　施	4902	221.63	96.51	82.39	10.23	7.67	5.70
利　川	1647	82.65	81.28	91.78	18.63	8.42	4.58
仙　桃	1671	199.77	100.00	100.00	14.44	20.20	11.40
潜　江	1159	174.72	100.00	99.92	16.64	18.09	8.46
天　门	925	101.89	100.00	93.00	28.98	17.00	8.99
湖　南	**3402**	**202.96**	**97.05**	**91.24**	**13.31**	**13.76**	**8.19**
长　沙	3171	292.74	100.00	97.64	10.65	12.64	7.00
浏　阳	11567	176.36	96.77	82.42	12.61	8.38	3.41
株　洲	1278	256.22	100.00	98.82	16.98	18.82	7.42
醴　陵	2190	115.49	100.00	72.73	20.94	10.53	8.24
湘　潭	4849	199.85	98.46	95.86	15.26	18.09	12.91
湘　乡	8321	123.02	98.07	87.85	27.04	12.35	11.76
韶　山	1516	167.67	92.78	78.14	39.13	18.66	26.10
衡　阳	8987	158.57	96.45	92.67	9.39	12.79	8.08
耒　阳	9748	88.53	87.19	77.02	4.56	14.65	5.89
常　宁	6120	97.53	95.74	72.34	11.99	12.00	11.02
邵　阳	11385	157.09	90.06	87.31	13.01	14.42	14.42
武　冈	5975	119.18	93.90	61.03	21.91	13.09	11.99
岳　阳	4419	209.74	100.00	99.42	9.66	13.24	13.66

Continued 10

污水处理率 (%) Wastewater Treatment Rate (%)	污水处理厂集中处理率 Centralized Treatment Rate of Wastewater Treatment Plants	人均公园绿地面积 (平方米) Public Recreational Green Space Per Capita (m^2)	建成区绿化覆盖率 (%) Green Coverage Rate of Built District (%)	建成区绿地率 (%) Green Space Rate of Built District (%)	生活垃圾处理率 (%) Domestic Garbage Treatment Rate (%)	生活垃圾无害化处理率 Domestic Garbage Harmless Treatment Rate	城市名称 Name of Cities
91.52	88.85	13.28	40.12	35.11	99.54	99.54	襄　阳
92.24	92.24	9.47	44.04	38.37	95.69	95.69	老河口
90.03	90.03	14.26	35.57	27.83	100.00	100.00	枣　阳
78.17	78.17	12.01	35.71	31.45	100.00	100.00	宜　城
89.00	81.97	14.95	32.44	27.68	100.00	100.00	鄂　州
86.19	86.19	10.45	39.94	33.76	100.00	100.00	荆　门
85.01	85.01	11.42	31.59	28.59	100.00		钟　祥
85.43	85.43	9.05	36.83	31.36	98.63	98.63	孝　感
80.04	80.04	9.07	36.20	31.30	100.00	100.00	应　城
76.88	76.88	8.84	32.92	29.04	99.77	99.77	安　陆
85.95	85.95	6.56	37.15	38.12	94.42		汉　川
90.60	90.60	11.44	39.26	34.98	100.00	100.00	荆　州
93.35	93.35	9.15	36.38	31.63	100.00		石　首
86.00	86.00	12.47	42.00	38.72	100.00		洪　湖
80.07	80.07	11.99	39.43	34.28	100.00		松　滋
100.00	86.87	14.09	33.55	31.44	100.00	100.00	黄　冈
83.03	46.06	10.56	41.47	36.57	96.22	96.22	麻　城
95.73	50.30	11.16	21.40	19.20	100.00	100.00	武　穴
87.59	87.59	13.03	37.68	32.72	99.09	99.09	咸　宁
94.01	94.01	9.63	37.96	33.85	100.00	100.00	赤　壁
93.87	61.52	9.18	43.62	33.82	99.77	99.77	随　州
83.99	83.99	10.74	17.12	15.06	94.35	94.35	广　水
93.48	87.08	9.93	36.80	32.40	100.00	100.00	恩　施
55.89	40.93	7.48	23.84	21.31	100.00	100.00	利　川
88.15	88.15	9.18	37.09	32.09	100.00	100.00	仙　桃
88.09	88.09	10.01	37.10	32.51	100.00	100.00	潜　江
92.33	92.33	8.73	37.56	32.92	100.00	100.00	天　门
90.11	**79.93**	**9.85**	**38.64**	**34.78**	**99.70**	**99.70**	**湖　南**
96.90	96.90	10.19	40.13	34.53	100.00	100.00	长　沙
97.52	97.52	4.81	36.83	31.30	100.00	100.00	浏　阳
94.46	87.16	11.59	41.60	39.50	100.00	100.00	株　洲
88.03	61.71	9.56	34.27	30.57	100.00	100.00	醴　陵
90.00	59.03	9.03	40.93	37.19	100.00	100.00	湘　潭
95.07	95.07	8.40	36.12	31.79	100.00	100.00	湘　乡
90.18	70.35	10.93	48.47	44.19	100.00	100.00	韶　山
75.99	57.61	8.88	34.31	31.95	100.00	100.00	衡　阳
77.90	59.30	6.63	35.71	30.68	100.00	100.00	耒　阳
76.04	76.04	5.36	24.10	20.34	100.00	100.00	常　宁
86.03	61.03	8.78	38.79	31.90	95.73	95.73	邵　阳
85.23	85.23	9.20	35.20	30.20	95.93	95.93	武　冈
90.80	60.37	9.17	40.88	39.25	100.00	100.00	岳　阳

1-3 续表 11

城市名称 Name of Cities	人口密度 (人/平方公里) Population Density (person/ square kilometer)	人均日生活用水量 (升) Daily Water Consumption Per Capita (liter)	用水普及率 (%) Water Coverage Rate (%)	燃气普及率 (%) Gas Coverage Rate (%)	建成区供水管道密度 (公里/平方公里) Density of Water Supply Pipelines in Built District (kilometer/square kilometer)	人均道路面积 (平方米) Road Surface Area Per Capita (m^2)	建成区排水管道密度 (公里/平方公里) Density of Sewers in Built District (kilometer/ square kilometer)
汨罗	7525	115.21	97.04	91.45	11.93	17.11	7.43
临湘	7048	95.00	95.91	98.18	10.61	9.65	12.29
常德	2065	201.66	99.56	99.93	17.63	19.37	6.19
津市	1538	144.60	98.00	99.36	16.86	12.02	8.21
张家界	4140	192.20	97.19	90.31	13.59	17.25	7.01
益阳	5752	181.45	97.29	72.95	6.20	13.46	4.18
沅江	10944	173.71	95.43	85.79	7.84	7.10	8.51
郴州	1067	151.57	100.00	95.20	16.53	15.45	4.72
资兴	6009	91.89	87.84	97.30	17.40	11.29	7.03
永州	5291	194.33	99.15	90.66	14.30	16.24	7.92
怀化	8725	161.32	89.72	83.99	16.50	7.97	5.58
洪江	4147	122.58	95.08	81.97	9.01	17.47	9.42
娄底	7717	210.77	99.79	94.06	8.92	9.27	9.42
冷水江	3771	171.27	93.39	87.38	20.06	11.04	6.69
涟源	6920	145.26	91.91	89.02	18.00	8.89	6.67
吉首	4832	297.19	82.61	72.96	21.27	13.72	10.60
广东	**2999**	**247.51**	**97.26**	**96.64**	**17.68**	**13.20**	**9.32**
广州	7912	329.58	99.71	99.80	17.06	9.43	9.74
增城	1120	306.40	100.00	98.04	11.33	9.78	8.37
从化	950	201.30	100.00	66.20	23.18	9.79	9.28
韶关	405	291.53	97.68	93.47	18.52	13.04	5.41
乐昌	3066	146.33	99.57	97.85	10.09	6.69	0.36
南雄	3979	126.59	98.94	57.02	6.90	9.18	4.92
深圳	5398	236.06	100.00	99.97	18.40	10.79	13.07
珠海	2403	257.47	99.92	99.92	24.74	28.47	11.57
汕头	4146	208.56	92.17	98.53	10.81	9.92	6.73
佛山	2647	376.98	100.00	98.37	31.03	12.74	16.05
江门	2363	185.36	98.75	98.04	10.69	18.03	2.76
台山	5679	334.98	93.44	93.44	23.60	16.69	9.34
开平	1597	140.03	92.34	78.46	22.30	10.11	0.73
鹤山	1784	359.52	100.00	80.44	17.46	29.16	11.72
恩平	2076	159.67	90.91	87.58	25.85	12.75	5.33
湛江	8094	204.33	94.38	98.21	12.39	11.62	7.23
廉江	6667	170.11	71.06	71.06	27.78	6.94	4.41
雷州	5903	152.83	60.73	68.06	12.00	6.76	3.71
吴川	5699	153.84	95.10	69.90	10.27	10.65	5.34
茂名	4105	234.44	100.00	100.00	11.48	10.07	3.19
高州	2115	102.74	100.00	100.00	7.52	6.08	5.01
化州	4835	119.81	100.00	100.00	7.05	3.54	2.84
信宜	4689	100.70	100.00	100.00	8.88	4.53	4.70
肇庆	1432	283.91	99.96	99.38	21.48	19.92	8.31

Continued 11

污水处理率 (%) Wastewater Treatment Rate (%)	污水处理厂集中处理率 Centralized Treatment Rate of Wastewater Treatment Plants	人均公园绿地面积 (平方米) Public Recreational Green Space Per Capita (m^2)	建成区绿化覆盖率 (%) Green Coverage Rate of Built District (%)	建成区绿地率 (%) Green Space Rate of Built District (%)	生活垃圾处理率 (%) Domestic Garbage Treatment Rate (%)	生活垃圾无害化处理率 Domestic Garbage Harmless Treatment Rate	城市名称 Name of Cities
83.25	83.25	7.70	37.31	33.79	95.00	95.00	汨　罗
87.15	76.87	12.49	35.21	30.21	100.00	100.00	临　湘
84.92	84.92	14.29	43.66	39.29	100.00	100.00	常　德
91.88	91.88	9.69	35.17	30.07	100.00	100.00	津　市
81.09	81.09	8.85	39.50	34.57	100.00	100.00	张家界
91.34	91.34	16.22	37.77	36.11	99.99	99.99	益　阳
86.16	86.16	4.92	28.33	26.01	100.00	100.00	沅　江
90.30	90.30	11.50	44.30	40.80	100.00	100.00	郴　州
70.60	70.60	10.20	43.31	40.95	100.00	100.00	资　兴
83.24	82.37	9.37	40.76	36.48	100.00	100.00	永　州
85.42	85.01	7.11	35.10	31.53	100.00	100.00	怀　化
90.17	90.17	13.28	38.68	33.23	100.00	100.00	洪　江
85.27	85.27	9.53	39.93	34.92	100.00	100.00	娄　底
85.99	31.00	11.52	35.18	34.85	96.43	96.43	冷水江
85.47	85.47	3.24	30.53	25.87	97.08	97.08	涟　源
89.99	89.99	10.54	22.17	19.72	100.00	100.00	吉　首
91.55	**91.40**	**16.28**	**41.44**	**37.18**	**94.66**	**86.38**	**广　东**
98.72	98.72	20.19	41.50	35.68	86.80	86.80	广　州
29.04	29.04	21.74	39.41	36.44	51.77	51.77	增　城
52.80	52.80	17.45	29.51	28.69	100.00	100.00	从　化
81.35	81.35	12.36	45.92	42.89	100.00	100.00	韶　关
69.85	69.85	11.75	27.90	24.19	100.00	100.00	乐　昌
50.29	50.29	12.33	34.81	32.38	100.00		南　雄
96.60	96.60	16.84	45.08	39.19	100.00	100.00	深　圳
90.13	90.13	18.75	57.19	52.61	100.00	100.00	珠　海
92.08	92.08	14.41	42.04	40.33	92.34	76.92	汕　头
79.65	79.65	12.95	39.79	37.38	94.19	94.19	佛　山
91.23	91.23	17.60	43.68	41.71	100.00	100.00	江　门
91.71	91.71	19.17	36.35	32.45	100.00	100.00	台　山
85.29	85.29	13.80	39.53	35.09	100.00	100.00	开　平
86.64	86.64	12.31	29.38	27.87	100.00	100.00	鹤　山
80.03	72.91	15.60	37.68	35.02	100.00	100.00	恩　平
96.67	96.67	12.97	41.20	37.19	100.00	100.00	湛　江
55.02	55.02	21.61	21.92	21.74	100.00		廉　江
92.79	92.79	7.37	24.63	24.20	100.00		雷　州
61.78	61.78	12.41	24.12	22.73	98.50	98.50	吴　川
88.19	88.19	12.54	32.36	30.24	100.00	100.00	茂　名
91.02	91.02	11.84	36.66	30.99	100.00	100.00	高　州
77.46	77.46	3.33	28.89	24.80	100.00	100.00	化　州
90.05	90.05	8.77	39.00	30.00	100.00	100.00	信　宜
93.16	93.16	21.17	35.42	29.93	100.00	100.00	肇　庆

1-3 续表 12

城市名称 Name of Cities	人口密度(人/平方公里) Population Density (person/square kilometer)	人均日生活用水量(升) Daily Water Consumption Per Capita (liter)	用水普及率(%) Water Coverage Rate (%)	燃气普及率(%) Gas Coverage Rate (%)	建成区供水管道密度(公里/平方公里) Density of Water Supply Pipelines in Built District (kilometer/square kilometer)	人均道路面积(平方米) Road Surface Area Per Capita (m^2)	建成区排水管道密度(公里/平方公里) Density of Sewers in Built District (kilometer/square kilometer)
高　要	1807	107.21	91.17	97.36	3.92	13.08	4.84
四　会	4770	208.27	93.71	99.79	5.51	17.15	9.66
惠　州	1308	256.15	99.16	95.25	9.94	18.23	10.65
梅　州	2331	193.95	97.04	97.34	14.28	20.67	9.80
兴　宁	2187	221.81	94.86	91.84	11.24	13.07	29.42
汕　尾	860	180.60	99.05	98.89	29.01	10.73	14.87
陆　丰	3888	152.72	92.01	79.28	58.99	10.06	8.32
河　源	8928	294.38	100.00	95.61	26.46	13.71	11.58
阳　江	1159	219.16	100.00	50.74	17.11	16.76	8.76
阳　春	639	162.74	94.79	92.80	32.40	13.60	4.17
清　远	1269	329.22	100.00	100.00	38.91	31.71	8.61
英　德	1503	100.63	93.01	84.91	8.82	14.29	9.47
连　州	1758	151.89	85.35	68.99	9.00	29.34	9.04
东　莞	2460	247.73	100.00	98.33	21.58	23.00	9.95
中　山	2739	130.10	100.00	99.07	15.53	14.86	9.95
潮　州	3483	136.52	92.26	91.57	11.36	8.73	6.05
揭　阳	2078	50.23	71.70	88.00	7.32	3.56	0.65
普　宁	4878	146.74	94.41	83.06	5.04	15.31	5.83
云　浮	2739	211.45	98.81	91.04	38.95	6.50	4.66
罗　定	4577	90.65	97.25	90.82	22.26	2.90	4.55
广　西	**1684**	**234.97**	**94.40**	**92.99**	**13.29**	**15.75**	**7.35**
南　宁	3242	308.50	90.39	98.64	11.50	14.16	2.78
柳　州	3466	205.27	97.94	94.46	14.13	11.77	6.96
桂　林	1457	271.00	97.25	99.72	23.78	11.85	8.17
梧　州	1196	215.47	90.12	94.19	8.85	14.60	6.15
岑　溪	5357	153.82	99.07	99.56	9.14	20.00	6.87
北　海	430	229.14	99.61	99.61	16.26	21.39	11.19
防城港	763	203.85	100.00	99.61	13.26	35.59	13.38
东　兴	716	230.81	99.36	84.37	15.78	23.59	17.24
钦　州	935	215.11	92.90	96.71	8.31	31.67	7.39
贵　港	1428	195.94	91.75	81.32	15.97	18.30	5.46
桂　平	607	177.92	99.50	66.13	5.60	16.12	7.24
玉　林	2195	161.55	100.00	98.88	12.15	14.42	10.96
北　流	1521	158.07	100.00	100.00	11.23	24.00	14.25
百　色	692	250.29	100.00	51.63	13.13	17.03	7.22
贺　州	3927	202.42	70.60	60.01	15.80	11.16	7.57
河　池	2794	223.49	97.99	83.62	13.34	9.51	10.61
宜　州	3468	177.20	100.00	99.61	16.79	25.18	29.37
来　宾	3108	180.61	100.00	98.99	19.59	21.76	13.55
合　山	2915	157.90	100.00	94.17	13.94	15.08	11.66
崇　左	3366	217.35	89.13	66.90	7.32	11.29	3.48
凭　祥	1888	267.69	86.23	79.47	20.33	17.69	5.00

Continued 12

污水处理率 (%) Wastewater Treatment Rate (%)	污水处理厂集中处理率 Centralized Treatment Rate of Wastewater Treatment Plants	人均公园绿地面积 (平方米) Public Recreational Green Space Per Capita (m^2)	建成区绿化覆盖率 (%) Green Coverage Rate of Built District (%)	建成区绿地率 (%) Green Space Rate of Built District (%)	生活垃圾处理率 (%) Domestic Garbage Treatment Rate (%)	生活垃圾无害化处理率 Domestic Garbage Harmless Treatment Rate	城市名称 Name of Cities
81.71	61.09	18.55	37.76	36.16	100.00	100.00	高要
80.75	80.75	8.97	25.86	25.82	100.00	100.00	四会
97.46	97.46	17.27	37.00	33.35	96.15	96.15	惠州
85.03	85.03	15.80	42.92	37.06	100.00	100.00	梅州
71.74	71.74	18.86	39.03	38.31	100.00	100.00	兴宁
88.07	88.07	12.66	40.62	39.52	100.00	100.00	汕尾
70.07	70.07	7.86	30.85	29.87	79.52		陆丰
93.11	93.11	12.50	44.60	40.86	100.00	100.00	河源
68.67	68.67	11.07	37.67	34.66	100.00	100.00	阳江
100.00	100.00	10.43	31.88	29.67	100.00	100.00	阳春
85.59	85.59	16.18	41.38	36.11	100.00	100.00	清远
96.11	96.11	17.65	36.04	34.67	100.00		英德
94.76	94.76	14.08	38.33	36.58	100.00		连州
95.58	95.58	17.28	45.25	42.18	100.00	66.37	东莞
90.60	90.60	17.80	40.66	34.42	100.00	100.00	中山
63.07	63.07	10.55	40.61	35.63	80.74	80.74	潮州
77.09	77.09	8.39	29.57	27.39	93.96	93.96	揭阳
68.49	68.49	3.92	34.83	31.69			普宁
91.38	75.47	13.17	37.48	35.34	100.00	79.47	云浮
83.05	72.77	11.52	53.55	21.60	100.00	100.00	罗定
87.45	**60.47**	**11.19**	**39.26**	**33.74**	**97.86**	**95.40**	**广西**
87.10	74.48	12.65	49.36	39.89	100.00	100.00	南宁
91.00	38.38	13.03	41.82	36.07	100.00	100.00	柳州
87.02	86.31	11.53	40.03	35.89	98.22	73.57	桂林
88.52	63.50	8.64	40.13	38.47	100.00	100.00	梧州
90.82	90.82	10.83	34.74	29.28	100.00	100.00	岑溪
77.55	77.55	10.86	39.92	33.58	100.00	100.00	北海
71.33	39.53	7.48	33.67	29.11	97.00	97.00	防城港
83.40	83.40	10.50	26.08	25.43	82.97	82.97	东兴
88.90	73.49	7.32	33.94	29.37	86.65	86.65	钦州
86.63	35.26	12.11	24.44	22.88	98.67	98.67	贵港
85.99	43.04	5.60	16.74	15.38	99.82	99.82	桂平
99.11	99.11	9.95	37.04	32.12	100.00	100.00	玉林
98.26	98.26	10.68	37.97	32.98	100.00	100.00	北流
80.85	80.85	11.62	37.01	32.57	100.00	100.00	百色
66.55	66.55	7.08	34.25	29.94	100.00	100.00	贺州
89.84	86.26	7.09	27.68	27.19	100.00	100.00	河池
85.26	38.74	10.63	35.45	26.05	100.00	100.00	宜州
83.19	83.19	10.40	32.82	31.77	100.00	100.00	来宾
87.43	87.43	9.78	37.01	33.38	87.10	87.10	合山
41.43	41.43	10.36	39.00	32.00	57.86	57.86	崇左
75.04	75.04	18.55	43.52	40.31	81.53	81.53	凭祥

1-3 续表 13

城市名称 Name of Cities	人口密度（人/平方公里） Population Density (person/square kilometer)	人均日生活用水量（升） Daily Water Consumption Per Capita (liter)	用水普及率（%） Water Coverage Rate (%)	燃气普及率（%） Gas Coverage Rate (%)	建成区供水管道密度（公里/平方公里） Density of Water Supply Pipelines in Built District (kilometer/square kilometer)	人均道路面积（平方米） Road Surface Area Per Capita (m^2)	建成区排水管道密度（公里/平方公里） Density of Sewers in Built District (kilometer/square kilometer)
海　南	**2069**	**243.54**	**98.10**	**96.49**	**12.75**	**17.97**	**11.62**
海　口	2443	222.53	99.95	99.69	6.91	18.69	10.38
三　亚	2013	454.02	95.64	92.47	18.66	11.35	23.05
三　沙	578	19.18	76.92		8.80	16.92	20.00
五指山	950	199.75	96.49	87.72	9.50	21.28	4.40
琼　海	4436	243.84	96.05	86.44	25.55	20.43	13.89
儋　州	1108	193.56	98.88	92.09	24.82	18.66	10.49
文　昌	1820	157.09	99.41	99.61	15.55	17.89	10.63
万　宁	1413	95.40	94.16	93.57	23.80	11.04	5.33
东　方	3546	247.61	91.41	99.77	2.75	31.94	6.14
重　庆	**1872**	**146.13**	**96.78**	**94.27**	**9.42**	**11.68**	**9.00**
四　川	**3068**	**216.00**	**91.12**	**90.89**	**12.39**	**13.32**	**9.30**
成　都	6194	380.84	98.44	97.60	11.53	14.78	11.61
都江堰	3174	159.88	87.90	80.82	22.98	15.71	10.33
彭　州	2044	171.88	67.50	76.64	44.10	11.79	16.98
邛　崃	5194	146.27	77.01	85.59	19.28	20.57	13.12
崇　州	2417	180.09	97.85	97.20	8.46	23.89	12.35
自　贡	1504	98.82	70.03	92.57	19.78	13.12	1.15
攀枝花	2039	211.71	95.06	98.81	17.09	12.33	8.88
泸　州	2836	130.05	90.85	84.56	9.88	11.74	8.23
德　阳	7225	133.39	98.19	94.45	6.99	12.67	6.62
广　汉	4962	190.27	87.51	82.08	4.98	13.89	7.06
什　邡	6500	199.02	79.27	87.18	27.68	13.24	7.74
绵　竹	7413	174.78	98.11	99.82	5.93	19.69	15.14
绵　阳	2557	158.52	99.07	99.50	22.52	12.98	16.05
江　油	1504	147.59	100.00	85.00	10.43	18.84	11.72
广　元	1849	170.96	93.29	85.60	9.44	13.85	10.86
遂　宁	2352	110.04	82.66	82.25	8.40	26.23	10.41
内　江	2303	116.62	93.17	90.21	7.64	7.33	4.86
乐　山	3630	152.42	96.38	93.69	19.46	14.10	8.29
峨眉山	1722	261.87	88.92	75.98	12.17	12.83	3.56
南　充	2571	156.56	97.22	96.76	7.00	13.89	11.60
阆　中	1800	159.68	97.04	96.59	6.87	13.81	10.62
眉　山	7019	167.42	82.60	96.64	8.88	14.22	9.60
宜　宾	7464	179.15	77.00	73.76	9.93	5.97	7.11
广　安	2078	110.74	98.98	98.98	7.43	22.47	5.62
华　蓥	1234	161.69	98.25	81.58	12.92	15.89	13.85
达　州	4319	240.95	71.88	65.89	10.63	3.14	1.22

Continued 13

污水处理率(%) Wastewater Treatment Rate (%)	污水处理厂集中处理率 Centralized Treatment Rate of Wastewater Treatment Plants	人均公园绿地面积(平方米) Public Recreational Green Space Per Capita (m^2)	建成区绿化覆盖率(%) Green Coverage Rate of Built District (%)	建成区绿地率(%) Green Space Rate of Built District (%)	生活垃圾处理率(%) Domestic Garbage Treatment Rate (%)	生活垃圾无害化处理率 Domestic Garbage Harmless Treatment Rate	城市名称 Name of Cities
71.42	**71.42**	**13.01**	**41.32**	**36.88**	**99.83**	**99.83**	**海　南**
85.07	85.07	12.47	42.79	37.90	100.00	100.00	海　口
78.41	78.41	18.96	45.30	41.59	100.00	100.00	三　亚
							三　沙
61.54	61.54	8.29	28.41	25.10	100.00	100.00	五指山
52.14	52.14	13.62	39.08	36.61	100.00	100.00	琼　海
33.21	33.21	9.77	38.27	34.35	100.00	100.00	儋　州
32.96	32.96	9.02	38.73	36.79	100.00	100.00	文　昌
94.55	94.55	14.35	34.40	25.03	98.25	98.25	万　宁
29.38	29.38	11.25	43.64	38.24	100.00	100.00	东　方
92.99	**91.94**	**16.97**	**40.60**	**37.38**	**99.20**	**99.20**	**重　庆**
85.36	**79.58**	**11.26**	**37.51**	**33.58**	**97.24**	**95.37**	**四　川**
94.64	94.23	13.77	35.86	32.49	100.00	100.00	成　都
85.01	84.41	11.41	36.28	31.15	100.00	100.00	都江堰
75.48	74.12	9.18	33.42	26.07	89.09	89.09	彭　州
77.07	77.07	11.44	38.83	33.76	100.00	100.00	邛　崃
59.91	59.91	12.98	40.68	35.89	100.00	100.00	崇　州
90.56	71.36	10.14	40.00	35.20	93.00	93.00	自　贡
81.77	25.97	9.91	39.57	36.81	98.53	98.53	攀枝花
85.03	49.69	9.01	39.86	35.13	100.00	85.90	泸　州
91.00	91.00	10.73	39.96	34.52	100.00	100.00	德　阳
59.43	59.43	7.96	39.10	34.14	99.07	99.07	广　汉
86.84	86.84	10.26	35.23	27.35	100.00	100.00	什　邡
91.56	91.56	10.97	41.07	35.06	100.00	100.00	绵　竹
92.37	92.37	9.63	38.50	36.16	100.00	100.00	绵　阳
86.08	86.08	11.68	38.51	33.42	100.00	100.00	江　油
86.43	86.43	11.70	37.35	35.98	89.59	89.59	广　元
96.11	96.11	8.24	33.49	31.15	91.98	91.98	遂　宁
88.78	88.78	9.09	37.50	34.03	82.24	82.24	内　江
79.73	79.73	8.33	33.30	29.24	99.32	82.49	乐　山
98.94	98.94	13.59	44.55	41.31	100.00	100.00	峨眉山
85.58	85.58	11.02	42.04	36.19	99.09	99.09	南　充
81.85	81.85	9.81	40.62	35.20	90.08	90.08	阆　中
85.62	78.12	10.57	35.05	30.86	79.67	79.67	眉　山
36.31	36.31	8.44	38.31	33.70	98.64	98.64	宜　宾
91.74	91.74	20.30	40.52	35.44	100.00	100.00	广　安
34.95	34.95	8.77	21.92	16.23	100.00	100.00	华　蓥
47.24	47.24	13.83	30.25	27.16	90.44	90.44	达　州

1-3 续表 14

城市名称 Name of Cities	人口密度(人/平方公里) Population Density (person/square kilometer)	人均日生活用水量(升) Daily Water Consumption Per Capita (liter)	用水普及率(%) Water Coverage Rate (%)	燃气普及率(%) Gas Coverage Rate (%)	建成区供水管道密度(公里/平方公里) Density of Water Supply Pipelines in Built District (kilometer/square kilometer)	人均道路面积(平方米) Road Surface Area Per Capita (m^2)	建成区排水管道密度(公里/平方公里) Density of Sewers in Built District (kilometer/square kilometer)
万　源	6563	124.27	67.14	43.20	15.54	4.74	5.80
雅　安	1338	145.59	99.09	96.55	9.67	12.95	9.39
巴　中	2313	134.53	93.07	94.42	6.99	2.78	7.66
资　阳	1779	133.88	98.74	96.84	11.31	15.04	6.83
简　阳	3063	111.48	97.67	99.80	7.47	9.76	3.56
西　昌	10759	199.17	79.48	73.22	14.01	10.80	4.94
贵　州	**2393**	**159.65**	**94.47**	**76.30**	**12.00**	**10.33**	**7.71**
贵　阳	2157	186.32	95.06	95.34	14.11	9.84	11.77
清　镇	3138	175.82	93.89	89.56	11.38	11.82	4.54
六盘水	2559	167.76	90.88	91.18	22.35	12.34	1.78
遵　义	3557	152.62	95.85	68.24	4.62	7.05	3.36
赤　水	1418	100.27	77.52	49.22	9.48	6.92	11.04
仁　怀	1556	178.72	97.40	79.42	9.39	4.98	2.67
安　顺	4739	88.75	96.95	51.14	5.43	8.82	8.33
铜　仁	6131	134.89	90.27	30.60	8.22	7.84	4.52
兴　义	4441	152.52	91.41	36.81	9.12	21.78	9.56
毕　节	1568	139.89	95.97	53.82	14.52	16.51	4.08
凯　里	3306	121.02	94.95	73.25	12.13	12.50	2.49
都　匀	785	157.31	97.79	83.69	10.28	8.97	5.40
福　泉	4870	166.03	96.26	53.48	10.63	9.19	6.90
云　南	**2853**	**129.06**	**97.85**	**76.18**	**9.81**	**17.12**	**10.37**
昆　明	2117	122.23	99.58	90.76	8.63	19.55	10.31
安　宁	1076	100.39	100.00	74.13	9.67	7.25	12.22
曲　靖	10345	104.46	99.49	91.46	8.00	17.18	10.63
宣　威	8087	86.13	99.11	82.92	4.70	15.77	6.54
玉　溪	2906	159.72	98.40	36.51	12.03	26.08	14.97
保　山	4088	115.54	90.65	53.96	9.14	12.82	6.83
昭　通	4867	97.40	96.63	68.07	7.77	13.14	5.06
丽　江	5608	287.72	100.00	85.05	12.51	12.36	15.53
普　洱	4464	172.51	98.30	76.61	11.21	9.66	19.45
临　沧	5097	190.61	85.05	61.35	17.30	10.86	13.35
楚　雄	5562	158.27	99.44	70.90	16.65	13.63	5.79
个　旧	6402	117.63	90.43	9.03	10.26	4.08	5.64
开　远	4478	136.33	96.58	40.84	11.59	8.24	7.11
蒙　自	8171	148.33	94.28	28.82	12.75	23.01	16.41
弥　勒	7636	69.99	87.18	19.73	12.11	12.67	6.39
文　山	5991	150.21	100.00	63.90	20.31	15.12	9.84
景　洪	2287	139.91	100.00	99.06	8.89	19.95	6.22
大　理	3489	187.36	98.52	74.29	7.13	17.47	14.40
瑞　丽	1882	90.15	97.49	96.62	7.93	36.51	12.66
芒　市	2856	112.37	89.64	53.15	6.80	17.97	10.54

Continued 14

污水处理率 (%) Wastewater Treatment Rate (%)	污水处理厂集中处理率 Centralized Treatment Rate of Wastewater Treatment Plants	人均公园绿地面积 (平方米) Public Recreational Green Space Per Capita (m^2)	建成区绿化覆盖率 (%) Green Coverage Rate of Built District (%)	建成区绿地率 (%) Green Space Rate of Built District (%)	生活垃圾处理率 (%) Domestic Garbage Treatment Rate (%)	生活垃圾无害化处理率 Domestic Garbage Harmless Treatment Rate	城市名称 Name of Cities
30.22	30.22	23.52	56.34	48.21	100.00		万源
67.45	67.45	9.64	41.48	36.01	97.89	86.47	雅安
80.26	80.26	11.02	38.25	36.87	100.00	100.00	巴中
86.73	86.73	9.89	39.11	36.04	100.00	100.00	资阳
100.00	100.00	8.57	35.56	30.29	100.00	100.00	简阳
67.59	67.59	11.41	40.07	39.14	100.00	100.00	西昌
94.79	**94.79**	**12.50**	**33.97**	**31.27**	**93.26**	**93.26**	**贵州**
95.70	95.70	15.47	43.50	42.75	96.17	96.17	贵阳
97.01	97.01	5.87	40.22	37.64	95.88	95.88	清镇
98.09	98.09	16.66	23.25	12.08	96.40	96.40	六盘水
95.00	95.00	12.70	39.42	35.15	92.55	92.55	遵义
97.50	97.50	4.96	27.20	25.80	88.00	88.00	赤水
96.31	96.31	14.58	26.80	21.53	97.67	97.67	仁怀
94.50	94.50	2.63	23.09	20.75	81.10	81.10	安顺
82.67	82.67	5.42	27.91	27.19	90.28	90.28	铜仁
97.89	97.89	7.91	17.77	15.95	97.92	97.92	兴义
96.02	96.02	18.73	29.16	28.64	93.65	93.65	毕节
94.05	94.05	13.84	25.69	17.72	91.94	91.94	凯里
95.98	95.98	8.20	19.50	19.37	96.00	96.00	都匀
69.29	69.29	14.44	25.66	20.81	60.00	60.00	福泉
91.14	**88.75**	**11.00**	**38.14**	**34.38**	**97.37**	**92.47**	**云南**
94.89	90.90	10.57	40.36	37.15	96.28	95.02	昆明
85.05	85.05	14.94	41.39	37.26	99.90	99.90	安宁
90.05	90.05	9.03	36.16	33.09	100.00	100.00	曲靖
81.24	81.24	9.52	35.53	32.19	100.00	100.00	宣威
81.93	81.93	12.02	40.67	35.91	84.53	84.53	玉溪
86.05	86.05	7.73	34.21	29.17	99.55	99.55	保山
84.71	84.71	6.47	24.41	17.40	100.00		昭通
90.61	90.61	29.01	40.60	38.49	100.00	100.00	丽江
81.38	81.38	10.62	41.84	39.88	91.00	91.00	普洱
91.14	91.14	10.86	38.69	34.33	93.92	93.92	临沧
90.44	90.44	15.87	36.14	31.06	100.00	100.00	楚雄
80.66	80.66	10.69	34.64	31.50	100.00	100.00	个旧
82.04	82.04	11.48	38.70	33.58	100.00	100.00	开远
74.99	74.99	7.46	36.10	33.39	100.00	100.00	蒙自
89.15	89.15	14.85	44.48	38.91	100.00	100.00	弥勒
86.94	86.94	8.20	24.55	23.61	96.00	96.00	文山
80.95	80.95	15.21	48.13	41.85	100.00	100.00	景洪
90.04	90.04	9.43	37.26	32.28	100.00	100.00	大理
87.97	87.97	14.33	32.23	27.21	100.00	100.00	瑞丽
86.51	86.51	14.08	39.34	34.75	100.00	100.00	芒市

1-3 续表 15

城市名称 Name of Cities	人口密度(人/平方公里) Population Density (person/square kilometer)	人均日生活用水量(升) Daily Water Consumption Per Capita (liter)	用水普及率(%) Water Coverage Rate (%)	燃气普及率(%) Gas Coverage Rate (%)	建成区供水管道密度(公里/平方公里) Density of Water Supply Pipelines in Built District (kilometer/square kilometer)	人均道路面积(平方米) Road Surface Area Per Capita (m^2)	建成区排水管道密度(公里/平方公里) Density of Sewers in Built District (kilometer/square kilometer)
西　藏	**1857**	**328.98**	**89.07**	**57.13**	**8.38**	**14.44**	**4.83**
拉　萨	1507	381.15	94.69	55.85	9.52	15.59	2.84
昌　都	5714	184.93	57.69	28.85	4.31	3.87	6.15
日喀则	2700	201.39	95.33	88.18	5.68	19.54	10.89
陕　西	**5474**	**154.05**	**96.31**	**95.08**	**7.05**	**15.38**	**7.48**
西　安	8852	187.40	100.00	100.00	6.92	18.07	9.94
铜　川	7336	60.82	92.94	91.20	8.97	11.54	4.61
宝　鸡	5245	139.02	100.00	98.59	11.47	15.90	6.71
咸　阳	12047	125.04	91.94	96.89	4.85	12.57	4.10
兴　平	4382	98.95	98.94	98.68	2.34	14.74	3.94
渭　南	2228	159.54	99.33	88.11	6.98	9.51	7.57
韩　城	2197	119.94	98.05	87.50	9.50	13.30	6.78
华　阴	1723	73.58	93.75	49.11	6.25	12.68	5.91
延　安	7527	168.22	81.24	99.57	4.19	6.96	2.54
汉　中	4595	163.25	79.71	99.95	8.60	7.91	4.49
榆　林	3437	87.11	93.89	92.20	6.85	20.82	7.08
安　康	2016	103.11	94.39	81.22	4.82	16.08	4.71
商　洛	4125	118.42	92.12	48.48	4.06	11.23	3.27
杨陵区	3656	165.64	93.80	65.89	9.23	18.38	6.98
甘　肃	**3682**	**146.25**	**94.95**	**83.48**	**6.76**	**15.30**	**6.44**
兰　州	5992	200.43	96.10	94.79	3.84	16.56	8.10
嘉峪关	1916	190.10	100.00	100.00	11.25	17.14	5.49
金　昌	4512	243.48	100.00	67.02	7.27	24.41	2.40
白　银	4210	156.90	100.00	86.17	5.00	15.00	2.84
天　水	11393	131.47	80.69	68.75	4.43	8.79	6.88
武　威	10500	96.16	95.24	60.80	7.45	11.06	5.17
张　掖	928	150.38	100.00	100.00	3.93	33.26	4.43
平　凉	1282	73.38	99.79	73.61	9.69	18.79	10.90
酒　泉	1536	93.48	100.00	100.00	7.18	12.55	6.13
玉　门	4847	125.49	100.00	100.00	26.64	29.90	15.74
敦　煌	5735	115.94	100.00	100.00	21.14	18.04	3.91
庆　阳	7469	76.60	98.79	85.00	15.42	15.26	8.00
定　西	5580	47.48	98.00	71.38	8.84	13.03	5.75
陇　南	3955	63.09	87.67	51.52	6.26	4.32	5.38
临　夏	7543	67.30	88.95	49.41	9.47	9.42	5.10
合　作	3577	87.09	81.18	89.78	5.82	18.25	3.86

Continued 15

污水处理率 (%) Wastewater Treatment Rate (%)	污水处理厂集中处理率 Centralized Treatment Rate of Wastewater Treatment Plants	人均公园绿地面积 (平方米) Public Recreational Green Space Per Capita (m^2)	建成区绿化覆盖率 (%) Green Coverage Rate of Built District (%)	建成区绿地率 (%) Green Space Rate of Built District (%)	生活垃圾处理率 (%) Domestic Garbage Treatment Rate (%)	生活垃圾无害化处理率 Domestic Garbage Harmless Treatment Rate	城市名称 Name of Cities
16.07	**16.07**	**10.80**	**43.77**	**32.80**	**92.54**		**西　藏**
17.91	17.91	6.88	35.61	27.96	99.39		拉　萨
50.60	50.60	3.46	14.92	11.38	82.16		昌　都
		33.25	76.49	53.19	63.11		日喀则
91.56	**91.56**	**12.48**	**40.46**	**34.11**	**95.78**	**95.78**	**陕　西**
93.50	93.50	11.60	42.50	33.90	99.87	99.87	西　安
88.98	88.98	11.49	43.31	38.30	88.63	88.63	铜　川
95.96	95.96	12.27	40.80	37.62	100.00	100.00	宝　鸡
86.97	86.97	15.23	40.25	34.35	96.38	96.38	咸　阳
81.47	81.47	13.10	36.67	32.01	95.45	95.45	兴　平
85.49	85.49	12.22	37.68	33.12	64.73	64.73	渭　南
80.43	80.43	9.32	38.39	33.39	92.71	92.71	韩　城
85.07	85.07	9.03	31.67	28.18	94.90	94.90	华　阴
89.98	89.98	11.97	41.47	38.40	89.05	89.05	延　安
91.18	91.18	14.57	37.90	29.66	93.44	93.44	汉　中
86.65	86.65	16.60	38.96	34.17	91.40	91.40	榆　林
87.42	87.42	13.24	42.91	39.87	99.73	99.73	安　康
93.75	93.75	9.88	21.85	18.65	96.70	96.70	商　洛
95.11	95.11	14.34	35.55	32.42	63.19	63.19	杨陵区
85.00	**75.96**	**12.79**	**30.81**	**27.60**	**98.43**	**62.60**	**甘　肃**
84.13	84.13	11.49	28.00	25.66	98.75	19.80	兰　州
85.73	21.90	19.42	38.77	37.55	100.00	100.00	嘉峪关
95.85	95.85	19.38	36.60	32.39	100.00	100.00	金　昌
71.75	34.14	9.55	34.82	31.25	95.60	95.60	白　银
84.42	84.42	7.19	35.70	31.39	100.00	65.71	天　水
96.06	96.06	14.83	22.93	22.24	99.00	99.00	武　威
87.11	87.11	75.05	33.19	31.32	100.00	100.00	张　掖
85.13	85.13	8.08	35.39	30.97	99.72	95.11	平　凉
93.62	93.62	11.11	37.38	30.49	100.00	100.00	酒　泉
80.49	80.49	22.34	37.00	35.24	100.00	100.00	玉　门
98.94	98.94	12.99	39.66	35.48	100.00	100.00	敦　煌
90.26	90.26	7.00	33.01	28.54	92.65	92.65	庆　阳
90.67	90.67	10.56	18.14	13.07	100.00	100.00	定　西
98.80	98.80	2.27	7.88	4.49	100.00		陇　南
89.47	89.47	3.61	14.88	5.98	98.45	98.45	临　夏
99.21	99.21	7.17	6.80	3.60	84.79	84.79	合　作

1-3 续表 16

城市名称 Name of Cities	人口密度(人/平方公里) Population Density (person/square kilometer)	人均日生活用水量(升) Daily Water Consumption Per Capita (liter)	用水普及率(%) Water Coverage Rate (%)	燃气普及率(%) Gas Coverage Rate (%)	建成区供水管道密度(公里/平方公里) Density of Water Supply Pipelines in Built District (kilometer/square kilometer)	人均道路面积(平方米) Road Surface Area Per Capita (m^2)	建成区排水管道密度(公里/平方公里) Density of Sewers in Built District (kilometer/square kilometer)
青　海	**2604**	**176.52**	**99.71**	**88.81**	**13.45**	**11.08**	**8.86**
西　宁	3318	186.14	99.99	95.12	12.55	7.24	9.09
海　东	917	42.84	99.80	52.53	10.50	8.60	9.29
玉　树	5097	68.13	95.19	51.90	26.53	11.06	6.55
格尔木	2228	234.83	100.00	98.09	11.21	31.57	6.32
德令哈	1136	192.91	99.14	55.31	13.66	39.59	14.03
宁　夏	**1295**	**148.60**	**97.26**	**89.23**	**5.23**	**23.16**	**3.31**
银　川	756	165.61	100.00	100.00	4.41	14.07	3.57
灵　武	3072	236.65	98.01	98.92	13.54	42.31	8.58
石嘴山	4298	147.51	97.85	90.24	5.48	30.86	1.10
吴　忠	3403	156.84	93.24	92.07	4.90	25.25	2.78
青铜峡	4191	182.67	98.53	83.75	9.04	59.19	4.09
固　原	6658	72.26	90.53	47.68	4.61	26.65	6.68
中　卫	3048	76.20	90.21	73.38	3.17	27.49	2.52
新　疆	**4280**	**171.82**	**98.15**	**96.87**	**7.74**	**16.46**	**5.36**
乌鲁木齐	7466	145.46	99.96	99.85	3.80	10.08	3.50
克拉玛依	5244	277.18	100.00	100.00	15.45	28.72	6.27
吐鲁番	2669	246.42	99.15	96.87	14.33	28.85	6.12
哈　密	4562	196.43	99.65	93.95	19.54	14.56	9.37
昌　吉	3610	107.42	99.43	97.14	5.69	16.07	4.09
阜　康	4343	197.10	99.57	98.61	8.30	27.06	9.21
博　乐	6254	57.93	98.73	80.20	10.26	13.75	12.72
阿拉山口	715	127.06	67.36		4.30	60.52	3.61
库尔勒	3682	176.21	99.88	99.88	6.86	24.45	4.55
阿克苏	7698	149.85	81.56	91.95	7.10	11.47	5.16
阿图什	5559	200.00	100.00	100.00	8.73	22.75	6.33
喀　什	5145	258.98	100.00	97.55	5.06	21.88	2.59
和　田	2070	223.25	97.52	99.94	7.73	19.51	3.82
伊　宁	6361	129.58	99.57	96.97	17.53	20.71	13.89
奎　屯	6767	480.63	98.98	98.74	9.10	17.72	10.09
乌　苏	4096	76.42	95.89	91.19	11.49	19.17	6.78
塔　城	3989	162.15	94.66	83.18	16.58	14.53	10.22
阿勒泰	683	176.10	92.32	91.39	11.99	15.24	5.36
石河子	2033	201.78	100.00	98.23	14.03	32.33	10.00
阿拉尔	1863	209.26	92.88	95.73	7.62	19.20	3.56
图木舒克	334	130.63	76.45	58.06	10.52	53.77	9.49
五家渠	1813	185.41	100.00	92.65	3.11	20.58	3.19
北　屯	1201	199.49	98.04	85.18	5.90	39.03	5.08
铁门关	2036	175.52	93.38	55.15	7.49	15.46	6.74
双　河	2970	269.93	100.00	81.43	5.95	36.92	4.14

Continued 16

污 水 处理率 (%) Wastewater Treatment Rate (%)	污水处理厂集中处理率 Centralized Treatment Rate of Wastewater Treatment Plants	人均公园绿地面积 (平方米) Public Recreational Green Space Per Capita (m^2)	建成区绿化覆盖率 (%) Green Coverage Rate of Built District (%)	建成区绿地率 (%) Green Space Rate of Built District (%)	生活垃圾处理率 (%) Domestic Garbage Treatment Rate (%)	生活垃圾无害化处理率 Domestic Garbage Harmless Treatment Rate	城市名称 Name of Cities
59.19	**59.19**	**10.78**	**31.56**	**31.01**	**95.37**	**86.27**	**青 海**
72.11	72.11	12.03	37.92	37.34	94.42	94.42	西 宁
71.39	71.39	4.65	24.55	17.82	96.77	96.77	海 东
54.32	54.32	8.99	17.50	27.07	94.46		玉 树
40.70	40.70	6.85	18.16	17.95	99.31	99.31	格尔木
31.97	31.97	7.24	39.83	34.29	97.23		德令哈
92.38	**79.15**	**17.91**	**37.98**	**36.43**	**93.25**	**93.25**	**宁 夏**
94.26	94.26	17.94	40.46	40.44	88.57	88.57	银 川
90.80	90.80	22.82	37.31	33.79	99.69	99.69	灵 武
97.46	97.46	20.77	39.81	35.13	96.87	96.87	石嘴山
91.98	91.98	21.74	40.90	39.84	99.00	99.00	吴 忠
86.35	13.61	17.43	36.16	35.27	88.47	88.47	青铜峡
72.43	72.43	7.99	24.90	24.61	91.67	91.67	固 原
99.59	99.59	20.08	35.68	34.13	99.88	99.88	中 卫
86.24	**85.19**	**10.74**	**36.83**	**33.72**	**94.04**	**81.87**	**新 疆**
84.90	81.98	10.66	38.50	35.35	93.04	92.42	乌鲁木齐
95.10	95.10	11.48	43.04	38.90	100.00	98.98	克拉玛依
64.50	64.50	20.31	38.05	31.97	90.00	90.00	吐鲁番
85.60	85.60	9.29	40.05	36.44	89.62	89.62	哈 密
99.17	95.56	10.88	39.15	35.20	98.00	98.00	昌 吉
97.16	97.16	13.35	37.36	33.00	94.00	94.00	阜 康
87.55	87.55	12.46	37.25	35.45	85.50	85.50	博 乐
18.06	18.06	7.36	8.87	7.39	85.00		阿拉山口
95.30	95.30	11.85	40.00	38.77	95.51	95.51	库尔勒
97.96	97.96	9.62	33.61	32.71	91.90		阿克苏
75.25	75.25	2.88	29.52	27.35	93.33	93.33	阿图什
99.60	99.60	10.64	35.21	31.89	98.00	98.00	喀 什
85.03	85.03	7.25	14.09	10.05	91.75		和 田
72.52	72.52	8.84	39.33	35.63	98.00	98.00	伊 宁
69.51	69.51	9.21	44.10	39.37	97.93	97.93	奎 屯
80.08	80.08	7.83	35.03	30.00	98.59	98.59	乌 苏
88.13	88.13	13.41	40.67	39.24	95.76	95.76	塔 城
99.12	99.12	25.43	37.50	36.75	97.00	97.00	阿勒泰
91.49	91.49	10.80	42.01	37.20	89.90		石河子
95.65	95.65	10.26	21.48	19.82	91.62	91.62	阿拉尔
57.43	57.43	10.32	32.80	29.83	99.13	99.13	图木舒克
91.05	91.05	11.32	37.56	34.39	95.45	95.45	五家渠
98.47	98.47	8.74	35.41	33.49	96.38	96.38	北 屯
0.80		47.06	16.47	16.32	61.22		铁门关
		5.48	4.60	4.60			双 河

二、城市人口和建设用地

2. Urban Population and Construction Land

简要说明

本部分主要反映城市规模，包括人口规模和用地规模。人口规模主要包括市区人口、城区人口、城区暂住人口，用地规模主要包括市区面积、城区面积、建成区面积以及各类建设用地面积、本年征用土地面积等内容。

2005 年、2009 年、2011 年全国城市建设用地面积未包含上海市。

Brief Introduction

This section is mainly about size of cities, including size of population and usable land. The size of population mainly covers urban permanent population in urban centers and urban areas as well as urban temporary population. The size of usable land mainly covers city areas, urban areas, areas of built-up districts, areas of various types of land for construction purposes, and areas of land acquired during the year.

Urban usable land for construction purpose throughout the country does not include that in Shanghai in 2005, 2009 and 2011.

2　全国历年城市数量及人口、面积情况（1978-2014）
National Changes in Number of Cities, Urban Population and Urban Area in Past Years (1978-2014)

面积计量单位：平方公里　　　Area Measurement Unit: Square Kilometer

人口计量单位：万人　　　Population Measurement Unit:10,000 persons

年 份 Year	城市个数 Number of Cities	地级 City at Prefecture Level	县级 City at County Level	县及其他个数 Number of Counties	城区人口 Urban Population	非农业人口 Non-Agricultural Population	城区暂住人口 Urban Temporary Population	城区面积 Urban Area	建成区面积 Area of Built District	城市建设用地面积 Area of Urban Construction Land
1978	193	98	92	2153	7682.0					
1979	216	104	109	2153	8451.0					
1980	223	107	113	2151	8940.5					
1981	226	110	113	2144	14400.5	9243.6		206684.0	7438.0	6720.0
1982	245	109	133	2140	14281.6	9590.0		335382.3	7862.1	7150.5
1983	281	137	141	2091	15940.5	10047.2		366315.9	8156.3	7365.6
1984	300	148	149	2069	17969.1	10956.9		480733.3	9249.0	8480.4
1985	324	162	159	2046	20893.4	11751.3		458066.2	9386.2	8578.6
1986	353	166	184	2017	22906.2	12233.8		805834.0	10127.3	9201.6
1987	381	170	208	1986	25155.7	12893.1		898208.0	10816.5	9787.9
1988	434	183	248	1936	29545.2	13969.5		1052374.2	12094.6	10821.6
1989	450	185	262	1919	31205.4	14377.7		1137643.5	12462.2	11170.7
1990	467	185	279	1903	32530.2	14752.1		1165970.0	12855.7	11608.3
1991	479	187	289	1894	29589.3	14921.0		980685.0	14011.1	12907.9
1992	517	191	323	1848	30748.2	15459.4		969728.0	14958.7	13918.1
1993	570	196	371	1795	33780.9	16550.1		1038910.0	16588.3	15429.8
1994	622	206	413	1735	35833.9	17665.5		1104712.0	17939.5	20796.2
1995	640	210	427	1716	37789.9	18490.0		1171698.0	19264.2	22064.0
1996	666	218	445	1696	36234.5	18882.9		987077.9	20214.2	19001.6
1997	668	222	442	1693	36836.9	19469.9		835771.8	20791.3	19504.6
1998	668	227	437	1689	37411.8	19861.8		813585.7	21379.6	20507.6
1999	667	236	427	1682	37590.0	20161.6		812817.6	21524.5	20877.0
2000	663	259	400	1674	38823.7	20952.5		878015.0	22439.3	22113.7
2001	662	265	393	1660	35747.3	21545.5		607644.3	24026.6	24192.7
2002	660	275	381	1649	35219.6	22021.2		467369.3	25972.6	26832.6
2003	660	282	374	1642	33805.0	22986.8		399173.2	28308.0	28971.9
2004	661	283	374	1636	34147.4	23635.9		394672.5	30406.2	30781.3
2005	661	283	374	1636	35923.7	23652.0		412819.1	32520.7	29636.8
2006	656	283	369	1635	33288.7		3984.1	166533.5	33659.8	34166.7
2007	655	283	368	1635	33577.0		3474.3	176065.5	35469.7	36351.7
2008	655	283	368	1635	33471.1		3517.2	178110.3	36295.3	39140.5
2009	654	283	367	1636	34068.9		3605.4	175463.6	38107.3	38726.9
2010	657	283	370	1633	35373.5		4095.3	178691.7	40058.0	39758.4
2011	657	284	369	1627	35425.6		5476.8	183618.0	43603.2	41805.3
2012	657	285	368	1624	36989.7		5237.1	183039.4	45565.8	45750.7
2013	658	286	368	1613	37697.1		5621.1	183416.1	47855.3	47108.5
2014	653	288	361	1596	38576.5		5951.5	184098.6	49772.6	49982.7

注：1.2005年及以前年份"城区人口"为"城市人口"，"城区面积"为"城市面积"。

2.2005年、2009年、2011年城市建设用地面积不含上海市。

Note: 1.In 2005 and before, Urban Population is the population of the city proper, and Urban Area is the area of the city proper.

2.Urban usable land for construction purpose throughout the country does not include that in Shanghai in 2005,2009 and 2011.

2-1 2014年全国城市人口和建设用地分组资料

面积计量单位：平方公里
人口计量单位：万人

地区名称 Name of Regions	市区面积 Urban District Area	市区人口 Urban District Population	市区暂住人口 Urban District Temporary Population	城区面积 Urban Area	城区人口 Urban Population	城区暂住人口 Urban Temporary Population	建成区面积 Area of Built District	城市建设用地面积	
								小计 Subtotal	居住用地 Residen-tial
全国 National Total	**1986565**	**71493.7**	**9217.4**	**184098.59**	**38576.50**	**5951.54**	**49772.63**	**49982.74**	**15783.05**
分类一 Group one									
东部地区 East China	542126	37891.5	5826.4	116920.28	21154.05	3364.28	26566.13	27354.48	8544.31
中部地区 Central China	710521	21533.7	2062.0	40596.63	11028.99	1620.87	14458.97	14444.17	4639.01
西部地区 West China	733919	12068.5	1328.9	26581.68	6393.46	966.39	8747.53	8184.09	2599.73
分类二 Group two									
东部地区 East China	485036	35888.2	5621.1	111033.65	20354.07	3173.18	25373.31	26213.23	8194.86
中部地区 Central China	563424	20557.5	1850.8	33832.07	10337.87	1438.53	13274.16	13178.49	4247.45
西部地区 West China	938104	15047.9	1745.5	39232.87	7884.56	1339.83	11125.16	10591.02	3340.74
分类三 Group three									
东部地区 East China	419321	32818.6	5417.6	96949.48	18247.69	3004.76	22951.29	23768.29	7375.64
中部地区 Central China	270974	16328.0	1629.8	27402.43	7973.50	1269.62	10126.29	10122.93	3144.47
西部地区 West China	938104	15047.9	1745.5	39232.87	7884.56	1339.83	11125.16	10591.02	3340.74
东北地区 Northeast China	358165	7299.2	424.4	20513.81	4470.75	337.33	5569.89	5500.50	1922.20

National Urban Population and Development Land (2014)

Area Measurement Unit: Square Kilometer
Population Measurement Unit:10,000 persons

Area of Urban Construction Land							本年征用土地面积 Area of Land Requisition This Year		地区名称 Name of Regions
公共管理与公共服务用地 Administration and Public Services	商业服务业设施用地 Commercial and Business Facilities	工业用地 Industrial, Manufacturing	物流仓储用地 Logistics and Warehouse	道路交通设施用地 Road, Street and Transportation	公用设施用地 Municipal Utilities	绿地与广场用地 Green Space and Square		耕地 Arable Land	
4717.75	**3390.71**	**9934.11**	**1553.03**	**6666.26**	**2116.97**	**5623.62**	**1475.88**	**671.65**	**全　国**
									分类一
2378.75	1879.62	6011.37	823.79	3711.90	1018.58	2788.92	732.25	316.28	东部地区
1476.54	961.31	2595.14	476.36	1861.88	693.84	1740.09	458.86	207.28	中部地区
862.46	549.78	1327.60	252.88	1092.48	404.55	1094.61	284.77	148.09	西部地区
									分类二
2252.73	1815.45	5836.73	780.44	3503.28	969.58	2662.92	670.23	292.14	东部地区
1367.75	852.22	2424.56	431.66	1660.80	618.58	1575.47	433.65	195.90	中部地区
1097.27	723.04	1672.82	340.93	1502.18	528.81	1385.23	372.00	183.61	西部地区
									分类三
2074.05	1630.27	5266.24	709.47	3215.42	899.52	2400.44	600.22	256.29	东部地区
1083.78	677.41	1821.31	310.24	1298.54	481.72	1305.46	373.21	163.52	中部地区
1097.27	723.04	1672.82	340.93	1502.18	528.81	1385.23	372.00	183.61	西部地区
462.65	359.99	1173.74	192.39	650.12	206.92	532.49	130.45	68.23	东北地区

2-2 2014年全国城市人口和建设用地(按省分列)

面积计量单位：平方公里

人口计量单位：万人

地区名称 Name of Regions	市区面积 Urban District Area	市区人口 Urban District Population	市区暂住人口 Urban District Temporary Population	城区面积 Urban Area	城区人口 Urban Population	城区暂住人口 Urban Temporary Population	建成区面积 Area of Built District	城市建设用地面积	
								小计 Subtotal	居住用地 Residential
全　国	**1986565**	**71493.7**	**9217.4**	**184098.59**	**38576.50**	**5951.54**	**49772.63**	**49982.74**	**15783.05**
北　京	16410	2151.6		12187.00	1859.00		1385.58	1586.39	408.52
天　津	7399	832.8	175.3	2363.05	642.91	143.58	797.10	786.80	199.93
河　北	32490	2856.6	196.4	6412.43	1521.44	107.26	1833.17	1719.10	591.97
山　西	28763	1635.7	147.2	2728.99	994.52	89.93	1097.36	1034.25	336.44
内蒙古	147096	976.2	211.2	6764.56	691.12	182.34	1184.81	1265.68	391.56
辽　宁	65715	3069.6	203.5	14084.17	2106.38	168.42	2422.02	2444.94	819.22
吉　林	106587	1986.2	118.6	3642.86	1058.30	96.68	1362.79	1281.82	467.63
黑龙江	185864	2243.3	102.4	2786.78	1306.07	72.23	1785.08	1773.74	635.35
上　海	6341	2425.7		6340.50	2425.68		998.75	2915.56	1058.89
江　苏	63363	5342.0	876.1	14609.84	2679.84	298.33	4019.83	4067.87	1260.07
浙　江	54170	3339.8	1154.1	11094.63	1503.45	524.60	2489.22	2532.02	708.89
安　徽	38397	2413.6	365.0	5929.72	1147.25	285.13	1835.15	1830.06	590.44
福　建	44148	2015.7	662.0	4318.09	850.75	283.40	1326.42	1208.14	375.67
江　西	32363	1668.9	125.9	2114.76	890.58	97.22	1201.26	1123.46	346.98
山　东	84964	5623.9	324.1	21310.86	2837.76	200.95	4400.09	4278.53	1302.87
河　南	42145	4070.9	501.0	4662.51	1970.66	429.97	2374.67	2232.91	660.49
湖　北	80730	3930.6	326.1	7680.61	1636.75	243.21	2077.64	2422.71	693.07
湖　南	48577	2608.3	164.6	4285.84	1333.74	124.16	1540.21	1479.54	517.05
广　东	92641	7631.8	1945.0	17036.40	3727.04	1382.32	5398.07	4415.55	1373.73
广　西	57090	2003.3	205.3	5886.63	799.98	191.10	1192.82	1141.25	349.45
海　南	17395	598.8	84.5	1276.68	199.82	64.32	303.06	258.33	95.10
重　庆	31849	1952.1	343.4	6643.39	967.22	276.26	1231.44	1028.82	326.81
四　川	61142	3675.0	328.5	6426.21	1760.04	211.31	2216.56	2138.49	685.56
贵　州	24434	1056.5	155.3	2643.57	536.93	95.59	723.76	635.65	202.46
云　南	58628	1415.5	97.5	2903.33	759.46	68.89	977.04	910.52	325.64
西　藏	16164	44.2	34.9	361.60	35.33	31.82	126.34	124.68	35.58
陕　西	31435	1555.0	64.9	1610.32	838.16	43.29	967.56	946.44	226.06
甘　肃	87361	890.1	80.8	1554.78	517.78	54.65	779.28	756.59	210.27
青　海	165618	207.3	19.6	635.78	150.34	15.24	165.84	156.47	71.37
宁　夏	22380	364.9	51.0	2110.95	229.62	43.83	441.31	376.37	125.72
新　疆	234907	908.0	153.1	1691.75	598.58	125.51	1118.40	1110.06	390.26

注：北京市建设用地面积1586.39平方公里，其中197.24平方公里为现状情况不明的建设用地，没有纳入分类中。

National Urban Population and Construction Land by Province (2014)

Area Measurement Unit: Square Kilometer

Population Measurement Unit:10,000persons

Area of Urban Construction Land							本年征用土地面积 Area of Land Requisition This Year		地区名称 Name of Regions
公共管理与公共服务用地 Administration and Public Services	商业服务业设施用地 Commercial and Business Facilities	工业用地 Industrial, Manufacturing	物流仓储用地 Logistics and Warehouse	道路交通设施用地 Road, Street and Transportation	公用设施用地 Municipal Utilities	绿地与广场用地 Green Space and Square		耕地 Arable Land	
4717.75	**3390.71**	**9934.11**	**1553.03**	**6666.26**	**2116.97**	**5623.62**	**1475.88**	**671.65**	**全　国**
164.35	125.55	240.03	49.46	260.74	29.11	111.39	14.38	2.56	北　京
57.95	45.81	185.93	57.52	139.94	22.00	77.72	16.57	8.16	天　津
168.04	116.02	249.79	71.47	231.07	87.34	203.40	33.03	15.46	河　北
124.23	68.58	181.71	37.07	105.22	79.70	101.30	25.34	12.17	山　西
108.79	109.09	170.58	44.70	201.08	75.26	164.62	25.21	11.38	内蒙古
178.68	185.18	570.49	70.97	287.86	70.06	262.48	70.01	35.85	辽　宁
105.48	86.40	268.97	39.60	150.27	65.15	98.32	36.11	24.18	吉　林
178.49	88.41	334.28	81.82	211.99	71.71	171.69	24.33	8.20	黑龙江
161.73	137.54	733.11	85.54	418.86	130.28	189.61	35.51	21.01	上　海
331.63	319.45	923.64	117.58	493.10	147.31	475.09	146.88	68.06	江　苏
217.18	201.62	610.71	56.29	357.30	115.61	264.42	105.49	53.79	浙　江
158.23	151.75	341.59	51.12	268.52	61.00	207.41	107.33	56.54	安　徽
153.06	83.67	246.88	33.17	133.97	55.82	125.90	75.63	23.48	福　建
101.79	98.43	207.54	27.88	153.25	51.42	136.17	39.65	13.41	江　西
442.26	289.14	934.60	123.43	533.54	147.07	505.62	88.13	39.82	山　东
258.28	117.09	347.80	75.46	352.69	93.66	327.44	36.74	16.22	河　南
246.01	138.43	549.88	70.43	243.90	101.58	379.41	115.26	54.34	湖　北
195.24	103.13	192.79	48.28	174.96	94.36	153.73	48.89	10.84	湖　南
343.74	302.22	1121.46	110.59	602.23	153.82	407.76	78.80	23.29	广　东
126.02	64.17	174.64	43.35	208.62	49.00	126.00	62.02	24.14	广　西
34.11	9.25	20.09	4.42	44.67	11.16	39.53	5.80	0.66	海　南
91.51	63.04	218.58	22.24	174.09	30.39	102.16	88.64	51.35	重　庆
229.09	124.30	428.11	48.75	255.49	143.25	223.94	50.84	20.73	四　川
60.00	35.41	109.71	21.45	75.47	29.81	101.34	16.05	8.07	贵　州
104.20	69.90	104.39	31.60	115.71	34.22	124.86	40.33	17.95	云　南
28.38	13.74	13.01	4.11	14.12	6.98	8.76			西　藏
101.42	79.56	118.16	21.24	156.45	31.32	212.23	22.50	8.88	陕　西
81.50	51.39	129.80	29.19	90.24	40.96	123.24	39.42	28.01	甘　肃
12.83	7.23	12.42	17.19	14.66	5.99	14.78	4.22	2.80	青　海
51.86	19.47	35.42	12.80	60.35	16.88	53.87	2.89	1.56	宁　夏
101.67	85.74	158.00	44.31	135.90	64.75	129.43	19.88	8.74	新　疆

Note: The area of construction land in Beijing was 1586.39 square kilometers, among which 197.24 square kilometers were not classified due to uncleare current use.

2-3 2014年全国城市人口和建设用地(按城市分列)

面积计量单位: 平方公里

人口计量单位: 万人

城市名称 Name of Cities	市区面积 Urban District Area	市区人口 Urban District Population	市区暂住人口 Urban District Temporary Population	城区面积 Urban Area	城区人口 Urban Population	城区暂住人口 Urban Temporary Population	建成区面积 Area of Built District	城市建设用地面积	
								小计 Subtotal	居住用地 Residen-tial
全　国	**1986565**	**71493.7**	**9217.4**	**184098.59**	**38576.50**	**5951.54**	**49772.63**	**49982.74**	**15783.05**
北　京	**16410**	**2151.6**		**12187.00**	**1859.00**		**1385.58**	**1586.39**	**408.52**
天　津	**7399**	**832.8**	**175.3**	**2363.05**	**642.91**	**143.58**	**797.10**	**786.80**	**199.93**
河　北	**32490**	**2856.6**	**196.4**	**6412.43**	**1521.44**	**107.26**	**1833.17**	**1719.10**	**591.97**
石家庄	2194	405.1	62.7	518.81	262.46	19.31	264.01	263.24	95.45
晋　州	619	56.2	0.9	90.78	13.09	0.24	14.81	14.81	4.20
新　乐	525	51.4	0.5	49.52	8.90	0.22	13.53	13.53	2.61
唐　山	3874	304.8	4.0	1230.20	193.49	4.00	249.00	210.00	71.17
遵　化	1523	79.3	3.1	85.78	21.58	2.65	25.45	25.38	12.85
迁　安	1227	75.9	3.5	128.10	23.35	1.20	40.00	36.55	15.20
秦皇岛	363	89.6	9.3	363.20	89.56	9.30	102.85	102.65	25.92
邯　郸	945	202.9	13.7	349.60	149.93	7.25	123.73	123.73	46.50
武　安	1806	83.0	1.2	95.00	23.90	0.74	32.22	32.22	10.28
邢　台	132	87.7	6.1	114.80	87.68	6.08	89.58	89.58	34.46
南　宫	863	49.7	1.5	53.50	13.60	0.80	15.73	15.73	4.83
沙　河	999	44.0	0.5	37.00	9.37	0.27	16.27	15.90	5.70
保　定	327	110.5	15.7	277.54	110.45	15.74	146.03	139.28	43.60
涿　州	752	67.1	2.8	52.20	25.63	0.75	32.03	31.75	14.13
安　国	485	40.9	0.8	81.00	9.28	0.65	13.12	12.80	6.10
高碑店	674	55.0	0.8	30.00	13.05	0.30	16.65	15.52	5.99
张家口	819	91.0	7.2	376.27	85.00	3.00	86.00	85.19	20.58
承　德	1253	59.3	3.4	718.34	52.01	3.35	115.44	65.33	20.13
沧　州	183	62.7	4.0	183.00	52.30	4.00	68.12	68.12	25.07
泊　头	1007	63.0	0.1	22.00	16.75	0.10	19.80	19.80	6.91
任　丘	1012	88.8	8.2	74.40	35.12	3.21	45.08	43.24	16.79
黄　骅	2202	58.0	5.1	200.00	14.40	5.10	31.00	30.75	10.67
河　间	1322	84.5	2.6	69.40	15.79	1.69	20.90	19.25	6.96
廊　坊	960	84.3	14.0	292.00	46.00	7.20	65.61	65.61	22.35
霸　州	784	64.0	6.3	79.00	14.68	0.96	17.60	17.51	8.40
三　河	643	61.9	4.1	169.30	17.90	2.30	19.31	18.90	2.45
衡　水	592	54.3	4.8	273.40	35.56	1.29	46.40	42.58	9.90
冀　州	918	37.2	0.7	128.00	15.14	0.73	18.30	17.92	3.60
深　州	1252	57.0	3.7	83.19	17.50	0.10	19.50	19.12	4.80
辛　集	951	63.7	2.1	137.10	15.87	1.73	29.19	27.21	11.91
定　州	1284	124.0	3.0	50.00	32.10	3.00	35.91	35.90	22.46
山　西	**28763**	**1635.7**	**147.2**	**2728.99**	**994.52**	**89.93**	**1097.36**	**1034.25**	**336.44**
太　原	1500	318.0	48.0	1000.00	302.00	48.00	330.00	309.00	65.00
古　交	1527	22.2	1.9	22.47	14.60	1.36	16.66	16.38	5.53

National Urban Population and Construction Land by City (2014)

Area Measurement Unit: Square Kilometer

Population Measurement Unit:10,000persons

Area of Urban Construction Land							本年征用土地面积 Area of Land Requisition This Year	耕地 Arable Land	城市名称 Name of Cities
公共管理与公共服务用地 Administr-ation and Public Services	商业服务业设施用地 Commercial and Business Facilities	工业用地 Indust-rial, Manufac-turing	物流仓储用地 Logistics and Warehouse	道路交通设施用地 Road, Street and Transpo-rtation	公用设施用地 Municipal Utilities	绿地与广场用地 Green Space and Square			
4717.75	**3390.71**	**9934.11**	**1553.03**	**6666.26**	**2116.97**	**5623.62**	**1475.88**	**671.65**	**全　国**
164.35	**125.55**	**240.03**	**49.46**	**260.74**	**29.11**	**111.39**	**14.38**	**2.56**	**北　京**
57.95	**45.81**	**185.93**	**57.52**	**139.94**	**22.00**	**77.72**	**16.57**	**8.16**	**天　津**
168.04	**116.02**	**249.79**	**71.47**	**231.07**	**87.34**	**203.40**	**33.03**	**15.46**	**河　北**
26.72	17.77	17.58	5.81	39.44	14.68	45.79	2.12	0.58	石家庄
1.17	1.00	2.30	0.86	3.30	0.45	1.53			晋　州
1.20	1.36	2.21	0.72	2.36	2.37	0.70			新　乐
26.99	10.00	31.31	4.36	7.58	26.88	31.71			唐　山
4.10	0.28	3.20	0.40	0.45	2.45	1.65	0.38		遵　化
3.86	2.33	2.04	0.40	4.27	2.10	6.35			迁　安
7.72	13.49	4.79	17.82	19.82	5.47	7.62	0.36		秦皇岛
17.19	10.01	15.34	11.33	12.63	3.96	6.77			邯　郸
2.45	1.40	7.27	1.10	5.62	1.02	3.08	1.59	1.06	武　安
6.45	6.12	16.37	2.01	14.56	2.06	7.55			邢　台
1.44	1.75	2.92	0.16	2.77	0.21	1.65	0.71	0.18	南　宫
1.81	1.24	3.67	0.39	0.43	1.16	1.50	0.10		沙　河
11.94	5.73	40.42	3.38	18.23	4.63	11.35	1.65	1.41	保　定
2.52	2.32	7.70	0.28	3.36	0.65	0.79	0.33	0.32	涿　州
2.03	1.54	1.26	0.19	1.18	0.08	0.42	0.80		安　国
2.35	1.80	3.02	0.30	0.43	1.40	0.23			高碑店
6.83	6.05	18.05	6.05	15.85	1.98	9.80			张家口
7.62	4.21	12.25	1.67	9.23	1.37	8.85	9.11	4.62	承　德
4.97	3.64	11.58	2.56	14.43	1.80	4.07	0.58		沧　州
1.30	0.89	5.60	0.26	2.56	0.24	2.04			泊　头
4.26	3.17	4.96	1.67	6.03	2.20	4.16	0.72	0.42	任　丘
3.63	1.56	4.98	0.70	4.11	0.54	4.56	2.00		黄　骅
0.98	0.85	1.90	0.86	3.37	2.25	2.08	0.64		河　间
3.48	2.86	7.17	2.87	11.54	2.80	12.54	1.17	0.51	廊　坊
0.79	1.18	1.62	0.30	2.33	0.80	2.09	6.15	3.85	霸　州
3.60	2.62	0.93	0.97	4.69	0.70	2.94	0.10		三　河
3.87	4.86	2.14	1.44	6.83	1.19	12.35	1.02	0.79	衡　水
0.62	0.36	3.14	0.30	4.20	0.82	4.88			冀　州
2.45	2.80	3.50	1.10	1.55	0.42	2.50			深　州
1.53	1.71	6.03	0.39	4.24	0.34	1.06	0.47	0.19	辛　集
2.17	1.12	4.54	0.82	3.68	0.32	0.79	3.03	1.53	定　州
124.23	**68.58**	**181.71**	**37.07**	**105.22**	**79.70**	**101.30**	**25.34**	**12.17**	**山　西**
40.00	25.00	77.00	9.00	22.00	41.00	30.00	11.00	6.00	太　原
3.90	0.46	4.86		1.50	0.03	0.10			古　交

2-3 续表 1

面积计量单位：平方公里
人口计量单位：万人

城市名称 Name of Cities	市区面积 Urban District Area	市区人口 Urban District Population	市区暂住人口 Urban District Temporary Population	城区面积 Urban Area	城区人口 Urban Population	城区暂住人口 Urban Temporary Population	建成区面积 Area of Built District	城市建设用地面积 小计 Subtotal	居住用地 Residential
大同	2080	157.6	7.2	130.20	120.12	5.06	125.20	125.10	43.00
阳泉	652	70.9	1.7	54.82	57.97	1.70	54.82	43.65	15.71
长治	334	74.0	6.4	76.20	68.82	6.02	59.30	58.53	16.40
潞城	630	22.9	0.2	132.00	7.93	0.12	8.00	7.92	2.84
晋城	2164	230.0	7.1	152.00	47.00		52.00	51.90	31.00
高平	946	48.1	1.2	63.00	11.37	0.56	17.80	16.75	6.80
朔州	4107	67.1	6.6	159.10	34.11	5.50	41.60	40.24	12.07
晋中	1311	62.2	3.0	69.91	46.90	2.00	69.91	53.46	18.40
介休	744	41.7	1.5	40.00	17.05	0.77	22.41	22.41	7.83
运城	640	65.0	42.0	56.00	39.00	4.00	46.00	41.40	19.15
永济	1221	45.0	0.2	214.34	16.90	0.20	23.04	22.33	4.93
河津	593	38.8	1.3	28.82	20.70	1.30	28.82	28.80	7.63
忻州	1982	54.7	2.8	183.00	26.39	2.72	36.00	34.38	14.27
原平	2571	49.7	1.2	148.00	10.76	1.18	11.70	11.70	4.72
临汾	1316	88.8	7.3	60.00	52.63	5.37	54.00	52.19	22.31
侯马	220	24.8	0.6	20.03	15.60	0.58	20.03	20.03	7.81
霍州	765	32.1	2.6	19.50	13.43	0.70	15.40	14.37	6.27
吕梁	1339	33.1	3.2	25.10	25.32	1.68	23.80	23.45	8.02
孝义	946	47.4	0.2	54.50	29.35	0.21	24.70	24.21	9.33
汾阳	1175	41.6	0.9	20.00	16.57	0.90	16.17	16.05	7.42
内蒙古	**147096**	**976.2**	**211.2**	**6764.56**	**691.12**	**182.34**	**1184.81**	**1265.68**	**391.56**
呼和浩特	2054	127.8	60.8	265.05	127.81	60.76	230.00	264.93	73.60
包头	2965	223.7	61.5	885.00	141.70	42.30	190.46	190.46	58.60
乌海	1754	50.9	5.5	282.35	50.89	5.45	62.92	56.86	17.85
赤峰	7076	132.8	14.3	560.00	88.40	11.71	104.90	82.05	36.63
通辽	3212	84.4	3.3	75.63	42.56	2.60	61.20	61.20	14.39
霍林郭勒	585	10.5	2.6	585.00	10.50	2.61	17.00	16.81	3.00
鄂尔多斯	2884	31.4	24.7	196.23	25.00	23.52	113.23	113.23	33.52
呼伦贝尔	1519	29.7	3.1	265.40	28.93	3.07	59.46	59.46	17.69
满洲里	732	17.3	3.9	732.44	17.32	3.90	27.06	27.00	8.00
牙克石	27590	34.7	0.0	39.00	13.15		19.00	18.80	4.35
扎兰屯	16800	42.2	1.7	385.00	13.08	0.12	19.20	18.25	6.27
额尔古纳	28000	8.3	0.2	804.00	3.60	0.02	10.38	10.38	6.99
根河	19659	7.1		350.00	7.11		17.50	12.45	5.99
巴彦淖尔	2354	53.4	8.5	698.00	35.00	7.60	51.00	114.60	44.75
乌兰察布	420	31.7	8.0	60.00	27.50	6.60	60.00	52.18	17.80
丰镇	2704	32.2	0.5	25.00	13.19	0.45	25.00	23.70	6.05
乌兰浩特	772	32.2	1.7	86.10	23.27	1.71	38.50	49.36	18.64
阿尔山	7409	4.8	2.1	15.40	3.33	1.55	10.00	8.00	3.00
二连浩特	4015	3.0	4.4	45.96	2.78	4.37	27.00	45.96	4.03
锡林浩特	14592	18.3	4.5	409.00	16.00	4.00	41.00	40.00	10.41

Continued 1

Area Measurement Unit: Square Kilometer

Population Measurement Unit:10,000persons

Area of Urban Construction Land							本年征用土地面积 Area of Land Requisition This Year		城市名称 Name of Cities
公共管理与公共服务用地 Administr-ation and Public Services	商业服务业设施用地 Commercial and Business Facilities	工业用地 Indust-rial, Manufac-turing	物流仓储用地 Logistics and Warehouse	道路交通设施用地 Road, Street and Transpo-rtation	公用设施用地 Municipal Utilities	绿地与广场用地 Green Space and Square		耕地 Arable Land	
13.20	10.10	14.20	7.00	21.40	1.50	14.70			大　同
1.82	0.82	10.55	1.31	8.19	1.22	4.03			阳　泉
12.99	0.50	12.95	2.59	8.82	3.04	1.24	0.40		长　治
0.88	0.15	0.95	0.09	0.06	0.05	2.90	2.07	1.30	潞　城
12.00	3.20	3.60		1.00	1.00	0.10			晋　城
1.30	1.85	0.90	1.28	2.30	0.40	1.92	1.45	0.65	高　平
3.51	4.90	0.98	1.85	4.81	2.14	9.98	0.44		朔　州
4.64	5.45	8.16	2.74	1.38	11.37	1.32	1.30		晋　中
1.96	2.19	4.85	0.64	2.89	0.19	1.86			介　休
1.52	1.34	5.89	2.00	3.12	4.80	3.58			运　城
2.30	0.33	5.69	0.36	0.36	2.30	6.06			永　济
1.58	1.65	6.25	1.27	4.69	1.08	4.65			河　津
3.49	1.44	4.80	0.30	7.89	0.21	1.98	2.04	1.40	忻　州
0.98	0.20	1.85	1.91	1.60	0.37	0.07			原　平
4.63	4.21	1.33	1.54	4.21	2.73	11.23	2.30	1.39	临　汾
1.96	1.56	2.15	0.87	3.90	0.31	1.47	0.10	0.05	侯　马
2.04	0.73	2.00	0.43	1.60	0.38	0.92			霍　州
3.50	1.04	5.81	0.75	1.92	1.60	0.81	1.68	0.59	吕　梁
4.23	0.86	5.11	0.73	1.35	1.47	1.13	2.56	0.79	孝　义
1.80	0.60	1.83	0.41	0.23	2.51	1.25			汾　阳
108.79	**109.09**	**170.58**	**44.70**	**201.08**	**75.26**	**164.62**	**25.21**	**11.38**	**内蒙古**
22.31	25.30	18.40	8.28	42.55	41.60	32.89	8.13	5.15	呼和浩特
15.82	9.83	52.50	7.50	19.40	3.16	23.65			包　头
6.32	6.61	7.20	1.12	11.47	0.91	5.38	0.25		乌　海
7.84	0.91	15.10	1.64	2.68	6.86	10.39			赤　峰
7.34	3.64	8.16	5.29	10.98	3.35	8.05	5.40	2.30	通　辽
2.00	1.80	1.20	1.65	4.00	1.70	1.46	2.46		霍林郭勒
7.52	15.38	3.57	0.05	25.16	0.93	27.10			鄂尔多斯
3.91	4.17	8.42	5.01	9.79	3.13	7.34			呼伦贝尔
3.00	1.00	2.00	1.00	8.00	2.00	2.00			满洲里
1.53	1.48	4.54	0.82	3.76	0.21	2.11			牙克石
3.00	1.85	1.00	0.30	4.20	0.38	1.25	1.02		扎兰屯
0.65	0.23	0.05	0.06	1.04	0.32	1.04			额尔古纳
0.96	0.03	1.83	0.85	1.11	0.76	0.92			根　河
6.77	13.54	9.62	4.07	14.52	2.52	18.81			巴彦淖尔
4.11	2.56	6.10	1.10	9.37	1.70	9.44	4.81	3.26	乌兰察布
1.75	3.96	5.18	0.98	3.09	0.38	2.31			丰　镇
5.77	8.13	4.30	0.61	5.66	2.01	4.24	0.60	0.60	乌兰浩特
0.10	0.20	1.50	0.50	0.50	0.50	1.70			阿尔山
3.27	4.71	14.39	1.22	16.39	1.17	0.78	1.17		二连浩特
4.82	3.76	5.52	2.65	7.41	1.67	3.76	1.37	0.07	锡林浩特

2-3 续表 2

面积计量单位：平方公里

人口计量单位：万人

城市名称 Name of Cities	市区面积 Urban District Area	市区人口 Urban District Population	市区暂住人口 Urban District Temporary Population	城区面积 Urban Area	城区人口 Urban Population	城区暂住人口 Urban Temporary Population	建成区面积 Area of Built District	城市建设用地面积 小计 Subtotal	居住用地 Residential
辽　宁	**65715**	**3069.6**	**203.5**	**14084.17**	**2106.38**	**168.42**	**2422.02**	**2444.94**	**819.22**
沈　阳	3471	528.4	58.0	3243.04	466.97	49.58	465.00	465.00	156.40
新　民	3318	68.7	2.1	225.20	21.20	1.06	26.11	26.11	13.85
大　连	2567	304.3	23.0	1170.00	304.28	23.00	395.50	378.00	105.00
瓦房店	3794	94.0	8.5	167.50	29.09	4.17	35.80	34.70	12.30
普兰店	2896	92.4	7.1	342.00	19.60	1.42	36.20	34.15	9.82
庄　河	4086	84.4	2.1	239.00	31.58	1.73	41.70	38.98	16.51
鞍　山	792	174.3	13.0	624.29	151.15	10.00	169.64	169.64	58.07
海　城	2581	109.1	6.6	104.00	38.81	1.61	36.40	36.40	18.33
抚　顺	1416	142.6	2.4	628.43	131.22	1.60	136.19	136.19	34.22
本　溪	1518	93.3	7.0	1518.00	88.50	6.50	109.00	92.40	27.96
丹　东	874	78.5	5.0	226.11	60.79	3.90	53.40	53.40	20.22
东　港	2445	60.8	2.6	126.00	13.92	2.40	31.72	29.64	6.05
凤　城	5513	57.2	2.2	329.33	17.79	2.20	21.00	21.00	11.66
锦　州	729	94.0	9.6	436.00	88.20	8.10	77.10	77.10	34.64
凌　海	2586	56.1	1.2	136.74	12.43	1.02	20.97	19.63	9.67
北　镇	1782	53.3	1.6	78.80	14.86	1.35	14.90	14.79	5.60
营　口	702	91.5	8.8	183.72	91.50	8.80	109.55	110.00	33.45
盖　州	2930	72.0	0.9	150.00	30.41	0.30	29.45	29.45	9.10
大石桥	1610	70.3	2.0	150.00	27.74	1.62	35.00	35.00	15.59
阜　新	490	77.5	0.8	448.00	77.46	0.80	76.50	160.16	43.40
辽　阳	1111	87.6	5.4	728.19	74.65	5.34	104.35	104.35	36.97
灯　塔	1166	44.6	2.3	127.00	10.94	1.37	13.65	12.82	4.65
盘　锦	266	64.3	6.4	266.00	64.29	6.40	73.00	73.00	26.19
铁　岭	660	54.6	5.0	203.65	40.22	4.90	57.00	50.00	20.23
调兵山	263	23.7	0.5	23.97	17.94	0.30	18.95	18.95	8.51
开　原	2828	58.4	8.0	150.46	18.52	8.01	25.41	25.41	8.39
朝　阳	1171	67.0	5.8	570.00	57.80	5.65	50.00	48.90	14.60
北　票	4469	57.6	0.3	183.00	18.96	0.20	18.40	18.40	8.50
凌　源	3263	63.3	1.5	462.24	19.50	1.30	24.93	24.93	12.84
葫芦岛	2301	88.7	2.3	575.00	47.96	2.31	85.20	77.30	22.40
兴　城	2118	57.3	1.5	268.50	18.10	1.48	30.00	29.14	14.10
吉　林	**106587**	**1986.2**	**118.6**	**3642.86**	**1058.30**	**96.68**	**1362.79**	**1281.82**	**467.63**
长　春	4789	365.9	52.3	487.40	318.52	52.17	469.72	440.10	130.55
九　台	3375	85.3	2.0	30.00	22.03	1.00	24.71	24.11	11.63
榆　树	4724	135.0	8.4	109.00	23.30	5.70	23.10	18.94	9.11
德　惠	3459	89.9	3.2	122.00	26.74	2.00	30.90	29.35	17.38
吉　林	1995	181.9	2.2	498.75	126.16	1.48	172.31	167.81	51.76
蛟　河	6429	47.0	1.5	19.00	14.20	0.20	18.50	18.45	8.95
桦　甸	6626	44.8	3.8	192.00	15.48	0.73	19.50	19.50	9.34
舒　兰	4557	67.2	3.1	180.00	11.20	2.10	25.00	24.30	16.20
磐　石	3960	53.3	0.6	25.00	12.80	0.60	23.80	21.12	7.00

Continued 2

Area Measurement Unit: Square Kilometer
Population Measurement Unit:10,000persons

Area of Urban Construction Land							本年征用土地面积 Area of Land Requisition This Year	耕地 Arable Land	城市名称 Name of Cities
公共管理与公共服务用地 Administration and Public Services	商业服务业设施用地 Commercial and Business Facilities	工业用地 Industrial, Manufacturing	物流仓储用地 Logistics and Warehouse	道路交通设施用地 Road, Street and Transportation	公用设施用地 Municipal Utilities	绿地与广场用地 Green Space and Square			
178.68	**185.18**	**570.49**	**70.97**	**287.86**	**70.06**	**262.48**	**70.01**	**35.85**	**辽　宁**
43.74	21.24	100.60	10.07	51.60	11.45	69.90	27.34	20.02	沈　阳
0.11	0.28	8.10	0.99	2.53	0.11	0.14			新　民
30.20	21.00	100.20	10.00	53.90	11.00	46.70	4.11	1.48	大　连
3.00	4.70	8.60	0.90	0.60	0.70	3.90			瓦房店
2.21	1.50	15.75	1.00	2.33	0.54	1.00			普兰店
1.29	6.56	4.23	1.22	4.77	1.14	3.26	0.40		庄　河
7.47	8.53	52.81	3.92	26.67	3.44	8.73	13.60	2.46	鞍　山
3.25	2.48	4.68	1.15	4.29	0.48	1.74	2.64	1.59	海　城
9.32	6.50	46.06	4.91	7.75	5.58	21.85	1.79	1.25	抚　顺
6.80	12.72	21.90	0.93	13.76	1.88	6.45	8.59	3.07	本　溪
3.68	2.68	13.18	1.29	7.43	0.84	4.08	3.80	2.62	丹　东
2.41	1.05	10.42	1.68	1.12	3.42	3.49	0.92	0.84	东　港
1.24	0.44	3.15	0.61	3.42	0.25	0.23	0.62	0.38	凤　城
8.37	2.65	12.85	1.71	6.96	2.74	7.18	1.07		锦　州
1.31	4.50	0.57	0.36	2.50	0.30	0.42			凌　海
2.09	1.56	1.81	0.02	1.40	0.38	1.93	0.02	0.02	北　镇
8.85	30.42	6.30	6.40	15.34	4.32	4.92			营　口
1.02	2.35	6.96	0.40	5.38	0.38	3.86			盖　州
3.95	4.74	8.93	0.44	0.45	0.45	0.45			大石桥
8.16	13.45	39.71	6.72	26.10	1.44	21.18			阜　新
3.35	8.01	27.01	7.05	14.73	2.52	4.71	2.40	2.02	辽　阳
1.36	0.08	3.35	0.31	2.23	0.33	0.51	1.03		灯　塔
6.02	4.15	19.95	1.97	9.36	1.16	4.20			盘　锦
1.70	3.60	9.40	0.10	3.80	5.92	5.25	0.50	0.10	铁　岭
1.56	3.06	0.12	0.31	1.64	0.43	3.32			调兵山
2.03	0.75	5.35	1.02	3.81	0.50	3.56	1.18		开　原
4.80	3.00	9.00	1.00	1.20	1.80	13.50			朝　阳
1.20	3.30	0.80	0.90	1.50	0.20	2.00			北　票
0.29	0.33	6.22	0.43	1.81	2.91	0.10			凌　源
3.10	6.65	19.98	2.52	8.60	3.15	10.90			葫芦岛
4.80	2.90	2.50	0.64	0.88	0.30	3.02			兴　城
105.48	**86.40**	**268.97**	**39.60**	**150.27**	**65.15**	**98.32**	**36.11**	**24.18**	**吉　林**
43.72	22.53	102.12	15.42	68.20	25.77	31.79	23.91	17.24	长　春
1.60	4.08	0.94	0.56	1.55	0.45	3.30			九　台
1.24	1.38	1.49	0.91	2.55	0.39	1.87			榆　树
2.00	2.01	1.60	0.76	1.70	0.70	3.20	0.66		德　惠
13.55	7.42	63.88	1.87	6.51	13.63	9.19			吉　林
1.68	4.26	1.66	0.69	0.15	0.46	0.60			蛟　河
1.22	0.88	3.08	0.32	2.97	0.40	1.29	0.67	0.38	桦　甸
1.20	1.00	2.30	0.10	1.00	1.00	1.50	1.00		舒　兰
1.24	1.58	4.20	0.43	3.00	0.57	3.10	0.46	0.34	磐　石

2-3 续表 3

面积计量单位：平方公里
人口计量单位：万人

城市名称 Name of Cities	市区面积 Urban District Area	市区人口 Urban District Population	市区暂住人口 Urban District Temporary Population	城区面积 Urban Area	城区人口 Urban Population	城区暂住人口 Urban Temporary Population	建成区面积 Area of Built District	城市建设用地面积	
								小计 Subtotal	居住用地 Residential
四平	1081	58.8	4.1	87.40	58.00	4.00	54.20	54.00	23.09
双辽	3121	41.2	0.8	149.20	12.46	0.80	20.81	19.83	8.95
辽源	442	47.4	0.5	46.30	47.35	0.50	46.30	46.30	27.60
通化	745	44.3	3.5	64.75	44.30	3.46	51.46	51.27	18.86
集安	3341	21.9	0.3	44.89	8.02	0.25	6.49	6.88	2.76
白山	2736	57.3	3.3	383.79	36.61	2.83	46.89	39.78	17.67
临江	2989	16.7	0.6	176.73	9.86	0.49	9.17	8.68	4.54
松原	1325	59.6	3.0	80.20	45.72	2.98	48.80	48.59	15.00
扶余	4673	82.0	0.7	16.10	8.80	0.70	10.60	8.53	3.71
白城	2569	49.8	2.1	67.50	28.01	0.32	49.20	42.19	11.73
洮南	5154	53.0	1.3	54.00	15.80	0.50	22.50	21.30	7.38
大安	4879	43.1	0.8	118.00	15.14	0.65	15.20	15.20	5.25
延吉	1748	53.6	8.9	40.66	43.00	7.20	35.38	33.91	11.60
图们	1143	12.1	0.7	15.00	8.10	0.30	10.00	9.98	3.74
敦化	11957	48.4	1.4	116.00	23.14	0.98	30.80	24.70	8.51
珲春	5145	22.8	2.9	125.39	17.64	2.46	17.89	15.89	4.30
龙井	2208	18.7	0.3	31.05	12.00	0.23	10.40	10.10	4.11
和龙	5069	18.0	0.5	145.00	10.00	0.27	12.55	10.88	5.72
公主岭	4173	106.9	3.4	137.75	25.64	0.18	32.58	28.67	8.52
梅河口	2174	60.6	2.4	80.00	18.28	1.60	24.03	21.46	12.67
黑龙江	**185864**	**2243.3**	**102.4**	**2786.78**	**1306.07**	**72.23**	**1785.08**	**1773.74**	**635.35**
哈尔滨	7086	473.8	33.0	400.58	404.23	13.10	400.58	391.48	122.69
双城	3112	82.2	0.9	55.00	18.60	0.84	29.60	21.72	11.50
尚志	8825	63.7	1.0	152.00	12.57	0.26	18.30	18.30	7.10
五常	7512	99.5	0.2	100.55	13.87	0.06	26.40	15.88	7.73
齐齐哈尔	4365	138.2	1.5	139.63	108.50	0.40	139.63	139.63	44.32
讷河	6651	73.5	0.6	20.00	9.54	0.58	11.17	11.16	3.45
鸡西	2300	85.2	1.0	79.23	71.39	1.00	79.23	78.85	47.80
虎林	9334	15.7	0.2	128.65	7.17	0.10	10.78	10.78	4.13
密山	7781	35.9	0.2	91.00	9.15	0.10	22.00	13.85	3.37
鹤岗	4551	66.5	0.8	85.00	54.58	0.72	53.22	53.21	19.28
双鸭山	1760	47.0	0.7	118.00	46.20	0.70	58.00	57.21	30.00
大庆	5107	135.5	39.2	318.50	113.08	38.56	244.79	318.50	81.86
伊春	19459	81.0	1.9	174.87	75.70	0.94	167.37	156.96	63.08
铁力	6440	37.6	0.2	21.40	12.45	0.10	16.50	14.09	8.56
佳木斯	1074	79.0	0.5	96.98	59.90	0.50	96.98	83.40	27.40
同江	6300	17.7	4.1	15.00	5.42	1.55	10.30	10.30	5.70
富锦	8227	42.2	0.3	16.71	12.00	0.25	16.20	16.18	8.03
七台河	3646	57.4	4.6	310.50	37.10	3.70	71.73	71.72	27.60
牡丹江	2675	88.9	0.7	92.68	71.29	0.70	81.40	81.40	32.19
绥芬河	421	7.0	3.4	27.59	6.13	3.01	27.10	18.68	4.82
海林	8711	28.0	0.2	24.25	10.00	0.04	16.76	16.76	5.30

Continued 3

Area Measurement Unit: Square Kilometer
Population Measurement Unit:10,000persons

Area of Urban Construction Land							本年征用土地面积 Area of Land Requisition This Year	耕地 Arable Land	城市名称 Name of Cities
公共管理与公共服务用地 Administr-ation and Public Services	商业服务业设施用地 Commercial and Business Facilities	工业用地 Indust-rial, Manufac-turing	物流仓储用地 Logistics and Warehouse	道路交通设施用地 Road, Street and Transpo-rtation	公用设施用地 Municipal Utilities	绿地与广场用地 Green Space and Square			
4.35	7.29	8.45		3.35	3.20	4.27	1.43	1.07	四平
1.24	1.33	5.05	0.68	1.95	0.30	0.33			双辽
1.86	0.79	8.81	0.84	3.40	1.40	1.60			辽源
4.27	10.53	3.27	1.90	6.12	1.67	4.65	0.25	0.17	通化
0.60	0.30	0.92	0.12	0.76	0.17	1.25			集安
2.19	1.45	5.73	0.83	5.39	1.00	5.52			白山
0.50	0.10	1.60	0.25	1.20	0.15	0.34			临江
3.60	1.50	6.80	1.10	8.77	1.17	10.65	1.38	0.97	松原
0.19	0.91	1.28	0.59	1.14	0.62	0.09	2.42	1.51	扶余
3.12	2.67	11.57	3.51	7.91	0.71	0.97	2.03	1.31	白城
1.08	2.40	3.31	2.02	0.76	2.95	1.40			洮南
1.20	0.17	2.34	0.80	2.17	2.12	1.15			大安
4.65	1.39	4.08	0.63	7.93	0.50	3.13	1.19	0.68	延吉
0.38	0.41	2.13	0.64	2.36	0.21	0.11			图们
2.29	3.46	5.73	1.02	0.50	1.31	1.88			敦化
1.50	1.85	3.04	1.32	0.36	0.40	3.12			珲春
1.41	0.32	1.99	0.50	0.32	0.95	0.50			龙井
0.38	0.21	1.66	0.45	2.12	0.21	0.13			和龙
2.41	1.39	6.67	0.91	5.24	2.68	0.85	0.71	0.51	公主岭
0.81	2.79	3.27	0.43	0.89	0.06	0.54			梅河口
178.49	**88.41**	**334.28**	**81.82**	**211.99**	**71.71**	**171.69**	**24.33**	**8.20**	**黑龙江**
50.43	22.71	85.67	8.82	50.97	10.65	39.54	10.04		哈尔滨
0.10	0.12	0.10	3.40	3.20	0.60	2.70			双城
1.40	0.50	7.60	0.60	0.20	0.80	0.10	0.63	0.51	尚志
1.31	1.24	1.42	0.68	1.08	0.21	2.21	0.06	0.05	五常
11.43	6.46	29.72	7.71	17.75	14.07	8.17	0.70		齐齐哈尔
0.74	0.64	1.68	0.57	2.11	0.33	1.64	0.03		讷河
2.07	2.61	9.94	1.93	8.82	1.44	4.24	1.10	0.80	鸡西
2.30	0.92	1.51	0.90	0.41	0.19	0.42			虎林
1.22	1.74	1.09	0.61	1.38	0.98	3.46	0.15	0.09	密山
1.93	3.76	11.27	1.02	9.22	1.37	5.36			鹤岗
4.20	10.30	1.62	3.60	4.20	1.19	2.10	0.80	0.80	双鸭山
43.33	12.15	74.28	20.92	53.85	11.66	20.45	3.04	0.87	大庆
11.17	5.64	18.23	5.22	5.63	6.23	41.76			伊春
0.20	0.02	1.67	0.92	0.40	0.02	2.30			铁力
15.04	4.88	17.67	3.48	8.87	2.28	3.78			佳木斯
0.80	0.80	0.30	0.80	0.30	0.80	0.80			同江
0.94	0.52	1.72	0.65	3.57	0.25	0.50			富锦
6.23	0.01	16.28	6.09	1.75	8.95	4.81	1.41		七台河
7.03	1.14	17.20	3.24	11.40	1.70	7.50	3.00	2.44	牡丹江
1.47	0.94	4.63	0.75	3.31	0.89	1.87	0.70	0.44	绥芬河
0.25	2.06	0.80	0.87	2.38	0.60	4.50	0.30	0.25	海林

2-3 续表 4

面积计量单位：平方公里
人口计量单位：万人

城市名称 Name of Cities	市区面积 Urban District Area	市区人口 Urban District Population	市区暂住人口 Urban District Temporary Population	城区面积 Urban Area	城区人口 Urban Population	城区暂住人口 Urban Temporary Population	建成区面积 Area of Built District	城市建设用地面积 小计 Subtotal	城市建设用地面积 居住用地 Residential
宁　安	7924	43.5	1.0	13.50	7.20	0.30	11.22	11.22	4.90
穆　棱	6187	29.1	0.6	10.83	7.67	0.41	10.83	10.40	5.49
黑　河	14446	19.9	1.7	27.88	13.68	0.76	20.00	20.00	5.50
北　安	7194	45.6	0.4	57.31	13.50	0.16	22.51	21.50	4.77
五大连池	9874	37.0	0.4	10.00	4.60	0.40	5.62	5.62	1.36
绥　化	2743	86.9	1.5	92.77	33.80	1.30	37.00	34.40	10.56
安　达	3586	54.0	0.5	25.10	22.89	0.42	25.10	21.82	10.45
肇　东	3905	93.0	0.9	48.77	31.03	0.87	34.20	34.20	20.00
海　伦	4667	79.3	0.4	32.50	12.83	0.40	20.56	14.52	6.41
上　海	**6341**	**2425.7**		**6340.50**	**2425.68**		**998.75**	**2915.56**	**1058.89**
江　苏	**63363**	**5342.0**	**876.1**	**14609.84**	**2679.84**	**298.33**	**4019.83**	**4067.87**	**1260.07**
南　京	6589	648.7	40.1	4226.41	572.65	35.99	734.34	726.40	203.46
无　锡	1644	245.7	74.3	1164.58	199.18	47.09	327.62	285.69	88.82
江　阴	988	123.2	40.3	198.00	33.52	2.80	118.00	107.38	40.62
宜　兴	1997	108.0	28.4	499.00	44.73	3.05	76.80	76.80	24.75
徐　州	3040	216.4	24.8	429.65	165.37	4.91	255.20	233.81	56.52
新　沂	1571	111.9	3.9	120.00	31.54	2.60	35.19	34.54	14.01
邳　州	2088	185.9	2.6	124.00	34.42	1.97	45.35	45.04	19.00
常　州	1862	233.9	42.8	507.84	130.19	23.96	203.80	203.60	53.02
溧　阳	1535	79.4	7.3	113.19	20.63	0.35	27.96	26.84	8.46
金　坛	977	56.4	1.5	103.10	17.10	0.60	22.10	22.09	7.21
苏　州	2827	337.5	97.4	1523.88	253.13	40.39	447.29	443.70	126.46
常　熟	1264	106.9	93.8	349.40	41.03	0.92	98.00	85.15	34.87
张家港	998	92.0	70.8	172.52	38.90	1.61	68.93	67.51	24.80
昆　山	928	77.0	88.1	148.30	39.27	2.50	72.00	67.64	19.65
太　仓	810	47.7	8.5	147.97	19.80	4.74	48.93	48.93	13.59
南　通	1706	212.8	54.3	398.00	113.34	41.36	189.86	222.00	69.94
启　东	1208	112.8	8.0	50.00	19.80	1.40	26.30	24.80	6.82
如　皋	1477	143.7	3.2	108.16	31.10	1.10	33.50	31.50	13.35
海　门	1149	100.2	11.6	60.00	25.81	3.49	24.50	24.50	9.24
连云港	1200	111.0	12.0	673.50	78.95	4.00	160.00	187.95	80.86
淮　安	3137	310.9	20.8	227.00	124.05	15.16	150.00	225.00	78.00
盐　城	1862	169.3	20.2	437.76	105.18	11.16	110.67	105.71	36.21
东　台	3221	113.6	8.2	128.50	29.40	2.60	35.60	34.80	8.76
大　丰	2367	72.5	4.7	171.00	15.05	2.90	28.00	17.78	3.83
扬　州	2358	228.7	22.3	415.34	103.12	6.03	135.60	134.57	43.95
仪　征	853	59.7	2.7	67.70	20.83	0.19	39.20	38.99	9.64
高　邮	1963	81.8	5.0	111.25	21.40	0.59	25.80	25.57	5.73
镇　江	1082	103.7	19.1	555.43	79.56	9.22	134.00	134.00	38.00
丹　阳	1047	81.4	15.7	154.22	30.50	5.14	32.65	32.65	6.68
扬　中	332	28.3	4.4	94.75	13.98	2.37	13.31	13.02	3.48

Continued 4

Area Measurement Unit: Square Kilometer

Population Measurement Unit:10,000persons

Area of Urban Construction Land							本年征用土地面积 Area of Land Requisition This Year		城市名称 Name of Cities
公共管理与公共服务用地 Administration and Public Services	商业服务业设施用地 Commercial and Business Facilities	工业用地 Industrial, Manufacturing	物流仓储用地 Logistics and Warehouse	道路交通设施用地 Road, Street and Transportation	公用设施用地 Municipal Utilities	绿地与广场用地 Green Space and Square		耕地 Arable Land	
0.63	0.18	2.45	0.32	0.69	1.74	0.31			宁　安
0.80	1.07	1.06	0.31	0.23	0.13	1.31			穆　棱
3.94	1.36	2.13	1.15	2.12	0.89	2.91			黑　河
1.14	1.54	5.07	2.70	3.96	0.42	1.90	1.41	1.18	北　安
0.30	0.39	1.04	0.68	0.95	0.15	0.75			五大连池
2.93	1.16	10.22	1.37	6.45	0.45	1.26	0.60	0.50	绥　化
1.57	0.75	5.13	1.35	1.83	0.39	0.35			安　达
2.00	1.04	2.00	1.10	1.70	2.16	4.20			肇　东
1.59	1.76	0.78	0.06	3.26	0.17	0.49	0.36	0.27	海　伦
161.73	**137.54**	**733.11**	**85.54**	**418.86**	**130.28**	**189.61**	**35.51**	**21.01**	**上　海**
331.63	**319.45**	**923.64**	**117.58**	**493.10**	**147.31**	**475.09**	**146.88**	**68.06**	**江　苏**
84.00	45.63	168.78	17.19	99.39	18.11	89.84	19.75	6.74	南　京
19.54	25.32	69.68	6.30	40.56	4.26	31.21	11.29	5.56	无　锡
2.36	7.05	22.03	2.64	14.36	4.99	13.33	4.14	1.78	江　阴
3.62	5.51	23.01	0.70	11.11	1.55	6.55	1.04	0.53	宜　兴
29.34	6.54	26.94	21.19	13.24	21.59	58.45	7.57	4.05	徐　州
5.00	1.14	6.80	0.72	2.10	3.00	1.77			新　沂
3.99	1.49	8.49	0.32	4.99	1.53	5.23			邳　州
11.62	9.48	56.38	4.39	30.58	6.53	31.60	12.35	5.44	常　州
2.61	2.19	6.83	0.64	2.88	1.07	2.16			溧　阳
2.44	5.27	0.36	1.41	2.33	0.94	2.13			金　坛
28.20	27.49	132.07	6.68	60.73	8.63	53.44	7.90	2.96	苏　州
2.80	13.58	18.37	1.06	7.25	1.70	5.52			常　熟
4.32	3.85	18.39	0.50	6.94	0.78	7.93	0.25	0.14	张家港
5.52	2.04	18.07	2.03	7.79	4.54	8.00			昆　山
1.48	3.44	12.23	1.34	5.89	1.37	9.59	0.69	0.40	太　仓
24.97	58.22	14.28	3.72	35.80	4.45	10.62	6.30	2.60	南　通
2.43	3.10	5.65	0.50	0.58	0.94	4.78	0.80	0.80	启　东
2.23	2.71	3.83	0.12	4.20	0.53	4.53	5.16	2.46	如　皋
1.23	1.80	4.26	0.32	0.29	3.43	3.93	0.88	0.31	海　门
11.19	9.83	47.27	10.54	20.81	3.08	4.37	2.04	1.17	连云港
5.50	20.50	41.00	12.00	4.00	27.50	36.50	16.00	9.85	淮　安
12.52	6.34	28.46	2.03	14.91	1.61	3.63			盐　城
3.11	5.92	1.35	2.05	5.61	0.82	7.18			东　台
1.05	1.01	5.33	1.08	3.39	0.74	1.35	0.69	0.33	大　丰
10.65	10.97	37.92	1.77	14.21	2.46	12.64	2.08	1.02	扬　州
2.20	1.29	13.85	0.94	7.27	1.57	2.23	3.28	1.58	仪　征
3.60	1.88	1.93	2.81	3.99	2.18	3.45	1.98	1.09	高　邮
8.90	6.70	36.40	5.20	18.00	5.10	15.70	8.67	6.67	镇　江
5.33	6.70	7.53	0.77	0.59	4.17	0.88	2.69	1.23	丹　阳
0.88	0.85	2.51	0.41	2.31	0.59	1.99	1.15	0.64	扬　中

2-3 续表 5

面积计量单位：平方公里

人口计量单位：万人

城市名称 Name of Cities	市区面积 Urban District Area	市区人口 Urban District Population	市区暂住人口 Urban District Temporary Population	城区面积 Urban Area	城区人口 Urban Population	城区暂住人口 Urban Temporary Population	建成区面积 Area of Built District	城市建设用地面积 小计 Subtotal	居住用地 Residential
句容	1387	58.8	1.2	92.80	15.15	1.13	24.83	24.83	10.39
泰州	1567	163.8	18.8	408.74	82.09	9.62	99.35	143.52	45.45
兴化	2393	158.0	3.7	64.00	19.50	1.50	38.00	37.13	13.75
靖江	656	68.7	7.1	143.00	21.02	2.59	33.62	33.55	10.66
泰兴	1174	119.9	2.3	74.64	25.15	0.60	25.00	19.58	9.09
宿迁	2108	172.0	6.5	346.21	63.40	2.70	78.53	81.30	21.00
浙江	**54170**	**3339.8**	**1154.1**	**11094.63**	**1503.45**	**524.60**	**2489.22**	**2532.02**	**708.89**
杭州	3068	449.0	180.7	1022.41	284.84	100.83	469.95	421.60	112.19
建德	2364	51.0	4.4	85.00	11.70	1.73	9.59	9.59	3.51
富阳	1808	66.6	15.9	438.55	27.12	10.66	25.27	25.27	9.68
临安	3124	53.0	9.2	242.00	19.94	6.14	16.00	16.00	4.96
宁波	2463	229.6	84.5	778.00	149.12	37.20	308.56	366.29	80.97
余姚	1527	83.7	10.9	355.00	38.78	6.12	49.24	47.04	14.00
慈溪	1361	104.6	40.1	270.48	41.20	10.59	44.50	42.45	20.09
奉化	1269	48.4	17.8	319.00	23.25	10.03	18.75	38.47	12.36
温州	1187	152.5	48.3	730.03	137.81	46.45	215.40	167.89	40.65
瑞安	1271	123.1	39.4	111.40	20.96	7.08	22.60	18.31	8.65
乐清	1367	128.7	57.9	287.73	33.51	15.22	22.02	33.12	10.85
嘉兴	1024	91.9	76.2	223.00	42.86	44.33	111.79	111.79	32.18
海宁	701	67.4	31.8	149.90	16.21	5.35	46.57	46.57	14.04
平湖	537	49.1	25.1	69.23	11.40	5.12	27.80	24.86	6.35
桐乡	727	68.7	33.4	189.50	22.16	2.87	41.07	38.94	10.92
湖州	1572	110.7	51.1	640.65	53.06	35.44	99.17	112.70	33.32
绍兴	2942	217.8	138.4	497.04	96.23	48.87	191.74	216.16	63.35
诸暨	2311	108.0	39.3	346.62	22.06	12.14	41.89	36.91	12.26
嵊州	1790	73.3	6.0	214.70	23.14	5.50	41.40	35.89	9.86
金华	2049	95.1	35.4	379.64	47.40	15.48	78.48	78.48	20.98
兰溪	1311	66.1	6.5	206.30	23.14	2.59	34.08	32.67	10.55
义乌	1105	76.0	70.5	419.44	43.97	28.20	102.00	90.58	29.63
东阳	1739	83.4	28.7	373.00	30.23	10.91	37.89	37.59	10.25
永康	1049	59.0	26.4	134.80	16.53	6.49	36.13	36.13	8.81
衢州	2354	84.1	8.2	200.10	29.39	6.12	68.91	67.68	14.77
江山	2019	61.2	4.3	141.25	13.26	3.30	15.80	25.17	9.52
舟山	1028	70.9	9.1	579.99	50.19	9.14	61.42	57.17	20.05
台州	1536	157.1	8.5	749.98	97.35	4.96	127.50	170.37	47.49
温岭	836	121.8	8.2	121.90	24.76	3.43	32.57	32.57	12.78
临海	2171	119.0	16.0	360.00	28.96	2.04	42.75	39.57	9.07
丽水	1502	40.0	20.5	266.13	15.30	19.10	34.38	36.69	11.22
龙泉	3059	29.1	1.7	191.86	7.62	1.17	14.00	17.50	3.58

Continued 5

Area Measurement Unit: Square Kilometer

Population Measurement Unit:10,000persons

Area of Urban Construction Land							本年征用土地面积 Area of Land Requisition This Year		城市名称 Name of Cities
公共管理与公共服务用地 Administr-ation and Public Services	商业服务业设施用地 Commercial and Business Facilities	工业用地 Indust-rial, Manufac-turing	物流仓储用地 Logistics and Warehouse	道路交通设施用地 Road, Street and Transpo-rtation	公用设施用地 Municipal Utilities	绿地与广场用地 Green Space and Square		耕地 Arable Land	
0.56	1.41	4.87	0.22	3.90	0.40	3.08	5.37	1.20	句容
14.54	11.39	38.34	3.52	18.22	5.15	6.91	5.24		泰州
2.47	1.92	11.20	0.28	4.42	0.51	2.58			兴化
1.21	1.35	4.92	0.85	1.43	0.21	12.92	2.36	1.38	靖江
1.60	0.64	2.20	0.08	5.33	0.19	0.45	5.29	3.08	泰兴
8.62	4.90	22.11	1.26	13.70	1.09	8.62	11.92	5.05	宿迁
217.18	**201.62**	**610.71**	**56.29**	**357.30**	**115.61**	**264.42**	**105.49**	**53.79**	**浙江**
62.44	41.83	68.97	9.01	68.97	10.67	47.52	12.14	5.97	杭州
1.02	1.26	0.02	0.06	0.16	0.11	3.45	1.07	0.45	建德
2.11	2.35	6.52	0.12	2.17	0.28	2.04			富阳
0.87	1.85	3.72	0.34	0.52	2.07	1.67	1.81		临安
19.07	21.56	137.05	12.20	63.57	13.87	18.00	2.79	1.18	宁波
3.09	3.35	12.90	0.30	10.20	0.70	2.50	0.29	0.15	余姚
2.77	2.54	9.00	0.12	4.52	0.43	2.98	3.04	1.79	慈溪
1.28	2.29	12.50	0.55	6.67	1.79	1.03	4.07	3.59	奉化
12.99	36.13	4.75	7.41	32.07	9.04	24.85	9.56	3.63	温州
1.87	1.83	0.12	0.51	3.36	0.15	1.82	1.57	1.37	瑞安
1.79	3.92	0.11	0.71	7.33	0.19	8.22	3.54	2.25	乐清
6.12	18.22	19.02	1.84	5.31	17.03	12.07	3.42	2.29	嘉兴
5.62	6.36	11.00	0.11	0.66	1.41	7.37	2.33	1.48	海宁
1.95	4.62	3.86	0.36	4.24	0.98	2.50	1.59	1.19	平湖
2.22	1.91	9.88	1.67	7.52	1.17	3.65	1.08	0.37	桐乡
8.10	8.66	37.34	1.26	8.34	2.08	13.60	2.34	1.86	湖州
12.05	13.43	63.67	3.64	18.84	9.06	32.12	9.05	5.95	绍兴
4.95	1.55	4.75	0.72	3.33	5.57	3.78	5.30	2.67	诸暨
2.36	2.07	12.45	0.32	4.60	0.88	3.35	1.20	0.78	嵊州
6.32	6.20	18.36	3.80	15.71	1.92	5.19	2.72		金华
1.93	0.99	12.95	0.18	3.44	0.24	2.39	3.07	1.72	兰溪
11.05	2.57	15.25	1.85	20.12	1.71	8.40	5.72	3.16	义乌
1.13	0.54	12.47	0.48	5.18	1.02	6.52	0.74	0.49	东阳
2.53	0.56	14.51	0.72	6.09	1.49	1.42	0.78	0.25	永康
4.63	2.73	23.12	1.89	12.32	1.86	6.36	7.49	2.62	衢州
1.39	1.75	4.60	0.64	4.63	0.62	2.02	1.15	0.52	江山
7.23	2.71	7.63	0.56	9.53	1.64	7.82	4.36	2.48	舟山
17.53	0.66	55.48	2.92	10.56	16.88	18.85	4.31	2.12	台州
1.29	2.47	6.80	0.35	4.92	1.31	2.65	3.27	2.29	温岭
2.76	1.46	14.07	1.04	5.70	1.49	3.98	0.32	0.12	临海
6.07	2.36	4.36	0.35	3.19	5.02	4.12	4.92	0.98	丽水
0.65	0.89	3.48	0.26	3.53	2.93	2.18	0.45	0.07	龙泉

2-3 续表 6

面积计量单位：平方公里

人口计量单位：万人

城市名称 Name of Cities	市区面积 Urban District Area	市区人口 Urban District Population	市区暂住人口 Urban District Temporary Population	城区面积 Urban Area	城区人口 Urban Population	城区暂住人口 Urban Temporary Population	建成区面积 Area of Built District	城市建设用地面积 小计 Subtotal	居住用地 Residential
安　徽	**38397**	**2413.6**	**365.0**	**5929.72**	**1147.25**	**285.13**	**1835.15**	**1830.06**	**590.44**
合　肥	1312	245.3	203.7	777.03	201.41	155.39	402.00	372.37	111.16
巢　湖	2031	93.5	2.0	48.00	31.20	1.70	46.80	47.60	16.20
芜　湖	1395	145.0	27.8	721.70	102.07	26.57	160.00	155.00	34.50
蚌　埠	957	112.4	13.9	365.48	80.09	12.87	127.22	127.00	42.57
淮　南	1736	182.6	0.4	486.96	105.97	0.34	106.00	105.26	44.77
马鞍山	704	82.2	13.2	175.84	59.01	11.63	92.00	92.34	21.49
淮　北	754	90.3	2.6	210.00	80.43	2.10	80.25	88.34	32.06
铜　陵	438	44.9	7.4	180.60	37.81	5.60	69.17	67.51	18.24
安　庆	821	74.4	4.5	311.40	62.55	3.01	85.00	92.76	31.88
桐　城	1571	75.2	0.5	91.56	16.32	0.37	26.50	24.40	5.55
黄　山	2361	50.4	4.0	445.80	32.46	2.93	62.61	48.35	16.49
滁　州	1404	54.2	5.8	282.60	36.20	4.17	83.00	113.10	34.26
天　长	1770	63.1	6.9	33.00	14.10	5.20	29.50	31.18	8.85
明　光	2335	66.7	4.2	260.00	14.60	1.35	24.55	24.86	9.46
阜　阳	1924	218.4	4.5	338.87	72.44	3.58	111.68	107.24	54.03
界　首	667	78.9	0.3	77.95	17.50	0.23	18.13	18.11	7.77
宿　州	2868	189.4	15.3	164.51	44.53	8.50	71.81	71.54	25.47
六　安	3583	188.8	25.8	166.12	38.30	21.00	72.30	72.30	23.73
亳　州	2226	167.1	4.1	86.90	34.01	2.10	54.00	60.63	17.48
池　州	2432	66.2	3.2	252.93	27.12	3.20	36.93	37.06	13.98
宣　城	2621	86.3	12.5	131.77	23.70	11.69	50.00	48.28	12.75
宁　国	2487	38.5	2.6	320.70	15.43	1.60	25.70	24.83	7.75
福　建	**44148**	**2015.7**	**662.0**	**4318.09**	**850.75**	**283.40**	**1326.42**	**1208.14**	**375.67**
福　州	1786	197.4	52.1	1043.00	194.24	41.86	253.80	232.60	97.60
福　清	2030	133.5	30.8	224.50	30.97	1.97	46.00	38.61	14.61
长　乐	658	71.6	0.6	176.37	21.78	0.16	21.93	17.21	6.63
厦　门	1569	203.4	263.2	301.00	165.59	127.44	301.00	296.73	67.00
莆　田	2284	221.7	39.2	244.00	47.60	8.20	57.60	50.43	15.99
三　明	1178	28.3	1.4	220.00	21.18	1.28	35.87	33.80	9.90
永　安	2942	33.3	5.9	300.00	13.76	2.58	24.18	24.18	8.15
泉　州	892	242.1	57.0	529.00	95.77	29.13	197.60	146.30	45.00
石　狮	160	33.0	19.8	35.35	13.33	19.68	33.34	28.11	6.32
晋　江	649	110.8	99.7	60.00	21.60	11.90	38.00	35.28	11.00
南　安	2036	157.4	41.8	130.00	23.59	7.66	31.28	31.01	9.46
漳　州	401	58.5	10.5	95.24	40.10	7.80	62.27	62.00	17.95
龙　海	1128	82.7	5.1	27.00	17.94	0.92	19.69	18.30	5.23
南　平	2660	50.2	9.6	165.81	19.55	1.55	30.00	28.18	7.15
邵　武	2837	30.9	2.6	95.00	9.70	1.77	18.33	18.18	6.21
武夷山	2798	23.9	3.1	135.10	6.82	2.19	9.00	8.87	2.98
建　瓯	4233	54.5	3.7	35.00	10.34	3.39	13.59	13.49	5.78
建　阳	3385	34.5	1.4	33.70	9.80	0.92	11.24	9.80	2.55

Continued 6

Area Measurement Unit: Square Kilometer

Population Measurement Unit:10,000persons

Area of Urban Construction Land							本年征用土地面积 Area of Land Requisition This Year	耕地 Arable Land	城市名称 Name of Cities
公共管理与公共服务用地 Administr-ation and Public Services	商业服务业设施用地 Commercial and Business Facilities	工业用地 Indust-rial, Manufac-turing	物流仓储用地 Logistics and Warehouse	道路交通设施用地 Road, Street and Transpo-rtation	公用设施用地 Municipal Utilities	绿地与广场用地 Green Space and Square			
158.23	**151.75**	**341.59**	**51.12**	**268.52**	**61.00**	**207.41**	**107.33**	**56.54**	**安徽**
60.75	12.52	73.92	4.42	49.82	7.22	52.56	15.07	8.46	合肥
5.40	9.20	2.40	1.60	2.60	3.00	7.20	6.20	3.20	巢湖
5.00	14.00	13.00	4.00	34.50	11.00	39.00	7.75	4.43	芜湖
8.25	5.56	21.55	9.52	20.40	10.37	8.78	8.04	5.19	蚌埠
7.79	6.19	14.88	1.99	13.86	3.48	12.30	14.00	3.67	淮南
5.58	5.85	35.63	1.14	14.66	1.28	6.71	3.84	2.28	马鞍山
6.51	8.66	21.52	2.10	7.15	1.52	8.82	3.76	2.94	淮北
5.12	5.80	13.18	4.84	10.25	3.46	6.62	3.37	0.36	铜陵
8.83	25.99	5.70	3.91	7.36	2.59	6.50			安庆
2.01	4.41	8.54	0.40	0.42	1.02	2.05	2.10	1.38	桐城
4.65	2.93	8.66	0.73	7.56	0.81	6.52	1.29	0.59	黄山
7.95	4.89	30.08	2.25	21.26	4.57	7.84	9.62	7.08	滁州
1.90	9.90	1.20	0.33	4.80	0.60	3.60	0.50		天长
2.50	0.90	4.95	0.59	3.85	0.45	2.16	0.50		明光
4.72	5.65	16.45	3.97	15.62	1.76	5.04	10.13	5.05	阜阳
2.77	2.50	0.29	0.68	2.37	0.40	1.33	1.65	0.64	界首
1.65	9.80	14.64	2.75	8.77	1.86	6.60	4.36	3.57	宿州
4.79	4.51	13.18	1.43	10.86	2.23	11.57	4.24	2.49	六安
3.99	6.53	12.26	2.44	12.07	1.25	4.61	4.35	4.00	亳州
3.30	2.17	4.46	1.35	7.63	0.79	3.38	0.82	0.47	池州
3.60	2.56	15.14	0.51	9.08	0.78	3.86	4.30		宣城
1.17	1.23	9.96	0.17	3.63	0.56	0.36	1.44	0.74	宁国
153.06	**83.67**	**246.88**	**33.17**	**133.97**	**55.82**	**125.90**	**75.63**	**23.48**	**福建**
29.50	10.30	37.80	2.42	31.30	4.38	19.30	4.59	1.17	福州
4.11	7.09	3.79	5.22	1.20	0.99	1.60	6.71	2.72	福清
2.05	1.11	4.43	0.28	1.60	0.44	0.67	5.69	4.85	长乐
45.54	13.58	97.13	8.48	23.91	9.72	31.37	13.72	3.15	厦门
11.00	1.00	11.00	0.01	3.50	2.47	5.46	2.00	1.90	莆田
2.29	1.05	12.60	2.00	4.17	1.18	0.61	9.29	1.91	三明
1.65	2.20	6.09	0.70	1.24	0.75	3.40	1.29	0.27	永安
18.00	25.50	6.00	5.30	16.00	12.00	18.50			泉州
4.66	2.32	4.02	0.94	4.53	2.16	3.16	1.20		石狮
3.45	2.00	9.20	0.70	0.70	6.20	2.03	9.00	2.00	晋江
1.20	3.27	2.66	0.54	1.41	5.30	7.17	2.54	1.05	南安
8.33	0.74	14.80	0.83	11.94	3.64	3.77	1.94	0.28	漳州
1.33	1.86	0.53	0.49	3.05	1.33	4.48	1.32	0.45	龙海
3.56	0.83	6.30	1.09	4.58	0.14	4.53	2.17	0.40	南平
1.34	0.42	6.20	0.82	1.70	0.44	1.05	0.78	0.26	邵武
0.76	0.65	0.89	0.11	1.06	0.53	1.89	1.31	0.64	武夷山
0.90	0.50	3.05	0.15	1.82	0.09	1.20	0.50		建瓯
1.88	0.95	2.00	0.56	0.38	0.37	1.11	0.28	0.02	建阳

2-3 续表 7

面积计量单位：平方公里
人口计量单位：万人

城市名称 Name of Cities	市区面积 Urban District Area	市区人口 Urban District Population	市区暂住人口 Urban District Temporary Population	城区面积 Urban Area	城区人口 Urban Population	城区暂住人口 Urban Temporary Population	建成区面积 Area of Built District	城市建设用地面积 小计 Subtotal	居住用地 Residential
龙岩	2678	50.5	0.7	185.00	32.15	0.45	50.00	45.79	12.26
漳平	2958	29.3	2.5	14.20	9.63	1.96	12.40	11.57	3.23
宁德	1537	44.1	7.5	107.50	18.22	7.08	26.70	25.18	10.03
福安	1880	65.7	2.6	37.32	12.50	2.20	13.40	13.32	3.43
福鼎	1470	58.4	1.3	124.00	14.59	1.31	19.20	19.20	7.21
江西	**32363**	**1668.9**	**125.9**	**2114.76**	**890.58**	**97.22**	**1201.26**	**1123.46**	**346.98**
南昌	820	230.1	22.4	330.00	227.46	22.14	262.00	229.81	75.83
景德镇	580	49.0	2.5	198.50	48.68	1.16	78.68	74.36	19.67
乐平	1974	90.0	0.3	49.21	16.95	0.19	23.83	23.81	6.25
萍乡	1065	90.5	2.7	85.70	42.12	2.72	50.87	50.55	15.60
九江	699	65.9	6.1	104.85	63.19	2.72	102.82	101.82	33.30
瑞昌	1423	47.3	1.2	23.36	17.96	0.84	18.80	18.16	8.12
共青城	181	9.8	6.5	14.00	4.82	1.10	14.00	8.67	3.02
新余	1789	89.7	1.6	230.00	45.04	1.16	74.00	68.58	25.14
鹰潭	138	23.7	1.9	63.00	21.83	1.49	33.50	27.70	6.53
贵溪	2480	63.8	1.9	90.00	12.02	0.88	29.38	29.37	7.73
赣州	2373	156.3	40.3	162.12	93.04	32.85	136.80	125.29	36.81
瑞金	2449	68.8	0.9	108.00	33.70	0.90	25.34	25.34	7.43
吉安	1382	59.8	5.5	230.00	37.60	5.33	53.05	49.01	10.37
井冈山	1298	16.8	3.1	8.90	2.76	1.55	8.90	6.02	2.49
宜春	2532	111.0	13.0	88.00	43.39	12.96	68.00	68.00	15.65
丰城	2845	143.1	0.2	62.60	35.27	0.20	48.50	47.60	9.38
樟树	1291	60.7	1.9	46.34	25.01	0.11	26.10	25.82	7.81
高安	2439	87.4	4.0	52.00	22.40	0.98	27.71	25.39	6.47
抚州	2153	119.1	2.8	85.30	51.73	2.80	58.40	58.40	18.48
上饶	370	52.8	7.2	61.88	39.16	5.12	49.76	49.24	27.00
德兴	2082	33.4	0.2	21.00	6.45	0.02	10.82	10.52	3.90
山东	**84964**	**5623.9**	**324.1**	**21310.86**	**2837.76**	**200.95**	**4400.09**	**4278.53**	**1302.87**
济南	3257	361.0	5.0	1210.00	298.00	3.00	383.29	383.25	100.88
章丘	1855	102.4	2.3	365.87	25.91	0.82	43.10	41.71	9.08
青岛	3231	370.8		1963.20	325.36		490.67	469.44	146.17
胶州	1324	82.2		504.10	41.64		51.16	51.16	12.91
即墨	1780	114.7	6.0	612.89	54.16	1.56	58.37	55.06	23.37
平度	3167	138.7	6.3	719.90	45.69	1.84	56.30	56.30	22.46
莱西	1568	74.2	4.2	448.09	29.88	2.45	32.23	32.23	11.82
淄博	2989	284.5	21.8	678.69	152.72	8.37	262.32	257.13	88.65
枣庄	3076	232.0	5.8	349.02	90.75	3.76	148.02	133.59	52.16
滕州	1496	169.3	2.4	94.95	33.59	1.21	54.94	51.83	25.42
东营	3294	85.2	16.4	1099.20	62.60	4.30	114.75	112.10	37.55
烟台	2722	183.7	30.4	912.31	143.93	30.33	315.65	317.71	87.81

Continued 7

Area Measurement Unit: Square Kilometer
Population Measurement Unit:10,000persons

Area of Urban Construction Land							本年征用土地面积 Area of Land Requisition This Year		城市名称 Name of Cities
公共管理与公共服务用地 Administration and Public Services	商业服务业设施用地 Commercial and Business Facilities	工业用地 Industrial, Manufacturing	物流仓储用地 Logistics and Warehouse	道路交通设施用地 Road, Street and Transportation	公用设施用地 Municipal Utilities	绿地与广场用地 Green Space and Square		耕地 Arable Land	
5.85	3.03	7.03	0.97	7.55	1.02	8.08	6.08	0.82	龙岩
0.60	0.88	3.50	0.38	1.46	0.62	0.90	1.00	0.30	漳平
2.72	2.07	2.47	0.09	6.38	0.27	1.15	2.52	0.82	宁德
0.89	0.81	2.56	0.66	1.54	0.65	2.78	0.63		福安
1.45	1.51	2.83	0.43	2.95	1.13	1.69	1.07	0.47	福鼎
101.79	**98.43**	**207.54**	**27.88**	**153.25**	**51.42**	**136.17**	**39.65**	**13.41**	**江西**
13.79	31.02	37.46	4.37	36.77	5.29	25.28	13.74	6.89	南昌
5.51	6.87	20.46	1.58	10.59	1.02	8.66			景德镇
3.02	3.24	5.42	0.91	1.33	0.86	2.78			乐平
4.52	0.57	8.68	1.18	7.59	5.32	7.09	3.42	1.18	萍乡
6.69	6.54	23.48	1.92	14.75	2.87	12.27			九江
2.04	0.76	2.98	0.36	1.57	0.94	1.39			瑞昌
1.09	1.01	0.38	0.23	1.31	0.10	1.53	2.80		共青城
8.48	1.39	13.75	2.19	1.86	9.40	6.37			新余
0.66	1.22	3.04	1.15	5.47	2.69	6.94			鹰潭
2.11	1.70	9.90	0.41	4.28	0.73	2.51	0.63	0.30	贵溪
16.91	8.19	24.39	2.45	18.06	3.76	14.72	9.57	1.72	赣州
3.54	2.15	3.30	1.26	1.02	4.80	1.84			瑞金
7.46	11.03	4.29	1.61	6.40	2.78	5.07			吉安
0.93	0.97	0.25	0.15	0.16	0.49	0.58			井冈山
5.14	6.78	9.07	3.87	11.99	3.48	12.02			宜春
3.17	3.30	17.81	1.22	6.70	1.79	4.23			丰城
3.58	4.39	1.20	0.74	4.52	0.69	2.89			樟树
3.43	1.12	7.05	0.60	3.69	1.01	2.02	0.50	0.50	高安
5.53	3.53	11.39	1.22	9.37	1.06	7.82	7.48	2.51	抚州
3.00	1.98	2.19	0.20	4.66	2.03	8.18			上饶
1.19	0.67	1.05	0.26	1.16	0.31	1.98	1.51	0.31	德兴
442.26	**289.14**	**934.60**	**123.43**	**533.54**	**147.07**	**505.62**	**88.13**	**39.82**	**山东**
58.86	22.73	73.26	8.21	69.32	13.76	36.23	14.22	7.12	济南
12.73	3.66	9.06	1.18	1.14	0.94	3.92	1.54	0.29	章丘
34.91	23.60	113.83	23.26	60.11	9.56	58.00	10.28	4.62	青岛
4.51	2.34	17.13	2.55	5.71	2.13	3.88			胶州
2.48	3.50	14.12	0.47	8.76	0.56	1.80			即墨
4.41	2.19	17.31	0.31	6.27	0.43	2.92	5.13	3.40	平度
3.51	0.80	6.58	2.16	3.54	0.71	3.11			莱西
18.56	14.68	73.44	6.60	31.49	5.88	17.83	8.56	4.78	淄博
11.60	11.13	22.44	4.41	12.81	5.72	13.32	2.64	1.08	枣庄
4.81	4.32	10.83		1.26	3.58	1.61	1.29	0.43	滕州
14.83	13.69	20.92	2.11	4.08	8.27	10.65	1.76	0.40	东营
23.34	30.53	73.50	7.04	37.33	13.10	45.06	10.61	2.56	烟台

2-3 续表 8

面积计量单位：平方公里
人口计量单位：万人

城市名称 Name of Cities	市区面积 Urban District Area	市区人口 Urban District Population	市区暂住人口 Urban District Temporary Population	城区面积 Urban Area	城区人口 Urban Population	城区暂住人口 Urban Temporary Population	建成区面积 Area of Built District	城市建设用地面积 小计 Subtotal	居住用地 Residential
龙口	901	63.7	4.2	104.00	26.85	1.75	41.33	41.33	10.84
莱阳	1732	87.0	2.6	265.49	28.90	2.50	42.00	42.00	18.90
莱州	1878	85.4	5.0	368.20	32.14	4.86	41.00	41.00	13.14
蓬莱	1129	45.0	3.2	158.60	15.89	1.71	25.53	24.45	7.52
招远	1433	56.8	1.4	138.00	19.21	0.88	32.00	31.95	9.65
栖霞	2016	61.8	6.2	32.00	13.40	4.00	17.10	16.58	4.36
海阳	1887	65.9	1.5	262.00	24.20	1.50	34.44	28.25	7.53
潍坊	2006	186.0	4.3	1186.54	124.00	3.50	175.86	172.69	61.32
青州	1569	93.0	4.3	300.00	32.12	0.70	49.50	49.10	13.60
诸城	2151	109.6	10.6	501.40	44.20	2.43	48.10	44.14	14.10
寿光	1990	106.7	11.0	328.30	31.93	2.30	39.30	39.28	9.08
安丘	1712	94.9	2.5	362.00	30.52	2.50	46.28	45.89	11.64
高密	1527	88.4	1.2	198.00	25.84	1.16	50.40	47.43	15.78
昌邑	1628	58.4	2.4	120.00	14.56	0.73	25.00	25.00	8.52
济宁	1644	180.9	20.7	880.37	122.50	13.65	185.56	176.66	47.53
曲阜	815	64.3	3.4	66.00	18.80	1.90	27.00	27.00	9.00
邹城	1616	117.9	1.7	97.86	28.44	1.65	41.00	40.37	17.21
泰安	2087	161.0	1.8	405.82	64.75	1.55	126.71	126.71	43.50
新泰	1933	140.1	1.0	496.47	49.77	0.90	68.00	68.00	15.90
肥城	1277	98.9	0.2	137.10	25.50	0.20	35.79	35.79	15.15
威海	2606	131.6	25.5	630.63	78.15	16.11	190.38	186.32	47.70
荣成	1526	66.9	15.0	491.70	34.91	2.62	48.90	48.90	12.45
乳山	1665	56.2	7.0	140.60	16.03	2.82	33.04	33.04	7.37
日照	2043	132.1	12.1	403.70	57.18	9.20	99.60	99.60	30.01
莱芜	2246	127.8	5.1	614.14	58.26	2.32	120.00	104.07	27.72
临沂	2657	278.3	30.2	1277.63	169.86	30.14	210.00	199.41	55.40
德州	1752	121.0	10.3	602.00	77.48	9.50	144.65	144.29	38.90
乐陵	1168	70.1	1.3	100.00	24.46	0.77	33.00	32.30	5.00
禹城	990	53.1	0.7	60.00	16.80	0.39	31.27	29.27	5.92
聊城	1710	120.8	11.3	412.69	61.66	10.93	90.70	85.01	26.84
临清	950	78.1	0.3	262.00	30.80	0.23	26.90	26.90	8.93
滨州	1545	68.1	14.9	559.44	67.32	7.31	113.90	109.88	32.05
菏泽	1415	155.6	0.6	389.96	67.10	0.60	95.05	94.41	32.03
河南	**42145**	**4070.9**	**501.0**	**4662.51**	**1970.66**	**429.97**	**2374.67**	**2232.91**	**660.49**
郑州	1010	533.2	274.3	439.07	363.62	274.33	412.66	370.88	94.96
巩义	1041	82.8	7.3	36.00	31.00	2.26	30.10	28.47	10.28
荥阳	908	67.5	4.5	25.35	14.28	1.28	23.30	23.28	7.52
新密	1001	87.7		78.22	15.66		23.30	22.82	5.80
新郑	887	75.9	22.7	34.30	19.80	5.20	30.80	28.27	8.77
登封	1219	71.3	9.2	58.79	14.20	6.52	21.50	21.20	5.51
开封	546	103.4	6.8	121.25	86.17	6.49	108.99	107.27	33.40

Continued 8

Area Measurement Unit: Square Kilometer

Population Measurement Unit:10,000persons

Area of Urban Construction Land							本年征用土地面积 Area of Land Requisition This Year	耕地 Arable Land	城市名称 Name of Cities
公共管理与公共服务用地 Administration and Public Services	商业服务业设施用地 Commercial and Business Facilities	工业用地 Industrial, Manufacturing	物流仓储用地 Logistics and Warehouse	道路交通设施用地 Road, Street and Transportation	公用设施用地 Municipal Utilities	绿地与广场用地 Green Space and Square			
5.09	5.63	2.17	2.28	6.59	1.96	6.77			龙口
7.04	7.47	1.64	0.36	2.50	1.24	2.85	0.22		莱阳
12.52	0.02	9.82	1.20	0.36	0.28	3.66			莱州
4.00	4.51	0.68	1.89	3.32	0.43	2.10	0.10	0.02	蓬莱
3.82	3.85	8.36	0.65	0.62	0.25	4.75			招远
1.34	1.98	3.74	0.60	2.46	0.24	1.86			栖霞
2.80	1.65	4.50	0.43	1.88	1.87	7.59	0.04	0.01	海阳
12.91	12.02	33.10	5.67	25.25	6.00	16.42			潍坊
3.90	4.20	6.40	0.40	10.00	1.30	9.30			青州
4.21	0.08	9.39	3.30	4.91	1.44	6.71	1.62	1.05	诸城
5.41	4.43	7.23	0.44	2.71	3.80	6.18			寿光
3.06	2.15	13.78	1.12	7.05	1.58	5.51			安丘
5.85	0.08	11.58	2.88	0.53	5.21	5.52			高密
1.58	1.24	5.25	0.35	4.39	1.74	1.93			昌邑
9.29	12.64	45.32	3.53	24.93	3.66	29.76			济宁
3.00	2.00	4.90	0.60	1.50	3.00	3.00			曲阜
3.69	2.24	9.50	0.14	6.38	0.38	0.83			邹城
14.71	9.10	30.20	0.84	18.52	1.52	8.32			泰安
4.65	11.80	1.38	2.40	7.53	4.42	19.92			新泰
1.81	2.06	4.79	0.49	5.38	0.99	5.12			肥城
13.36	19.92	54.98	3.39	26.20	5.19	15.58	2.87	0.90	威海
2.92	4.76	8.27	2.00	2.29	1.21	15.00	2.10		荣成
4.45	2.18	5.49	1.11	2.46	4.35	5.63	0.73		乳山
4.96	6.56	22.72	4.10	13.57	4.30	13.38	2.50		日照
16.92	5.14	22.00	3.81	3.75	0.66	24.07	4.48	2.58	莱芜
23.62	10.83	35.96	7.54	23.58	11.87	30.61	7.10	3.85	临沂
24.72	0.87	37.92	2.89	21.02	2.12	15.85	0.92	0.40	德州
6.50	2.00	3.80	2.10	5.30	4.10	3.50			乐陵
4.20	1.60	5.73	1.00	5.66	2.30	2.86			禹城
7.74	6.33	17.48	2.29	18.77	0.43	5.13	3.80	3.80	聊城
3.82	0.85	5.10	1.02	3.40	0.48	3.30	1.01		临清
14.22	2.16	23.42	2.32	16.79	2.76	16.16	0.30		滨州
9.60	3.62	25.58	1.99	12.12	1.35	8.12	4.31	2.53	菏泽
258.28	**117.09**	**347.80**	**75.46**	**352.69**	**93.66**	**327.44**	**36.74**	**16.22**	**河南**
54.17	13.69	33.16	14.88	68.51	14.90	76.61	8.50		郑州
2.86	1.07	2.21	0.56	5.53	0.84	5.12	0.76	0.43	巩义
2.50	0.50	6.21	0.61	3.18	0.53	2.23			荥阳
0.90	1.90	3.21	1.09	3.04	4.54	2.34			新密
4.18	3.49	3.46	0.68	4.00	0.70	2.99	3.62	2.12	新郑
0.28	0.69	1.21	0.09	3.80	3.72	5.90			登封
13.81	7.49	23.83	2.34	13.83	2.62	9.95	7.36	5.22	开封

2-3 续表 9

面积计量单位：平方公里
人口计量单位：万人

城市名称 Name of Cities	市区面积 Urban District Area	市区人口 Urban District Population	市区暂住人口 Urban District Temporary Population	城区面积 Urban Area	城区人口 Urban Population	城区暂住人口 Urban Temporary Population	建成区面积 Area of Built District	城市建设用地面积 小计 Subtotal	居住用地 Residential
洛　阳	594	215.0	50.4	331.42	203.00	40.10	194.35	192.09	65.23
偃　师	948	89.0	2.0	21.00	16.90	1.16	18.00	17.90	5.50
平顶山	443	110.0	2.5	260.03	91.92	1.90	73.40	73.40	28.50
舞　钢	635	32.7	0.4	68.03	12.06	0.19	16.20	15.96	3.25
汝　州	1573	112.9	0.9	136.50	28.05	0.72	36.08	35.86	9.50
安　阳	544	113.8	1.8	153.00	71.50	0.36	80.00	79.59	25.36
林　州	2046	107.1	2.5	38.00	16.89	1.71	22.40	22.40	9.98
鹤　壁	679	63.2	2.1	130.42	44.80	1.54	64.06	64.06	15.09
新　乡	346	114.0	0.1	140.00	76.00	0.10	112.82	105.40	30.45
卫　辉	862	54.3	0.0	45.00	14.56	0.04	20.94	20.77	6.87
辉　县	2007	90.2	2.5	116.50	20.20	1.50	21.73	21.19	10.52
焦　作	544	94.7	4.5	106.50	77.40		106.00	105.56	39.52
沁　阳	624	53.7	0.7	34.00	13.81	0.45	19.60	19.40	6.23
孟　州	542	38.0	0.6	113.37	14.70	0.50	15.44	15.40	5.13
濮　阳	263	67.8	3.1	153.56	48.80	2.46	54.00	53.70	18.20
许　昌	97	41.4	8.1	97.00	41.43	8.07	88.00	74.00	20.00
禹　州	1461	130.0	16.1	52.26	27.60	14.50	44.70	44.67	12.50
长　葛	650	77.0	0.4	75.55	18.71	0.33	24.70	24.58	4.40
漯　河	1020	136.8	1.6	106.82	55.80		61.00	59.98	16.01
三门峡	185	30.0	9.0	30.00	29.99	4.10	30.00	30.00	9.30
义　马	112	16.9	0.8	112.00	16.93	0.76	17.64	17.63	3.99
灵　宝	3011	74.8	2.8	29.00	17.53	1.26	22.00	21.46	5.11
南　阳	2143	208.5	34.1	640.77	122.56	32.94	148.42	121.85	35.21
邓　州	2294	180.0	9.0	40.00	31.40	4.50	31.80	30.27	8.00
商　丘	1697	155.3	3.6	103.00	96.32	0.11	62.50	61.73	11.02
永　城	1994	150.0	3.8	81.29	34.70	3.10	38.00	37.90	11.00
信　阳	3604	153.9	2.8	259.51	50.20	2.60	88.75	75.62	23.61
周　口	269	54.6	4.0	100.00	31.44	3.87	66.00	48.40	13.25
项　城	1083	129.5	0.3	60.00	30.04		30.00	29.47	9.68
驻马店	1365	83.3	4.2	185.00	43.26	3.40	71.30	69.86	17.04
济　源	1899	70.9	1.6	50.00	27.43	1.62	44.19	40.62	14.80
湖　北	**80730**	**3930.6**	**326.1**	**7680.61**	**1636.75**	**243.21**	**2077.64**	**2422.71**	**693.07**
武　汉	8569	822.5	200.0	1452.66	474.22	160.43	552.61	989.23	248.21
黄　石	267	84.0	1.6	230.00	84.02	1.57	72.50	71.61	15.00
大　冶	1566	97.0	2.8	276.68	28.13	1.20	27.00	26.57	6.07
十　堰	1193	54.8	8.3	319.00	49.80	8.30	79.16	79.16	22.61
丹江口	3129	46.0	1.0	299.00	19.50	1.00	28.43	27.29	7.56
宜　昌	4234	151.7	7.9	541.00	80.08	7.90	162.00	148.42	38.91
宜　都	1353	39.7	0.8	221.50	16.00	0.82	24.20	23.68	5.48
当　阳	2150	48.4	0.6	220.30	16.87	0.46	21.59	19.17	4.17
枝　江	1374	50.5	12.5	100.00	15.80	4.20	20.98	20.98	6.05

Continued 9

Area Measurement Unit: Square Kilometer

Population Measurement Unit:10,000persons

Area of Urban Construction Land							本年征用土地面积 Area of Land Requisition This Year		城市名称 Name of Cities
公共管理与公共服务用地 Administration and Public Services	商业服务业设施用地 Commercial and Business Facilities	工业用地 Industrial, Manufacturing	物流仓储用地 Logistics and Warehouse	道路交通设施用地 Road, Street and Transportation	公用设施用地 Municipal Utilities	绿地与广场用地 Green Space and Square		耕地 Arable Land	
23.59	8.39	33.33	10.55	27.77	3.98	19.25			洛　阳
1.20	1.90	3.20	0.60	2.30	1.10	2.10	0.60	0.40	偃　师
4.89	4.00	15.54	3.27	10.93	1.35	4.92			平顶山
1.75	0.14	3.66	0.07	2.42	0.91	3.76			舞　钢
1.48	2.10	6.70	1.61	4.83	1.53	8.11			汝　州
10.00	2.66	13.88	3.20	13.68	2.96	7.85			安　阳
2.32	0.68	1.98	0.35	3.53	0.23	3.33			林　州
6.17	4.16	16.41	1.03	9.69	1.96	9.55			鹤　壁
15.36	5.66	25.81	3.07	12.00	2.69	10.36			新　乡
1.27	1.51	3.82	0.47	2.54	1.01	3.28	1.40	1.10	卫　辉
1.42	0.40	2.95	0.60	2.77	0.41	2.12			辉　县
14.55	4.97	20.77	1.48	13.98	1.59	8.70			焦　作
1.40	1.35	0.50	1.21	3.90	1.44	3.37			沁　阳
0.68	0.93	1.51	0.36	3.80	0.69	2.30	0.30	0.30	孟　州
3.30	5.30	5.70	1.60	7.20	2.20	10.20	1.10	0.60	濮　阳
6.00	4.00	10.00	4.00	12.00	7.00	11.00			许　昌
4.97	2.25	10.61	2.10	5.91	0.67	5.66			禹　州
2.64	0.90	3.91	0.81	5.22	0.23	6.47			长　葛
4.40	2.00	5.59	2.11	8.13	7.43	14.31			漯　河
3.77	1.60	2.53	0.25	5.54	0.90	6.11			三门峡
2.05	0.81	3.09	0.60	2.87	0.52	3.70	0.48	0.28	义　马
3.33	0.79	4.94	0.50	2.35	1.12	3.32			灵　宝
18.12	5.40	25.12	3.83	21.35	5.15	7.67	9.40	5.55	南　阳
0.50	3.20	5.80	1.20	3.95	0.70	6.92			邓　州
6.20	1.82	1.39	0.60	9.55	3.02	28.13			商　丘
4.70	4.20	3.20	0.50	6.30	1.60	6.40	0.50	0.22	永　城
11.02	2.65	14.40	2.65	13.78	0.88	6.63			信　阳
5.40	4.35	4.30	2.30	9.20	3.35	6.25			周　口
3.80	1.40	1.98	1.98	4.61	1.70	4.32			项　城
10.02	6.63	14.73	1.19	12.08	5.61	2.56	1.00		驻马店
3.28	2.11	7.16	1.12	6.62	1.88	3.65	1.72		济　源
246.01	**138.43**	**549.88**	**70.43**	**243.90**	**101.58**	**379.41**	**115.26**	**54.34**	**湖　北**
95.01	40.23	199.90	21.12	117.32	27.21	240.23	33.17	15.06	武　汉
8.24	0.72	23.00	2.09	11.12	3.46	7.98	9.74	5.97	黄　石
2.39	1.34	3.73	0.72	3.73	0.69	7.90			大　冶
9.43	2.07	29.95	2.92	4.23	2.71	5.24			十　堰
1.91	2.56	6.98	1.52	1.87	2.63	2.26	0.68	0.30	丹江口
24.30	7.43	39.49	5.39	15.45	6.85	10.60			宜　昌
3.00	2.90	3.95	0.70	2.10	4.80	0.75			宜　都
0.17	0.47	6.91	0.47	2.60	1.24	3.14	2.60	1.24	当　阳
1.03	1.90	7.66	0.51	1.31	0.60	1.92	4.50		枝　江

2-3 续表 10

面积计量单位：平方公里
人口计量单位：万人

城市名称 Name of Cities	市区面积 Urban District Area	市区人口 Urban District Population	市区暂住人口 Urban District Temporary Population	城区面积 Urban Area	城区人口 Urban Population	城区暂住人口 Urban Temporary Population	建成区面积 Area of Built District	城市建设用地面积	
								小计 Subtotal	居住用地 Residential
襄阳	1187	125.0	8.2	337.80	87.72	7.16	133.62	125.40	34.57
老河口	1032	53.3	0.7	208.00	23.80	0.70	27.00	26.54	9.00
枣阳	3277	114.0	3.8	260.00	28.00	2.00	37.55	34.40	8.20
宜城	2115	56.7	0.9	26.00	18.00	0.62	25.90	25.80	8.50
鄂州	1596	110.2	1.6	244.43	41.27	1.07	63.99	63.99	17.84
荆门	2252	70.5	8.1	248.70	42.35	8.05	55.03	55.03	16.65
钟祥	4403	107.0	1.0	175.00	22.79	0.81	26.00	25.20	7.56
孝感	1018	89.0	3.0	90.40	40.00	1.00	42.00	41.93	8.20
应城	1096	68.0	0.8	183.78	17.20		17.04	16.89	5.50
安陆	1353	65.3	0.8	89.80	19.20	0.70	23.00	14.22	7.80
汉川	1659	113.6	1.2	84.60	36.62	0.85	26.50	25.45	8.35
荆州	1576	111.3	6.5	73.70	62.08	5.88	73.70	73.70	19.62
石首	1427	62.0	5.0	22.54	14.55	0.10	22.54	19.25	6.00
洪湖	2519	94.1	0.3	45.20	33.00	0.20	39.57	34.06	10.92
松滋	2177	84.6	0.8	96.00	12.10	0.30	15.67	14.45	5.80
黄冈	362	38.6	3.8	52.22	29.10	2.20	52.22	52.22	15.73
麻城	3604	116.4	2.0	138.00	20.90	0.87	25.51	25.22	7.84
武穴	1242	80.8	4.0	30.00	24.50	4.00	30.00	28.57	9.00
咸宁	1503	62.4	4.9	165.00	36.31	4.72	72.50	44.08	23.75
赤壁	1718	48.5	1.0	51.00	24.25	0.57	26.50	26.14	10.15
随州	1425	172.1	13.1	266.00	46.20	2.80	45.00	38.97	13.87
广水	2646	95.0	1.2	71.65	30.65	0.92	30.08	29.20	19.20
恩施	3967	82.1	3.0	52.00	23.09	2.40	35.00	33.50	10.30
利川	4606	90.9	6.8	133.00	18.50	3.40	18.16	18.10	5.20
仙桃	2519	154.0	3.5	240.00	37.60	2.50	45.00	45.00	21.02
潜江	2004	104.0	1.7	311.25	35.55	0.51	50.30	49.50	15.94
天门	2612	167.0	3.0	324.40	27.00	3.00	29.79	29.79	12.50
湖南	**48577**	**2608.3**	**164.6**	**4285.84**	**1333.74**	**124.16**	**1540.21**	**1479.54**	**517.05**
长沙	1008	319.6		1007.66	319.55		294.39	294.39	109.46
浏阳	5008	144.0	12.5	26.80	23.80	7.20	24.60	24.60	7.60
株洲	863	122.2		837.00	106.95		135.25	111.65	45.44
醴陵	2157	105.8	6.3	113.00	21.35	3.40	29.50	29.00	11.83
湘潭	658	87.8	2.9	168.21	78.68	2.88	79.78	79.75	27.11
湘乡	1968	92.8	1.8	28.00	22.30	1.00	21.40	21.14	11.40
韶山	247	12.1	0.6	32.00	4.50	0.35	4.60	4.25	0.50
衡阳	578	108.7	12.8	123.68	99.55	11.60	123.54	123.50	41.24
耒阳	2678	148.5	16.2	49.65	34.20	14.20	44.30	32.05	11.23
常宁	2660	97.0	1.5	38.40	22.00	1.50	17.01	17.01	4.55
邵阳	436	76.3	6.6	67.00	69.68	6.60	58.00	53.20	19.50
武冈	1532	83.7	5.4	35.65	16.00	5.30	18.03	15.99	5.00
岳阳	1254	95.5	3.5	155.00	66.50	2.00	93.00	89.05	24.90

Continued 10

Area Measurement Unit: Square Kilometer

Population Measurement Unit:10,000persons

Area of Urban Construction Land							本年征用土地面积 Area of Land Requisition This Year		城市名称 Name of Cities
公共管理与公共服务用地 Administration and Public Services	商业服务业设施用地 Commercial and Business Facilities	工业用地 Industrial, Manufacturing	物流仓储用地 Logistics and Warehouse	道路交通设施用地 Road, Street and Transportation	公用设施用地 Municipal Utilities	绿地与广场用地 Green Space and Square		耕地 Arable Land	
12.01	5.32	47.29	1.27	17.11	3.51	4.32	28.89	16.73	襄阳
1.20	2.67	5.80	0.99	1.75	3.47	1.66			老河口
5.00	0.20	9.00	1.70	1.20	5.10	4.00			枣阳
1.80	1.30	5.00	0.50	4.50	0.50	3.70	2.71	1.70	宜城
5.04	3.07	15.35	2.27	5.18	3.17	12.07	2.05	1.32	鄂州
5.10	3.84	12.24	1.43	2.60	4.02	9.15			荆门
2.57	0.78	4.95	2.37	1.85	0.35	4.77			钟祥
4.53	4.10	9.20	2.00	5.00	5.50	3.40			孝感
3.00	1.20	4.00	0.76	1.00	0.40	1.03			应城
0.55	0.31	2.58	0.70	0.35	0.36	1.57	0.66		安陆
3.90	6.70	2.55	1.40	1.70	0.40	0.45	0.60		汉川
8.70	2.30	20.34	1.75	12.56	1.54	6.89	1.93		荆州
1.01	5.00	1.50	0.80	2.92	0.50	1.52			石首
0.64	4.25	7.30	3.30	1.11	4.71	1.83			洪湖
1.55	1.10	3.24	0.10	1.81	0.17	0.68	4.98	2.37	松滋
5.38	4.87	12.28	1.08	6.51	0.56	5.81	19.20	9.20	黄冈
2.39	1.80	4.72	1.38	1.07	5.03	0.99	0.88	0.16	麻城
5.00	1.00	3.90	1.47	1.70	2.00	4.50			武穴
2.28	1.59	10.77	0.23	0.32	0.15	4.99			咸宁
1.02	1.45	5.60	1.15	3.30	1.49	1.98			赤壁
4.50	4.33	9.20	1.63	1.09	1.23	3.12	1.77		随州
3.59	1.95	1.70	0.91	0.89	0.43	0.53	0.60	0.20	广水
5.70	3.50	4.90	1.50	2.60	1.40	3.60			恩施
1.20	1.40	2.10	1.20	1.10	1.80	4.10	0.30	0.09	利川
5.25	4.33	8.89	1.03	0.80	1.71	1.97			仙桃
4.82	8.12	8.71	1.88	3.85	1.32	4.86			潜江
2.80	2.33	5.20	0.19	0.30	0.57	5.90			天门
195.24	**103.13**	**192.79**	**48.28**	**174.96**	**94.36**	**153.73**	**48.89**	**10.84**	**湖南**
46.78	18.39	25.12	7.72	50.91	5.00	31.01	6.88		长沙
2.25	1.72	1.90	0.60	0.45	1.18	8.90			浏阳
10.77	4.45	26.67	2.66	11.17	2.14	8.35	13.43		株洲
5.00	2.20	5.85	1.03	1.89	0.02	1.18			醴陵
8.44	5.22	12.81	4.22	12.34	4.33	5.28	3.69	1.88	湘潭
1.45	2.21	1.47		1.04	1.82	1.75	3.14	2.20	湘乡
0.50	0.50	0.70		1.00	0.22	0.83	0.15	0.11	韶山
13.00	8.52	23.06	2.79	19.07	2.19	13.63	2.00	1.00	衡阳
6.51	1.14	4.50	1.41	2.15	1.16	3.95	1.82	0.72	耒阳
3.11	1.00	2.20	0.90	2.20	0.85	2.20	3.00		常宁
6.80	3.95	3.33	2.02	4.69	3.30	9.61	0.40	0.22	邵阳
2.70	2.30	0.72	0.72	1.50	1.25	1.80	0.83	0.20	武冈
9.60	5.55	17.80	3.50	3.90	11.40	12.40	0.60		岳阳

2-3 续表 11

面积计量单位：平方公里
人口计量单位：万人

城市名称 Name of Cities	市区面积 Urban District Area	市区人口 Urban District Population	市区暂住人口 Urban District Temporary Population	城区面积 Urban Area	城区人口 Urban Population	城区暂住人口 Urban Temporary Population	建成区面积 Area of Built District	城市建设用地面积	
								小计 Subtotal	居住用地 Residential
汨罗	1484	67.2	9.0	20.20	12.70	2.50	16.75	16.75	5.44
临湘	1720	56.5	2.9	25.00	15.60	2.02	14.00	14.00	3.00
常德	2510	148.0	6.0	339.16	67.00	3.05	87.10	87.10	23.20
津市	558	25.0	0.1	71.65	10.95	0.07	17.02	15.66	5.02
张家界	2571	53.7	1.8	54.08	20.84	1.55	32.96	32.27	9.52
益阳	2032	136.2	7.8	109.00	57.10	5.60	71.00	69.40	28.00
沅江	1797	75.5	6.2	18.00	17.90	1.80	16.80	14.59	8.53
郴州	2246	78.8	9.7	580.00	55.29	6.58	76.63	70.50	25.30
资兴	2747	37.8	1.6	24.63	13.70	1.10	21.04	21.02	7.80
永州	3177	116.7	8.7	100.00	45.57	7.34	60.04	59.78	15.08
怀化	666	37.4	23.2	64.00	32.63	23.21	62.00	62.00	18.11
洪江	2174	43.6	1.3	14.71	4.90	1.20	6.50	6.50	1.56
娄底	428	53.1	5.9	62.20	42.50	5.50	47.15	47.15	16.20
冷水江	439	37.0	1.6	48.56	17.00	1.31	24.02	23.46	7.23
涟源	1895	117.8	3.7	25.00	15.20	2.10	15.00	14.98	4.90
吉首	1087	29.9	5.0	47.60	19.80	3.20	28.80	28.80	18.40
广东	**92641**	**7631.8**	**1945.0**	**17036.40**	**3727.04**	**1382.32**	**5398.07**	**4415.55**	**1373.73**
广州	3843	695.0	686.4	1395.52	548.00	556.09	1035.01		
增城	1671	86.5	37.1	255.00	25.38	3.18	38.01	26.12	7.79
从化	1984	60.4	6.0	276.57	24.20	2.07	19.50	19.50	8.67
韶关	2871	67.9	2.5	1392.50	53.91	2.47	96.37	96.37	31.36
乐昌	2451	51.6	0.1	38.00	11.60	0.05	16.09	13.67	6.44
南雄	111	47.9	0.1	23.80	9.37	0.10	12.40	12.16	5.00
深圳	1997	1077.9		1996.78	1077.89		890.04	888.89	240.47
珠海	1656	130.9	120.5	745.38	79.00	100.15	123.64	123.64	44.35
汕头	1956	546.0	26.0	607.88	238.00	14.00	250.42	245.25	96.64
佛山	2941	383.2	254.5	763.17	128.37	73.61	157.98	162.36	55.71
江门	1818	139.9	45.9	566.00	92.24	41.52	158.50	184.77	53.29
台山	3286	98.3	2.9	33.00	17.51	1.23	28.60	29.01	6.92
开平	1659	68.5	14.5	152.00	19.85	4.43	36.23	40.99	17.76
鹤山	1083	36.7	7.6	81.40	11.22	3.30	26.06	26.01	8.75
恩平	1697	50.1	0.6	88.00	17.87	0.40	36.23	35.99	8.74
湛江	1460	173.0		110.00	89.03		107.92	99.86	33.64
廉江	2835	173.0	1.6	46.44	29.56	1.40	46.44	46.44	17.22
雷州	3459	170.6	5.2	39.30	18.20	5.00	27.92	27.87	9.15
吴川	859	121.5	3.1	36.90	18.53	2.50	26.30	26.20	10.35
茂名	2780	285.0	6.0	156.69	60.81	3.51	120.39	120.12	57.09
高州	3276	175.0	7.0	157.00	27.30	5.90	33.01	40.87	10.52
化州	2354	169.9	0.2	60.00	28.96	0.05	30.63	26.88	4.05
信宜	3081	142.5	6.5	64.40	25.70	4.50	25.00	25.00	9.50
肇庆	763	55.8	14.5	393.80	46.32	10.08	95.28	87.14	25.95

Continued 11

Area Measurement Unit: Square Kilometer
Population Measurement Unit:10,000persons

Area of Urban Construction Land							本年征用土地面积 Area of Land Requisition This Year	耕地 Arable Land	城市名称 Name of Cities
公共管理与公共服务用地 Administration and Public Services	商业服务业设施用地 Commercial and Business Facilities	工业用地 Industrial, Manufacturing	物流仓储用地 Logistics and Warehouse	道路交通设施用地 Road, Street and Transportation	公用设施用地 Municipal Utilities	绿地与广场用地 Green Space and Square			
0.88	1.40	3.78	0.62	3.12	0.47	1.04	0.50	0.12	汨罗
2.00	1.87	1.80	0.95	1.50	0.68	2.20			临湘
12.36	4.65	20.67	3.17	15.16	3.57	4.32			常德
1.29	0.41	4.60	0.74	1.71	0.53	1.36	1.26	0.28	津市
6.63	1.42	1.51		6.42	4.96	1.81	0.48		张家界
10.00	3.00	5.00		2.00	16.00	5.40	3.19	1.40	益阳
1.10	0.10	0.40		0.27	2.38	1.81	0.10		沅江
6.20	4.80	6.20	2.00	10.80	1.25	13.95	3.83	1.68	郴州
2.50	2.56	1.68	1.00	2.21	2.62	0.65	1.19	0.49	资兴
5.07	7.30	6.22	2.49	7.75	8.02	7.85	0.44	0.10	永州
13.00	7.13	2.88	7.26	2.39	10.01	1.22			怀化
0.49	0.06	0.90	0.12	0.89	0.46	2.02	0.16	0.04	洪江
7.80	8.10	2.23	1.36	1.80	5.44	4.22			娄底
0.81	0.98	5.69		3.88	1.60	3.27	1.00	0.40	冷水江
2.70	1.90	2.40	0.40	1.25	0.61	0.82	0.80		涟源
5.50	0.30	0.70	0.60	1.50	0.90	0.90			吉首
343.74	**302.22**	**1121.46**	**110.59**	**602.23**	**153.82**	**407.76**	**78.80**	**23.29**	**广东**
							11.99	3.16	广州
1.77	1.61	8.67	0.35	3.87	0.60	1.46	3.28	0.66	增城
1.43	1.04	0.88	0.07	2.62	1.92	2.87	0.42	0.08	从化
10.57	9.38	17.70	3.39	11.04	4.43	8.50			韶关
1.32	0.65	3.90	0.21	0.78	0.25	0.12			乐昌
0.11	0.26	3.09	0.14	0.84	0.17	2.55	0.30	0.10	南雄
59.36	50.33	313.84	18.07	130.68	20.22	55.92			深圳
14.37	13.83	15.11	5.85	9.29	7.97	12.87			珠海
24.38	33.27	26.27	13.76	32.94	7.41	10.58			汕头
13.04	10.81	38.78	9.46	10.99	2.65	20.92	4.20	0.68	佛山
11.78	8.21	52.29	2.66	31.25	5.37	19.92	15.23	2.84	江门
4.00	0.90	5.20	0.30	4.20	3.52	3.97			台山
1.94	2.56	12.99	0.13	2.88	0.40	2.33	0.96	0.46	开平
3.67	0.17	4.10	0.40	4.77	0.61	3.54	0.23	0.14	鹤山
4.25	1.76	6.08	0.62	0.50	1.34	12.70			恩平
11.97	12.30	17.97	3.31	7.70	11.49	1.48			湛江
3.94	2.37	5.87	1.42	11.02	0.33	4.27	3.95		廉江
2.91	6.60	0.39	0.75	2.13	3.34	2.60			雷州
1.75	2.05	1.95	0.85	2.07	1.35	5.83			吴川
13.38	7.43	13.89	2.67	13.07	5.34	7.25			茂名
5.06	2.15	4.19	5.00	3.25	6.00	4.70	1.64	0.70	高州
5.53	1.10	5.20	0.80	3.10	0.80	6.30	0.75		化州
0.55	1.60	2.10	0.35	1.20	3.20	6.50	1.68	0.36	信宜
7.99	4.69	25.88	1.19	14.41	0.83	6.20	1.28	0.31	肇庆

2-3 续表 12

面积计量单位：平方公里
人口计量单位：万人

城市名称 Name of Cities	市区面积 Urban District Area	市区人口 Urban District Population	市区暂住人口 Urban District Temporary Population	城区面积 Urban Area	城区人口 Urban Population	城区暂住人口 Urban Temporary Population	建成区面积 Area of Built District	城市建设用地面积 小计 Subtotal	居住用地 Residential
高要	2198	78.7	3.0	79.60	13.88	0.50	21.29	21.29	10.24
四会	1163	44.9	4.8	50.00	20.93	2.92	25.60	25.47	6.87
惠州	2734	141.7	72.5	1179.19	98.78	55.44	243.70	229.47	68.83
梅州	3053	95.8	0.9	168.00	38.30	0.86	52.81	49.51	14.05
兴宁	2105	119.6	1.3	121.00	25.96	0.50	24.85	24.85	11.00
汕尾	392	52.7	0.3	282.66	24.09	0.23	16.37	16.37	6.80
陆丰	1684	170.3	7.0	56.00	20.77	1.00	20.26	20.23	4.12
河源	364	34.6	7.3	33.97	25.67	4.66	33.97	31.84	9.33
阳江	439	69.5	3.6	357.00	38.42	2.97	47.47	43.26	11.54
阳春	4065	115.3	0.8	330.00	20.90	0.20	24.00	19.11	13.50
清远	3699	133.8	15.5	363.23	30.63	15.48	60.82	55.68	15.77
英德	5634	109.6	1.2	168.47	25.32		32.30	32.30	7.41
连州	2668	51.8	0.3	80.00	13.85	0.21	14.27	13.88	5.03
东莞	2465	191.4	414.9	2465.00	191.39	414.90	922.02	1033.90	278.81
中山	1800	156.1	131.7	262.44	41.61	30.28	107.40	110.49	38.04
潮州	1369	153.0	14.0	241.02	77.26	6.68	72.85	70.97	25.56
揭阳	1031	208.2	6.0	1031.00	208.18	6.02	120.00	95.79	29.40
普宁	1620	244.4	7.2	114.00	53.80	1.81	63.60	63.60	34.37
云浮	1940	327.0	3.0	104.29	27.32	1.24	28.10	24.08	4.00
罗定	330	126.8	1.2	70.00	31.16	0.88	28.42	28.35	9.70
广西	**57090**	**2003.3**	**205.3**	**5886.63**	**799.98**	**191.10**	**1192.82**	**1141.25**	**349.45**
南宁	6569	284.4	70.3	841.08	202.37	70.33	285.10	280.05	85.24
柳州	1016	117.6	49.8	464.39	111.52	49.44	180.09	180.09	47.08
桂林	565	76.8	6.5	565.00	75.83	6.50	71.18	71.18	19.05
梧州	1850	77.9	11.3	485.01	47.11	10.91	54.06	51.82	18.43
岑溪	2783	93.4	0.7	30.00	15.69	0.38	16.30	16.27	8.08
北海	957	63.7	5.8	957.00	35.36	5.80	73.07	70.21	25.60
防城港	2816	57.6	2.8	233.13	15.39	2.40	34.88	21.64	4.87
东兴	549	13.8	3.5	130.40	6.54	2.80	10.00	9.94	2.09
钦州	4767	143.3	10.6	354.38	24.85	8.27	88.91	87.87	22.50
贵港	3533	195.7	4.6	301.50	40.13	2.91	68.52	64.52	21.77
桂平	4074	201.0	1.0	326.55	19.71	0.10	28.00	25.87	4.82
玉林	1251	107.6	14.1	302.04	53.49	12.81	66.60	66.51	26.17
北流	2457	147.2	1.1	135.40	20.27	0.33	22.65	22.58	6.40
百色	3702	35.4	5.2	362.60	19.87	5.23	41.11	38.00	14.54
贺州	5677	114.4	8.9	72.15	20.00	8.33	31.01	27.56	8.19
河池	2340	33.8	6.1	80.00	19.35	3.00	22.11	21.66	6.53
宜州	3869	65.5	0.2	44.00	15.13	0.13	14.50	14.06	4.21
来宾	4363	112.8	1.0	92.00	28.51	0.08	39.00	39.00	10.92
合山	350	13.8	0.0	20.00	5.81	0.02	7.43	7.24	4.25
崇左	2951	36.7	0.5	50.00	16.50	0.33	28.00	17.21	5.95
凭祥	650	11.2	1.3	40.00	6.55	1.00	10.30	7.97	2.76

Continued 12

Area Measurement Unit: Square Kilometer

Population Measurement Unit:10,000persons

Area of Urban Construction Land							本年征用土地面积 Area of Land Requisition This Year		城市名称 Name of Cities
公共管理与公共服务用地 Administration and Public Services	商业服务业设施用地 Commercial and Business Facilities	工业用地 Industrial, Manufacturing	物流仓储用地 Logistics and Warehouse	道路交通设施用地 Road, Street and Transportation	公用设施用地 Municipal Utilities	绿地与广场用地 Green Space and Square		耕地 Arable Land	
1.95	0.57	4.95	0.30	1.80	0.17	1.31			高　要
2.07	5.49	2.96	1.92	1.43	1.23	3.50	0.15		四　会
25.36	14.41	49.90	9.68	30.88	8.08	22.33	1.50	0.24	惠　州
7.90	3.45	5.01	2.02	9.09	0.49	7.50	2.29	0.73	梅　州
2.50	2.10	0.60	1.00	1.85	5.20	0.60	3.66	2.54	兴　宁
1.48	1.15	2.28	0.25	2.67	0.64	1.10	0.06	0.02	汕　尾
2.60	1.92	2.13	0.43	0.65	2.30	6.08	0.74		陆　丰
2.09	0.99	6.30	0.98	5.02	3.27	3.86			河　源
2.40	3.01	6.45	1.59	6.41	0.96	10.90			阳　江
0.10	1.00	2.00		1.40	0.90	0.21	2.31	2.30	阳　春
7.81	6.87	7.02	0.30	6.23	1.44	10.24	6.03	3.94	清　远
5.89	1.65	5.81	0.51	3.93	2.63	4.47	2.62	0.51	英　德
0.01	0.01	0.61		4.25	0.37	3.60	1.12	0.79	连　州
45.60	57.07	345.56	14.38	168.39	29.16	94.93	8.16	1.13	东　莞
9.10	5.33	30.57	1.31	18.78	0.97	6.39	0.87	0.10	中　山
4.01	3.01	14.82	0.59	8.63	1.01	13.34			潮　州
10.09	9.90	30.90	1.40	10.20	1.50	2.40	0.16		揭　阳
2.86	3.82	7.12	0.50	7.63	0.82	6.48			普　宁
3.55	3.61	5.10	1.28	2.26	2.34	1.94	1.37	0.06	云　浮
1.30	1.79	5.03	0.40	6.13	0.80	3.20	1.85	1.44	罗　定
126.02	**64.17**	**174.64**	**43.35**	**208.62**	**49.00**	**126.00**	**62.02**	**24.14**	**广　西**
39.26	15.47	29.32	6.94	52.80	9.03	41.99	33.90	16.84	南　宁
17.43	11.62	41.24	7.41	32.28	3.77	19.26	1.36	0.63	柳　州
7.24	1.03	13.84	2.64	9.77	5.51	12.10			桂　林
5.35	2.70	8.17	2.24	9.91	2.97	2.05	5.21	1.04	梧　州
0.98	0.85	1.37	0.54	3.55	0.77	0.13	1.65		岑　溪
9.40	4.00	4.00	1.71	15.00	2.50	8.00	3.53	0.65	北　海
2.05	0.54	2.22	1.93	6.68	1.02	2.33	0.30		防 城 港
1.37	1.12	1.12	0.29	2.23	0.57	1.15	1.57	1.10	东　兴
7.45	5.77	20.85	8.32	14.09	1.77	7.12	7.39		钦　州
5.59	3.07	14.22	2.79	12.06	2.37	2.65			贵　港
2.66	1.63	5.13	0.65	7.09	0.64	3.25	0.92		桂　平
9.50	9.51	2.18	2.19	9.56	2.30	5.10	0.50	0.50	玉　林
0.18	0.49	2.43	0.19	5.10	0.63	7.16	0.71	0.41	北　流
3.41	0.94	6.93	1.88	5.46	0.97	3.87	1.07		百　色
6.38	1.85	3.73	0.36	3.24	3.76	0.05			贺　州
2.66	0.61	4.62	0.52	2.39	2.37	1.96	1.59	1.59	河　池
0.61	0.31	3.62	0.41	3.95	0.25	0.70	1.30	1.00	宜　州
1.47	1.28	5.85	1.51	8.60	5.58	3.79			来　宾
0.11	0.06	0.98	0.01	0.90	0.18	0.75	0.13		合　山
1.90	0.43	2.43	0.50	2.50	1.50	2.00	0.20		崇　左
1.02	0.89	0.39	0.32	1.46	0.54	0.59	0.69	0.38	凭　祥

2-3 续表 13

面积计量单位：平方公里
人口计量单位：万人

城市名称 Name of Cities	市区面积 Urban District Area	市区人口 Urban District Population	市区暂住人口 Urban District Temporary Population	城区面积 Urban Area	城区人口 Urban Population	城区暂住人口 Urban Temporary Population	建成区面积 Area of Built District	城市建设用地面积 小计 Subtotal	居住用地 Residential
海　南	**17395**	**598.8**	**84.5**	**1276.68**	**199.82**	**64.32**	**303.06**	**258.33**	**95.10**
海　口	2510	214.1	52.5	562.40	98.50	38.92	151.60	121.99	49.80
三　亚	1920	58.9	17.5	188.00	21.60	16.25	37.78	33.55	8.65
三　沙	16	0.0	0.1	2.25	0.03	0.10	0.25	0.11	0.02
五指山	1127	11.3	0.8	60.00	5.00	0.70	10.00	8.53	3.40
琼　海	1710	50.6	3.0	39.90	14.90	2.80	25.05	24.23	8.14
儋　州	3400	96.4	1.2	194.05	20.35	1.15	31.88	29.61	12.01
文　昌	2459	59.9	3.3	84.00	12.72	2.57	15.80	13.41	2.98
万　宁	1884	62.6	1.0	109.00	15.00	0.40	12.00	10.20	4.50
东　方	2370	45.0	5.1	37.08	11.72	1.43	18.70	16.70	5.60
重　庆	**31849**	**1952.1**	**343.4**	**6643.39**	**967.22**	**276.26**	**1231.44**	**1028.82**	**326.81**
四　川	**61142**	**3675.0**	**328.5**	**6426.21**	**1760.04**	**211.31**	**2216.56**	**2138.49**	**685.56**
成　都	2127	579.9	87.8	808.72	472.55	28.40	604.08	550.38	189.79
都江堰	1208	61.9	10.0	119.24	29.12	8.73	50.30	50.24	23.46
彭　州	1420	80.9	3.5	133.80	25.47	1.88	22.80	22.88	6.90
邛　崃	1377	65.7	3.8	35.00	16.52	1.66	21.30	21.30	8.08
崇　州	1090	67.0	3.4	63.42	12.90	2.43	31.07	31.07	8.01
自　贡	1438	151.3	11.1	778.32	106.00	11.09	109.38	109.38	34.86
攀枝花	2017	68.4	10.4	326.66	56.24	10.35	72.06	71.81	20.10
泸　州	2132	151.5	22.7	411.38	95.43	21.23	113.17	108.34	30.13
德　阳	648	69.3	13.7	74.01	51.49	1.98	72.13	72.13	21.10
广　汉	551	60.7	6.2	60.50	28.95	1.07	50.00	44.85	10.30
什　邡	863	43.8	2.3	21.00	13.35	0.30	15.50	15.42	4.10
绵　竹	1245	50.6	2.1	15.00	9.50	1.62	14.00	13.04	4.00
绵　阳	1570	126.9	35.3	465.00	83.54	35.34	118.00	109.84	30.15
江　油	2720	89.0	1.8	199.41	28.19	1.81	35.00	33.56	9.80
广　元	4535	93.9	4.7	216.70	35.61	4.46	53.83	50.86	13.09
遂　宁	1876	153.3	7.7	302.78	63.68	7.54	75.93	72.39	23.29
内　江	1569	143.0	8.5	278.93	63.14	1.10	66.14	66.14	25.15
乐　山	2514	116.3	11.0	166.73	49.71	10.81	72.90	67.48	22.10
峨眉山	1168	43.3	0.7	90.20	14.86	0.67	19.80	19.56	8.35
南　充	2527	197.1	16.5	420.00	94.00	14.00	113.00	113.00	42.17
阆　中	1877	87.6	3.3	150.00	24.00	3.00	27.50	27.50	8.44
眉　山	1796	121.2	5.2	71.58	45.64	4.60	60.58	58.12	23.20
宜　宾	2591	127.1	13.6	111.71	72.45	10.93	80.43	98.21	27.40
广　安	1536	109.9	1.8	141.81	28.91	0.56	47.50	46.30	14.60
华　蓥	466	36.9	0.5	92.40	10.90	0.50	13.00	13.00	3.43
达　州	3462	186.9	6.4	159.00	62.38	6.29	72.46	78.00	22.49

Continued 13

Area Measurement Unit: Square Kilometer
Population Measurement Unit:10,000persons

Area of Urban Construction Land							本年征用土地面积 Area of Land Requisition This Year		城市名称 Name of Cities
公共管理与公共服务用地 Administr-ation and Public Services	商业服务业设施用地 Commercial and Business Facilities	工业用地 Indust-rial, Manufac-turing	物流仓储用地 Logistics and Warehouse	道路交通设施用地 Road, Street and Transpo-rtation	公用设施用地 Municipal Utilities	绿地与广场用地 Green Space and Square		耕地 Arable Land	
34.11	**9.25**	**20.09**	**4.42**	**44.67**	**11.16**	**39.53**	**5.80**	**0.66**	**海南**
23.00	3.00	12.31	2.32	22.44	2.47	6.65			海口
1.20	0.50	0.65	0.15	3.91	0.06	18.43			三亚
0.05	0.01			0.02	0.01				三沙
0.62	0.30	0.60		1.61	0.80	1.20			五指山
0.73	0.22	1.27	0.50	3.62	4.22	5.53	0.38	0.04	琼海
3.31	1.37	2.45	0.48	4.01	0.86	5.12			儋州
2.91	1.65	1.58	0.23	2.95	0.36	0.75	1.81	0.43	文昌
0.89	0.60	0.63	0.04	1.91	0.18	1.45			万宁
1.40	1.60	0.60	0.70	4.20	2.20	0.40	3.61	0.19	东方
91.51	**63.04**	**218.58**	**22.24**	**174.09**	**30.39**	**102.16**	**88.64**	**51.35**	**重庆**
229.09	**124.30**	**428.11**	**48.75**	**255.49**	**143.25**	**223.94**	**50.84**	**20.73**	**四川**
78.77	16.70	99.67	8.75	31.33	84.70	40.67	16.26	6.43	成都
3.38	3.94	6.75	0.22	8.18	0.46	3.85	1.63	0.12	都江堰
2.21	6.20	1.90	0.90	2.69	1.03	1.05			彭州
1.13	1.52	5.77	0.10	2.25	0.40	2.05	1.79	1.48	邛崃
2.11	0.42	13.99	0.21	1.10	4.10	1.13			崇州
6.27	5.50	27.82	1.49	12.76	2.31	18.37			自贡
3.92	6.30	21.62	3.19	5.49	3.57	7.62	2.18	0.11	攀枝花
7.13	5.28	18.08	1.52	18.52	2.19	25.49	3.65	2.00	泸州
5.99	2.89	20.42	0.78	15.33	1.04	4.58	3.15	1.93	德阳
3.10	2.98	13.00	1.78	7.50	1.64	4.55	1.19	1.14	广汉
0.28	1.24	2.70	0.50	2.80	2.20	1.60	0.27	0.19	什邡
0.30	0.31	0.83	0.10	2.30	0.36	4.84			绵竹
16.95	6.21	29.80	1.81	15.49	2.52	6.91			绵阳
3.86	1.42	7.80	0.60	4.84	0.52	4.72	3.46	1.26	江油
6.13	2.42	10.45	1.34	7.37	2.77	7.29	0.33	0.05	广元
3.54	5.46	13.66	2.53	15.09	1.41	7.41			遂宁
5.13	1.79	16.97	1.83	10.16	1.53	3.58	2.04	1.38	内江
8.36	7.83	9.51	1.37	7.61	1.52	9.18			乐山
2.91	2.36	1.60	0.07	1.79	0.23	2.25			峨眉山
11.54	7.58	16.89	5.90	17.05	4.53	7.34	4.00	1.00	南充
2.50	2.18	4.71	1.25	3.50	0.85	4.07	1.00	0.40	阆中
4.80	8.32	6.14	1.37	8.26	3.55	2.48	3.60		眉山
9.24	6.31	25.06	2.91	15.99	2.29	9.01			宜宾
6.70	2.85	4.63	1.65	8.08	2.85	4.94	0.30	0.30	广安
1.15	0.33	2.48	0.05	0.84	1.50	3.22			华蓥
6.56	5.86	14.95	3.34	12.64	2.66	9.50	1.76	0.88	达州

2-3 续表 14

面积计量单位：平方公里
人口计量单位：万人

城市名称 Name of Cities	市区面积 Urban District Area	市区人口 Urban District Population	市区暂住人口 Urban District Temporary Population	城区面积 Urban Area	城区人口 Urban Population	城区暂住人口 Urban Temporary Population	建成区面积 Area of Built District	城市建设用地面积	
								小计 Subtotal	居住用地 Residential
万　源	4065	62.6	1.9	18.27	10.68	1.31	11.20	15.35	8.64
雅　安	1684	62.8	1.6	196.89	24.97	1.37	30.52	24.50	7.64
巴　中	2566	142.6	12.9	160.29	33.18	3.89	33.66	30.70	9.00
资　阳	1633	110.6	5.3	186.87	28.08	5.17	44.70	42.88	10.53
简　阳	2215	148.0	3.8	112.00	33.50	0.80	27.00	24.02	7.20
西　昌	2655	65.3	9.0	38.59	35.10	6.42	37.62	36.24	8.06
贵　州	**24434**	**1056.5**	**155.3**	**2643.57**	**536.93**	**95.59**	**723.76**	**635.65**	**202.46**
贵　阳	2408	236.8	101.9	1230.00	195.46	69.90	299.00	258.69	68.78
清　镇	1492	50.7	6.0	51.60	14.19	2.00	17.80	17.62	6.12
六盘水	476	52.4	7.9	129.00	30.00	3.01	42.50	41.13	12.70
遵　义	1316	101.0	8.0	220.00	78.25		66.00	62.71	19.71
赤　水	1801	32.3	2.8	91.00	10.80	2.10	10.00	9.22	3.40
仁　怀	1788	67.8	0.7	89.00	13.49	0.36	15.00	11.14	5.02
安　顺	1704	86.9	5.5	109.48	46.65	5.23	44.68	39.58	12.85
铜　仁	1852	47.3	4.6	53.30	30.28	2.40	34.68	31.60	14.00
兴　义	2915	85.6	5.4	73.40	29.80	2.80	43.00	40.84	14.85
毕　节	3412	157.3	3.4	166.09	23.25	2.80	40.50	38.83	11.39
凯　里	1306	50.6	6.5	111.50	33.86	3.00	67.00	54.53	24.50
都　匀	2274	50.5	1.5	300.00	22.30	1.24	30.00	17.25	5.39
福　泉	1690	37.3	1.3	19.20	8.60	0.75	13.60	12.51	3.75
云　南	**58628**	**1415.5**	**97.5**	**2903.33**	**759.46**	**68.89**	**977.04**	**910.52**	**325.64**
昆　明	3842	409.3	0.7	1749.00	369.59	0.61	418.50	406.89	173.14
安　宁	1301	35.4	8.3	240.76	21.00	4.90	29.79	20.98	3.52
曲　靖	1553	69.3	3.3	57.16	55.80	3.33	57.14	57.12	17.60
宣　威	6054	153.8	6.5	34.82	25.37	2.79	34.80	34.78	9.85
玉　溪	1017	51.6	9.7	88.12	20.00	5.61	29.39	25.12	4.65
保　山	5011	95.0	5.8	68.00	26.10	1.70	29.00	22.43	7.20
昭　通	2240	87.2	5.0	61.00	25.43	4.26	39.95	27.85	8.13
丽　江	1255	19.3	1.0	26.00	13.84	0.74	23.20	20.88	4.25
普　洱	3928	30.8	4.1	50.00	19.03	3.29	24.50	23.52	5.01
临　沧	2557	33.1	2.7	35.18	16.03	1.90	18.92	18.53	7.56
楚　雄	4433	52.1	4.9	51.22	23.87	4.62	41.53	39.27	16.73
个　旧	1587	41.0	2.9	34.60	20.04	2.11	13.16	12.51	3.53
开　远	1950	28.4	3.2	45.00	17.47	2.68	21.40	21.26	5.60
蒙　自	2228	39.3	9.4	31.00	16.59	8.74	31.00	20.76	6.25
弥　勒	4004	56.3	1.4	20.64	14.76	1.00	20.64	18.81	4.75
文　山	2887	49.2	1.9	35.00	19.12	1.85	33.00	30.02	8.60
景　洪	6959	41.6	15.0	83.63	9.90	9.23	27.40	27.40	8.02
大　理	1815	67.4	4.8	87.20	26.83	3.59	40.02	38.69	15.82
瑞　丽	1020	17.4	4.1	55.00	6.45	3.90	25.60	25.60	7.80
芒　市	2987	38.1	2.8	50.00	12.24	2.04	18.10	18.10	7.63

Continued 14

Area Measurement Unit: Square Kilometer

Population Measurement Unit:10,000persons

Area of Urban Construction Land							本年征用土地面积 Area of Land Requisition This Year		城市名称 Name of Cities
公共管理与公共服务用地 Administration and Public Services	商业服务业设施用地 Commercial and Business Facilities	工业用地 Industrial, Manufacturing	物流仓储用地 Logistics and Warehouse	道路交通设施用地 Road, Street and Transportation	公用设施用地 Municipal Utilities	绿地与广场用地 Green Space and Square		耕地 Arable Land	
0.93	1.18	0.52	0.54	1.08	0.65	1.81	0.01		万源
3.07	2.15	4.08	0.38	4.37	0.86	1.95	0.21	0.17	雅安
4.20	2.00	1.00	0.25	0.25	4.00	10.00	0.50		巴中
3.22	1.90	11.58	0.53	5.42	1.19	8.51	2.51	1.89	资阳
4.70	2.40	2.40	0.65	2.00	1.45	3.22	1.00		简阳
9.01	0.47	11.33	0.84	3.41	2.37	0.75			西昌
60.00	**35.41**	**109.71**	**21.45**	**75.47**	**29.81**	**101.34**	**16.05**	**8.07**	**贵州**
25.12	11.52	51.49	8.57	39.38	7.71	46.12			贵阳
1.84	1.97	0.40	0.57	0.80	0.59	5.33	5.93	3.61	清镇
5.08	1.24	9.80	1.10	5.31	3.30	2.60			六盘水
6.17	3.10	9.02	1.05	5.74	7.68	10.24	5.84	2.43	遵义
1.06	0.38	1.80	0.13	0.15	1.20	1.10			赤水
2.23	0.50	1.31	0.35	0.69	0.79	0.25			仁怀
2.59	2.55	7.31	0.96	5.90	1.87	5.55			安顺
2.50	1.10	3.82	2.13	2.40	1.75	3.90			铜仁
3.78	5.60	6.87	2.93	3.14	1.65	2.02	1.57	1.01	兴义
3.74	4.04	8.25	2.98	1.93	1.50	5.00	1.71	1.02	毕节
1.21	2.32	3.67		3.60	1.23	18.00	0.59		凯里
2.50	0.76	3.37	0.45	3.45	0.31	1.02			都匀
2.18	0.33	2.60	0.23	2.98	0.23	0.21	0.41		福泉
104.20	**69.90**	**104.39**	**31.60**	**115.71**	**34.22**	**124.86**	**40.33**	**17.95**	**云南**
42.96	33.84	51.90	11.70	39.12	8.05	46.18	3.20	0.75	昆明
1.91	1.39	6.59	0.42	3.20	0.35	3.60			安宁
8.32	0.13	6.37	2.89	9.21	3.60	9.00			曲靖
5.12	1.50	3.48	1.77	4.44	4.09	4.53	2.74	1.64	宣威
0.48	0.39	1.58		7.77	1.43	8.82			玉溪
1.00	0.60	1.00	0.80	4.00	0.50	7.33	2.93	1.26	保山
2.90	2.10	4.94	1.00	4.73	0.63	3.42	0.49	0.49	昭通
2.33	2.10	2.00	2.08	2.52	1.58	4.02	1.01	0.40	丽江
7.93	2.43	0.40	2.29	2.31	0.50	2.65	2.00		普洱
0.92	2.65	1.60	0.34	2.87	0.60	1.99	2.30		临沧
4.38	1.36	4.67	0.90	7.33	1.34	2.56	1.87	0.79	楚雄
1.93	0.59	2.49	0.40	1.90	0.35	1.32			个旧
2.60	2.08	3.34	2.09	1.20	2.55	1.80	1.67	0.85	开远
0.66	2.51	2.26	0.19	5.45	2.68	0.76	7.85		蒙自
2.65	0.29	0.97	0.49	1.99	2.65	5.02			弥勒
4.09	4.19	2.60	2.33	4.21	0.37	3.63	12.29	11.06	文山
2.00	0.70	0.01	0.19	4.20	1.00	11.28			景洪
7.67	3.51	4.95	1.02	2.37	1.16	2.19	0.64	0.13	大理
1.50	4.97	1.70	0.30	5.30	0.13	3.90	1.34	0.58	瑞丽
2.85	2.57	1.54	0.40	1.59	0.66	0.86			芒市

2-3 续表 15

面积计量单位：平方公里

人口计量单位：万人

城市名称 Name of Cities	市区面积 Urban District Area	市区人口 Urban District Population	市区暂住人口 Urban District Temporary Population	城区面积 Urban Area	城区人口 Urban Population	城区暂住人口 Urban Temporary Population	建成区面积 Area of Built District	城市建设用地面积 小计 Subtotal	居住用地 Residential
西藏	**16164**	**44.2**	**34.9**	**361.60**	**35.33**	**31.82**	**126.34**	**124.68**	**35.58**
拉萨	1480	23.2	25.7	301.40	22.21	23.20	91.34	91.34	28.00
昌都	10809	9.0	4.2	18.20	6.20	4.20	6.50	6.44	0.33
日喀则	3875	12.0	5.0	42.00	6.92	4.42	28.50	26.90	7.25
陕西	**31435**	**1555.0**	**64.9**	**1610.32**	**838.16**	**43.29**	**967.56**	**946.44**	**226.06**
西安	3582	669.2		450.00	398.36		440.00	434.00	101.00
铜川	2406	76.0	1.0	55.00	39.36	0.99	44.12	44.10	9.26
宝鸡	3574	147.6	6.7	156.30	78.87	3.11	87.22	86.36	10.21
咸阳	95	92.7	7.4	78.00	86.72	7.25	72.06	72.05	16.17
兴平	507	62.4	0.4	43.20	18.56	0.37	20.89	20.76	6.59
渭南	1221	99.5	3.8	202.00	43.10	1.90	47.50	47.43	19.20
韩城	1621	40.2	1.5	77.20	16.84	0.12	18.21	18.21	5.16
华阴	817	26.2	0.5	65.00	10.80	0.40	18.00	16.79	5.00
延安	3556	46.5	5.0	43.34	27.61	5.01	36.00	35.99	13.10
汉中	556	57.2	9.8	86.00	38.66	0.86	34.30	33.05	5.70
榆林	7053	60.0	19.8	119.00	21.13	19.77	63.00	61.30	15.00
安康	3640	102.6	1.7	160.00	30.60	1.66	39.50	39.49	13.20
商洛	2672	56.0	4.5	40.00	16.00	0.50	26.00	16.20	3.00
杨陵区	135	19.1	2.8	35.28	11.55	1.35	20.76	20.71	3.47
甘肃	**87361**	**890.1**	**80.8**	**1554.78**	**517.78**	**54.65**	**779.28**	**756.59**	**210.27**
兰州	1632	204.9	11.0	327.30	185.29	10.83	269.10	280.65	65.93
嘉峪关	1350	20.2	5.5	120.00	17.87	5.12	69.54	67.75	13.35
金昌	3019	20.6	3.9	42.00	15.75	3.20	40.21	40.21	7.01
白银	3478	51.3	11.8	99.24	36.39	5.39	60.60	60.19	17.40
天水	5861	124.8	9.0	60.00	63.60	4.76	45.80	45.80	9.36
武威	5081	103.8	1.9	31.00	31.70	0.85	31.00	30.85	20.00
张掖	4240	50.7	0.9	200.00	18.19	0.37	64.20	35.16	16.10
平凉	1936	56.3	2.1	255.00	30.60	2.10	36.00	35.56	13.33
酒泉	3386	43.2	12.8	235.00	25.80	10.30	48.50	41.35	10.25
玉门	13500	16.4	0.4	15.00	6.97	0.30	9.00	9.00	1.78
敦煌	31200	19.8	2.2	19.86	9.16	2.23	15.01	15.01	2.80
庆阳	996	38.8	9.9	25.44	18.30	0.70	24.25	25.41	7.69
定西	4225	46.7	1.5	35.88	18.54	1.48	23.49	32.80	9.83
陇南	4683	56.4	2.7	40.00	13.52	2.30	10.40	9.20	6.42
临夏	89	28.0	4.5	33.46	20.94	4.30	22.18	22.18	6.90
合作	2686	8.3	0.5	15.60	5.16	0.42	10.00	5.47	2.12

Continued 15

Area Measurement Unit: Square Kilometer

Population Measurement Unit:10,000persons

Area of Urban Construction Land							本年征用土地面积 Area of Land Requisition This Year	耕地 Arable Land	城市名称 Name of Cities
公共管理与公共服务用地 Administration and Public Services	商业服务业设施用地 Commercial and Business Facilities	工业用地 Industrial, Manufacturing	物流仓储用地 Logistics and Warehouse	道路交通设施用地 Road, Street and Transportation	公用设施用地 Municipal Utilities	绿地与广场用地 Green Space and Square			
28.38	**13.74**	**13.01**	**4.11**	**14.12**	**6.98**	**8.76**			**西　藏**
17.63	10.14	10.41	2.60	10.92	5.18	6.46			拉　萨
4.50	0.30	0.60	0.01	0.50	0.10	0.10			昌　都
6.25	3.30	2.00	1.50	2.70	1.70	2.20			日喀则
101.42	**79.56**	**118.16**	**21.24**	**156.45**	**31.32**	**212.23**	**22.50**	**8.88**	**陕　西**
57.00	36.00	50.00	8.00	80.00	12.00	90.00	18.00	6.00	西　安
2.70	0.72	8.53	0.33	7.82	1.82	12.92			铜　川
7.68	10.30	15.54	2.78	13.15	3.92	22.78	0.30		宝　鸡
9.18	0.42	13.06	2.41	13.29	3.16	14.36			咸　阳
1.10	0.50	4.28	0.16	2.80	0.20	5.13	0.09		兴　平
4.22	2.38	3.66	0.63	6.35	0.90	10.09	0.48	0.28	渭　南
0.50	0.55	3.12	1.10	3.30	0.80	3.68			韩　城
1.42	1.96	2.25	0.43	1.68	0.75	3.30			华　阴
2.71	2.54	2.43	0.27	6.31	0.91	7.72			延　安
2.60	5.10	4.40	1.35	3.20	2.00	8.70			汉　中
4.80	12.00	8.48	0.60	8.53	0.84	11.05			榆　林
1.83	1.17	1.31	0.25	5.20	2.56	13.97	1.63	0.80	安　康
2.00	2.00	0.50	2.00	2.20	0.50	4.00			商　洛
3.68	3.92	0.60	0.93	2.62	0.96	4.53	2.00	1.80	杨陵区
81.50	**51.39**	**129.80**	**29.19**	**90.24**	**40.96**	**123.24**	**39.42**	**28.01**	**甘　肃**
32.76	17.50	52.59	9.71	46.02	9.63	46.51	29.76	23.36	兰　州
6.40	7.45	7.10	2.84	4.92	0.80	24.89			嘉峪关
2.67	1.19	16.67	1.46	5.06	1.44	4.71	0.16		金　昌
5.60	2.88	21.48	1.26	5.22	2.65	3.70	1.25		白　银
3.24	1.22	10.33	5.79	6.90	4.17	4.79			天　水
2.00	3.00	1.15		3.00	0.50	1.20			武　威
2.51	2.47	1.62	2.13	2.14	3.52	4.67	1.90	1.57	张　掖
4.90	3.32	3.18	1.87	4.90	1.03	3.03	0.45	0.36	平　凉
3.70	4.95	2.65	0.85	4.40	1.05	13.50			酒　泉
0.71	0.54	0.74	0.39	1.47	0.22	3.15			玉　门
0.90	2.50	1.10	0.30	0.80	0.45	6.16	0.60	0.60	敦　煌
5.16	0.02	3.80	0.60	0.71	5.29	2.14	2.14	0.15	庆　阳
4.83	0.01	6.75	1.49	0.78	5.21	3.90	1.20	0.24	定　西
0.86	0.40	0.16	0.02	0.70	0.50	0.14			陇　南
4.20	3.20	0.16	0.18	2.74	4.30	0.50	1.73	1.73	临　夏
1.06	0.74	0.32	0.30	0.48	0.20	0.25	0.23		合　作

2-3 续表 16

面积计量单位：平方公里
人口计量单位：万人

城市名称 Name of Cities	市区面积 Urban District Area	市区人口 Urban District Population	市区暂住人口 Urban District Temporary Population	城区面积 Urban Area	城区人口 Urban Population	城区暂住人口 Urban Temporary Population	建成区面积 Area of Built District	城市建设用地面积 小计 Subtotal	居住用地 Residen-tial
青海	**165618**	**207.3**	**19.6**	**635.78**	**150.34**	**15.24**	**165.84**	**156.47**	**71.37**
西宁	510	133.5	9.9	380.00	118.63	7.46	90.00	83.85	43.32
海东	2821	29.3	1.0	108.00	9.40	0.50	10.10	7.36	4.00
玉树	15413	13.7	3.1	15.50	5.90	2.00	14.00	13.89	5.16
格尔木	119174	23.2	3.1	61.00	10.50	3.09	33.79	33.78	15.00
德令哈	27700	7.7	2.5	71.28	5.91	2.19	17.95	17.59	3.89
宁夏	**22380**	**364.9**	**51.0**	**2110.95**	**229.62**	**43.83**	**441.31**	**376.37**	**125.72**
银川	2311	106.4	27.7	1773.50	106.36	27.66	160.79	160.79	49.37
灵武	4009	24.5	6.2	18.00	5.38	0.15	12.78	12.64	5.00
石嘴山	2381	76.5	5.8	118.20	45.30	5.50	102.80	51.27	21.85
吴忠	1307	40.4	0.2	60.00	20.40	0.02	49.75	46.56	15.76
青铜峡	2525	28.9	1.0	32.45	12.64	0.96	32.41	28.80	9.36
固原	4489	47.6	8.7	44.10	20.68	8.68	44.10	38.37	13.25
中卫	5358	40.6	1.5	64.70	18.86	0.86	38.68	37.94	11.13
新疆	**234907**	**908.0**	**153.1**	**1691.75**	**598.58**	**125.51**	**1118.40**	**1110.06**	**390.26**
乌鲁木齐	13788	260.5	47.3	412.26	260.50	47.31	412.26	412.26	141.59
克拉玛依	7735	29.4	9.3	69.55	28.08	8.39	69.38	68.17	23.92
吐鲁番	15738	28.4	8.2	26.30	5.32	1.70	21.38	20.21	7.80
哈密	85035	48.8	5.8	63.00	24.96	3.78	39.65	39.65	16.00
昌吉	7971	37.3	14.2	96.95	23.64	11.36	60.04	56.95	20.23
阜康	11726	18.4	4.3	21.55	7.70	1.66	20.17	18.58	5.18
博乐	7956	26.9	3.5	31.58	16.50	3.25	20.00	19.94	8.07
阿拉山口	1204	1.0	0.9	27.00	1.03	0.90	10.85	6.25	0.22
库尔勒	7267	48.1	8.3	113.00	33.40	8.21	71.30	71.30	20.60
阿克苏	18265	51.5	18.2	58.61	31.16	13.96	46.50	46.21	21.38
阿图什	16151	25.7	1.0	14.39	7.00	1.00	8.30	14.39	4.90
喀什	1057	60.7	7.8	61.77	24.58	7.20	61.77	61.77	23.50
和田	510	34.2	2.4	80.00	14.64	1.92	30.65	30.65	11.70
伊宁	644	56.0	2.5	55.45	33.27	2.00	36.95	36.95	16.00
奎屯	1110	15.6	3.0	24.56	13.64	2.98	24.56	24.06	5.66
乌苏	14290	23.0	3.8	24.95	7.77	2.45	22.75	22.75	8.50
塔城	4356	17.1	0.4	22.06	8.70	0.10	13.80	13.80	5.26
阿勒泰	10826	18.8	1.3	110.50	7.10	0.45	16.00	16.00	4.53
石河子	460	35.6	3.0	150.00	28.00	2.50	40.63	40.63	16.54
阿拉尔	4196	16.7	2.0	37.68	5.82	1.20	27.00	27.00	2.95
图木舒克	1927	14.2	2.7	92.70	2.52	0.58	12.50	12.50	3.89
五家渠	740	29.0	0.5	37.50	6.50	0.30	17.36	17.34	8.07
北屯	911	6.4	2.1	46.64	3.91	1.69	20.85	18.95	8.39
铁门关	810	2.6	0.2	6.68	1.24	0.12	6.68	6.68	2.60
双河	235	2.1	0.5	7.07	1.60	0.50	7.07	7.07	2.78

Continued 16

Area Measurement Unit: Square Kilometer
Population Measurement Unit:10,000persons

Area of Urban Construction Land							本年征用土地面积 Area of Land Requisition This Year		城市名称 Name of Cities
公共管理与公共服务用地 Administration and Public Services	商业服务业设施用地 Commercial and Business Facilities	工业用地 Industrial, Manufacturing	物流仓储用地 Logistics and Warehouse	道路交通设施用地 Road, Street and Transportation	公用设施用地 Municipal Utilities	绿地与广场用地 Green Space and Square		耕地 Arable Land	
12.83	**7.23**	**12.42**	**17.19**	**14.66**	**5.99**	**14.78**	**4.22**	**2.80**	**青海**
5.23	2.17	4.20	13.87	6.24	3.45	5.37			西宁
0.60	0.03	0.59	0.23	0.21	1.00	0.70	4.00	2.70	海东
1.83	0.51	0.45	0.52	1.00	0.66	3.76			玉树
2.20	2.17	4.06	1.70	5.82	0.55	2.28			格尔木
2.97	2.35	3.12	0.87	1.39	0.33	2.67	0.22	0.10	德令哈
51.86	**19.47**	**35.42**	**12.80**	**60.35**	**16.88**	**53.87**	**2.89**	**1.56**	**宁夏**
27.50	2.64	15.68	7.12	25.76	8.77	23.95			银川
0.48	2.65	0.12	0.31	0.30	0.49	3.29			灵武
2.16	3.51	8.53	0.20	10.88	0.91	3.23			石嘴山
6.30	2.92	4.90	0.24	6.89	1.85	7.70			吴忠
5.60	2.10	2.44	2.36	2.97	0.81	3.16	0.62	0.31	青铜峡
4.90	1.80	0.65	1.65	7.00	2.00	7.12	1.80	1.00	固原
4.92	3.85	3.10	0.92	6.55	2.05	5.42	0.47	0.25	中卫
101.67	**85.74**	**158.00**	**44.31**	**135.90**	**64.75**	**129.43**	**19.88**	**8.74**	**新疆**
27.88	25.32	75.51	16.69	63.91	20.79	40.57	8.56	5.38	乌鲁木齐
10.64	5.38	3.43	2.40	9.09	3.01	10.30	0.60		克拉玛依
1.32	1.00	0.96	0.22	5.31	1.25	2.35	0.59		吐鲁番
4.54	3.18	6.04	0.96	5.37	0.91	2.65			哈密
4.17	5.53	10.00	0.73	9.65	0.77	5.87			昌吉
1.61	1.10	0.22	0.56	0.85	0.24	8.82	0.13	0.13	阜康
1.60	2.24	2.99	1.21	1.11	0.55	2.17			博乐
0.50	0.43	2.14	0.93	0.82	1.01	0.20			阿拉山口
6.45	3.80	14.73	3.17	2.74	11.09	8.72			库尔勒
5.07	4.06	3.90	0.92	4.95	1.96	3.97	0.90		阿克苏
4.30	2.58	0.40	0.26	0.15	0.53	1.27			阿图什
3.87	7.00	4.10	6.50	7.00	2.80	7.00	9.10	3.23	喀什
4.00	1.94	4.33	1.38	3.00	1.95	2.35			和田
4.90	4.30	4.22	0.55	2.50	3.32	1.16			伊宁
2.74	4.00	2.07	0.49	0.24	3.36	5.50			奎屯
1.70	1.32	4.01	0.94	1.04	0.70	4.54			乌苏
1.17	1.70	1.40	0.24	0.02	1.73	2.28			塔城
2.00	2.20	0.10	0.21	3.10	0.36	3.50			阿勒泰
4.56	0.50	4.81	1.26	5.98	3.35	3.63			石河子
3.61	1.56	8.35	2.33	0.83	3.22	4.15			阿拉尔
0.82	1.31	0.16	0.02	1.98	0.20	4.12			图木舒克
1.76	1.58	1.37	0.09	3.25	0.29	0.93			五家渠
0.75	1.57	2.51	2.25	1.97	0.98	0.53			北屯
1.70	0.50	0.19		0.15	0.34	1.20			铁门关
0.01	1.64	0.06		0.89	0.04	1.65			双河

三、城市维护建设财政性资金收支

3. Revenue and Expenditure of Urban Maintenance and Construction Fund

简要说明

城市维护建设资金指用于城市维护和建设的财政性资金。本部分主要包括城市维护建设财政性资金的收入和支出两方面的内容，收入包括组成收入的各项来源，包括城市维护建设税、城市公用事业附加、中央和地方预算资金、国有土地使用权出让收入、国家和省规定收取的用于城市维护建设的行政事业性收费及其他收入，支出包括城市维护建设资金用于市政公用设施各行业的建设和维护资金。

2013 年，城市维护建设资金的收支范围和口径进行了调整。

2014 年，北京市数据未报送。

Brief Introduction

Urban maintenance and construction fund is the fund used for urban maintenance and construction. This section mainly includes two parts: one is revenue from the fund, and the other is expenditure of the fund. Revenue consists of various capital sources, including urban maintenance and construction tax, extra-charge for urban utilities, budgetary funds by central and local governments, income generated from the transfer of state-owned land-use right, administrative charges for urban maintenance and construction prescribed by the central and provincial governments and other revenues. Expenditure covers funds used for construction and maintenance of public facilities in the municipal service facilities sector.

Revenue and expenditure scope as well as definition of urban maintenance and construction fund has been adjusted in 2013.

The data of Beijing ware not reported in 2014.

3 全国历年城市维护建设资金收支(1978-2014)

计量单位：万元

年 份 Year	收入合计 Completed of Revenue	城市维护建设税 Urban Maintenance and Construction Tax	城市公用事业附加 Extra-Charges for Municipal Utilities	中央财政拨款 Financial Allocation from Central Government Budget	地方财政拨款 Financial Allocation from Local Government Budget	水资源费 Water Resource Fee	国内贷款 Domestic Loan
1978							
1979							
1980	276174		92966	66212			
1981	345600		92186	65657			
1982	425957		97416	69381			
1983	408524		103142	81571			
1984	468835		118445	96120			
1985	1168293	331296	129744	143313	123963	14142	
1986	1448311	406817	157889	138944	351961	16812	31716
1987	1638197	442275	176337	152094	225498	22420	61601
1988	1845193	525452	192643	104666	181053	24396	75829
1989	1835625	603583	198409	91529	170347	24873	44494
1990	2104896	650908	226186	109126	198421	27876	88429
1991	2661198	695681	270109	99919	277595	35324	229274
1992	3934788	779701	310916	134237	576569	42506	322596
1993	5811904	980234	329620	269593	594615	48498	445658
1994	6748008	1161193	413851	213565	599378	47060	413327
1995	7743732	1409097	447388	213543	725758	51964	476654
1996	8476420	1578088	555873	103699	862641	60509	956850
1997	11103424	1906696	561217	139392	1154245	61203	1657405
1998	14333158	2153203	603965	649420	1581006	63724	3069622
1999	16271209	2191985	631558	1052000	1714628	77828	3741979
2000	19889324	2372908	541475	1150668	2081330	100590	4146988
2001	25262680	2709430	488144	895818	3237790	111087	7416589
2002	31561758	3160358	498761	759545	3927309	123825	8739016
2003	42761892	3717417	556909	771320	5329302	159757	13318273
2004	52575966	4462912	590251	526414	6657678	206883	14455465
2005	54225147	5512933	554799	621597	7958871	249990	16698914
2006	35406259	5667745	762171	566632	10748459	244522	
2007	47617452	6170604	824251	348134	12137926	279545	
2008	56164219	7442775	896248	756011	14247316	254199	
2009	67276878	7719472	980433	1066464	22311926	247971	
2010	85704996	9970340	1090649	1747961	16855095	295347	
2011	117817189	13395522	1571916	1383183	19817577	750347	
2012	119233467	14797543	1663517	2453300	27252469	413782	
2013	143227465	17070039	1874070				
2014	138005449						

注：1.自2006年起，城市维护建设资金收入仅包含财政性资金，不含社会融资。地方财政拨款中包括省、市财政专项拨款和市级以下财政资金；其他收入中包括市政公用设施配套费、市政公用设施有偿使用费、土地出让转让金、资产置换收入及其他财政性资金。

2.1978年至1984年，1988年至1990年供水支出为公用事业支出；1978年至2000年道路桥梁支出为市政工程支出，包含道路、桥梁、排水等。

3.自2006年起，城市维护建设资金支出仅包含财政性资金，不含社会融资。

4. 2014年数据不含北京市。

National Revenue and Expenditure of Urban Maintenance and Construction Fund in Past Years(1978-2014)

Measurement Unit:10,000 RMB

利用外资 Foreign Investment	企事业单位自筹资金 Self-Raised Funds by Enterprises and Institutions	其他收入 Other Revenues	支出合计 Completed of Expenditure	维护支出 Maintenance Expenditure	固定资产投资支出 Expenditure from Investment in Fixed Assets	其他支出 Other Expenditures
			163589		163589	
			256895	142593	114302	
		116996	266451	152991	112370	1090
		187757	325615	180778	144837	
		259160	369382	172902	183897	12583
		223811	426986	214709	185511	26766
		254270	462705	219226	243479	
	49362	376473	1122714	375563	721943	25208
744		343428	1343025	431595	816154	95276
748		557224	1480706	479768	895695	105243
6386		734768	644695	303420	246835	94440
10078		692312	737038	361213	249516	126309
24713		779237	814901	406025	269992	138884
107127		946169	2442190	446562	1800536	195092
73484		1694779	3841602	1086759	2529896	224947
138159		3005527	5573279	1550715	3757865	264699
183295		3716339	6583051	1721457	4514337	347257
254876		4164452	7578470	1092891	6056988	428591
558688	1194722	2605348	8827009	2029361	6272955	524693
1407194	1077986	3138088	11229697	2149827	7832004	1247866
738402	1769411	3704405	14374965	2354278	10927777	1092910
494463	2374802	3991966	16172386	2600945	12281137	1290304
847124	3332242	5315999	18960338	2699820	15400602	859916
563167	4095561	5745094	25372970	2367551	19207735	3797684
610535	6007620	7734789	31780253	3184473	24475402	4120378
681057	7696801	10531056	42479605	3840924	32807384	5831298
741815	9002038	15932510	46617124	4662527	36924771	5029826
927141	9460261	12240641	52757240	5474379	40946915	6335946
		17416730	33494964	6950298	20005661	6888341
		27856992	42473049	8689485	24649406	9134158
		32567671	50083394	10432730	30612349	9279334
		34950612	59270667	10982852	38125424	10187001
		55845604	75080799	13443275	47144531	14389306
		80898644	87390666	16790270	53139075	17461321
		72652856	101981275	20228860	63505657	18246758
			108047393			
			106589135			

Note: 1.Since 2006, national revenue of urban maintenance and construction fund includes the fund fiscal budget, not including social funds. Local Financail Allocation include province and city special finacial allocation, and Other Revenues include fee for expansion of municipal utilites capacity, fee for use of municaipal utilities,land drainage facilities, water resource fee, property displace fee and so on.

2.Data in the water supply column from 1978 to 1984 and from 1988 to 1990 reder to expenditure of public utilities; Data in the bridge and road column reder to expenditure of municipal engineering construction projects,including roads, bridges and sewers.

3.From 2006, expenditure of Urban maintenance and construction fund includes the fund from fiscal buget, not including society fund.

4.The data of 2014 did not include those of Beijing Municipality.

3-1 2014年全国城市维护建设资金(财政性资金)收支分组资料

计量单位：万元

地区名称 Name of Regions	城市市政公用设施建设维护管理财政性资金收入 Revenue of urban Construction, Maintenance and Management of Municipal Public Utilities Facilities Fund								
	合计 Completed of Revenue	中央预算资金 Central Budgetary Fund	省级预算资金 Provincial Budgetary Fund	市级预算资金 City-Level Budgetary Fund					
				小计 Subtotal	城市维护建设税 Urban Maintenance and Construction Tax	城市公用事业附加 Extra-Charges for Municipal Utilities	城市基础设施配套费 Fees for Supporting Urban Infrastructure	国有土地使用权出让收入 Income Generated from The Transfer of State-owned Land-use Right	市政公用设施有偿使用费 Fee for Use of Municipal Utilities
全国 National Total	**138005449**	**2119735**	**2645941**	**124152663**	**17843612**	**1819986**	**10418170**	**74515103**	**4476920**
分类一 Group one									
东部地区 East China	83791541	606734	1045070	77682359	10059431	1335251	5228484	48354965	3012037
中部地区 Central China	32110432	482266	247703	28500066	5340926	325606	2637574	16283467	850890
西部地区 West China	22103476	1030735	1353168	17970238	2443255	159129	2552112	9876671	613993
分类二 Group two									
东部地区 East China	78786827	523582	998169	74096005	9845445	1276148	5150746	46258494	2915740
中部地区 Central China	30190816	458658	216495	26644908	5078096	305411	2453598	15633581	838680
西部地区 West China	29027806	1137495	1431277	23411750	2920071	238427	2813826	12623028	722500
分类三 Group three									
东部地区 East China	73556063	295753	914851	69221204	8956400	1195767	4758249	43303959	2848750
中部地区 Central China	27257251	315287	115854	24196328	4166209	260741	2132381	14809972	761171
西部地区 West China	29027806	1137495	1431277	23411750	2920071	238427	2813826	12623028	722500
东北地区 Northeast China	8164329	371200	183959	7323381	1800932	125051	713714	3778144	144499

National Revenue and Expenditure of Urban Maintenance and Construction Fund (Fiscal Budget) (2014)

Measurement Unit:10,000 RMB

			城市市政公用设施建设维护管理财政性资金支出 Expenditure of urban Construction, Maintenance and Management of Municipal Public Utilities Facilities Fund						
污水处理费 Wastewater Treatment Fee	垃圾处理费 Garbage Treatment Fee	其他财政资金 Others	合计 Completed of Expenditure	城乡社区规划与管理 Planning and Management of Urban and Rural Communities	市政公用行业市场监管 Market Supervision of Municipal Public Utilities Industry	市政公用设施建设维护与管理 Construction, Maintenance and Management of Municipal Public Utilities Facilities	风景名胜区规划与保护 Planning and Protection of National Parks	其他 Others	地区名称 Name of Regions
2204995	**694024**	**9087110**	**106589135**	**5597658**	**3068185**	**66648757**	**805435**	**30469100**	**全　国**
									分类一
1489794	408576	4457378	62019797	3572731	2073746	35551920	263008	20558392	东部地区
491868	185128	2880397	24948878	1474648	486834	18787214	385015	3815167	中部地区
223333	100320	1749335	19620460	550279	507605	12309623	157412	6095541	西部地区
									分类二
1427109	379651	3169071	56831609	3527793	2050610	32709905	257118	18286183	东部地区
483795	180991	2870755	23566823	1441826	376579	17786211	384274	3577933	中部地区
294091	133382	3047284	26190703	628039	640996	16152641	164043	8604984	西部地区
									分类三
1371880	368246	3124255	53594337	3358857	1906948	30404801	252754	17670977	东部地区
439080	168691	2629782	20998747	1390296	289292	16312785	344426	2661948	中部地区
294091	133382	3047284	26190703	628039	640996	16152641	164043	8604984	西部地区
99944	23705	285789	5805348	220466	230949	3778530	44212	1531191	东北地区

3-2 2014年全国城市维护建设资金(财政性资金)收支(按省分列)

计量单位：万元

地区名称 Name of Regions	城市市政公用设施建设维护管理财政性资金收入 Revenue of urban Construction, Maintenance and Management of Municipal Public Utilities Facilities Fund								
	合计 Compl-eted of Revenue	中央预算资金 Central Budge-tary Fund	省级预算资金 Provin-cial Budgetary Fund	市级预算资金 City-Level Budgetary Fund					
				小计 Subtotal	城市维护建设税 Urban Mainten-ance and Construc-tion Tax	城市公用事业附加 Extra-Charges for Municipal Utilities	城市基础设施配套费 Fees for Supporting Urban Infrastr-ucture	国有土地使用权出让收入 Income Gener-ated from The Transfer of State-owned Land-use Right	市政公用设施有偿使用费 Fee for Use of Municipal Utilities
全　国	**138005449**	**2119735**	**2645941**	**124152663**	**17843612**	**1819986**	**10418170**	**74515103**	**4476920**
北　京									
天　津	1626502	9100	213148	1163360	134837	3621	506488	342288	
河　北	3378756	21255	56923	3280552	622527	75391	124706	2067453	76001
山　西	2955134	7777	9800	2825035	253456	19980	163615	1882905	46439
内蒙古	1919616	23608	31208	1855158	262830	20195	183976	649886	12210
辽　宁	5230764	227829	83318	4874801	889045	80381	392497	2954535	66990
吉　林	1217209	50990	18717	1057667	456129	21741	195089	239096	41929
黑龙江	1716356	92381	81924	1390913	455758	22929	126128	584513	35580
上　海	3358903	15000		3336543		214078	79820	470000	856000
江　苏	13386774	16233	88730	11876304	2169817	198186	768673	7173832	637563
浙　江	8016579	33959	36491	7356330	973094	82734	177258	4707651	348192
安　徽	6735412	81542	40538	6401057	1962283	26535	322790	3484721	142875
福　建	10852589	29920	21053	10793615	633986	65982	148217	7803706	137063
江　西	3957685	11379	7738	3891299	163948	13547	736013	2559370	48304
山　东	11777166	32370	56025	11506632	1761908	213036	1838311	5985936	215157
河　南	4001624	60836	8600	2988512	445404	98117	441701	1724253	115667
湖　北	6356547	28204	18539	5075837	569259	51360	140073	3616629	275588
湖　南	3250849	125549	30639	3014588	771859	51202	328189	1542094	132298
广　东	20133006	130972	415615	18945977	2565689	339053	982380	14348627	537234
广　西	5004714	83152	46901	3586354	213986	59103	77738	2096471	96297
海　南	1025788	6944	26866	961891	94542	3686	132396	404466	41540
重　庆	2950656	5559	336448	2536576	342509	46015	630306	1183571	52375
四　川	5437876	75800	414387	3723536	739631	42630	650604	1618226	129179
贵　州	1009443	25237	9527	970193	111725	11628	34829	525730	32475
云　南	2984654	342836	238358	2392022	277882	2005	421640	1425388	47559
西　藏	133707	101452	28049	4186	211	80	3685	100	110
陕　西	5189644	331273	93891	4540397	370983	15143	532001	2736355	288427
甘　肃	965239	37421	53704	858108	139671	2343	49152	595571	20729
青　海	473973	32954	155319	285458	44360	6049	2569	34943	12501
宁　夏	538359	715	12614	438998	56850	18518	32009	241920	2987
新　疆	2419925	77488	10871	2220764	359433	14718	195317	1514867	27651

注：北京市数据未报送。
Note: The data of Beijing were not reported.

National Revenue and Expenditure of Urban Maintenance and Construction Fund (Fiscal Buget) by Province (2014)

Measurement Unit: 10,000 RMB

			城市市政公用设施建设维护管理财政性资金支出 Expenditure of urban Construction, Maintenance and Management of Municipal Public Utilities Facilities Fund						
污水处理费 Wastewater Treatment Fee	垃圾处理费 Garbage Treatment Fee	其他财政资金 Others	合计 Completed of Expenditure	城乡社区规划与管理 Planning and Management of Urban and Rural Communities	市政公用行业市场监管 Market Supervision of Municipal Public Utilities Industry	市政公用设施建设维护与管理 Construction, Maintenance and Management of Municipal Public Utilities Facilities	风景名胜区规划与保护 Planning and Protection of National Parks	其他 Others	地区名称 Name of Regions
2204995	**694024**	**9087110**	**106589135**	**5597658**	**3068185**	**66648757**	**805435**	**30469100**	**全　国**
									北　京
		240894	1668808			1428881		239927	天　津
65944	8086	20026	2602461	66897	75876	2079900	18272	361516	河　北
29672	15884	112522	1709289	99985	3347	1532664	1000	72293	山　西
8073	4137	9642	1382055	32822	110255	1001003	741	237234	内蒙古
55229	11405	44816	3237272	168936	143662	2305104	4364	615206	辽　宁
22421	7242	89835	1335060	22586	58936	924364	36319	292855	吉　林
22294	5058	151138	1233016	28944	28351	549062	3529	623130	黑龙江
		7360	2661719			223244		2438475	上　海
381417	97883	1405507	11915342	1923708	290133	7721984	101912	1877605	江　苏
263315	39957	589799	6645984	90845	85353	5100076	10138	1359572	浙　江
103205	31920	212275	5773609	239955	43673	5152260	57898	279823	安　徽
109335	25000	8001	8234273	268519	37738	2071080	25365	5831571	福　建
32008	5996	47269	3205263	641708	58691	1598245	69637	836982	江　西
154221	42649	182139	7289225	392196	151354	6091937	62886	590852	山　东
85122	15308	943676	2810399	136458	53468	2217246	16599	386628	河　南
98984	67894	1233967	4726117	135258	65583	4147123	140702	237451	湖　北
90089	31689	80073	2774070	136932	64530	1665247	58590	848771	湖　南
362585	148359	640442	11884743	583508	1249459	5467242	30823	4553711	广　东
62685	28925	1288307	5188188	44938	23136	2842015	5890	2272209	广　西
35063	6312	30087	691782	33184	17035	220457	3358	417748	海　南
26863	23412	72073	2919924	54206	4663	2170676	7421	682958	重　庆
89604	24582	1224153	4155980	300984	208323	1453018	50459	2143196	四　川
23893	8091	4486	399356	8422	16741	277533	881	95779	贵　州
39456	8103	11438	2325506	36523	4151	430397	3250	1851185	云　南
40	70	20	26542	750	190	240	22473	2889	西　藏
16081	10725	224083	6282997	66671	97695	5644887	38916	434828	陕　西
10563	3633	16006	525632	15516	60003	254920	10465	184728	甘　肃
4543	4109	242	468043	10496	81427	365775	9870	475	青　海
1511	1031	86032	464486	2003	16836	368507		77140	宁　夏
10779	16564	110802	2051994	54708	17576	1343670	13677	622363	新　疆

3-3 2014年全国城市维护建设资金(财政性资金)收入(按城市分列)

计量单位：万元

城市名称 Name of Cities	城市市政公用设施建设维护管理财政性资金收入 Revenue of urban Construction, Maintenance and Management of Municipal Public Utilities Facilities Fund								
	合计 Completed of Revenue	中央预算资金 Central Budgetary Fund	省级预算资金 Provincial Budgetary Fund	市级预算资金 City-Level Budgetary Fund					
				小计 Subtotal	城市维护建设税 Urban Maintenance and Construction Tax	城市公用事业附加 Extra-Charges for Municipal Utilities	城市基础设施配套费 Fees for Supporting Urban Infrastructure	国有土地使用权出让收入 Income Generated from The Transfer of State-owned Land-use Right	市政公用设施有偿使用费 Fee for Use of Municipal Utilities
全　国	**138005449**	**2119735**	**2645941**	**124152663**	**17843612**	**1819986**	**10418170**	**74515103**	**4476920**
北　京									
天　津	**1626502**	**9100**	**213148**	**1163360**	**134837**	**3621**	**506488**	**342288**	
河　北	**3378756**	**21255**	**56923**	**3280552**	**622527**	**75391**	**124706**	**2067453**	**76001**
石家庄	648042		41000	607042	119881	9350	42881	407731	19704
晋　州	11400			11400	3019	1200	351	6145	685
新　乐	7403		1700	5703	1845	350	314	1427	892
唐　山	164098	4376	2644	157078	97372	9283	6898	41106	
遵　化	32280			32280	5400	910	1930	3740	1925
迁　安	353300	1228	1211	350861	17629	8724	2140	297072	792
秦皇岛	66015			64480	26631	2410	2912	9981	1007
邯　郸	380094			380094	44975	6436	2497	318666	7520
武　安	22223			22223	16000	5000	788		435
邢　台	56175			56175	21569	1950	3426	24576	3977
南　宫	12281			12281	1408		422	7087	47
沙　河	30518			30518	6162	1382	836	21838	300
保　定	482747			466328	54246	4340	2661	331708	8865
涿　州	161917		5732	156185	6788	715	3039	141553	4090
安　国	9046		3551	5495	2600	230	25	520	720
高碑店	8508	48	25	8435	1825		660		282
张家口	95739	12534		83205	38784	3260	610		7666
承　德	52500			50428	33176	3400	1620	2411	1024
沧　州	96388			96388	20633	1379	2946	9100	200
泊　头	18097	176		17921	3810	524	929	11540	1118
任　丘	20878			20878	7500	1016	355	11000	1007
黄　骅	68566			68566	9660	961	1450	6055	98
河　间	47787			47787	3279	649	1719	41304	836
廊　坊	127237			127237	33985	3588	13377	71335	4952
霸　州	36853			36853	7584	3765	3912	20841	751

National Revenue and Expendiyure of Urban Maintenance and Construction Fund (Fiscal Budget) by City (2014)

Measurement Unit: 10,000 RMB

			城市市政公用设施建设维护管理财政性资金支出 Expenditure of urban Construction, Maintenance and Management of Municipal Public Utilities Facilities Fund						
污水处理费 Wastewater Treatment Fee	垃圾处理费 Garbage Treatment Fee	其他财政资金 Others	合计 Completed of Expenditure	城乡社区规划与管理 Planning and Management of Urban and Rural Communities	市政公用行业市场监管 Market Supervision of Municipal Public Utilities Industry	市政公用设施建设维护与管理 Construction, Maintenance and Management of Municipal Public Utilities Facilities	风景名胜区规划与保护 Planning and Protection of National Parks	其他 Others	城市名称 Name of Cities
2204995	**694024**	**9087110**	**106589135**	**5597658**	**3068185**	**66648757**	**805435**	**30469100**	**全国**
									北京
		240894	**1668808**			**1428881**		**239927**	**天津**
65944	**8086**	**20026**	**2602461**	**66897**	**75876**	**2079900**	**18272**	**361516**	**河北**
19607	97		496727	6505	61890	374365		53967	石家庄
404	246		11400			11400			晋州
712	163		7068	220		6848			新乐
			151543	1778		141446	1560	6759	唐山
1515	340		43336	3800	500	39036			遵化
632	60		208947	1381	268	118198	100	89000	迁安
1007		1535	66005	588		62738	50	2629	秦皇岛
7471	49		379094	1652	4410	340847	900	31285	邯郸
259	176		22223	182	334	21707			武安
3977			56175			41191		14984	邢台
	47		12281	230		228		11823	南宫
	300								沙河
7463		16419	439438	13285	1377	361259		63517	保定
4090									涿州
720			9046	620		3500		4926	安国
282			7350	6785				565	高碑店
5135	2195		91023	8561	450	63250	15662	3100	张家口
547	477	2072	48319	2790		12211		33318	承德
200			96388	1702		94686			沧州
1050	68								泊头
915	92		10128	388		9740			任丘
67	31		66639			66639			黄骅
756	80		47787	109		47667		11	河间
2798	2154		127237			127237			廊坊
401	350		36853	8110	2330	26413			霸州

3-3 续表 1

计量单位：万元

城市名称 Name of Cities	城市市政公用设施建设维护管理财政性资金收入 Revenue of urban Construction, Maintenance and Management of Municipal Public Utilities Facilities Fund								
	合计 Compl-eted of Revenue	中央预算资金 Central Budge-tary Fund	省级预算资金 Provin-cial Budgetary Fund	市级预算资金 City-Level Budgetary Fund					
				小计 Subtotal	城市维护建设税 Urban Mainten-ance and Construc-tion Tax	城市公用事业附加 Extra-Charges for Municipal Utilities	城市基础设施配套费 Fees for Supporting Urban Infrastr-ucture	国有土地使用权出让收入 Income Gener-ated from The Transfer of State-owned Land-use Right	市政公用设施有偿使用费 Fee for Use of Municipal Utilities
三　河	93561			93561	14001	990	15083	60293	1283
衡　水	63739			63739	5089	1725	4944	49286	2695
冀　州	36267			36267	2626	218	504	32699	220
深　州	16202			16202	2200		743	10339	218
辛　集	102064			102064	5931	742	2826	91586	979
定　州	56831	2893	1060	52878	6919	894	1908	36514	1713
山　西	**2955134**	**7777**	**9800**	**2825035**	**253456**	**19980**	**163615**	**1882905**	**46439**
太　原	1123921			1123921	98697	6500	52364	886513	20365
古　交	32656			32656	2475		978	29203	
大　同	529059			528083	40581	3174	36770	440780	6778
阳　泉	81575	2867	7882	70038	24323	4511	2173	15956	1300
长　治	278494			206585	150	1000	214	20206	3591
潞　城	20334			20203	300		19875		28
高　平	25431			25431	6438	200	1408		
朔　州	65783			65783	3063	730	1175		1740
晋　中	385954	4910	1863	379181	20488		7217	339947	5169
介　休	26611			26611	7941	1026	6069	10181	1394
运　城	28247			18421	5623	815	2200	8093	1690
永　济	6337		55	6282	5183		1050		49
河　津	20165			20165	300	200	342		150
忻　州	137719			137719	6228		5948	125543	
原　平	15272			11786	568		559	1187	490
临　汾	64421			46021	3104		8842		1674
侯　马	6425			5551	3132	433	677	860	449
霍　州	24147			24147	11801		12346		
吕　梁	44914			38782	3085	516	949		820
孝　义	16894			16894	894	327	564		566
汾　阳	20775			20775	9082	548	1895	4436	186
内 蒙 古	**1919616**	**23608**	**31208**	**1855158**	**262830**	**20195**	**183976**	**649886**	**12210**
呼和浩特	278943		500	268801	51859	4357	102718		2679
包　头	257853	15438	16522	225893	85769	10152	200		

Continued 1

Measurement Unit: 10,000 RMB

			城市市政公用设施建设维护管理财政性资金支出 Expenditure of urban Construction, Maintenance and Management of Municipal Public Utilities Facilities Fund						
污水处理费 Wastewater Treatment Fee	垃圾处理费 Garbage Treatment Fee	其他财政资金 Others	合计 Completed of Expenditure	城乡社区规划与管理 Planning and Management of Urban and Rural Communities	市政公用行业市场监管 Market Supervision of Municipal Public Utilities Industry	市政公用设施建设维护与管理 Construction, Maintenance and Management of Municipal Public Utilities Facilities	风景名胜区规划与保护 Planning and Protection of National Parks	其他 Others	城市名称 Name of Cities
942	330		69862	2300		67562			三　河
2339	356		10258	1810	1252	7196			衡　水
163	57		2654	1244	326	1084			冀　州
149	69		16201	1990	2511	11700			深　州
957	22		12730			12730			辛　集
1386	327		55749	867	228	9022		45632	定　州
29672	**15884**	**112522**	**1709289**	**99985**	**3347**	**1532664**	**1000**	**72293**	**山　西**
9800	9682		895634			895634			太　原
			3387	18		2746		623	古　交
4820	1958	976	111900	6578		105322			大　同
1300		788	53783	779	509	50614		1881	阳　泉
1753	1838	71909	278494	65449		179048		33997	长　治
28		131	20334	75		20213		46	潞　城
									高　平
1330	410		65783	200		64583	1000		朔　州
4370	799		3180	3090	80			10	晋　中
238	1156		20412	390		15002		5020	介　休
1690		9826	28247	553	430	15748		11516	运　城
49			6337		55	6233		49	永　济
150			21785	120	1650	20015			河　津
			24781	84	583	24114			忻　州
490		3486	15272	100		11743		3429	原　平
1674		18400	64421	5350	40	43449		15582	临　汾
449		874	5976	334		5502		140	侯　马
			24147	12346		11801			霍　州
820		6132	30100	3547		26553			吕　梁
566			17075	546		16529			孝　义
145	41		18241	426		17815			汾　阳
8073	**4137**	**9642**	**1382055**	**32822**	**110255**	**1001003**	**741**	**237234**	**内蒙古**
	2679	9642	260560	10709	43769	163790		42292	呼和浩特
			58456			58456			包　头

3-3 续表 2

计量单位：万元

城市名称 Name of Cities	城市市政公用设施建设维护管理财政性资金收入 Revenue of urban Construction, Maintenance and Management of Municipal Public Utilities Facilities Fund								
	合计 Completed of Revenue	中央预算资金 Central Budgetary Fund	省级预算资金 Provincial Budgetary Fund	市级预算资金 City-Level Budgetary Fund					
				小计 Subtotal	城市维护建设税 Urban Maintenance and Construction Tax	城市公用事业附加 Extra-Charges for Municipal Utilities	城市基础设施配套费 Fees for Supporting Urban Infrastructure	国有土地使用权出让收入 Income Generated from The Transfer of State-owned Land-use Right	市政公用设施有偿使用费 Fee for Use of Municipal Utilities
乌　　海	263277			263277	15542		514	10450	
赤　　峰	50443			50443	2989		68		80
通　　辽	39334		350	38984	1354	550	8786	20813	3741
霍林郭勒	148388			148388	7328	2410	1872	65000	458
鄂尔多斯	165616			165616	47893		3772	25705	1370
呼伦贝尔	46451	700		45751	3389	415	40959		988
满 洲 里	52172		350	51822	6579	436	101	44406	300
牙 克 石	41681		2000	39681	860		15226	23425	170
扎 兰 屯	60127	3895	3209	53023	1531		2367	41149	126
额尔古纳	7677	2465	1650	3562	917		1001	230	107
根　　河	349			349	294		55		
巴彦淖尔	4573	1110	1297	2166	266		100	1800	
乌兰察布	325579			325579	9557	731	1730	313490	71
丰　　镇	16081			16081	4037	60	120	10550	428
乌兰浩特	66738			66738	11155	441	3512	24901	683
阿 尔 山	3285			3285	430		255	2600	
二连浩特	35708		5200	30508	300		120	24350	239
锡林浩特	55341		130	55211	10781	643	500	41017	770
辽　　宁	**5230764**	**227829**	**83318**	**4874801**	**889045**	**80381**	**392497**	**2954535**	**66990**
沈　　阳	1160331	143064	74329	942938	312338	15100	84984	527749	2767
新　　民	138037			138037	3112		501	8922	1018
大　　连	1128807	17866		1110941	260540	15247	124181	446761	33223
瓦 房 店	16922			16922	12450		2180	952	1340
普 兰 店	10860			10860	2950		4992	2337	581
庄　　河	31973			31973	4384	251	9877	16896	565
鞍　　山	338935			338935	32559	8103	23850	271097	3326
海　　城	40473			40473	7851	3102	11320	18200	
抚　　顺	295474			291295	6747	4862	20703	249880	4924
本　　溪	197474			197474	20457	6600	4711	165706	
丹　　东	68975	25756	2940	34612	8115	1400	5125	12376	1988
东　　港	88998			88998	3504	891	5755	78657	191
凤　　城	16450			16450	3596	2012	1008	9510	324

Continued 2

Measurement Unit: 10,000 RMB

污水处理费 Wastewater Treatment Fee	垃圾处理费 Garbage Treatment Fee	其他财政资金 Others	城市市政公用设施建设维护管理财政性资金支出 Expenditure of urban Construction, Maintenance and Management of Municipal Public Utilities Facilities Fund: 合计 Completed of Expenditure	城乡社区规划与管理 Planning and Management of Urban and Rural Communities	市政公用行业市场监管 Market Supervision of Municipal Public Utilities Industry	市政公用设施建设维护与管理 Construction, Maintenance and Management of Municipal Public Utilities Facilities	风景名胜区规划与保护 Planning and Protection of National Parks	其他 Others	城市名称 Name of Cities
			62862	49	50493			12320	乌　　海
80			48579			17118		31461	赤　　峰
3130	611		39334	1000		18171		20163	通　　辽
298	160		113292	2429	200	110403	260		霍林郭勒
1370			133581	348		42110		91123	鄂尔多斯
988			46451			46451			呼伦贝尔
300			71162	658	1274	69230			满 洲 里
170			26350	660	464	25226			牙 克 石
91	35		30547	360	2102	27284	481	320	扎 兰 屯
31	76		7210			7210			额尔古纳
			190	35	70	85			根　　河
									巴彦淖尔
71			314958			314958			乌兰察布
350	78		14578	1450	450	12678			丰　　镇
452	231		66738	147	1823	25858		38910	乌兰浩特
			3285			2640		645	阿 尔 山
218	21		28711	14435	9610	4666			二连浩特
524	246		55211	542		54669			锡林浩特
55229	**11405**	**44816**	**3237272**	**168936**	**143662**	**2305104**	**4364**	**615206**	**辽　　宁**
1300	1467		942938			942938			沈　　阳
1018			4802			4802			新　　民
28936	4287		961337	116745		841319		3273	大　　连
750	590		16938			16938			瓦 房 店
581			10860			10860			普 兰 店
565			32096	320		31776			庄　　河
3326			28848	340	13612	6920	540	7436	鞍　　山
			40473		129	2608		37736	海　　城
4224	700	4179	148585	374	26776	45074		76361	抚　　顺
			198708	462	352	57107		140787	本　　溪
1208	780	5667	68975	29863	257	36379	2386	90	丹　　东
191			88998	306	76	34562		54054	东　　港
324			4355	283	1670	2202	200		凤　　城

3-3 续表 3

计量单位：万元

城市名称 Name of Cities	城市市政公用设施建设维护管理财政性资金收入 Revenue of urban Construction, Maintenance and Management of Municipal Public Utilities Facilities Fund								
	合计 Completed of Revenue	中央预算资金 Central Budgetary Fund	省级预算资金 Provincial Budgetary Fund	市级预算资金 City-Level Budgetary Fund					
				小计 Subtotal	城市维护建设税 Urban Maintenance and Construction Tax	城市公用事业附加 Extra-Charges for Municipal Utilities	城市基础设施配套费 Fees for Supporting Urban Infrastructure	国有土地使用权出让收入 Income Generated from The Transfer of State-owned Land-use Right	市政公用设施有偿使用费 Fee for Use of Municipal Utilities
锦　州	70491			70491	17264	2590	3980	42000	4657
凌　海	4980	300		4680	4280		100	300	
北　镇	9550			9550	1551	137	2449	5349	64
营　口	99350			99350	22302	3401	3654		2063
盖　州	74481			74481	6247	310	323	67413	130
大石桥	180822			180822	7912	2475	974	169461	
阜　新	67943	4826	2636	60481	14152	1750	4878	37741	1960
辽　阳	322090			294090	29616	2535	17327	211336	2408
灯　塔	169667			169667	5078	1919	19940	142730	
盘　锦	357988			357988	57527	2649		295952	1860
铁　岭	17838			17838	7232	635	2978	5215	1778
调兵山	47854			47854	5964	95	2074	39721	
开　原	32415			32415	2595	390	12415	16852	163
朝　阳	46481	1600	2873	35038	7011	3912	14219	9243	653
北　票	11801			11801	5587		97	6100	17
凌　源	9978			9978	4258		4720		
葫芦岛	162097	34417	540	127140	11859		3002	85070	972
兴　城	11229			11229	7	15	180	11009	18
吉　林	**1217209**	**50990**	**18717**	**1057667**	**456129**	**21741**	**195089**	**239096**	**41929**
长　春	533588	7906		525682	289578	6309	141696	71502	16570
九　台	41207			33862	2580		14757	12331	224
榆　树	22663	3522		8655	3491	2945	1288		582
德　惠	30060	1300	200	28560	3314		1446	23500	300
吉　林	80000			80000	24095	4683	12607	38615	
蛟　河	14165	4215		9950	1560	165	132		1365
桦　甸	11096			11096	3326	150	1045		260
舒　兰	5616			5616	1501	78			
磐　石	20124			20124	4019	522	275	9970	
四　平	36339	11013	160	25166	10164	419	4624	2000	91
双　辽	5291		2551	2740	125	80	500	395	110
辽　源	27837			22837	6536	252	100	15708	241
通　化	18315	510	1519	16286	10864	1102	1520	870	680

Continued 3

Measurement Unit: 10,000 RMB

			城市市政公用设施建设维护管理财政性资金支出 Expenditure of urban Construction, Maintenance and Management of Municipal Public Utilities Facilities Fund						
污水处理费 Wastewater Treatment Fee	垃圾处理费 Garbage Treatment Fee	其他财政资金 Others	合计 Completed of Expenditure	城乡社区规划与管理 Planning and Management of Urban and Rural Communities	市政公用行业市场监管 Market Supervision of Municipal Public Utilities Industry	市政公用设施建设维护与管理 Construction, Maintenance and Management of Municipal Public Utilities Facilities	风景名胜区规划与保护 Planning and Protection of National Parks	其他 Others	城市名称 Name of Cities
2857	1800		48801	653	32243	14504	701	700	锦州
			4980	100	2648	2232			凌海
64			9550			9550			北镇
2063			4432		1982	2250		200	营口
61			24162			10664		13498	盖州
			17828			17828			大石桥
1548	125		12344		6000	6344			阜新
2408		28000	86655		12216	46439		28000	辽阳
			91514	476	212	29436		61390	灯塔
1860			83835			14173		69662	盘锦
1154	624		17838			16959	337	542	铁岭
			47854	347		12354		35153	调兵山
103	60		32415	5	910	31500			开原
653		6970	19245	883	14803	1507	200	1852	朝阳
17			11801	635	5373	5217		576	北票
			9978	900	1443	7635			凌源
	972		154340	15949	18121	36374		83896	葫芦岛
18			11787	295	4839	6653			兴城
22421	**7242**	**89835**	**1335060**	**22586**	**58936**	**924364**	**36319**	**292855**	**吉林**
12748	3822		738833	63	37141	461529		240100	长春
146	78	7345	41241	6530	637	33416		658	九台
494	88	10486	22770		596	22174			榆树
300			13810	1050	340	9620		2800	德惠
			80000	781	800	52182	26237		吉林
816	160		12473	1033	330	8250		2860	蛟河
260			12551			12551			桦甸
									舒兰
			20124	156	236	11643		8089	磐石
91			4884	338	1262	1304		1980	四平
94	16		5291	180	270	2422		2419	双辽
241		5000	28897	1060	241	22596		5000	辽源
680			18315			9109		9206	通化

3-3 续表 4

计量单位：万元

城市名称 Name of Cities	城市市政公用设施建设维护管理财政性资金收入 Revenue of urban Construction, Maintenance and Management of Municipal Public Utilities Facilities Fund 合计 Completed of Revenue	中央预算资金 Central Budgetary Fund	省级预算资金 Provincial Budgetary Fund	市级预算资金 City-Level Budgetary Fund 小计 Subtotal	城市维护建设税 Urban Maintenance and Construction Tax	城市公用事业附加 Extra-Charges for Municipal Utilities	城市基础设施配套费 Fees for Supporting Urban Infrastructure	国有土地使用权出让收入 Income Generated from The Transfer of State-owned Land-use Right	市政公用设施有偿使用费 Fee for Use of Municipal Utilities
集　　安	6962	1732	3146	2084	587				
白　　山	39491	1835	200	37456	9986	700	381	11746	421
临　　江	4765	3600	404	260	10		50	200	
松　　原	31258			27053	16652		1952		2145
扶　　余	16065			16065	1020	160	58		225
白　　城	86108	3996	8699	25074	7255	295	842	13682	400
洮　　南	6925	4747	796	1382	24		63		413
大　　安	10801			10801	1100		280	960	268
延　　吉	53897		842	51587	38694	57	6326	3470	3040
图　　们	2609	850	200	1559	598			620	201
敦　　化	23141	3445		12852	4317	71	1640	5105	487
珲　　春	21447			21447	2495	110	1500	16142	1200
龙　　井	5639			5639	740		125	220	4554
和　　龙	13400	2319		5434	372	380	2	80	
公 主 岭	20505			20505	8406	457	380		700
梅 河 口	27895			27895	2720	2806	1500	11980	7452
黑 龙 江	**1716356**	**92381**	**81924**	**1390913**	**455758**	**22929**	**126128**	**584513**	**35580**
哈 尔 滨	366879			366879	174700	8289	27000	156890	
双　　城	35673			35673	5585	179	2083	27826	
尚　　志	27974		1004	26970	1276			12630	3613
五　　常	37066		3325	33741	3428	272	3805	26236	
齐齐哈尔	120661	6385	13533	100743	21214	2730	3519	66938	3515
讷　　河	8958	900	458	7600	1860	25	1936	3283	38
鸡　　西	31495	2363	3542	25590	5600	15	4398	14447	1130
虎　　林	8930			8930	2710		1467	4381	372
密　　山	10393	6172	2372	1849	849	400	600		
鹤　　岗	14893	800	1305	12696	10289		262		2053
双 鸭 山	29335	800	8565	19970	1827	965	176	4000	1370
大　　庆	427999	30398	16272	381329	147154	6086	61847	162280	3962
伊　　春	60239	15131	3163	41945	3101	11	5012	475	1383
铁　　力	23784	4092	200	19492	1019	318	1427	16728	
佳 木 斯	36239		3007	16853	7521	1086	208		8038

Continued 4

Measurement Unit: 10,000 RMB

			城市市政公用设施建设维护管理财政性资金支出 Expenditure of urban Construction, Maintenance and Management of Municipal Public Utilities Facilities Fund						
污水处理费 Wastewater Treatment Fee	垃圾处理费 Garbage Treatment Fee	其他财政资金 Others	合计 Completed of Expenditure	城乡社区规划与管理 Planning and Management of Urban and Rural Communities	市政公用行业市场监管 Market Supervision of Municipal Public Utilities Industry	市政公用设施建设维护与管理 Construction, Maintenance and Management of Municipal Public Utilities Facilities	风景名胜区规划与保护 Planning and Protection of National Parks	其他 Others	城市名称 Name of Cities
			6961	1295	1690	3020		956	集　安
421			42853	1637	598	28548		12070	白　山
		501	4525	30		4495			临　江
		4205	12800			12800			松　原
214	8								扶　余
400		48339	86108	298	4981	80829			白　城
273	140		6925			6925			洮　南
178	90		10801		2051	8750			大　安
1500	1540	1468	53897	298		53599			延　吉
201			2008			1155		853	图　们
487		6844	23141			23141			敦　化
600	600		21447			19541	180	1726	珲　春
840			5639	5639					龙　井
		5647	13400			13400			和　龙
	700		17471			17471			公主岭
1437			27895	2198	7763	3894	9902	4138	梅河口
22294	**5058**	**151138**	**1233016**	**28944**	**28351**	**549062**	**3529**	**623130**	**黑龙江**
									哈尔滨
			21516	1473		12985		7058	双　城
813	2800		13644			1400		12244	尚　志
			37066		6710	21356		9000	五　常
2827			79463	1384	1187	75465	1427		齐齐哈尔
38			8500			8500			讷　河
948	182		27167	1191		25976			鸡　西
372			8930	38		8892			虎　林
			10393	212	75	10106			密　山
2023		92	14985	172	2023	11733		1057	鹤　岗
830	527		21332	8645		12687			双鸭山
3962			427999	3808	3494	37936		382761	大　庆
1148	235		60239	259		54511		5469	伊　春
			23784	80		23704			铁　力
1928	511	16379	33133	565	7503	23992	377	696	佳木斯

3-3 续表 5

计量单位：万元

城市名称 Name of Cities	城市市政公用设施建设维护管理财政性资金收入 Revenue of urban Construction, Maintenance and Management of Municipal Public Utilities Facilities Fund								
	合计 Completed of Revenue	中央预算资金 Central Budgetary Fund	省级预算资金 Provincial Budgetary Fund	市级预算资金 City-Level Budgetary Fund					
				小计 Subtotal	城市维护建设税 Urban Maintenance and Construction Tax	城市公用事业附加 Extra-Charges for Municipal Utilities	城市基础设施配套费 Fees for Supporting Urban Infrastructure	国有土地使用权出让收入 Income Generated from The Transfer of State-owned Land-use Right	市政公用设施有偿使用费 Fee for Use of Municipal Utilities
同　江	17220	180		12190	660	65	260		20
富　锦	25351			25351	1403		23		
七台河	57051	9600	3549	43902	6538	350	1181	14608	1225
牡丹江	166342		105	49781	14000	1000	1100	4000	3689
绥芬河	28222	6395	3727	18100	2660	283	2046	4487	
海　林	15310			14810	10000	180	100	4500	30
宁　安	7097		1166	5931	1004		1679	2170	1078
穆　棱	16731		4719	12012	7078		223	4711	
黑　河	11495	450	3565	7480	3500		3500		480
北　安	35387	1420	2000	30683	1673		1082	7942	130
五大连池	6348		1498	4850	659		1194	2930	67
绥　化	52039	4090	4079	43870	10013	258		33599	
安　达	8025	3205	770	4050	1913				2137
肇　东	18639			7062	5394	417		1	1250
海　伦	10581			10581	1130			9451	
上　海	**3358903**	**15000**		**3336543**		**214078**	**79820**	**470000**	**856000**
江　苏	**13386774**	**16233**	**88730**	**11876304**	**2169817**	**198186**	**768673**	**7173832**	**637563**
南　京	3337821	5600	25404	2328891	575895	24854	254914	1107403	243825
无　锡	426462		475	406800	70915	25915	16256	100000	57039
江　阴	132578			132578	57121	8205	7459	9305	4224
宜　兴	294367		10049	35064	5000		6000		10157
徐　州	528291		300	526211	11902	700	41889	366199	12957
新　沂	31427			31427	12462	1800	7079	8247	226
邳　州	57334	1420	760	55154	9865	1202	5715	37042	1330
常　州	357440	3102	30168	323595	153885	12500	33746	15238	42988
溧　阳	40897		4555	31163	7172		960	19116	3915
金　坛	59757			59757	16440	1536	5300	34166	2315
苏　州	2753699			2753699	308832	29660	62827	2220911	82425
常　熟	121509			113740	31500	18800	8150	20000	19100
张家港	180444			180444	83373	13004	19946	47133	16988
昆　山	88059			88059	41054		10224	23546	7382

Continued 5

Measurement Unit: 10,000 RMB

			城市市政公用设施建设维护管理财政性资金支出 Expenditure of urban Construction, Maintenance and Management of Municipal Public Utilities Facilities Fund						
污水处理费 Wastewater Treatment Fee	垃圾处理费 Garbage Treatment Fee	其他财政资金 Others	合计 Completed of Expendi-ture	城乡社区规划与管理 Planning and Management of Urban and Rural Communities	市政公用行业市场监管 Market Supervision of Municipal Public Utilities Industry	市政公用设施建设维护与管理 Construction, Maintenance and Management of Municipal Public Utilities Facilities	风景名胜区规划与保护 Planning and Protection of National Parks	其他 Others	城市名称 Name of Cities
		4850	17220			17220			同　江
			25351			25351			富　锦
486			55470			26031		29439	七台河
2450	130	116456	166342	700		32249		133393	牡丹江
			33498	675	352	13289		19182	绥芬河
		500	10300	6000	4300				海　林
950	128		7222	591	28	6478	125		宁　安
			16731	618		16113			穆　棱
480			11495	1395	500	8000	1600		黑　河
130		1284	35387	254		12573		22560	北　安
67			6331			6331			五大连池
			22273	535		21467		271	绥　化
1592	545		8025			8025			安　达
1250		11577	18639		2179	16460			肇　东
			10581	349		10232			海　伦
		7360	**2661719**			**223244**		**2438475**	**上　海**
381417	**97883**	**1405507**	**11915342**	**1923708**	**290133**	**7721984**	**101912**	**1877605**	**江　苏**
73726	22863	977926	3196954	1547731	178518	1010204	1356	459145	南　京
44439	11600	19187	414120	434	602	388474		24610	无　锡
3278	946		132578	4778	3252	117695	4272	2581	江　阴
9194	963	249254	294367	573	200	165636		127958	宜　兴
9344	3613	1780	425149	1742	10200	401052	5375	6780	徐　州
90	136		30064	3833	23851	2330	50		新　沂
937	393		57334	1113	1241	53839	1141		邳　州
33290	9089	575	362755	18211	1045	237267		106232	常　州
3290	625	5179	40725	1268		39457			溧　阳
1789	526		59757	34886	279	2926	130	21536	金　坛
66135	16290		2491649	40236	950	2317365	6687	126411	苏　州
12500	3690	7769	121509	15700		102261		3548	常　熟
16000	988		136666	3640	695	107876	780	23675	张家港
6593	789		87335	6743	49	80543			昆　山

3-3 续表 6

计量单位：万元

城市名称 Name of Cities	城市市政公用设施建设维护管理财政性资金收入 Revenue of urban Construction, Maintenance and Management of Municipal Public Utilities Facilities Fund								
	合计 Compl-eted of Revenue	中央预算资金 Central Budgetary Fund	省级预算资金 Provincial Budgetary Fund	市级预算资金 City-Level Budgetary Fund					
				小计 Subtotal	城市维护建设税 Urban Maintenance and Construction Tax	城市公用事业附加 Extra-Charges for Municipal Utilities	城市基础设施配套费 Fees for Supporting Urban Infrastructure	国有土地使用权出让收入 Income Generated from The Transfer of State-owned Land-use Right	市政公用设施有偿使用费 Fee for Use of Municipal Utilities
太　仓	213482			213482	68738	4000	14355	111964	14425
南　通	756997			756722	98557	5685	14278	519426	9370
启　东	81878		682	81196	31000	7435	13565	24000	5196
如　皋	73862		650	73212	650	2768	4004	64219	1571
海　门	184058			184058	28700	55	9000	144543	1760
连云港	604632	750	100	603782	108317	2173	17777	350438	7804
淮　安	326030		5700	320330	118000	7900	42000	101780	26500
盐　城	347189			347189	31311	2074	15001	290149	8654
东　台	44400			44400	1250	1100	1900	39000	1150
大　丰	163612			163502	24187	2636	2166	132513	659
扬　州	297549	600		289032	32065	6693	10718	184289	10378
仪　征	18384			18384	1140	448	2138	7650	4908
高　邮	43938	700	1150	10433	984	3106	1931		2421
镇　江	871555	2840	3101	865614	76458	5362	51390	717806	14598
丹　阳	344302			344302	37917	3143		299787	3455
扬　中	24322			24322	18925	820	3556		1021
句　容	29568		156	19412	552	142	2362		1200
泰　州	183730	300		152422	25900	1198	17631	53800	5143
兴　化	35595			35475	1000		26754		4190
靖　江	23673	801		11096	6219		396		624
泰　兴	43369			43369	31718		4959	604	1315
宿　迁	264564	120	5480	207988	40813	3272	32327	123558	6350
浙　江	**8016579**	**33959**	**36491**	**7356330**	**973094**	**82734**	**177258**	**4707651**	**348192**
杭　州	1271748			1271748	220622	12980	30079	898092	109975
建　德	17323			17323	11072	700	124	4534	893
富　阳	237101			237101	7086	914			
临　安	38069	550		25883	4488			4025	2498
宁　波	763136			762373	118708	4369	14503	199802	5269
余　姚	87773	3200		80526	42986	5923	800	22325	6454
慈　溪	266974			266974	48133	3328		210579	4934
奉　化	18480			18480	10610		2305	4840	725
温　州	1953843			1953843	107117	4149	30794	1801515	10268

Continued 6

Measurement Unit: 10,000 RMB

污水处理费 Wastewater Treatment Fee	垃圾处理费 Garbage Treatment Fee	其他财政资金 Others	城市市政公用设施建设维护管理财政性资金支出 Expenditure of urban Construction, Maintenance and Management of Municipal Public Utilities Facilities Fund						城市名称 Name of Cities
			合计 Completed of Expenditure	城乡社区规划与管理 Planning and Management of Urban and Rural Communities	市政公用行业市场监管 Market Supervision of Municipal Public Utilities Industry	市政公用设施建设维护与管理 Construction, Maintenance and Management of Municipal Public Utilities Facilities	风景名胜区规划与保护 Planning and Protection of National Parks	其他 Others	
10810	3615		215741	2037	222	83163		130319	太仓
6297	3057	275	833035	11837	11240	800858	9100		南通
1099	4097		81878	894	32	10968		69984	启东
1571			73212	850	600	63262	8000	500	如皋
1100	660		184058	8490	7900	67000	668	100000	海门
6550	1254		540677	12408	855	387278	100	140036	连云港
24000	150		326000	123316	10112	152133	700	39739	淮安
6382	2272		96170	601		87848	80	7641	盐城
550	600		44350	3000		41350			东台
580	79	110	152000	3005	482	147763	30	720	大丰
10008	370	7917	299241	8343	1009	231675	18730	39484	扬州
1937	2971		18384	1832	530	13022		3000	仪征
1685	736	31655	43197	7629	18620	8432	8516		高邮
13393	1205		253307	27530	13760	173890	11237	26890	镇江
2300	1155		344302	3138	161			341003	丹阳
841	180								扬中
1200		10000	29568			25837		3731	句容
4213	930	31008	167042	4500	228	147104		15210	泰州
1100		120	33799			33682		117	兴化
	624	11776	23049			5777		17272	靖江
1000	315		42369			42369			泰兴
4196	1102	50976	263001	23410	3500	171648	24960	39483	宿迁
263315	**39957**	**589799**	**6645984**	**90845**	**85353**	**5100076**	**10138**	**1359572**	**浙江**
64952	16050		1022086	14318		858491		149277	杭州
874	19		12591	5289	134	5882	772	514	建德
			237101			237101			富阳
875		11636	40174		35	30442		9697	临安
1010	4259	763	762250	18647	2213	730173	288	10929	宁波
5528	667	4047	53227	1914	3658	21415		26240	余姚
3956	978		266974	8853	49862	200897	5264	2098	慈溪
	725		11314		19	11228	67		奉化
10268			967975	3253	1078	963056	588		温州

3-3 续表 7

计量单位：万元

城市名称 Name of Cities	城市市政公用设施建设维护管理财政性资金收入 Revenue of urban Construction, Maintenance and Management of Municipal Public Utilities Facilities Fund								
	合计 Compl-eted of Revenue	中央预算资金 Central Budge-tary Fund	省级预算资金 Provin-cial Budgetary Fund	市级预算资金 City-Level Budgetary Fund					
				小计 Subtotal	城市维护建设税 Urban Mainten-ance and Construc-tion Tax	城市公用事业附加 Extra-Charges for Municipal Utilities	城市基础设施配套费 Fees for Supporting Urban Infrastr-ucture	国有土地使用权出让收入 Income Gener-ated from The Transfer of State-owned Land-use Right	市政公用设施有偿使用费 Fee for Use of Municipal Utilities
瑞安	49460	462	502	47690	9565	3920	6646	8221	3055
乐清	482966	601	2488	479877	37230	381		434944	7322
嘉兴	144004	1195	10	142796	26451	4854	60	73921	32119
海宁	66871	6383	3260	57228	35054	2716		17153	2305
平湖	19150	80	130	17738	3500	4940			9298
桐乡	24827			24827	7703		12680		4444
湖州	232549	1905	150	230494	3176	455		205798	5501
绍兴	437702	6204	633	422893	29616	5369	9936	118770	69488
诸暨	71427	1500	1630	68297	34396		90	26562	7249
嵊州	18401	648		17732	5246				4626
金华	158281		1630	99192	9833	1898		57054	10020
兰溪	29555	627	684	28244	13194		3963	9307	1780
义乌	328773	1567	502	326704	41404	2826		266511	10601
东阳	94189		60	92975	19763	1446	8934	54870	7962
永康	37615		925	36690	22827		1685	8288	3890
衢州	139302	6237	8475	88713	15316	1728	9089	60012	2000
江山	69707		7605	62102	7889	589	69	46556	1155
舟山	508274		6193	86325	38060	8500	11705	17266	33
台州	185501	1800		157222	18886	9355	15209	53791	9726
温岭	78630	1000	1614	61126	1626		9449	31868	6548
临海	24071			23489	5138	1394	5300	1011	3392
丽水	141912			130780	16228		3301	65143	3921
龙泉	18965			18945	171		537	4893	741
安徽	**6735412**	**81542**	**40538**	**6401057**	**1962283**	**26535**	**322790**	**3484721**	**142875**
合肥	2400797			2396398	1473848	843	142656	688371	66945
巢湖	56830			56830	7200	680	5200	18800	4200
芜湖	378891			378891	60911	3845	10000	293669	10466
蚌埠	913461	60388	3432	849641	90001	1865	31229	644115	4271
淮南	246755			246755	15887	1570	6722	125537	6210
马鞍山	331210	1728	696	134419	39342		15900	55592	5181
淮北	281809	810	1650	279349	25200	1214	8233	238972	2865
铜陵	242266			242266	20466	1800	7000	210000	3000

Continued 7

Measurement Unit: 10,000 RMB

			城市市政公用设施建设维护管理财政性资金支出 Expenditure of urban Construction, Maintenance and Management of Municipal Public Utilities Facilities Fund						
污水处理费 Wastewater Treatment Fee	垃圾处理费 Garbage Treatment Fee	其他财政资金 Others	合计 Completed of Expenditure	城乡社区规划与管理 Planning and Management of Urban and Rural Communities	市政公用行业市场监管 Market Supervision of Municipal Public Utilities Industry	市政公用设施建设维护与管理 Construction, Maintenance and Management of Municipal Public Utilities Facilities	风景名胜区规划与保护 Planning and Protection of National Parks	其他 Others	城市名称 Name of Cities
2883	172	806	48389	213	626	47550			瑞安
7257			482966			189006	270	293690	乐清
30122	1997	3	46671	7803	14098	24770			嘉兴
2305			65102	1812	425	38369		24496	海宁
9298		1202	10096			10096			平湖
3024	1420		23033	692	1102	21239			桐乡
2400	2850		310374	3041	509	123322	459	183043	湖州
67347	2035	7972	455362	5980	215	430581		18586	绍兴
1367	2362		73478	1688		71715	75		诸暨
4595	31	21	12565			3662		8903	嵊州
4068	2047	57459	159788	220		159490	45	33	金华
1680	100		19867	2284		2879	104	14600	兰溪
9838	763		328773	1194	62	264015		63502	义乌
1011	766	1154	97566			79709	50	17807	东阳
3703	187		29983			28855	1128		永康
2000		35877	129075	4535	8523	103658	70	12289	衢州
1155			69707	1758	930	1796	800	64423	江山
		415756	458950	14		127738		331198	舟山
9216	510	26479	187521	1706	1596	166201		18018	台州
5548	1000	14890	80632	1336		45112		34184	温岭
2927	465	582	21855	2032	268	15155	158	4242	临海
3563	358	11132	141899	1746		75856		64297	丽水
545	196	20	18640	517		10617		7506	龙泉
103205	**31920**	**212275**	**5773609**	**239955**	**43673**	**5152260**	**57898**	**279823**	**安徽**
49219	17726	4399	2311296	5212	368	2260779	4000	40937	合肥
1980			45470	6500	350	35000	820	2800	巢湖
6365	2923		355336	3000		352336			芜湖
3487	784		401456	72472	321	327557		1106	蚌埠
4707	1456		232510	1302	2568	204220	24118	302	淮南
3900	1281	194367	310899	5447	775	100212	917	203548	马鞍山
2000	865		231760	40331	2351	189078			淮北
2600	400		174930	24022		150908			铜陵

3-3 续表 8

计量单位：万元

城市名称 Name of Cities	城市市政公用设施建设维护管理财政性资金收入 Revenue of urban Construction, Maintenance and Management of Municipal Public Utilities Facilities Fund								
	合计 Completed of Revenue	中央预算资金 Central Budgetary Fund	省级预算资金 Provincial Budgetary Fund	市级预算资金 City-Level Budgetary Fund					
				小计 Subtotal	城市维护建设税 Urban Maintenance and Construction Tax	城市公用事业附加 Extra-Charges for Municipal Utilities	城市基础设施配套费 Fees for Supporting Urban Infrastructure	国有土地使用权出让收入 Income Generated from The Transfer of State-owned Land-use Right	市政公用设施有偿使用费 Fee for Use of Municipal Utilities
安　庆	125031			125031	17031	220	12200	80000	3500
桐　城	46786	5000	1380	40406	588		4286	31787	3745
黄　山	85049	2600		82267	6254	320	3475	56406	3118
滁　州	190412	4688	3380	182344	12727	706	14644	140294	5810
天　长	130000			130000	90000	4500	60	13000	1300
明　光	241000			240000	10600	3400	4800	210000	4400
阜　阳	270223	2000		268223	17162		7541	239556	3964
界　首	35096			35096	9132	1416	1977	21299	1272
宿　州	68743	690		67226	37017	905	17678	800	3556
六　安	94377	3638		90739	7097	1455	5632	72628	3032
亳　州	109282			109282	10217	804	8937	87367	1013
池　州	73961		30000	43961	536	371	9093	32857	892
宣　城	265000			253500	1072		5100	87241	3175
宁　国	148433			148433	9995	621	427	136430	960
福　建	**10852589**	**29920**	**21053**	**10793615**	**633986**	**65982**	**148217**	**7803706**	**137063**
福　州	2451744		900	2450844	96799	8671	1220	2320721	23433
福　清	9972		92	9880	300		600		4429
长　乐	354724		92	354632	12700	5930	10838	323233	1931
厦　门	5640505			5640505	291569	13692	5169	3364862	45417
莆　田	51848	16103	11099	21162	310	2862	8349	1774	5244
三　明	27987	1200	1784	25003	2212	1800	3317	13508	4166
永　安	28492	1000	96	27396	7002	1560	2769	14035	2030
泉　州	924846		289	921092	30670	4000	34132	839248	13042
石　狮	55158	6500		48658	10325	4028	2874	28800	756
晋　江	129180		120	129060	54960	4000	3500	60000	6600
南　安	63612		85	63527	21613	2805	5000	31077	3032
漳　州	175737		588	175149	22460	5150	22790	120000	4749
龙　海	94384		59	94325	5193	130	8995	32191	921
南　平	207592	450	1090	206052	11016	1210	1744	189558	2524
邵　武	14686	781	1710	12195	3929	1000	2139	3625	1502
武夷山	35863		258	35605	2203	389	1510	5770	2980
建　瓯	53025	100	65	52860	3020	600	2528	46031	681

Continued 8

Measurement Unit: 10,000 RMB

			城市市政公用设施建设维护管理财政性资金支出 Expenditure of urban Construction, Maintenance and Management of Municipal Public Utilities Facilities Fund						
污水处理费 Wastewater Treatment Fee	垃圾处理费 Garbage Treatment Fee	其他财政资金 Others	合计 Completed of Expenditure	城乡社区规划与管理 Planning and Management of Urban and Rural Communities	市政公用行业市场监管 Market Supervision of Municipal Public Utilities Industry	市政公用设施建设维护与管理 Construction, Maintenance and Management of Municipal Public Utilities Facilities	风景名胜区规划与保护 Planning and Protection of National Parks	其他 Others	城市名称 Name of Cities
2700	800		128936	57638	31698	23982	10254	5364	安庆
2567	1178		42500	1200	1800	39500			桐城
2001	990	182	83453	9375		73185	893		黄山
3210	600		183537			170059	13186	292	滁州
450	850		200300			200300			天长
3200	1200	1000	108800	4600	2800	100000		1400	明光
3949	15		270223	1341	65	268607	210		阜阳
780	202		35096			35096			界首
3556		827	33117	1704		28213	3200		宿州
3032			94377	769		93608			六安
294	650		109282	1640	324	83767		23551	亳州
892			74003	1480		72273	250		池州
1356		11500	265000	290	150	264510	50		宣城
960			81328	1632	103	79070		523	宁国
109335	**25000**	**8001**	**8234273**	**268519**	**37738**	**2071080**	**25365**	**5831571**	**福建**
22141	1292		1293280		1000	1290368	1912		福州
3329	1100		12287	2304	103	9880			福清
1792	139		46917	3794	123	43000			长乐
39337	6070		5609028	16947				5592081	厦门
4383	861	3484	51520	3156	4383	43981			莆田
2683	1483		27388	1757	1774	20672		3185	三明
1258	772		23662	1465	912	20324	961		永安
7976	5066	3465	48034	453	1152	44082	2347		泉州
300	200		55750	500	200	800		54250	石狮
6350	217		125000	14500	2000	49500		59000	晋江
2460	572		65386	998	36	24810		39542	南安
3353	1396		51504	1309		31026		19169	漳州
632	202		252236			252236			龙海
1584	940		210360	207142	1730	825	663		南平
720	782		12976			8881		4095	邵武
460	178		35863			35863			武夷山
452	229		44931	2426	1307	328	324	40546	建瓯

3-3 续表 9

计量单位：万元

城市名称 Name of Cities	城市市政公用设施建设维护管理财政性资金收入 Revenue of urban Construction, Maintenance and Management of Municipal Public Utilities Facilities Fund								
	合计 Completed of Revenue	中央预算资金 Central Budgetary Fund	省级预算资金 Provincial Budgetary Fund	市级预算资金 City-Level Budgetary Fund					
				小计 Subtotal	城市维护建设税 Urban Maintenance and Construction Tax	城市公用事业附加 Extra-Charges for Municipal Utilities	城市基础设施配套费 Fees for Supporting Urban Infrastructure	国有土地使用权出让收入 Income Generated from The Transfer of State-owned Land-use Right	市政公用设施有偿使用费 Fee for Use of Municipal Utilities
建阳	54427	128	792	53507	3547	436	2186	46259	1079
龙岩	132606	2000	300	129254	34195	2730	17099	69443	5787
漳平	30147	1658	1246	27243	3366	732	541	22012	592
宁德	159229		141	159088	8412	755	4553	139356	3006
福安	144370		161	144209	7185	3502	2506	128326	1345
福鼎	12455		86	12369	1000		3858	3877	1817
江西	**3957685**	**11379**	**7738**	**3891299**	**163948**	**13547**	**736013**	**2559370**	**48304**
南昌	311475			310675	700		10000	289000	1342
景德镇	138911			138911	5189	970	3097	127505	2150
乐平	86550			86550	2250		451	79210	
萍乡	405963			405963	20785	1869	3869	374115	3475
九江	234519			190999	11393		10202	117693	5034
瑞昌	260294			260294	5762	864	638	251000	2030
共青城	14203			14203	467	198		7035	
新余	206520			206520	18508	960	2052	48962	3860
鹰潭	134324		606	133718	2177	907	8954	120321	1359
贵溪	66380			66380	17187		1069	47226	792
赣州	123742			123368	10682	1494	10016	54950	6379
瑞金	125717	3000	3710	119007	2540		642	114320	825
吉安	197918		198	197720	5198	703	5501	130580	4510
井冈山	30606		232	30374	1337		514	28463	30
宜春	405711	400	1889	403422	8610	192	6450	375369	471
丰城	128156		494	127662	12603		2500	92364	2984
樟树	139883	1869	289	135456	9876	1879	696	118968	1778
高安	28889			28889	6084		553	22252	
抚州	216452	6110	320	210022	9790	572	3161	149961	2347
上饶	685972			685666	7677	2939	665546	2066	7438
德兴	15500			15500	5133		102	8010	1500
山东	**11777166**	**32370**	**56025**	**11506632**	**1761908**	**213036**	**1838311**	**5985936**	**215157**
济南	1319002	1252	4740	1288356	199769	13760	257124	746302	20198
章丘	105000			105000	10643	2306	9898	19000	1325

Continued 9

Measurement Unit: 10,000 RMB

污水处理费 Wastewater Treatment Fee	垃圾处理费 Garbage Treatment Fee	其他财政资金 Others	城市市政公用设施建设维护管理财政性资金支出 Expenditure of urban Construction, Maintenance and Management of Municipal Public Utilities Facilities Fund: 合计 Completed of Expenditure	城乡社区规划与管理 Planning and Management of Urban and Rural Communities	市政公用行业市场监管 Market Supervision of Municipal Public Utilities Industry	市政公用设施建设维护与管理 Construction, Maintenance and Management of Municipal Public Utilities Facilities	风景名胜区规划与保护 Planning and Protection of National Parks	其他 Others	城市名称 Name of Cities
779	300		52834	2140	15798	16998	17898		建阳
4530	1257	1052	132606	3000	2500	114456	300	12350	龙岩
557	35		30116	3560	3782	21774	150	850	漳平
1745	1261		3414	1038	300	2076			宁德
1085	260		48060	1960	330	38660	810	6300	福安
1429	388		1121	70	308	540		203	福鼎
32008	**5996**	**47269**	**3205263**	**641708**	**58691**	**1598245**	**69637**	**836982**	**江西**
1142	200	800	566970	5535		6140		555295	南昌
1770	380		16434	523	970	11844		3097	景德镇
			85870			85120		750	乐平
1825	800		145313	18752	25376	67413	15248	18524	萍乡
5034		43520	243577	2910		197201		43466	九江
1660	370								瑞昌
			34139	24011	1586	8542			共青城
2530	152		206520	29710	960	173650	2200		新余
1083	276		16608	350	65	16193			鹰潭
618	166		44180	18226		1836		24118	贵溪
2995	1231	374	74078	2913	2913	68252			赣州
668	157		125717	374	589	3476		121278	瑞金
1925			193599			193599			吉安
20	10		34638	408	30	28357	5843		井冈山
471			405711	1200		403364		1147	宜春
2984			31012			31012			丰城
1778		2269	130633	8996	7859	77894	17895	17989	樟树
			28889			14592		14297	高安
1669	678		48867	666	5779	16062		26360	抚州
2336	1576	306	757728	526214	9314	191688	27851	2661	上饶
1500			14780	920	3250	2010	600	8000	德兴
154221	**42649**	**182139**	**7289225**	**392196**	**151354**	**6091937**	**62886**	**590852**	**山东**
14532	4257	24654	1332109	31924	1365	1202102		96718	济南
1020	305		105000	8100	5950	84590	950	5410	章丘

3-3 续表 10

计量单位：万元

城市名称 Name of Cities	城市市政公用设施建设维护管理财政性资金收入 Revenue of urban Construction, Maintenance and Management of Municipal Public Utilities Facilities Fund								
	合计 Completed of Revenue	中央预算资金 Central Budgetary Fund	省级预算资金 Provincial Budgetary Fund	市级预算资金 City-Level Budgetary Fund					
				小计 Subtotal	城市维护建设税 Urban Maintenance and Construction Tax	城市公用事业附加 Extra-Charges for Municipal Utilities	城市基础设施配套费 Fees for Supporting Urban Infrastructure	国有土地使用权出让收入 Income Generated from The Transfer of State-owned Land-use Right	市政公用设施有偿使用费 Fee for Use of Municipal Utilities
青　岛	3425011			3423940	366943	1697	263560	2074181	27650
胶　州	318736			318736	22251		13475	282000	1010
即　墨	537468			537468	24859	1875	11853	496568	2313
平　度	141132			141132	14347	804	6727	118142	1112
莱　西	21407			21407	8897	1096	9426	1023	965
淄　博	213210		330	211862	56639	1767	70087	40227	33037
枣　庄	103912	400	1474	100888	16780	13548	16988	30358	2748
滕　州	66238	3273		62965	20789	977	18119	11623	8857
东　营	417140	80	3395	413665	106477	902	116910	186617	2483
烟　台	904328			904328	134049	8790	40385	595719	7274
龙　口	30636			30636	22868	2202	4436		1130
莱　阳	16427			16127	6974		7707		1446
莱　州	16849			16849	3332	700	5803	6008	1006
蓬　莱	217924			217924	9437	1200		206189	642
招　远	58567			58567	7202	1380	14068	34396	1137
栖　霞	15471			15471	4225	935	960	9120	231
海　阳	30734			30734	7814	643	8056	12896	1325
潍　坊	351136			339128	50236	5000	17323	127543	7216
青　州	100051	526		99525	31896	2909	1236		703
诸　城	182452			182452	22648	50000	54767	49585	2726
寿　光	82589			35426	12938	156	6081	10688	5563
安　丘	141466			138816	9574	2487	2067	118350	3688
高　密	57737			57737	14295	2260	10371	28107	2704
昌　邑	31297	47	160	31090	500	200			809
济　宁	185242	2931	185	182126	92667	8281	16136	3787	18247
曲　阜	39981			39981	12638	110	5000	21243	990
邹　城	36934	710		36224	32910	891	2423		
泰　安	228459		350	228109	31856	4599	88012	96582	7060
新　泰	126146	1200	1000	123946	13400	2310	4489	80151	1895
肥　城	27202		300	26902	13933	2763	8383		1823
威　海	245078	1763	2150	241165	114625	851	44853	37606	693
荣　成	76000			76000	22924	1909	11228	19800	2871
乳　山	59032			58860	7949	585	6379	22557	720

Continued 10

Measurement Unit: 10,000 RMB

			城市市政公用设施建设维护管理财政性资金支出 Expenditure of urban Construction, Maintenance and Management of Municipal Public Utilities Facilities Fund						
污水处理费 Wastewater Treatment Fee	垃圾处理费 Garbage Treatment Fee	其他财政资金 Others	合计 Completed of Expenditure	城乡社区规划与管理 Planning and Management of Urban and Rural Communities	市政公用行业市场监管 Market Supervision of Municipal Public Utilities Industry	市政公用设施建设维护与管理 Construction, Maintenance and Management of Municipal Public Utilities Facilities	风景名胜区规划与保护 Planning and Protection of National Parks	其他 Others	城市名称 Name of Cities
11185	16321	1071	929458	3460		902633	1612	21753	青岛
1010			89325	610	22555	66160			胶州
2313			90339	765	23523	66051			即墨
1112			6777	1000	50	5727			平度
965			19481	880	2367	16234			莱西
29996	2985	1018	197313	9230	2397	182197	1479	2010	淄博
2090	579	1150	119357	1357	9306	94559	250	13885	枣庄
7286	1571		63916	759		63157			滕州
2483			213547	1430	285	204320		7512	东营
6654	407		425677	28872	16122	367498	13111	74	烟台
920	210		30152	2368	2196	25588			龙口
826	620	300	22765	70		22395		300	莱阳
720	286		16849	502	1004	15343			莱州
642			91719	993		76845	4982	8899	蓬莱
937			58567	650	50	57867			招远
130	101		10911	628		10283			栖霞
1017	308		30734	267	316	30151			海阳
7116	100	12008	348934	11368	1323	195706		140537	潍坊
703			100051	369		99682			青州
2726			136284	929		135355			诸城
5143	420	47163	82589			82589			寿光
3187	500	2650	91017	297		88940		1780	安丘
1519	420		57737	529		37462		19746	高密
477	50		31297			31297			昌邑
5593	654		178867	2503	715	159503		16146	济宁
600	390		39981	700	130	26000		13151	曲阜
			35333			35333			邹城
4225	2835		182800	10800	9000	28000	35000	100000	泰安
1325	465		116439	2200	1550	112689			新泰
1673	150		18594			18594			肥城
558	135		243735	9793	12360	220462	1120		威海
2265	606		72238	1839	257	69900	242		荣成
590	130	172	57948	16737		41211			乳山

3-3 续表 11

计量单位：万元

城市名称 Name of Cities	城市市政公用设施建设维护管理财政性资金收入 Revenue of urban Construction, Maintenance and Management of Municipal Public Utilities Facilities Fund								
	合计 Compl-eted of Revenue	中央预算资金 Central Budge-tary Fund	省级预算资金 Provin-cial Budgetary Fund	市级预算资金 City-Level Budgetary Fund					
				小计 Subtotal	城市维护建设税 Urban Mainten-ance and Construc-tion Tax	城市公用事业附加 Extra-Charges for Municipal Utilities	城市基础设施配套费 Fees for Supporting Urban Infrastr-ucture	国有土地使用权出让收入 Income Gener-ated from The Transfer of State-owned Land-use Right	市政公用设施有偿使用费 Fee for Use of Municipal Utilities
日　照	143359	3000	2068	138291	15186	1126	103952	434	6627
莱　芜	62977		2125	60852	29156	5930	2566	22300	900
临　沂	605755		7500	598255	72627	12149	292660	154332	15066
德　州	153885		1020	152865	31509		25069	81490	3229
乐　陵	31949	450		22546	2140	850	3820	13562	1138
禹　城	39524			39524	3685		3751		1290
聊　城	162164	16238	16168	126758	15240	6119	28058	70593	3748
临　清	59893			59893	7096	1801	3811	47040	145
滨　州	347628	500	1165	345963	49844	39000	213265	14962	4237
菏　泽	240038		11895	148143	6141	6168	7029	94855	5180
河　南	**4001624**	**60836**	**8600**	**2988512**	**445404**	**98117**	**441701**	**1724253**	**115667**
郑　州	1189243			340333	58581	17449	232405		31898
巩　义	100667	5182	1200	94285	9291	4749	3905	75570	770
荥　阳	17624	1619	797	15208	2085	120	1548	56	696
新　密	128082		236	127846	8160	900	1372	116703	711
新　郑	76250		2424	73826	3023	1362	27500	41309	632
登　封	65100			65100	4465	860	4012	54702	520
开　封	480809	22210	2320	456279	16553	2318	42178	391829	3397
洛　阳	73792		219	66710	28989	161	913		11547
偃　师	46747	270		46477	4564	446	469	40187	811
平顶山	400586			400586	26689	9650	12500	342825	8922
舞　钢	10176	391		9785	7300	680	982		823
汝　州	30505	2018		28487	4738	150	3454	19775	370
安　阳	40844	6264		34580	14500	1100	7500	5200	3366
林　州	26353			26353	3051	652	1658	8795	863
鹤　壁	117339	11500		105839	13003	2049	2358	76374	11552
新　乡	127017			127017	13458	18018	3763	87297	4481
卫　辉	53485			53485	2950	750	1607	47864	314
辉　县	13027			13027	7654	1325	1789	2144	115
焦　作	171642			171642	14932	8300	10120	135400	2890
沁　阳	16296			16296	806	55	14296		923
孟　州	13165			13120	3800	150	200		882

Continued 11

Measurement Unit: 10,000 RMB

污水处理费 Wastewater Treatment Fee	垃圾处理费 Garbage Treatment Fee	其他财政资金 Others	城市市政公用设施建设维护管理财政性资金支出 Expenditure of urban Construction, Maintenance and Management of Municipal Public Utilities Facilities Fund: 合计 Completed of Expenditure	城乡社区规划与管理 Planning and Management of Urban and Rural Communities	市政公用行业市场监管 Market Supervision of Municipal Public Utilities Industry	市政公用设施建设维护与管理 Construction, Maintenance and Management of Municipal Public Utilities Facilities	风景名胜区规划与保护 Planning and Protection of National Parks	其他 Others	城市名称 Name of Cities
3762	2589		133446	2264		107504		23678	日照
900			62043	11672		36671		13700	莱芜
10359	2862		637911	5312	2700	627560	540	1799	临沂
3229			91693			68193		23500	德州
658	480	8953	38092	9620	8425	12596		7451	乐陵
980	310								禹城
2804	582	3000	117292	1209	25091	81778		9214	聊城
145			81209	2163		18057		60989	临清
3046	641		239661	205334	1807	32520			滨州
4800	380	80000	240038	2693	510	230635	3600	2600	菏泽
85122	**15308**	**943676**	**2810399**	**136458**	**53468**	**2217246**	**16599**	**386628**	**河南**
30396		848910	1189243	10000		1174917	4326		郑州
279	491		132368	890	159	33223	4220	93876	巩义
457	212		10477			10477			荥阳
465	246		26793	493		26300			新密
558	74		30566	630		29936			新郑
316	202		81726			81726			登封
2668	10		117500			28500		89000	开封
8360	3155	6863	66950	45691		11285		9974	洛阳
601	210		4905	185	225	4495			偃师
8180	742		43953	2723	108	41122			平顶山
648	175		9785	170	715	8900			舞钢
144	226		30401	285	110	30006			汝州
2886	480		40370	1850	4160	34360			安阳
436	427		26353	650	1780	20535	1653	1735	林州
2116	412		112933	3300	39	4594		105000	鹤壁
3959	522		53140	16782		25661		10697	新乡
164	150								卫辉
38	64		12786	751	6846	5189			辉县
2645	245		57975	800	11296	45879			焦作
456	405		16296			10296	6000		沁阳
720	120	45	13000	6600	500	5900			孟州

3-3 续表 12

计量单位：万元

城市名称 Name of Cities	城市市政公用设施建设维护管理财政性资金收入 Revenue of urban Construction, Maintenance and Management of Municipal Public Utilities Facilities Fund								
	合计 Completed of Revenue	中央预算资金 Central Budgetary Fund	省级预算资金 Provincial Budgetary Fund	市级预算资金 City-Level Budgetary Fund					
				小计 Subtotal	城市维护建设税 Urban Maintenance and Construction Tax	城市公用事业附加 Extra-Charges for Municipal Utilities	城市基础设施配套费 Fees for Supporting Urban Infrastructure	国有土地使用权出让收入 Income Generated from The Transfer of State-owned Land-use Right	市政公用设施有偿使用费 Fee for Use of Municipal Utilities
濮　阳	39690			39690	9260	5700	1350	18790	1550
许　昌	52846			52846	44202	2200	3319		3125
禹　州	10901			10901	5705	1148	964	2381	703
长　葛	7270			7270	3240	600	860	1900	670
漯　河	10189			10189	1500	550	253	310	1240
三门峡	27779	7282		20497	7785	3100		137	1265
义　马	31880			31880	12656	116	120	11283	370
灵　宝	6835	810		6025	607	238	3831		1349
南　阳	291700		1404	275889	54897		30501	156660	3537
邓　州	51772			51772	5300	850	8200	36482	940
商　丘	62327			62327	8130	6327	9650	16300	4837
永　城	37666			37366	10600	800	150	24120	1396
信　阳	34762			34762	8057	2131	5151	2600	3073
周　口	81788			8737	5950	680	1180		927
项　城	7897			7897	2200	133	400		782
驻马店	33022			32922	9025	1000	900	7260	1500
济　源	14551	3290		11261	7698	1300	343		1920
湖　北	**6356547**	**28204**	**18539**	**5075837**	**569259**	**51360**	**140073**	**3616629**	**275588**
武　汉	2135082			2073513	259829	30200	23650	1482504	180870
黄　石	71691			60989	36034	941	410		6599
大　冶	82309			82309	13993	150	5700		2466
十　堰	477700			477700	28221	1260	7274	433673	7200
丹江口	16043			16043	500				
宜　昌	1101672	1614	180	35395	26273	150	4692		4280
宜　都	16785			16785	4850	1098	781	6000	779
当　阳	36982	1300	10	35672	7669	70	1200	25536	1197
枝　江	20813	20	83	20710	5590	102	2168	11370	740
襄　阳	1032565			1032565	76905	2116	20645	907132	13565
老河口	39295			39295	3120	507	2185	32425	1058
枣　阳	39572			38522	3645	725	3080	25150	2872
宜　城	81718		1250	80468	3028	800	3430	71900	1310
鄂　州	150118		5871	144247	24632	4695	3602	43226	3232

Continued 12

Measurement Unit: 10,000 RMB

污水处理费 Wastewater Treatment Fee	垃圾处理费 Garbage Treatment Fee	其他财政资金 Others	城市市政公用设施建设维护管理财政性资金支出 Expenditure of urban Construction, Maintenance and Management of Municipal Public Utilities Facilities Fund: 合计 Completed of Expenditure	城乡社区规划与管理 Planning and Management of Urban and Rural Communities	市政公用行业市场监管 Market Supervision of Municipal Public Utilities Industry	市政公用设施建设维护与管理 Construction, Maintenance and Management of Municipal Public Utilities Facilities	风景名胜区规划与保护 Planning and Protection of National Parks	其他 Others	城市名称 Name of Cities
1350	200		39690	420	285	38985			濮阳
2251	874		95189	1160	83	93946			许昌
503	200		10901	725		10057		119	禹州
300	175		6264	2300	1500	2464			长葛
855	385		10189		1870	8319			漯河
828	437		23575	5625	4688	13262			三门峡
255	95		25809	11178	1175	13456			义马
764	585		6835	601		6234			灵宝
1934	806	14407	208063	11748	7977	115189		73149	南阳
510	430		30151	1500	150	28201		300	邓州
1728	407		58756	3801	3727	49830		1398	商丘
636	760	300	47133	5600	3600	36153	400	1380	永城
2383	690		34757		2475	32282			信阳
811	116	73051	81788			81788			周口
546	186								项城
1416	84	100	34632			34632			驻马店
1560	310		19147			19147			济源
98984	**67894**	**1233967**	**4726117**	**135258**	**65583**	**4147123**	**140702**	**237451**	**湖北**
42000	47670	61569	2135082			2135082			武汉
4358	2241	10702	71146		1798	62032	6875	441	黄石
1233	1233		52347	2408	308	47593		2038	大冶
6183	984		133016	794	4558	19968	98216	9480	十堰
			16043	500	1078	1572	60	12833	丹江口
3600	680	1064483	1101672	2000	20	1099652			宜昌
689	90		16785	8964		4186		3635	宜都
913	284		36982	600		11141	360	24881	当阳
562	178		20793	1589	291			18913	枝江
12202	1363		38994	11121	25	27788	60		襄阳
758	300		39295	2629	1523	34089	443	611	老河口
1896	976	1050	38522	1200	520	36422		380	枣阳
1310			81718	1852	123	2650		77093	宜城
			150118	16032	10882	100481	9500	13223	鄂州

3-3 续表 13

计量单位：万元

城市名称 Name of Cities	城市市政公用设施建设维护管理财政性资金收入 Revenue of urban Construction, Maintenance and Management of Municipal Public Utilities Facilities Fund								
	合计 Completed of Revenue	中央预算资金 Central Budgetary Fund	省级预算资金 Provincial Budgetary Fund	市级预算资金 City-Level Budgetary Fund					
				小计 Subtotal	城市维护建设税 Urban Maintenance and Construction Tax	城市公用事业附加 Extra-Charges for Municipal Utilities	城市基础设施配套费 Fees for Supporting Urban Infrastructure	国有土地使用权出让收入 Income Generated from The Transfer of State-owned Land-use Right	市政公用设施有偿使用费 Fee for Use of Municipal Utilities
荆　门	30006			30006	17306	1800	6838		4062
钟　祥	27850	2750	1200	23900	2870		1500	19530	
孝　感	243123			243123	7133	111	3172	230107	2600
应　城	19781	500		19281	500				1070
安　陆	14195			14195	796	175	1640	1324	2260
汉　川	15639			13379	1400	345	1200	8000	1434
荆　州	70823			43085	5452	450	8945		3718
石　首	3860			3860	600	80	780		991
洪　湖	31619			26619	2292		1034	22000	1293
松　滋	7297	1160	935	5202	450		1636		1129
黄　冈	73910			73910	5400		4200	63000	1310
麻　城	83642	1500		82142	2124	394	1648	76221	1755
武　穴	42100	3000		31950	3700	500	1300	26100	
咸　宁	14558			12869	2547		5138		4023
赤　壁	31147			18620	5870		3450		7850
随　州	44330			44330	1730			37500	5100
广　水	55419		2010	53409	2529	7	1780	42873	3900
恩　施	49233			49233	200	500	500		2800
利　川	37295	2461		34834	4579	184	3837	25048	1186
仙　桃	61000	12000	7000	42000	5000	4000	4200	1500	1200
潜　江	55344	1899		13646	2492		2018	8280	856
天　门	42031			42031			6440	16230	883
湖　南	**3250849**	**125549**	**30639**	**3014588**	**771859**	**51202**	**328189**	**1542094**	**132298**
长　沙	684500			684500	274500	10000	140000	221500	38500
浏　阳	42100			42100	7800	3600	642	29506	552
株　洲	145986			145986	49101	12722	25498		22383
醴　陵	86628	1238		40000	10802	82	2000	4308	1840
湘　潭	176221	34181	969	141071	14738	592	25658	77292	2897
湘　乡	18327	2400	200	12113	3113	697	2587	2458	1284
韶　山	5333	2950	600	1673	924	30	370		349
衡　阳	98976			98976	18460	3850	52034	16850	7782
耒　阳	3300			3300	1260				1272

Continued 13

Measurement Unit: 10,000 RMB

污水处理费 Wastewater Treatment Fee	垃圾处理费 Garbage Treatment Fee	其他财政资金 Others	城市市政公用设施建设维护管理财政性资金支出 Expenditure of urban Construction, Maintenance and Management of Municipal Public Utilities Facilities Fund: 合计 Completed of Expenditure	城乡社区规划与管理 Planning and Management of Urban and Rural Communities	市政公用行业市场监管 Market Supervision of Municipal Public Utilities Industry	市政公用设施建设维护与管理 Construction, Maintenance and Management of Municipal Public Utilities Facilities	风景名胜区规划与保护 Planning and Protection of National Parks	其他 Others	城市名称 Name of Cities
2753	1309		30439	4379	5600	19560	900		荆门
			27850	15000	1300	8900	2650		钟祥
1400	1200		9414			9414			孝感
770	300								应城
845	234		13715		295	13420			安陆
713	721	2260	13379			13379			汉川
3112	606	27738	70823	1638	450	67490		1245	荆州
853	138		3860	60	136	3618	36	10	石首
871	422	5000	31619	1987	442	27000	690	1500	洪湖
559	570		10512	398		10114			松滋
810			73910	2760	1330	69010		810	黄冈
934	821		83642	1490	1755	80397			麻城
		7150	42100	3370	2330	34300		2100	武穴
2271	1752	1689	13980	13980					咸宁
1050	400	12527	31147	1560		21530	160	7897	赤壁
925	941		44330	9870	5840	13670	13220	1730	随州
1110	1210		55419	22360	10147	7931	5529	9452	广水
1800	900		49233	600	400	48233			恩施
986	200		36653	1117	9432	22666	2003	1435	利川
			61000	5000	5000	47000		4000	仙桃
856		39799	55344			11600		43744	潜江
662	171		35235			35235			天门
90089	**31689**	**80073**	**2774070**	**136932**	**64530**	**1665247**	**58590**	**848771**	**湖南**
21400	10000		684500	15209	5300	130268	27062	506661	长沙
	552		40930		1250	39680			浏阳
22383			61337	1780	450	59072		35	株洲
940	900	45390	96897	8751	1879	63512	2000	20755	醴陵
2897			138710	8926		74820	1000	53964	湘潭
982	302	3614	18327	614	505	11284	85	5839	湘乡
180	169	110	5223	162	5	4812	75	169	韶山
6673	1109		107934	16532	8890	68770	12580	1162	衡阳
810	462		19590	825	5913	12852			耒阳

3-3 续表 14

计量单位：万元

城市名称 Name of Cities	城市市政公用设施建设维护管理财政性资金收入 Revenue of urban Construction, Maintenance and Management of Municipal Public Utilities Facilities Fund								
	合计 Completed of Revenue	中央预算资金 Central Budgetary Fund	省级预算资金 Provincial Budgetary Fund	市级预算资金 City-Level Budgetary Fund					
				小计 Subtotal	城市维护建设税 Urban Maintenance and Construction Tax	城市公用事业附加 Extra-Charges for Municipal Utilities	城市基础设施配套费 Fees for Supporting Urban Infrastructure	国有土地使用权出让收入 Income Generated from The Transfer of State-owned Land-use Right	市政公用设施有偿使用费 Fee for Use of Municipal Utilities
常　宁	43148	1500	600	41048	640	2846	139	300	359
邵　阳	182651			182651	8847	818	518	162847	4621
武　冈	6440	2200	820	3420	1160	220	450	145	910
岳　阳	186228	6000	5980	159248	41300	4000	5533	98000	8030
汨　罗	60262			60262	6455	249	1052	52172	334
临　湘	32120	1100	2300	28720	1900	530	390	24800	1100
常　德	323696	1550	1390	320756	220000		9681	87000	4075
津　市	10726	924	97	9700	3956	274	290	2777	779
张家界	4359		1000	3359	1631	25	38	192	783
益　阳	152731	18398	8623	120041	13203	705	7400	83880	10324
沅　江	43942	5202	800	37540	2085	285	685	30000	3175
郴　州	209462	28750	7260	172502	29852	3930	7270	109020	5398
资　兴	7289			7289	5925	457	120		787
永　州	232140			232140	20720	1292	7614	158200	6069
怀　化	389104			389104	8631	595	32163	344232	3483
洪　江	39275	200		30511	1337	89	414	28295	376
娄　底	29897	8055		21842	11342	2000	5000	2000	1500
冷水江	13933	6350		7583	196	11	276	6310	790
涟　源	7570	2000		5570	3822				802
吉　首	14505	2551		11583	8159	1303	367	10	1744
广　东	**20133006**	**130972**	**415615**	**18945977**	**2565689**	**339053**	**982380**	**14348627**	**537234**
广　州	3471509	300	53	3468654	902377	102389	352895	1948700	49686
增　城	331872			327314	124088	12976	130338	48612	11300
从　化	454468			402084	29984	4442	27472	310258	3736
韶　关	384683			384683	36636	4762	15164	323417	4554
乐　昌	3938		501	3437	3437				
南　雄	7199			7199	1700	299	923	2805	736
深　圳	182072			182072	18				
珠　海	4929480	65000	10000	4805277	289518	17581		4438590	26821
汕　头	1061926			1061926	70564	15092	30116	931038	15116
佛　山	2237691			2233910	215953	38783	80105	1780169	110483

Continued 14

Measurement Unit: 10,000 RMB

			城市市政公用设施建设维护管理财政性资金支出 Expenditure of urban Construction, Maintenance and Management of Municipal Public Utilities Facilities Fund						
污水处理费 Wastewater Treatment Fee	垃圾处理费 Garbage Treatment Fee	其他财政资金 Others	合计 Completed of Expenditure	城乡社区规划与管理 Planning and Management of Urban and Rural Communities	市政公用行业市场监管 Market Supervision of Municipal Public Utilities Industry	市政公用设施建设维护与管理 Construction, Maintenance and Management of Municipal Public Utilities Facilities	风景名胜区规划与保护 Planning and Protection of National Parks	其他 Others	城市名称 Name of Cities
	359		1016	798	218				常宁
1920	1660		180683	7823	16230	145960	2050	8620	邵阳
408	500		44510	8010	8000	15000	1500	12000	武冈
5730	2300	15000	179500	38000	5500	118000	900	17100	岳阳
334			60262	255	150	18000		41857	汨罗
550	180		32120	1800	760	3800	360	25400	临湘
3675	400		323696	8500	2100	312896	200		常德
640	139	5	10168	95		9836	33	204	津市
619	14		5150			4700		450	张家界
6441	3117	5669	129211	7985		120394		832	益阳
880	2000	400	43085	2100	385	36735	20	3845	沅江
3650	1748	950	191722	2200	1570	182258		5694	郴州
448	339		7289	49	1009	6231			资兴
2630	2939		232125	3209	4416	88441	9485	126574	永州
2504	683		66020			47330	1200	17490	怀化
303	73	8564	39275	605		38630	40		洪江
1500			29897			29897			娄底
790			13933			13933			冷水江
802			3620			3500		120	涟源
	1744	371	7340	2704		4636			吉首
362585	**148359**	**640442**	**11884743**	**583508**	**1249459**	**5467242**	**30823**	**4553711**	**广东**
19650	16057	2502	3162776	98047	1208628	1744976	18449	92676	广州
11300		4558	331676	22696	1634	201510	964	104872	增城
3442	294	52384	85852	64		85788			从化
3360	1194		37226	100	422	36704			韶关
			2413			2413			乐昌
490	246		6543	130	350	5223	840		南雄
			182053	169895				12158	深圳
17608	3322	49203	674899	19384	7813	545353	170	102179	珠海
15116			980528			980528			汕头
92885	17598	3781	1221313	14574	82	120857		1085800	佛山

3-3 续表 15

计量单位：万元

城市名称 Name of Cities	城市市政公用设施建设维护管理财政性资金收入 Revenue of urban Construction, Maintenance and Management of Municipal Public Utilities Facilities Fund								
	合计 Compl-eted of Revenue	中央预算资金 Central Budgetary Fund	省级预算资金 Provincial Budgetary Fund	市级预算资金 City-Level Budgetary Fund					
				小计 Subtotal	城市维护建设税 Urban Maintenance and Construction Tax	城市公用事业附加 Extra-Charges for Municipal Utilities	城市基础设施配套费 Fees for Supporting Urban Infrastructure	国有土地使用权出让收入 Income Generated from The Transfer of State-owned Land-use Right	市政公用设施有偿使用费 Fee for Use of Municipal Utilities
江门	761632	972	747	759913	189319	9786	41137	498881	20790
台山	70968			70968	11451	2773	5198	49920	1626
开平	49335			49335	11011	3264	7000	24660	3400
鹤山	55680			55592	12939	3790	9088	28382	1393
恩平	14426		103	14323	4230	3098	5247		1748
湛江	498032	920	160	496952	26551	5271	31499	416143	17488
廉江	26293			26293	5037		2731	17469	1056
雷州	16834			16834	4230	460	1330	9880	934
吴川	16399			16399	1401		4603	6972	3423
茂名	177624			177624	24400	5640	9382	125050	13152
高州	94009			94009	4320		5000	84689	
化州	6605	95		6510	3573	670	2118		149
信宜	24331			24331	3369		2880	17318	764
肇庆	550300		878	272761	15024	1034	29991	134816	12518
高要	88821			88821	7101	5211	5193	67345	3791
四会	21420			21420	7338	2500	630	7760	1400
惠州	664706	60393	300	392262	50004	6325	69798	211165	11829
梅州	303925		2172	301753	32580	1083	15027	247931	5132
兴宁	523777		394194	129583	3582		67	52866	478
汕尾	15300	3000							
陆丰	1970			900	500	15	140		120
河源	196494		5304	180046	11688	2526	12519	150935	2378
阳江	5950						309	21440	3965
阳春	4807			4807	4807				
清远	60763		1195	59568	22050	1314	19574	487315	7040
英德	40396			40396	7044	5334			1593
连州	26170			26170	2392	1853	1293	20632	
东莞	2205692			2205692	363261	75634	15566	1579651	171580
中山	229882			229882	33733	2228	12353	99314	10425
潮州	73437			71431	3763		13048	42127	7926
揭阳	27775	292	8	24399	518	594	6917	14641	1764
普宁	34591			34591	14184	1507	9100		3512
云浮	159441			155473	9591	819	3767	134266	1898
罗定	20383			20383	423		2862	13470	1530

Continued 15

Measurement Unit: 10,000 RMB

			城市市政公用设施建设维护管理财政性资金支出 Expenditure of urban Construction, Maintenance and Management of Municipal Public Utilities Facilities Fund						
污水处理费 Wastewater Treatment Fee	垃圾处理费 Garbage Treatment Fee	其他财政资金 Others	合计 Completed of Expenditure	城乡社区规划与管理 Planning and Management of Urban and Rural Communities	市政公用行业市场监管 Market Supervision of Municipal Public Utilities Industry	市政公用设施建设维护与管理 Construction, Maintenance and Management of Municipal Public Utilities Facilities	风景名胜区规划与保护 Planning and Protection of National Parks	其他 Others	城市名称 Name of Cities
13102	7688		350186	4105	23	184764		161294	江门
			890	265		625			台山
3400			16722	21	1746	14955			开平
872	521	88	10536	125	332	3114		6965	鹤山
756	992		9066	2877		5797	392		恩平
9123	5276		314960	3746	40	193016	5800	112358	湛江
1056			26293			4886		21407	廉江
670	264		16916	730	550	4896	420	10320	雷州
2234	1189		16399		1276	6188		8935	吴川
8916	3875		23012	832	451	21335	160	234	茂名
			94979	181		7401		87397	高州
	149		4366	465	289	3612			化州
764			5171	1139		3782		250	信宜
9715	2803	276661	482372	132436		131873	453	217610	肇庆
2596	1195		107432	898		16799		89735	高要
1250			21420	1135	1622	18663			四会
4329	7500	211751	578104	15544	11413	363895	591	186661	惠州
4656	476		264521	112		262949	1460		梅州
	96		1696	692		1004			兴宁
		12300	15300			15300			汕尾
		1070	1970	32	35	1285	18	600	陆丰
778	1600	11144	196419	1097	478	28961		165883	河源
	3736	5950	43419			43419			阳江
			7064			7064			阳春
6365	675		57314	375	9	51209		5721	清远
821	772								英德
			5167		5167				连州
113012	58568		2199518	73011		154397		1972110	东莞
2990	7435		199530	1047	5647	117780		75056	中山
5958	1968	2006	46480	3807		38910	1097	2666	潮州
1546	218	3076	22462	2263	43	20082	9	65	揭阳
2365	1147		6288	6288					普宁
500	951	3968	33109	2920		300		29889	云浮
960	554		20383	2475	1409	15629		870	罗定

3-3 续表 16

计量单位：万元

城市名称 Name of Cities	城市市政公用设施建设维护管理财政性资金收入 Revenue of urban Construction, Maintenance and Management of Municipal Public Utilities Facilities Fund								
	合计 Compl-eted of Revenue	中央预算资金 Central Budgetary Fund	省级预算资金 Provincial Budgetary Fund	市级预算资金 City-Level Budgetary Fund					
				小计 Subtotal	城市维护建设税 Urban Maintenance and Construction Tax	城市公用事业附加 Extra-Charges for Municipal Utilities	城市基础设施配套费 Fees for Supporting Urban Infrastructure	国有土地使用权出让收入 Income Generated from The Transfer of State-owned Land-use Right	市政公用设施有偿使用费 Fee for Use of Municipal Utilities
广　西	**5004714**	**83152**	**46901**	**3586354**	**213986**	**59103**	**77738**	**2096471**	**96297**
南　宁	2513522	33181	23294	1178323	17212	8073	27438	694003	7805
柳　州	1007416			1005793	80768	2518	6744	898289	17474
桂　林	573185	10696		562330	18782	32722	6399	1562	13941
梧　州	65814	5000	3985	53680	9790	440	5855	24710	6703
岑　溪	23216	1500	1425	20291	2264	204	415	13799	3609
北　海	93824	857	2897	89786	9563	2302	1957	3196	7307
防城港	112330	379	254	111697	7822	914	8768	90302	3891
东　兴	10727	942	230	9555	1655		50		3810
钦　州	29783			29403	13812	1381	5688	4800	2311
贵　港	62723		100	59962	4425	1370	2235	6800	4128
桂　平	24630		276	24354	3848	411	892	16873	1573
玉　林	38486	13230		25256	6490	815	1840	10141	5050
北　流	23550			23550	3233	332	93	16633	1132
百　色	79595	4654	1206	72535	4614	267	2500	61706	3448
贺　州	40172	10013	10944	19215	3132	4787	700	6418	2089
河　池	42941	2700	290	39951	3496	350	1579	31771	2755
宜　州	43000			42873	2202	354	1314	36973	1940
来　宾	132852		2000	130852	14106	1094	2144	108677	4831
合　山	3276			3276	72	3	94	186	307
崇　左	52933			52933	4712	660	545	42100	1568
凭　祥	30739			30739	1988	106	488	27532	625
海　南	**1025788**	**6944**	**26866**	**961891**	**94542**	**3686**	**132396**	**404466**	**41540**
海　口	115334			115334	56511	3336	3392		23456
三　亚	504696	1014	17630	455965	17244		68080	227000	12626
三　沙									
五指山	2772			2772	1015				
琼　海	52641			52641	3603		12449	34742	1847

Continued 16

Measurement Unit: 10,000 RMB

			城市市政公用设施建设维护管理财政性资金支出 Expenditure of urban Construction, Maintenance and Management of Municipal Public Utilities Facilities Fund						
污水处理费 Wastewater Treatment Fee	垃圾处理费 Garbage Treatment Fee	其他财政资金 Others	合计 Completed of Expenditure	城乡社区规划与管理 Planning and Management of Urban and Rural Communities	市政公用行业市场监管 Market Supervision of Municipal Public Utilities Industry	市政公用设施建设维护与管理 Construction, Maintenance and Management of Municipal Public Utilities Facilities	风景名胜区规划与保护 Planning and Protection of National Parks	其他 Others	城市名称 Name of Cities
62685	**28925**	**1288307**	**5188188**	**44938**	**23136**	**2842015**	**5890**	**2272209**	**广　西**
	7805	1278724	2686598	951		1335670		1349977	南　宁
13164	4310	1623	1057537	7386	3817	217904		828430	柳　州
10323	3618	159	573702	8300	8900	548851	2800	4851	桂　林
5283	1420	3149	62574	2098	55	58326		2095	梧　州
782	282		23216	998	842	21349		27	岑　溪
4579	2728	284	89776	1713	82	87981			北　海
2937	850		101878	795	748	100235		100	防城港
3208	602		12332	667	27	11419	14	205	东　兴
924	1387	380	29321	5770	253	15986	1612	5700	钦　州
3250	878	2661	60283	3100	45	57138			贵　港
1223	350		23495	2352		21113	30		桂　平
3875	1172		35875	87	118	20373	25	15272	玉　林
706	426		23218	965	865	20168	1220		北　流
3070	378	1200	78995	422		78573			百　色
1597	492		39845	527		39318			贺　州
2079	456		42941	3401	851	24036		14653	河　池
1348	530	127	40489	1075	3142	8853	189	27230	宜　州
2370	711		121689	828		97192		23669	来　宾
190	117		3272		3019	253			合　山
1375	190		52322	750	372	51200			崇　左
402	223		28830	2753		26077			凭　祥
35063	**6312**	**30087**	**691782**	**33184**	**17035**	**220457**	**3358**	**417748**	**海　南**
22008	1448		103294	8710	7844	86740			海　口
9070	3556	30087	419053	13914	5900		20	399219	三　亚
			13018	67		12951			三　沙
			2772			2772			五指山
1718	129		36685	2966		26748		6971	琼　海

3-3 续表 17

计量单位：万元

城市名称 Name of Cities	城市市政公用设施建设维护管理财政性资金收入 Revenue of urban Construction, Maintenance and Management of Municipal Public Utilities Facilities Fund								
	合计 Completed of Revenue	中央预算资金 Central Budgetary Fund	省级预算资金 Provincial Budgetary Fund	市级预算资金 City-Level Budgetary Fund					
				小计 Subtotal	城市维护建设税 Urban Maintenance and Construction Tax	城市公用事业附加 Extra-Charges for Municipal Utilities	城市基础设施配套费 Fees for Supporting Urban Infrastructure	国有土地使用权出让收入 Income Generated from The Transfer of State-owned Land-use Right	市政公用设施有偿使用费 Fee for Use of Municipal Utilities
儋州	57990	3790	2398	51802	7846		11828	27474	1897
文昌	142082	240	6238	135604	2929		18340	113436	899
万宁	142600	1900	600	140100	2660	350	17183	1600	720
东方	7673			7673	2734		1124	214	95
重庆	**2950656**	**5559**	**336448**	**2536576**	**342509**	**46015**	**630306**	**1183571**	**52375**
四川	**5437876**	**75800**	**414387**	**3723536**	**739631**	**42630**	**650604**	**1618226**	**129179**
成都	2317217			1114115	381038	12603	425598	96066	56340
都江堰	145909	4781	651	140477	9609	970	8639	112441	723
彭州	12714			9633	493				
邛崃	12160	369		11622	1		5003	5113	753
崇州	13957			13957	13278		679		
自贡	41931		5500	36431	15175	1477	15689		4090
攀枝花	123197	2168	2298	115709	26368	4043	13103	22251	2346
泸州	499369			496895	36268	1718	29195	416942	9563
德阳	73306	9476	1000	62830	9511	1500	9383	38990	3446
广汉	22839	2666	850	19323	1245	2725	2446		664
什邡	38035			38035	34680	1300	1114	941	
绵竹	16468			16468	8363	163	1995	5221	713
绵阳	67558	457	1539	65562	4017	178	18223		15573
江油	27139		16563	10576	6135	900	2800		
广元	73295		5044	63762	1510	310	4203	6315	
遂宁	58235		6791	50299	8012	80	6539	19375	3913
内江	152238		5000	147238	12153	2900	11738	116422	3784
乐山	68328	1653	1604	65071	13531	2222	18013	22253	5222
峨眉山	27731			27731	6745	1152	1950	16160	1724
南充	231800	3000	11400	217400	10000	1600	27700	106000	4250
阆中	63760	2500	1000	60260	990	520	4100	4700	1050
眉山	93922	1700	11394	80828	14582	1782	8292	46719	9453
宜宾	140653	3691	2497	127814	67073	270	2653	56487	216
广安	340686	31089	5814	303783	3182	300	3002	296948	

Continued 17

Measurement Unit: 10,000 RMB

			城市市政公用设施建设维护管理财政性资金支出 Expenditure of urban Construction, Maintenance and Management of Municipal Public Utilities Facilities Fund						
污水处理费 Wastewater Treatment Fee	垃圾处理费 Garbage Treatment Fee	其他财政资金 Others	合计 Completed of Expenditure	城乡社区规划与管理 Planning and Management of Urban and Rural Communities	市政公用行业市场监管 Market Supervision of Municipal Public Utilities Industry	市政公用设施建设维护与管理 Construction, Maintenance and Management of Municipal Public Utilities Facilities	风景名胜区规划与保护 Planning and Protection of National Parks	其他 Others	城市名称 Name of Cities
1355	542		18214	4077		9560		4577	儋州
662	237		80712			71913	3338	5461	文昌
250	400		14380	3100	100	9660		1520	万宁
			3654	350	3191	113			东方
26863	**23412**	**72073**	**2919924**	**54206**	**4663**	**2170676**	**7421**	**682958**	**重庆**
89604	**24582**	**1224153**	**4155980**	**300984**	**208323**	**1453018**	**50459**	**2143196**	**四川**
46857	9428	1203102	2401634	181867	1451	481053		1737263	成都
235	488		56399	44	216	48558	7581		都江堰
		3081	12714					12714	彭州
753		169	11255	142		10315		798	邛崃
			13957			13957			崇州
2788	1302		32341	750		15447	13109	3035	自贡
2087	259	3022	105812	13598	600	91087		527	攀枝花
7911	1652	2474	156047	1427		121453	345	32822	泸州
2700	601		73306	618	100	5967		66621	德阳
	664		20093	236		19857			广汉
			35974	31652	288	4034			什邡
341	99		16450	331	4703	3157	26	8233	绵竹
7974	1557		63140	3477	1375	47461	7685	3142	绵阳
			15244	846	5420	6378	2600		江油
		4489	71260	1505	64582	1954		3219	广元
2213		1145	49091	1937		34862	22	12270	遂宁
3344	440		137380	2342	1327	133711			内江
3215	1983		67729	7034	3295	46802		10598	乐山
1604	120		28054	1860	4286	21908			峨眉山
3420	750		231800	880	83800	141920	3700	1500	南充
530	490		63760	660	25000	37800	300		阆中
1502	2753		93922	18777		71040		4105	眉山
216		6651	45673	10944	7365	16203	7361	3800	宜宾
			210546	2621		24007		183918	广安

3-3 续表 18

计量单位：万元

城市名称 Name of Cities	城市市政公用设施建设维护管理财政性资金收入 Revenue of urban Construction, Maintenance and Management of Municipal Public Utilities Facilities Fund								
	合计 Compl-eted of Revenue	中央预算资金 Central Budge-tary Fund	省级预算资金 Provin-cial Budgetary Fund	市级预算资金 City-Level Budgetary Fund					
				小计 Subtotal	城市维护建设税 Urban Mainten-ance and Construc-tion Tax	城市公用事业附加 Extra-Charges for Municipal Utilities	城市基础设施配套费 Fees for Supporting Urban Infrastr-ucture	国有土地使用权出让收入 Income Gener-ated from The Transfer of State-owned Land-use Right	市政公用设施有偿使用费 Fee for Use of Municipal Utilities
华　蓥	28800	5000	3000	20800	6000	1500	1500	11000	800
达　州	32400			32400	17478	1999	6804		595
万　源	3520			3520	1082		654		
雅　安	71880		4700	67180	10837	275	1050	54958	60
巴　中	563283		292677	270606	5436	143	8105	162924	3106
资　阳	50952	7250	34041	9661	6770		2628		263
简　阳	14625			14625	6819		7806		
西　昌	9969		1024	8925	1250				532
贵　州	**1009443**	**25237**	**9527**	**970193**	**111725**	**11628**	**34829**	**525730**	**32475**
贵　阳	373944			373944	25701		14428	200000	16052
清　镇	155815			155815	4477		1984	148919	435
六盘水	15720			15720	4062			10730	500
遵　义	37543	2180		33363	24612	2200	2970		3581
赤　水	6681			5542	2480	1720	626	200	516
仁　怀	15900			15900	450	630	140		950
安　顺	17026	1057	7467	8175	3019	632	1472		2104
铜　仁	4575			4575	1937	960	378	2	1294
兴　义	30002		1060	27947	10950	1481	4701	10315	500
毕　节	269699	20000	1000	248674	21267	2995	7444	100000	1181
凯　里	16768	2000		14768	9000				1511
都　匀	4570			4570	300	760	60		3450
福　泉	61200			61200	3470	250	626	55564	401
云　南	**2984654**	**342836**	**238358**	**2392022**	**277882**	**2005**	**421640**	**1425388**	**47559**
昆　明	1893616	168628	208342	1512236	140059		374920	952703	25399
安　宁	194520	98250	470	95800	12570	875		22965	
曲　靖	72557			72557	12000	760	9000		
宣　威	9694			9694	2800			3166	620
玉　溪	11569			11466	4913			2161	2866
保　山	5399	1280	560	3559	420			987	917
昭　通	8674			8674	5203		3471		

Continued 18

Measurement Unit: 10,000 RMB

			城市市政公用设施建设维护管理财政性资金支出 Expenditure of urban Construction, Maintenance and Management of Municipal Public Utilities Facilities Fund						
污水处理费 Wastewater Treatment Fee	垃圾处理费 Garbage Treatment Fee	其他财政资金 Others	合计 Completed of Expenditure	城乡社区规划与管理 Planning and Management of Urban and Rural Communities	市政公用行业市场监管 Market Supervision of Municipal Public Utilities Industry	市政公用设施建设维护与管理 Construction, Maintenance and Management of Municipal Public Utilities Facilities	风景名胜区规划与保护 Planning and Protection of National Parks	其他 Others	城市名称 Name of Cities
250	310		20800	1000	550	19000	200	50	华蓥
82	513		15750	4937	2093	8010	530	180	达州
			3520					3520	万源
	60		71880	3890	115	18848		49027	雅安
1570	536		9882	967		1370	7000	545	巴中
	263		7384	1978	215	4811		380	资阳
			4600	4600					简阳
12	314	20	8583	64	1542	2048		4929	西昌
23893	**8091**	**4486**	**399356**	**8422**	**16741**	**277533**	**881**	**95779**	**贵州**
13400	2652		225369	2301		147104	131	75833	贵阳
276	159		11356	190		9322		1844	清镇
200	300		4218	5		4213			六盘水
2400	1181	2000	33363	1963		31400			遵义
373	143	1139	6681	1256		5425			赤水
406	300		9725			9725			仁怀
1690	251	327	10356	1308	491	2889	545	5123	安顺
861	431		7051	243	189	6319	200	100	铜仁
500		995	30002	1		30001			兴义
281	900	25	38216	834	105	30735	5	6537	毕节
1343	168		14798		14798				凯里
2000	1450								都匀
163	156		8221	321	1158	400		6342	福泉
39456	**8103**	**11438**	**2325506**	**36523**	**4151**	**430397**	**3250**	**1851185**	**云南**
24790	609	4410	1633381	3929	1662	49388		1578402	昆明
									安宁
			72514	927		71587			曲靖
620			9074			9024	50		宣威
2215	651	103	30035	25754		2193		2088	玉溪
516	401		5615	50		670		4895	保山
			8674			8674			昭通

3-3 续表 19

计量单位：万元

城市名称 Name of Cities	城市市政公用设施建设维护管理财政性资金收入 Revenue of urban Construction, Maintenance and Management of Municipal Public Utilities Facilities Fund								
	合计 Compl-eted of Revenue	中央预算资金 Central Budge-tary Fund	省级预算资金 Provin-cial Budgetary Fund	市级预算资金 City-Level Budgetary Fund					
				小计 Subtotal	城市维护建设税 Urban Mainten-ance and Construc-tion Tax	城市公用事业附加 Extra-Charges for Municipal Utilities	城市基础设施配套费 Fees for Supporting Urban Infrastr-ucture	国有土地使用权出让收入 Income Gener-ated from The Transfer of State-owned Land-use Right	市政公用设施有偿使用费 Fee for Use of Municipal Utilities
丽　江	35219			35219	5362		13	29844	
普　洱	16856			16856	3640			11392	1824
临　沧	72265	9865	6800	55600	2500	370	1800	45000	800
楚　雄	113691	8979	48	104664	23555			78633	2476
个　旧	30524	50	1324	29150	6204		1227	20579	1078
开　远	28432	906	473	20754	5428		2000	12124	1202
蒙　自	51182			51182	5958		1476	41904	1844
弥　勒	18309	1202	786	16321	6432		582		453
文　山	77789	21998	3200	52591	324		15586	16097	3028
景　洪	95558			95558	4557		7671	81226	2104
大　理	176046	12046	16000	148000	29500		2930	105800	1523
瑞　丽	43110	200	150	42746	3810			807	
芒　市	29644	19432	205	9395	2647		964		1425
西　藏	**133707**	**101452**	**28049**	**4186**	**211**	**80**	**3685**	**100**	**110**
拉　萨	7322		3686	3636	1		3635		
昌　都	126035	101452	24363	220	200	20			
日喀则	350			330	10	60	50	100	110
陕　西	**5189644**	**331273**	**93891**	**4540397**	**370983**	**15143**	**532001**	**2736355**	**288427**
西　安	3646581	101876	1500	3499557	160919	210	457058	2468969	225802
铜　川	10803		690	10113	2635	40	1725	59	5654
宝　鸡	505220	127850	54970	284000	34600	10450	14350	41000	37560
咸　阳	71961	4200	100	57072	14110		34207	4415	4340
兴　平	38275	5600	965	31710	2558	760	982	2739	2049
渭　南	38982	2101	2100	34781	5295	200	2765	10500	1370
韩　城	102000	1300	1050	99650	97686		1300		664
华　阴	10930	1500	780	8650	424	40			225
延　安	22354			22114	2929	63	10		900
汉　中	44904		1590	43314	7687			34254	1373
榆　林	261355			261355	30000		3748	62725	900
安　康	290886	24500	3000	140510	9320		15496	111694	4000
商　洛	63750	43600		17050	580				60
杨陵区	81643	18746	27146	30521	2240	3380	360		3530

Continued 19

Measurement Unit: 10,000 RMB

			城市市政公用设施建设维护管理财政性资金支出 Expenditure of urban Construction, Maintenance and Management of Municipal Public Utilities Facilities Fund						
污水处理费 Wastewater Treatment Fee	垃圾处理费 Garbage Treatment Fee	其他财政资金 Others	合计 Completed of Expenditure	城乡社区规划与管理 Planning and Management of Urban and Rural Communities	市政公用行业市场监管 Market Supervision of Municipal Public Utilities Industry	市政公用设施建设维护与管理 Construction, Maintenance and Management of Municipal Public Utilities Facilities	风景名胜区规划与保护 Planning and Protection of National Parks	其他 Others	城市名称 Name of Cities
			31353	1850		24103		5400	丽江
1324	500		7565	177	276	7112			普洱
300	500		10080	80	200	800		9000	临沧
1771	705		113691	1376		14694		97621	楚雄
643	435		43276	204		17969		25103	个旧
815	387	6299	28432			19040		9392	开远
1050	794		51415	379		51036			蒙自
433	20		1559	236				1323	弥勒
1728	1300		45600			8483		37117	文山
1163	941		5671			5671			景洪
1263	260		163233	1520	2013	83000	3200	73500	大理
		14	36372	20		36352			瑞丽
825	600	612	27966	21		20601		7344	芒市
40	**70**	**20**	**26542**	**750**	**190**	**240**	**22473**	**2889**	**西藏**
			2869					2869	拉萨
			22933	300	160		22473		昌都
40	70	20	740	450	30	240		20	日喀则
16081	**10725**	**224083**	**6282997**	**66671**	**97695**	**5644887**	**38916**	**434828**	**陕西**
320	305	43648	3646581	11873	32151	3239534		363023	西安
50	3365		193464	3346	1631	176797		11690	铜川
2985	2520	38400	519790	38450	57650	366840	28350	28500	宝鸡
4000	340	10589	691076	2351		677584		11141	咸阳
1628	421		77297	2340	2153	68936		3868	兴平
970	400		155628		125	155503			渭南
370	294		101460			101460			韩城
225			14413	130	1400	12623	60	200	华阴
900		240	21941			21941			延安
1373			151876	106	305	150465	1000		汉中
500	400		261735	380	50	261305			榆林
1500	2500	122876	290886	2645	680	278055	9506		安康
60		3100	63900	3400	50	52800		7650	商洛
1200	180	5230	92950	1650	1500	81044		8756	杨陵区

3-3 续表 20

计量单位：万元

城市名称 Name of Cities	城市市政公用设施建设维护管理财政性资金收入 Revenue of urban Construction, Maintenance and Management of Municipal Public Utilities Facilities Fund								
	合计 Completed of Revenue	中央预算资金 Central Budgetary Fund	省级预算资金 Provincial Budgetary Fund	市级预算资金 City-Level Budgetary Fund					
				小计 Subtotal	城市维护建设税 Urban Maintenance and Construction Tax	城市公用事业附加 Extra-Charges for Municipal Utilities	城市基础设施配套费 Fees for Supporting Urban Infrastructure	国有土地使用权出让收入 Income Generated from The Transfer of State-owned Land-use Right	市政公用设施有偿使用费 Fee for Use of Municipal Utilities
甘　肃	**965239**	**37421**	**53704**	**858108**	**139671**	**2343**	**49152**	**595571**	**20729**
兰　州	677707	9676	27215	640816	100626	1848	18466	516620	3256
嘉峪关	40628		2413	38215	17254	30	5660	9563	1354
金　昌	17824		661	17163	12000		4259		904
白　银	24527	1069	1068	18160	2621		2430	7200	1087
天　水	46183	10551	4377	31255	1003	200	867	18145	2943
武　威	14259			14259	929		4380	4151	4676
张　掖	5374		280	5094	33		145	220	
平　凉	16710		2121	14589	191		370	5035	3578
酒　泉	4590		1258	3332	152		2800	380	
玉　门	3429			2345	94		414		285
敦　煌	11859	987	2955	7917	721	26	1635		243
庆　阳	11433	2073		9360	1500	150	6034		1436
定　西	24309	3840	5965	13843	41	60	100		320
陇　南	14159	900		3251	41	21	223		237
临　夏	47985	4200	5391	38371	2415		1289	34257	410
合　作	4263	4125		138	50	8	80		
青　海	**473973**	**32954**	**155319**	**285458**	**44360**	**6049**	**2569**	**34943**	**12501**
西　宁	409714	7700	137560	264454	34628	5793	2238	31297	11045
海　东	19898	8704	8520	2674	703	100	100	800	300
玉　树	7300	7100		200	50	31	21		42
格尔木	23275	1720	9239	12074	6469	90			818
德令哈	13786	7730		6056	2510	35	210	2846	296
宁　夏	**538359**	**715**	**12614**	**438998**	**56850**	**18518**	**32009**	**241920**	**2987**
银　川	83304			75402	1		1060		
灵　武	122496		600	121896	19755	7433		94708	
石嘴山	152717			74587	16618	3000	3300	42062	

Continued 20

Measurement Unit: 10,000 RMB

			城市市政公用设施建设维护管理财政性资金支出 Expenditure of urban Construction, Maintenance and Management of Municipal Public Utilities Facilities Fund						
污水处理费 Wastewater Treatment Fee	垃圾处理费 Garbage Treatment Fee	其他财政资金 Others	合计 Completed of Expenditure	城乡社区规划与管理 Planning and Management of Urban and Rural Communities	市政公用行业市场监管 Market Supervision of Municipal Public Utilities Industry	市政公用设施建设维护与管理 Construction, Maintenance and Management of Municipal Public Utilities Facilities	风景名胜区规划与保护 Planning and Protection of National Parks	其他 Others	城市名称 Name of Cities
10563	**3633**	**16006**	**525632**	**15516**	**60003**	**254920**	**10465**	**184728**	**甘肃**
2115	1141		246059	467	29371	63112		153109	兰州
680	450		21190	600		2230		18360	嘉峪关
904			17824	540		17284			金昌
1075	12	4230	23167	410		22146		611	白银
843	472		43519		26112	8704	8703		天水
	123		9583			9583			武威
			5380			4833		547	张掖
2943	635		54842	121		53561	1160		平凉
			9372	4686		4686			酒泉
95	190	1084	3429	430	65	598		2336	玉门
183	60		11859	987	2955	7917			敦煌
1050	258		11433	4200	1500	5540	90	103	庆阳
220	100	661	24309			15268		9041	定西
55	182	10008	14133	242		12758	512	621	陇南
400	10	23	26750	50		26700			临夏
			2783	2783					合作
4543	**4109**	**242**	**468043**	**10496**	**81427**	**365775**	**9870**	**475**	**青海**
3780	3460		409664	8950	58970	331574	9870	300	西宁
156	100		19898	400	18575	923			海东
31	11		7223	23	100	7100			玉树
400	418	242	17473	673	55	16745			格尔木
176	120		13785	450	3727	9433		175	德令哈
1511	**1031**	**86032**	**464486**	**2003**	**16836**	**368507**		**77140**	**宁夏**
		7902	82270		2872	79398			银川
			139040	168	103	68341		70428	灵武
		78130	152693			152693			石嘴山

3-3 续表 21

计量单位：万元

城市名称 Name of Cities	城市市政公用设施建设维护管理财政性资金收入 Revenue of urban Construction, Maintenance and Management of Municipal Public Utilities Facilities Fund								
	合计 Compl-eted of Revenue	中央预算资金 Central Budgetary Fund	省级预算资金 Provincial Budgetary Fund	市级预算资金 City-Level Budgetary Fund					
				小计 Subtotal	城市维护建设税 Urban Maintenance and Construction Tax	城市公用事业附加 Extra-Charges for Municipal Utilities	城市基础设施配套费 Fees for Supporting Urban Infrastructure	国有土地使用权出让收入 Income Generated from The Transfer of State-owned Land-use Right	市政公用设施有偿使用费 Fee for Use of Municipal Utilities
吴　　忠	45555	115		45440	5051	1303	23661	13179	1223
青 铜 峡	14003		914	13089	6728	3000	738	1984	639
固　　原	70220	600	11100	58520	3730	147	3250	49405	245
中　　卫	50064			50064	4967	3635		40582	880
新　　疆	**2419925**	**77488**	**10871**	**2220764**	**359433**	**14718**	**195317**	**1514867**	**27651**
乌鲁木齐	1056278			1056278	154954	9211	70424	809638	12051
克拉玛依	164788			164788	84085		6578	50382	956
吐 鲁 番	51680		20	51660	3678		1782	46181	19
哈　　密	20374	788		19586	11818		6270		1498
昌　　吉	232920			232920	10099	700	8149	213972	
阜　　康	59450			59450	6351	1968	2331	48800	
博　　乐	47710			47710	7710	500	39500		
阿拉山口	1431			1328	1171				157
库 尔 勒	155931			155931	12343		11548	132040	
阿 克 苏	54182			54182	6870	900	7657	38755	
阿 图 什	16835			6010	1520		780	3000	400
喀　　什	59551	3000	1850	54661	7019	408	1650	7286	3479
和　　田	25044	400		22644	2094		1661	18546	343
伊　　宁	43758	382		34199	16536		1029	6532	3497
奎　　屯	35009			31337	9631	383	3510	3149	1311
乌　　苏	23077			23077	1046		1600	19860	571
塔　　城	27860	5507	6283	14880	244		1449	11767	500
阿 勒 泰	14204	2372	1293	10539	2351	74	1206		383
石 河 子	63092			63073	15793	574	12006	29306	1776
阿 拉 尔	60980			39356	2349		139	36866	2
图木舒克	122963	52701	1400	21682	682		12050	8800	
五 家 渠	36394			23099	1		3408		
北　　屯	46195	12338	25	32155	870		590	29987	708
铁 门 关	213			213	213				
双　　河	6			6	5				

Continued 21

Measurement Unit: 10,000 RMB

			城市市政公用设施建设维护管理财政性资金支出 Expenditure of urban Construction, Maintenance and Management of Municipal Public Utilities Facilities Fund						
污水处理费 Wastewater Treatment Fee	垃圾处理费 Garbage Treatment Fee	其他财政资金 Others	合计 Completed of Expenditure	城乡社区规划与管理 Planning and Management of Urban and Rural Communities	市政公用行业市场监管 Market Supervision of Municipal Public Utilities Industry	市政公用设施建设维护与管理 Construction, Maintenance and Management of Municipal Public Utilities Facilities	风景名胜区规划与保护 Planning and Protection of National Parks	其他 Others	城市名称 Name of Cities
652	371		45552	300	13300	31952			吴忠
409	230		8639	591		8048			青铜峡
			19028			12316		6712	固原
450	430		17264	944	561	15759			中卫
10779	**16564**	**110802**	**2051994**	**54708**	**17576**	**1343670**	**13677**	**622363**	**新疆**
	12051		1056278	3786	17542	644930	5342	384678	乌鲁木齐
956			183487	3108	34	180345			克拉玛依
19			51680	8700		31509		11471	吐鲁番
894	604		20374	1182		19192			哈密
			10732	4510		6222			昌吉
			83881	674		74872	8335		阜康
			47710					47710	博乐
		103	260			157		103	阿拉山口
			2684	2684					库尔勒
			49563	522		49041			阿克苏
180	130	10825	16835	126		8085		8624	阿图什
2151	1328	40	59551	162		59389			喀什
343		2000	25044	653		24391			和田
2618	879	9177	43758	7968		34844		946	伊宁
834	477	3672	35009			35009			奎屯
323	248		23077	864		460		21753	乌苏
182	318	1190	32244	439		15950		15855	塔城
157	226		14041			5781		8260	阿勒泰
1636	81	19	64534	1650		62884			石河子
		21624	61030			61030			阿拉尔
		47180	122963					122963	图木舒克
		13295	6584			6584			五家渠
486	222	1677	40195	17410		22785			北屯
									铁门关
			480	270		210			双河

四、城市市政公用设施建设固定资产投资

4. Fixed Assets Investment in Urban Service Facilities

简要说明

本部分包含城市市政公用设施建设各行业的固定资产投资完成额，投资的资金来源和投资产生的能力或效益。行业包括城市供水、燃气、集中供热、轨道交通、道路和桥梁、排水和污水处理、园林绿化、市容环卫行业，不含住宅投资。

自 2009 年开始，全国城市市政公用设施建设固定资产投资中不再包括城市公共交通固定资产投资，仅包括其中的轨道交通建设固定资产投资。

自 2013 年开始，全国城市市政公用设施建设固定资产投资中不再包括城市防洪固定资产投资。

Brief Introduction

This section includes investment in different utilities facilities, investment sources, and the capacity or benefit produced by the investment. The sectors covered are urban water supply, urban gas supply, central heating, public transit, roads and bridges, water drainage and wastewater treatment, landscaping, and urban environmental sanitation. The investment in housing development is not included.

Starting from 2009, the national fixed assets investment in the construction of municipal public utilities facilities has no longer included the fixed assets investment in urban public transport facilities, expect for the fixed assets investment in urban rail transit system.

Starting from 2013, the national fixed assets investment in the construction of municipal public utilities facilities has not included the fixed assets investment in urban flood prevention.

4 全国历年城市市政公用设施建设固定资产投资(1978-2014)
National Fixed Assets Investment in Urban Service Facilities in Past Years(1978-2014)

计量单位：亿元 Measurement Unit: 100 Million RMB

年份 Year	国内生产总值 Gross Domestic Product		财政收入 Government Revenue		全社会固定资产投资 Tatol Investment in Fixed Assets		城市市政公用设施建设固定资产投资 Fixed Assets Investment in Urban Service Facilities			
	国内生产总值 GDP	增长速度 Growth Rate	财政收入 Govern-ment Revenue	环比增长率 Growth Rate	投资完成额 Completed Volume of Investment	环比增长率 Growth Rate	投资完成额 Completed Volume of Investment	环比增长率 Growth Rate	占同期全社会固定资产投资比重 Percentage in Total Investment in Fixed Assets During The Same Period	占同期国内生产总值的比重 Percentage in GDP of The Same Period
1978	3645.2	11.7	1132.2	29.5	669.0		12.0		1.79	0.33
1979	4062.6	7.6	1146.4	1.2	699.0	4.5	14.2	18.02	2.02	0.35
1980	4545.6	7.8	1159.9	1.2	911.0	30.3	14.4	1.77	1.58	0.32
1981	4891.6	5.2	1175.8	1.4	961.0	5.5	19.5	43.81	2.03	0.40
1982	5323.4	9.1	1212.3	3.1	1230.4	28.0	27.2	39.07	2.21	0.51
1983	5962.7	10.9	1367.0	12.8	1430.1	16.2	28.2	3.72	1.97	0.47
1984	7208.1	15.2	1642.9	20.2	1832.9	28.2	41.7	47.89	2.27	0.58
1985	9016.0	13.5	2004.8	22.0	2543.2	38.8	64.0	53.60	2.52	0.71
1986	10275.2	8.8	2122.0	5.8	3120.6	22.7	80.1	25.13	2.57	0.78
1987	12058.6	11.6	2199.4	3.6	3791.7	21.5	90.3	12.79	2.38	0.75
1988	15042.8	11.3	2357.2	7.2	4753.8	25.4	113.2	25.39	2.38	0.75
1989	16992.3	4.1	2664.9	13.1	4410.4	-7.20	107.0	-5.54	2.43	0.63
1990	18667.8	3.8	2937.1	10.2	4517.0	2.4	121.2	13.30	2.68	0.65
1991	21781.5	9.2	3149.5	7.2	5594.5	23.9	170.9	40.99	3.05	0.78
1992	26923.5	14.2	3483.4	10.6	8080.1	44.4	283.2	65.71	3.50	1.05
1993	35333.9	14.0	4349.0	24.8	13072.3	61.8	521.8	84.28	3.99	1.48
1994	48197.9	13.1	5218.1	20.0	17042.1	30.4	666.0	27.64	3.91	1.38
1995	60793.7	10.9	6242.2	19.6	20019.3	17.5	807.6	21.26	4.03	1.33
1996	71176.6	10.0	7408.0	18.7	22974.0	14.8	948.6	17.46	4.13	1.33
1997	78973.0	9.3	8651.1	16.8	24941.1	8.8	1142.7	20.45	4.58	1.45
1998	84402.3	7.8	9876.0	14.2	28406.2	13.9	1477.6	29.31	5.20	1.75
1999	89677.1	7.6	11444.1	15.9	29854.7	5.1	1590.8	7.66	5.33	1.77
2000	99214.6	8.4	13395.2	17.0	32917.7	10.3	1890.7	18.85	5.74	1.91
2001	109655.2	8.3	16386.0	22.3	37213.5	13.0	2351.9	24.40	6.32	2.14
2002	120332.7	9.1	18903.6	15.4	43499.9	16.9	3123.2	32.79	7.18	2.60
2003	135822.8	10.0	21715.3	14.9	55566.6	27.7	4462.4	42.88	8.03	3.29
2004	159878.3	10.1	26396.5	21.6	70477.4	26.6	4762.2	6.72	6.76	2.98
2005	184937.4	10.4	31649.3	19.9	88773.6	26.0	5602.2	17.64	6.31	3.03
2006	216314.4	12.7	38760.2	22.5	109998.2	23.9	5765.1	2.91	5.25	2.67
2007	265810.3	14.2	51321.8	32.4	137323.9	24.8	6418.9	11.34	4.68	2.41
2008	314045.4	9.6	61330.4	19.5	172828.4	25.9	7368.2	14.79	4.26	2.35
2009	340902.8	9.2	68518.3	11.7	224598.8	30.0	10641.5	44.42	4.70	3.12
2010	401512.8	10.4	83101.5	21.3	278121.9	23.8	13363.9	25.58	4.81	3.33
2011	473104.0	9.3	103874.4	25.0	311485.1	23.8	13934.2	4.27	4.48	2.95
2012	519470.1	7.8	117253.5	12.9	374694.7	20.3	15296.4	9.78	4.08	2.95
2013	588018.8	7.7	129209.6	10.2	446294.1	19.3	16349.8	6.89	3.66	2.87
2014	636462.7	7.4	140349.7	8.6	512760.7	14.9	16245.0	-0.63	3.17	2.55

注：1.1978年、1979年全社会固定资产投资仅为基本建设与更新改造投资额。
2.本表数据除国内生产总值增长指数按可比价格计算外，其余均按当年价格统计。

Note: 1.Total investment in fixed assets only refers to investment in basic construction and renovation in 1978 and 1979.
2.Data in this table are calculated at current prices(expect GDP Growth Rate).

4-1 按行业分全国历年城市市政公用设施建设固定资产投资（1978-2014）

National Fixed Assets Investment in Urban Sevice Facilities by Industry in Past Years (1978-2014)

计量单位：亿元　　　　Measurement Unit: 100 million RMB

年 份 Year	本年固定资产投资总额 Completed Investment of This Year	供水 Water Supply	燃气 Gas Supply	集中供热 Central Heating	轨道交通 Rail Transit System	道路桥梁 Road and Bridge	排水 Sewer-age	污水处理及其再生利用 Waste-water Treat-ment and Reuse	防洪 Flood Control	园林绿化 Landsc-aping	市容环境卫生 Environ-mental Sanitation	垃圾处理 Garbage Treat-ment	其他 Other
1978	12.0	4.7				2.9							4.4
1979	14.2	3.4	0.6		1.8	3.1	1.2		0.1	0.4	0.1		3.4
1980	14.4	6.7				7.0							0.7
1981	19.5	4.2	1.8		2.6	4.0	2.0		0.2	0.9	0.7		3.2
1982	27.2	5.6	2.0		3.1	5.4	2.8		0.3	1.1	0.9		5.9
1983	28.2	5.2	3.2		2.8	6.5	3.3		0.4	1.2	0.9		4.7
1984	41.7	6.3	4.8		4.7	12.2	4.3		0.5	2.0	0.9		5.9
1985	64.0	8.1	8.2		6.0	18.6	5.6		0.9	3.3	2.0		11.3
1986	80.1	14.3	12.5	1.6	5.6	20.5	6.0		1.6	3.4	2.8		11.9
1987	90.3	17.2	10.9	2.1	5.5	27.1	8.8		1.4	3.4	2.1		11.9
1988	113.2	23.1	11.2	2.8	6.0	35.6	10.0		1.6	3.4	2.6		16.9
1989	107.0	22.2	12.3	3.3	7.7	30.1	9.7		1.2	2.8	2.8		14.8
1990	121.2	24.8	19.4	4.5	9.1	31.3	9.6		1.3	2.9	2.9		15.4
1991	170.9	30.2	24.8	6.4	9.8	51.8	16.1		2.1	4.9	3.6		21.3
1992	283.2	47.7	25.9	11.0	14.9	90.6	20.9		2.9	7.2	6.5		55.6
1993	521.8	69.9	34.8	10.7	22.1	191.8	37.0		5.9	13.2	10.6		125.8
1994	666.0	90.3	32.5	13.4	25.1	279.8	38.3		8.0	18.2	10.9		149.7
1995	807.6	112.4	32.9	13.8	30.9	291.6	48.0		9.5	22.5	13.6		232.5
1996	948.6	126.1	48.3	15.7	38.8	354.2	66.8		9.1	27.5	12.5		249.7
1997	1142.7	128.3	76.0	25.1	43.2	432.4	90.1		15.5	45.1	20.9		266.1
1998	1477.6	161.0	82.0	37.3	86.1	616.2	154.5		35.8	78.4	36.7		189.6
1999	1590.8	146.7	72.1	53.6	103.1	660.1	142.0		43.0	107.1	37.1		226.0
2000	1890.7	142.4	70.9	67.8	155.7	737.7	149.3		41.9	143.2	84.3		297.5
2001	2351.9	169.4	75.5	82.0	194.9	856.4	224.5	116.4	70.5	163.2	50.6	23.5	466.6
2002	3123.2	170.9	88.4	121.4	293.8	1182.2	275.0	144.1	135.1	239.5	64.8	29.7	551.0
2003	4462.4	181.8	133.5	145.8	281.9	2041.4	375.2	198.8	124.5	321.9	96.0	35.3	760.4
2004	4762.2	225.1	148.3	173.4	328.5	2128.7	352.3	174.5	100.3	359.5	107.8	53.0	838.4
2005	5602.2	225.6	142.4	220.2	476.7	2543.2	368.0	191.4	120.0	411.3	147.8	56.7	947.0
2006	5765.1	205.1	155.0	223.6	604.0	2999.9	331.5	151.7	87.1	429.0	175.8	51.8	554.3
2007	6418.9	233.0	160.1	230.0	852.4	2989.0	410.0	212.2	141.4	525.6	141.8	53.0	735.6
2008	7368.2	295.4	163.5	269.7	1037.2	3584.1	496.0	264.7	119.6	649.8	222.0	50.6	530.8
2009	10641.5	368.8	182.2	368.7	1737.6	4950.6	729.8	418.6	148.6	914.9	316.5	84.6	923.9
2010	13363.9	426.8	290.8	433.2	1812.6	6695.7	901.6	521.4	194.4	1355.1	301.6	127.4	952.2
2011	13934.2	431.8	331.4	437.6	1937.1	7079.1	770.1	303.1	243.8	1546.2	384.1	199.2	773.1
2012	15296.4	410.4	414.5	630.3	2064.5	7402.5	704.5	279.4	249.2	1798.7	296.5	110.9	1325.5
2013	16349.8	524.7	425.6	596.0	2455.1	8355.6	778.9	353.7		1647.4	408.4	125.9	1158.0
2014	16245.0	475.3	416.0	575.4	3221.2	7643.9	900.0	404.2		1817.6	494.8	130.6	700.9

注：1.2008年及以前年份，“轨道交通”投资为“公共交通”，2009年以后仅包含轨道交通建设投资。
2.自2013年开始，全国城市市政公用设施建设固定资产投资中不再包括城市防洪固定资产投资。

Note: 1.For the year 2008 and before, there was data about investment in public transport.Starting from 2009, the data has only included investment in rail transport construction.
2.Starting from 2013, the national fixed assets investment in the construction of municipal public utilities facilities has not included the fixed assets investment in urban flood prevention.

4-1-1 2014年按行业分全国城市市政公用设施建设固定资产投资分组资料

计量单位：万元

地区名称 Name of Regions	本年完成投资 Completed Investment of This Year	供水 Water Supply	燃气 Gas Supply	集中供热 Central Heating	轨道交通 Urban Rail Trainsit System	道路桥梁 Road and Bridge	排水 Sewerage
全　国 National Total	**162450334**	**4752595**	**4159612**	**5754469**	**32211964**	**76438824**	**8999973**
分类一 Group one							
东部地区 East China	85338212	2770281	2516391	2908431	21548572	33260959	5192269
中部地区 Central China	45306410	1188956	948996	2107403	4476716	25536238	2658613
西部地区 West China	31805712	793358	694225	738635	6186676	17641627	1149091
分类二 Group two							
东部地区 East China	80835569	2524002	2402791	2908431	20995230	30757236	4879238
中部地区 Central China	40176072	1036227	786708	1672928	4476716	22766797	2247696
西部地区 West China	41438693	1192366	970113	1173110	6740018	22914791	1873039
分类三 Group three							
东部地区 East China	76886572	2333990	2282968	2341298	19846480	29438854	4780470
中部地区 Central China	36045452	725385	639608	999355	4077159	21129195	2029378
西部地区 West China	41438693	1192366	970113	1173110	6740018	22914791	1873039
东北地区 Northeast China	8079617	500854	266923	1240706	1548307	2955984	317086

National Fixed Assets Investment in Urban Service Facilities by Indurstry (2014)

Measurement Unit: 10,000RMB

污水处理 Wastewater Treatment	污泥处置 Sludge Disposal	再生水利用 Wastewater Recycled and Reused	园林绿化 Landscaping	市容环境卫生 Environmental Sanitation	垃圾处理 Domestic Garbage Treatment	其他 Other	本年新增固定资产 Newly Added Fixed Assets of This Year	地区名称 Name of Regions
3049316	**227583**	**993150**	**18175758**	**4948436**	**1305897**	**7008703**	**106559938**	**全国**
								分类一
1267208	193476	193476	10118028	3542678	828453	3480603	52274269	东部地区
1201907	26063	26063	5767212	783510	240856	1838766	34548287	中部地区
580201	8044	8044	2290518	622248	236588	1689334	19737382	西部地区
								分类二
1180473	193476	921881	9450503	3445732	812506	3472406	50154569	东部地区
992247	23063	8143	4586733	763501	238013	1838766	30641105	中部地区
876596	11044	63126	4138522	739203	255378	1697531	25764264	西部地区
								分类三
1157713	193476	921599	9139415	3390613	793892	3332484	48030186	东部地区
851250	22463	4866	4293353	612230	165263	1539789	26030990	中部地区
876596	11044	63126	4138522	739203	255378	1697531	25764264	西部地区
163757	600	3559	604468	206390	91364	438899	6734498	东北地区

4-1-2 2014年按行业分全国城市市政公用设施建设固定资产投资(按省分列)

计量单位：万元

地区名称 Name of Regions	本年完成投资 Completed Investment of This Year	供水 Water Supply	燃气 Gas Supply	集中供热 Central Heating	轨道交通 Urban Rail Trainsit System	道路桥梁 Road and Bridge	排水 Sewerage
全　国	**162450334**	**4752595**	**4159612**	**5754469**	**32211964**	**76438824**	**8999973**
北　京	13229081	705194	315683	802190	4413750	2409984	1136523
天　津	5966507	32948	544500	226879	958654	3169104	158021
河　北	3844970	111562	105364	390400	424538	1891307	210697
山　西	3433505	58645	84187	730938		2008676	101535
内蒙古	5130338	152729	162288	434475		2769441	410917
辽　宁	3948997	190012	119823	567133	1148750	1318382	98768
吉　林	2002999	171941	51714	211055	288297	823002	105635
黑龙江	2127621	138901	95386	462518	111260	814600	112683
上　海	3727712	138864	127486		1830777	882620	96140
江　苏	19253176	629560	300684		4838047	7599414	1232587
浙　江	7934651	179937	196091	5299	1807237	3899845	678685
安　徽	6615895	177918	204145	32218	320700	3953079	424378
福　建	4818860	202240	78156		317829	3173713	251175
江　西	4811227	135788	63297		482661	3336901	209785
山　东	9652843	288408	284124	916530	504248	4049379	729347
河　南	3745970	94314	85197	224769	740554	1733683	218625
湖　北	10706897	146815	101474	11430	2032737	6590951	681288
湖　南	6731958	111905	101308		500507	3505905	393767
广　东	8067818	35565	326912		4751400	2040239	260058
广　西	4502643	246279	113600		553342	2503723	313031
海　南	390954	9712	3968			323249	27237
重　庆	5305685	96978	159344		1793105	2615832	54298
四　川	6575770	186971	72932		1776913	2863040	301670
贵　州	5348947	20641	23414		680744	4167015	233887
云　南	2184917	61110	28246		810325	935128	114452
西　藏	5265						5265
陕　西	5106489	80981	92913	223367	765289	3030909	231638
甘　肃	2993848	42115	25410	197407	210300	1991061	52457
青　海	471117	9201	2249			396163	20653
宁　夏	290577	11413	15585	33564		97901	13662
新　疆	3523097	283948	274132	284297	150000	1544578	121109

National Fixed Assets Investment in Urban Service Facilities by Industry (by Province in Column) (2014)

Measurement Unit: 10,000RMB

			园林绿化 Landscaping	市容环境卫生 Environmental Sanitation		其他 Other	本年新增固定资产 Newly Added Fixed Assets of This Year	地区名称 Name of Regions
污水处理 Wastewater Treatment	污泥处置 Sludge Disposal	再生水利用 Wastewater Recycled and Reused			垃圾处理 Domestic Garbage Treatment			
3049316	**227583**	**993150**	**18175758**	**4948436**	**1305897**	**7008703**	**106559938**	**全　国**
100046	460	890699	1129674	1971974	104820	344109	5195542	北　京
4000			561026	260931	1813	54444	1003481	天　津
35701	163	2500	449240	65704	12723	196158	2217440	河　北
71753		3200	388534	16135	8500	44855	2859811	山　西
209660	3000	32165	1180479	20009	2843		3907182	内蒙古
22760		282	311088	55119	18614	139922	2124383	辽　宁
80203		3277	165650	35405	1225	150300	3055356	吉　林
60794	600		127730	115866	71525	148677	1554759	黑龙江
	4750		407600	188394	188394	55831	2057140	上　海
251551	72703	13845	3463800	246456	143414	942628	18753781	江　苏
245493	100595	10995	854625	136517	67011	176415	6473162	浙　江
138620	11856		1242180	146797	79628	114480	4119952	安　徽
162988	1185		405715	71805	40156	318227	3148191	福　建
120180	1661		539854	18620	12805	24321	2172708	江　西
196594	13620	3560	1689355	263057	133521	928395	7358899	山　东
108035	7146	1666	607111	41717	5143		3564741	河　南
149827	1800		977930	93904	23149	70368	10083538	湖　北
262835			537744	295057	36038	1285765	3230240	湖　南
145569			162429	178553	100544	312662	1487608	广　东
86735			667525	96946	15947	8197	2119700	广　西
15771			15951	7222	1496	3615	334942	海　南
19355		1100	523062	28713	750	34353	4018972	重　庆
144121	84		383110	97398	66841	893736	5331944	四　川
168242			193211	30035	21494		1213452	贵　州
34606		16301	109031	20456	9697	106169	1041027	云　南
5265							5265	西　藏
152272		5000	502165	179227	10768		2277392	陕　西
14002	7960	2960	165391	20151	12219	289556	2058187	甘　肃
4328			16086	26765	2579		462691	青　海
			97882	3627	1610	16943	267915	宁　夏
38010		5600	300580	215876	110630	348577	3060537	新　疆

4-1-3 2014年按行业分全国城市市政公用设施建设固定资产投资(按城市分列)

计量单位：万元

城市名称 Name of Cities	本年完成投资 Completed Investment of This Year	供水 Water Supply	燃气 Gas Supply	集中供热 Central Heating	轨道交通 Urban Rail Trainsit System	道路桥梁 Road and Bridge	排水 Sewerage
全　国	**162450334**	**4752595**	**4159612**	**5754469**	**32211964**	**76438824**	**8999973**
北　京	**13229081**	**705194**	**315683**	**802190**	**4413750**	**2409984**	**1136523**
天　津	**5966507**	**32948**	**544500**	**226879**	**958654**	**3169104**	**158021**
河　北	**3844970**	**111562**	**105364**	**390400**	**424538**	**1891307**	**210697**
石家庄	1235321	20196	3050	94768	424538	418194	97200
晋　州	11645	20	128			2986	2637
新　乐	25071	1260	75	7550		3079	1700
唐　山	317089		22334	85760		170014	1000
遵　化	24816	3326				7360	
迁　安	54676	1908	1600	13500		9258	342
秦皇岛	143568	664		8126		91004	27428
邯　郸	491969	6000	5000	20060		373242	4343
武　安	60172	1000	20539	10140		23123	1530
邢　台	66381	6848	2700	2000		45191	846
南　宫	27184	1000	1100	9200		2532	8448
沙　河	13646	89	1290	5200		4523	
保　定	268674			365		268309	
涿　州	28888		41			11207	500
安　国	20115		1800			16964	1251
高碑店	8192					4741	725
张家口	185826	28783	14877	33575		57689	800
承　德	63628	1757	3287	10489		16987	17280
沧　州	119361	1381	3341	9000		77478	4276
泊　头	17763	5154	575	5360		1905	1290
任　丘	156274	5509	675	600		98115	21593
黄　骅	135740	6000	11480	20000		54260	6000
河　间	47787	9030	210	19500		5621	1675
廊　坊	63811	1061	5036	7323		26488	3285
霸　州	14744			1400		12456	778
三　河	22315	396	421	602		500	395
衡　水	22204		1226	1256		11542	4900
冀　州	66846	180	329	426		22694	
深　州	22932		250			13707	475
辛　集	20090		4000	4200		3900	
定　州	88242	10000		20000		36238	
山　西	**3433505**	**58645**	**84187**	**730938**		**2008676**	**101535**
太　原	1837657	30900	35200	553000		985930	30400
古　交	1525	98		850			
大　同	67980					67980	
阳　泉	121518	700		18155		102323	300
长　治	283939		2080	8907		236715	13000

National Fixed Assets Investment in Urban Service Facilities by Industry (by City in Column)(2014)

Measurement Unit: 10,000RMB

污水处理 Wastewater Treatment	污泥处置 Sludge Disposal	再生水利用 Wastewater Recycled and Reused	园林绿化 Landscaping	市容环境卫生 Environmental Sanitation	垃圾处理 Domestic Garbage Treatment	其他 Other	本年新增固定资产 Newly Added Fixed Assets of This Year	城市名称 Name of Cities
3049316	**227583**	**993150**	**18175758**	**4948436**	**1305897**	**7008703**	**106559938**	**全国**
100046	**460**	**890699**	**1129674**	**1971974**	**104820**	**344109**	**5195542**	**北京**
4000			**561026**	**260931**	**1813**	**54444**	**1003481**	**天津**
35701	**163**	**2500**	**449240**	**65704**	**12723**	**196158**	**2217440**	**河北**
		1500	73124	10568	4040	93683	645778	石家庄
			4639			1235	11645	晋州
			6343	5064	4540		25071	新乐
			33024	1040		3917	142994	唐山
			4550			9580	7700	遵化
			11500	2307	2000	14261	54676	迁安
8830			14130	1986	713	230	109826	秦皇岛
4343			54224	500		28600	89060	邯郸
200			760	30		3050	70150	武安
643	163		7805	510	140	481	50181	邢台
			4200	354		350	27184	南宫
			2500	44			14142	沙河
							5847	保定
			16970	20		150	28788	涿州
			100				20115	安国
			2726				1707	高碑店
			21802	28300			185826	张家口
15500		1000	7478	6257	1090	93	32708	承德
			22669	1216			79299	沧州
			3055	424			10882	泊头
			28822	960			158223	任丘
			36000	2000			135740	黄骅
			11431	320	200		47787	河间
1285			19463	1155			43912	廊坊
			110				5307	霸州
			20001				21615	三河
4900			1218	1961		101	12113	衡水
			2132	658		40427	50846	冀州
			8500				22932	深州
			7960	30			20090	辛集
			22004				85296	定州
71753		**3200**	**388534**	**16135**	**8500**	**44855**	**2859811**	**山西**
28000		2400	200227			2000	1827664	太原
			66			511	1525	古交
							67980	大同
			40				42230	阳泉
13000			3927	4480		14830	47211	长治

4-1-3 续表 1

计量单位：万元

城市名称 Name of Cities	本年完成投资 Completed Investment of This Year	供水 Water Supply	燃气 Gas Supply	集中供热 Central Heating	轨道交通 Urban Rail Trainsit System	道路桥梁 Road and Bridge	排水 Sewerage
潞城	20203	600	360	1900		16313	630
晋城	94222	2575	1652	6009		83986	
高平	45503			12463		10570	
朔州	65783	1225	2589	39510		20109	2350
晋中	205631	6008	9391	23300		47339	8173
介休	17550	450	1025	1728		6847	
运城	121576					108035	
永济	22185		4790	2800		8140	
河津	20015	32	270			11982	650
忻州	103513	2932	1555	6082		64040	16598
原平	12300	304	200	6214		626	124
临汾	59008	2010	21	11600		29277	11000
侯马	34397	254		16833		4017	8240
霍州	26054			8300		14654	1500
吕梁	148086	4609	3700	1704		124994	2130
孝义	91627	3833	15274	11583		44778	4640
汾阳	33233	2115	6080			20021	1800
内蒙古	**5130338**	**152729**	**162288**	**434475**		**2769441**	**410917**
呼和浩特	1728695	47961	5188	32484		1384901	110104
包头	1206260	16910	9371	127422		522777	153284
乌海	122690	10345	2522	11048		20442	7372
赤峰	234039	9736	7231	8587		131843	30418
通辽	210042	1508	76110	15180		67439	12177
霍林郭勒	74838	4760		4310		56691	1842
鄂尔多斯	274855	1181	64	5800		171627	1840
呼伦贝尔	252203	9864	7900	46530		127617	13642
满洲里	65322	1057	5950	7500		14973	742
牙克石	195100	8500	10000	49000		24000	5000
扎兰屯	121573	6391	9700	5600		76332	14800
额尔古纳	39274	1060		3000		13380	1150
根河	8500			3540		4840	
巴彦淖尔	169070	19250	1140	17497		51891	44981
乌兰察布	97508	4164	500	3445		9991	2163
丰镇	138235	2800	25000	10000		39885	9377
乌兰浩特	105513	4000	700	66767		13879	667
阿尔山	11552		300	2700		7902	
二连浩特	35179	2400		909		19478	1030
锡林浩特	39890	842	612	13156		9553	328
辽宁	**3948997**	**190012**	**119823**	**567133**	**1148750**	**1318382**	**98768**
沈阳	1536170	40841	710	154088	498490	650038	27751
新民	5142					4802	
大连	1206484	75541	5781	70521	650260	363573	9415
瓦房店	13839	1000	437	1515		395	

Continued 1

Measurement Unit: 10,000RMB

污水处理 Wastewater Treatment	污泥处置 Sludge Disposal	再生水利用 Wastewater Recycled and Reused	园林绿化 Landscaping	市容环境卫生 Environmental Sanitation	垃圾处理 Domestic Garbage Treatment	其他 Other	本年新增固定资产 Newly Added Fixed Assets of This Year	城市名称 Name of Cities
630			400				18743	潞　城
							94222	晋　城
			22470				37503	高　平
2350							25189	朔　州
8173			82716	1304		27400	49129	晋　中
			7500				17100	介　休
			13541				108526	运　城
			3255	3200	3200		10200	永　济
			7081				20015	河　津
			12306				103513	忻　州
			4718			114	7256	原　平
11000			4398	702	702		59008	临　汾
8000			2063	2990	1420		25767	侯　马
600			1600				24054	霍　州
			10949				148086	吕　梁
			10978	541	260		91657	孝　义
		800	299	2918	2918		33233	汾　阳
209660	**3000**	**32165**	**1180479**	**20009**	**2843**		**3907182**	**内 蒙 古**
43500		18555	148057				1414460	呼和浩特
87860		6000	376496				762230	包　头
			69833	1128			97206	乌　海
6869	3000	7610	45617	607			165974	赤　峰
			37628				179583	通　辽
			7076	159			55856	霍林郭勒
50			93847	496	80		217977	鄂尔多斯
7400			46250	400			194084	呼伦贝尔
			35100				58482	满 洲 里
			89000	9600			154160	牙 克 石
14800			8750				87023	扎 兰 屯
			20641	43			33903	额尔古纳
			120				6742	根　河
44481			33742	569			132352	巴彦淖尔
			76695	550			79016	乌兰察布
4700			48410	2763	2763		111331	丰　镇
			19500				84645	乌兰浩特
			650				8646	阿 尔 山
			10467	895			31606	二连浩特
			12600	2799			31906	锡林浩特
22760		**282**	**311088**	**55119**	**18614**	**139922**	**2124383**	**辽　宁**
3989		282	52259	4737	14	107256	915824	沈　阳
			20	320			5142	新　民
2123			21383	996		9014	236486	大　连
			1292			9200	13823	瓦 房 店

4-1-3 续表 2

计量单位: 万元

城市名称 Name of Cities	本年完成投资 Completed Investment of This Year	供水 Water Supply	燃气 Gas Supply	集中供热 Central Heating	轨道交通 Urban Rail Trainsit System	道路桥梁 Road and Bridge	排水 Sewerage
普兰店	15440	1000	580	3500		6360	1000
庄河	37186	4040	1155	4715		17985	2153
鞍山	106447	5243	18752	8603		26835	738
海城	30540	2200	6624	2982		16958	
抚顺	199694	13383	5954	105646		51885	4381
本溪	43973	2903	3692	8823		22389	500
丹东	92106	6547	27602	40000		9044	1900
东港	21988	712	1204	7000		1014	1014
凤城	4912			2828		1560	
锦州	100917	1919	3314	18532		37902	9885
凌海	3783	650	122	300		1311	198
北镇	2090					960	870
营口	14963	2507	1357	18		6707	2124
盖州	56319	678	1788	260		22418	3399
大石桥	24872	14000	2475	6700		1244	150
阜新	30940	3500	2000	12440		4000	5000
辽阳	63476	1086	4133	7317		15902	1552
灯塔	6970	431	896			4764	
盘锦	74100	2154	1297	4446		10909	2364
铁岭	52781	1689	24236	16748		2300	
调兵山	7189	26	283	5000		1580	120
开原	45368	643	1924	8906		18231	7530
朝阳	72749	900		53000		8631	8684
北票	9025	254	1200	3619		725	866
凌源	8948	1415	590	5500		1048	295
葫芦岛	48490	3050	1445	10694		5314	6474
兴城	12096	1700	272	3432		1598	405
吉林	**2002999**	**171941**	**51714**	**211055**	**288297**	**823002**	**105635**
长春	1201750	52780	25349	62376	288297	463924	41961
九台	77709	7831	2752	25980		32593	8243
榆树	29238	9491		14000		3086	1667
德惠	5227	2750				2477	
吉林	147957			13000		112435	22522
蛟河	4310	660				3000	
桦甸	11184	82	602	4918		1582	4000
舒兰	2110					1870	
磐石	10779					10478	
四平	16367		3339	8000		5028	
双辽	5471			1200		3819	390
辽源	23053	9855		9000			2000
通化	14983	699	788			13496	
集安	8909			8750		159	
白山	45189	20941	800	4030		14923	
临江	12103	4552		2300		3960	

Continued 2

Measurement Unit: 10,000RMB

污水处理 Wastewater Treatment	污泥处置 Sludge Disposal	再生水利用 Wastewater Recycled and Reused	园林绿化 Landscaping	市容环境卫生 Environmental Sanitation	垃圾处理 Domestic Garbage Treatment	其他 Other	本年新增固定资产 Newly Added Fixed Assets of This Year	城市名称 Name of Cities
			3000				15440	普兰店
			6693	445			33061	庄河
			43065	3211			102750	鞍山
			1776				27840	海城
			17131	1314			140256	抚顺
			785	775		4106	36543	本溪
			4050	2143		820	80080	丹东
			10644	400			20675	东港
				404		120	4792	凤城
3325			11256	18109	18000		42904	锦州
			540	662	600		4599	凌海
			260				2167	北镇
1950			2250				12311	营口
571			16170	2620		8986	40811	盖州
			233	70			24872	大石桥
			3000	1000			16550	阜新
			32536	950			63476	辽阳
			778	101			6970	灯塔
			52930				60636	盘锦
			6740	741		327	52781	铁岭
				180			7189	调兵山
2000			7914	220			34321	开原
2328			1315	219			68585	朝阳
			1997	364			7503	北票
			100				8948	凌源
6474			6300	15120		93	23931	葫芦岛
			4671	18			13117	兴城
80203		**3277**	**165650**	**35405**	**1225**	**150300**	**3055356**	**吉林**
39961			85563	32800		148700	2305276	长春
3500			80	230			56324	九台
		1667	685	309			19129	榆树
							5227	德惠
22522							120589	吉林
			650				4300	蛟河
							6266	桦甸
			240				2110	舒兰
			301				10779	磐石
							11567	四平
				62			5471	双辽
			1680	518			22215	辽源
							22383	通化
							8909	集安
			2895			1600	12752	白山
				1291	1225		12103	临江

4-1-3 续表 3

计量单位：万元

城市名称 Name of Cities	本年完成投资 Completed Investment of This Year	供水 Water Supply	燃气 Gas Supply	集中供热 Central Heating	轨道交通 Urban Rail Trainsit System	道路桥梁 Road and Bridge	排水 Sewerage
松　原	29240					29240	
扶　余	16065					16065	
白　城	93680	30028	12590	8300		4552	3610
洮　南	24777	10809	1000	5000		5114	2104
大　安	16550	700	2000	5800		7000	500
延　吉	13100	2000	1500	7000		2500	
图　们	1042					622	420
敦　化	51070	10000				20270	11800
珲　春	17897	967	447	2234		2249	
龙　井	11771	1920	500	1531		2520	
和　龙	13400	3747				5052	3825
公主岭	46568	2129	47	27636		8988	2593
梅河口	51500					46000	
黑龙江	**2127621**	**138901**	**95386**	**462518**	**111260**	**814600**	**112683**
哈尔滨	1001727	2930	6711	158068	111260	493821	1882
双　城	10100			400			8600
尚　志	40066	3156	2000	28000		2920	1190
五　常	13125	2000		4415		2750	2240
齐齐哈尔	104178	4108	4459	13933		70434	5615
讷　河	9891	835	3000	1676		1700	1870
鸡　西	34588	550	512			35	6420
虎　林	4249	560	557			1225	1000
密　山	10680	1118	1240	422		4092	1250
鹤　岗	34178	515	7400	7987		9829	582
双鸭山	35834	4990	300	18789		6479	5050
大　庆	208559	28900	14570	114972		35770	3549
伊　春	74756	9936	5300	23554		11025	12415
铁　力	18963	750	2500	12493		1870	15
佳木斯	49938	3500	3300	13989		19161	4978
同　江	18170	1420	2000	1500		7400	3100
富　锦	34785	1995	13496			5751	4591
七台河	29581	1002	3111	3052		1222	20734
牡丹江	120175	1774	5100	8100		92504	8963
绥芬河	80670	48200	1500	8307		9659	
海　林	14300	2000	2500	3500		3000	2000
宁　安	19212	1360	8000	620		3132	2000
穆　棱	10337	1580	430	3600		782	
黑　河	7995	1000		717		357	1800
北　安	35156	600		13340		15616	2400
五大连池	5831	1650				232	3914
绥　化	56433	3700	3100	14156		1467	700
安　达	9352	462	2000			3138	3399
肇　东	24060	7500	1800	5000		4990	1870
海　伦	10732	810	500	1928		4239	556

Continued 3

Measurement Unit: 10,000RMB

			园林绿化 Landscaping	市容环境卫生 Environmental Sanitation		其他 Other	本年新增固定资产 Newly Added Fixed Assets of This Year	城市名称 Name of Cities
污水处理 Wastewater Treatment	污泥处置 Sludge Disposal	再生水利用 Wastewater Recycled and Reused			垃圾处理 Domestic Garbage Treatment			
							29240	松　原
							16065	扶　余
2000		1610	34600				197578	白　城
			750				24977	洮　南
			550				16550	大　安
				100			13100	延　吉
420							1042	图　们
11800			9000					敦　化
			12000				17897	珲　春
			5300					龙　井
			681	95			13400	和　龙
			5175				48607	公主岭
			5500				51500	梅河口
60794	**600**		**127730**	**115866**	**71525**	**148677**	**1554759**	**黑龙江**
500			65865	44190	21800	117000	540902	哈尔滨
8600				1100	1100		10100	双　城
690				2800			37364	尚　志
			1712	8			12525	五　常
500			915	4714	2014		89713	齐齐哈尔
1870			600	210			9891	讷　河
6420				399	399	26672	34588	鸡　西
1000			92	815	535		4249	虎　林
527				2558	2021		10043	密　山
582			5543	2322	1980		36018	鹤　岗
5050			226				35834	双鸭山
			8138	2660			181109	大　庆
6256			5202	7119	3264	205	74756	伊　春
			315	220	100	800	19146	铁　力
310				5010	5010		35949	佳木斯
			1800	950	950		13465	同　江
1391				4952	4952	4000	8942	富　锦
20026				460	200		29581	七台河
			2800	934			120175	牡丹江
			9984	3020	1780		79643	绥芬河
			1000	300			14300	海　林
			3900	200	200		19212	宁　安
			3725	220	220		10337	穆　棱
	600		2499	1622			5195	黑　河
			1200	2000	2000		30685	北　安
3914				35			6331	五大连池
700			7771	25539	23000		56433	绥　化
2458			353				9352	安　达
			2100	800			14590	肇　东
			1990	709			4331	海　伦

4-1-3 续表 4

计量单位：万元

城市名称 Name of Cities	本年完成投资 Completed Investment of This Year	供水 Water Supply	燃气 Gas Supply	集中供热 Central Heating	轨道交通 Urban Rail Trainsit System	道路桥梁 Road and Bridge	排水 Sewerage
上　海	**3727712**	**138864**	**127486**		**1830777**	**882620**	**96140**
江　苏	**19253176**	**629560**	**300684**		**4838047**	**7599414**	**1232587**
南　京	6528492	115802	1243		3282820	1690451	228242
无　锡	923851	19676	10040		520129	240111	14919
江　阴	142668	31800	27600			57348	7800
宜　兴	47717	10500	1382			13708	13800
徐　州	312725	40063				138725	2738
新　沂	51752	5365				26306	
邳　州	42150					5150	
常　州	1328188	4909	103045		130000	826342	112950
溧　阳	63975	11044	1800			21299	10250
金　坛	59950	2200				38000	6500
苏　州	2065716	80246	19053		905098	553011	66620
常　熟	121809	6672	10342			52081	20943
张家港	98869	993	29600			45528	11286
昆　山	87649	2179	11410			62539	11306
太　仓	54286	1333	8246			9774	7400
南　通	2806151	160448	19444			1669581	506456
启　东	114153	859	563			97000	2300
如　皋	125729	8000				88069	9600
海　门	56691	3100	799			18524	9525
连云港	691179	21299	2658			442567	10954
淮　安	120275	2000	4000			29866	35484
盐　城	236081	550	109			102529	4650
东　台	26983	2000				13259	3000
大　丰	40162	7589	1615			5757	528
扬　州	801079	36413	19381			241168	13703
仪　征	5624	865				437	1841
高　邮	16298					9243	370
镇　江	1607981	17419	9035			776786	12817
丹　阳	44646	4680	1380			12386	3891
扬　中	90424	5000				52500	24000
句　容	27000	200	300			15800	
泰　州	149476	11523	2510			76499	36698
兴　化	78109	1183	2000			33294	7086
靖　江	63384		4854			35070	16000
泰　兴	42790	650	261			32677	3500
宿　迁	179164	13000	8014			66029	15430
浙　江	**7934651**	**179937**	**196091**	**5299**	**1807237**	**3899845**	**678685**
杭　州	1743655		65843		826990	665353	42341
建　德	2135	680	1350			105	
富　阳	64243					63363	880

Continued 4

Measurement Unit: 10,000RMB

污水处理 Wastewater Treatment	污泥处置 Sludge Disposal	再生水利用 Wastewater Recycled and Reused	园林绿化 Landscaping	市容环境卫生 Environmental Sanitation	垃圾处理 Domestic Garbage Treatment	其他 Other	本年新增固定资产 Newly Added Fixed Assets of This Year	城市名称 Name of Cities
	4750		**407600**	**188394**	**188394**	**55831**	**2057140**	**上　　海**
251551	**72703**	**13845**	**3463800**	**246456**	**143414**	**942628**	**18753781**	**江　　苏**
68302	72703		1090341	101857	101657	17736	6588828	南　　京
13629		302	57901	185	65	60890	878522	无　　锡
			15700	2420	2170		142668	江　　阴
			6427	1900			47717	宜　　兴
			89292	150		41757	278688	徐　　州
			18281			1800	51752	新　　沂
			37000				42150	邳　　州
28359			91954	58638	1711	350	914412	常　　州
9600			18610	972			23408	溧　　阳
6500			13250				59950	金　　坛
2385			430905	3120	1770	7663	2941810	苏　　州
11844			10962	12382	300	8427	121809	常　　熟
		950	9112	2350			91911	张 家 港
700			215				87649	昆　　山
7400			22743	1324		3466	54286	太　　仓
39175		12593	237907	12315	3450	200000	2393211	南　　通
			12230	1201			114153	启　　东
			19875	185	185		125729	如　　皋
			23776	967			56691	海　　门
4710			138916	1280		73505	606139	连 云 港
			46600	2325			120275	淮　　安
			97593	1550		29100	196331	盐　　城
3000			8724				21826	东　　台
			24173	500			42472	大　　丰
9529			92211	17960	17630	380243	424294	扬　　州
			2200	281			2221	仪　　征
			6685				16298	高　　邮
11300			673787	3704	3704	114433	1596910	镇　　江
			19557	2752	2752		39295	丹　　阳
			6850	1465		609	90924	扬　　中
			10700				27000	句　　容
14818			22246				113092	泰　　州
			30159	1738		2649	78726	兴　　化
16000			337	7123	7123		44084	靖　　江
			4684	1018			36540	泰　　兴
4300			71897	4794	897		282010	宿　　迁
245493	**100595**	**10995**	**854625**	**136517**	**67011**	**176415**	**6473162**	**浙　　江**
		1250	61958	1062		80108	503589	杭　　州
							2135	建　　德
880							67481	富　　阳

4-1-3 续表 5

计量单位：万元

城市名称 Name of Cities	本年完成投资 Completed Investment of This Year	供水 Water Supply	燃气 Gas Supply	集中供热 Central Heating	轨道交通 Urban Rail Trainsit System	道路桥梁 Road and Bridge	排水 Sewerage
临安	29347	2000				16998	8405
宁波	1925086	2306	24799		774757	926961	36561
余姚	185641	13396	2757			58761	106262
慈溪	202097	1200				146024	
奉化	37314	122	2516			17097	17189
温州	952636	18251	18462	3000	205490	491424	108924
瑞安	55969	5405	4158			18293	9398
乐清	71453	4449	949			13530	30615
嘉兴	147042	7168	8267			85631	10441
海宁	103867	10788	3810			49772	8158
平湖	34253		1277			29271	483
桐乡	38105	123	304			11007	10959
湖州	238658	15001	2566			99971	3091
绍兴	394781	23325	19460			194841	51160
诸暨	43566	16294	1200			4362	17931
嵊州	16549	1505	1170	2299		1140	965
金华	217296	1772	6309			162951	11330
兰溪	23046					3135	570
义乌	447586	15237	7468			324395	37017
东阳	106970	15185	3325			52537	5760
永康	15078	2980	1139			2821	4300
衢州	95950	3509	3000			23528	18495
江山	16034		4000			10680	
舟山	302454	6402	3710			184062	90731
台州	191907	3818	3040			93622	27979
温岭	16978		3120			7189	3340
临海	31109	1925	880			15836	9278
丽水	152649	4272				107910	5027
龙泉	31197	2824	1212			17275	1095
安徽	**6615895**	**177918**	**204145**	**32218**	**320700**	**3953079**	**424378**
合肥	1487134	17474	23816	19700	320700	732292	38889
巢湖	251800	12500	13780			161480	23150
芜湖	524477	28818	16128			303148	40106
蚌埠	673339	5906	18072			440018	56600
淮南	283442	2642	20421	8832		199777	26554
马鞍山	305265	22880	24000			141819	32129
淮北	265783	7300	9200			136200	18600
铜陵	150908	2680	5318			50014	23400
安庆	321410	6637	1800			286934	832
桐城	16717	800	1200			11827	1070
黄山	97036	2360	7700			56212	6310
滁州	315519	4521	14190			218435	12735
天长	183500	10000				95000	63000
明光	216628	12500	12000			150368	11400

Continued 5

Measurement Unit: 10,000RMB

污水处理 Wastewater Treatment	污泥处置 Sludge Disposal	再生水利用 Wastewater Recycled and Reused	园林绿化 Landscaping	市容环境卫生 Environmental Sanitation	垃圾处理 Domestic Garbage Treatment	其他 Other	本年新增固定资产 Newly Added Fixed Assets of This Year	城市名称 Name of Cities
				1269	1039	675	17278	临安
8753			129876	24345	24345	5481	2997955	宁波
21240			1370	3095	195		317442	余姚
			29919	13894		11060	40927	慈溪
12534			9	338	205	43	37263	奉化
74071	12791		84652	22433	22253		228978	温州
9098			16038	2677	2397		72414	瑞安
1190			15900	6010			147761	乐清
1050			16523	3711	1057	15301	152335	嘉兴
			31339				103695	海宁
		483	1825	1397			3102	平湖
8500			15712				20750	桐乡
3091			111116	2097		4816	211938	湖州
27851	7505		102348	1117		2530	450951	绍兴
15600			3058	721			53566	诸暨
				9470	9470		4974	嵊州
10650			19766	14439	5000	729	175715	金华
			2461	16880			22482	兰溪
20675		9113	59543	317		3609	150769	义乌
3160			29125	835		203	126614	东阳
			3670	168			15428	永康
11684			14573	3772		29073	124378	衢州
			800	554			11904	江山
9754	80299	149	10150	656	656	6743	64976	舟山
4484			61951	1497	48		201678	台州
			2967	362			16978	温岭
1128			3005	50		135	30854	临海
100			21721	901	346	12818	66867	丽水
			3250	2450		3091	29985	龙泉
138620	**11856**		**1242180**	**146797**	**79628**	**114480**	**4119952**	**安徽**
22717			310541	23722	23593		596463	合肥
	11680		17300	14400		9190	251800	巢湖
12328			73104	11373		51800	175073	芜湖
4500			147083	5660	4260		379256	蚌埠
7228			15175	10041	9741		90484	淮南
250			40250	600		43587	129896	马鞍山
18600			94300	183	183		259783	淮北
			68332	564		600	150908	铜陵
			25207				127968	安庆
			707			1113	16717	桐城
3310			23690	764	130		94908	黄山
1000			41520	19898	18801	4220	278103	滁州
20000			9500	6000			63000	天长
			28360	2000			196628	明光

4-1-3 续表 6

计量单位：万元

城市名称 Name of Cities	本年完成投资 Completed Investment of This Year	供水 Water Supply	燃气 Gas Supply	集中供热 Central Heating	轨道交通 Urban Rail Trainsit System	道路桥梁 Road and Bridge	排水 Sewerage
阜　阳	468941	11572	7336	1455		313149	32200
界　首	35608	1308	1596			28218	1000
宿　州	300296	7410	4911	1431		236373	3835
六　安	94377	8861	2563			52953	7733
亳　州	89966	4884	1833			47995	7950
池　州	116214	3343	6055	800		74396	14810
宣　城	338359	2179	5716			165479	1435
宁　国	79176	1343	6510			50992	640
福　建	**4818860**	**202240**	**78156**		**317829**	**3173713**	**251175**
福　州	1302268	52883	6885		317829	659354	78922
福　清	97591	2000	1142			88480	3599
长　乐	51839	384	4045			44378	
厦　门	1008881	80013	35196			653114	80214
莆　田	714107	24394				542971	18160
三　明	39035	827	1320			19711	1490
永　安	50170	3000	2000			23390	3500
泉　州	365039		2900			330575	5810
石　狮	13253		3000			3905	2398
晋　江	86260	5098	3500			39634	12042
南　安	55130					47382	2673
漳　州	222604	3344	3356			184608	6920
龙　海	252236	15077	8015			150795	4104
南　平	44755	1823	1015			4500	4035
邵　武	12448	1180	1250			1591	2500
武夷山	35763	2601	130			9926	10486
建　瓯	110161					77453	
建　阳	12676					11411	
龙　岩	141346	657	1000			130160	1116
漳　平	28684	500	3150			11842	2000
宁　德	102282	5241				85964	1960
福　安	56324	2450				39267	9105
福　鼎	16008	768	252			13302	141
江　西	**4811227**	**135788**	**63297**		**482661**	**3336901**	**209785**
南　昌	1983633	26278			482661	1273148	39265
景德镇	49636	1110	2250			25876	20400
乐　平	55886					23753	2719
萍　乡	112311	1242	9000			96850	
九　江	476713	33989	3056			320758	38250
瑞　昌	17463	214	698			14061	1180
共青城	63400	2500				47900	5000
新　余	133072	3801	1275			100123	3287
鹰　潭	157229					131709	11300
贵　溪	28930	600	720			12970	1760

Continued 6

Measurement Unit: 10,000RMB

污水处理 Wastewater Treatment	污泥处置 Sludge Disposal	再生水利用 Wastewater Recycled and Reused	园林绿化 Landscaping	市容环境卫生 Environmental Sanitation	垃圾处理 Domestic Garbage Treatment	其他 Other	本年新增固定资产 Newly Added Fixed Assets of This Year	城市名称 Name of Cities
32200			85209	18020	16806		449460	阜　阳
1000			3027	459	76		17234	界　首
			46007	329			298100	宿　州
6833			10772	11495			80925	六　安
			20065	7239	6000		89160	亳　州
7180			11990	850		3970	168408	池　州
1111	176		150505	13045			135387	宣　城
363			19536	155	38		70291	宁　国
162988	**1185**		**405715**	**71805**	**40156**	**318227**	**3148191**	**福　建**
66922			36593	14000	12000	135802	976156	福　州
3018			2370				97591	福　清
			3032				8513	长　乐
58776	1185		75023	23000	21862	62321	944177	厦　门
6930			108365	20217	5100		52154	莆　田
			14359	1328	80		36497	三　明
1500			17800	480			34780	永　安
			4105	454	454	21195	349032	泉　州
			3950				13253	石　狮
6232			15512	8774		1700	86260	晋　江
73			3850	585		640	29717	南　安
			11396	841		12139	35143	漳　州
785			30407			43838	44227	龙　海
			33022	360	60		43041	南　平
			1550	122		4255	10207	邵　武
9506			11942	93		585	35863	武夷山
			2898	140		29670	67331	建　瓯
			846	199		220	187	建　阳
			7973	440			141346	龙　岩
			5400	600	600	5192	28684	漳　平
			9010	107			102282	宁　德
9105			4812	20		670	2630	福　安
141			1500	45			9120	福　鼎
120180	**1661**		**539854**	**18620**	**12805**	**24321**	**2172708**	**江　西**
39115	150		153515	8766	8339		454790	南　昌
							49636	景德镇
			29300			114		乐　平
			5219				12000	萍　乡
33300			77665	2995			208438	九　江
			867	383	230	60	17463	瑞　昌
			8000				63400	共青城
821	60		14383	203		10000	72028	新　余
11300			10000			4220	2400	鹰　潭
			12880				29581	贵　溪

4-1-3 续表 7

计量单位：万元

城市名称 Name of Cities	本年完成投资 Completed Investment of This Year	供水 Water Supply	燃气 Gas Supply	集中供热 Central Heating	轨道交通 Urban Rail Trainsit System	道路桥梁 Road and Bridge	排水 Sewerage
赣 州	369494	39496	26854			263699	28789
瑞 金	12103	5000				2508	2500
吉 安	75594		2046			9315	7151
井冈山	5489	211				1138	
宜 春	410016	489	5635			334562	11579
丰 城	26501		1438			22969	
樟 树	114378					111631	2306
高 安	134067	2072				118578	176
抚 州	511613	16830	3200			376380	28691
上 饶	64721	1956	6463			42420	5432
德 兴	8978		662			6553	
山 东	**9652843**	**288408**	**284124**	**916530**	**504248**	**4049379**	**729347**
济 南	1368728	38552	28928	179008		811276	118308
章 丘	80486	3298	3300	2600		17000	16500
青 岛	1586038	29937	29093	36739	504248	525125	20446
胶 州	71143		3853	9655		20656	9800
即 墨	134039	4126	7689	23763		59748	10899
平 度	62586	430	2411	7582		28411	5200
莱 西	43214	730	11026	3311		11974	8176
淄 博	250475	13751	8196	35416		62100	4689
枣 庄	222842	12293	12395	12304		81018	27830
滕 州	115209	483	6517	25543		53240	5150
东 营	336445	13082	1200	9549		118492	65438
烟 台	659912	7962	774	11765		507349	23147
龙 口	25588	1087	6224	2951		6310	
莱 阳	91804	1629	2100	66697		7975	3320
莱 州	9320			4000		5080	
蓬 莱	184744	1557	2249	11260		12428	3038
招 远	47036	1361	350	1200		18006	7423
栖 霞	13023	1841	2789	1200		4899	480
海 阳	30734	3220	1700	5060		13765	2717
潍 坊	295127	17023	10240	5400		139775	33416
青 州	99866	8400	3000	5350		46374	20280
诸 城	53107	10388	11560	3400		7271	178
寿 光	82589	1850	8000	22000		27360	2201
安 丘	100134	4268	3583	12286		39497	15740
高 密	42900	1446	1225	600		5651	11478
昌 邑	38809	391	401	2600		13788	599
济 宁	205858	1500	1477	1519		92412	14934
曲 阜	102560	360				18000	
邹 城	17735	1493	1648	30		7557	700
泰 安	273515	4500	28184	117659		28484	2130
新 泰	105038	2250	2600	16400		40036	11682

Continued 7

Measurement Unit: 10,000RMB

污水处理 Wastewater Treatment	污泥处置 Sludge Disposal	再生水利用 Wastewater Recycled and Reused	园林绿化 Landscaping	市容环境卫生 Environmental Sanitation	垃圾处理 Domestic Garbage Treatment	其他 Other	本年新增固定资产 Newly Added Fixed Assets of This Year	城市名称 Name of Cities
5134			8588	2068	1743		152778	赣　州
2500			2095				7508	瑞　金
2910	150		56306	156		620	72863	吉　安
			4140				5489	井冈山
10701	169		56504	247		1000	271023	宜　春
			840	1254	141		25258	丰　城
2306			441				12502	樟　树
			13241				134067	高　安
12093			80577	2273	2273	3662	508653	抚　州
	1132		5000	275	79	3175	63569	上　饶
			293			1470	9262	德　兴
196594	**13620**	**3560**	**1689355**	**263057**	**133521**	**928395**	**7358899**	**山　东**
21348			83405	31331	12000	77920	1066521	济　南
7500			8663	925		28200	50754	章　丘
3954			125271	13755	952	301424	814751	青　岛
			24865	2314	1607		70080	胶　州
			24901	1400		1513	28041	即　墨
580			18060	492	342		61080	平　度
7280			3515	3625		857	25600	莱　西
989			72053	40514	37590	13756	226113	淄　博
2394	12000	400	67816	8041	2501	1145	211252	枣　庄
			19650	1626		3000	77009	滕　州
29200			107523	5650	5000	15511	256624	东　营
6450			38252	3254	2120	67409	528872	烟　台
			6106	2910	2910		17558	龙　口
3320			3720	5213	5213	1150	86928	莱　阳
			240					莱　州
20			13166	46		141000	206744	蓬　莱
			17212	264		1220	41273	招　远
480			1488	326	300		11660	栖　霞
			3961	311			26230	海　阳
12996			78773			10500	302068	潍　坊
15000			16142	320			98066	青　州
			20310				53107	诸　城
313			13087	8091			82589	寿　光
1066			24292	468			99681	安　丘
7285			6000			16500	42900	高　密
			16730	4300			38809	昌　邑
			58542	33974		1500	207119	济　宁
			13000	2200		69000	102560	曲　阜
			5917	390			17735	邹　城
930			65314	4051	3400	23193	139081	泰　安
		1460	28100	3970			105038	新　泰

4-1-3 续表 8

计量单位：万元

城市名称 Name of Cities	本年完成投资 Completed Investment of This Year	供水 Water Supply	燃气 Gas Supply	集中供热 Central Heating	轨道交通 Urban Rail Trainsit System	道路桥梁 Road and Bridge	排水 Sewerage
肥城	33843	1210	11083	3260		6250	2190
威海	415204	20156	18930	101315		134035	35090
荣成	114732	2100	3600	18900		45372	12500
乳山	58014	2400	2353	6762		39393	2485
日照	415887	16439	6313	39800		97174	9941
莱芜	212091	2669	3320	7720		50137	16385
临沂	746487	30842	4841	33152		364753	104999
德州	110726	10922	15496	25179		41336	7740
乐陵	11158	400	96	1100		3342	1500
禹城	30654	530		1900		10718	6550
聊城	475011	8576	8591	26995		309961	44775
临清	73210	1512	5735	4800		26000	2580
滨州	99643	460	910	6300		37634	29129
菏泽	105579	984	144	2500		52217	7584
河南	**3745970**	**94314**	**85197**	**224769**	**740554**	**1733683**	**218625**
郑州	2294647	21718	10740	101100	740554	1125003	
巩义	22378	208	398	555		1930	3677
荥阳	19200	365	2135	2090		11333	458
新密	15688	230	1920			11538	
新郑	45298	700	1056	426		19950	200
登封	3879		297			1409	450
开封	107328	6880	2450	10000		37398	2760
洛阳	101297	1210	8859	15638		56568	2522
偃师	5319		16	205		385	2158
平顶山	63346	3590	9800			23656	13310
舞钢	14560	600	770			723	8250
汝州	28489	880	1571			19455	6296
安阳	45859	938	240	7277		24044	5670
林州	19410	760		5400		5548	1317
鹤壁	37171	1738	788	1748		22460	154
新乡	38778	1287	1916	9700		20875	
卫辉	3337		498			2409	
辉县	20579	620	1463	550		3315	14454
焦作	170553	162	6682	57311		57984	29198
沁阳	3296	822	1000			1474	
孟州	13421	290	1091			8630	2860
濮阳	33760	371	828	3770		22700	
许昌	18088	2923	774			6026	2584
禹州	12677	976	1900	220		2685	1855
长葛	2464					2464	
漯河	9492					2651	4841
三门峡	31058	589	569	1594		8760	10510
义马	5778			240		4430	528

Continued 8

Measurement Unit: 10,000RMB

污水处理 Wastewater Treatment	污泥处置 Sludge Disposal	再生水利用 Wastewater Recycled and Reused	园林绿化 Landscaping	市容环境卫生 Environmental Sanitation	垃圾处理 Domestic Garbage Treatment	其他 Other	本年新增固定资产 Newly Added Fixed Assets of This Year	城市名称 Name of Cities
			9570			280	33843	肥　城
2665			99345	4423	3503	1910	308093	威　海
11000			17622	14638	10000		106958	荣　成
2000			3597			1024	40786	乳　山
2586			74903	32378	20383	138939	211625	日　照
5500			131860				211909	莱　芜
27600	1620	1700	178247	28838	24540	815	562663	临　沂
3580			10053				110726	德　州
			4720				11258	乐　陵
6310			10956				30654	禹　城
648			73358	569	160	2186	419304	聊　城
			24210	250		8123	59210	临　清
12400			23440	1450	1000	320	55618	滨　州
1200			41400	750			100409	菏　泽
108035	**7146**	**1666**	**607111**	**41717**	**5143**		**3564741**	**河　南**
			290000	5532			2132192	郑　州
3677			15610				18573	巩　义
			2819				17900	荥　阳
			2000				15688	新　密
		200	22532	434			30492	新　郑
			1723				2228	登　封
			31440	16400	700		107328	开　封
			16500				196883	洛　阳
1950			668	1887	1825		1544	偃　师
7690	4200	1420	12470	520			63251	平顶山
7050			4170	47			8140	舞　钢
			287				21234	汝　州
5670			6800	890			36689	安　阳
			6385				19410	林　州
			9024	1259			22139	鹤　壁
			5000				89615	新　乡
			430				3252	卫　辉
13761			177				20579	辉　县
27648			18990	226			175467	焦　作
							1822	沁　阳
			550				14291	孟　州
			6091				33760	濮　阳
			5362	419			18088	许　昌
634			4724	317			14522	禹　州
							2464	长　葛
				2000			9555	漯　河
			9036				24822	三门峡
			580				5518	义　马

4-1-3 续表 9

计量单位：万元

城市名称 Name of Cities	本年完成投资 Completed Investment of This Year	供水 Water Supply	燃气 Gas Supply	集中供热 Central Heating	轨道交通 Urban Rail Trainsit System	道路桥梁 Road and Bridge	排水 Sewerage
灵　　宝	3478						938
南　　阳	155577	9458	3720	280		86220	30209
邓　　州	41871	1236	1980			17623	4843
商　　丘	65745	9700	4300	1915		26500	10400
永　　城	46851	3560	1185	960		18294	9922
信　　阳	56069	7270	2581			5586	3676
周　　口	83508	2340	80			48766	12260
项　　城	22214	163	1498			2127	13022
驻 马 店	39730	5750	1400	480		14800	11200
济　　源	43777	6980	10692	3310		7964	8103
湖　　北	**10706897**	**146815**	**101474**	**11430**	**2032737**	**6590951**	**681288**
武　　汉	8221026	71950	17938		2032737	4978022	396634
黄　　石	124730		1756			80430	35000
大　　冶	22000					13000	
十　　堰	127341	3543	18829	3730		57516	25949
丹 江 口	2145					1875	270
宜　　昌	692632	2450	6508			582078	17848
宜　　都	18725	5400	730			8750	2082
当　　阳	8737	571	1800			1400	3511
枝　　江	36129	880				35249	
襄　　阳	228343	1200	6260			74251	81979
老 河 口	33710	2520	5210			15700	5960
枣　　阳	36422	1743	500			28291	3520
宜　　城	8401	675	150			4052	2331
鄂　　州	109954	4000	3400			79962	4600
荆　　门	161179	2710	2370	7700		137977	
钟　　祥	24950	1569	1603			13086	7342
孝　　感	7715					2200	4515
应　　城	7492	2692					800
安　　陆	10593	450	1100			443	6800
汉　　川	1960					1096	523
荆　　州	75519	2820	4685			61456	
石　　首	8394	700	3000			3316	860
洪　　湖	16144					9490	4860
松　　滋	19981	2329	1650			9392	4807
黄　　冈	110262		1100			64532	12330
麻　　城	90742	4400	6000			53719	4500
武　　穴	35600	9800	1300			8500	6000
咸　　宁	29372	6319	3588			14775	3230
赤　　壁	31147	1900	1000			20382	4215
随　　州	34297		977			8500	16100
广　　水	43588					14950	3700
恩　　施	69473	1711				58880	7248

Continued 9

Measurement Unit: 10,000RMB

污水处理 Wastewater Treatment	污泥处置 Sludge Disposal	再生水利用 Wastewater Recycled and Reused	园林绿化 Landscaping	市容环境卫生 Environmental Sanitation	垃圾处理 Domestic Garbage Treatment	其他 Other	本年新增固定资产 Newly Added Fixed Assets of This Year	城市名称 Name of Cities
938			2540				3478	灵宝
16300			21207	4483	2068		92587	南阳
		46	14082	2107	550		41871	邓州
3700			12930				66745	商丘
3700			12410	520			43541	永城
	2946		35190	1766			50598	信阳
			18302	1760			64224	周口
9222			5204	200			11794	项城
			6100				38680	驻马店
6095			5778	950			43777	济源
149827	**1800**		**977930**	**93904**	**23149**	**70368**	**10083538**	**湖北**
107862			642459	52347		28939	8221026	武汉
			3720	3824	3824		75766	黄石
			8500	500			22000	大冶
3649			14814	2960	2960		119131	十堰
							1501	丹江口
13793	1800		54318	10659	9400	18771	270219	宜昌
195			1763				22675	宜都
3023			1005	450			6271	当阳
							41829	枝江
			63613	1040			228343	襄阳
			3670	650			7610	老河口
			2300	68			36422	枣阳
			1148	45			8401	宜城
			13992	4000			109954	鄂州
			8157	2265	665		76871	荆门
			1350				7899	钟祥
1757			1000				7715	孝感
				4000	4000		7492	应城
6800			1800				13898	安陆
			341				1960	汉川
			6468	90			82791	荆州
			358	160			8394	石首
			1760	34			16144	洪湖
3500			1003	800			14543	松滋
			30000	2300	2300		99992	黄冈
			19723	2400			89442	麻城
			10000				35600	武穴
			1408	52			16467	咸宁
			3150	500			31147	赤壁
			8000			720	76322	随州
2000			3000			21938	16628	广水
7248			434	1200			63678	恩施

4-1-3 续表 10

计量单位：万元

城市名称 Name of Cities	本年完成投资 Completed Investment of This Year	供水 Water Supply	燃气 Gas Supply	集中供热 Central Heating	轨道交通 Urban Rail Trainsit System	道路桥梁 Road and Bridge	排水 Sewerage
利　川	64811	2800				44606	894
仙　桃	109210	6800	4000			51910	7500
潜　江	48938	3900	3770			35090	5380
天　门	35235	983	2250			16075	
湖　南	**6731958**	**111905**	**101308**		**500507**	**3505905**	**393767**
长　沙	1837536	5608			500507	469333	78634
浏　阳	59257					45636	880
株　洲	562806	15178	19400			391727	23325
醴　陵	8104					3104	5000
湘　潭	781480	6172	4762			657893	60490
湘　乡	110234	5150	4807			91887	5500
韶　山	30071	470	408			28695	
衡　阳	549287	8350				302521	20600
耒　阳	18000		8000				9000
常　宁	4398					988	2366
邵　阳	200400	2795	500			163455	21500
岳　阳	236224	5000	8800			95007	29421
汨　罗	19360	650	2200			1860	11470
临　湘	44303	880	2600			29056	3718
常　德	131158					92748	14328
津　市	7774					5271	
张家界	19950					16950	3000
益　阳	89998	3680				26834	770
沅　江	38606	283				18230	2284
郴　州	629715	30234	19400			280378	40804
资　兴	4017					1417	
永　州	269269	3130	5000			207920	17617
怀　化	242681	3580	6196			74950	7000
洪　江	38630	1130	3600				
娄　底	721673	9070	5440			467163	33140
冷水江	35000	4000	4900			14000	
涟　源	28600	2000	4000			13900	2000
吉　首	13427	4545	1295			4982	920
广　东	**8067818**	**35565**	**326912**		**4751400**	**2040239**	**260058**
广　州	2970581	4387	14229		2022083	551098	97288
增　城	3544					1016	2216
从　化	1530					1530	
韶　关	28469	700				9085	17925
乐　昌	2455					1954	501
南　雄	6562	2800				1480	1819
深　圳	2693627		250412		2003568	410774	
珠　海	268291	5070	23680		117713	59046	32673

Continued 10

Measurement Unit: 10,000RMB

污水处理 Wastewater Treatment	污泥处置 Sludge Disposal	再生水利用 Wastewater Recycled and Reused	园林绿化 Landscaping	市容环境卫生 Environmental Sanitation	垃圾处理 Domestic Garbage Treatment	其他 Other	本年新增固定资产 Newly Added Fixed Assets of This Year	城市名称 Name of Cities
			16511				64811	利　川
			36000	3000			109210	仙　桃
			798				39648	潜　江
			15367	560			31738	天　门
262835			**537744**	**295057**	**36038**	**1285765**	**3230240**	**湖　南**
17800			108866	237664	4100	436924		长　沙
			402	49	49	12290	47007	浏　阳
23325			46060			67116	481406	株　洲
5000								醴　陵
60490				6793		45370	694844	湘　潭
5500				2890			108234	湘　乡
						498	470	韶　山
20600			145985	8595	8595	63236	54735	衡　阳
9000			1000					耒　阳
650			844			200		常　宁
21500			11750			400	48179	邵　阳
21800			6373	3550	2100	88073	231124	岳　阳
6534				2700		480	19360	汨　罗
3718				1653	1653	6396	43224	临　湘
9355			12600	2834		8648	133378	常　德
			2503				7754	津　市
							19950	张家界
700			11650	742		46322	15149	益　阳
1200			1616	500		15693	38616	沅　江
38172			132279	15136	9341	111484	926289	郴　州
			200			2400	4555	资　兴
3571			33802			1800	69718	永　州
7000			5870	1030		144055	241378	怀　化
				900	900	33000		洪　江
4000			5300	6500	6500	195060		娄　底
			6100	2000	2000	4000	35000	冷水江
2000			3800	700	700	2200	2500	涟　源
920			744	821	100	120	7370	吉　首
145569			**162429**	**178553**	**100544**	**312662**	**1487608**	**广　东**
78669			40888	22332	14869	218276	143914	广　州
			274			38	3498	增　城
							1530	从　化
17925				759			16369	韶　关
501							2414	乐　昌
1819			54			409	1845	南　雄
			10969	17904	14086		609547	深　圳
23864			19933	484		9692	48526	珠　海

4-1-3 续表 11

计量单位：万元

城市名称 Name of Cities	本年完成投资 Completed Investment of This Year	供水 Water Supply	燃气 Gas Supply	集中供热 Central Heating	轨道交通 Urban Rail Trainsit System	道路桥梁 Road and Bridge	排水 Sewerage
佛　山	286535	3671	17749		76173	76686	5783
江　门	149505	388	2947			118841	17351
台　山	2300					2300	
开　平	3655	3655					
鹤　山	1682	433				762	293
恩　平	835					835	
湛　江	80752					75654	4146
廉　江	4181					3760	
雷　州	657					359	174
吴　川	963					963	
茂　名	11601	1100	2200			8301	
高　州	17555	938				13617	3000
化　州	1175	187				950	38
信　宜	9535	1085				3670	500
肇　庆	359286	5836	3055		201395	129262	9257
高　要	86						
四　会	8675	100	40			5500	
惠　州	176815	2353				75595	12501
梅　州	53792		3241			38551	
兴　宁	33410					18100	
汕　尾	15300					6300	
陆　丰	14369		1000			13369	
河　源	79755					72759	
阳　江	26673					26673	
阳　春	602					200	
清　远	266416		6037			252388	
英　德	9299					8949	
连　州	2724					1711	376
东　莞	358641				330468	7260	13150
中　山	63167					28791	26365
潮　州	9288	1078				3118	5092
揭　阳	28645		2322			5261	1500
普　宁	2208	1358				850	
云　浮	3653					2433	
罗　定	9024	426				488	8110
广　西	**4502643**	**246279**	**113600**		**553342**	**2503723**	**313031**
南　宁	2406141	45236	40475		553342	1222649	138275
柳　州	419695	116270	6549			209357	47738
桂　林	340674	6677	5866			238928	3271
梧　州	109319	1316	4057			70610	4960
岑　溪	20056					11868	2578
北　海	99358	1149				57493	35224
防城港	114208	2388	3633			92711	7854

Continued 11

Measurement Unit: 10,000RMB

污水处理 Wastewater Treatment	污泥处置 Sludge Disposal	再生水利用 Wastewater Recycled and Reused	园林绿化 Landscaping	市容环境卫生 Environmental Sanitation	垃圾处理 Domestic Garbage Treatment	其他 Other	本年新增固定资产 Newly Added Fixed Assets of This Year	城市名称 Name of Cities
246			8183	64320	47337	33970	84072	佛山
9352			6320	3633	3600	25	15179	江门
								台山
								开平
			39	155			1185	鹤山
								恩平
936				952	952		104218	湛江
						421	4181	廉江
174				60		64	657	雷州
								吴川
							8646	茂名
3000							16959	高州
38							149	化州
				730	730	3550	7455	信宜
5515			967	4430	3780	5084	31076	肇庆
			32	54	54		86	高要
			35	3000	3000		5175	四会
			31562	43222	395	11582	123431	惠州
			12000				2853	梅州
			15000	310			33410	兴宁
				9000	9000		15300	汕尾
							14369	陆丰
			6996				64002	河源
								阳江
						402	700	阳春
			6667	1324				清远
						350	6887	英德
			187	350	301	100	257	连州
			2323	4314	1220	1126	6410	东莞
						8011	63167	中山
2030							5228	潮州
1500						19562	19831	揭阳
							16058	普宁
				1220	1220			云浮
							9024	罗定
86735			**667525**	**96946**	**15947**	**8197**	**2119700**	**广西**
40321			384296	21868	8323		579752	南宁
7947			10685	25096		4000	359425	柳州
1674			65550	20382			421623	桂林
647			28003	373			56650	梧州
			5610				14446	岑溪
21089			5087	405			62364	北海
			1989	5633	5000		84028	防城港

4-1-3 续表 12

计量单位：万元

城市名称 Name of Cities	本年完成投资 Completed Investment of This Year	供水 Water Supply	燃气 Gas Supply	集中供热 Central Heating	轨道交通 Urban Rail Trainsit System	道路桥梁 Road and Bridge	排水 Sewerage
东　兴	32238	3325	2800			3727	12842
钦　州	209085	7074				179900	9227
贵　港	76115	2155	770			67767	4159
桂　平	48248	280	1545			26805	9170
玉　林	284179	24080	28991			141168	15691
北　流	87975	10285	5670			58376	6660
百　色	56581	731	1108			8446	
贺　州	31612	8597				18940	3575
河　池	11811					6803	3044
宜　州	14337	653	1000			10363	1800
来　宾	30235	7833	8336			12233	1833
合　山	5319		2300			552	220
崇　左	87134	4250	500			57202	
凭　祥	18323	3980				7825	4910
海　南	**390954**	**9712**	**3968**			**323249**	**27237**
海　口	173254	3848				153230	4064
三　亚	132589	3770	2588			105588	17187
三　沙	3615						
五指山	2710					2214	
琼　海	9484		60			5499	3925
儋　州	16779					15299	
文　昌	40532	1197	120			34306	
万　宁	5018					3610	1408
东　方	6973	897	1200			3503	653
重　庆	**5305685**	**96978**	**159344**		**1793105**	**2615832**	**54298**
四　川	**6575770**	**186971**	**72932**		**1776913**	**2863040**	**301670**
成　都	3564051	101773	18012		1776913	924716	40919
都江堰	1876	1140	150			66	230
彭　州	2013	234	800				979
邛　崃	31696		3186			7040	16157
崇　州	23450					20950	
自　贡	63235		850			33161	
攀枝花	160988	9025	7040			93927	9491
泸　州	475028	6261	4692			285067	82536
德　阳	98250	2158	7697			81970	5528
广　汉	32146	640	236			27070	4005
什　邡	42981	24080				18581	
绵　竹	5335	637				2417	
绵　阳	303054	2160	1665			242276	40112
江　油	66901	110	110			28644	3300
广　元	148752	3982				113449	5218

Continued 12

Measurement Unit: 10,000RMB

污水处理 Wastewater Treatment	污泥处置 Sludge Disposal	再生水利用 Wastewater Recycled and Reused	园林绿化 Landscaping	市容环境卫生 Environmental Sanitation	垃圾处理 Domestic Garbage Treatment	其他 Other	本年新增固定资产 Newly Added Fixed Assets of This Year	城市名称 Name of Cities
8184			9544				30753	东兴
620			12822	62			99078	钦州
4100			927	337			17347	贵港
35			5983	268		4197	67139	桂平
383			56657	17592			76645	玉林
			5860	1124	1124		65458	北流
			46164	132			48581	百色
				500	500		25382	贺州
594			730	1234	1000		12190	河池
			521				8927	宜州
921							39803	来宾
220			2177	70			2489	合山
			24420	762			24142	崇左
			500	1108			23478	凭祥
15771			**15951**	**7222**	**1496**	**3615**	**334942**	**海南**
			8420	3692	446		191289	海口
15771			2556	900	900		108255	三亚
						3615	3615	三沙
			66	430	150		2710	五指山
							9484	琼海
				1480			15422	儋州
			4909				1197	文昌
								万宁
				720			2970	东方
19355		**1100**	**523062**	**28713**	**750**	**34353**	**4018972**	**重庆**
144121	**84**		**383110**	**97398**	**66841**	**893736**	**5331944**	**四川**
19342			10249	11416	11132	680053	3245471	成都
			240	50			4570	都江堰
							2013	彭州
3307			5313				31696	邛崃
			2500				15880	崇州
			29224				63235	自贡
9276			21142	150		20213	81213	攀枝花
50720			76510	18747	11514	1215	73435	泸州
4559			507	390			53251	德阳
875			172	23			32196	广汉
			320				44201	什邡
			293			1988	3627	绵竹
4500			10365	316		6160	278982	绵阳
3300			34737				71301	江油
2518			15990			10113	93218	广元

4-1-3 续表 13

计量单位：万元

城市名称 Name of Cities	本年完成投资 Completed Investment of This Year	供水 Water Supply	燃气 Gas Supply	集中供热 Central Heating	轨道交通 Urban Rail Trainsit System	道路桥梁 Road and Bridge	排水 Sewerage
遂　宁	81039	566	1833			52800	1370
内　江	154443	3138	1055			121116	10750
乐　山	44005	1392	1475			36284	535
峨眉山	14106	4850				3500	1300
南　充	235000	1500	1700			139280	34090
阆　中	66560	1500	1300			45500	11260
眉　山	213194	1304	2200			160828	1728
宜　宾	125310		287			15099	
广　安	200403	1545	536			186122	84
华　蓥	16400					16400	
达　州	15125	923	10155			3498	
万　源	3520					3520	
雅　安	80150	15100	4004			33313	806
巴　中	101487					59739	
资　阳	105466		3949			72840	28482
简　阳	81929					21800	
西　昌	17877	2953				12067	2790
贵　州	**5348947**	**20641**	**23414**		**680744**	**4167015**	**233887**
贵　阳	3958020	15751	21902		680744	3001035	172021
清　镇	45822					45822	
六盘水	123067					116960	1600
遵　义	30580						7200
赤　水	4156						
仁　怀	6038					1000	
安　顺	524493		1512			480398	789
铜　仁	31900					12300	
兴　义	72463					72463	
毕　节	283834	2100				257271	3000
凯　里	136439	2490				47931	49277
福　泉	132135	300				131835	
云　南	**2184917**	**61110**	**28246**		**810325**	**935128**	**114452**
昆　明	1198683	19256	5055		810325	268998	16392
安　宁	27216		907			12843	8866
曲　靖	126550					90415	
宣　威	51790		9950			41060	
玉　溪	4447		619			3804	
保　山	15464					5868	
昭　通	60667	12633				23619	1500
丽　江	4652					4283	
普　洱	12977	1015				10612	1350
临　沧	21728					6168	6760
楚　雄	121554	5603	41			81766	1618

Continued 13

Measurement Unit: 10,000RMB

污水处理 Wastewater Treatment	污泥处置 Sludge Disposal	再生水利用 Wastewater Recycled and Reused	园林绿化 Landscaping	市容环境卫生 Environmental Sanitation	垃圾处理 Domestic Garbage Treatment	其他 Other	本年新增固定资产 Newly Added Fixed Assets of This Year	城市名称 Name of Cities
1370			2470			22000	37142	遂宁
5450			4060	3878		10446	64780	内江
			3882	437			54951	乐山
			3460	996			15810	峨眉山
2500			15330	43100	41000		235000	南充
5760			3000	4000	3000		66560	阆中
864			27975	13700		5459	219416	眉山
			14205			95719	91214	宜宾
	84		11430			686	167743	广安
							16400	华蓥
			549				18084	达州
							3520	万源
			23958			2969	12089	雅安
			5100			36648	34977	巴中
27002				195	195		105466	资阳
			60129				92929	简阳
2778						67	1574	西昌
168242			**193211**	**30035**	**21494**		**1213452**	**贵州**
158239			61717	4850	4274		362361	贵阳
								清镇
			4507				123067	六盘水
4700			6400	16980	16980		10100	遵义
			4000	156			156	赤水
			400	4638	240		6098	仁怀
500			39429	2365			483193	安顺
			19600				3000	铜仁
							119795	兴义
3000			20417	1046			5864	毕节
1803			36741					凯里
							99818	福泉
34606		**16301**	**109031**	**20456**	**9697**	**106169**	**1041027**	**云南**
2855		13287	13944	8000	8000	56713	332561	昆明
8866			4600				27216	安宁
			32382	1673		2080	126550	曲靖
			780				51790	宣威
				24	24		15613	玉溪
			7500	2096				保山
						22915	21973	昭通
						369	4652	丽江
							12977	普洱
			8800				33349	临沧
1618			32526				43180	楚雄

4-1-3 续表 14

计量单位：万元

城市名称 Name of Cities	本年完成投资 Completed Investment of This Year	供水 Water Supply	燃气 Gas Supply	集中供热 Central Heating	轨道交通 Urban Rail Trainsit System	道路桥梁 Road and Bridge	排水 Sewerage
个旧	2163					564	1599
开远	20837					14034	1666
蒙自	122413	1600				111144	7915
弥勒	8152					8152	
文山	109329					99613	9716
景洪	53093		681			14229	17692
大理	150537	16400	6700			82371	34366
瑞丽	58349	2720				51107	1450
芒市	14316	1883	4293			4478	3562
西藏	**5265**						**5265**
日喀则	5265						5265
陕西	**5106489**	**80981**	**92913**	**223367**	**765289**	**3030909**	**231638**
西安	3174998	29400	27276	88274	765289	1949856	41346
铜川	188563					79336	
宝鸡	170978	13200	6170	36800		75367	12330
咸阳	554846	11719	13505	45203		365096	36809
兴平	67432	368	2500	26590		18698	7910
渭南	150453	5880	3770	1500		107662	17456
韩城	94878	1810	8330	20000		54732	1785
华阴	8317					5660	2657
延安	18580	2813	3671			9380	880
汉中	45437	105	7571			35420	1810
榆林	261545	650		5000		152125	6000
安康	258055	9800	4620			103325	95265
商洛	34901	1016	15500			15822	1140
杨陵区	77506	4220				58430	6250
甘肃	**2993848**	**42115**	**25410**	**197407**	**210300**	**1991061**	**52457**
兰州	2542604	27436	17346	134751	210300	1739046	19328
嘉峪关	31291	1661	877	4196		10730	4013
金昌	22144		644	8700		1832	
白银	20520		188			13361	6460
天水	60540	800	3200			43792	370
武威	42661	8000				15714	8990
张掖	48201			23000		19144	
平凉	67399	500	300	20000		30001	10715
酒泉	14673	1638		2246		9520	
玉门	9835		2650	1470		1150	
敦煌	7427			2791		2020	
庆阳	14003	480	15			4900	2090
定西	16412	1600				14812	
陇南	11820					4000	
临夏	79438		190	253		76159	491
合作	4880					4880	

Continued 14

Measurement Unit: 10,000RMB

污水处理 Wastewater Treatment	污泥处置 Sludge Disposal	再生水利用 Wastewater Recycled and Reused	园林绿化 Landscaping	市容环境卫生 Environmental Sanitation		其他 Other	本年新增固定资产 Newly Added Fixed Assets of This Year	城市名称 Name of Cities
					垃圾处理 Domestic Garbage Treatment			
1429							2163	个　旧
						5137	20757	开　远
			1684	70	70		41774	蒙　自
							8152	弥　勒
							109329	文　山
386		500	353	1503	1503	18635	4862	景　洪
15000		2514	4000	6700			129436	大　理
1450			2462	290		320	40432	瑞　丽
3002				100	100		14261	芒　市
5265							**5265**	**西　藏**
5265							5265	日喀则
152272		**5000**	**502165**	**179227**	**10768**		**2277392**	**陕　西**
16861			252379	21178	115		761371	西　安
			92592	16635			59769	铜　川
3600			15200	11911	10653		115850	宝　鸡
11300			29914	52600			237068	咸　阳
5500			7716	3650			37805	兴　平
11956		5000	14185				42194	渭　南
			7721	500			104896	韩　城
540							4825	华　阴
			865	971			32104	延　安
				531			48198	汉　中
6000			66450	31320			494745	榆　林
95265			6016	39029			278055	安　康
			1221	202			2156	商　洛
1250			7906	700			58356	杨陵区
14002	**7960**	**2960**	**165391**	**20151**	**12219**	**289556**	**2058187**	**甘　肃**
13511			109396	16226	10168	268775	1640444	兰　州
	2960		9007	640	240	167	31291	嘉峪关
			10968				14794	金　昌
	5000	1460	150	361	361		17842	白　银
			7328			5050	32570	天　水
			1250			8707	42482	武　威
						6057	45839	张　掖
			5883				70862	平　凉
			894	375			14673	酒　泉
			3415	350		800	11535	玉　门
			1936	680			5651	敦　煌
		1500	6498	20			14003	庆　阳
							20063	定　西
			7820				11820	陇　南
491			846	1499	1450		79438	临　夏
							4880	合　作

4-1-3 续表 15

计量单位：万元

城市名称 Name of Cities	本年完成投资 Completed Investment of This Year	供水 Water Supply	燃气 Gas Supply	集中供热 Central Heating	轨道交通 Urban Rail Trainsit System	道路桥梁 Road and Bridge	排水 Sewerage
青　海	**471117**	**9201**	**2249**			**396163**	**20653**
西　宁	409664	6400				360894	16649
海　东	18706		135			17787	784
玉　树	7100						
格尔木	22326	1070	2060			12862	
德令哈	13321	1731	54			4620	3220
宁　夏	**290577**	**11413**	**15585**	**33564**		**97901**	**13662**
银　川	147998	4259	49	20266		39772	3099
灵　武	17567	100	2600			13317	
石嘴山	17859	2047		3998		4236	4345
吴　忠	38903	367	9932	8000		6995	3000
青铜峡	6795		2100			295	
固　原	41795					25897	3218
中　卫	19660	4640	904	1300		7389	
新　疆	**3523097**	**283948**	**274132**	**284297**	**150000**	**1544578**	**121109**
乌鲁木齐	2097184	119147	223127	126890	150000	963709	23883
克拉玛依	230125	45950	5125	5350		117819	4967
吐鲁番	36350	6030	867			28989	
哈　密	59634	11680	4325	11514		16193	2085
昌　吉	126914	7987	3500			67719	3539
阜　康	62404	4900	2450	5775		27468	3027
博　乐	47710	1676		3282		13453	4291
阿拉山口	1500			900		600	
库尔勒	112488	3363	4540	3147		33319	3739
阿克苏	53538	12250	2100			17620	19318
阿图什	14909	1598		924		8265	
喀　什	117903	2244	4385	2024		83265	10751
和　田	24391	585	2000			4026	
伊　宁	127935	3032	5500	11232		72825	1464
奎　屯	29576	1686	1730	6599		15015	571
乌　苏	36294	3099		13288		5371	2164
塔　城	7534	1383		4100		848	
阿勒泰	29544	1019	1730	8546		7524	10639
石河子	75921	2462	3183	44929		6811	4177
阿拉尔	60208	1500		11083		39548	500
图木舒克	121563	51696	453	11830		7046	25555
五家渠	24334	475	9102	6934		3423	
北　屯	25138	186	15	5950		3722	439

Continued 15

Measurement Unit: 10,000RMB

污水处理 Wastewater Treatment	污泥处置 Sludge Disposal	再生水利用 Wastewater Recycled and Reused	园林绿化 Landscaping	市容环境卫生 Environmental Sanitation	垃圾处理 Domestic Garbage Treatment	其他 Other	本年新增固定资产 Newly Added Fixed Assets of This Year	城市名称 Name of Cities
4328			**16086**	**26765**	**2579**		**462691**	**青　海**
4328			2521	23200			409664	西　宁
							19206	海　东
			7100				7100	玉　树
			3755	2579	2579		13400	格尔木
			2710	986			13321	德令哈
			97882	**3627**	**1610**	**16943**	**267915**	**宁　夏**
			78823			1730	141699	银　川
			1250	300			26117	灵　武
				1803	710	1430	7952	石嘴山
			10609				36746	吴　忠
			2900	900	900	600	4442	青铜峡
			4300	624		7756	39745	固　原
						5427	11214	中　卫
38010		**5600**	**300580**	**215876**	**110630**	**348577**	**3060537**	**新　疆**
23883			44530	180898	100898	265000	1881342	乌鲁木齐
			36009	14694	6176	211	223506	克拉玛依
			464				8059	吐鲁番
350		500	4490	582		8765	59634	哈　密
			32084	2085		10000	126914	昌　吉
			13424	5000		360	62404	阜　康
3688			5875			19133	47294	博　乐
							1500	阿拉山口
			64000	380			32345	库尔勒
		4200	1300			950	53538	阿克苏
			328	1550	1550	2244	14909	阿图什
741			4731	853	853	9650	79812	喀　什
			5150	400	400	12230	11100	和　田
			28255	3144		2483	48685	伊　宁
				2132		1843	27366	奎　屯
			12332	40			34687	乌　苏
				1203	753		6781	塔　城
		900		86			2851	阿勒泰
2149			2560	2300		9499	111129	石河子
			4667			2910	60208	阿拉尔
7199			22000			2983	121563	图木舒克
			4081	29		290	19112	五家渠
			14300	500		26	25798	北　屯

4-2 按资金来源分全国历年城市市政公用设施建设固定资产投资(1978-2014)

计量单位：亿元

年 份 Year	本年资金来源合计 Completed Investment of This Year	上年末结余资金 The Balance of The Previous Year	本年资金来源	
			小计 Subtotal	中央财政拨款 Financial Allocation from Central Government Budget
1978	12.0		6.4	6.4
1979	14.0			
1980	14.4		14.4	6.1
1981	20.0		20.0	5.3
1982	27.2		27.2	8.6
1983	28.2		28.2	8.2
1984	41.7		41.7	11.8
1985	63.8		63.8	13.9
1986	79.8		79.8	13.2
1987	90.0		90.0	13.4
1988	112.6		112.6	10.2
1989	106.8		106.8	9.7
1990	121.2		121.2	7.4
1991	169.9		169.9	8.6
1992	265.4		265.4	9.9
1993	521.6		521.6	15.9
1994	665.5		665.5	27.9
1995	837.0		807.5	24.2
1996	939.1	68.0	871.1	34.8
1997	1105.6	49.0	1056.6	43.0
1998	1404.4	58.0	1346.4	100.2
1999	1534.2	81.0	1453.2	173.8
2000	1849.5	109.0	1740.5	222.0
2001	2351.9	109.0	2112.8	104.9
2002	3123.2	111.0	2705.9	96.3
2003	4264.1	120.7	4143.4	118.9
2004	4650.9	267.9	4383.0	63.0
2005	5505.5	229.0	5276.6	63.9
2006	5800.6	365.4	5435.2	89.2
2007	6283.5	369.5	5914.0	77.3
2008	7277.4	386.9	6890.4	72.7
2009	10938.1	460.4	10477.6	112.9
2010	13351.7	659.3	12692.4	206.0
2011	14158.1	648.9	13509.1	166.3
2012	15264.2	595.4	14668.9	171.1
2013	16121.9	987.5	15134.3	147.5
2014	16054.0	954.0	15100.0	102.2

注：1.自2013年起，“本年资金来源合计”为“本年实际到位资金合计”。
2.自2013年起，“中央财政拨款”为“中央预算资金”，“地方财政拨款”为除“中央预算资金”外的“国家预算资金”合计。

Note: 1.Since 2013, Completed Investment of This Year is changed to be The Total Funds Actually Available for The Reported Year.
2.Since 2013, Financial Allocation from Central Government Budget is changed to be Central Budgetary Fund, and Financial Allocation from Local Government Budget is State Budgetary Fund excluding Central Budgetary Fund.

National Fixed Assets Investment in Urban Service Facilities by Capital Source in Past Years(1978-2014)

Measurement Unit: 100 million RMB

Sources of Fund					
地方财政拨款 Financial Allocation from Local Government Budget	国内贷款 Domestic Loan	债券 Securities	利用外资 Foreign Investment	自筹资金 Self-Raised Funds	其他资金 Other Funds
	0.1			8.2	
	0.4		—	13.8	0.5
	1.0		—	16.5	1.1
	0.6			17.2	2.2
	2.1		—	25.5	2.3
	3.1		0.1	40.9	5.8
	3.1		0.1	57.4	6.0
	6.2		1.3	61.4	7.7
	7.1		1.6	78.0	15.7
	6.0		1.5	72.9	16.7
	11.0		2.2	82.2	18.4
	25.3		6.0	108.1	21.9
	42.9		10.3	180.4	38.9
	72.8		20.8	304.5	107.6
	58.3		64.2	397.1	118.0
	65.1		84.9	493.3	140.0
	122.2	4.9	105.6	486.1	117.5
	165.3	3.1	129.5	554.3	161.4
	284.8	40.3	110.1	600.4	210.6
	357.8	55.9	68.6	595.2	201.9
	428.6	29.0	76.7	682.7	301.5
379.1	603.4	16.8	97.8	636.4	274.5
516.9	743.8	7.3	109.6	866.3	365.7
733.4	1435.4	17.4	90.0	1350.2	398.0
938.4	1468.0	8.5	87.2	1372.9	445.0
1050.6	1805.9	5.2	170.0	1728.0	453.0
1339.0	1880.5	16.4	92.9	1638.1	379.2
1925.7	1763.7	29.5	73.1	1635.7	409.0
2143.9	2037.0	27.8	91.2	1980.1	537.6
2705.1	4034.8	120.8	66.1	2487.1	950.7
3523.6	4615.6	49.1	113.8	3058.9	1125.3
4555.6	3992.8	111.6	100.3	3478.6	1103.9
4446.6	4366.7	26.8	150.8	3740.5	1766.4
3573.2	4218.0	41.5	62.2	4714.1	2377.7
4135.2	4383.1	96.0	42.0	4294.7	2046.7

4-2-1 2014年按资金来源分全国城市市政公用设施建设固定资产投资分组资料

计量单位:万元

地区名称 Name of Regions		本年实际到位资金合计 The Total Funds Actually Available for The Reported Year	上年末结余资金 The Balance of The Previous Year	本年资金来源			
				小计 Subtotal	国家预算资金 State Budgetary Fund	中央预算资金 Central Budgetary Fund	国内贷款 Domestic Loan
全国	**National Total**	**160540316**	**9540222**	**151000094**	**42374381**	**1022194**	**43831131**
分类一	**Group one**						
东部地区	East China	85138303	5980428	79157875	23280627	415074	23570754
中部地区	Central China	42235135	1692827	40542308	11753696	257164	7056036
西部地区	West China	33166878	1866967	31299911	7340058	349956	13204341
分类二	**Group two**						
东部地区	East China	80564627	5477622	75087005	22076681	382784	22149307
中部地区	Central China	37208505	1692827	35515678	10162484	253348	6774973
西部地区	West China	42767184	2369773	40397411	10135216	386062	14906851
分类三	**Group three**						
东部地区	East China	76923147	5270180	71652967	20791581	352737	21372665
中部地区	Central China	32601322	1663805	30937517	9306688	170899	5028082
西部地区	West China	42767184	2369773	40397411	10135216	386062	14906851
东北地区	Northeast China	8248663	236464	8012199	2140896	112496	2523533

National Fixed Assets Investment in Urban Service Facilities by Capital Source(by Group in Column)(2014)

Measurement Unit: 10,000RMB

Sources of Fund						各项应付款 Sum Payable This Year	地区名称 Name of Regions
债 券 Securities	利用外资 Foreign Investment	外商直接投资 Foreign Direct Investment	自筹资金 Self-Raised Funds	单位自有资金 Self-Owned Funds	其他资金 Other Funds		
960257	**420267**	**122362**	**42946595**	**7258298**	**20467463**	**16499340**	**全　国**
							分类一
830866	111292	70396	22339641	4331066	9024695	8792897	东部地区
88264	235870	51966	13888903	1310803	7519539	2693334	中部地区
41127	73105		6718051	1616429	3923229	5013109	西部地区
							分类二
818756	110992	70396	21059901	4252949	8871368	8709119	东部地区
88264	235870	51966	10991573	1019216	7262514	2577170	中部地区
53237	73405		10895121	1986133	4333581	5213051	西部地区
							分类三
813356	87723	65103	20047981	3945121	8539661	7945008	东部地区
85314	226394	51966	9299152	655802	6991887	1998333	中部地区
53237	73405		10895121	1986133	4333581	5213051	西部地区
8350	32745	5293	2704341	671242	602334	1342948	东北地区

4-2-2 2014年按资金来源分全国城市市政公用设施建设固定资产投资(按省分列)

计量单位：万元

地区名称 Name of Regions	本年实际到位资金合计 The Total Funds Actually Available for The Reported Year	上年末结余资金 The Balance of The Previous Year	本年资金来源			
			小计 Subtotal	国家预算资金 State Budgetary Fund	中央预算资金 Central Budgetary Fund	国内贷款 Domestic Loan
全　国	**160540316**	**9540222**	**151000094**	**42374381**	**1022194**	**43831131**
北　京	12375870	1370061	11005809	5310090	97264	3735069
天　津	5960051	184349	5775702	373814	17604	3097648
河　北	3535608	5072	3530536	905586	13886	607109
山　西	3353137	24133	3329004	1058173	7406	55700
内蒙古	5026630		5026630	1591212	3816	281063
辽　宁	3641480	207442	3434038	1285100	30047	776642
吉　林	2485734	10170	2475564	418875	28237	1360395
黑龙江	2121449	18852	2102597	436921	54212	386496
上　海	3568547	201477	3367070	949476	33000	1163302
江　苏	20778321	2038137	18740184	2612756	19939	8353020
浙　江	7774566	630376	7144190	2155536	39496	2018722
安　徽	6508654	257563	6251091	2199265	60645	904404
福　建	4622302	150117	4472185	1948117	3255	343515
江　西	5909996	1247611	4662385	2194980	40934	1001060
山　东	8644920	147413	8497507	4915125	8628	927395
河　南	3642130	101617	3540513	2600066	22931	430712
湖　北	6724374	6567	6717807	475816	21773	1310553
湖　南	6463031	26314	6436717	778388	17210	1325653
广　东	9196061	500179	8695882	1559353	87620	879885
广　西	4573676	502806	4070870	1203946	32290	1421447
海　南	466901	42999	423902	61728	32045	247000
重　庆	4752111	168311	4583800	2043766	4011	1350070
四　川	5944164	44788	5899376	970573	21700	1586020
贵　州	7522672	102065	7420607	259356	2180	4943650
云　南	1432896	150021	1282875	90194	1665	343293
西　藏	16134		16134	12500	6000	
陕　西	5168197	97808	5070389	2838468	60366	1252130
甘　肃	3774335	704974	3069361	87480	11091	2161491
青　海	985358	521992	463366	177801	34501	265528
宁　夏	198647	15204	183443	78835	3495	16913
新　疆	3372364	61804	3310560	781085	204947	1285246

National Fixed Assets Investment in Urban Service Facilities by Capital Source (by Province in Column)(2014)

Measurement Unit: 10,000RMB

Sources of Fund						各项应付款 Sum Payable This Year	地区名称 Name of Regions
债券 Securities	利用外资 Foreign Investment	外商直接投资 Foreign Direct Investment	自筹资金 Self-Raised Funds	单位自有资金 Self-Owned Funds	其他资金 Other Funds		
960257	**420267**	**122362**	**42946595**	**7258298**	**20467463**	**16499340**	**全 国**
1730			979769	647371	979151	3228154	北 京
			1867183	78644	437057	898945	天 津
42500			1324702	87663	650639	74550	河 北
			2194727	95154	20404	316604	山 西
			2897330	291587	257025	116164	内蒙古
5400	23269	5293	1011920	307828	331707	764111	辽 宁
2950			579611	96962	113733	422829	吉 林
	9476		1112810	266452	156894	156008	黑龙江
	4412		1236429	413479	13451	493051	上 海
	57664	51664	6903640	1607683	813104	1090105	江 苏
97602	10392	9639	2258255	383639	603683	555007	浙 江
8700	61703	18214	2078803	159502	998216	733488	安 徽
2364			604646	99870	1573543	176807	福 建
	50028	11332	571990	77241	844327	389139	江 西
7000	14855	3400	1949626	335912	683506	1061886	山 东
1000	10320	10320	459310	103733	39105	78273	河 南
5000	59993		1183755	25209	3682690	204076	湖 北
70614	44350	12100	2810567	194963	1407145	276753	湖 南
646854	400	400	2913703	290663	2695687	324729	广 东
12110	300		1279740	78117	153327	83778	广 西
15306			10028	197	89840	41774	海 南
	13406		487227	211283	689331	1166847	重 庆
17845	2767		1360301	179895	1961870	643971	四 川
5			2037597	173584	179999	925408	贵 州
	10702		553968	163502	284718	416216	云 南
			1833		1801		西 藏
			656074	125692	323717	325841	陕 西
8713	22866		584903	397604	203908	1173206	甘 肃
			20037	1915		66694	青 海
12966	898		46888	12455	26943	127073	宁 夏
1598	22466		969223	350499	250942	167853	新 疆

4-2-3 2014年按资金来源分全国城市市政公用设施建设固定资产投资(按城市分列)

计量单位：万元

城市名称 Name of Cities	本年实际到位资金合计 The Total Funds Actually Available for The Reported Year	上年末结余资金 The Balance of The Previous Year	本年资金来源			
			小计 Subtotal	国家预算资金 State Budgetary Fund	中央预算资金 Central Budgetary Fund	国内贷款 Domestic Loan
全　国	**160540316**	**9540222**	**151000094**	**42374381**	**1022194**	**43831131**
北　京	**12375870**	**1370061**	**11005809**	**5310090**	**97264**	**3735069**
天　津	**5960051**	**184349**	**5775702**	**373814**	**17604**	**3097648**
河　北	**3535608**	**5072**	**3530536**	**905586**	**13886**	**607109**
石家庄	1235782		1235782	282764		456426
晋　州	11645		11645	11497		
新　乐	25071		25071	8548		
唐　山	206434	2072	204362	17839		25290
遵　化	22766		22766			
迁　安	54676		54676	17034		
秦皇岛	117614		117614	6124		90000
邯　郸	491969		491969	47000		
武　安	60172		60172			20138
邢　台	23180		23180	3034		
南　宫	27184		27184			
沙　河	14142		14142	7652		
保　定	151952		151952	151587		
涿　州	29542		29542	29387		
安　国	20115		20115			
高碑店	8192		8192	8192		
张家口	185826		185826			
承　德	64388		64388	23802		867
沧　州	119361		119361	41916		
泊　头	18101		18101	6498	176	2500
任　丘	155014		155014	9553		
黄　骅	135740		135740	98260		6888
河　间	47787		47787	19047		
廊　坊	63811		63811	53694		
霸　州	14744		14744	12044		
三　河	22315		22315	22315		
衡　水	25564		25564	9538	7608	
冀　州	63857	3000	60857	7360	5702	
深　州	22932		22932			
辛　集	20090		20090	10501		
定　州	75642		75642	400	400	5000

National Fixed Assets Investment in Urban Service Facilities by Capital Source (by City in Column)(2014)

Measurement Unit: 10,000RMB

Sources of Fund						各项应付款 Sum Payable This Year	城市名称 Name of Cities
债券 Securities	利用外资 Foreign Investment	外商直接投资 Foreign Direct Investment	自筹资金 Self-Raised Funds	单位自有资金 Self-Owned Funds	其他资金 Other Funds		
960257	**420267**	**122362**	**42946595**	**7258298**	**20467463**	**16499340**	**全　国**
1730			**979769**	**647371**	**979151**	**3228154**	**北　京**
			1867183	**78644**	**437057**	**898945**	**天　津**
42500			**1324702**	**87663**	**650639**	**74550**	**河　北**
			496592	7513			石家庄
			148				晋　州
			16523				新　乐
40500			117440		3293		唐　山
			20266		2500		遵　化
			37600		42		迁　安
			6594	866	14896		秦皇岛
			38560		406409		邯　郸
			23544	1981	16490		武　安
			10874	7637	9272		邢　台
			27184			27184	南　宫
			6490				沙　河
			365	365			保　定
			80		75	4290	涿　州
			20115				安　国
						1222	高碑店
			185826				张家口
			24219		15500		承　德
			47445	641	30000		沧　州
			9103	2650			泊　头
			49275		96186	3209	任　丘
			30592	30592			黄　骅
			9240	840	19500	28287	河　间
			10117				廊　坊
			2700				霸　州
							三　河
			2482	1226	13544	7351	衡　水
2000			51497	935			冀　州
					22932		深　州
			9589	9440			辛　集
			70242	22977		3007	定　州

4-2-3 续表 1

计量单位：万元

城市名称 Name of Cities	本年实际到位资金合计 The Total Funds Actually Available for The Reported Year	上年末结余资金 The Balance of The Previous Year	本年资金来源			
			小计 Subtotal	国家预算资金 State Budgetary Fund	中央预算资金 Central Budgetary Fund	国内贷款 Domestic Loan
山　西	**3353137**	**24133**	**3329004**	**1058173**	**7406**	**55700**
太　原	1806288		1806288			
古　交	828	50	778			
大　同	67980		67980			
阳　泉	213165	23388	189777	73700		45700
长　治	286652		286652	286250		
潞　城	20203		20203	20203		
晋　城	94222		94222	94222		
高　平	45503		45503	45503		
朔　州	65783		65783			
晋　中	205631		205631	205631		
介　休	17550		17550	14347		
运　城	42786		42786	14900		
永　济	18237		18237	7447	5500	
河　津	20015		20015	19505		
忻　州	101080	98	100982	80638		
原　平	7821		7821			
临　汾	59008		59008			
侯　马	41641	597	41044	4190	450	10000
霍　州	26054		26054	25154		
吕　梁	107198		107198	102794	1456	
孝　义	78129		78129	47439		
汾　阳	27363		27363	16250		
内 蒙 古	**5026630**		**5026630**	**1591212**	**3816**	**281063**
呼和浩特	1584129		1584129	1342525		35277
包　头	1206260		1206260			
乌　海	124845		124845			
赤　峰	404576		404576	3100		49039
通　辽	210042		210042			
霍林郭勒	74838		74838	57838		
鄂尔多斯	164479		164479			
呼伦贝尔	252203		252203	3537	3537	
满 洲 里	65322		65322	52072	279	
牙 克 石	195100		195100			
扎 兰 屯	121573		121573			
额尔古纳	39270		39270	14770		

Continued 1

Measurement Unit: 10,000RMB

Sources of Fund						各项应付款 Sum Payable This Year	城市名称 Name of Cities
债券 Securities	利用外资 Foreign Investment	外商直接投资 Foreign Direct Investment	自筹资金 Self-Raised Funds	单位自有资金 Self-Owned Funds	其他资金 Other Funds		
			2194727	**95154**	**20404**	**316604**	**山西**
			1806288				太原
					778	699	古交
			67980				大同
			70377				阳泉
			402			5518	长治
							潞城
						94222	晋城
							高平
			63433	39899	2350	62573	朔州
							晋中
			3203				介休
			11300		16586	82849	运城
			10790	7590		3948	永济
			510	104			河津
			20344			2430	忻州
			7821	384		4479	原平
			59008				临汾
			26164	970	690		侯马
			900				霍州
			4404	4404		40888	吕梁
			30690	30690		13528	孝义
			11113	11113		5470	汾阳
			2897330	**291587**	**257025**	**116164**	**内蒙古**
			206327	3299		111824	呼和浩特
			1206260				包头
			76057	746	48788		乌海
			171201		181236		赤峰
			210042				通辽
			17000				霍林郭勒
			164479	41631		4340	鄂尔多斯
			248666	160161			呼伦贝尔
			13250	13250			满洲里
			195100	72500			牙克石
			121573				扎兰屯
			24500				额尔古纳

4-2-3 续表 2

计量单位：万元

城市名称 Name of Cities	本年实际到位资金合计 The Total Funds Actually Available for The Reported Year	上年末结余资金 The Balance of The Previous Year	本年资金来源			
			小计 Subtotal	国家预算资金 State Budgetary Fund	中央预算资金 Central Budgetary Fund	国内贷款 Domestic Loan
根　河	8500		8500	550		
巴彦淖尔	163192		163192	40125		58512
乌兰察布	97508		97508	76695		
丰　镇	138235		138235			138235
乌兰浩特	89997		89997			
阿尔山	11552		11552			
二连浩特	35119		35119			
锡林浩特	39890		39890			
辽　宁	**3641480**	**207442**	**3434038**	**1285100**	**30047**	**776642**
沈　阳	1340420	58697	1281723	476722	25698	403115
新　民	5142		5142			
大　连	1150245	146023	1004222	463470		285000
瓦房店	13823		13823	1292		
普兰店	15440		15440	10860		
庄　河	37186		37186	31409		
鞍　山	113694		113694	25798		
海　城	30540		30540	2608		
抚　顺	207317	300	207017	29632	1741	19787
本　溪	27968		27968	10237		7000
丹　东	85411	2260	83151	21975		15895
东　港	21988		21988	17007	364	222
凤　城	4912		4912	2084		2828
锦　州	97023		97023	43057	1619	4495
凌　海	4322		4322	2910	300	
北　镇	2167		2167			
营　口	8106		8106	4232	325	
盖　州	56319	162	56157	1500		1300
大石桥	25416		25416	2921		8000
阜　新	30940		30940	14039		
辽　阳	63392		63392	39772		
灯　塔	5562		5562	4666		
盘　锦	76235		76235	8551		
铁　岭	40924		40924	2725		
调兵山	7189		7189	7189		
开　原	46278		46278	27176		
朝　阳	54749		54749	1507		25000
北　票	9025		9025	6895		

Continued 2

Measurement Unit: 10,000RMB

Sources of Fund						各项应付款 Sum Payable This Year	城市名称 Name of Cities
债　券 Securities	利用外资 Foreign Investment	外商直接投　资 Foreign Direct Investment	自筹资金 Self-Raised Funds	单位自有资　金 Self-Owned Funds	其他资金 Other Funds		
			7950				根　河
			37554		27001		巴彦淖尔
			20813				乌兰察布
							丰　镇
			89997				乌兰浩特
			11552				阿尔山
			35119				二连浩特
			39890				锡林浩特
5400	**23269**	**5293**	**1011920**	**307828**	**331707**	**764111**	**辽　宁**
			353452	95706	48434	709151	沈　阳
			5142	320			新　民
			57539		198213	1366	大　连
			12531	662			瓦房店
			4580				普兰店
			5777				庄　河
			65865	481	22031	5186	鞍　山
	2200		25726	25726	6		海　城
	6700		142126	105834	8772		抚　顺
	2711	2711	2944	2944	5076	14480	本　溪
	2582	2582	27104	820	15595	7515	丹　东
			4759	4204			东　港
							凤　城
4800			44671	42437		3510	锦　州
			1412	122		608	凌　海
			2167				北　镇
			3874	2525		7157	营　口
	5910		46087		1360		盖　州
			14495	5320			大石桥
			16901				阜　新
			10714	8157	12906		辽　阳
			896			2147	灯　塔
	3166		64518	7577		1134	盘　锦
			38199	66		11857	铁　岭
							调兵山
			14591	643	4511		开　原
			13439	184	14803		朝　阳
			2130				北　票

4-2-3 续表 3

计量单位：万元

城市名称 Name of Cities	本年实际到位资金合计 The Total Funds Actually Available for The Reported Year	上年末结余资金 The Balance of The Previous Year	本年资金来源			
			小计 Subtotal	国家预算资金 State Budgetary Fund	中央预算资金 Central Budgetary Fund	国内贷款 Domestic Loan
凌　源	8948		8948	1443		
葫芦岛	37682		37682	11938		4000
兴　城	13117		13117	11485		
吉　林	**2485734**	**10170**	**2475564**	**418875**	**28237**	**1360395**
长　春	1770178		1770178	335539	7906	1247390
九　台	36813		36813	4282		
榆　树	16268		16268	5781	3396	
德　惠	5227		5227	5227		
吉　林	151184		151184	18000		107662
蛟　河	4310		4310			
桦　甸	11184		11184			
舒　兰	2110		2110			
磐　石	10779		10779			
四　平	17028		17028			
双　辽	5471		5471	62		
辽　源	21873		21873	7655	3700	
通　化	3745	1061	2684	1000	1000	
集　安	8909		8909			
白　山	45235	1000	44235	5614		
临　江	8096		8096	3600	3600	
松　原	29240		29240			
扶　余	16065		16065			
白　城	93680		93680	7710	3210	3660
洮　南	24977		24977	889		
大　安	16550		16550	8750		
延　吉	13100		13100			
图　们	9371	8109	1262	640	640	
敦　化	26570		26570	4785	4785	
珲　春	17897		17897			
龙　井	11771		11771			
和　龙	13400		13400	300		
公主岭	43203		43203	9041		1683
梅河口	51500		51500			
黑龙江	**2121449**	**18852**	**2102597**	**436921**	**54212**	**386496**
哈尔滨	938276	1403	936873	135975	15000	338816
双　城	10100		10100			

Continued 3

Measurement Unit: 10,000RMB

Sources of Fund						各项应付款 Sum Payable This Year	城市名称 Name of Cities
债券 Securities	利用外资 Foreign Investment	外商直接投资 Foreign Direct Investment	自筹资金 Self-Raised Funds	单位自有资金 Self-Owned Funds	其他资金 Other Funds		
			7505	4100			凌源
600			21144				葫芦岛
			1632				兴城
2950			**579611**	**96962**	**113733**	**422829**	**吉林**
			83825	56350	103424	311931	长春
			32531			41096	九台
			10487			13070	榆树
							德惠
			25522				吉林
			4310				蛟河
			11184				桦甸
			2110				舒兰
			10779				磐石
			13528		3500		四平
			5409				双辽
			14218			1180	辽源
			788		896	21850	通化
			8909	8909			集安
1600			32492	20348	4529	880	白山
			4001	2300	495	4007	临江
			29240				松原
			16065				扶余
			82310	1255			白城
			24088				洮南
			7800	7800			大安
			12258		842		延吉
			622				图们
			21785			24500	敦化
			17897				珲春
			11771				龙井
			13100				和龙
1350			31082		47	4315	公主岭
			51500				梅河口
	9476		**1112810**	**266452**	**156894**	**156008**	**黑龙江**
	9476		444806	18784	7800	95470	哈尔滨
			10100				双城

4-2-3 续表 4

计量单位：万元

城市名称 Name of Cities	本年实际到位资金合计 The Total Funds Actually Available for The Reported Year	上年末结余资金 The Balance of The Previous Year	本年资金来源 小计 Subtotal	国家预算资金 State Budgetary Fund	中央预算资金 Central Budgetary Fund	国内贷款 Domestic Loan
尚　志	40066		40066	1192		
五　常	12825		12825	6710		2700
齐齐哈尔	114073		114073	64082	7335	
讷　河	9891		9891	5215	900	
鸡　西	46437	11849	34588	25507		
虎　林	4249		4249	2132		
密　山	10680		10680	9018		
鹤　岗	43522		43522	2612		1980
双鸭山	35834		35834	20626	9365	
大　庆	231871	5000	226871	28226		43000
伊　春	74756		74756	48741	5177	
铁　力	19206		19206	7985	4162	
佳木斯	47998		47998	760	760	
同　江	18170		18170	1130	180	
富　锦	35385	600	34785			
七台河	29581		29581	5280	4480	
牡丹江	120175		120175	105		
绥芬河	80671		80671	15032	2383	
海　林	14300		14300	4300		
宁　安	19212		19212	1800		
穆　棱	10337		10337			
黑　河	7995		7995	6524		
北　安	36281		36281	21442	1420	
五大连池	8981		8981	6331	2650	
绥　化	56433		56433	4479	400	
安　达	9352		9352	1485		
肇　东	24060		24060			
海　伦	10732		10732	10232		
上　海	**3568547**	**201477**	**3367070**	**949476**	**33000**	**1163302**
江　苏	**20778321**	**2038137**	**18740184**	**2612756**	**19939**	**8353020**
南　京	7079193	569473	6509720	323402		3407973
无　锡	1349514	344359	1005155	377324		510532
江　阴	142668		142668			
宜　兴	47717		47717			
徐　州	301388		301388	234818		33803

Continued 4

Measurement Unit: 10,000RMB

Sources of Fund							
债　券 Securities	利用外资 Foreign Investment	外商直接投　资 Foreign Direct Investment	自筹资金 Self-Raised Funds	单位自有资　金 Self-Owned Funds	其他资金 Other Funds	各项应付款 Sum Payable This Year	城市名称 Name of Cities
					38874		尚　志
			1415		2000	8357	五　常
			9421	2643	40570	13270	齐齐哈尔
			4676	4676			讷　河
			9081				鸡　西
			2117				虎　林
			1662	822			密　山
			24521	20811	14409		鹤　岗
					15208		双鸭山
			155645	112736		2958	大　庆
			26015	2486		385	伊　春
			1561	361	9660		铁　力
			46366	20507	872		佳木斯
			17040	3850			同　江
			34785				富　锦
			21285	21285	3016	8553	七台河
			120070				牡丹江
			59455	7043	6184		绥芬河
			10000				海　林
			17412				宁　安
			10337				穆　棱
			1471	604			黑　河
			12389	12000	2450	27015	北　安
			2650				五大连池
			41603	37844	10351		绥　化
			7867				安　达
			19060		5000		肇　东
					500		海　伦
	4412		**1236429**	**413479**	**13451**	**493051**	**上　海**
	57664	**51664**	**6903640**	**1607683**	**813104**	**1090105**	**江　苏**
	13090	13090	2665055	958115	100200	489249	南　京
			117091		208	21679	无　锡
			142668	59400			江　阴
			47717				宜　兴
			19007		13760		徐　州

4-2-3 续表 5

计量单位：万元

城市名称 Name of Cities	本年实际到位资金合计 The Total Funds Actually Available for The Reported Year	上年末结余资金 The Balance of The Previous Year	本年资金来源 小计 Subtotal	国家预算资金 State Budgetary Fund	中央预算资金 Central Budgetary Fund	国内贷款 Domestic Loan
新沂	51752		51752	17914	13150	23632
邳州	42150		42150			
常州	1194687	3142	1191545	6320		668066
溧阳	63975		63975	29916		19985
金坛	59950		59950			
苏州	2689804	925571	1764233	442175	4390	329515
常熟	121809		121809	106095		300
张家港	97325		97325			3700
昆山	87649		87649			
太仓	54286		54286			54286
南通	2842489		2842489	491166		1499711
启东	114153		114153			
如皋	125729		125729			46000
海门	56192		56192	28464		
连云港	450277	1000	449277	36959		198530
淮安	120275		120275	105248		
盐城	232731		232731	16695		
东台	18749	104	18645	3678		
大丰	45700	6950	38750			
扬州	1005374	187538	817836	105805		38238
仪征	5624		5624			
高邮	16298		16298			
镇江	1607981		1607981	38790		1518749
丹阳	41118		41118	2310	2310	
扬中	90424		90424	4465		
句容	27000		27000			
泰州	128886		128886	80224		
兴化	78726		78726	50273		
靖江	63584		63584	42193		
泰兴	42790		42790			
宿迁	280354		280354	68522	89	
浙江	**7774566**	**630376**	**7144190**	**2155536**	**39496**	**2018722**
杭州	1615173	242717	1372456	981158	14948	160125
建德	2135		2135			
富阳	64243		64243	16013		15404
临安	27645	6809	20836	7389		8750

Continued 5

Measurement Unit: 10,000RMB

Sources of Fund								
债 券 Securities	利用外资 Foreign Investment	外商直接投资 Foreign Direct Investment	自筹资金 Self-Raised Funds	单位自有资金 Self-Owned Funds	其他资金 Other Funds	各项应付款 Sum Payable This Year	城市名称 Name of Cities
			10206				新　沂
			42150				邳　州
			231452	117277	285707	276426	常　州
			14009	13109	65		溧　阳
			59950	15450			金　坛
	1000		973900	52350	17643	42053	苏　州
			15414	9877			常　熟
			64770		28855	1980	张家港
			87649				昆　山
							太　仓
	10000	5000	785074	121034	56538		南　通
			98764	563	15389		启　东
					79729		如　皋
			6504	700	21224	380	海　门
	24989	24989	136587	6739	52212	27066	连云港
			15027			120275	淮　安
			216036	98843			盐　城
			14967			4150	东　台
			37511	63	1239		大　丰
	6585	6585	612752	35029	54456	20184	扬　州
			4024		1600		仪　征
					16298		高　邮
			49602	26648	840		镇　江
			15663	15663	23145	1380	丹　阳
			85350		609		扬　中
			27000				句　容
			48662	7190		20490	泰　州
	2000	2000	26453	333			兴　化
			21391	21391		200	靖　江
			3140	3140	39650		泰　兴
			208095	44769	3737	64593	宿　迁
97602	**10392**	**9639**	**2258255**	**383639**	**603683**	**555007**	**浙　江**
			164268	156535	66905	43540	杭　州
			2135				建　德
			32826				富　阳
			4697	22		4569	临　安

4-2-3 续表 6

计量单位：万元

城市名称 Name of Cities	本年实际到位资金合计 The Total Funds Actually Available for The Reported Year	上年末结余资金 The Balance of The Previous Year	本年资金来源 小计 Subtotal	国家预算资金 State Budgetary Fund	中央预算资金 Central Budgetary Fund	国内贷款 Domestic Loan
宁波	2080087	72725	2007362	126254	2000	1229454
余姚	186141		186141			130260
慈溪	202097		202097	89829		
奉化	37305		37305	95		18849
温州	1083074	246703	836371	90655		116900
瑞安	56022	1202	54820	23618		
乐清	66874	960	65914	55348		
嘉兴	169216	1003	168213	22504	600	81295
海宁	58090		58090	5624	250	30082
平湖	33953		33953	5409		18793
桐乡	37393		37393	16896		
湖州	253283	10611	242672	7454	5274	37475
绍兴	388517	26573	361944	130151		37064
诸暨	67451		67451	10472		
嵊州	21071	4787	16284			
金华	171207	6396	164811	26854		48077
兰溪	17585		17585	15191	4591	2394
义乌	233665		233665			
东阳	89946	35	89911	84786		
永康	15428		15428	10889		
衢州	83771	2445	81326	25088	2549	6140
江山	11980		11980			
舟山	283538	7315	276223	238961		2910
台州	184877	50	184827	38418	9184	14860
温岭	16978		16978	16978		
临海	32204		32204	9889	100	
丽水	152483	45	152438	69691		59890
龙泉	31134		31134	29922		
安徽	**6508654**	**257563**	**6251091**	**2199265**	**60645**	**904404**
合肥	1521638	240392	1281246	37572	160	187000
巢湖	251800		251800			187450
芜湖	523376	743	522633	410131	31700	9400
蚌埠	689903		689903	52600		
淮南	221413	12800	208613	191242		
马鞍山	286495		286495	7112		21945
淮北	265783		265783			

Continued 6

Measurement Unit: 10,000RMB

Sources of Fund						各项应付款 Sum Payable This Year	城市名称 Name of Cities
债 券 Securities	利用外资 Foreign Investment	外商直接投资 Foreign Direct Investment	自筹资金 Self-Raised Funds	单位自有资金 Self-Owned Funds	其他资金 Other Funds		
			473814	23747	177840	250587	宁 波
			55161		720	500	余 姚
			112268	22654			慈 溪
			1497	449	16864	633	奉 化
			382538	31506	246278	10943	温 州
			25551	10759	5651	699	瑞 安
	753		9791	2401	22	6040	乐 清
			32900	7667	31514	379	嘉 兴
			22384	5037		41701	海 宁
			9751	1760			平 湖
	8500	8500	11997				桐 乡
			187743	503	10000	2962	湖 州
69902			115122	31165	9705	74455	绍 兴
			56979	15600			诸 暨
			16284				嵊 州
27700			62130	404	50	65845	金 华
							兰 溪
			233665				义 乌
			1800		3325	17244	东 阳
	1139	1139	3400	2530			永 康
			42375	31443	7723	9962	衢 州
			11980				江 山
			25884	3710	8468	20222	舟 山
			121015	15407	10534	3944	台 州
							温 岭
			19715	1755	2600	616	临 海
			18585	18585	4272	166	丽 水
					1212		龙 泉
8700	**61703**	**18214**	**2078803**	**159502**	**998216**	**733488**	**安 徽**
8700	23433		305697	50797	718844	27747	合 肥
			64350			251800	巢 湖
	16444	7444	86658	16128		33793	芜 湖
	5000		632303	9528			蚌 埠
			17371	17203		65986	淮 南
			245970	5380	11468	833	马鞍山
			265783				淮 北

4-2-3 续表 7

计量单位：万元

城市名称 Name of Cities	本年实际到位资金合计 The Total Funds Actually Available for The Reported Year	上年末结余资金 The Balance of The Previous Year	本年资金来源 小计 Subtotal	国家预算资金 State Budgetary Fund	中央预算资金 Central Budgetary Fund	国内贷款 Domestic Loan
铜陵	150908		150908	142910		
安庆	214423		214423	183186		
桐城	16717		16717	14667		
黄山	81349		81349	62899	1250	1600
滁州	280414		280414	115914	3441	126554
天长	183500		183500			183500
明光	196628		196628	56660	2390	
阜阳	465848	1383	464465	268607	2000	166791
界首	35608		35608	34012		
宿州	306140	2245	303895	8098		
六安	161935		161935	69361	13484	5000
亳州	91016		91016	49561		12164
池州	271847		271847	241110	6220	3000
宣城	230560		230560	198750		
宁国	61353		61353	54873		
福建	**4622302**	**150117**	**4472185**	**1948117**	**3255**	**343515**
福州	1201105	127284	1073821	728494		227498
长乐	51810		51810	47435		
厦门	1002712	5785	996927	567314	1324	7000
莆田	714107		714107			
三明	39035		39035	27195		
永安	50170		50170	20280		
泉州	438882	14014	424868	119328		
石狮	3000		3000			
晋江	85440		85440			
南安	54789		54789	1150	1150	20000
漳州	223444	1200	222244	4763		
龙海	240706	679	240027	193888		3000
南平	44755		44755	43232		
邵武	12721	1028	11693	10893	781	
武夷山	35863		35863			
建瓯	98988		98988	140		
建阳	12676		12676	12676		
龙岩	141346		141346	26360		86017
漳平	28684		28684	25334		
宁德	102282		102282	102282		
福安	23779	127	23652	16288		
福鼎	16008		16008	1065		

Continued 7

Measurement Unit: 10,000RMB

Sources of Fund								
债 券 Securities	利用外资 Foreign Investment	外商直接投资 Foreign Direct Investment	自筹资金 Self-Raised Funds	单位自有资金 Self-Owned Funds	其他资金 Other Funds	各项应付款 Sum Payable This Year	城市名称 Name of Cities
			7998	7998			铜 陵
			11437	1800	19800	105375	安 庆
			2050	2050			桐 城
			14420	3449	2430	15046	黄 山
			27822	6268	10124	41209	滁 州
							天 长
			38546	6750	101422		明 光
			22164	18791	6903	3093	阜 阳
			1596	1596			界 首
			254932	3493	40865	9524	宿 州
	16826	10770	7748	5558	63000	3390	六 安
			29291	1833			亳 州
			27737			34590	池 州
			8450		23360	121379	宣 城
			6480	880		19723	宁 国
2364			**604646**	**99870**	**1573543**	**176807**	**福 建**
			81063	65954	36766	134903	福 州
			4375	3926		3256	长 乐
			108575	14506	314038		厦 门
					714107		莆 田
			11840				三 明
			29890				永 安
			94600		210940	72	泉 州
					3000		石 狮
					85440		晋 江
			23259	7878	10380	14021	南 安
			92597	800	124884	3100	漳 州
			32326	6606	10813	17552	龙 海
			1523				南 平
			800			3903	邵 武
					35863		武 夷 山
			98848				建 瓯
							建 阳
			6657		22312		龙 岩
			3350	200			漳 平
							宁 德
2364					5000		福 安
			14943				福 鼎

4-2-3 续表 8

计量单位：万元

城市名称 Name of Cities	本年实际到位资金合计 The Total Funds Actually Available for The Reported Year	上年末结余资金 The Balance of The Previous Year	本年资金来源 小计 Subtotal	国家预算资金 State Budgetary Fund	中央预算资金 Central Budgetary Fund	国内贷款 Domestic Loan
江　西	**5909996**	**1247611**	**4662385**	**2194980**	**40934**	**1001060**
南　昌	3291026	1220023	2071003	588987	800	991715
景德镇	49582		49582	49582		
乐　平	55886		55886			
萍　乡	110492	292	110200	105700		
九　江	472213		472213	273052		5045
瑞　昌	8370		8370			
共青城	63400		63400	63400		
新　余	111010	800	110210	41777		
鹰　潭	169336		169336	9797		
贵　溪	29581		29581			
赣　州	168167		168167			
瑞　金	26390		26390			4300
吉　安	72715	2259	70456	44791	34584	
井冈山	5489		5489			
宜　春	413742	1535	412207	399143		
丰　城	13850	530	13320	230		
樟　树	134627	20832	113795	92963		
高　安	125567		125567	350	350	
抚　州	512953	1340	511613	475783	5200	
上　饶	64982		64982	49425		
德　兴	10618		10618			
山　东	**8644920**	**147413**	**8497507**	**4915125**	**8628**	**927395**
济　南	1283468	5656	1277812	1148600	2358	19446
章　丘	80486		80486			
青　岛	1589526	112392	1477134	694516		509004
胶　州	71143		71143	57635		
即　墨	134039		134039	66051		
平　度	54607		54607	34814		
莱　西	43214		43214	38623		
淄　博	184609		184609	75846	61	8100
枣　庄	184736	2345	182391	113410		8500
滕　州	116108	7209	108899	62576		20000

Continued 8

Measurement Unit: 10,000RMB

Sources of Fund							
债　券 Securities	利用外资 Foreign Investment	外商直接投资 Foreign Direct Investment	自筹资金 Self-Raised Funds	单位自有资金 Self-Owned Funds	其他资金 Other Funds	各项应付款 Sum Payable This Year	城市名称 Name of Cities
	50028	**11332**	**571990**	**77241**	**844327**	**389139**	**江　西**
	17300		199405	1221	273596	20310	南　昌
							景德镇
			51699		4187		乐　平
	4500	4500					萍　乡
	896				193220		九　江
			912		7458	9093	瑞　昌
						63400	共青城
			67873	49015	560	34529	新　余
	12000				147539	4220	鹰　潭
			29581				贵　溪
			24		168143	201327	赣　州
			17900		4190	17475	瑞　金
	1332	1332	24333	23773			吉　安
			5489			5489	井冈山
			11624	2000	1440	70	宜　春
			13090	100		24726	丰　城
			20832				樟　树
	11000	2500	114217			8500	高　安
	3000	3000	2630		30200		抚　州
			12381	1132	3176		上　饶
					10618		德　兴
7000	**14855**	**3400**	**1949626**	**335912**	**683506**	**1061886**	**山　东**
7000	11455		75771	19866	15540	22626	济　南
			80486				章　丘
			260901	51894	12713	187653	青　岛
			13508	13508			胶　州
			67988				即　墨
			18743		1050		平　度
			4591				莱　西
			87210	29605	13453	103138	淄　博
			40455	4174	20026	42585	枣　庄
			25123	25123	1200		滕　州

4-2-3 续表 9

计量单位：万元

城市名称 Name of Cities	本年实际到位资金合计 The Total Funds Actually Available for The Reported Year	上年末结余资金 The Balance of The Previous Year	本年资金来源 小计 Subtotal	国家预算资金 State Budgetary Fund	中央预算资金 Central Budgetary Fund	国内贷款 Domestic Loan
东营	375361	8594	366767	333436		
烟台	411027		411027	187626	3599	204764
龙口	25588		25588	25588		
莱阳	91804		91804	22395		
莱州	9320		9320	9320		
蓬莱	217701		217701	160588		23422
招远	37083		37083	36773	250	
栖霞	13023		13023	9034		
海阳	30734		30734	20754		
潍坊	288026		288026	237522		7880
青州	99866		99866	99866		
诸城	47107		47107	9059		
寿光	82589		82589	45426		
安丘	100134		100134	79202		
高密	42900		42900	29640		
昌邑	35209		35209	31117		
济宁	194789		194789	8474		
曲阜	102560		102560			
邹城	17465		17465			
泰安	257124		257124	132941		70000
新泰	93140		93140			
肥城	33843		33843	700	700	
威海	337009		337009	215086		29279
荣成	109178		109178	69478		
乳山	54056		54056	41211		
日照	401255	1645	399610	188661		
莱芜	208328	100	208228	730	100	
临沂	587939	8115	579824	239251		5000
德州	122843	1357	121486	68303	610	15000
乐陵	11258		11258	10958	450	
禹城	30654		30654	30654		
聊城	148070		148070	122966	500	7000
临清	73210		73210			
滨州	102562		102562	78643		
菏泽	110229		110229	77652		

Continued 9

Measurement Unit: 10,000RMB

Sources of Fund						各项应付款 Sum Payable This Year	城市名称 Name of Cities
债券 Securities	利用外资 Foreign Investment	外商直接投资 Foreign Direct Investment	自筹资金 Self-Raised Funds	单位自有资金 Self-Owned Funds	其他资金 Other Funds		
			33331			15376	东营
			9259		9378	20548	烟台
							龙口
			69409				莱阳
							莱州
			33691	249		24407	蓬莱
			310	310		10014	招远
			3989	3989			栖霞
			9780		200		海阳
			25883	9423	16741	6940	潍坊
							青州
			38048				诸城
			32163	32163	5000		寿光
			20932				安丘
			13260				高密
			4092	401			昌邑
			186315	42606		670	济宁
			360		102200		曲阜
			16243		1222		邹城
	3400	3400	50633	50633	150	19449	泰安
			93140			11688	新泰
			33143				肥城
			74026		18618	78195	威海
			39700			5554	荣成
			12145		700	3958	乳山
			87395		123554	16232	日照
			7460	7400	200038	7840	莱芜
			232233	25183	103340	158658	临沂
			32437	18820	5746	244	德州
			300				乐陵
							禹城
			18104	565		325644	聊城
			73210				临清
			23559		360	467	滨州
			300		32277		菏泽

4-2-3 续表 10

计量单位：万元

城市名称 Name of Cities	本年实际到位资金合计 The Total Funds Actually Available for The Reported Year	上年末结余资金 The Balance of The Previous Year	本年资金来源 小计 Subtotal	国家预算资金 State Budgetary Fund	中央预算资金 Central Budgetary Fund	国内贷款 Domestic Loan
河　　南	**3642130**	**101617**	**3540513**	**2600066**	**22931**	**430712**
郑　　州	2164293	69700	2094593	1691049		291704
巩　　义	22378		22378	20019		
荥　　阳	19200		19200	14610		2090
新　　密	15688		15688	13768		
新　　郑	51092		51092	39456		
登　　封	3879		3879	2454		
开　　封	107328		107328	87998		
洛　　阳	161352	18754	142598	52272		53000
偃　　师	3499		3499	3298	595	
平 顶 山	64853		64853	240		39753
舞　　钢	7560		7560	7240	391	
汝　　州	28489		28489	26592	2018	
安　　阳	41723	5497	36226	15516	3488	
林　　州	19410	490	18920	12760		
鹤　　壁	37223		37223	30263		
新　　乡	43319	2830	40489	25875		
卫　　辉	3337		3337	2839		
辉　　县	20579		20579	4185		
焦　　作	170553		170553	94631		
沁　　阳	3296		3296	1474		
孟　　州	13421		13421	12130		
濮　　阳	33760		33760	33760		
许　　昌	18088		18088	14391		
禹　　州	12677		12677	10203		
长　　葛	2464		2464	2464		
漯　　河	9492		9492	9492		
三 门 峡	31290		31290	25259	13699	4437
义　　马	5758		5758	5758		
灵　　宝	3478		3478			
南　　阳	146734	4190	142544	77167		39728
邓　　州	41871		41871	35891	330	
商　　丘	66745		66745	59410		
永　　城	46666		46666	44706		
信　　阳	56069	156	55913	21242	340	
周　　口	83508		83508	81948		
项　　城	10720		10720	2070	2070	
驻 马 店	38700		38700			
济　　源	31638		31638	17636		

Continued 10

Measurement Unit: 10,000RMB

Sources of Fund						各项应付款 Sum Payable This Year	城市名称 Name of Cities
债　券 Securities	利用外资 Foreign Investment	外商直接投资 Foreign Direct Investment	自筹资金 Self-Raised Funds	单位自有资金 Self-Owned Funds	其他资金 Other Funds		
1000	**10320**	**10320**	**459310**	**103733**	**39105**	**78273**	**河　南**
			111840				郑　州
			2359				巩　义
			2500				荥　阳
			1920				新　密
			11636				新　郑
			1425	297			登　封
			19330				开　封
			37326			33094	洛　阳
			201	16		1800	偃　师
			24860			7099	平顶山
			320	320		600	舞　钢
			352		1545		汝　州
			20710	938		1170	安　阳
			6160	6160			林　州
			6810	788	150		鹤　壁
			14614				新　乡
			498	498			卫　辉
			16394				辉　县
			75922	75922			焦　作
			1822				沁　阳
			1291	1091			孟　州
							濮　阳
			3697				许　昌
			2474				禹　州
							长　葛
							漯　河
			1594			289	三门峡
						20	义　马
			3478	938			灵　宝
	10320	10320	14719	10042	610	10400	南　阳
			5980				邓　州
			7335	1915			商　丘
			1960			185	永　城
1000			33671	1250			信　阳
			1560	1560			周　口
			8650	1498		11494	项　城
			1900	500	36800		驻马店
			14002			12122	济　源

4-2-3 续表 11

计量单位：万元

城市名称 Name of Cities	本年实际到位资金合计 The Total Funds Actually Available for The Reported Year	上年末结余资金 The Balance of The Previous Year	本年资金来源 小计 Subtotal	国家预算资金 State Budgetary Fund	中央预算资金 Central Budgetary Fund	国内贷款 Domestic Loan
湖　北	**6724374**	**6567**	**6717807**	**475816**	**21773**	**1310553**
武　汉	4310679		4310679			809998
黄　石	125221	3567	121654	84408	800	22700
大　冶	22000		22000	22000		
十　堰	128038	3000	125038	80181		13100
丹江口	2514		2514			
宜　昌	629073		629073	5000		294950
宜　都	18725		18725	1000		9925
当　阳	9206		9206			
枝　江	36069		36069	36069		
襄　阳	228343		228343			
老河口	33710		33710			
枣　阳	36079		36079			
宜　城	8401		8401			
鄂　州	93485		93485			
荆　门	160643		160643	9820		63570
钟　祥	24950		24950			
孝　感	7715		7715			
应　城	6700		6700	2700		
安　陆	13898		13898	1805		
汉　川						
荆　州	80368		80368	21703		
石　首	8394		8394	3620		
洪　湖	16144		16144	14074		
松　滋	18381		18381			
黄　冈	110262		110262			49000
麻　城	90542		90542	2500		6000
武　穴	35600		35600	3000	3000	500
咸　宁	29772		29772	1590	400	
赤　壁	31147		31147			
随　州	76299		76299	4020	3300	
广　水	43667		43667	29128		2400
恩　施	69073		69073	533	533	
利　川	25893		25893	13512	3740	
仙　桃	109210		109210	61000	10000	38410
潜　江	48938		48938	45168		
天　门	35235		35235	32985		

Continued 11

Measurement Unit: 10,000RMB

Sources of Fund							
债　券 Securities	利用外资 Foreign Investment	外商直接投资 Foreign Direct Investment	自筹资金 Self-Raised Funds	单位自有资金 Self-Owned Funds	其他资金 Other Funds	各项应付款 Sum Payable This Year	城市名称 Name of Cities
5000	**59993**		**1183755**	**25209**	**3682690**	**204076**	**湖　北**
					3500681	52347	武　汉
			6334	3834	8212	14091	黄　石
						9000	大　冶
			28841	90	2916	4497	十　堰
			743		1771		丹江口
	27693		301430	4626		66131	宜　昌
			4400		3400		宜　都
			9206	1800			当　阳
							枝　江
			228343				襄　阳
			31760		1950		老河口
			2800	500	33279	343	枣　阳
			8401				宜　城
			93485			16469	鄂　州
	13300		41983		31970		荆　门
			24950				钟　祥
			7019		696		孝　感
					4000		应　城
			10150	1550	1943		安　陆
						1880	汉　川
			58665	300			荆　州
			4774				石　首
			2070	310			洪　湖
			18381				松　滋
			61262	4400			黄　冈
			82042				麻　城
5000	16000		7600	800	3500		武　穴
					28182		咸　宁
					31147		赤　壁
			72279	979			随　州
			12139				广　水
			46297		22243	400	恩　施
			12381			38918	利　川
	3000				6800		仙　桃
			3770	3770			潜　江
			2250	2250			天　门

4-2-3 续表 12

计量单位：万元

城市名称 Name of Cities	本年实际到位资金合计 The Total Funds Actually Available for The Reported Year	上年末结余资金 The Balance of The Previous Year	本年资金来源			
			小计 Subtotal	国家预算资金 State Budgetary Fund	中央预算资金 Central Budgetary Fund	国内贷款 Domestic Loan
湖　南	**6463031**	**26314**	**6436717**	**778388**	**17210**	**1325653**
长　沙	1837536		1837536	447252	4000	526982
浏　阳	2307		2307	1607		
株　洲	498284	214	498070	50852	138	224578
醴　陵	8104		8104	3104		2000
湘　潭	394854	24235	370619	26130		131702
湘　乡	110234		110234	1000	1000	
韶　山	30701		30701	30293	1100	
衡　阳	549287		549287	2100		
耒　阳	12000		12000			
常　宁	2468		2468			
邵　阳	199600		199600	400		
岳　阳	211624		211624	59552	1622	50200
汨　罗	19360		19360	500		
临　湘	33224		33224	1134	1134	160
常　德	129778		129778			
津　市	7774		7774	7774		
张家界	19950		19950	500		
益　阳	92141		92141	5755	3956	
沅　江	38606		38606	170	30	
郴　州	916736		916736	38967	300	888
资　兴	3289	95	3194	1777		1417
永　州	269269		269269			132307
怀　化	255057		255057			135409
洪　江	38630		38630	100		900
娄　底	706968		706968	86720	570	100617
冷水江	38193		38193	1900		7993
涟　源	20700	1200	19500	4000		6800
吉　首	16357	570	15787	6801	3360	3700
广　东	**9196061**	**500179**	**8695882**	**1559353**	**87620**	**879885**
广　州	4343418	62178	4281240	772069	66365	421490
增　城	3544		3544	3544	200	
从　化	1530		1530	1530		

Continued 12

Measurement Unit: 10,000RMB

Sources of Fund							
债券 Securities	利用外资 Foreign Investment	外商直接投资 Foreign Direct Investment	自筹资金 Self-Raised Funds	单位自有资金 Self-Owned Funds	其他资金 Other Funds	各项应付款 Sum Payable This Year	城市名称 Name of Cities
70614	**44350**	**12100**	**2810567**	**194963**	**1407145**	**276753**	**湖南**
			863302				长沙
			700				浏阳
			176592	36940	46048	51644	株洲
			3000				醴陵
9000			183686	1172	20101	72941	湘潭
			109234				湘乡
			278		130		韶山
	7500		538222		1465		衡阳
	10000				2000		耒阳
			2468				常宁
			173562	151000	25638		邵阳
	20900	12100	61849	500	19123	24600	岳阳
	2200		12680		3980		汨罗
	2600		29280		50	10000	临湘
					129778	2400	常德
							津市
			12750		6700		张家界
			32217	3050	54169	69259	益阳
			37013		1423	38606	沅江
			100268		776613		郴州
							资兴
56614			80348				永州
			96212	2176	23436		怀化
			37630				洪江
5000	1150		217385		296096		娄底
			28300				冷水江
			8700			6200	涟源
			4891	125	395	1103	吉首
646854	**400**	**400**	**2913703**	**290663**	**2695687**	**324729**	**广东**
646854			237453	35167	2203374	90138	广州
						3544	增城
						651	从化

4-2-3 续表 13

计量单位：万元

城市名称 Name of Cities	本年实际到位资金合计 The Total Funds Actually Available for The Reported Year	上年末结余资金 The Balance of The Previous Year	本年资金来源 小计 Subtotal	国家预算资金 State Budgetary Fund	中央预算资金 Central Budgetary Fund	国内贷款 Domestic Loan
韶关	26781		26781	24829		
乐昌	2414		2414	2414		
南雄	6889		6889	3470	1200	800
深圳	2718007	315992	2402015	247029	11265	27
珠海	274959	876	274083	96058		115834
佛山	429955	95944	334011	43736		147436
江门	68633	8652	59981	6505	2000	
开平	3000		3000			
鹤山	2482		2482	1853		
恩平	835		835			
廉江	4181		4181	4181		
雷州	657		657			
吴川	963		963			
茂名	6705	3186	3519	300	300	
高州	10475		10475	4739	1290	
化州	287	100	187			
信宜	9635	1035	8600			
肇庆	373659	8436	365223	74846		12230
高要	86		86			
四会	8675		8675			
惠州	120282		120282	38170		
梅州	61251	1600	59651	51151		
兴宁	33410		33410			
汕尾	15300		15300	3000	3000	
陆丰	15524		15524			
河源	64002		64002			
阳江	26673		26673	20723		
阳春	602		602	602		
清远	5231		5231			
英德	7818	700	7118			
连州	2382		2382			
东莞	345589	1480	344109	2000	2000	181571
中山	153696		153696	153696		
潮州	8917		8917	1408		
揭阳	34980		34980	1500		497
普宁	2208		2208			
罗定	426		426			

Continued 13

Measurement Unit: 10,000RMB

Sources of Fund						各项应付款 Sum Payable This Year	城市名称 Name of Cities
债　券 Securities	利用外资 Foreign Investment	外商直接投资 Foreign Direct Investment	自筹资金 Self-Raised Funds	单位自有资金 Self-Owned Funds	其他资金 Other Funds		
					1952	128	韶　关
							乐　昌
	400	400	2219	2219			南　雄
			2087804	84236	67155	251	深　圳
			31337	20785	30854	21794	珠　海
			112453	69051	30386	2133	佛　山
			21069	3697	32407	14633	江　门
			1500	1500	1500		开　平
			471		158	405	鹤　山
			835				恩　平
							廉　江
					657	657	雷　州
					963	45	吴　川
			3219	1019			茂　名
			380	200	5356	21689	高　州
			187	187		1110	化　州
			7950	130	650		信　宜
			65259	52890	212888	3540	肇　庆
			38		48		高　要
			8640	100	35		四　会
			8753		73359	30801	惠　州
			3500	1600	5000	777	梅　州
			33410			15310	兴　宁
			12300	9000			汕　尾
			15524			12000	陆　丰
			52002		12000		河　源
					5950		阳　江
							阳　春
			5231	5231			清　远
			7118			1972	英　德
					2382		连　州
			155374		5164	102024	东　莞
							中　山
			4060	2030	3449	1127	潮　州
			32983	1621			揭　阳
			2208				普　宁
			426				罗　定

4-2-3 续表 14

计量单位：万元

城市名称 Name of Cities	本年实际到位资金合计 The Total Funds Actually Available for The Reported Year	上年末结余资金 The Balance of The Previous Year	本年资金来源 小计 Subtotal	国家预算资金 State Budgetary Fund	中央预算资金 Central Budgetary Fund	国内贷款 Domestic Loan
广　西	**4573676**	**502806**	**4070870**	**1203946**	**32290**	**1421447**
南　宁	2405231	442806	1962425	692341		675034
柳　州	454587	563	454024	73531	6400	223458
桂　林	359885	8442	351443	34433	2035	232999
梧　州	113743	11766	101977	33325	4834	27178
岑　溪	20056		20056	20056	1500	
北　海	77392	6329	71063	9470	**7920**	32694
防城港	**118985**		**118985**	**80579**	**2400**	**22902**
东　兴	30312		30312	27061	1920	
钦　州	163416		163416	18029	2573	50053
贵　港	73356	672	72684	42159		
桂　平	42711		42711	21995		
玉　林	340568		340568	13230		97776
北　流	87975		87975			
百　色	56581		56581	55473		
贺　州	56688	25076	31612	1508	1008	
河　池	13563		13563	9783	1700	3780
宜　州	14061		14061	9408		3000
来　宾	33112	7152	25960	3091		3978
合　山	5319		5319	3019		
崇　左	87922		87922	39327		48595
凭　祥	18213		18213	16128		
海　南	**466901**	**42999**	**423902**	**61728**	**32045**	**247000**
海　口	87431	29999	57432	20753	10512	11168
三　亚	41943	13000	28943	4921	4463	15518
三　沙	17070		17070	17070	17070	
五指山	6996		6996	6864		
琼　海	9385		9385			
儋　州	204838		204838			143386
文　昌	86915		86915	8670		76928
万　宁	5350		5350	3450		
东　方	6973		6973			

Continued 14

Measurement Unit: 10,000RMB

Sources of Fund						各项应付款 Sum Payable This Year	城市名称 Name of Cities
债 券 Securities	利用外资 Foreign Investment	外商直接投资 Foreign Direct Investment	自筹资金 Self-Raised Funds	单位自有资金 Self-Owned Funds	其他资金 Other Funds		
12110	**300**		**1279740**	**78117**	**153327**	**83778**	**广 西**
10			595040	2900			南 宁
			75786	1593	81249		柳 州
5000			77064	11014	1947	11321	桂 林
	300		25577	25031	15597	2486	梧 州
							岑 溪
6100			4473	1068	18326		北 海
			15504	**15019**			防 城 港
			3251			665	东 兴
			84428		10906	48774	钦 州
1000			28825	2225	700		贵 港
			20566		150	12137	桂 平
			229562				玉 林
			87975				北 流
			1108	1108			百 色
			8389		21715	6207	贺 州
							河 池
			1653			566	宜 州
			16154	16154	2737	1512	来 宾
			2300				合 山
							崇 左
			2085	2005		110	凭 祥
15306			**10028**	**197**	**89840**	**41774**	**海 南**
9367			147		15997	36415	海 口
			8504			5359	三 亚
							三 沙
					132		五 指 山
4039			60	60	5286		琼 海
					61452		儋 州
			1317	137			文 昌
1900							万 宁
					6973		东 方

4-2-3 续表 15

计量单位：万元

城市名称 Name of Cities	本年实际到位资金合计 The Total Funds Actually Available for The Reported Year	上年末结余资金 The Balance of The Previous Year	本年资金来源 小计 Subtotal	国家预算资金 State Budgetary Fund	中央预算资金 Central Budgetary Fund	国内贷款 Domestic Loan
重　庆	**4752111**	**168311**	**4583800**	**2043766**	**4011**	**1350070**
四　川	**5944164**	**44788**	**5899376**	**970573**	**21700**	**1586020**
成　都	3506500	7994	3498506	190633		1364413
都江堰	856		856	116		
彭　州	2013		2013			
邛　崃	39206		39206	**3813**		
崇　州						
自　贡	63235		63235	16390		1754
攀枝花	121641	5300	116341	44776	504	22480
泸　州	375764		375764	128656		26423
德　阳	92315		92315	14835	4559	25819
广　汉	32146		32146	29448		
什　邡	70251		70251	320		57981
绵　竹	4698		4698	4391	1988	
绵　阳	310232	7509	302723	1000	300	540
江　油	66901		66901			
广　元	64542		64542	51695		200
遂　宁	85130	4536	80594			
内　江	46724		46724	38254	2093	
乐　山	55192	15249	39943	33450		
峨眉山	8056		8056	4656		
南　充	235000		235000	171650		57150
阆　中	66560		66560	52400	2500	11360
眉　山	234304		234304	26279		2600
宜　宾	124000		124000	78816		
广　安	53823		53823			
华　蓥	16400		16400			5000
达　州	13671		13671	2593		6800
万　源	3520		3520	2800		
雅　安	69703	500	69203	64968	6968	
巴　中	58175		58175			
资　阳	107146	3700	103446	195		3500
简　阳	4680		4680	4680		
西　昌	11780		11780	3759	2788	
贵　州	**7522672**	**102065**	**7420607**	**259356**	**2180**	**4943650**
贵　阳	6473176	102065	6371111	32611		4537647
清　镇	45822		45822			

Continued 15

Measurement Unit: 10,000RMB

Sources of Fund						各项应付款 Sum Payable This Year	城市名称 Name of Cities
债券 Securities	利用外资 Foreign Investment	外商直接投资 Foreign Direct Investment	自筹资金 Self-Raised Funds	单位自有资金 Self-Owned Funds	其他资金 Other Funds		
	13406		**487227**	**211283**	**689331**	**1166847**	**重庆**
17845	**2767**		**1360301**	**179895**	**1961870**	**643971**	**四川**
10000			347637	49757	1585823	2746	成都
			190	150	550	1020	都江堰
			2013	1733			彭州
			32086		3307		邛崃
						23450	崇州
			28414	850	16677		自贡
			37016	1066	12069	68545	攀枝花
4385			177480	71665	38820	98282	泸州
			16764	7502	34897	5935	德阳
			2698	1766			广汉
			11950				什邡
					307		绵竹
			54850	2048	246333	2020	绵阳
			63901		3000		江油
	1900		8644	3405	2103	84210	广元
	867		79668	1832	59	8330	遂宁
			8175	5193	295	112943	内江
			6493	5441		20242	乐山
			3400			3700	峨眉山
3000			3200	3200		53990	南充
			2800	2800		5310	阆中
460			191555	437	13410	36328	眉山
			45184	12287		8000	宜宾
			53823	536		1050	广安
			11400				华蓥
			4278	4278		2171	达州
					720		万源
			735		3500	11746	雅安
			58175			930	巴中
			99751	3949			资阳
						92249	简阳
			8021			774	西昌
5			**2037597**	**173584**	**179999**	**925408**	**贵州**
5			1688124	22314	112724	599122	贵阳
			45822				清镇

4-2-3 续表 16

计量单位：万元

城市名称 Name of Cities	本年实际到位资金合计 The Total Funds Actually Available for The Reported Year	上年末结余资金 The Balance of The Previous Year	本年资金来源			
			小计 Subtotal	国家预算资金 State Budgetary Fund	中央预算资金 Central Budgetary Fund	国内贷款 Domestic Loan
六盘水	123067		123067	123067		
遵　义	25012		25012	25012	**2180**	
赤　水	4156		4156	4000		
仁　怀	6098		6098	6098		
安　顺	467340		467340			349500
铜　仁	19600		19600			
兴　义	72463		72463			56503
毕　节	153338		153338	1568		
福　泉	132600		132600	67000		
云　南	**1432896**	**150021**	**1282875**	**90194**	**1665**	**343293**
昆　明	683946	135630	548316			278033
安　宁	27216		27216	23589		
曲　靖	126550		126550			
宣　威	51790		51790	**780**		34560
玉　溪	9810	3880	5930	4069		
保　山	900		900	300	300	
昭　通	60667		60667	22638		
丽　江	1649		1649			
普　洱	11038		11038	6400		
临　沧						
楚　雄	16361		16361	13983		800
个　旧	1935	1151	784	764		
开　远	629		629	629		
蒙　自	137626	1570	136056	4280		400
弥　勒	8152		8152			
文　山	109329		109329			
景　洪	16947		16947			
大　理	140441	7790	132651	10160		29500
瑞　丽	1809		1809	1437	200	
芒　市	26101		26101	1165	1165	
西　藏	**16134**		**16134**	**12500**	**6000**	
拉　萨	10134		10134	6500		
日喀则	6000		6000	6000	6000	

Continued 16

Measurement Unit: 10,000RMB

Sources of Fund							
债　券 Securities	利用外资 Foreign Investment	外商直接投资 Foreign Direct Investment	自筹资金 Self-Raised Funds	单位自有资金 Self-Owned Funds	其他资金 Other Funds	各项应付款 Sum Payable This Year	城市名称 Name of Cities
							六盘水
							遵　义
			156				赤　水
							仁　怀
			116165		1675		安　顺
			19600			12300	铜　仁
			15960			92232	兴　义
			151770	151270		221754	毕　节
					65600		福　泉
	10702		**553968**	**163502**	**284718**	**416216**	**云　南**
	10702		196576	149422	63005	278314	昆　明
			3627	504			安　宁
					126550		曲　靖
					16450		宣　威
			1861	1861		4829	玉　溪
			600			15464	保　山
					38029		昭　通
			1649				丽　江
			4138		500		普　洱
						21728	临　沧
			1498	41	80	13139	楚　雄
					20		个　旧
						20208	开　远
			115803		15573	9380	蒙　自
			8152				弥　勒
			109329				文　山
			12982	11662	3965		景　洪
			92991				大　理
			302	12	70	53154	瑞　丽
			4460		20476		芒　市
			1833		**1801**		**西　藏**
			1833		1801		拉　萨
							日喀则

4-2-3 续表 17

计量单位：万元

城市名称 Name of Cities	本年实际到位资金合计 The Total Funds Actually Available for The Reported Year	上年末结余资金 The Balance of The Previous Year	本年资金来源 小计 Subtotal	国家预算资金 State Budgetary Fund	中央预算资金 Central Budgetary Fund	国内贷款 Domestic Loan
陕　西	**5168197**	**97808**	**5070389**	**2838468**	**60366**	**1252130**
西　安	3236463	90989	3145474	1322760	21108	1252130
铜　川	188563		188563	177673		
宝　鸡	154075	6015	148060	39965	**6250**	
咸　阳	554674		554674	554674	11206	
兴　平	67432		67432	66432		
渭　南	150953		150953	128320		
韩　城	94878		94878	94878		
华　阴	8317		8317	954	702	
延　安	17367	804	16563	12892	600	
汉　中	48198		48198	46198		
榆　林	255515		255515	255515		
安　康	278055		278055	24500	20500	
商　洛	36201		36201	36201		
杨 陵 区	77506		77506	77506		
甘　肃	**3774335**	**704974**	**3069361**	**87480**	**11091**	**2161491**
兰　州	3340851	695274	2645577	54465		2135751
嘉 峪 关	35700	1260	34440	2790	**1450**	2000
金　昌	14040		14040	5346		3000
白　银	13053	425	12628	6105	6105	3000
天　水	47930		47930	1590		2628
武　威	42482		42482			
张　掖	47180		47180			15112
平　凉	69837		69837	3536	3536	
酒　泉	14673		14673			
玉　门	11535		11535	870		
敦　煌	3168		3168			
庆　阳	14003		14003			
定　西	11040		11040	10540		
陇　南	11820		11820			
临　夏	89965	4215	85750			
合　作	7058	3800	3258	2238		
青　海	**985358**	**521992**	**463366**	**177801**	**34501**	**265528**
西　宁	924546	521592	402954	138486	7700	260468
海　东	18706		18706	8704	8704	
玉　树	7100		7100	7100	7100	
格 尔 木	21685	400	21285	15781	3267	
德 令 哈	13321		13321	7730	7730	5060

Continued 17

Measurement Unit: 10,000RMB

Sources of Fund						各项应付款	城市名称
债　券	利用外资		自筹资金		其他资金		
Securities	Foreign Investment	外商直接投　资 Foreign Direct Investment	Self-Raised Funds	单位自有资　金 Self-Owned Funds	Other Funds	Sum Payable This Year	Name of Cities
			656074	**125692**	**323717**	**325841**	**陕　西**
			538311	98901	32273	295859	西　安
					10890		铜　川
			79596	23120	28499	28769	宝　鸡
							咸　阳
			1000				兴　平
			22633				渭　南
							韩　城
			7363				华　阴
			3671	3671		1213	延　安
					2000		汉　中
							榆　林
			3500		250055		安　康
							商　洛
							杨陵区
8713	**22866**		**584903**	**397604**	**203908**	**1173206**	**甘　肃**
	602		444654	358082	10105	1004723	兰　州
			1934	1934	27716	30391	嘉峪关
			644	644	5050	8163	金　昌
			3523			340	白　银
	22264		21448			1150	天　水
			42482	28665		38710	武　威
			18000		14068		张　掖
8713			7617	7030	49971		平　凉
					14673	14673	酒　泉
			7411		3254		玉　门
					3168	853	敦　煌
			11083		2920		庆　阳
			500			1700	定　西
			11820				陇　南
			13247	1249	72503	72503	临　夏
			540		480		合　作
			20037	**1915**		**66694**	**青　海**
			4000			57170	西　宁
			10002	135		135	海　东
							玉　树
			5504	1780		9389	格尔木
			531				德令哈

4-2-3 续表 18

计量单位：万元

城市名称 Name of Cities	本年实际到位资金合计 The Total Funds Actually Available for The Reported Year	上年末结余资金 The Balance of The Previous Year	本年资金来源			
			小计 Subtotal	国家预算资金 State Budgetary Fund	中央预算资金 Central Budgetary Fund	国内贷款 Domestic Loan
宁　夏	**198647**	**15204**	**183443**	**78835**	**3495**	**16913**
银　川	101174	12199	88975	53093		13913
灵　武	20684		20684	9260		
石嘴山	15268	3005	12263	1600	75	3000
吴　忠	30179		30179	115	115	
青铜峡	4223		4223	690		
固　原	12863		12863	1115	1115	
中　卫	14256		14256	12962	**2190**	
新　疆	**3372364**	**61804**	**3310560**	**781085**	**204947**	**1285246**
乌鲁木齐	2072089	25000	2047089	262730	120235	1223377
克拉玛依	232410	186	232224	129833		7302
吐鲁番	36350		36350	4030	4030	
哈　密	29066		29066	20691	788	
昌　吉	126914		126914	123414		
阜　康	62404		62404	59954	15500	
博　乐	47710		47710	47710		
阿拉山口	1500		1500	1500		
库尔勒	85858		85858			3500
阿克苏	34100		34100	5100		
阿图什	14909		14909	2474	2474	
喀　什	69739		69739	5303	3453	4538
和　田	24391		24391	400	400	
伊　宁	99475		99475	18786	383	2000
奎　屯	29576		29576	21247		
乌　苏	35130		35130			
塔　城	6781		6781			
阿勒泰	32337		32337	5144	1000	20500
石河子	92883	33101	59782	12799	3983	24029
阿拉尔	60208		60208			
图木舒克	121563		121563	52701	52701	
五家渠	27398	3517	23881	1269		
北　屯	29573		29573	6000		

Continued 18

Measurement Unit: 10,000RMB

Sources of Fund						各项应付款 Sum Payable This Year	城市名称 Name of Cities
债　券 Securities	利用外资 Foreign Investment	外商直接投　资 Foreign Direct Investment	自筹资金 Self-Raised Funds	单位自有资　金 Self-Owned Funds	其他资金 Other Funds		
12966	**898**		**46888**	**12455**	**26943**	**127073**	**宁　夏**
			9498	9409	12471	71037	银　川
			11424	46		9023	灵　武
	898		5526		1239	3745	石嘴山
12966			7000	3000	10098	4484	吴　忠
			3477		56	2900	青铜峡
			8669		3079	27520	固　原
			1294			8364	中　卫
1598	**22466**		**969223**	**350499**	**250942**	**167853**	**新　疆**
			560982	263657		12270	乌鲁木齐
			15131	4176	79958		克拉玛依
			11250	867	21070		吐鲁番
			8375			30565	哈　密
			3500				昌　吉
			2450			5000	阜　康
							博　乐
							阿拉山口
			10768	10768	71590		库尔勒
			28550	16450	450	13618	阿克苏
1598			6830		4007		阿图什
			59898			61027	喀　什
			2000	2000	21991		和　田
	22466		12471	6370	43752	23978	伊　宁
			8329	6599			奎　屯
			35130				乌　苏
			5398		1383		塔　城
			4274	324	2419	3924	阿勒泰
			19576	8628	3378	4471	石河子
			60208	7577			阿拉尔
			68409	2683	453		图木舒克
			22612	2900			五家渠
			23082	17500	491	13000	北　屯

4-3 2014年全国城市市政公用设施建设施工规模和新增生产能力(或效益)

指标名称	Index	计量单位	Measurement Unit
1.供水综合生产能力	1.Integrated Water Production Capacity	万立方米/日	10,000 m^3/day
2.供水管道长度	2.Length of Water Pipelines	公里	Kilometer
3.人工煤气生产能力	3.Production Capacity of Man-made Coal Gas	万立方米/日	10,000 m^3/day
4.人工煤气储气能力	4.Storage Capacity of Man-made Coal Gas	万立方米	10,000 m^3
5.人工煤气供气管道长度	5.Length of Man-made Gas Pipelines	公里	Kilometer
6.天然气储气能力	6.Storage Capacity of Natural Gas	万立方米	10,000 m^3
7.天然气供气管道长度	7.Length of Natural Gas Pipelines	公里	Kilometer
8.液化石油气储气能力	8.LPG Storage Capacity	吨	Ton
9.液化石油气供气管道长度	9.Length of LPG Pipelines	公里	Kilometer
10.集中供热能力：蒸汽	10.Central Heating Capacity (Steam)	吨/小时	Ton/Hour
11.集中供热能力：热水	11.Central Heating Capacity (Hot Water)	兆瓦	Mega Watts
12.集中供热管道长度：蒸汽	12.Length of Central Heating Pipelines (Steam)	公里	Kilometer
13.集中供热管道长度：热水	13.Length of Central Heating Pipelines (Hot Water)	公里	Kilometer
14.轨道交通运营线路长度	14.Length of Operational Lines for Rail Transit	公里	Kilometer
15.桥梁座数	15.Number of Bridges	座	Unit
16.道路新建、扩建长度	16.Length of Extension of Roads and New Roads	公里	Kilometer
17.道路新建、扩建面积	17.Surface Area of Extension of Roads and New Roads	万平方米	10,000 m^2
18.排水管道长度	18.Length of Sewerage Piplines	公里	Kilometer
19.污水处理厂处理能力	19.Wastewater Treatment Capacity	万立方米/日	10,000 m^3/day
20.再生水管道长度	20.Length of Recycled Water Piplinnes	公里	Kilometer
21.再生水生产能力	21.Recycled Water Production Capacity	万立方米/日	10,000 m^3/day
22.绿地面积	22.Area of Green Space	公顷	Hectare
23.垃圾无害化处理能力	23.Garbage Treatment Capacity	吨/日	Ton/day

National Urban Service Facilities Construction Scale and Newly Added Production Capacity (or Benefits) (2014)

建设规模 Construction Scale	本年施工规模 Construction Scale This Year	本年新开工 Newly Started This Year	累计新增生产能力(或效益) Accumulative Newly Added Production Capicity (or Benefits)	本年新增 Newly Added This Year
1500	1020	603	633	530
30017	23710	22323	21573	19405
6	6	6	6	6
2	2	2	2	2
910	840	840	770	770
5699	4060	3093	1614	1342
47427	27238	25074	37841	24235
5064	3259	2459	3014	2414
610	347	246	367	194
2219	1732	1652	1759	1496
416256	410277	408933	411077	406235
578	511	478	506	459
10152	8887	8849	7555	6966
1522	1176	495	367	156
2491	2096	1649	1493	1407
24051	17190	13741	13323	10878
47218	35851	28176	26732	23361
36273	24930	21129	22568	18994
1209	809	601	481	443
666	258	216	258	230
137	97	58	85	77
73433	54935	52070	55559	50497
50503	37253	32827	23269	20749

专 业 数 据

Sectorial Data

五、城市供水

5. Urban Water Supply

简要说明

城市供水指通过供水设施向单位和居民的生活、生产和其他各项建设提供符合国家标准用水的活动，包括公共供水和自建设施供水。

本部分主要包括城市供水的生产能力、供应量、服务情况等内容，并按公共供水企业和自建设施供水单位分别统计。

Brief Introduction

Urban water supply refers to supplying water that meets national quality standard to institutions and urban residents through water supply facilities. It includes water supply by public suppliers and by suppliers with self-built facilities.

This section covers such indicators as production capacity, total quantity of water supplied and relevant service etc. Statistics on urban water supply by water suppliers and by suppliers with self-built facilities is separately presented.

5 全国历年城市供水情况(1978-2014)

National Urban Water Supply in Past Years (1978-2014)

年份 Year	综合生产能力(万立方米／日) Integrated Production Capacity ($10,000\ m^3$/day)	供水管道长度(公里) Length of Water Supply Pipelines (km)	供水总量(万立方米) Total Quantity of Water Supply ($10,000\ m^3$)	生活用量 Residential Use	用水人口(万人) Population with Access to Water Supply (10,000 persons)	人均日生活用水量(升) Daily Water Consumption Per Capita (liter)	用水普及率(%) Water Coverage Rate (%)
1978	2530.4	35984	787507	275854	6267.1	120.6	81.6
1979	2714.0	39406	832201	309206	6951.0	121.8	82.3
1980	2979.0	42859	883427	339130	7278.0	127.6	81.4
1981	3258.0	46966	969943	367823	7729.3	130.4	53.7
1982	3424.9	51513	1011319	391422	8102.2	132.4	56.7
1983	3539.0	56852	1065956	421968	8370.9	138.1	52.5
1984	3960.9	62892	1176474	465651	8900.7	143.3	49.5
1985	4019.7	67350	1280238	519493	9424.3	151.0	45.1
1986	10407.9	72557	2773921	706971	11757.9	161.9	51.3
1987	11363.6	77864	2984697	759702	12684.6	164.1	50.4
1988	12715.8	86231	3385847	873800	14049.9	170.4	47.6
1989	12821.1	92281	3936648	930619	14786.3	172.4	47.4
1990	14220.3	97183	3823425	1001021	15611.1	175.7	48.0
1991	14584.0	102299	4085073	1159929	16213.2	196.0	54.8
1992	16036.4	111780	4298437	1172919	17280.8	186.0	56.2
1993	16927.9	123007	4502341	1282543	18636.4	188.6	55.2
1994	18215.1	131052	4894620	1422453	20083.0	194.0	56.0
1995	19250.4	138701	4815653	1581451	22165.7	195.4	58.7
1996	19990.0	202613	4660652	1670673	21997.0	208.1	60.7
1997	20565.8	215587	4767788	1757157	22550.1	213.5	61.2
1998	20991.8	225361	4704732	1810355	23169.1	214.1	61.9
1999	21551.9	238001	4675076	1896225	23885.7	217.5	63.5
2000	21842.0	254561	4689838	1999960	24809.2	220.2	63.9
2001	22900.0	289338	4661194	2036492	25832.8	216.0	72.26
2002	23546.0	312605	4664574	2131919	27419.9	213.0	77.85
2003	23967.1	333289	4752548	2246665	29124.5	210.9	86.15
2004	24753.0	358410	4902755	2334625	30339.7	210.8	88.85
2005	24719.8	379332	5020601	2437374	32723.4	204.1	91.09
2006	26965.6	430426	5405246	2220459	32304.1	188.3	86.67(97.04)
2007	25708.4	447229	5019488	2263676	34766.5	178.4	93.83
2008	26604.1	480084	5000762	2274266	35086.7	178.2	94.73
2009	27046.8	510399	4967467	2334082	36214.2	176.6	96.12
2010	27601.5	539778	5078745	2371488	38156.7	171.4	96.68
2011	26668.7	573774	5134222	2476520	39691.3	170.9	97.04
2012	27177.3	591872	5230326	2572473	41026.5	171.8	97.16
2013	28373.4	646413	5373022	2676463	42261.4	173.5	97.56
2014	28673.3	676727	5466613	2756911	43476.3	173.7	97.64

注：1.1978年至1985年综合供水生产能力为系统内数；1978年至1995年供水管道长度为系统内数。
2.自2006年起，用水普及率指标按城区人口和城区暂住人口合计为分母计算，括号中的数据为往年同口径数据。

Note: 1.Integrated production capacity from 1978 to 1985 is limited to the statistical figure in building secter; Length of water supply pipelines from 1978 to 1995 is limited to the statistical figure in building secter.
2.Since 2006,water coverage rate has been calculated based on denominator which combines both permanent and temporary residents in urban areas, and the datas of brackets are the same index but calculated by the method of past years.

5-1 2014年全国城市供水分组资料

地区名称 Name of Regions		综合生产能力(万立方米/日) Integrated Production Capacity (10,000 m^3/day)	地下水 Underground Water	供水管道长度(公里) Length of Water Supply Pipelines (km)	供水总量(万立方米) 合计 Total	生产运营用水 The Quantity of Water for Production and Operation	公共服务用水 The Quantity of Water for Public Service	居民家庭用水 The Quantity of Water for Household Use
全　国	**National Total**	**28673.33**	**6833.90**	**676727.43**	**5466612.56**	**1623836.85**	**739287.72**	**2004656.93**
分类一	**Group one**							
东部地区	East China	17648.94	4201.11	440133.68	3350841.13	1039103.54	495494.10	1157629.05
中部地区	Central China	7372.65	1734.40	152924.41	1341143.37	387842.89	157761.92	503068.58
西部地区	West China	3651.74	898.39	83669.34	774628.06	196890.42	86031.70	343959.30
分类二	**Group two**							
东部地区	East China	17004.36	4144.25	424276.76	3188604.80	977682.76	478253.56	1095630.62
中部地区	Central China	6947.18	1439.04	142305.05	1267279.74	360289.29	146826.89	481746.87
西部地区	West China	4721.79	1250.61	110145.62	1010728.02	285864.80	114207.27	427279.44
分类三	**Group three**							
东部地区	East China	15666.30	3622.73	387570.53	2915963.48	884536.58	437913.45	1028488.35
中部地区	Central China	5455.86	1015.43	116420.94	1010194.86	272421.70	112090.29	412069.06
西部地区	West China	4721.79	1250.61	110145.62	1010728.02	285864.80	114207.27	427279.44
东北地区	Northeast China	2829.38	945.13	62590.34	529726.20	181013.77	75076.71	136820.08

National Urban Water Supply (2014)

Total Quantity of Water Supply(10,000m^3)				用水户数(户) Number of Households with Access to Water Supply (unit)		用水人口(万人) Population with Access to Water Supply (10,000 persons)	地区名称 Name of Regions
其他用水 The Quantity of Water for Other Purposes	免费供水量 The Quantitiy of Free Water Supply	生活用水量 Domestic Water Use	漏损水量 The Lossed Water		家庭用户 Household User		
258859.56	**124589.66**	**12966.72**	**715381.84**	**130039481**	**118007189**	**43476.32**	**全　国**
							分类一
165700.62	68827.11	5455.41	424086.71	76396212	69695098	24260.04	东部地区
57354.26	33668.13	5122.51	201447.59	36846379	33155134	12214.37	中部地区
35804.68	22094.42	2388.80	89847.54	16796890	15156957	7001.91	西部地区
							分类二
164531.83	65962.94	4458.22	406543.09	74431645	67903225	23324.50	东部地区
53956.95	33354.01	5111.41	191105.73	33425544	30485182	11360.17	中部地区
40370.78	25272.71	3397.09	117733.02	22182292	19618782	8791.65	西部地区
							分类三
156679.99	59045.54	3915.22	349299.57	64919445	58900455	21078.86	东部地区
44547.65	30100.25	4578.86	138965.91	23570996	21463261	8951.01	中部地区
40370.78	25272.71	3397.09	117733.02	22182292	19618782	8791.65	西部地区
17261.14	10171.16	1075.55	109383.34	19366748	18024691	4654.80	东北地区

5-2 2014年按省分列的城市供水

地区名称 Name of Regions	综合生产能力（万立方米/日）Integrated Production Capacity (10,000 m^3/day)	地下水 Underground Water	供水管道长度（公里）Length of Water Supply Pipelines (km)	供水总量（万立方米） 合计 Total	生产运营用水 The Quantity of Water for Production and Operation	公共服务用水 The Quantity of Water for Public Service	居民家庭用水 The Quantity of Water for Household Use
全 国	**28673.33**	**6833.90**	**676727.43**	**5466612.56**	**1623836.85**	**739287.72**	**2004656.93**
北 京	2439.77	2139.41	27285.89	182418.79	27472.20	55994.89	71117.12
天 津	447.15	77.35	14369.10	81249.49	30036.28	10419.94	25271.15
河 北	809.04	557.31	15527.72	151478.40	59073.75	20424.72	48319.56
山 西	453.65	229.84	9727.18	83155.44	29995.08	7594.50	37009.24
内蒙古	425.47	295.36	10619.36	73863.63	27553.60	10935.03	21321.71
辽 宁	1338.06	521.52	36706.23	272641.32	93146.18	40340.11	67142.27
吉 林	680.18	96.06	11764.12	106812.50	28097.05	16669.32	31651.21
黑龙江	811.14	327.55	14119.99	150272.38	59770.54	18067.28	38026.60
上 海	1137.00	2.56	35067.69	317259.71	53542.06	64868.83	100164.93
江 苏	2961.61	95.64	78476.60	488061.59	184371.13	60544.33	164352.97
浙 江	1720.46	3.42	53604.16	308411.36	115740.41	30791.27	114883.43
安 徽	1074.84	99.64	22247.14	167780.79	49957.39	21627.10	64144.56
福 建	717.24	16.80	16539.36	156464.00	41633.42	15327.10	59088.25
江 西	457.66	9.46	13713.58	106052.90	16056.04	17869.63	44761.08
山 东	1725.23	684.30	47372.90	347781.34	144396.31	45396.55	107761.91
河 南	1083.62	558.31	20590.38	191000.70	68253.87	18983.58	67896.67
湖 北	1354.30	34.09	29644.18	269557.94	66115.33	33778.92	108506.95
湖 南	1031.79	84.09	20498.48	192647.09	42043.99	12236.56	89750.56
广 东	3555.40	28.34	95463.08	840259.07	220197.62	129617.80	319028.94
广 西	644.58	56.86	15856.92	162236.33	61420.78	17240.54	61998.43
海 南	153.40	17.60	3864.03	42579.73	8073.40	4528.02	18500.09
重 庆	506.89	2.71	11601.44	112858.59	29473.52	11342.93	52682.46
四 川	950.54	107.58	27460.78	221021.39	41277.65	29389.37	112000.53
贵 州	246.18	15.54	8684.58	55793.24	7598.41	6731.37	27856.01
云 南	356.95	18.20	9586.56	77708.02	18429.88	5131.75	32906.30
西 藏	64.50	54.80	1059.10	12436.55	1932.71	3217.34	3964.49
陕 西	379.42	168.46	6820.21	92910.74	30291.51	5229.80	42220.84
甘 肃	380.79	117.63	5265.33	54565.01	19420.41	7415.75	21306.21
青 海	94.97	42.50	2230.71	25030.58	9824.04	1780.73	8395.83
宁 夏	146.80	122.90	2308.71	30343.36	11634.79	4254.71	9980.40
新 疆	524.70	248.07	8651.92	91960.58	27007.50	11537.95	32646.23

Urban Water Supply by Province(2014)

Total Quantity of Water Supply($10,000m^3$)				用水户数(户) Number of Households with Access to Water Supply (unit)		用水人口(万人) Population with Access to Water Supply (10,000 persons)	地区名称 Name of Regions
其他用水 The Quantity of Water for Other Purposes	免费供水量 The Quantitiy of Free Water Supply	生活用水量 Domestic Water Use	漏损水量 The Lossed Water		家庭用户 Household User		
258859.56	**124589.66**	**12966.72**	**715381.84**	**130039481**	**118007189**	**43476.32**	**全 国**
8190.65	1628.23	127.16	18015.70	5836701	5662014	1859.00	北 京
5357.39	545.07		9619.66	4203537	3987027	786.49	天 津
4757.56	1857.94	260.79	17044.87	4013069	3690139	1617.14	河 北
2660.11	352.90	91.14	5543.61	1541714	1444428	1068.59	山 西
3397.31	314.12	11.10	10341.86	3420835	2669952	854.20	内蒙古
7851.84	6917.40	543.00	57243.52	9512200	9002770	2245.64	辽 宁
3018.76	1283.52	225.85	26092.64	4205433	3836960	1083.22	吉 林
6390.54	1970.24	306.70	26047.18	5649115	5184961	1325.94	黑龙江
29654.55	23399.03		45630.31	8139967	7735894	2425.68	上 海
18183.80	8072.67	2395.23	52536.69	12176443	11193174	2970.72	江 苏
9764.42	4568.96	61.84	32662.87	6780496	6078671	2026.72	浙 江
5217.27	2787.49	200.97	24046.98	4874504	4526561	1412.77	安 徽
13816.54	1494.54	123.36	25104.15	3045729	2754700	1128.37	福 建
6507.54	1999.05	375.98	18859.56	2677158	2306473	965.92	江 西
11082.87	6672.78	644.02	32470.92	8811126	8186199	3036.28	山 东
8298.05	3181.63	665.39	24386.90	4865629	4459025	2232.45	河 南
9580.35	12285.27	415.06	39291.12	5572300	5037396	1856.40	湖 北
12284.33	9493.91	2830.32	26837.74	4039691	3689378	1414.88	湖 南
52801.43	10720.54	296.42	107892.74	11656559	9403037	4969.33	广 东
1168.79	2864.17	997.19	17543.62	1964567	1791873	935.54	广 西
3070.78	85.78	6.40	8321.66	255818	209600	259.13	海 南
4444.03	1636.46	164.38	13279.19	3310044	2997376	1203.44	重 庆
7366.61	3713.68	231.81	27273.55	4976660	4402310	1796.29	四 川
3326.34	3039.89	234.50	7241.22	1233956	1117112	597.56	贵 州
4065.12	6809.77	145.15	10365.20	2145379	1970884	810.55	云 南
730.01	156.00		2436.00	214104	206630	59.81	西 藏
3951.25	821.87	283.00	10395.47	1122569	1020033	848.95	陕 西
2086.13	677.98	292.81	3658.53	978541	911524	543.55	甘 肃
1646.58	721.84	461.10	2661.56	173892	149780	165.10	青 海
1731.48	255.18	190.13	2486.80	720939	609166	265.96	宁 夏
6457.13	4261.75	385.92	10050.02	1920806	1772142	710.70	新 疆

5-3 2014年按省分列的城市供水(公共供水)

地区名称 Name of Regions	综合生产能力(万立方米/日) Integrated Production Capacity (10,000m^3/day)	地下水 Underground Water	水厂个数(个) Number of Water Plants (unit)	地下水 Underground Water	供水管道长度(公里) Length of Water Supply Pipelines (km)	供水总量(万立方米) 合计 Total	售水量 小计 Subtotal	生产运营用水 The Quantity of Water for Production and Operation	公共服务用水 The Quantity of Water for Public Service
全　国	**22100.51**	**2994.71**	**2801**	**972**	**624526.92**	**4697827.69**	**3857856.19**	**1076180.89**	**665805.98**
北　京	500.21	199.85	68	57	14994.43	123045.56	103401.63	12661.33	37865.19
天　津	374.25	8.25	24	5	14230.83	72100.45	61935.72	25018.50	6650.87
河　北	579.84	366.22	114	98	13435.82	105319.72	86416.91	23393.76	16558.85
山　西	303.44	170.04	76	63	7461.35	57239.63	51343.12	15169.36	5261.47
内蒙古	320.07	196.03	80	70	8656.86	55708.97	45052.99	13953.60	8801.03
辽　宁	947.00	294.89	139	71	30457.52	204212.51	140051.59	40607.68	31647.37
吉　林	347.00	46.77	78	31	9464.03	86207.34	58831.18	13211.79	15020.76
黑龙江	569.30	183.98	116	80	12962.53	112066.46	84049.04	29119.91	15357.55
上　海	1137.00	2.56	67		35067.69	317259.71	248230.37	53542.06	64868.83
江　苏	2405.05	36.86	125	11	75779.94	404430.69	343821.33	110140.02	58787.67
浙　江	1569.07	0.80	123	3	52607.03	293507.92	256276.09	102674.27	30673.38
安　徽	654.46	43.44	67	10	20500.96	137425.65	110591.18	27109.34	17694.07
福　建	688.80	11.80	76	8	15086.95	151229.40	124630.71	38833.48	14844.15
江　西	441.60	5.40	61	8	13541.42	103938.47	83079.86	15068.53	17781.06
山　东	1290.86	387.91	264	127	42434.74	254730.15	215586.45	81543.52	35578.14
河　南	787.42	323.55	120	76	19002.29	139729.27	112160.74	28561.13	14616.85
湖　北	1166.20	1.30	114	4	28060.16	236740.59	185164.20	45267.77	33111.77
湖　南	831.00	9.90	87	11	19740.16	169098.42	132766.77	24847.22	11413.67
广　东	3512.08	23.10	326	12	95027.02	834633.18	716019.90	215719.96	129518.02
广　西	481.45	43.20	70	10	14635.94	118201.75	97793.96	20231.71	17033.45
海　南	151.80	17.60	21	3	3861.03	42514.73	34107.29	8073.40	4528.02
重　庆	425.49	0.96	83	9	10290.69	101338.86	86423.21	20353.09	10930.76
四　川	787.19	75.46	173	46	25929.20	201171.40	170184.17	28129.01	28282.11
贵　州	236.93	12.55	47	7	8385.48	53010.70	42729.59	5793.58	6427.08
云　南	331.10	10.53	68	13	9169.56	71868.59	54693.62	14966.34	4976.23
西　藏	57.50	48.00	7	4	1041.40	12383.53	9791.53	1931.81	3215.20
陕　西	309.83	106.38	59	41	6292.15	75607.19	64389.85	17877.51	3939.80
甘　肃	292.47	82.95	45	30	4534.04	45243.21	40906.70	12849.23	6005.75
青　海	61.50	21.10	12	4	1929.14	16335.67	12952.27	3114.12	1634.00
宁　夏	83.30	71.60	21	17	1727.51	19312.80	16570.82	3679.65	3322.29
新　疆	457.30	191.73	70	43	8219.05	82215.17	67903.40	22738.21	9460.59

Urban Water Supply by Province (Public Water Suppliers)(2014)

Total Quantity of Water Supply($10,000m^3$)					用水户数(户) Number of Households with Access to Water Supply (unit)		用水人口(万人) Population with Access to Water Supply (10,000 persons)	地区名称 Name of Regions
Water Sold		免费供水量 The Quantitiy of Free Water Supply		漏损水量 The Lossed Water		家庭用户 Household User		
居民家庭用水 The Quantity of Water for Household Use	其他用水 The Quantity of Water for Other Purposes		生活用水 Domestic Water Use					
1889791.76	**226077.56**	**124589.66**	**12966.72**	**715381.84**	**123372348**	**112050210**	**41105.63**	**全　国**
51738.99	1136.12	1628.23	127.16	18015.70	4724031	4567626	1339.96	北　京
24908.96	5357.39	545.07		9619.66	4203527	3987022	772.68	天　津
42580.76	3883.54	1857.94	260.79	17044.87	3523407	3241185	1465.55	河　北
30495.72	416.57	352.90	91.14	5543.61	1111970	1048302	903.20	山　西
19499.55	2798.81	314.12	11.10	10341.86	3269781	2554892	823.16	内蒙古
61136.40	6660.14	6917.40	543.00	57243.52	9125121	8626424	2100.67	辽　宁
28728.48	1870.15	1283.52	225.85	26092.64	4016974	3677046	1016.93	吉　林
33734.54	5837.04	1970.24	306.70	26047.18	4991625	4581060	1202.08	黑龙江
100164.93	29654.55	23399.03		45630.31	8139967	7735894	2425.68	上　海
159236.77	15656.87	8072.67	2395.23	52536.69	12051329	11089940	2943.44	江　苏
113677.22	9251.22	4568.96	61.84	32662.87	6696598	5997847	1998.31	浙　江
60746.16	5041.61	2787.49	200.97	24046.98	4644687	4321435	1336.69	安　徽
57348.89	13604.19	1494.54	123.36	25104.15	3018827	2730582	1117.36	福　建
43857.67	6372.60	1999.05	375.98	18859.56	2630479	2261533	950.01	江　西
92313.87	6150.92	6672.78	644.02	32470.92	8065373	7554004	2765.87	山　东
62046.66	6936.10	3181.63	665.39	24386.90	4465676	4104170	2082.56	河　南
100748.17	6036.49	12285.27	415.06	39291.12	5209359	4740649	1762.13	湖　北
84624.04	11881.84	9493.91	2830.32	26837.74	3811761	3481837	1344.22	湖　南
318158.44	52623.48	10720.54	296.42	107892.74	11615276	9364321	4950.85	广　东
59388.77	1140.03	2864.17	997.19	17543.62	1936240	1766673	880.79	广　西
18435.09	3070.78	85.78	6.40	8321.66	249218	203000	257.87	海　南
51230.10	3909.26	1636.46	164.38	13279.19	3214424	2909336	1151.44	重　庆
107319.10	6453.95	3713.68	231.81	27273.55	4696352	4183392	1714.18	四　川
27252.84	3256.09	3039.89	234.50	7241.22	1210857	1101230	587.63	贵　州
30861.22	3889.83	6809.77	145.15	10365.20	2064060	1901303	777.01	云　南
3919.52	725.00	156.00		2436.00	209451	203731	58.86	西　藏
39404.29	3168.25	821.87	283.00	10395.47	980538	929492	772.06	陕　西
20065.17	1986.55	677.98	292.81	3658.53	860619	806252	514.10	甘　肃
6858.75	1345.40	721.84	461.10	2661.56	138077	115998	152.72	青　海
9061.22	507.66	255.18	190.13	2486.80	675702	568249	248.14	宁　夏
30249.47	5455.13	4261.75	385.92	10050.02	1821042	1695785	689.48	新　疆

5-4 2014年按省分列的城市供水(自建设施供水)

地区名称 Name of Regions	综合生产能力(万立方米/日) Integrated Production Capacity (10,000 m³/day)	地下水 Underground Water	供水管道长度(公里) Length of Water Supply Pipelines (km)	供水总量(万立方米) 合计 Total	生产运营用水 The Quantity of Water for Production and Operation
全　国	**6572.82**	**3839.19**	**52200.51**	**768784.87**	**547655.96**
北　京	1939.56	1939.56	12291.46	59373.23	14810.87
天　津	72.90	69.10	138.27	9149.04	5017.78
河　北	229.20	191.09	2091.90	46158.68	35679.99
山　西	150.21	59.80	2265.83	25915.81	14825.72
内蒙古	105.40	99.33	1962.50	18154.66	13600.00
辽　宁	391.06	226.63	6248.71	68428.81	52538.50
吉　林	333.18	49.29	2300.09	20605.16	14885.26
黑龙江	241.84	143.57	1157.46	38205.92	30650.63
江　苏	556.56	58.78	2696.66	83630.90	74231.11
浙　江	151.39	2.62	997.13	14903.44	13066.14
安　徽	420.38	56.20	1746.18	30355.14	22848.05
福　建	28.44	5.00	1452.41	5234.60	2799.94
江　西	16.06	4.06	172.16	2114.43	987.51
山　东	434.37	296.39	4938.16	93051.19	62852.79
河　南	296.20	234.76	1588.09	51271.43	39692.74
湖　北	188.10	32.79	1584.02	32817.35	20847.56
湖　南	200.79	74.19	758.32	23548.67	17196.77
广　东	43.32	5.24	436.06	5625.89	4477.66
广　西	163.13	13.66	1220.98	44034.58	41189.07
海　南	1.60		3.00	65.00	
重　庆	81.40	1.75	1310.75	11519.73	9120.43
四　川	163.35	32.12	1531.58	19849.99	13148.64
贵　州	9.25	2.99	299.10	2782.54	1804.83
云　南	25.85	7.67	417.00	5839.43	3463.54
西　藏	7.00	6.80	17.70	53.02	0.90
陕　西	69.59	62.08	528.06	17303.55	12414.00
甘　肃	88.32	34.68	731.29	9321.80	6571.18
青　海	33.47	21.40	301.57	8694.91	6709.92
宁　夏	63.50	51.30	581.20	11030.56	7955.14
新　疆	67.40	56.34	432.87	9745.41	4269.29

Urban Water Supply by Province (Suppliers with Self-Built Facilities)(2014)

Total Quantity of Water Supply(10,000m³) 公共服务用水 The Quantity of Water for Public Service	居民家庭用水 The Quantity of Water for Household Use	其他用水 The Quantity of Water for Other Purposes	用水户数(户) Number of Households with Access to Water Supply (unit)	家庭用户 Household User	用水人口(万人) Population with Access to Water Supply (10,000 persons)	地区名称 Name of Regions
73481.74	**114865.17**	**32782.00**	**6667133**	**5956979**	**2370.69**	**全　国**
18129.70	19378.13	7054.53	1112670	1094388	519.04	北　京
3769.07	362.19		10	5	13.81	天　津
3865.87	5738.80	874.02	489662	448954	151.59	河　北
2333.03	6513.52	2243.54	429744	396126	165.39	山　西
2134.00	1822.16	598.50	151054	115060	31.04	内蒙古
8692.74	6005.87	1191.70	387079	376346	144.97	辽　宁
1648.56	2922.73	1148.61	188459	159914	66.29	吉　林
2709.73	4292.06	553.50	657490	603901	123.86	黑龙江
1756.66	5116.20	2526.93	125114	103234	27.28	江　苏
117.89	1206.21	513.20	83898	80824	28.41	浙　江
3933.03	3398.40	175.66	229817	205126	76.08	安　徽
482.95	1739.36	212.35	26902	24118	11.01	福　建
88.57	903.41	134.94	46679	44940	15.91	江　西
9818.41	15448.04	4931.95	745753	632195	270.41	山　东
4366.73	5850.01	1361.95	399953	354855	149.89	河　南
667.15	7758.78	3543.86	362941	296747	94.27	湖　北
822.89	5126.52	402.49	227930	207541	70.66	湖　南
99.78	870.50	177.95	41283	38716	18.48	广　东
207.09	2609.66	28.76	28327	25200	54.75	广　西
	65.00		6600	6600	1.26	海　南
412.17	1452.36	534.77	95620	88040	52.00	重　庆
1107.26	4681.43	912.66	280308	218918	82.11	四　川
304.29	603.17	70.25	23099	15882	9.93	贵　州
155.52	2045.08	175.29	81319	69581	33.54	云　南
2.14	44.97	5.01	4653	2899	0.95	西　藏
1290.00	2816.55	783.00	142031	90541	76.89	陕　西
1410.00	1241.04	99.58	117922	105272	29.45	甘　肃
146.73	1537.08	301.18	35815	33782	12.38	青　海
932.42	919.18	1223.82	45237	40917	17.82	宁　夏
2077.36	2396.76	1002.00	99764	76357	21.22	新　疆

5-5 2014年按城市分列的城市供水

城市名称 Name of Cities	综合生产能力(万立方米/日) Integrated Production Capacity (10,000m³/day)	地下水 Underground Water	供水管道长度(公里) Length of Water Supply Pipelines (km)	供水总量(万立方米) 合计 Total	生产运营用水 The Quantity of Water for Production and Operation	公共服务用水 The Quantity of Water for Public Service	居民家庭用水 The Quantity of Water for Household Use
全　国	**28673.33**	**6833.90**	**676727.43**	**5466612.56**	**1623836.85**	**739287.72**	**2004656.93**
北　京	**2439.77**	**2139.41**	**27285.89**	**182418.79**	**27472.20**	**55994.89**	**71117.12**
天　津	**447.15**	**77.35**	**14369.10**	**81249.49**	**30036.28**	**10419.94**	**25271.15**
河　北	**809.04**	**557.31**	**15527.72**	**151478.40**	**59073.75**	**20424.72**	**48319.56**
石家庄	117.53	77.53	1842.27	26784.81	8170.23	5456.89	8723.02
晋　州	9.00	9.00	91.45	2285.00	1757.00	58.00	390.00
新　乐	5.75	5.75	139.00	1638.00	848.00	141.00	514.00
唐　山	130.00	87.80	1968.40	28122.50	14838.70	3445.69	6060.01
遵　化	19.00	19.00	157.38	1684.00	295.00	347.00	802.00
迁　安	9.39	9.39	475.57	2872.20	1786.00	230.70	704.00
秦皇岛	39.00		908.45	9622.41	2115.85	1954.98	2990.11
邯　郸	98.50	44.50	1214.40	14633.00	6394.00	1222.00	4800.00
武　安	7.00	2.00	553.14	2287.31	867.20	600.60	619.51
邢　台	22.44	22.44	731.25	5205.86	1347.00	0.78	1936.81
南　宫	6.46	6.46	139.00	685.00	190.00	45.60	388.00
沙　河	2.50	2.50	172.00	443.00	29.50	130.00	227.00
保　定	35.00	9.00	921.15	8795.87	3313.77	1074.94	3369.42
涿　州	27.80	17.69	155.44	3275.50	1694.00	209.00	1209.00
安　国	13.10	13.10	114.70	1345.00	693.00	109.00	440.00
高碑店	4.04	4.04	257.80	1364.80	374.00	187.00	416.80
张家口	75.30	75.30	896.00	8351.99	4671.22	470.20	2226.91
承　德	32.15	32.15	588.40	4978.16	1712.33	406.15	1652.63
沧　州	25.00	5.00	496.07	3952.95	811.02	896.43	1491.57
泊　头	6.12	3.00	249.00	1594.04	366.80	247.00	768.04
任　丘	6.07	6.07	631.57	1648.97	494.81	333.00	633.55
黄　骅	6.00		398.00	997.00	221.00	93.00	582.00
河　间	3.24	3.24	272.00	1182.00	367.00	83.00	480.00
廊　坊	22.88	22.88	640.87	5001.37	1268.16	903.73	2248.54
霸　州	4.42	4.42	308.00	1554.90	796.00	178.00	470.00
三　河	18.30	18.30	337.70	2640.00	886.00	473.00	642.00
衡　水	8.26	8.26	260.30	2635.84	661.16	138.38	1184.43
冀　州	2.39	2.39	184.50	724.92	300.00	128.65	239.21
深　州	10.30	4.00	186.80	1057.00	329.00	94.00	542.00
辛　集	18.60	18.60	132.11	1785.00	618.00	596.00	456.00
定　州	23.50	23.50	105.00	2330.00	858.00	171.00	1113.00

National Urban Water Supply by City(2014)

Total Quantity of Water Supply(10,000m³)				用水户数(户) Number of Households with Access to Water Supply (unit)		用水人口(万人) Population with Access to Water Supply (10,000 persons)	城市名称 Name of Cities
其他用水 The Quantity of Water for Other Purposes	免费供水量 The Quantitiy of Free Water Supply	生活用水量 Domestic Water Use	漏损水量 The Lossed Water		家庭用户 Household User		
258859.56	**124589.66**	**12966.72**	**715381.84**	**130039481**	**118007189**	**43476.32**	**全　国**
8190.65	**1628.23**	**127.16**	**18015.70**	**5836701**	**5662014**	**1859.00**	**北　京**
5357.39	**545.07**		**9619.66**	**4203537**	**3987027**	**786.49**	**天　津**
4757.56	**1857.94**	**260.79**	**17044.87**	**4013069**	**3690139**	**1617.14**	**河　北**
531.02	43.96	23.10	3859.69	342219	322369	277.75	石家庄
	30.00		50.00	23645	22916	13.33	晋　州
15.00			120.00	21299	19919	9.12	新　乐
1274.40	418.70		2085.00	656751	598755	197.49	唐　山
84.00	81.00		75.00	59840	58285	23.13	遵　化
1.50			150.00	97642	72180	24.55	迁　安
256.20	135.47	33.23	2169.80	444177	422406	97.66	秦皇岛
245.20	702.00	204.00	1269.80	274130	261646	157.18	邯　郸
	15.00		185.00	36076	32623	24.64	武　安
952.46	79.85		888.96	283566	264371	93.76	邢　台
4.40	6.50		50.50	35250	30760	14.40	南　宫
3.50			53.00	30094	27983	9.64	沙　河
13.18			1024.56	78652	69359	121.30	保　定
11.50			152.00	63146	58969	26.38	涿　州
25.00	1.50	0.11	76.50	28088	27800	9.91	安　国
229.00	48.00		110.00	37769	36371	13.35	高碑店
105.00	55.51		823.15	273724	226291	88.00	张家口
58.78	102.00		1046.27	199024	189140	55.36	承　德
3.13	5.82		744.98	197511	184929	56.30	沧　州
9.20	10.00		193.00	52327	44551	16.85	泊　头
117.77	0.35	0.24	69.49	108976	97883	38.33	任　丘
2.00	1.00		98.00	56491	51960	19.50	黄　骅
121.00	11.00		120.00	52970	48570	17.48	河　间
	12.90		568.04	44800	32500	53.20	廊　坊
17.40	8.50		85.00	43678	38295	15.64	霸　州
499.00			140.00	38415	32909	20.20	三　河
119.71			532.16	153245	142534	36.62	衡　水
10.21	13.88	0.11	32.97	38500	37060	15.87	冀　州
	5.00		87.00	29330	29080	17.60	深　州
23.00			92.00	65570	63500	17.50	辛　集
25.00	70.00		93.00	146164	144225	35.10	定　州

5-5 续表 1

城市名称 Name of Cities	综合生产能力(万立方米/日) Integrated Production Capacity (10,000m³/day)	地下水 Underground Water	供水管道长度(公里) Length of Water Supply Pipelines (km)	供水总量(万立方米) 合计 Total	生产运营用水 The Quantity of Water for Production and Operation	公共服务用水 The Quantity of Water for Public Service	居民家庭用水 The Quantity of Water for Household Use
山　西	**453.65**	**229.84**	**9727.18**	**83155.44**	**29995.08**	**7594.50**	**37009.24**
太　原	190.56	49.06	1987.58	31669.36	14532.02	1565.89	14324.31
古　交	5.30	0.50	115.60	1641.70	845.20	269.54	425.64
大　同	59.00	44.00	1312.10	8620.62	3362.00	876.50	3655.96
阳　泉	26.48	3.89	1098.52	5138.07	1836.28	341.44	2242.64
长　治	28.81	28.81	973.99	7517.06	1760.07	450.17	3882.68
潞　城	3.00	3.00	81.80	501.02	117.52	86.16	261.13
晋　城	18.00	10.28	623.72	3859.23	763.00	1008.50	1507.20
高　平	5.00	1.00	237.00	618.70	39.00	166.00	346.00
朔　州	18.00	9.50	319.00	2653.50	867.00	305.00	1227.00
晋　中	16.40	12.40	448.67	3576.72	691.77	253.92	1439.66
介　休	7.54	7.54	113.07	811.75	92.71	79.13	469.33
运　城	16.00	12.00	254.00	3399.00	1502.00	388.00	992.00
永　济	4.90	4.90	73.00	982.00	251.00	96.00	573.00
河　津	2.32	2.32	138.00	846.25	108.30	30.20	613.38
忻　州	6.55	6.55	465.31	2206.07	1208.83	174.20	598.27
原　平	8.80	8.80	175.00	1223.00	555.63	222.20	296.91
临　汾	14.80	4.00	475.60	3173.00	671.00	401.00	1754.00
侯　马	4.09	4.09	161.00	963.00	222.00	21.00	571.00
霍　州	6.80	6.80	70.00	871.59	201.35	238.49	359.89
吕　梁	4.90	4.90	192.50	1321.80	190.40	411.16	634.24
孝　义	4.00	4.00	234.25	1202.00	178.00	102.00	635.00
汾　阳	2.40	1.50	177.47	360.00		108.00	200.00
内 蒙 古	**425.47**	**295.36**	**10619.36**	**73863.63**	**27553.60**	**10935.03**	**21321.71**
呼和浩特	62.18	42.08	789.80	14875.60	4458.20	2782.00	3309.30
包　头	100.40	12.40	1718.17	17495.35	8657.60	2108.69	3609.45
乌　海	42.18	42.18	2105.00	4016.00	436.00	1009.49	1802.12
赤　峰	42.64	41.32	1218.50	10917.00	6407.80	892.00	2506.20
通　辽	45.80	45.80	573.56	5112.47	1720.75	996.23	1032.90
霍林郭勒	5.60	5.60	364.00	835.10	69.00	110.00	536.10
鄂尔多斯	19.80	16.40	807.36	3583.20	432.42	761.06	1859.39
呼伦贝尔	10.00	10.00	277.24	2148.68	707.00	272.00	1007.50
满 洲 里	9.50	5.50	472.85	1187.20	75.00	182.20	690.00
牙 克 石	4.60	4.60	91.00	1295.00	659.00	194.00	368.00
扎 兰 屯	6.45	0.80	96.06	2340.70	1793.00	84.60	208.60
额尔古纳	1.00	1.00	65.93	105.00	7.00	10.00	76.50
根　河	7.10	5.80	28.45	319.48	43.00	37.96	222.94
巴彦淖尔	14.40	8.06	442.60	2410.70	202.80	492.90	1300.00
乌兰察布	8.74	8.74	321.28	1597.79	197.33	253.65	720.81
丰　镇	7.98	7.98	188.62	896.76	260.00	84.25	342.40

Continued 1

Total Quantity of Water Supply(10,000m^3)				用水户数(户) Number of Households with Access to Water Supply (unit)		用水人口(万人) Population with Access to Water Supply (10,000 persons)	城市名称 Name of Cities
其他用水 The Quantity of Water for Other Purposes	免费供水量 The Quantitiy of Free Water Supply	生活用水量 Domestic Water Use	漏损水量 The Lossed Water		家庭用户 Household User		
2660.11	**352.90**	**91.14**	**5543.61**	**1541714**	**1444428**	**1068.59**	**山　西**
52.92			1194.22	327577	312537	350.00	太　原
50.32			51.00	29426	28605	15.67	古　交
48.56			677.60	217202	213577	125.18	大　同
79.79	16.87	16.87	621.05	185732	172595	57.97	阳　泉
830.45			593.69	148084	140176	72.97	长　治
16.21	5.00	5.00	15.00	14516	13925	7.91	潞　城
211.50			369.03	142738	140612	46.91	晋　城
15.70			52.00	35223	34010	11.88	高　平
21.50	77.00	28.00	156.00	107594	95157	39.26	朔　州
854.92			336.45	13084	11081	48.90	晋　中
25.53	70.00	35.00	75.05	52856	50816	17.82	介　休
97.00	55.00	4.00	365.00	51391	32609	40.42	运　城
15.00			47.00	8382	7414	16.93	永　济
2.00	10.80	2.27	81.57	9306	7240	20.00	河　津
20.20	82.04		122.53	21673	19831	29.11	忻　州
11.65	24.19		112.42	9191	7257	11.94	原　平
106.00			241.00	70942	67338	57.00	临　汾
65.00	2.00		82.00	22178	20894	16.07	侯　马
38.86			33.00	38834	38403	13.87	霍　州
4.00			82.00	8800	5982	25.71	吕　梁
93.00			194.00	19232	16908	27.00	孝　义
	10.00		42.00	7753	7461	16.07	汾　阳
3397.31	**314.12**	**11.10**	**10341.86**	**3420835**	**2669952**	**854.20**	**内蒙古**
386.00			3940.10	488298	426236	187.99	呼和浩特
810.96			2308.65	1094145	605040	182.98	包　头
275.21	22.00	10.00	471.18	224133	218206	56.34	乌　海
435.00			676.00	399452	355150	96.11	赤　峰
629.97	70.88		661.74	195973	168634	43.13	通　辽
38.00	2.00		80.00	48906	46048	12.80	霍林郭勒
160.47	12.86		357.00	140611	113229	48.40	鄂尔多斯
4.00			158.18	103635	95633	30.70	呼伦贝尔
			240.00	85275	67993	21.00	满洲里
32.00	5.00		37.00	44909	41520	12.29	牙克石
226.40	0.50		27.60	35985	28521	12.36	扎兰屯
			11.50	8889	8167	3.39	额尔古纳
	1.88	1.10	13.70	18840	17791	6.65	根　河
45.90	30.00		339.10	147741	141161	40.75	巴彦淖尔
176.00	59.00		191.00	55118	45372	33.10	乌兰察布
63.00	59.00		88.11	43425	40020	12.96	丰　镇

5-5 续表 2

城市名称 Name of Cities	综合生产能力(万立方米/日) Integrated Production Capacity (10,000m³/day)	地下水 Underground Water	供水管道长度(公里) Length of Water Supply Pipelines (km)	供水总量(万立方米) 合计 Total	生产运营用水 The Quantity of Water for Production and Operation	公共服务用水 The Quantity of Water for Public Service	居民家庭用水 The Quantity of Water for Household Use
乌兰浩特	21.50	21.50	273.80	2845.00	920.00	330.00	1046.00
阿尔山	2.15	2.15	44.50	63.00	8.00	9.00	33.00
二连浩特	5.00	5.00	165.36	548.60	154.70	93.00	119.50
锡林浩特	8.45	8.45	575.28	1271.00	345.00	232.00	531.00
辽　宁	**1338.06**	**521.52**	**36706.23**	**272641.32**	**93146.18**	**40340.11**	**67142.27**
沈　阳	202.92	141.42	6438.30	57168.83	8564.50	11856.76	20822.69
新　民	5.11	5.11	415.86	1767.95	676.25	524.52	139.23
大　连	163.00		5375.40	39210.44	8794.50	5359.50	11364.00
瓦房店	15.80	3.80	506.00	3100.00	963.70	535.20	626.10
普兰店	15.50		367.00	2933.00	467.00	393.00	419.00
庄　河	10.00		349.12	1532.00	254.00	114.00	819.00
鞍　山	170.00	90.50	2907.60	30470.00	16467.00	5411.00	3664.00
海　城	11.00	11.00	575.20	3380.00	734.50	423.00	635.00
抚　顺	129.00		2308.80	21212.72	9840.09	1263.14	2491.30
本　溪	117.60	4.98	1092.20	25702.23	19525.33	1953.35	1768.27
丹　东	48.29	0.95	1177.76	6179.00	1867.00	1066.00	1703.00
东　港	12.50		288.00	2152.00	361.00	257.00	588.00
凤　城	5.00	1.00	420.56	1080.00	71.00	142.00	515.00
锦　州	82.90	82.90	1525.00	14518.00	6823.00	1742.00	2556.00
凌　海	13.50	13.50	113.80	1352.00	737.00	130.00	395.00
北　镇	4.78	4.20	105.00	909.83	95.50	245.00	275.03
营　口	56.30	12.40	2206.80	7160.00	1275.00	1208.00	1973.00
盖　州	8.10	8.10	236.55	1169.36	51.28	201.23	510.12
大石桥	4.43	4.43	933.64	1203.70	114.60	89.40	665.00
阜　新	35.00	15.00	2012.00	7502.80	2553.50	754.10	2995.00
辽　阳	65.80	34.30	1326.42	11218.32	4223.20	2634.50	2021.56
灯　塔	5.24	5.00	161.10	1193.80	102.90	110.10	296.80
盘　锦	30.56	12.15	1033.00	7022.35	2597.35	872.00	1994.00
铁　岭	22.10	10.25	916.07	3837.28	147.01	853.57	1241.70
调兵山	6.10	4.75	473.14	1452.30	53.00	116.00	1167.41
开　原	7.09	7.09	631.90	2270.04	722.00	321.04	919.36
朝　阳	25.32	22.04	583.00	4916.97	1151.07	710.00	998.90
北　票	3.80	3.50	308.00	1169.00	250.00	215.00	365.00
凌　源	11.30	11.30	487.06	1629.60	534.20	217.00	469.80
葫芦岛	41.02	4.85	1132.95	5366.80	2324.70	121.70	1924.00
兴　城	9.00	7.00	299.00	2861.00	805.00	501.00	820.00

Continued 2

Total Quantity of Water Supply(10,000m^3)				用水户数(户) Number of Households with Access to Water Supply (unit)		用水人口(万人) Population with Access to Water Supply (10,000 persons)	城市名称 Name of Cities
其他用水 The Quantity of Water for Other Purposes	免费供水量 The Quantitiy of Free Water Supply	生活用水量 Domestic Water Use	漏损水量 The Lossed Water		家庭用户 Household User		
15.00			534.00	129084	107308	24.27	乌兰浩特
	6.00		7.00	7796	6705	2.30	阿尔山
75.40	45.00		61.00	29758	22105	7.15	二连浩特
24.00			139.00	118862	115113	19.53	锡林浩特
7851.84	**6917.40**	**543.00**	**57243.52**	**9512200**	**9002770**	**2245.64**	**辽宁**
	2992.70		12932.18	2194252	2086180	516.55	沈阳
			427.95	63051	58506	20.69	新民
2744.04			10948.40	1847223	1761125	327.28	大连
449.70	30.00		495.30	121310	113726	33.26	瓦房店
225.00	72.00	43.00	1357.00	115223	109947	20.97	普兰店
			345.00	92240	86697	33.25	庄河
	356.00		4572.00	636065	611792	161.15	鞍山
87.50	800.00	500.00	700.00	124000	113730	34.78	海城
1599.72	139.00		5879.47	580004	551807	130.99	抚顺
372.28			2083.00	442420	425003	93.00	本溪
31.65	700.00		811.35	234347	222237	64.69	丹东
36.00	63.00		847.00	66761	60444	16.32	东港
	90.00		262.00	61685	57100	17.27	凤城
	1117.00		2280.00	318749	297961	96.30	锦州
			90.00	53548	52936	13.45	凌海
24.00	5.30		265.00	37099	34404	12.99	北镇
261.00	7.00		2436.00	343895	314416	97.73	营口
65.80	8.00		332.93	54528	53909	26.99	盖州
46.60	0.10		288.00	84304	81550	29.36	大石桥
			1200.20	361206	344109	77.30	阜新
			2339.06	284265	263431	79.99	辽阳
97.00	15.00		572.00	38643	35205	11.89	灯塔
109.00			1450.00	272442	254797	70.69	盘锦
28.21	225.00		1341.79	209139	190042	44.09	铁岭
25.44	16.00		74.45	83204	80121	17.90	调兵山
140.00	25.10		142.54	97607	92278	26.53	开原
991.50			1065.50	225009	203792	63.31	朝阳
49.00	15.00		275.00	69149	66858	18.81	北票
146.60	20.00		242.00	84238	68991	20.64	凌源
63.80	34.20		898.40	237901	236676	50.27	葫芦岛
258.00	187.00		290.00	78693	73000	17.20	兴城

5-5 续表 3

城市名称 Name of Cities	综合生产能力(万立方米/日) Integrated Production Capacity (10,000m³/day)	地下水 Underground Water	供水管道长度(公里) Length of Water Supply Pipelines (km)	供水总量(万立方米) 合计 Total	生产运营用水 The Quantity of Water for Production and Operation	公共服务用水 The Quantity of Water for Public Service	居民家庭用水 The Quantity of Water for Household Use
吉　林	**680.18**	**96.06**	**11764.12**	**106812.50**	**28097.05**	**16669.32**	**31651.21**
长　春	124.42	7.42	2233.00	36586.75	5767.00	8775.00	9974.00
九　台	5.40	3.90	279.93	1128.00	115.00	288.00	458.00
榆　树	3.23	3.23	228.31	1087.90	30.47	149.10	446.55
德　惠	7.84	5.34	1467.33	1730.74	886.18	135.42	570.80
吉　林	314.00	3.00	1264.72	20834.00	10901.00	915.00	4752.00
蛟　河	2.90	0.40	61.50	891.28	35.13	105.94	313.12
桦　甸	6.68	0.68	230.00	725.76	77.67	171.62	268.47
舒　兰	4.00		130.20	980.60	400.00	58.00	390.00
磐　石	2.50	2.50	130.10	754.00	95.00	80.00	359.00
四　平	23.99	3.47	976.45	3920.46	1274.56	572.00	1148.00
双　辽	2.05	2.05	77.05	666.00	242.30	147.20	230.00
辽　源	21.00		562.00	3545.00	1032.00	577.00	760.00
通　化	15.30	1.15	538.17	4001.01	54.38	702.46	1222.77
集　安	3.00		139.80	972.01	127.45	107.80	135.62
白　山	17.01	3.50	389.46	4040.59	1911.55	139.01	812.27
临　江	3.10	0.30	94.22	540.00	57.00	40.00	158.00
松　原	18.90	12.50	425.00	5323.00	1635.00	587.00	2127.00
扶　余	2.39	2.39	49.50	531.20	88.00	130.00	258.00
白　城	11.00	11.00	378.00	1807.00	230.00	377.00	800.00
洮　南	2.05	2.05	110.00	451.90	60.50	55.60	297.80
大　安	2.10	2.10	84.00	746.50	79.50	33.00	544.00
延　吉	18.11	3.11	454.22	5277.00	100.00	943.43	1610.00
图　们	1.49	0.04	105.69	508.48	35.07	40.41	150.63
敦　化	21.17	3.78	230.38	2251.99	1122.88	196.37	615.02
珲　春	7.30		139.50	2084.60	464.40	626.60	814.60
龙　井	4.50	1.00	111.73	812.44	212.84	66.40	286.50
和　龙	5.70		344.14	848.00	68.00	52.00	616.00
公主岭	20.25	13.25	322.81	2177.29	674.17	249.96	1058.06
梅河口	8.80	7.90	206.91	1589.00	320.00	348.00	475.00
黑龙江	**811.14**	**327.55**	**14119.99**	**150272.38**	**59770.54**	**18067.28**	**38026.60**
哈尔滨	179.30	57.39	2139.47	38693.57	6089.58	7126.61	12648.99
双　城	3.91	3.91	241.34	897.51	151.89	100.15	539.77
尚　志	3.00	3.00	182.80	1022.10	251.55	279.00	393.00
五　常	8.80	4.00	148.30	930.00	126.00	87.00	521.00
齐齐哈尔	39.92	29.92	1122.89	9589.60	2371.75	1548.30	2472.82
讷　河	2.82	2.82	103.90	389.91	0.95	36.20	249.51
鸡　西	26.24	10.47	715.16	7201.50	2352.20	1201.40	2705.50
虎　林	2.30	2.30	199.78	459.00	91.00	59.00	197.00
密　山	3.50	3.50	187.00	600.00	149.00	80.00	302.00
鹤　岗	19.67	7.07	586.85	4512.61	1813.35	625.14	1083.24

Continued 3

Total Quantity of Water Supply(10,000m^3)				用水户数(户) Number of Households with Access to Water Supply (unit)		用水人口(万人) Population with Access to Water Supply (10,000 persons)	城市名称 Name of Cities
其他用水 The Quantity of Water for Other Purposes	免费供水量 The Quantitiy of Free Water Supply	生活用水量 Domestic Water Use	漏损水量 The Lossed Water		家庭用户 Household User		
3018.76	**1283.52**	**225.85**	**26092.64**	**4205433**	**3836960**	**1083.22**	**吉　林**
524.00	12.00		11534.75	1337414	1228233	368.47	长　春
24.00	32.00	32.00	211.00	76258	68860	21.90	九　台
276.48	56.00		129.30	90483	79546	22.90	榆　树
61.00			77.34	63283	57726	22.08	德　惠
452.00	282.00		3532.00	675418	613376	125.73	吉　林
42.89			394.20	67125	60077	13.90	蛟　河
			208.00	63000	54981	15.58	桦　甸
12.60			120.00	35258	35012	11.00	舒　兰
12.00	6.00	3.00	202.00	47700	41560	11.30	磐　石
640.00			285.90	141123	126308	47.80	四　平
16.50			30.00	38046	37200	11.20	双　辽
8.00			1168.00	144623	135172	46.50	辽　源
4.42	320.00		1696.98	171485	157542	43.56	通　化
	17.94		583.20	31123	27812	8.00	集　安
	105.33		1072.43	141121	130267	32.99	白　山
135.00	73.00	53.00	77.00	31890	25782	9.70	临　江
383.00			591.00	166445	158508	46.50	松　原
7.00	13.20		35.00	22332	21000	6.63	扶　余
45.00	190.00	40.00	165.00	90291	79300	27.80	白　城
4.50	4.50	4.50	29.00	45699	45070	16.23	洮　南
			90.00	44520	43700	14.21	大　安
23.57	13.00	11.00	2587.00	276056	254787	49.71	延　吉
33.93	36.00		212.44	22617	20807	5.03	图　们
42.37	1.35	0.15	274.00	101233	88380	23.12	敦　化
	10.00		169.00	48566	42170	16.50	珲　春
24.40	2.20	2.20	220.10	39516	37100	10.98	龙　井
4.00	28.00		80.00	34000	30000	9.50	和　龙
97.10			98.00	82633	75134	25.10	公主岭
145.00	81.00	80.00	220.00	76175	61550	19.30	梅河口
6390.54	**1970.24**	**306.70**	**26047.18**	**5649115**	**5184961**	**1325.94**	**黑龙江**
2386.39	930.26	213.00	9511.74	1967739	1821151	417.33	哈尔滨
29.70			76.00	83325	71817	18.60	双　城
1.10	0.10	0.10	97.35	42926	33500	12.83	尚　志
56.00			140.00	69000	57236	13.87	五　常
959.00	90.85		2146.88	496127	467323	108.90	齐齐哈尔
20.28	5.67		77.30	30372	26776	9.53	讷　河
223.60	250.20		468.60	211828	187427	71.22	鸡　西
	1.00		111.00	29755	22469	7.27	虎　林
	9.00		60.00	37390	35990	9.15	密　山
28.00	10.35		952.53	228336	213504	53.37	鹤　岗

5-5 续表 4

城市名称 Name of Cities	综合生产能力(万立方米/日) Integrated Production Capacity (10,000m³/day)	地下水 Underground Water	供水管道长度(公里) Length of Water Supply Pipelines (km)	供水总量(万立方米) 合计 Total	生产运营用水 The Quantity of Water for Production and Operation	公共服务用水 The Quantity of Water for Public Service	居民家庭用水 The Quantity of Water for Household Use
双鸭山	27.50	22.40	410.75	2822.10	678.00	566.00	1088.00
大庆	193.00	76.04	2584.27	30375.73	19282.13	2607.66	4517.82
伊春	31.03	23.44	1278.25	4824.26	1985.07	496.23	1541.30
铁力	5.20	2.10	225.70	1022.00	72.00	10.00	779.00
佳木斯	43.50	43.50	635.20	6462.30	2167.85	521.56	1596.73
同江	1.00	1.00	146.00	280.00	35.00	60.00	145.00
富锦	6.50	6.50	92.06	781.30	315.00	161.00	179.00
七台河	31.90	6.10	747.11	5635.44	2919.00	354.50	892.00
牡丹江	123.00	0.50	599.00	23804.06	16394.46	981.24	1685.68
绥芬河	8.70	0.79	156.95	925.00	287.00	178.00	249.00
海林	3.29	0.14	71.00	607.13	317.23	51.90	178.00
宁安	3.00		139.35	775.00	284.00	50.00	305.00
穆棱	2.40	0.20	139.72	455.06	48.53	80.09	244.74
黑河	7.46	0.26	184.40	1079.50	295.00	90.00	390.00
北安	5.35	0.35	129.45	931.00	160.00	132.00	410.00
五大连池	0.62	0.62	106.80	187.00	4.50	8.50	140.00
绥化	9.63	9.63	418.91	1933.00	428.00	285.00	1020.00
安达	6.20	5.70	96.50	988.70	185.50	30.80	682.00
肇东	5.00		149.00	1555.00	373.00	221.00	666.50
海伦	7.40	3.90	182.08	533.00	142.00	39.00	204.00
上海	**1137.00**	**2.56**	**35067.69**	**317259.71**	**53542.06**	**64868.83**	**100164.93**
江苏	**2961.61**	**95.64**	**78476.60**	**488061.59**	**184371.13**	**60544.33**	**164352.97**
南京	615.18		10561.48	122404.08	40914.76	25441.06	38215.93
无锡	280.00		5217.00	40725.58	16514.76	4210.75	14225.51
江阴	110.00		1561.74	8100.94	3817.02	605.50	1796.30
宜兴	30.00		1475.00	6260.00	1879.00	783.00	2417.00
徐州	113.20	41.20	3122.07	25949.71	11695.47	1504.12	6289.32
新沂	20.19	20.10	661.03	2737.00	995.00	397.00	719.80
邳州	24.66	14.66	469.00	3441.30	1759.00	261.00	1180.00
常州	197.00	0.35	11687.97	25407.88	10468.45	3273.77	8946.53
溧阳	10.00		694.08	2383.15	693.13	427.71	927.86
金坛	5.00		1116.20	2505.15	604.85	499.37	783.82
苏州	397.31	0.24	8192.19	72697.99	35424.01	8188.88	22586.57
常熟	87.50		1704.00	7996.00	4008.00	813.00	2286.00
张家港	65.00		852.64	5908.52	1069.36	1055.53	2497.38
昆山	150.00		941.50	14177.34	7208.00	775.00	3796.00
太仓	71.27	0.29	644.72	5197.78	2653.78	385.69	1488.63
南通	167.50		3085.60	22685.64	6928.85	283.50	9954.45

Continued 4

Total Quantity of Water Supply(10,000m^3)				用水户数(户) Number of Households with Access to Water Supply (unit)		用水人口(万人) Population with Access to Water Supply (10,000 persons)	城市名称 Name of Cities
其他用水 The Quantity of Water for Other Purposes	免费供水量 The Quantitiy of Free Water Supply	生活用水量 Domestic Water Use	漏损水量 The Lossed Water		家庭用户 Household User		
110.00	110.10	80.00	270.00	116455	111421	46.70	双鸭山
873.11	0.16		3094.85	843545	776736	140.18	大庆
328.20	90.10	4.60	383.36	198216	172809	57.88	伊春
5.00			156.00	40487	34900	10.89	铁力
58.11	282.05		1836.00	238730	220783	57.70	佳木斯
	12.00		28.00	19821	19350	6.57	同江
71.00	9.70		45.60	35681	32179	12.25	富锦
297.94	12.00	9.00	1160.00	116084	102284	38.50	七台河
414.00	23.20		4305.48	314818	289928	68.35	牡丹江
75.00	61.00		75.00	24582	21880	9.14	绥芬河
8.00	2.00		50.00	32403	29406	10.01	海林
58.00			78.00	26450	22600	7.50	宁安
19.71	5.50		56.49	27427	26497	8.08	穆棱
7.50			297.00	61959	55001	14.00	黑河
108.00	40.00		81.00	51456	45400	13.44	北安
15.00			19.00	10485	10450	4.50	五大连池
			200.00	110360	107000	33.50	绥化
5.40	25.00		60.00	60998	55644	22.12	安达
134.50			160.00	81100	74000	30.30	肇东
98.00			50.00	41260	39500	12.26	海伦
29654.55	**23399.03**		**45630.31**	**8139967**	**7735894**	**2425.68**	**上海**
18183.80	**8072.67**	**2395.23**	**52536.69**	**12176443**	**11193174**	**2970.72**	**江苏**
3485.11	2853.48	2080.20	11493.74	2454595	2348196	608.53	南京
193.24	1484.52		4096.80	1340854	1148799	246.27	无锡
1093.96	79.00		709.16	143700	118315	36.32	江阴
349.00	15.00		817.00	276043	263586	47.78	宜兴
2849.73	116.20	86.20	3494.87	527694	504847	166.09	徐州
131.00			494.20	88653	77592	31.54	新沂
6.30			235.00	70088	65200	35.84	邳州
	500.98		2218.15	621763	542781	154.15	常州
	10.30		324.15	79227	70167	20.98	溧阳
59.57	20.26		537.28	89568	78880	17.70	金坛
584.95	165.58	137.58	5748.00	1460987	1357188	293.52	苏州
	10.00		879.00	234805	214369	41.95	常熟
678.25			608.00	85253	83054	40.51	张家港
1380.00	240.00		778.34	312000	279600	41.77	昆山
			669.68	120677	98167	24.54	太仓
969.09	320.27	2.20	4229.48	560734	523634	154.70	南通

5-5 续表 5

城市名称 Name of Cities	综合生产能力(万立方米/日) Integrated Production Capacity (10,000m³/day)	地下水 Underground Water	供水管道长度(公里) Length of Water Supply Pipelines (km)	供水总量(万立方米) 合计 Total	生产运营用水 The Quantity of Water for Production and Operation	公共服务用水 The Quantity of Water for Public Service	居民家庭用水 The Quantity of Water for Household Use
启　东	24.50		732.61	2785.00	909.00	267.00	626.00
如　皋	22.00	1.00	857.54	3768.04	1138.87	424.52	1710.34
海　门	10.00		960.00	3171.52	763.98	109.48	1551.37
连云港	49.10		2103.15	10718.56	3898.22	1510.90	3099.09
淮　安	73.50	12.00	4505.60	15881.01	7142.75	1810.00	5600.39
盐　城	43.50	2.50	2317.21	7816.89	876.22	948.73	4390.23
东　台	20.00		937.20	1825.00	276.84	112.30	1110.15
大　丰	16.00		503.50	1940.00	489.00	327.00	898.00
扬　州	95.72	0.30	3245.80	17878.01	3906.44	1443.96	7752.23
仪　征	14.88		1021.29	4240.57	1874.63	145.50	1124.53
高　邮	10.60		400.70	2128.16	663.20	221.00	909.56
镇　江	59.00		2442.93	16928.72	6958.00	1297.00	5818.00
丹　阳	35.00		385.65	3861.56	1171.29	1153.21	1006.64
扬　中	10.00		457.68	1566.00	155.00	37.00	1148.00
句　容	10.00		430.60	2199.00	348.00	308.00	722.00
泰　州	42.00		2283.35	9257.78	2451.59	540.30	3556.04
兴　化	10.00		444.42	1077.10	78.40	23.50	833.60
靖　江	21.00		881.00	2683.61	663.93	181.68	1029.59
泰　兴	20.00		261.71	2125.15	399.00	89.88	897.39
宿　迁	31.00	3.00	1318.44	7631.85	3573.33	688.49	2458.72
浙　江	**1720.46**	**3.42**	**53604.16**	**308411.36**	**115740.41**	**30791.27**	**114883.43**
杭　州	350.00		10205.76	60513.66	12862.54	11946.37	24069.45
建　德	8.00		613.40	1301.00	311.00	29.00	709.00
富　阳	30.00		912.51	5658.00	1929.50	226.30	2824.20
临　安	16.70		1445.00	3611.04	941.20	106.40	1450.40
宁　波	225.00		3705.23	50110.59	19562.79	4599.44	18520.81
余　姚	32.50		2132.08	4941.05	2067.11	295.00	2141.29
慈　溪	44.00		1782.32	9997.00	5082.00	299.00	2976.00
奉　化	20.80		595.00	3110.00	842.00	481.00	1317.00
温　州	110.00		2574.28	24839.57	10461.86	60.00	10417.94
瑞　安	22.00		842.00	2419.62	586.17	135.10	1484.64
乐　清	13.46		670.56	3734.31	444.00	311.10	2477.21
嘉　兴	70.50		995.32	11593.78	3277.53	2185.54	2866.96
海　宁	34.30		643.54	5009.85	3501.10	176.31	971.36
平　湖	12.00		457.84	3013.60	969.26	456.26	1018.71
桐　乡	45.00		778.00	3136.70	1210.00	110.00	1419.70
湖　州	47.35	0.80	3077.12	9006.00	2093.60	1417.61	3851.66
绍　兴	272.30		4556.16	35758.44	24571.29	2712.59	6231.00
诸　暨	28.00		1240.30	5154.00	1561.81	596.05	1850.45

Continued 5

Total Quantity of Water Supply(10,000m^3)				用水户数(户) Number of Households with Access to Water Supply (unit)		用水人口(万人) Population with Access to Water Supply (10,000 persons)	城市名称 Name of Cities
其他用水 The Quantity of Water for Other Purposes	免费供水量 The Quantitiy of Free Water Supply	生活用水量 Domestic Water Use	漏损水量 The Lossed Water		家庭用户 Household User		
208.00			775.00	101182	91018	21.20	启东
	72.06		422.25	97601	97027	32.20	如皋
60.11	108.00		578.58	123027	109451	29.30	海门
560.03	23.63		1626.69	301126	277572	82.95	连云港
192.47	13.63	10.68	1121.77	473006	446743	139.21	淮安
410.95	230.00	9.10	960.76	380280	358497	116.34	盐城
6.00	36.86	35.63	282.85	87336	83219	32.00	东台
			226.00	81886	79080	17.95	大丰
2229.44	517.02		2028.92	520840	474061	109.15	扬州
649.70	70.00		376.21	71360	64771	21.02	仪征
16.40	29.00		289.00	79392	69032	21.99	高邮
1017.00	37.45		1801.27	374596	338990	88.78	镇江
159.48	25.32		345.62	127550	116200	35.64	丹阳
			226.00	49843	46037	16.35	扬中
3.00			818.00	62923	57465	16.28	句容
597.16	745.34	11.52	1367.35	341650	320088	91.71	泰州
	44.80		96.80	93009	83999	21.00	兴化
39.80	100.32		668.29	50349	45204	23.61	靖江
55.88	87.55	3.20	595.45	105713	97367	25.75	泰兴
198.18	116.10	18.92	597.03	187133	162978	66.10	宿迁
9764.42	**4568.96**	**61.84**	**32662.87**	**6780496**	**6078671**	**2026.72**	**浙江**
2542.84	2187.93		6904.53	945483	875491	385.67	杭州
4.00	77.00		171.00	53683	48546	13.43	建德
			678.00	125281	107400	37.78	富阳
673.10	29.08		410.86	91720	83118	26.08	临安
38.62	544.00		6844.93	1061974	975500	186.32	宁波
23.82	33.00	3.00	380.83	210258	189714	44.90	余姚
564.00	12.00		1064.00	226506	184885	51.79	慈溪
11.00	51.00	3.00	408.00	128698	117672	33.28	奉化
18.74	882.06		2998.97	508988	458383	184.26	温州
2.35	7.70	0.82	203.66	91178	79863	28.04	瑞安
12.00			490.00	106978	103777	48.73	乐清
1946.51	78.95		1238.29	333608	305169	86.59	嘉兴
15.91	7.12	7.12	338.05	58971	51074	21.56	海宁
23.72			545.65	57251	52462	16.52	平湖
36.00	9.00		352.00	86718	70517	25.03	桐乡
534.94	83.43	6.30	1024.76	271520	236959	88.50	湖州
663.50	34.06	12.26	1546.00	572477	523095	145.10	绍兴
405.99	78.36	0.44	661.34	130148	119789	34.20	诸暨

5-5 续表 6

城市名称 Name of Cities	综合生产能力(万立方米/日) Integrated Production Capacity (10,000m³/day)	地下水 Underground Water	供水管道长度(公里) Length of Water Supply Pipelines (km)	供水总量(万立方米) 合计 Total	生产运营用水 The Quantity of Water for Production and Operation	公共服务用水 The Quantity of Water for Public Service	居民家庭用水 The Quantity of Water for Household Use
嵊州	16.00		1172.27	3789.84	1787.63		1308.47
金华	36.75	1.12	1368.09	6380.30	1717.92	307.60	3512.97
兰溪	16.00		858.20	1792.00	622.55	54.63	933.82
义乌	32.96	0.96	1748.91	10595.00	4017.00	339.00	4213.00
东阳	11.34	0.46	887.19	2801.42	843.23	322.22	1183.36
永康	20.58		1163.41	2788.26	1383.01	26.32	1019.68
衢州	79.00		1189.36	5210.60	1902.00	641.00	1875.00
江山	7.20	0.08	487.15	1831.00	815.00	192.80	584.00
舟山	24.90		1422.00	4730.00	1567.00	536.00	1981.00
台州	49.32		3473.79	14426.70	5849.70	944.00	6544.00
温岭	10.00		362.00	3156.20	481.31	503.83	1745.12
临海	11.00		780.00	3162.30	920.00	220.00	1423.70
丽水	20.00		1141.00	3984.53	1357.00	500.00	1605.53
龙泉	3.50		324.37	855.00	202.30	60.80	356.00
安徽	**1074.84**	**99.64**	**22247.14**	**167780.79**	**49957.39**	**21627.10**	**64144.56**
合肥	175.00		4123.42	40439.20	6039.80	8277.40	19696.70
巢湖	12.00		455.00	3500.00	400.00	380.00	1933.80
芜湖	100.00		1549.53	16930.64	4748.26	765.80	6038.09
蚌埠	76.00	1.00	1097.99	16559.85	8636.69	2676.22	4172.48
淮南	47.00		1505.38	8115.82	1314.53	872.76	3842.53
马鞍山	120.54		1979.50	17125.28	9937.37	933.10	3982.72
淮北	42.24	22.47	991.00	5516.00	2145.70	319.90	2576.25
铜陵	209.59	0.54	1348.06	6760.79	955.16	1211.93	2765.63
安庆	56.50		957.26	9605.23	3757.50	605.07	2553.61
桐城	5.70		220.71	1165.00	150.30	130.40	466.30
黄山	21.44	0.05	733.38	3919.98	896.80	674.15	1404.02
滁州	32.00	2.00	645.27	5953.00	2076.00	450.00	1530.00
天长	8.62		442.00	1709.00	126.00	160.00	980.00
明光	6.50	3.26	492.08	1598.05	616.00	98.10	694.20
阜阳	45.50	25.50	1241.80	6805.81	2708.56	1665.60	1598.02
界首	5.20	5.20	146.12	1256.30	325.00	83.00	750.00
宿州	27.00	27.00	755.32	4957.85	1283.30	579.88	2371.87
六安	21.50		418.61	5174.48	894.00	566.01	1920.02
亳州	11.20	11.10	855.79	3118.80	967.00	358.80	1443.00
池州	16.00		408.25	2857.00	780.00	213.00	1168.00
宣城	22.11	1.52	1637.08	3070.66	587.42	568.98	1436.32
宁国	13.20		243.59	1642.05	612.00	37.00	821.00

Continued 6

Total Quantity of Water Supply(10,000m³)				用水户数（户）Number of Households with Access to Water Supply (unit)		用水人口（万人）Population with Access to Water Supply (10,000 persons)	城市名称 Name of Cities
其他用水 The Quantity of Water for Other Purposes	免费供水量 The Quantitiy of Free Water Supply	生活用水量 Domestic Water Use	漏损水量 The Lossed Water		家庭用户 Household User		
196.46	85.00		412.28	96502	92117	28.64	嵊　州
63.14	148.37		630.30	207760	176592	62.88	金　华
			181.00	69985	64618	25.00	兰　溪
677.00	50.00		1299.00	91781	46142	72.17	义　乌
96.93			355.68	118049	95715	41.14	东　阳
26.00	14.00	14.00	319.25	57890	50094	23.02	永　康
287.60	25.00	2.00	480.00	181686	162158	35.51	衢　州
88.20	20.00	4.00	131.00	91164	81532	16.56	江　山
410.00	4.00	3.00	232.00	233385	213904	59.33	舟　山
91.00	102.00		896.00	372396	334539	102.31	台　州
84.45			341.49	48379	42924	28.19	温　岭
40.60			558.00	98608	90105	31.00	临　海
30.00	2.00	2.00	490.00	7659	6971	34.40	丽　水
156.00	3.90	3.90	76.00	43812	37846	8.79	龙　泉
5217.27	**2787.49**	**200.97**	**24046.98**	**4874504**	**4526561**	**1412.77**	**安　徽**
	1091.80		5333.50	1269971	1239868	356.02	合　肥
260.00	1.20		525.00	105523	103523	32.70	巢　湖
1767.49			3611.00	326791	299048	128.64	芜　湖
30.00			1044.46	297844	258362	92.96	蚌　埠
212.00	168.00	10.00	1706.00	343229	326853	105.45	淮　南
381.30	66.53		1824.26	273342	256832	70.64	马鞍山
43.15			431.00	311242	300160	81.75	淮　北
82.18	51.14		1694.75	167174	152664	43.41	铜　陵
759.91	30.00	24.00	1899.14	271343	238101	65.56	安　庆
125.00			293.00	80049	68978	15.40	桐　城
192.94	252.27	156.20	499.80	151246	127947	35.39	黄　山
536.00	63.00		1298.00	163259	149612	40.32	滁　州
93.00			350.00	57099	49652	16.30	天　长
47.65	41.00		101.10	32456	29440	14.04	明　光
26.56			807.07	257024	235879	71.40	阜　阳
6.30			92.00	46522	45113	16.23	界　首
65.00	5.40		652.40	174902	162139	53.01	宿　州
466.09	651.38		676.98	158490	141717	58.99	六　安
	110.00		240.00	94006	93452	32.94	亳　州
54.00	230.00		412.00	113744	89590	30.02	池　州
68.70	25.77	10.77	383.47	108498	99015	34.80	宣　城
			172.05	70750	58616	16.80	宁　国

5-5 续表 7

城市名称 Name of Cities	综合生产能力(万立方米/日) Integrated Production Capacity (10,000m³/day)	地下水 Underground Water	供水管道长度(公里) Length of Water Supply Pipelines (km)	供水总量(万立方米) 合计 Total	生产运营用水 The Quantity of Water for Production and Operation	公共服务用水 The Quantity of Water for Public Service	居民家庭用水 The Quantity of Water for Household Use
福建	**717.24**	**16.80**	**16539.36**	**156464.00**	**41633.42**	**15327.10**	**59088.25**
福州	153.68		2353.60	32475.36	2833.57	6412.09	13370.76
福清	18.86		694.00	6737.79	2703.90	460.49	1940.47
长乐	27.40		324.30	2124.02	420.00	225.70	1088.00
厦门	147.70		3797.19	41956.61	11979.00	2947.00	14596.00
莆田	28.00		890.00	10220.00	5000.00	925.00	2243.00
三明	65.60		477.55	6379.14	4090.55	241.00	1404.09
永安	18.00		386.46	4119.68	2412.14	438.14	1002.52
泉州	58.00		4007.64	11289.15	1581.80	225.15	5423.00
石狮	20.00		329.00	5485.90	1376.00	320.00	2819.00
晋江	30.00		598.00	6120.00	2500.00	300.00	2155.00
南安	12.00		229.20	1743.00	188.00	155.00	1080.00
漳州	32.50		475.33	4800.00	1236.00	622.00	2465.00
龙海	12.60		201.89	1302.46	219.55	195.65	697.36
南平	14.00		373.10	2592.00	478.90	568.36	1146.96
邵武	7.50		146.00	1025.00	208.00	160.00	522.00
武夷山	2.60		117.44	827.00	10.00	221.00	501.50
建瓯	4.00		91.32	925.00	65.00	199.19	531.00
建阳	5.00		101.66	898.57	170.00	83.00	500.25
龙岩	26.80	16.80	252.51	7980.00	3326.00	548.00	1443.00
漳平	4.00		96.30	965.09	250.25	10.13	453.99
宁德	13.70		286.66	2207.70	81.68	35.80	1166.17
福安	7.30		124.63	1923.78	93.89	33.40	1137.06
福鼎	8.00		185.58	2366.75	409.19	1.00	1402.12
江西	**457.66**	**9.46**	**13713.58**	**106052.90**	**16056.04**	**17869.63**	**44761.08**
南昌	144.00		3499.42	37793.54	2767.01	11091.66	13242.08
景德镇	21.02	0.35	659.40	5406.89	573.26	988.94	2760.63
乐平	13.20	1.05	199.00	1362.07	478.30	64.51	511.10
萍乡	23.50		496.20	3949.72	110.31	292.63	1604.16
九江	34.00		1450.60	8212.00	2267.00	34.00	3252.00
瑞昌	4.00	4.00	208.00	1384.00	148.00	37.00	1046.00
共青城	2.64	0.03	184.80	429.31	143.94	70.96	150.09
新余	20.50		524.88	5902.00	2000.00	620.00	2350.00
鹰潭	10.00		194.35	2236.00	240.00	320.00	822.00
贵溪	6.00		235.00	1214.00	130.00	115.00	546.00
赣州	47.00		2079.18	10929.45	2361.95	1545.89	5063.41
瑞金	3.50		633.00	1198.65	136.00	153.00	626.00
吉安	25.00		674.00	3570.00	450.00	460.00	1698.00
井冈山	3.50	0.20	85.30	292.30	9.07	132.34	105.23
宜春	16.40		603.60	4558.80	1028.35	264.42	2625.82

Continued 7

Total Quantity of Water Supply($10,000m^3$)				用水户数(户) Number of Households with Access to Water Supply (unit)		用水人口(万人) Population with Access to Water Supply (10,000 persons)	城市名称 Name of Cities
其他用水 The Quantity of Water for Other Purposes	免费供水量 The Quantitiy of Free Water Supply	生活用水量 Domestic Water Use	漏损水量 The Lossed Water		家庭用户 Household User		
13816.54	**1494.54**	**123.36**	**25104.15**	**3045729**	**2754700**	**1128.37**	**福建**
2950.03	1008.91		5900.00	782214	742199	236.07	福州
480.32	2.00		1150.61	152073	143678	32.92	福清
153.00	1.32		236.00	59657	55258	21.91	长乐
6117.00	100.00		6217.61	537967	469989	293.03	厦门
	10.00		2042.00	168320	140020	55.65	莆田
	3.50		640.00	72366	67995	22.43	三明
29.73	3.51	3.36	233.64	49410	36432	16.04	永安
1649.20	119.00	20.00	2291.00	313403	273910	123.70	泉州
69.00			901.90	45630	30161	33.00	石狮
550.00	10.00		605.00	92525	86120	33.28	晋江
	20.00		300.00	65535	58516	29.00	南安
	2.00		475.00	139820	126900	47.83	漳州
37.40	22.00		130.50	57055	54580	18.84	龙海
	15.20		382.58	106263	95319	21.10	南平
	30.00		105.00	37255	34540	11.47	邵武
	8.50		86.00	33721	28775	8.76	武夷山
20.46	5.35		104.00	40868	36946	13.51	建瓯
33.00	6.55		105.77	29427	25679	10.68	建阳
1087.00	100.00	100.00	1476.00	75398	67586	32.53	龙岩
47.26	5.00		198.46	25063	22758	11.20	漳平
467.64	16.20		440.21	71049	69597	25.10	宁德
118.93	5.50		535.00	45550	43100	14.58	福安
6.57			547.87	45160	44642	15.74	福鼎
6507.54	**1999.05**	**375.98**	**18859.56**	**2677158**	**2306473**	**965.92**	**江西**
3683.00	300.00	100.00	6709.79	793692	629245	246.73	南昌
40.17	1.22		1042.67	140645	127665	49.73	景德镇
82.16	106.00	10.99	120.00	27271	25776	16.74	乐平
369.44	192.72		1380.46	115179	103494	44.84	萍乡
199.00	240.00	60.00	2220.00	249903	228195	65.91	九江
	15.00		138.00	56089	53284	18.80	瑞昌
20.11	5.03	4.45	39.18	12158	10063	4.61	共青城
35.00			897.00	141659	131987	46.20	新余
365.00	199.00		290.00	70012	56312	22.80	鹰潭
113.00	84.00		226.00	35820	32011	12.80	贵溪
733.87	27.51		1196.82	216088	169196	125.75	赣州
94.00	55.65		134.00	52552	50130	30.50	瑞金
100.00	117.00	117.00	745.00	139128	122564	39.92	吉安
6.21	11.02		28.43	12549	11478	3.68	井冈山
90.54	73.00	73.00	476.67	180392	163446	53.65	宜春

5-5 续表 8

城市名称 Name of Cities	综合生产能力(万立方米/日) Integrated Production Capacity (10,000m³/day)	地下水 Underground Water	供水管道长度(公里) Length of Water Supply Pipelines (km)	供水总量(万立方米) 合计 Total	生产运营用水 The Quantity of Water for Production and Operation	公共服务用水 The Quantity of Water for Public Service	居民家庭用水 The Quantity of Water for Household Use
丰城	16.00		465.99	2397.33	233.33	81.00	1763.00
樟树	12.30	1.03	148.18	1273.37	261.26	172.89	621.66
高安	10.00	2.70	232.17	3373.00	1860.25	178.62	1033.00
抚州	21.00		551.78	5375.00	456.00	522.00	2843.00
上饶	21.10	0.10	392.03	4425.71	187.96	666.41	1776.43
德兴	3.00		196.70	769.76	214.05	58.36	321.47
山东	**1725.23**	**684.30**	**47372.90**	**347781.34**	**144396.31**	**45396.55**	**107761.91**
济南	195.70	98.00	3658.22	34386.98	10821.92	2890.34	13393.79
章丘	19.50	19.50	305.00	2679.64	1101.32	105.00	1104.32
青岛	170.22	21.07	6176.96	46649.03	15365.87	8365.60	14833.69
胶州	14.00	4.00	443.80	4233.00	1731.00	767.00	1352.00
即墨	29.00	1.00	739.00	6955.00	3799.00	756.00	1990.00
平度	13.50	8.70	536.65	3595.00	1050.00	402.00	1688.00
莱西	15.50	2.00	524.67	3199.00	1250.00	377.00	1230.00
淄博	170.77	102.75	2564.82	26563.22	16425.35	1640.02	5937.17
枣庄	56.30	48.50	1674.20	10125.75	3418.30	950.81	3366.83
滕州	21.00	20.00	924.50	5793.20	2286.00	276.00	1706.00
东营	84.50		1158.23	9233.57	3168.29	790.68	2501.18
烟台	99.50	20.00	3468.18	17469.19	6023.11	3117.23	5801.61
龙口	15.85	1.85	333.00	1638.82	515.00	259.00	609.82
莱阳	16.20	6.20	329.02	2703.61	1203.73	314.21	788.38
莱州	16.00	0.50	645.00	2147.00	503.39	510.50	827.11
蓬莱	9.10	1.50	338.72	1382.00	543.70	200.20	450.00
招远	6.00	3.50	443.00	2084.64	1167.52	278.70	470.42
栖霞	4.30	1.30	117.60	786.02	59.00	264.00	406.02
海阳	10.06		356.00	1524.76	346.72	137.48	871.04
潍坊	74.19	23.19	2187.76	14843.34	8016.50	1901.43	3702.21
青州	18.80	15.80	674.30	3052.45	1526.45	340.00	898.00
诸城	20.00		345.40	6555.00	3888.00	325.00	1503.00
寿光	18.60	15.90	371.00	5771.00	3912.00	186.00	1322.00
安丘	16.50	11.60	291.00	3521.50	2010.30	335.79	951.70
高密	31.10	9.63	230.60	6966.70	4845.56	277.02	1152.27
昌邑	16.80	16.80	111.12	4894.00	3479.00	251.00	995.00
济宁	76.00	75.00	1019.65	15910.00	6066.00	2291.00	5039.00
曲阜	10.00	9.00	316.00	2830.59	1409.00	641.20	555.80
邹城	15.00	15.00	362.00	3976.47	2294.00	258.30	985.00
泰安	29.00	9.00	1523.00	7120.00	2062.00	1762.00	2221.00
新泰	17.80	1.10	837.30	3048.00	575.00	306.00	1702.00
肥城	6.10	6.10	181.00	1959.00	755.00	199.00	778.00

Continued 8

Total Quantity of Water Supply($10,000m^3$)							
其他用水 The Quantity of Water for Other Purposes	免费供水量 The Quantitiy of Free Water Supply	生活用水量 Domestic Water Use	漏损水量 The Lossed Water	用水户数(户) Number of Households with Access to Water Supply (unit)	家庭用户 Household User	用水人口(万人) Population with Access to Water Supply (10,000 persons)	城市名称 Name of Cities
			320.00	78800	72094	32.28	丰城
8.01	6.30	6.00	203.25	45959	41699	23.01	樟树
20.13			281.00	33089	30362	23.30	高安
543.00	5.00	1.50	1006.00	129318	119164	54.17	抚州
	558.00	0.64	1236.91	108292	94878	44.16	上饶
4.90	2.60	2.40	168.38	38563	33430	6.34	德兴
11082.87	**6672.78**	**644.02**	**32470.92**	**8811126**	**8186199**	**3036.28**	**山东**
843.26	3390.00		3047.67	723341	690616	301.00	济南
19.00	60.00		290.00	82371	81351	26.73	章丘
2047.32	585.91		5450.64	1427492	1354738	325.36	青岛
33.00	8.00	2.40	342.00	77084	66866	41.64	胶州
11.00	3.00		396.00	117795	107543	55.72	即墨
81.00	64.00		310.00	153685	152372	47.53	平度
103.00			239.00	114371	112521	32.33	莱西
660.37	102.62	75.42	1797.69	514360	496264	161.09	淄博
615.10	9.20	2.00	1765.51	225821	204863	93.96	枣庄
282.20			1243.00	119079	109015	34.80	滕州
1440.61	178.90		1153.91	235235	225491	66.90	东营
26.34	50.65		2450.25	515990	466814	174.26	烟台
73.00			182.00	76257	75232	28.59	龙口
			397.29	91907	90475	31.36	莱阳
167.00	0.09		138.91	106487	103643	37.00	莱州
56.10	2.00		130.00	44777	42971	17.03	蓬莱
20.00	9.00		139.00	72937	70145	20.09	招远
12.00	10.00	8.00	35.00	48839	38409	17.18	栖霞
18.21	7.00		144.31	89223	88103	25.61	海阳
187.00	7.20		1029.00	370415	345840	127.50	潍坊
	30.00		258.00	83107	82354	32.82	青州
374.00	87.00		378.00	136270	131954	46.63	诸城
	29.00		322.00	97800	97363	34.23	寿光
108.71			115.00	98500	93910	33.02	安丘
267.85	40.00		384.00	60152	53378	27.00	高密
			169.00	18851	17480	15.29	昌邑
404.00	728.00	504.00	1382.00	394622	319144	136.15	济宁
1.59	46.00	5.00	177.00	44886	41360	20.70	曲阜
10.00	32.00	32.00	397.17	72796	68737	30.09	邹城
70.00	238.00		767.00	229931	211800	66.30	泰安
162.00	18.00	15.20	285.00	119968	118883	50.67	新泰
29.00	1.00		197.00	77497	76809	25.70	肥城

5-5 续表 9

城市名称 Name of Cities	综合生产能力(万立方米/日) Integrated Production Capacity (10,000m³/day)	地下水 Underground Water	供水管道长度(公里) Length of Water Supply Pipelines (km)	供水总量(万立方米) 合计 Total	生产运营用水 The Quantity of Water for Production and Operation	公共服务用水 The Quantity of Water for Public Service	居民家庭用水 The Quantity of Water for Household Use
威海	52.14	5.94	3052.35	10374.92	4580.87	2190.24	2322.44
荣成	27.00	5.00	814.00	2993.00	1345.00	809.50	718.50
乳山	16.50	4.50	559.45	1516.00	607.00	313.00	399.00
日照	34.10	12.13	1629.25	7324.08	3112.62	832.43	2381.90
莱芜	31.50	10.00	943.80	4921.57	1826.00	382.45	1960.03
临沂	62.80	12.75	1982.85	20511.41	4525.38	5180.14	7122.99
德州	49.00	2.19	1992.75	10912.15	6412.23	766.13	2670.54
乐陵	9.00	6.00	96.10	1040.10	100.00	291.20	545.00
禹城	11.50	10.00	175.63	2673.59	1630.78	175.35	623.20
聊城	25.80	22.80	1007.06	6683.77	2466.00	1194.00	2448.60
临清	16.00	15.00	264.76	2675.00	739.00	284.00	1327.00
滨州	48.50		1383.70	6719.27	2978.40	392.60	2256.35
菏泽	24.50	9.50	284.50	5839.00	2455.00	1110.00	1854.00
河南	**1083.62**	**558.31**	**20590.38**	**191000.70**	**68253.87**	**18983.58**	**67896.67**
郑州	145.42	43.62	2901.96	34130.97	4157.39	5302.51	15487.75
巩义	12.00	10.50	173.66	2050.00	568.00	389.80	673.20
荥阳	4.40	4.40	217.10	1179.50	441.00	111.00	529.00
新密	10.50	7.00	253.00	1232.00	184.00	273.00	512.00
新郑	6.13	6.13	333.60	1250.00	350.00	223.00	526.00
登封	3.70	1.20	113.75	1033.40	289.50	234.30	274.40
开封	62.50	12.50	1297.26	8849.81	3289.36	631.85	2975.40
洛阳	85.70	73.00	1655.53	16298.46	4315.10	3173.00	6827.10
偃师	7.55	7.55	203.64	1075.40	226.50	64.90	575.90
平顶山	60.92	2.32	1206.65	10619.98	4394.54	174.00	3412.00
舞钢	15.70	3.50	140.76	2362.60	1733.00	110.00	410.00
汝州	8.62	8.62	258.89	1015.00	481.00	100.00	277.40
安阳	79.00	54.00	793.80	9937.00	4720.00	1120.00	2800.00
林州	6.00	3.00	239.30	1109.00	108.00	95.00	626.00
鹤壁	38.33	16.34	645.94	5753.00	3197.00	24.42	1925.89
新乡	62.00	29.00	769.89	12638.30	7001.00		3173.94
卫辉	6.00	3.00	171.50	1916.50	818.00	233.00	609.00
辉县	10.00	10.00	405.70	2069.00	761.00	414.00	607.00
焦作	57.30	52.50	1003.07	8013.19	3321.04	492.95	2488.35
沁阳	7.60	7.60	93.95	605.66	131.56	59.16	259.32
孟州	7.30	7.30	215.30	954.00	415.00	191.00	265.00
濮阳	35.60	25.80	159.27	5467.00	2932.00	518.00	1530.00
许昌	39.00	18.55	582.72	4611.50	1809.47	374.53	1555.93
禹州	7.70	1.70	202.00	2072.00	451.00	88.00	1313.00
长葛	11.00	10.00	73.00	1400.98	434.00	185.56	341.86

Continued 9

Total Quantity of Water Supply(10,000m^3)				用水户数(户) Number of Households with Access to Water Supply (unit)		用水人口(万人) Population with Access to Water Supply (10,000 persons)	城市名称 Name of Cities
其他用水 The Quantity of Water for Other Purposes	免费供水量 The Quantitiy of Free Water Supply	生活用水量 Domestic Water Use	漏损水量 The Lossed Water		家庭用户 Household User		
148.37	107.00		1026.00	381779	335150	94.26	威　海
16.50	17.50		86.00	114661	112295	37.53	荣　成
17.00	15.00		165.00	60217	59336	18.85	乳　山
89.85			907.28	189727	96566	66.38	日　照
96.09	32.00		625.00	171815	165503	60.58	莱　芜
1505.56	498.96		1678.38	404347	387631	200.00	临　沂
351.25			712.00	263878	239753	86.82	德　州
7.90			96.00	90827	89385	25.18	乐　陵
101.96			142.30	51854	46920	16.90	禹　城
239.12	26.05		310.00	170800	163499	72.37	聊　城
150.00	12.00		163.00	82161	80682	30.80	临　清
166.61	207.70		717.61	147211	144605	74.63	滨　州
70.00	20.00		330.00	40003	28430	67.70	菏　泽
8298.05	**3181.63**	**665.39**	**24386.90**	**4865629**	**4459025**	**2232.45**	**河　南**
3776.73	325.21	300.01	5081.38	1087752	1016333	637.95	郑　州
49.00	25.00	11.00	345.00	66776	65971	31.42	巩　义
5.50	5.00		88.00	35021	29665	13.97	荥　阳
91.00			172.00	33463	30925	14.12	新　密
			151.00	33698	26828	16.90	新　郑
126.20	19.00		90.00	32825	28659	16.72	登　封
369.87	200.00		1383.33	225466	202951	87.80	开　封
95.20	19.20	4.50	1868.86	349667	290953	238.26	洛　阳
58.10	15.80		134.20	50435	49667	17.34	偃　师
463.70	134.00		2041.74	141042	129400	91.50	平顶山
54.80	0.80		54.00	59969	30590	11.93	舞　钢
3.08	5.40		148.12	36472	32086	13.28	汝　州
420.00			877.00	200507	187906	71.86	安　阳
19.00	25.00		236.00	41286	38881	18.30	林　州
	10.00	10.00	595.69	151551	100754	44.50	鹤　壁
61.79	800.00		1601.57	225818	208856	75.40	新　乡
107.00	5.00		144.50	31490	30045	14.60	卫　辉
213.00			74.00	54394	53587	20.25	辉　县
185.41	32.37	20.37	1493.07	185362	175897	77.27	焦　作
79.33	3.99		72.30	39485	39346	13.30	沁　阳
28.00			55.00	25533	22500	15.00	孟　州
179.00			308.00	125253	116776	46.65	濮　阳
206.41			665.16	165973	154981	48.02	许　昌
58.00			162.00	91058	90580	36.51	禹　州
177.56	115.00	1.00	147.00	45577	41162	16.51	长　葛

5-5 续表 10

城市名称 Name of Cities	综合生产能力(万立方米/日) Integrated Production Capacity (10,000m³/day)	地下水 Underground Water	供水管道长度(公里) Length of Water Supply Pipelines (km)	供水总量(万立方米) 合计 Total	生产运营用水 The Quantity of Water for Production and Operation	公共服务用水 The Quantity of Water for Public Service	居民家庭用水 The Quantity of Water for Household Use
漯河	33.40	6.73	472.87	9923.00	5696.00	816.00	1665.00
三门峡	14.50	6.00	250.35	2067.28	136.18	93.00	1415.10
义马	14.80	3.80	85.00	1546.60	1019.00	42.00	364.00
灵宝	8.20	8.20	122.20	1885.00	1085.00	141.00	484.00
南阳	72.81	48.71	1387.45	9545.35	4222.79	1192.50	2726.17
邓州	14.30	13.70	554.87	1425.51	467.51	211.40	493.80
商丘	37.30	10.50	566.00	4334.58	948.68	138.15	2318.46
永城	11.00	11.00	290.70	2960.00	1101.00	260.00	1329.00
信阳	26.80	0.80	1295.78	4246.00	1085.00	382.00	2304.00
周口	19.00	10.20	351.06	3680.83	537.95	534.55	1378.70
项城	8.50	8.50	237.70	2687.00	1312.00	121.00	907.00
驻马店	22.84	0.84	499.00	6005.00	2931.00	149.00	1405.00
济源	10.20	10.20	366.16	3050.30	1183.30	320.00	1131.00
湖北	**1354.30**	**34.09**	**29644.18**	**269557.94**	**66115.33**	**33778.92**	**108506.95**
武汉	481.17	5.60	12343.72	130735.20	29653.43	22835.16	50073.49
黄石	72.73		842.15	10343.42	4154.92	781.40	3348.12
大冶	13.00		239.58	2194.00	945.00	164.00	796.00
十堰	49.22		528.38	10000.51	3667.85	693.00	4239.49
丹江口	13.05	0.05	353.26	2101.19	202.29	127.98	998.81
宜昌	76.20		1389.25	10850.32	2805.73	663.57	4221.79
宜都	11.00		345.20	1882.85	962.00	110.00	563.46
当阳	12.90		446.62	1627.79	658.78	157.00	615.68
枝江	9.00		162.00	1628.50	594.00	178.00	581.00
襄阳	107.58	12.58	855.08	16616.73	4377.12		5394.40
老河口	17.80	0.80	215.00	1822.00	534.00	86.00	949.00
枣阳	12.00		240.67	2264.00	222.00	353.00	1044.00
宜城	10.00	2.81	145.11	1308.48	292.00	90.00	793.48
鄂州	23.00		1036.00	4633.00	703.00	478.00	2787.00
荆门	46.00		550.00	7183.46	3471.22	200.19	2436.69
钟祥	10.00		254.66	2171.00	223.90	170.00	1500.00
孝感	38.30	5.30	451.73	4611.18	1001.16	401.00	2119.00
应城	11.60	1.60	166.02	2068.53	332.10	92.35	1440.08
安陆	11.60	0.80	197.50	1924.50	597.00	322.00	790.50
汉川	13.00		255.01	3455.61	584.96	550.00	956.23
荆州	56.60		1706.63	8705.69	1609.35	1335.30	3762.74
石首	10.00		139.18	1688.80	300.00	165.00	513.00
洪湖	16.00		754.50	1742.00	410.00	139.00	880.00
松滋	5.51		287.20	1220.00	55.00	29.00	610.00
黄冈	23.00		391.90	3152.00	410.00	667.00	1603.00

Continued 10

Total Quantity of Water Supply($10,000m^3$)				用水户数(户) Number of Households with Access to Water Supply (unit)		用水人口(万人) Population with Access to Water Supply (10,000 persons)	城市名称 Name of Cities
其他用水 The Quantity of Water for Other Purposes	免费供水量 The Quantitiy of Free Water Supply	生活用水量 Domestic Water Use	漏损水量 The Lossed Water		家庭用户 Household User		
453.00	225.00	200.00	1068.00	173837	169592	51.02	漯　河
17.00			406.00	70846	62672	33.66	三门峡
3.60	1.00		117.00	39361	38615	15.87	义　马
48.00	33.00		94.00	49101	48857	17.90	灵　宝
160.74	360.46	104.00	882.69	175394	169001	116.19	南　阳
123.60	36.00		93.20	49140	47490	25.45	邓　州
33.00	21.00	4.51	875.29	160548	145071	64.70	商　丘
55.00	25.00	10.00	190.00	81837	79067	33.52	永　城
67.00			408.00	154142	141447	49.96	信　阳
239.63	593.20		396.80	99481	94373	35.31	周　口
108.00	51.00		188.00	68689	64176	30.03	项　城
70.00			1450.00	126867	123797	40.45	驻马店
91.80	95.20		229.00	80513	79568	29.03	济　源
9580.35	**12285.27**	**415.06**	**39291.12**	**5572300**	**5037396**	**1856.40**	**湖　北**
2141.02	9741.98	155.00	16290.12	2077745	1976963	634.65	武　汉
1076.34	131.74		850.90	223993	207071	85.59	黄　石
69.00			220.00	99170	94185	28.00	大　冶
647.17			753.00	170073	156129	56.70	十　堰
323.09			449.02	78002	71567	19.21	丹江口
1317.38	351.42	12.86	1490.43	223050	197500	87.98	宜　昌
1.70	3.00	0.90	242.69	26571	25125	16.82	宜　都
	34.69	34.69	161.64	52513	47708	16.98	当　阳
	2.50		273.00	29554	26799	19.08	枝　江
1477.14			5368.07	218960	195770	94.88	襄　阳
56.00	43.00		154.00	127012	64035	24.50	老河口
14.00	55.00	55.00	576.00	70686	69339	30.00	枣　阳
28.00	5.00	2.54	100.00	59649	47790	17.96	宜　城
133.00			532.00	121675	120750	42.34	鄂　州
24.41	56.32	56.32	994.63	224444	203712	50.40	荆　门
60.00	10.00		207.10	67456	65903	23.60	钟　祥
70.02	50.40	50.40	969.60	52030	39148	41.00	孝　感
6.80	9.00	6.60	188.20	40917	39490	17.18	应　城
18.00	12.00	8.60	185.00	53077	52016	19.63	安　陆
31.42			1333.00	60907	42405	35.40	汉　川
496.00	130.41		1371.89	212976	201451	67.76	荆　州
100.00	10.80	1.00	600.00	51039	49706	14.64	石　首
18.00	33.00		262.00	116845	89610	31.00	洪　湖
26.00	100.00		400.00	33420	32960	12.28	松　滋
135.00	27.00	27.00	310.00	87669	84314	31.10	黄　冈

5-5 续表 11

城市名称 Name of Cities	综合生产能力(万立方米/日) Integrated Production Capacity (10,000m³/day)	地下水 Underground Water	供水管道长度(公里) Length of Water Supply Pipelines (km)	供水总量(万立方米) 合计 Total	生产运营用水 The Quantity of Water for Production and Operation	公共服务用水 The Quantity of Water for Public Service	居民家庭用水 The Quantity of Water for Household Use
麻城	9.50		387.98	3061.77	1094.02	244.37	1324.01
武穴	13.00		332.00	3355.00	1121.00	802.00	1070.00
咸宁	16.00		308.00	3220.00	290.00	138.00	1530.00
赤壁	20.00		308.29	2552.00	211.00	104.00	1314.00
随州	26.00		662.00	3878.00	810.00	219.00	1647.00
广水	28.81		303.58	1784.73	119.20	124.30	1098.00
恩施	11.00		358.00	3202.00	381.00	390.00	1600.00
利川	6.70		338.40	1527.00	235.00	48.00	489.00
仙桃	30.20		649.60	5366.00	1657.00	435.00	2489.00
潜江	27.48	4.20	836.78	3642.50	832.80	444.80	1854.80
天门	15.35	0.35	863.20	2038.18	597.50	41.50	1074.18
湖南	**1031.79**	**84.09**	**20498.48**	**192647.09**	**42043.99**	**12236.56**	**89750.56**
长沙	215.00		3135.98	52417.67	3217.42	1671.35	32397.90
浏阳	7.60	1.60	310.10	2712.32	500.00	61.10	1870.00
株洲	103.50		2296.83	17608.68	4611.63	2478.51	7455.43
醴陵	6.50	0.50	617.71	2040.56	268.16	113.11	899.03
湘潭	54.40	6.70	1217.47	12129.76	1426.33	1755.64	4040.26
湘乡	10.00		578.66	1582.10	98.00	101.00	890.00
韶山	4.30	0.50	180.00	439.50	76.65	103.40	172.00
衡阳	69.65	4.65	1160.05	13675.76	4242.60	836.00	5319.70
耒阳	10.85	0.85	202.00	1938.93	283.93	424.00	939.70
常宁	11.00		204.00	1111.00	147.00	145.00	656.00
邵阳	51.50		754.34	7602.00	1074.00	533.00	3357.00
武冈	8.00		394.96	1700.00	490.00	240.00	610.00
岳阳	107.50	0.30	898.09	16580.00	9952.00	226.00	4938.00
汨罗	5.29	0.90	199.80	1455.34	354.90	69.81	550.45
临湘	5.20		148.50	904.00	129.00	90.00	471.00
常德	43.48	4.32	1535.31	9010.14	2509.36	178.39	3347.08
津市	10.00		287.00	1150.00	209.00	117.00	439.00
张家界	13.50		447.90	2725.00	39.00	338.00	1077.00
益阳	64.00		440.00	7884.00	2100.00	55.00	3950.00
沅江	5.30		131.72	1308.60	83.00	98.00	1064.00
郴州	33.50	4.30	1267.00	5879.04	626.94	303.04	3058.32
资兴	5.50		366.00	835.00	139.00	6.00	420.00
永州	51.70	0.45	858.57	8535.76	2801.46	394.59	3317.07
怀化	29.20		1022.80	5125.00	1051.00	485.00	2445.00
洪江	3.02	0.02	58.55	384.20	36.00	57.20	194.00
娄底	18.50		420.62	5312.13	287.58	489.42	2928.52
冷水江	68.00	57.00	481.93	6697.57	5100.00	70.00	978.10
涟源	5.00	2.00	270.00	1366.00	190.00	98.00	615.00
吉首	10.80		612.59	2537.03	0.03	699.00	1351.00

Continued 11

Total Quantity of Water Supply(10,000m³)				用水户数(户) Number of Households with Access to Water Supply (unit)		用水人口(万人) Population with Access to Water Supply (10,000 persons)	城市名称 Name of Cities
其他用水 The Quantity of Water for Other Purposes	免费供水量 The Quantitiy of Free Water Supply	生活用水量 Domestic Water Use	漏损水量 The Lossed Water		家庭用户 Household User		
59.03	34.01	4.15	306.33	62270	57206	21.49	麻　城
21.00	20.00		321.00	80647	79120	27.50	武　穴
618.00			644.00	102800	92790	39.50	咸　宁
11.00	402.00		510.00	70230	67143	24.37	赤　壁
61.00	161.00		980.00	85242	74011	46.10	随　州
41.23			402.00	173207	73210	30.20	广　水
15.00	261.00		555.00	86070	74600	24.60	恩　施
	600.00		155.00	28000	25000	17.80	利　川
205.00			580.00	125570	118000	40.10	仙　桃
279.60			230.50	131265	128635	36.06	潜　江
			325.00	47566	46235	30.00	天　门
12284.33	**9493.91**	**2830.32**	**26837.74**	**4039691**	**3689378**	**1414.88**	**湖　南**
6127.96	2100.00	75.00	6903.04	1060040	1023920	319.55	长　沙
	23.90		257.32	107650	95000	30.00	浏　阳
	482.11	68.05	2581.00	308105	286416	106.95	株　洲
127.22	141.91	31.20	491.13	72726	71407	24.75	醴　陵
1570.37	561.51	61.65	2775.65	243048	221343	80.30	湘　潭
12.10	81.00	35.00	400.00	57912	51548	22.85	湘　乡
5.45			82.00	10600	10044	4.50	韶　山
65.60	1934.86	49.00	1277.00	294124	271317	107.20	衡　阳
76.30			215.00	38772	34120	42.20	耒　阳
96.00			67.00	54037	7814	22.50	常　宁
	49.00	49.00	2589.00	150224	144203	68.70	邵　阳
145.00	40.00	20.00	175.00	33050	30265	20.00	武　冈
135.00	300.00	80.00	1029.00	213745	191200	68.50	岳　阳
174.11			306.07	32303	19886	14.75	汨　罗
60.00	34.00	25.00	120.00	41470	38100	16.90	临　湘
167.38	1607.76	1607.76	1200.17	219959	217908	69.74	常　德
50.00	148.00	14.00	187.00	35795	34014	10.80	津　市
345.00	321.50	111.50	604.50	62979	52354	21.76	张家界
829.00	50.00	35.00	900.00	225368	214062	61.00	益　阳
21.00	30.00	30.00	12.60	65118	50771	18.80	沅　江
1061.69	63.26	61.52	765.79	167043	119983	61.87	郴　州
27.00	56.00	10.00	187.00	57496	53772	13.00	资　兴
341.64	319.00	9.44	1362.00	155578	150528	52.46	永　州
54.00	450.00	20.00	640.00	52270	45700	50.10	怀　化
15.00	22.00	8.30	60.00	14427	11821	5.80	洪　江
597.51	474.10	267.00	535.00	108540	98297	47.90	娄　底
73.00	33.00	20.90	443.47	58470	56445	17.10	冷水江
68.00	160.00	130.00	235.00	35730	31635	15.90	涟　源
39.00	11.00	11.00	437.00	63112	55505	19.00	吉　首

5-5 续表 12

城市名称 Name of Cities	综合生产能力(万立方米/日) Integrated Production Capacity ($10,000m^3$/day)	地下水 Underground Water	供水管道长度(公里) Length of Water Supply Pipelines (km)	供水总量(万立方米) 合计 Total	生产运营用水 The Quantity of Water for Production and Operation	公共服务用水 The Quantity of Water for Public Service	居民家庭用水 The Quantity of Water for Household Use
广东	**3555.40**	**28.34**	**95463.08**	**840259.07**	**220197.62**	**129617.80**	**319028.94**
广州	655.00		17653.61	200442.01	32257.69	37859.13	94570.84
增城	30.18	0.01	430.80	5925.98	1576.98	532.00	2662.00
从化	11.00		452.01	3731.68	966.19	204.20	1726.00
韶关	36.50		1785.24	8741.00	1277.00	1127.00	4733.00
乐昌	5.00		162.35	837.40	37.30	59.68	559.50
南雄	3.00		85.60	700.00	88.40	1.58	422.18
深圳	674.50		16377.00	164132.00	47587.00	36319.00	56556.00
珠海	101.89		3058.24	33819.00	13486.00	6277.00	10524.00
汕头	106.60		2705.90	28534.19	5643.87	2391.59	15246.33
佛山	338.31		4901.71	50184.93	11615.70	11662.67	16026.60
江门	106.57		1694.36	24803.52	8243.47	2577.76	6359.10
台山	12.00		674.94	3346.03	633.00	708.97	1431.96
开平	27.00		807.92	2413.99	855.91	122.64	1023.24
鹤山	17.00		455.00	3480.00	598.60	701.26	1204.14
恩平	6.00		936.52	1535.19	128.00	324.00	644.00
湛江	49.20	26.70	1337.64	12637.78	4653.07		6267.00
廉江	15.00		1290.00	2198.00	103.00	371.00	981.00
雷州	5.40	0.40	335.00	1195.00	114.00	94.00	692.00
吴川	10.00		270.00	1336.00	195.00	410.00	713.00
茂名	25.10		1381.83	6284.45	586.12	1703.49	3795.32
高州	9.00		248.25	1595.00	143.00	290.00	955.00
化州	5.50		215.99	1457.13	68.28	198.65	1070.00
信宜	6.00		222.00	1408.00	220.00	90.00	1020.00
肇庆	50.60	1.20	2046.37	11757.06	3894.35	1888.86	3949.97
高要	13.50		83.52	1485.80	786.00	282.00	231.00
四会	15.00		141.00	3624.00	800.00	526.00	1173.00
惠州	138.00		2423.03	26315.35	9689.28	3505.48	10791.66
梅州	16.00		754.10	4549.90	1146.92	381.18	2303.56
兴宁	12.00		279.20	3060.50	279.50	301.50	1730.60
汕尾	16.50		474.90	3459.00	944.00	186.00	1402.00
陆丰	9.00		1195.19	1792.80	446.80	216.50	900.00
河源	19.10		898.69	6212.02	1894.56	627.56	2631.35
阳江	26.00		812.00	5292.00	401.00	501.00	2810.00
阳春	9.00		777.71	1989.00	261.00	143.00	1045.00
清远	31.00		2366.30	7295.00	848.91	2444.74	3095.83
英德	11.00		284.90	1853.00	418.00	115.00	750.00

Continued 12

Total Quantity of Water Supply($10,000m^3$)				用水户数(户) Number of Households with Access to Water Supply (unit)		用水人口(万人) Population with Access to Water Supply (10,000 persons)	城市名称 Name of Cities
其他用水 The Quantity of Water for Other Purposes	免费供水量 The Quantitiy of Free Water Supply	生活用水量 Domestic Water Use	漏损水量 The Lossed Water		家庭用户 Household User		
52801.43	**10720.54**	**296.42**	**107892.74**	**11656559**	**9403037**	**4969.33**	**广东**
2626.94	7051.95	1.81	26075.46	2386512	2182038	1100.89	广州
872.00			283.00	69038	59201	28.56	增城
251.35	77.98		505.96	42643	36863	26.27	从化
601.00	21.00		982.00	139742	119932	55.07	韶关
89.52	0.40	0.40	91.00	48389	38774	11.60	乐昌
133.26	9.20	9.20	45.38	35762	29261	9.37	南雄
1737.00	662.00		21271.00	1136672	700000	1077.89	深圳
648.00	742.00	21.00	2142.00	624847	556829	179.00	珠海
364.90	44.24	43.90	4843.26	632634	548709	232.27	汕头
5476.44	741.26	102.72	4662.26	793918	573224	201.98	佛山
4183.19	200.00		3240.00	492449	424384	132.09	江门
40.10			532.00	113264	103249	17.51	台山
2.20			410.00	74950	64971	22.42	开平
489.00	137.00		350.00	74946	63660	14.52	鹤山
292.00			147.19	48583	44147	16.61	恩平
			1717.71	170217	159536	84.03	湛江
145.00	14.00	14.00	584.00	31522	30676	22.00	廉江
	5.00		290.00	49118	48179	14.09	雷州
17.00			1.00	70000	44000	20.00	吴川
116.22	24.00	5.00	59.30	169175	148217	64.32	茂名
137.00			70.00	84012	74566	33.20	高州
87.00			33.20	53662	48946	29.01	化州
20.00	20.00		38.00	55400	47500	30.20	信宜
52.00	161.70	3.64	1810.18	227420	204947	56.38	肇庆
38.80	4.00		144.00	29908	28028	13.11	高要
155.00	15.00		955.00	97932	83650	22.35	四会
1242.54	35.39		1051.00	403151	356732	152.92	惠州
	195.00	5.40	523.24	216199	178084	38.00	梅州
143.90	25.00		580.00	125590	112856	25.10	兴宁
72.00	55.00		800.00	64746	60993	24.09	汕尾
50.00			179.50	41915	39420	20.03	陆丰
439.64			618.91	140895	117279	30.33	河源
451.00			1129.00	116476	101869	41.39	阳江
			540.00	62717	57716	20.00	阳春
60.00	0.29	0.29	845.23	242765	185300	46.11	清远
15.00	230.00		325.00	58885	44430	23.55	英德

5-5 续表 13

城市名称 Name of Cities	综合生产能力(万立方米/日) Integrated Production Capacity (10,000m³/day)	地下水 Underground Water	供水管道长度(公里) Length of Water Supply Pipelines (km)	供水总量(万立方米) 合计 Total	生产运营用水 The Quantity of Water for Production and Operation	公共服务用水 The Quantity of Water for Public Service	居民家庭用水 The Quantity of Water for Household Use
连州	6.00		128.50	955.91	162.50	128.20	537.10
东莞	748.19		19894.11	158864.46	62504.57	11512.60	43222.08
中山	25.76	0.03	1668.21	15624.13	934.33	1174.20	2239.68
潮州	58.00		827.43	9091.00	1438.76	619.18	3239.60
揭阳	35.70		878.40	7328.00	932.46	399.20	2416.30
普宁	36.50		320.50	3390.00	242.00	161.00	2651.00
云浮	14.80		1094.37	3258.86	834.10	399.98	1775.00
罗定	8.00		632.74	2323.00	261.00	79.00	952.00
广西	**644.58**	**56.86**	**15856.92**	**162236.33**	**61420.78**	**17240.54**	**61998.43**
南宁	139.20	10.20	3279.64	40668.15	6552.60	6075.24	20765.18
柳州	142.15	5.36	2544.90	49609.50	34314.46	2749.18	9046.74
桂林	46.60	2.06	1692.93	10891.88	1430.76	2175.85	5744.17
梧州	44.30		478.18	6643.37	1905.00	1297.21	2812.81
岑溪	5.40	1.10	148.98	1394.01	364.12	159.71	734.08
北海	32.50	17.50	1188.05	5186.01	1158.46	989.05	2439.97
防城港	17.60		462.46	4382.35	2093.90	194.93	1124.59
东兴	5.00		157.81	1483.57	6.68	68.52	707.47
钦州	32.15		738.92	5069.78	1669.80	299.75	2109.49
贵港	35.08	2.04	1094.33	10389.28	6206.40	153.56	2670.65
桂平	20.00	0.20	156.68	2807.15	1372.00	339.00	941.00
玉林	18.50		809.50	6031.43	1085.00	745.00	3164.00
北流	10.00	2.50	254.41	1835.00	464.50	101.00	1087.50
百色	13.00		539.84	3014.00	215.00	745.00	1548.00
贺州	8.00		490.11	2706.85	403.75	157.64	1300.39
河池	18.50	15.00	294.91	2414.50	410.00	151.00	1620.50
宜州	19.70		243.41	2730.74	1440.00	72.00	915.00
来宾	20.20		763.83	2275.16	92.40	156.18	1728.55
合山	5.00		103.60	475.00	84.00	12.00	324.00
崇左	5.00		205.00	1457.50	108.00	430.00	747.00
凭祥	6.70	0.90	209.43	771.10	43.95	168.72	467.34
海南	**153.40**	**17.60**	**3864.03**	**42579.73**	**8073.40**	**4528.02**	**18500.09**
海口	82.00	6.00	1047.94	21112.56	5072.14	1026.51	10129.53
三亚	26.20		704.87	11516.10	1119.00	2021.00	3978.00
三沙			2.20	0.80			0.20
五指山	1.80		95.00	542.00		50.00	351.00
琼海	9.00		640.00	2413.00	355.00	552.00	960.00
儋州	11.60		791.30	2387.00	177.00	399.00	1103.00
文昌	4.80		245.62	1218.00	134.43	236.30	635.25
万宁	8.00	2.00	285.60	780.00	45.00	125.00	375.00
东方	10.00	9.60	51.50	2610.27	1170.83	118.21	968.11

Continued 13

Total Quantity of Water Supply(10,000m³)				用水户数(户) Number of Households with Access to Water Supply (unit)		用水人口(万人) Population with Access to Water Supply (10,000 persons)	城市名称 Name of Cities
其他用水 The Quantity of Water for Other Purposes	免费供水量 The Quantitiy of Free Water Supply	生活用水量 Domestic Water Use	漏损水量 The Lossed Water		家庭用户 Household User		
8.62			119.49	32006	26450	12.00	连　州
17822.04	135.33	86.06	23667.84	1460709	910467	606.28	东　莞
9560.98			1714.94	196601	170054	71.89	中　山
1950.39			1843.07	310841	185836	77.44	潮　州
2160.00	89.10		1330.94	166089	144482	153.58	揭　阳
			336.00	148507	148492	52.50	普　宁
44.40	3.70	3.00	201.68	65303	55582	28.22	云　浮
206.00	21.00		804.00	50449	43508	31.16	罗　定
1168.79	**2864.17**	**997.19**	**17543.62**	**1964567**	**1791873**	**935.54**	**广　西**
229.00	2202.13	915.00	4844.00	364105	345249	246.49	南　宁
	53.10	15.10	3446.02	332236	302944	157.64	柳　州
26.14	55.36		1459.60	328891	302170	80.07	桂　林
	2.41	2.41	625.94	142000	128478	52.29	梧　州
	1.10		135.00	34592	29640	15.92	岑　溪
3.00			595.53	105271	99886	41.00	北　海
71.52	40.92	4.12	856.49	42666	38050	17.79	防城港
480.57	8.54	5.82	211.79	18970	14044	9.28	东　兴
168.00	6.67	6.67	816.07	82290	64763	30.77	钦　州
0.40	436.75		921.52	97074	94372	39.49	贵　港
3.02	3.13		149.00	37997	35908	19.71	桂　平
31.00	1.43	0.44	1005.00	101819	86050	66.30	玉　林
22.00	5.00		155.00	37800	35177	20.60	北　流
			506.00	24562	21466	25.10	百　色
23.40	19.63	19.63	802.04	39995	34295	20.00	贺　州
	15.00	15.00	218.00	28021	25820	21.90	河　池
29.74			274.00	21856	21223	15.26	宜　州
55.00			243.03	70288	62301	28.59	来　宾
5.00			50.00	15000	14900	5.83	合　山
18.00	13.00	13.00	141.50	21045	18000	15.00	崇　左
3.00			88.09	18089	17137	6.51	凭　祥
3070.78	**85.78**	**6.40**	**8321.66**	**255818**	**209600**	**259.13**	**海　南**
164.83	14.18		4705.37	105036	82349	137.35	海　口
2171.00	58.10		2169.00	12601	6906	36.20	三　亚
	0.50	0.50	0.10	20	20	0.10	三　沙
43.00	2.00		96.00	14899	14573	5.50	五指山
226.00	1.00	1.00	319.00	38222	31480	17.00	琼　海
300.00			408.00	42111	35517	21.26	儋　州
77.93			134.09	15030	11853	15.20	文　昌
5.00	10.00	4.90	220.00	14055	13210	14.50	万　宁
83.02			270.10	13844	13692	12.02	东　方

5-5 续表 14

城市名称 Name of Cities	综合生产能力(万立方米/日) Integrated Production Capacity ($10,000m^3$/day)	地下水 Underground Water	供水管道长度(公里) Length of Water Supply Pipelines (km)	供水总量(万立方米) 合计 Total	生产运营用水 The Quantity of Water for Production and Operation	公共服务用水 The Quantity of Water for Public Service	居民家庭用水 The Quantity of Water for Household Use
重　庆	**506.89**	**2.71**	**11601.44**	**112858.59**	**29473.52**	**11342.93**	**52682.46**
四　川	**950.54**	**107.58**	**27460.78**	**221021.39**	**41277.65**	**29389.37**	**112000.53**
成　都	305.50	20.50	6966.75	93133.83	11893.62	16344.30	52206.93
都江堰	23.28	7.61	1155.92	4167.77	288.16	335.02	1606.49
彭　州	18.34	0.34	1005.57	2528.44	183.33	167.07	991.04
邛　崃	3.59	2.09	410.75	1292.31	122.85	50.46	697.00
崇　州	7.00	7.00	263.00	1671.00	641.00	124.00	862.00
自　贡	26.50		2164.00	5538.13	692.42	423.36	2534.30
攀枝花	64.09	0.05	1231.67	15262.43	9419.64	1502.67	3379.33
泸　州	77.67	0.80	1118.27	8116.76	2416.45	954.56	4029.75
德　阳	33.00	17.00	503.84	5588.00	2271.00	175.00	2381.00
广　汉	17.06	17.06	248.80	3688.00	1436.60	270.30	1554.10
什　邡	6.10	6.10	429.00	1883.00	613.00	188.00	598.00
绵　竹	9.50	9.50	83.00	1169.10	308.00	209.00	487.00
绵　阳	52.51	10.00	2657.91	9787.68	1843.04	1327.80	5457.71
江　油	11.00		365.00	2248.00	98.00	250.50	1365.65
广　元	17.50	7.22	507.95	3632.06	143.68	229.44	2103.14
遂　宁	21.75	0.22	637.61	4122.67	741.72	354.74	2009.75
内　江	21.60		505.10	4022.34	501.06	345.58	2202.03
乐　山	23.47		1418.52	4800.85	465.42	489.15	2755.89
峨眉山	8.70		241.00	2006.00	203.00	168.00	1152.00
南　充	30.00		791.00	8309.00	1370.00	1860.00	4130.00
阆　中	11.00		189.00	2283.00	494.00	510.00	1013.00
眉　山	14.70	0.09	538.21	3987.85	683.85	337.00	2199.00
宜　宾	21.00		798.76	6331.00	239.00	966.00	3224.00
广　安	9.50		352.70	2383.26	420.50	56.70	1088.54
华　蓥	7.90	1.50	168.00	1400.00	691.00	160.00	501.00
达　州	32.88		770.50	7373.00	1258.00	469.00	3872.00
万　源	3.50		174.00	646.94	169.30	110.10	255.04
雅　安	14.30	0.50	295.27	2449.00	586.00	240.00	1146.00
巴　中	9.50		235.39	2523.00	212.04		1694.07
资　阳	29.10		505.60	2466.81	423.80	349.49	1164.77
简　阳	7.00		201.75	1837.46	90.17	110.13	1253.00
西　昌	12.00		526.94	4372.70	358.00	312.00	2087.00

Continued 14

Total Quantity of Water Supply($10,000m^3$)				用水户数(户) Number of Households with Access to Water Supply (unit)		用水人口(万人) Population with Access to Water Supply (10,000 persons)	城市名称 Name of Cities
其他用水 The Quantity of Water for Other Purposes	免费供水量 The Quantitiy of Free Water Supply	生活用水量 Domestic Water Use	漏损水量 The Lossed Water		家庭用户 Household User		
4444.03	**1636.46**	**164.38**	**13279.19**	**3310044**	**2997376**	**1203.44**	**重　　庆**
7366.61	**3713.68**	**231.81**	**27273.55**	**4976660**	**4402310**	**1796.29**	**四　　川**
1143.46	1447.88	0.48	10097.64	801117	721280	493.16	成　　都
1211.62	209.50		516.98	112535	97720	33.27	都 江 堰
275.00			912.00	73514	67621	18.46	彭　　州
128.00	4.30		289.70	52679	45622	14.00	邛　　崃
7.00	21.00		16.00	26301	25223	15.00	崇　　州
155.70	404.23		1328.12	230418	215789	82.00	自　　贡
165.16	26.35	9.52	769.28	203165	169138	63.30	攀 枝 花
6.00	128.00	46.50	582.00	289938	253713	105.98	泸　　州
195.00			566.00	202280	178676	52.50	德　　阳
56.00	45.00		326.00	99961	75298	26.27	广　　汉
137.00	130.00		217.00	42323	41482	10.82	什　　邡
55.10			110.00	15659	13718	10.91	绵　　竹
135.02	43.66	28.49	980.45	398569	369286	117.77	绵　　阳
1.85	59.00		473.00	114419	112298	30.00	江　　油
429.94			725.86	77145	72830	37.38	广　　元
486.93			529.53	130522	121632	58.87	遂　　宁
189.00			784.67	149083	126083	59.85	内　　江
353.53	92.37		644.49	230633	213506	58.33	乐　　山
53.00	31.00		399.00	68147	54839	13.81	峨 眉 山
	14.00	10.00	935.00	373790	327880	105.00	南　　充
	6.00	4.00	260.00	109788	93946	26.20	阆　　中
195.00			573.00	172803	148731	41.50	眉　　山
405.00	266.00	8.00	1231.00	167533	143997	64.20	宜　　宾
118.34	51.39	33.82	647.79	125701	114310	29.17	广　　安
25.00	18.00		5.00	29821	29100	11.20	华　　蓥
802.00	245.00		727.00	275100	209322	49.36	达　　州
67.20			45.30	21100	20208	8.05	万　　源
108.00	101.00	1.00	268.00	74224	64012	26.10	雅　　安
30.28	180.00		406.61	114434	101369	34.50	巴　　中
118.75	90.00	90.00	320.00	75295	67560	32.83	资　　阳
87.73			296.43	63192	58978	33.50	简　　阳
225.00	100.00		1290.70	55471	47143	33.00	西　　昌

5-5 续表 15

城市名称 Name of Cities	综合生产能力(万立方米/日) Integrated Production Capacity (10,000m³/day)		供水管道长度(公里) Length of Water Supply Pipelines (km)	供水总量(万立方米)			
		地下水 Underground Water		合计 Total	生产运营用水 The Quantity of Water for Production and Operation	公共服务用水 The Quantity of Water for Public Service	居民家庭用水 The Quantity of Water for Household Use
贵　州	**246.18**	**15.54**	**8684.58**	**55793.24**	**7598.41**	**6731.37**	**27856.01**
贵　阳	119.85	5.88	4217.76	29873.56	4291.11	4056.61	12928.41
清　镇	5.50		202.50	1389.95	272.00	33.58	941.85
六盘水	10.00		950.00	2450.21	85.01	966.00	871.00
遵　义	23.40		305.00	5724.00	578.00	345.00	3833.00
赤　水	4.00		94.80	488.00	48.00	41.00	325.00
仁　怀	7.50		140.86	1184.30	141.00	88.00	792.00
安　顺	9.30	4.30	242.80	2369.12	489.63	226.13	1403.23
铜　仁	17.26	0.90	285.00	2303.86	399.96	9.00	1383.40
兴　义	12.50		392.00	2454.00	360.00	99.00	1560.00
毕　节	12.00		588.00	2190.00	47.00	367.00	905.00
凯　里	10.38	1.50	813.00	2471.00	250.00	21.00	1525.00
都　匀	11.85	1.56	308.26	1933.54	372.90	444.55	877.22
福　泉	2.64	1.40	144.60	961.70	263.80	34.50	510.90
云　南	**356.95**	**18.20**	**9586.56**	**77708.02**	**18429.88**	**5131.75**	**32906.30**
昆　明	194.11	7.95	3611.74	41071.38	11162.78	1770.71	14675.71
安　宁	6.50		288.00	1364.00	102.00	224.00	725.00
曲　靖	21.00	1.00	457.00	4025.00	1009.00	7.00	2236.00
宣　威	11.30	1.70	163.51	1422.94	333.50	28.00	849.44
玉　溪	11.50		353.50	2850.83	997.55		1464.88
保　山	8.10	1.10	265.06	1936.00	420.00	240.00	822.70
昭　通	5.00		310.47	1571.00	290.00		1020.00
丽　江	7.70	0.01	290.31	2040.51	18.83	930.42	592.35
普　洱	7.67		274.62	1718.45	73.00	389.00	992.45
临　沧	9.00		327.27	1274.00	95.50	74.00	984.50
楚　雄	11.80		691.46	2229.79	353.94	422.95	1213.66
个　旧	7.10	3.30	135.00	1332.26	222.97	85.01	770.93
开　远	4.76	2.27	248.12	1464.25	229.30	69.00	854.32
蒙　自	8.83	0.33	395.21	2397.65	472.11	85.56	1207.31
弥　勒	3.00		250.00	598.00	131.00	104.00	247.00
文　山	6.78	0.04	670.38	2414.01	348.53	44.60	1105.14
景　洪	7.00		243.50	2526.00	871.00	190.00	707.91
大　理	16.50	0.50	285.36	3124.95	332.87	456.50	1593.00
瑞　丽	5.00		203.05	1646.00	872.00	11.00	319.00
芒　市	4.30		123.00	701.00	94.00		525.00
西　藏	**64.50**	**54.80**	**1059.10**	**12436.55**	**1932.71**	**3217.34**	**3964.49**
拉　萨	48.00	48.00	869.12	11121.20	1877.00	3134.20	2848.00
昌　都	6.00		28.00	425.00	10.00	5.00	400.00
日喀则	10.50	6.80	161.98	890.35	45.71	78.14	716.49

Continued 15

Total Quantity of Water Supply(10,000m^3)				用水户数(户) Number of Households with Access to Water Supply (unit)		用水人口(万人) Population with Access to Water Supply (10,000 persons)	城市名称 Name of Cities
其他用水 The Quantity of Water for Other Purposes	免费供水量 The Quantitiy of Free Water Supply	生活用水量 Domestic Water Use	漏损水量 The Lossed Water		家庭用户 Household User		
3326.34	**3039.89**	**234.50**	**7241.22**	**1233956**	**1117112**	**597.56**	**贵　州**
2002.07	2669.49	170.00	3925.87	687588	652792	252.25	贵　阳
44.24	3.50		94.78	44620	38400	15.20	清　镇
21.20			507.00	36363	16735	30.00	六盘水
392.00			576.00	39763	33951	75.00	遵　义
25.00			49.00	33542	28650	10.00	赤　水
31.90	12.40		119.00	39538	39120	13.49	仁　怀
27.60			222.53	49821	41601	50.30	安　顺
89.06	60.00	60.00	362.44	64037	55064	29.50	铜　仁
35.00			400.00	77897	76225	29.80	兴　义
162.00	272.50	4.50	436.50	57444	49758	25.00	毕　节
425.00			250.00	55290	46560	35.00	凯　里
36.77			202.10	28964	19692	23.02	都　匀
34.50	22.00		96.00	19089	18564	9.00	福　泉
4065.12	**6809.77**	**145.15**	**10365.20**	**2145379**	**1970884**	**810.55**	**云　南**
2570.90	5905.30		4985.98	1006828	911938	368.65	昆　明
98.00			215.00	68545	68500	25.90	安　宁
			773.00	113604	112079	58.83	曲　靖
44.00	85.00		83.00	68707	52958	27.91	宣　威
13.35	5.28	4.20	369.77	44829	39837	25.20	玉　溪
210.00	43.00		200.30	38670	25467	25.20	保　山
5.00			256.00	43515	41428	28.69	昭　通
26.31	232.30	8.40	240.30	45639	43923	14.58	丽　江
32.00			232.00	60153	58135	21.94	普　洱
56.00	14.00	2.50	50.00	62534	62050	15.25	临　沧
10.24	3.00		226.00	71872	65537	28.33	楚　雄
7.29	31.05	4.05	215.01	34991	31696	20.03	个　旧
100.29	70.00	45.00	141.34	45915	42140	19.46	开　远
80.24			552.43	116742	110524	23.88	蒙　自
	55.00		61.00	39310	38645	13.74	弥　勒
14.90	104.75		796.09	59910	55214	20.97	文　山
245.00	259.09	79.00	253.00	54099	53581	19.13	景　洪
442.60			299.98	125353	121583	29.97	大　理
87.00	2.00	2.00	355.00	25170	18069	10.09	瑞　丽
22.00			60.00	18993	17580	12.80	芒　市
730.01	**156.00**		**2436.00**	**214104**	**206630**	**59.81**	**西　藏**
685.00	156.00		2421.00	164406	162100	43.00	拉　萨
			10.00	26150	25800	6.00	昌　都
45.01			5.00	23548	18730	10.81	日喀则

5-5 续表 16

城市名称 Name of Cities	综合生产能力(万立方米/日) Integrated Production Capacity (10,000m³/day)	地下水 Underground Water	供水管道长度(公里) Length of Water Supply Pipelines (km)	供水总量(万立方米) 合计 Total	生产运营用水 The Quantity of Water for Production and Operation	公共服务用水 The Quantity of Water for Public Service	居民家庭用水 The Quantity of Water for Household Use
陕　西	**379.42**	**168.46**	**6820.21**	**92910.74**	**30291.51**	**5229.80**	**42220.84**
西　安	183.60	47.83	3043.17	50743.34	15187.91	449.25	26799.38
铜　川	14.20	1.20	395.74	1651.10	74.00	120.00	712.50
宝　鸡	28.40	10.70	1000.00	6484.00	1392.00	1064.00	3050.00
咸　阳	46.80	41.30	349.81	12687.51	7328.74	588.70	3344.63
兴　平	11.50	11.50	48.95	3423.00	2304.60	30.50	646.00
渭　南	21.10	14.10	331.56	5320.00	2140.56	1021.40	1371.60
韩　城	10.00	5.00	173.00	992.80	139.00	112.00	616.00
华　阴	8.45	8.45	112.50	573.80	206.00	73.00	209.00
延　安	6.50		151.00	2076.94	10.00	575.25	1051.88
汉　中	10.00	10.00	295.00	2588.00	29.00	580.00	1280.00
榆　林	10.40	5.40	431.74	2673.00	897.00	236.00	985.00
安　康	10.49		190.44	1571.00	289.00	109.00	1037.00
商　洛	6.10	6.10	105.60	1009.00	105.00	70.00	587.00
杨陵区	11.88	6.88	191.70	1117.25	188.70	200.70	530.85
甘　肃	**380.79**	**117.63**	**5265.33**	**54565.01**	**19420.41**	**7415.75**	**21306.21**
兰　州	154.01	11.72	1032.07	26226.84	11107.41	3195.73	10326.82
嘉峪关	51.56	36.56	782.36	3834.30	1999.08	910.05	685.17
金　昌	30.00		292.15	2696.80	318.00	753.70	930.40
白　银	48.40	1.50	303.13	6300.23	2554.67	128.17	2259.00
天　水	11.00	11.00	202.70	3263.00	290.00	850.00	1797.00
武　威	20.00	10.00	231.00	1741.90	285.00	263.00	825.00
张　掖	11.85	11.80	252.39	2266.66	653.05	160.50	858.22
平　凉	5.05	4.45	348.91	1536.08	494.00	145.00	729.00
酒　泉	15.40	11.40	348.46	2238.80	780.00	393.00	826.80
玉　门	8.00	3.00	239.80	684.00	270.00	53.00	280.00
敦　煌	7.00	7.00	317.36	775.00	143.00	161.00	321.00
庆　阳	5.32	1.00	374.00	731.00	93.00	105.00	410.50
定　西	5.00	5.00	207.72	640.00	125.00	100.00	240.00
陇　南	1.67	1.67	65.10	461.40	61.00	83.40	236.00
临　夏	5.00		210.00	812.00	89.20	90.20	461.30
合　作	1.53	1.53	58.18	357.00	158.00	24.00	120.00
青　海	**94.97**	**42.50**	**2230.71**	**25030.58**	**9824.04**	**1780.73**	**8395.83**
西　宁	50.39		1129.30	15299.12	4206.47	1147.90	6958.00
海　东	2.90	2.90	106.00	440.40	249.00	52.50	102.00
玉　树	2.08		371.40	224.00	17.00	8.00	179.00
格尔木	24.40	24.40	378.80	4846.31	2497.57	409.33	755.53
德令哈	15.20	15.20	245.21	4220.75	2854.00	163.00	401.30

Continued 16

Total Quantity of Water Supply(10,000m³)				用水户数(户) Number of Households with Access to Water Supply (unit)		用水人口(万人) Population with Access to Water Supply (10,000 persons)	城市名称 Name of Cities
其他用水 The Quantity of Water for Other Purposes	免费供水量 The Quantitiy of Free Water Supply	生活用水量 Domestic Water Use	漏损水量 The Lossed Water		家庭用户 Household User		
3951.25	**821.87**	**283.00**	**10395.47**	**1122569**	**1020033**	**848.95**	**陕　西**
1420.52	120.48		6765.80	78555	63015	398.36	西　安
413.20	106.00		225.40	78894	77500	37.50	铜　川
220.00	188.00	46.00	570.00	241175	237779	81.98	宝　鸡
768.44	45.00	10.00	612.00	127654	115196	86.40	咸　阳
367.01	11.79		63.10	44865	13266	18.73	兴　平
217.84	279.60	210.00	289.00	113645	111617	44.70	渭　南
20.00			105.80	50284	39700	16.63	韩　城
24.80	9.00		52.00	19760	16200	10.50	华　阴
6.44			433.37	77239	75715	26.50	延　安
86.00	60.00	17.00	553.00	92772	88059	31.50	汉　中
109.00	2.00		444.00	50279	48000	38.40	榆　林
			136.00	90968	87057	30.45	安　康
155.00			92.00	27104	26520	15.20	商　洛
143.00			54.00	29375	20409	12.10	杨陵区
2086.13	**677.98**	**292.81**	**3658.53**	**978541**	**911524**	**543.55**	**甘　肃**
88.60	464.38	266.01	1043.90	68213	57136	188.48	兰　州
			240.00	108022	102392	22.99	嘉峪关
445.10			249.60	66981	64002	18.95	金　昌
679.19	46.20	5.50	633.00	68471	61992	41.78	白　银
			326.00	129866	114854	55.16	天　水
3.90	40.00		325.00	71374	70005	31.00	武　威
442.86			152.03	59360	52837	18.56	张　掖
8.08			160.00	66752	65644	32.63	平　凉
91.00	44.00	12.00	104.00	91188	82370	36.10	酒　泉
9.00	2.00		70.00	24836	24233	7.27	玉　门
70.00			80.00	30727	29996	11.39	敦　煌
37.30	26.20	9.30	59.00	38912	38135	18.77	庆　阳
130.00			45.00	48547	46836	19.62	定　西
40.00			41.00	29419	29186	13.87	陇　南
31.10	45.20		95.00	63524	60613	22.45	临　夏
10.00	10.00		35.00	12349	11293	4.53	合　作
1646.58	**721.84**	**461.10**	**2661.56**	**173892**	**149780**	**165.10**	**青　海**
470.00	715.15	460.00	1801.60	56766	43969	126.08	西　宁
8.40	5.50		23.00	24365	22368	9.88	海　东
2.00			18.00	28257	23899	7.52	玉　树
847.78			336.10	44498	43042	13.59	格尔木
318.40	1.19	1.10	482.86	20006	16502	8.03	德令哈

5-5 续表 17

城市名称 Name of Cities	综合生产能力(万立方米/日) Integrated Production Capacity (10,000m³/day)	地下水 Underground Water	供水管道长度(公里) Length of Water Supply Pipelines (km)	供水总量(万立方米) 合计 Total	生产运营用水 The Quantity of Water for Production and Operation	公共服务用水 The Quantity of Water for Public Service	居民家庭用水 The Quantity of Water for Household Use
宁　　夏	**146.80**	**122.90**	**2308.71**	**30343.36**	**11634.79**	**4254.71**	**9980.40**
银　　川	41.90	41.90	708.90	12417.37	2386.00	2111.00	5990.43
灵　　武	2.54	2.54	173.08	830.44	136.62	126.81	341.35
石 嘴 山	64.70	45.90	563.60	8112.85	4226.03	1190.42	1485.98
吴　　忠	10.00	10.00	243.95	2351.00	804.00	319.00	741.00
青 铜 峡	17.80	16.40	292.91	4772.52	3730.98	274.73	618.59
固　　原	5.10	1.40	203.50	945.50	85.00	184.00	357.00
中　　卫	4.76	4.76	122.77	913.68	266.16	48.75	446.05
新　　疆	**524.70**	**248.07**	**8651.92**	**91960.58**	**27007.50**	**11537.95**	**32646.23**
乌鲁木齐	145.38	59.38	1567.60	29854.90	6675.00	2411.90	13825.00
克拉玛依	104.50	0.16	1071.64	14603.62	9783.08	1843.68	1845.99
吐 鲁 番	6.00		306.40	909.00	65.00	128.00	498.00
哈　　密	24.24	17.24	774.86	3441.35	877.94	1012.66	1040.75
昌　　吉	28.30	7.50	341.43	2410.00	233.50	105.50	1259.00
阜　　康	3.54	3.54	167.50	822.90	11.30	329.28	341.20
博　　乐	2.80	2.80	205.27	694.80	101.00	97.00	313.70
阿拉山口	6.03		46.70	90.27	5.78	10.00	50.29
库 尔 勒	29.80	29.80	488.87	6329.00	1617.00	1030.00	1475.00
阿 克 苏	20.00	20.00	330.00	2722.00	364.20	242.80	1770.00
阿 图 什	2.60	2.60	72.50	670.00	16.00	22.00	562.00
喀　　什	24.70	24.70	312.50	3942.41	78.96	759.00	2245.07
和　　田	8.00	8.00	237.00	1642.00	60.00	432.00	870.00
伊　　宁	16.00	16.00	647.59	4045.00	166.00	266.00	1395.00
奎　　屯	16.40	16.40	223.40	4871.80	1154.00	1670.80	1115.00
乌　　苏	8.00	3.20	261.50	1512.00	303.21	57.45	215.90
塔　　城	2.66	2.66	228.87	753.00	100.00	184.00	309.00
阿 勒 泰	3.20		191.80	570.00	43.00	56.00	392.00
石 河 子	43.00	28.00	570.12	8141.00	3964.00	415.00	1829.00
阿 拉 尔	10.00		205.80	1797.00	1151.00	102.00	396.00
图木舒克	11.50		131.54	203.00	70.00	18.00	95.00
五 家 渠	4.70	4.70	53.98	941.00	44.90	44.60	415.60
北　　屯	1.70		122.96	594.27	21.63	144.28	255.47
铁 门 关	0.65	0.39	50.00	178.26	86.00	9.00	72.36
双　　河	1.00	1.00	42.09	222.00	15.00	147.00	59.90

Continued 17

Total Quantity of Water Supply(10,000m³)				用水户数(户) Number of Households with Access to Water Supply (unit)		用水人口(万人) Population with Access to Water Supply (10,000 persons)	城市名称 Name of Cities
其他用水 The Quantity of Water for Other Purposes	免费供水量 The Quantitiy of Free Water Supply	生活用水量 Domestic Water Use	漏损水量 The Lossed Water		家庭用户 Household User		
1731.48	**255.18**	**190.13**	**2486.80**	**720939**	**609166**	**265.96**	**宁　　夏**
629.60			1300.34	380819	325079	134.02	银　　川
147.43			78.23	34527	32319	5.42	灵　　武
604.42			606.00	109235	97486	49.71	石 嘴 山
164.00	90.00	30.00	233.00	43626	23265	19.04	吴　　忠
71.52	3.50	0.13	73.20	35109	29261	13.40	青 铜 峡
66.00	160.00	160.00	93.50	45432	40000	26.58	固　　原
48.51	1.68		102.53	72191	61756	17.79	中　　卫
6457.13	**4261.75**	**385.92**	**10050.02**	**1920806**	**1772142**	**710.70**	**新　　疆**
728.00	3315.00	100.00	2900.00	570284	525517	307.70	乌鲁木齐
499.85	1.15		629.87	129181	125509	36.47	克拉玛依
92.00			126.00	17999	15358	6.96	吐 鲁 番
			510.00	137779	127414	28.64	哈　　密
604.00			208.00	64331	60457	34.80	昌　　吉
61.00			80.12	34971	33616	9.32	阜　　康
110.00	5.10	1.62	68.00	44250	27557	19.50	博　　乐
	1.00		23.20	1763	880	1.30	阿拉山口
1032.00	168.00	168.00	1007.00	146974	142409	41.56	库 尔 勒
	65.00		280.00	130185	126500	36.80	阿 克 苏
			70.00	2800	2680	8.00	阿 图 什
479.18			380.20	89132	85455	31.78	喀　　什
8.00	14.00	14.00	258.00	28752	27762	16.15	和　　田
874.00	213.00		1131.00	110455	100000	35.12	伊　　宁
372.00	100.00	100.00	460.00	67429	64677	16.45	奎　　屯
377.00	377.00		181.44	24912	24191	9.80	乌　　苏
83.00			77.00	40008	38813	8.33	塔　　城
			79.00	25045	23886	6.97	阿 勒 泰
757.00	2.50	2.30	1173.50	148917	122678	30.50	石 河 子
30.00			118.00	12188	12044	6.52	阿 拉 尔
10.00			10.00	6935	5750	2.37	图木舒克
335.60			100.30	31617	29289	6.80	五 家 渠
			172.89	35344	30990	5.49	北　　屯
4.50			6.40	8861	8772	1.27	铁 门 关
			0.10	10694	9938	2.10	双　　河

5-6 2014年按城市分列的城市供水(公共供水)

城市名称 Name of Cities	综合生产能力(万立方米/日) Integrated Production Capacity ($10,000m^3$/day)		水厂个数(个) Number of Water Plants (unit)		供水管道长度(公里) Length of Water Supply Pipelines (km)	供水总量(万立方米)			
		地下水 Underground Water		地下水 Underground Water		合计 Total	售水量		
							小计 Subtotal	生产运营用水 The Quantity of Water for Production and Operation	公共服务用水 The Quantity of Water for Public Service
全　国	**22100.51**	**2994.71**	**2801**	**972**	**624526.92**	**4697827.69**	**3857856.19**	**1076180.89**	**665805.98**
北　京	**500.21**	**199.85**	**68**	**57**	**14994.43**	**123045.56**	**103401.63**	**12661.33**	**37865.19**
天　津	**374.25**	**8.25**	**24**	**5**	**14230.83**	**72100.45**	**61935.72**	**25018.50**	**6650.87**
河　北	**579.84**	**366.22**	**114**	**98**	**13435.82**	**105319.72**	**86416.91**	**23393.76**	**16558.85**
石家庄	90.86	50.86	14	13	1719.17	19097.57	15193.92	1617.82	5255.45
晋　州	4.00	4.00	1	1	90.45	460.00	380.00	30.00	28.00
新　乐	3.75	3.75	2	2	139.00	1100.00	980.00	310.00	141.00
唐　山	99.99	57.79	16	16	1651.40	17906.02	15402.32	5774.82	2293.09
遵　化	6.00	6.00	2	2	136.38	740.00	584.00	80.00	77.00
迁　安	4.00	4.00	2	2	467.07	1072.20	922.20	100.00	125.70
秦皇岛	39.00		5		908.45	9622.41	7317.14	2115.85	1954.98
邯　郸	70.50	44.50	6	4	944.40	9313.00	7341.20	1674.00	1157.00
武　安	5.50	0.50	2	1	452.14	1815.70	1615.70	472.20	524.00
邢　台	14.40	14.40	3	3	731.25	3708.86	2740.05		0.78
南　宫	4.86	4.86	1	1	104.00	440.00	383.00	72.00	25.00
沙　河	2.50	2.50	1	1	172.00	443.00	390.00	29.50	130.00
保　定	35.00	9.00	3	2	921.15	8795.87	7771.31	3313.77	1074.94
涿　州	3.00	3.00	2	2	70.44	898.50	746.50	198.00	46.00
安　国	4.00	4.00	1	1	99.70	480.00	402.00	12.00	76.00
高碑店	2.92	2.92	1	1	235.80	1065.00	907.00	123.00	187.00
张家口	64.30	64.30	5	5	887.00	5280.30	4401.64	1711.22	442.20
承　德	28.70	28.70	15	15	578.40	4279.16	3130.89	1070.33	349.15
沧　州	25.00	5.00	3	1	496.07	3952.95	3202.15	811.02	896.43
泊　头	5.12	2.00	2	1	227.00	1469.20	1266.20	290.00	247.00
任　丘	3.00	3.00	1	1	358.57	549.22	479.38	114.56	44.00
黄　骅	6.00		1		398.00	997.00	898.00	221.00	93.00
河　间	3.24	3.24	1	1	272.00	1182.00	1051.00	367.00	83.00
廊　坊	16.90	16.90	5	5	300.87	3881.37	3300.43	1068.16	633.73
霸　州	2.50	2.50	1	1	193.00	862.00	768.50	364.00	95.00
三　河	14.00	14.00	3	3	214.70	1140.00	1000.00	430.00	129.00
衡　水	7.30	7.30	9	9	250.30	2463.84	1931.68	508.16	138.38
冀　州	0.90	0.90	1	1	126.00	327.55	280.70	120.35	40.02
深　州	6.30		2		111.00	830.00	738.00	259.00	74.00
辛　集	3.10	3.10	1	1	100.11	619.00	527.00	1.00	158.00
定　州	3.20	3.20	2	2	80.00	528.00	365.00	135.00	40.00

Urban Water Supply by City (Public Water Surpliers)(2014)

Total Quantity of Water Supply($10,000m^3$)					用水户数(户) Number of Households with Access to Water Supply (unit)		用水人口(万人) Population with Access to Water Supply (10,000 persons)	城市名称 Name of Cities
Water Sold		免费供水量 The Quantitiy of Free Water Supply		漏损水量 The Lossed Water		家庭用户 Household User		
居民家庭用水 The Quantity of Water for Household Use	其他用水 The Quantity of Water for Other Purposes		生活用水 Domestic Water Use					
1889791.76	**226077.56**	**124589.66**	**12966.72**	**715381.84**	**123372348**	**112050210**	**41105.63**	**全 国**
51738.99	**1136.12**	**1628.23**	**127.16**	**18015.70**	**4724031**	**4567626**	**1339.96**	**北 京**
24908.96	**5357.39**	**545.07**		**9619.66**	**4203527**	**3987022**	**772.68**	**天 津**
42580.76	**3883.54**	**1857.94**	**260.79**	**17044.87**	**3523407**	**3241185**	**1465.55**	**河 北**
8072.74	247.91	43.96	23.10	3859.69	290024	274080	261.02	石家庄
322.00		30.00		50.00	23048	22861	10.56	晋 州
514.00	15.00			120.00	21289	19919	9.12	新 乐
6060.01	1274.40	418.70		2085.00	648891	598755	197.49	唐 山
362.00	65.00	81.00		75.00	35262	34735	13.13	遵 化
695.00	1.50			150.00	88110	66000	23.15	迁 安
2990.11	256.20	135.47	33.23	2169.80	444177	422406	97.66	秦皇岛
4265.00	245.20	702.00	204.00	1269.80	258980	246646	151.16	邯 郸
619.50		15.00		185.00	36050	32622	22.85	武 安
1786.81	952.46	79.85		888.96	252566	234371	84.76	邢 台
286.00		6.50		50.50	32600	28660	10.80	南 宫
227.00	3.50			53.00	30094	27983	9.64	沙 河
3369.42	13.18			1024.56	78652	69359	121.30	保 定
496.00	6.50			152.00	14103	12985	9.02	涿 州
314.00		1.50	0.11	76.50	20198	20108	7.47	安 国
368.00	229.00	48.00		110.00	33015	32366	11.45	高碑店
2155.22	93.00	55.51		823.15	269699	222323	87.00	张家口
1652.63	58.78	102.00		1046.27	198785	189140	55.36	承 德
1491.57	3.13	5.82		744.98	197511	184929	56.30	沧 州
720.00	9.20	10.00		193.00	43420	36328	15.45	泊 头
320.55	0.27	0.35	0.24	69.49	54896	51343	25.80	任 丘
582.00	2.00	1.00		98.00	56491	51960	19.50	黄 骅
480.00	121.00	11.00		120.00	52970	48570	17.48	河 间
1598.54		12.90		568.04	28300	16100	46.00	廊 坊
300.00	9.50	8.50		85.00	28269	25314	10.51	霸 州
290.00	151.00			140.00	28103	25897	16.68	三 河
1171.43	113.71			532.16	151952	141277	36.04	衡 水
113.23	7.10	13.88	0.11	32.97	16603	16248	8.05	冀 州
405.00		5.00		87.00	18540	18400	10.00	深 州
368.00				92.00	50870	50000	13.00	辛 集
185.00	5.00	70.00		93.00	19939	19500	7.80	定 州

5-6 续表 1

城市名称 Name of Cities	综合生产能力(万立方米/日) Integrated Production Capacity ($10,000m^3$/day)	地下水 Underground Water	水厂个数(个) Number of Water Plants (unit)	地下水 Underground Water	供水管道长度(公里) Length of Water Supply Pipelines (km)	供水总量(万立方米) 合计 Total	售水量 小计 Subtotal	生产运营用水 The Quantity of Water for Production and Operation	公共服务用水 The Quantity of Water for Public Service
山　西	**303.44**	**170.04**	**76**	**63**	**7461.35**	**57239.63**	**51343.12**	**15169.36**	**5261.47**
太　原	115.56	49.06	8	8	1784.58	21209.36	20015.14	6847.02	1565.89
古　交	1.70	0.50	2	2	78.60	410.00	359.00	95.00	29.00
大　同	45.00	32.00	13	10	791.10	6689.06	6011.46	2156.00	541.50
阳　泉	20.48	3.20	5	1	572.49	4099.59	3461.67	1836.28	154.67
长　治	17.28	17.28	3	1	623.99	4892.06	4298.37	462.07	348.17
潞　城	1.80	1.80	1	1	76.00	289.02	269.02	21.52	34.16
晋　城	13.00	5.28	3	1	442.72	2964.23	2595.20	489.00	864.50
高　平	4.00		2	2	183.00	382.70	330.70	39.00	80.00
朔　州	15.00	6.50	5	5	316.50	1990.50	1757.50	327.00	277.00
晋　中	12.90	8.90	4	3	398.67	2349.02	2012.57	541.96	147.79
介　休	4.80	4.80	2	2	103.07	589.75	444.70	92.71	79.13
运　城	8.00	6.00	1	1	123.00	2356.00	1936.00	830.00	270.00
永　济	2.20	2.20	2	2	73.00	477.00	430.00	59.00	51.00
河　津	2.32	2.32	8	8	138.00	846.25	753.88	108.30	30.20
忻　州	3.80	3.80	3	3	409.31	1221.07	1016.50	409.83	53.20
原　平	6.00	6.00	1	1	132.00	511.02	374.41	89.12	
临　汾	12.30	4.00	2	1	475.60	2448.00	2207.00	421.00	301.00
侯　马	3.50	3.50	3	3	161.00	819.00	735.00	89.00	10.00
霍　州	4.80	4.80	1	1	70.00	327.00	294.00	43.35	21.70
吕　梁	2.60	2.60	2	2	97.00	807.00	725.00	34.20	192.56
孝　义	4.00	4.00	3	3	234.25	1202.00	1008.00	178.00	102.00
汾　阳	2.40	1.50	2	2	177.47	360.00	308.00		108.00
内蒙古	**320.07**	**196.03**	**80**	**70**	**8656.86**	**55708.97**	**45052.99**	**13953.60**	**8801.03**
呼和浩特	57.14	37.04	12	11	766.80	13205.80	9265.70	3274.70	2348.00
包　头	91.30	3.30	6	2	1665.17	16129.15	13820.50	7721.90	1848.69
乌　海	30.18	30.18	4	4	874.00	3751.00	3257.82	346.00	994.49
赤　峰	21.80	20.50	9	9	925.80	4208.00	3532.00	597.80	692.00
通　辽	29.00	29.00	6	6	523.56	3112.47	2379.85	330.75	446.23
霍林郭勒	4.00	4.00	3	3	294.00	790.00	708.00	69.00	103.00
鄂尔多斯	17.30	14.30	12	11	802.36	3461.20	3091.34	422.42	681.06
呼伦贝尔	5.00	5.00	1	1	198.44	1330.68	1172.50	23.00	232.00
满洲里	9.50	5.50	4	3	472.85	1187.20	947.20	75.00	182.20
牙克石	1.60	1.60	1	1	81.00	355.00	313.00	20.00	119.00
扎兰屯	0.80	0.80	1	1	96.06	285.70	257.60	28.00	19.60
额尔古纳	1.00	1.00	2	2	65.93	105.00	93.50	7.00	10.00
根　河	4.30	3.00	2	1	28.45	127.72	112.14		16.96
巴彦淖尔	14.40	8.06	2	1	442.60	2410.70	2041.60	202.80	492.90
乌兰察布	8.22	8.22	3	3	271.28	1407.99	1157.99	94.53	166.65
丰　镇	2.38	2.38	2	2	180.62	866.76	719.65	230.00	84.25

Continued 1

Total Quantity of Water Supply(10,000m³)					用水户数(户) Number of Households with Access to Water Supply (unit)		用水人口(万人) Population with Access to Water Supply (10,000 persons)	城市名称 Name of Cities
Water Sold		免费供水量 The Quantitiy of Free Water Supply		漏损水量 The Lossed Water		家庭用户 Household User		
居民家庭用水 The Quantity of Water for Household Use	其他用水 The Quantity of Water for Other Purposes		生活用水 Domestic Water Use					
30495.72	**416.57**	**352.90**	**91.14**	**5543.61**	**1111970**	**1048302**	**903.20**	**山　西**
11549.31	52.92			1194.22	308054	295995	310.00	太　原
230.00	5.00			51.00	16174	15630	8.86	古　交
3281.40	32.56			677.60	52874	50165	88.98	大　同
1456.16	14.56	16.87	16.87	621.05	114239	106617	33.92	阳　泉
3481.68	6.45			593.69	102097	99824	67.91	长　治
207.13	6.21	5.00	5.00	15.00	14189	13699	7.74	潞　城
1229.20	12.50			369.03	122314	120200	39.80	晋　城
207.00	4.70			52.00	30923	30110	10.55	高　平
1132.00	21.50	77.00	28.00	156.00	99214	86857	36.32	朔　州
1317.90	4.92			336.45	12884	10981	47.90	晋　中
249.33	23.53	70.00	35.00	75.05	26923	25010	9.01	介　休
792.00	44.00	55.00	4.00	365.00	36871	32200	27.42	运　城
320.00				47.00	8335	7394	14.00	永　济
613.38	2.00	10.80	2.27	81.57	9306	7240	20.00	河　津
552.27	1.20	82.04		122.53	19373	17596	26.52	忻　州
276.58	8.71	24.19		112.42	7211	5427	11.12	原　平
1479.00	6.00			241.00	48890	45321	49.00	临　汾
571.00	65.00	2.00		82.00	21558	20894	16.07	侯　马
219.14	9.81			33.00	31013	30603	11.10	霍　州
496.24	2.00			82.00	2543	2170	23.91	吕　梁
635.00	93.00			194.00	19232	16908	27.00	孝　义
200.00		10.00		42.00	7753	7461	16.07	汾　阳
19499.55	**2798.81**	**314.12**	**11.10**	**10341.86**	**3269781**	**2554892**	**823.16**	**内蒙古**
3287.00	356.00			3940.10	460567	417579	185.38	呼和浩特
3609.45	640.46			2308.65	1093675	605040	182.98	包　头
1652.12	265.21	22.00	10.00	471.18	213753	207900	51.34	乌　海
1874.20	368.00			676.00	342254	307532	88.56	赤　峰
982.90	619.97	70.88		661.74	193973	166884	42.13	通　辽
526.00	10.00	2.00		80.00	47670	45000	12.40	霍林郭勒
1829.39	158.47	12.86		357.00	137522	110229	47.90	鄂尔多斯
917.50				158.18	90802	83300	26.85	呼伦贝尔
690.00				240.00	85275	67993	21.00	满洲里
170.00	4.00	5.00		37.00	28709	25420	7.53	牙克石
208.60	1.40	0.50		27.60	35873	28521	12.36	扎兰屯
76.50				11.50	8889	8167	3.39	额尔古纳
95.18		1.88	1.10	13.70	10223	9226	3.22	根　河
1300.00	45.90	30.00		339.10	147741	141161	40.75	巴彦淖尔
720.81	176.00	59.00		191.00	55010	45372	33.10	乌兰察布
342.40	63.00	59.00		88.11	43415	40020	12.96	丰　镇

5-6 续表 2

城市名称 Name of Cities	综合生产能力(万立方米/日) Integrated Production Capacity (10,000m³/day)	地下水 Underground Water	水厂个数(个) Number of Water Plants (unit)	地下水 Underground Water	供水管道长度(公里) Length of Water Supply Pipelines (km)	供水总量(万立方米) 合计 Total	售水量 小计 Subtotal	生产运营用水 The Quantity of Water for Production and Operation	公共服务用水 The Quantity of Water for Public Service
乌兰浩特	8.50	8.50	3	3	263.80	1345.00	811.00	220.00	30.00
阿尔山	2.15	2.15	2	1	44.50	63.00	50.00	8.00	9.00
二连浩特	5.00	5.00	2	2	165.36	548.60	442.60	154.70	93.00
锡林浩特	6.50	6.50	3	3	494.28	1018.00	879.00	128.00	232.00
辽宁	**947.00**	**294.89**	**139**	**71**	**30457.52**	**204212.51**	**140051.59**	**40607.68**	**31647.37**
沈阳	182.70	121.20	10	9	3500.89	52842.17	36917.29	7182.31	10448.50
新民	4.11	4.11	1	1	405.86	1497.61	1069.66	519.96	460.24
大连	163.00		12		5375.40	39210.44	28262.04	8794.50	5359.50
瓦房店	12.00		1		485.00	1730.00	1204.70	313.70	135.20
普兰店	15.50		3		367.00	2933.00	1504.00	467.00	393.00
庄河	10.00		1		349.12	1532.00	1187.00	254.00	114.00
鞍山	58.00	8.00	8	3	2549.60	13961.00	9033.00	3627.00	2031.00
海城	8.50	8.50	3	3	417.20	2660.00	1160.00	304.50	297.00
抚顺	111.00		9		2266.80	15297.72	9279.25	3925.09	1263.14
本溪	43.00		7		919.00	7069.23	4986.23	1498.33	1908.75
丹东	32.09		7		845.76	5409.00	3897.65	1410.00	931.00
东港	12.50		2		288.00	2152.00	1242.00	361.00	257.00
凤城	4.00		1		197.56	945.00	593.00	71.00	142.00
锦州	41.90	41.90	6	6	1380.00	9820.00	6423.00	3047.00	1062.00
凌海	2.50	2.50	2	2	96.80	561.00	471.00	165.00	80.00
北镇	3.50	3.50	5	5	88.00	729.90	459.60	87.00	138.00
营口	54.00	10.10	10	5	2155.80	7010.00	4567.00	1226.00	1155.00
盖州	7.50	7.50	3	3	236.55	979.36	638.43	36.28	151.23
大石桥	4.43	4.43	4	3	933.64	1203.70	915.60	114.60	89.40
阜新	35.00	15.00	7	4	2012.00	7502.80	6302.60	2553.50	754.10
辽阳	29.80	14.80	4	2	863.42	6387.76	4048.70	1221.20	894.50
灯塔	5.00	5.00	2	2	109.10	1168.00	581.00	102.00	110.00
盘锦	11.00		2	2	551.00	3178.00	1728.00	132.00	621.00
铁岭	22.10	10.25	6	4	916.07	3837.28	2270.49	147.01	853.57
调兵山	1.30	1.30	1	1	163.24	372.30	281.85	3.00	75.00
开原	3.80	3.80	4	4	426.90	1143.04	975.40	18.00	239.04
朝阳	15.10	15.10	3	3	458.00	3310.40	2244.90	53.00	637.50
北票	3.70	3.40	4	3	303.00	1139.00	849.00	250.00	215.00
凌源	7.50	7.50	3	3	449.86	1283.00	1021.00	314.00	209.00
葫芦岛	33.47		6	1	1047.95	4486.80	3554.20	1604.70	121.70
兴城	9.00	7.00	2	2	299.00	2861.00	2384.00	805.00	501.00

Continued 2

Total Quantity of Water Supply(10,000m^3)					用水户数(户) Number of Households with Access to Water Supply (unit)		用水人口(万人) Population with Access to Water Supply (10,000 persons)	城市名称 Name of Cities
Water Sold		免费供水量 The Quantitiy of Free Water Supply		漏损水量 The Lossed Water				
居民家庭用水 The Quantity of Water for Household Use	其他用水 The Quantity of Water for Other Purposes		生活用水 Domestic Water Use			家庭用户 Household User		
546.00	15.00			534.00	119592	103145	22.86	乌兰浩特
33.00		6.00		7.00	7796	6705	2.30	阿 尔 山
119.50	75.40	45.00		61.00	29758	22105	7.15	二连浩特
519.00				139.00	117284	113593	19.00	锡林浩特
61136.40	**6660.14**	**6917.40**	**543.00**	**57243.52**	**9125121**	**8626424**	**2100.67**	**辽　　宁**
19286.48		2992.70		12932.18	2193063	2085368	474.92	沈　　阳
89.46				427.95	62018	57661	20.30	新　　民
11364.00	2744.04			10948.40	1847223	1761125	327.28	大　　连
626.10	129.70	30.00		495.30	120916	113726	33.26	瓦 房 店
419.00	225.00	72.00	43.00	1357.00	115223	109947	20.97	普 兰 店
819.00				345.00	92240	86697	33.25	庄　　河
3375.00		356.00		4572.00	613465	589600	155.38	鞍　　山
551.00	7.50	800.00	500.00	700.00	110000	101430	31.00	海　　城
2491.30	1599.72	139.00		5879.47	579995	551807	130.99	抚　　顺
1429.17	149.98			2083.00	408485	391503	87.00	本　　溪
1525.00	31.65	700.00		811.35	231667	219647	63.99	丹　　东
588.00	36.00	63.00		847.00	66761	60444	16.32	东　　港
380.00		90.00		262.00	49585	45000	13.55	凤　　城
2314.00		1117.00		2280.00	295725	274961	89.20	锦　　州
226.00				90.00	37711	37360	9.42	凌　　海
224.00	10.60	5.30		265.00	31505	28834	11.16	北　　镇
1925.00	261.00	7.00		2436.00	334662	307660	96.50	营　　口
395.12	55.80	8.00		332.93	54203	53604	26.90	盖　　州
665.00	46.60	0.10		288.00	84304	81550	29.36	大 石 桥
2995.00				1200.20	361206	344109	77.30	阜　　新
1933.00				2339.06	271849	251131	76.30	辽　　阳
272.00	97.00	15.00		572.00	30086	26665	8.85	灯　　塔
866.00	109.00			1450.00	155836	138225	37.69	盘　　锦
1241.70	28.21	225.00		1341.79	209139	190042	44.09	铁　　岭
192.41	11.44	16.00		74.45	28684	25772	5.60	调 兵 山
718.36		25.10		142.54	92146	87085	24.32	开　　原
860.30	694.10			1065.50	206049	188481	56.54	朝　　阳
335.00	49.00	15.00		275.00	62349	60058	17.56	北　　票
446.00	52.00	20.00		242.00	83335	68108	20.30	凌　　源
1764.00	63.80	34.20		898.40	216998	215824	44.17	葫 芦 岛
820.00	258.00	187.00		290.00	78693	73000	17.20	兴　　城

5-6 续表 3

城市名称 Name of Cities	综合生产能力(万立方米/日) Integrated Production Capacity (10,000m³/day)	地下水 Underground Water	水厂个数(个) Number of Water Plants (unit)	地下水 Underground Water	供水管道长度(公里) Length of Water Supply Pipelines (km)	供水总量(万立方米) 合计 Total	售水量 小计 Subtotal	生产运营用水 The Quantity of Water for Production and Operation	公共服务用水 The Quantity of Water for Public Service
吉　林	**347.00**	**46.77**	**78**	**31**	**9464.03**	**86207.34**	**58831.18**	**13211.79**	**15020.76**
长　春	118.95	1.95	7	2	2233.00	35437.75	23891.00	5126.00	8732.00
九　台	3.00	1.50	2	1	279.93	815.00	572.00	80.00	90.00
榆　树	2.30	2.30	2	2	185.31	765.00	579.70	12.80	106.90
德　惠	3.70	1.20	2	1	527.33	626.89	549.55	207.00	46.00
吉　林	50.00		5		1124.72	11861.00	8047.00	1975.00	915.00
蛟　河	2.40		2		59.00	875.98	481.78	33.83	97.44
桦　甸	6.00		3		123.00	516.00	308.00	10.00	58.00
舒　兰	4.00		1		130.20	980.60	860.60	400.00	58.00
磐　石	2.00	2.00	1	1	130.10	669.00	461.00	70.00	65.00
四　平	19.60	0.47	4	1	435.54	2865.90	2580.00	1161.00	420.00
双　辽	1.00	1.00	1	1	77.05	303.50	273.50	21.00	23.00
辽　源	16.00		5		562.00	3385.00	2217.00	932.00	527.00
通　化	15.30	1.15	7	3	538.17	4001.01	1984.03	54.38	702.46
集　安	3.00		2		139.80	972.01	370.87	127.45	107.80
白　山	12.01	1.50	4	3	359.46	2558.63	1380.87	511.55	114.93
临　江	2.00		1		60.22	420.00	270.00	26.00	40.00
松　原	18.90	12.50	5	3	425.00	5323.00	4732.00	1635.00	587.00
扶　余	1.20	1.20	3	3	46.50	375.20	327.00		130.00
白　城	7.00	7.00	2	2	303.00	1607.00	1252.00	90.00	317.00
洮　南	1.50	1.50	1	1	90.00	256.90	223.40	22.50	39.60
大　安	2.00	2.00	1	1	80.00	712.10	622.10	71.00	32.00
延　吉	15.00		2		454.22	5156.00	2556.00	30.00	901.43
图　们	1.45		1		105.69	496.13	247.69	31.44	35.45
敦　化	14.59	2.10	5	2	140.58	1105.00	829.65	192.00	123.55
珲　春	5.30		2		118.50	1413.00	1234.00	139.00	445.00
龙　井	3.50		1		94.73	458.74	236.44	0.84	33.20
和　龙	3.30		2		172.07	478.00	370.00	34.00	26.00
公主岭	5.80	1.80	1	1	298.00	852.00	754.00	108.00	107.00
梅河口	6.20	5.60	3	3	170.91	921.00	620.00	110.00	140.00
黑龙江	**569.30**	**183.98**	**116**	**80**	**12962.53**	**112066.46**	**84049.04**	**29119.91**	**15357.55**
哈尔滨	145.60	24.30	12	9	1997.47	34946.07	24504.07	3704.45	6242.88
双　城	3.00	3.00	1	1	241.34	582.74	506.74	103.99	68.75
尚　志	3.00	3.00	2	2	182.80	1022.10	924.65	251.55	279.00
五　常	8.80	4.00	2	1	148.30	930.00	790.00	126.00	87.00
齐齐哈尔	27.12	17.12	9	8	889.19	6811.70	4573.97	156.55	1517.40
讷　河	2.50	2.50	2	2	85.90	352.93	269.96	0.95	32.13
鸡　西	19.20	3.47	4	1	438.58	4661.90	3943.10	1349.20	945.30
虎　林	2.00	2.00	1	1	182.78	405.00	293.00	60.00	43.00
密　山	3.50	3.50	3	3	187.00	600.00	531.00	149.00	80.00
鹤　岗	15.60	3.00	3	1	586.85	3312.61	2349.73	903.35	335.14

Continued 3

Total Quantity of Water Supply(10,000m^3)					用水户数(户) Number of Households with Access to Water Supply (unit)		用水人口(万人) Population with Access to Water Supply (10,000 persons)	城市名称 Name of Cities
Water Sold		免费供水量 The Quantitiy of Free Water Supply		漏损水量 The Lossed Water		家庭用户 Household User		
居民家庭用水 The Quantity of Water for Household Use	其他用水 The Quantity of Water for Other Purposes		生活用水 Domestic Water Use					
28728.48	**1870.15**	**1283.52**	**225.85**	**26092.64**	**4016974**	**3677046**	**1016.93**	**吉林**
9974.00	59.00	12.00		11534.75	1336540	1228233	368.47	长春
398.00	4.00	32.00	32.00	211.00	70298	63240	20.00	九台
446.00	14.00	56.00		129.30	90391	79540	21.50	榆树
246.55	50.00			77.34	62526	57009	19.70	德惠
4705.00	452.00	282.00		3532.00	671586	609557	124.69	吉林
312.62	37.89			394.20	61925	55077	12.10	蛟河
240.00				208.00	62261	54387	15.40	桦甸
390.00	12.60			120.00	35258	35012	11.00	舒兰
314.00	12.00	6.00	3.00	202.00	47600	41500	11.20	磐石
539.00	460.00			285.90	141036	126286	44.80	四平
220.00	9.50			30.00	34346	34000	10.00	双辽
750.00	8.00			1168.00	143638	134672	44.00	辽源
1222.77	4.42	320.00		1696.98	171485	157542	43.56	通化
135.62		17.94		583.20	31123	27812	8.00	集安
754.39		105.33		1072.43	136421	125667	31.69	白山
158.00	46.00	73.00	53.00	77.00	29800	25782	9.70	临江
2127.00	383.00			591.00	166445	158508	46.50	松原
190.00	7.00	13.20		35.00	17820	16500	5.50	扶余
800.00	45.00	190.00	40.00	165.00	88091	79300	27.80	白城
156.80	4.50	4.50	4.50	29.00	27539	27000	7.25	洮南
519.10				90.00	41930	41510	13.45	大安
1601.00	23.57	13.00	11.00	2587.00	273706	252667	49.00	延吉
150.63	30.17	36.00		212.44	22609	20807	5.03	图们
482.00	32.10	1.35	0.15	274.00	66322	60452	15.59	敦化
650.00		10.00		169.00	37387	32199	12.25	珲春
200.00	2.40	2.20	2.20	220.10	35216	33000	9.80	龙井
308.00	2.00	28.00		80.00	17000	15000	5.50	和龙
493.00	46.00			98.00	42000	37787	9.45	公主岭
245.00	125.00	81.00	80.00	220.00	54675	47000	14.00	梅河口
33734.54	**5837.04**	**1970.24**	**306.70**	**26047.18**	**4991625**	**4581060**	**1202.08**	**黑龙江**
12221.66	2335.08	930.26	213.00	9511.74	1915362	1769998	403.93	哈尔滨
320.00	14.00			76.00	72125	61313	16.20	双城
393.00	1.10	0.10	0.10	97.35	42926	33500	12.83	尚志
521.00	56.00			140.00	69000	57236	13.87	五常
1942.02	958.00	90.85		2146.88	443240	415616	94.60	齐齐哈尔
221.45	15.43	5.67		77.30	28549	25178	8.85	讷河
1502.90	145.70	250.20		468.60	159156	156290	45.12	鸡西
190.00		1.00		111.00	27405	21497	6.27	虎林
302.00		9.00		60.00	37390	35990	9.15	密山
1083.24	28.00	10.35		952.53	228179	213504	53.37	鹤岗

5-6 续表 4

城市名称 Name of Cities	综合生产能力(万立方米/日) Integrated Production Capacity ($10,000m^3$/day)	地下水 Underground Water	水厂个数(个) Number of Water Plants (unit)	地下水 Underground Water	供水管道长度(公里) Length of Water Supply Pipelines (km)	供水总量(万立方米) 合计 Total	售水量 小计 Subtotal	生产运营用水 The Quantity of Water for Production and Operation	公共服务用水 The Quantity of Water for Public Service
双鸭山	22.40	17.30	9	8	378.75	2539.10	2159.00	465.00	509.00
大庆	150.00	33.04	19	12	2574.97	26806.13	23711.12	16173.13	2324.66
伊春	22.16	20.54	18	17	1245.05	3699.26	3225.80	1176.30	413.50
铁力	5.10	2.00	2	1	200.70	988.00	832.00	44.00	10.00
佳木斯	30.00	30.00	3	3	511.80	4370.30	2252.25	423.45	397.86
同江	1.00	1.00	1	1	146.00	280.00	240.00	35.00	60.00
富锦	4.00	4.00	2	2	91.56	431.30	376.00	55.00	85.00
七台河	21.60		2		701.11	3804.50	2632.50	1389.00	178.50
牡丹江	36.00		4		483.00	7484.06	3155.38	1009.46	801.24
绥芬河	8.00	0.09	2	1	146.95	675.00	539.00	145.00	88.00
海林	2.60		1		70.00	356.00	304.00	91.00	34.00
宁安	3.00		1		139.35	775.00	697.00	284.00	50.00
穆棱	2.20		1		132.72	382.56	320.57	48.53	73.89
黑河	7.00	0.20	3	1	179.40	999.50	702.50	240.00	65.00
北安	5.00		1		125.45	811.00	690.00	140.00	112.00
五大连池	0.62	0.62	1	1	106.80	187.00	168.00	4.50	8.50
绥化	7.80	7.80	3	3	371.63	1300.00	1100.00	88.00	242.00
安达	2.00	1.50	2	1	91.50	597.70	512.70	58.50	30.80
肇东	5.00		1		149.00	1555.00	1395.00	373.00	221.00
海伦	3.50		1		176.58	400.00	350.00	72.00	22.00
上海	**1137.00**	**2.56**	**67**		**35067.69**	**317259.71**	**248230.37**	**53542.06**	**64868.83**
江苏	**2405.05**	**36.86**	**125**	**11**	**75779.94**	**404430.69**	**343821.33**	**110140.02**	**58787.67**
南京	363.60		15		9649.06	92950.13	78602.91	17310.74	25344.20
无锡	245.00		6		5167.00	34225.58	28644.26	10014.76	4210.75
江阴	106.00		4		1524.74	7073.94	6285.78	2905.02	605.50
宜兴	30.00		2		1475.00	6260.00	5428.00	1879.00	783.00
徐州	67.20	28.20	9	7	2172.07	16528.10	12917.03	3041.60	1036.38
新沂	4.59	4.50	4	3	601.03	1412.00	917.80	15.00	120.00
邳州	4.16	4.16	1	1	402.00	980.00	745.00		176.00
常州	167.00		8		11670.57	21277.88	18558.75	6338.45	3273.77
溧阳	10.00		2		694.08	2383.15	2048.70	693.13	427.71
金坛	5.00		1		1116.20	2505.15	1947.61	604.85	499.37
苏州	332.50		12		8192.19	60566.13	54652.55	23367.21	8113.82
常熟	87.50		3		1704.00	7996.00	7107.00	4008.00	813.00
张家港	65.00		3		852.64	5908.52	5300.52	1069.36	1055.53
昆山	150.00		3		941.50	14177.34	13159.00	7208.00	775.00
太仓	70.00		2		644.72	4991.06	4321.38	2447.06	385.69
南通	167.50		4		3085.60	22685.64	18135.89	6928.85	283.50

Continued 4

Total Quantity of Water Supply(10,000m³)					用水户数(户) Number of Households with Access to Water Supply (unit)		用水人口(万人) Population with Access to Water Supply (10,000 persons)	城市名称 Name of Cities
Water Sold		免费供水量 The Quantitiy of Free Water Supply		漏损水量 The Lossed Water		家庭用户 Household User		
居民家庭用水 The Quantity of Water for Household Use	其他用水 The Quantity of Water for Other Purposes		生活用水 Domestic Water Use					
1075.00	110.00	110.10	80.00	270.00	116210	111200	37.50	双鸭山
4446.02	767.31	0.16		3094.85	514130	461820	138.55	大庆
1406.30	229.70	90.10	4.60	383.36	178336	159078	51.58	伊春
773.00	5.00			156.00	38297	32726	10.15	铁力
1408.33	22.61	282.05		1836.00	225146	207357	50.70	佳木斯
145.00		12.00		28.00	19821	19350	6.57	同江
170.00	66.00	9.70		45.60	35121	31679	12.05	富锦
800.00	265.00	12.00	9.00	1160.00	102884	93200	34.35	七台河
1015.68	329.00	23.20		4305.48	275216	250816	54.50	牡丹江
231.00	75.00	61.00		75.00	23772	21200	8.94	绥芬河
171.00	8.00	2.00		50.00	31729	28766	9.31	海林
305.00	58.00			78.00	26450	22600	7.50	宁安
178.44	19.71	5.50		56.49	25589	24681	7.44	穆棱
390.00	7.50			297.00	61933	55001	14.00	黑河
370.00	68.00	40.00		81.00	46056	40400	12.10	北安
140.00	15.00			19.00	10485	10450	4.50	五大连池
770.00				200.00	82860	80000	24.00	绥化
418.00	5.40	25.00		60.00	40898	35614	14.59	安达
666.50	134.50			160.00	81100	74000	30.30	肇东
158.00	98.00			50.00	32260	31000	9.26	海伦
100164.93	**29654.55**	**23399.03**		**45630.31**	**8139967**	**7735894**	**2425.68**	**上海**
159236.77	**15656.87**	**8072.67**	**2395.23**	**52536.69**	**12051329**	**11089940**	**2943.44**	**江苏**
34347.79	1600.18	2853.48	2080.20	11493.74	2359226	2259440	585.86	南京
14225.51	193.24	1484.52		4096.80	1340844	1148799	246.27	无锡
1796.30	978.96	79.00		709.16	143672	118315	36.32	江阴
2417.00	349.00	15.00		817.00	276043	263586	47.78	宜兴
6289.32	2549.73	116.20	86.20	3494.87	526962	504847	166.09	徐州
704.80	78.00			494.20	78489	76800	31.38	新沂
569.00				235.00	69365	64493	35.61	邳州
8946.53		500.98		2218.15	621701	542781	154.15	常州
927.86		10.30		324.15	79227	70167	20.98	溧阳
783.82	59.57	20.26		537.28	89568	78880	17.70	金坛
22586.57	584.95	165.58	137.58	5748.00	1460715	1357188	293.52	苏州
2286.00		10.00		879.00	234805	214369	41.95	常熟
2497.38	678.25			608.00	85253	83054	40.51	张家港
3796.00	1380.00	240.00		778.34	312000	279600	41.77	昆山
1488.63				669.68	120646	98167	24.54	太仓
9954.45	969.09	320.27	2.20	4229.48	560734	523634	154.70	南通

5-6 续表 5

城市名称 Name of Cities	综合生产能力(万立方米/日) Integrated Production Capacity (10,000m³/day)	地下水 Underground Water	水厂个数(个) Number of Water Plants (unit)	地下水 Underground Water	供水管道长度(公里) Length of Water Supply Pipelines (km)	供水总量(万立方米) 合计 Total	售水量 小计 Subtotal	生产运营用水 The Quantity of Water for Production and Operation	公共服务用水 The Quantity of Water for Public Service
启东	24.50		1		732.61	2785.00	2010.00	909.00	267.00
如皋	20.00		2		852.54	3420.47	2926.16	791.30	424.52
海门	10.00		1		960.00	3171.52	2484.94	763.98	109.48
连云港	40.00		3		1969.77	9125.56	7475.24	2337.22	1510.90
淮安	36.50		4		4407.60	9900.62	8765.22	2355.36	1130.00
盐城	41.00		2		2249.21	7706.89	6516.13	766.22	948.73
东台	20.00		1		937.20	1825.00	1505.29	276.84	112.30
大丰	12.00		1		502.00	1740.00	1514.00	289.00	327.00
扬州	84.50		8		3245.34	16192.71	13646.77	2221.14	1443.96
仪征	10.00		1		859.79	2861.32	2415.11	795.58	70.50
高邮	9.50		2		367.70	1798.00	1480.00	352.60	221.00
镇江	50.00		2		2430.93	13855.72	12017.00	3885.00	1297.00
丹阳	35.00		3		385.65	3861.56	3490.62	1171.29	1153.21
扬中	10.00		1		457.68	1566.00	1340.00	155.00	37.00
句容	10.00		1		430.60	2199.00	1381.00	348.00	308.00
泰州	42.00		5		2283.35	9257.78	7145.09	2451.59	540.30
兴化	10.00		2		444.42	1077.10	935.50	78.40	23.50
靖江	21.00		1		881.00	2683.61	1915.00	663.93	181.68
泰兴	20.00		2		261.71	2125.15	1442.15	399.00	89.88
宿迁	24.00		3		1228.44	5357.06	4643.93	1298.54	688.49
浙江	**1569.07**	**0.80**	**123**	**3**	**52607.03**	**293507.92**	**256276.09**	**102674.27**	**30673.38**
杭州	350.00		16		10205.76	60513.66	51421.20	12862.54	11946.37
建德	8.00		1		613.40	1301.00	1053.00	311.00	29.00
富阳	30.00		2		912.51	5658.00	4980.00	1929.50	226.30
临安	16.70		3		1445.00	3611.04	3171.10	941.20	106.40
宁波	215.00		5		3647.00	49305.59	41916.66	18757.79	4599.44
余姚	32.50		5		2132.08	4941.05	4527.22	2067.11	295.00
慈溪	41.00		4		1625.20	9392.00	8316.00	4940.00	299.00
奉化	20.80		4	2	595.00	3110.00	2651.00	842.00	481.00
温州	110.00		10		2574.28	24839.57	20958.54	10461.86	60.00
瑞安	22.00		2		842.00	2419.62	2208.26	586.17	135.10
乐清	13.00		3		559.66	3570.00	3080.00	444.00	293.00
嘉兴	70.50		6		995.32	11593.78	10276.54	3277.53	2185.54
海宁	30.00		1		643.54	3445.10	3099.93	1936.35	176.31
平湖	12.00		1		457.84	3013.60	2467.95	969.26	456.26
桐乡	45.00		3		778.00	3136.70	2775.70	1210.00	110.00
湖州	47.35	0.80	10	1	3077.12	9006.00	7897.81	2093.60	1417.61
绍兴	201.30		11		4219.16	27220.56	25640.50	16551.00	2705.00
诸暨	26.00		1		1197.30	4555.00	3815.30	962.81	596.05

Continued 5

Total Quantity of Water Supply(10,000m^3) Water Sold 居民家庭用水 The Quantity of Water for Household Use	Total Quantity of Water Supply(10,000m^3) Water Sold 其他用水 The Quantity of Water for Other Purposes	Total Quantity of Water Supply(10,000m^3) 免费供水量 The Quantitiy of Free Water Supply	Total Quantity of Water Supply(10,000m^3) 免费供水量 生活用水 Domestic Water Use	Total Quantity of Water Supply(10,000m^3) 漏损水量 The Lossed Water	用水户数(户) Number of Households with Access to Water Supply (unit)	用水户数(户) 家庭用户 Household User	用水人口(万人) Population with Access to Water Supply (10,000 persons)	城市名称 Name of Cities
626.00	208.00			775.00	101182	91018	21.20	启　东
1710.34		72.06		422.25	97575	97027	32.20	如　皋
1551.37	60.11	108.00		578.58	123027	109451	29.30	海　门
3067.09	560.03	23.63		1626.69	298020	275295	82.45	连云港
5145.39	134.47	13.63	10.68	1121.77	470906	445933	138.15	淮　安
4390.23	410.95	230.00	9.10	960.76	379310	358497	116.34	盐　城
1110.15	6.00	36.86	35.63	282.85	87336	83219	32.00	东　台
898.00				226.00	81880	79080	17.95	大　丰
7752.23	2229.44	517.02		2028.92	520752	474061	109.15	扬　州
1009.03	540.00	70.00		376.21	60005	54896	18.37	仪　征
890.00	16.40	29.00		289.00	79358	69015	21.98	高　邮
5818.00	1017.00	37.45		1801.27	374586	338990	88.78	镇　江
1006.64	159.48	25.32		345.62	127550	116200	35.64	丹　阳
1148.00				226.00	49843	46037	16.35	扬　中
722.00	3.00			818.00	62923	57465	16.28	句　容
3556.04	597.16	745.34	11.52	1367.35	341650	320088	91.71	泰　州
833.60		44.80		96.80	93009	83999	21.00	兴　化
1029.59	39.80	100.32		668.29	50349	45204	23.61	靖　江
897.39	55.88	87.55	3.20	595.45	105713	97367	25.75	泰　兴
2458.72	198.18	116.10	18.92	597.03	187105	162978	66.10	宿　迁
113677.22	**9251.22**	**4568.96**	**61.84**	**32662.87**	**6696598**	**5997847**	**1998.31**	**浙　江**
24069.45	2542.84	2187.93		6904.53	945483	875491	385.67	杭　州
709.00	4.00	77.00		171.00	53683	48546	13.43	建　德
2824.20				678.00	125281	107400	37.78	富　阳
1450.40	673.10	29.08		410.86	91720	83118	26.08	临　安
18520.81	38.62	544.00		6844.93	1061939	975500	186.32	宁　波
2141.29	23.82	33.00	3.00	380.83	210258	189714	44.90	余　姚
2513.00	564.00	12.00		1064.00	195140	153885	41.54	慈　溪
1317.00	11.00	51.00	3.00	408.00	128698	117672	33.28	奉　化
10417.94	18.74	882.06		2998.97	508988	458383	184.26	温　州
1484.64	2.35	7.70	0.82	203.66	91178	79863	28.04	瑞　安
2331.00	12.00			490.00	97518	95157	45.54	乐　清
2866.96	1946.51	78.95		1238.29	333608	305169	86.59	嘉　兴
971.36	15.91	7.12	7.12	338.05	58939	51074	21.56	海　宁
1018.71	23.72			545.65	57251	52462	16.52	平　湖
1419.70	36.00	9.00		352.00	86718	70517	25.03	桐　乡
3851.66	534.94	83.43	6.30	1024.76	271520	236959	88.50	湖　州
6231.00	153.50	34.06	12.26	1546.00	572133	523095	145.10	绍　兴
1850.45	405.99	78.36	0.44	661.34	130139	119789	34.20	诸　暨

5-6 续表 6

城市名称 Name of Cities	综合生产能力(万立方米/日) Integrated Production Capacity (10,000m³/day)	地下水 Underground Water	水厂个数(个) Number of Water Plants (unit)	地下水 Underground Water	供水管道长度(公里) Length of Water Supply Pipelines (km)	供水总量(万立方米) 合计 Total	售水量 小计 Subtotal	生产运营用水 The Quantity of Water for Production and Operation	公共服务用水 The Quantity of Water for Public Service
嵊　州	16.00		2		1172.27	3789.84	3292.56	1787.63	
金　华	35.00		2		1358.09	6319.80	5541.13	1658.42	307.60
兰　溪	16.00		4		858.20	1792.00	1611.00	622.55	54.63
义　乌	32.00		2		1748.91	10290.00	8941.00	3732.00	339.00
东　阳	10.00		1		885.19	2468.42	2112.74	659.63	312.82
永　康	20.00		1		1146.41	2624.26	2291.01	1271.01	26.32
衢　州	25.00		3		952.48	4175.60	3670.60	1252.00	641.00
江　山	5.20		1		462.15	1101.00	950.00	170.00	110.00
舟　山	24.90		6		1422.00	4730.00	4494.00	1567.00	536.00
台　州	49.32		8		3473.79	14426.70	13428.70	5849.70	944.00
温　岭	10.00		1		362.00	3156.20	2814.71	481.31	503.83
临　海	11.00		1		780.00	3162.30	2604.30	920.00	220.00
丽　水	20.00		2		1141.00	3984.53	3492.53	1357.00	500.00
龙　泉	3.50		1		324.37	855.00	775.10	202.30	60.80
安　徽	**654.46**	**43.44**	**67**	**10**	**20500.96**	**137425.65**	**110591.18**	**27109.34**	**17694.07**
合　肥	175.00		6		4123.42	40439.20	34013.90	6039.80	8277.40
巢　湖	12.00		2		455.00	3500.00	2973.80	400.00	380.00
芜　湖	80.00		5		1479.53	16790.64	13179.64	4623.26	765.80
蚌　埠	41.00		3		1077.99	7679.85	6635.39	2636.69	476.22
淮　南	44.00		5		1478.38	8045.56	6171.56	1314.53	872.76
马鞍山	35.00		2		1064.50	9598.72	7707.93	2410.81	933.10
淮　北	17.50		1	1	724.00	2933.00	2502.00	746.00	248.40
铜　陵	29.00		3		1177.06	6698.79	4952.90	893.16	1211.93
安　庆	32.50		3		868.26	7117.77	5188.63	1270.04	605.07
桐　城	5.70		2		220.71	1165.00	872.00	150.30	130.40
黄　山	21.00		4		731.70	3872.00	3119.93	890.55	632.42
滁　州	28.00		4		627.27	5297.00	3936.00	1420.00	450.00
天　长	8.62		2	1	442.00	1709.00	1359.00	126.00	160.00
明　光	5.50	3.00	1	1	490.00	1421.50	1279.40	541.00	94.30
阜　阳	22.50	12.50	2	1	1214.80	3122.00	2314.93	356.00	440.60
界　首	2.94	2.94	1	1	132.90	910.00	818.00	160.00	81.00
宿　州	15.00	15.00	2	2	655.32	2700.85	2043.05	485.30	265.88
六　安	19.50		3		412.41	4744.26	3415.90	519.48	566.01
亳　州	8.50	8.50	2	2	854.79	2150.80	1800.80	167.00	283.80
池　州	16.00		2		408.25	2857.00	2215.00	780.00	213.00
宣　城	22.00	1.50	8	1	1619.08	3030.66	2621.42	567.42	568.98
宁　国	13.20		4		243.59	1642.05	1470.00	612.00	37.00

Continued 6

Total Quantity of Water Supply(10,000m³)					用水户数(户) Number of Households with Access to Water Supply (unit)		用水人口(万人) Population with Access to Water Supply (10,000 persons)	城市名称 Name of Cities
Water Sold		免费供水量 The Quantitiy of Free Water Supply		漏损水量 The Lossed Water				
居民家庭用水 The Quantity of Water for Household Use	其他用水 The Quantity of Water for Other Purposes		生活用水 Domestic Water Use			家庭用户 Household User		
1308.47	196.46	85.00		412.28	96502	92117	28.64	嵊州
3512.97	62.14	148.37		630.30	207740	176592	62.88	金华
933.82				181.00	69985	64618	25.00	兰溪
4193.00	677.00	50.00		1299.00	91717	46128	71.72	义乌
1043.36	96.93			355.68	96549	74315	31.59	东阳
967.68	26.00	14.00	14.00	319.25	56627	49867	22.71	永康
1490.00	287.60	25.00	2.00	480.00	161949	142595	30.85	衢州
584.00	86.00	20.00	4.00	131.00	91096	81532	16.56	江山
1981.00	410.00	4.00	3.00	232.00	233385	213904	59.33	舟山
6544.00	91.00	102.00		896.00	372396	334539	102.31	台州
1745.12	84.45			341.49	48379	42924	28.19	温岭
1423.70	40.60			558.00	98608	90105	31.00	临海
1605.53	30.00	2.00	2.00	490.00	7659	6971	34.40	丽水
356.00	156.00	3.90	3.90	76.00	43812	37846	8.79	龙泉
60746.16	**5041.61**	**2787.49**	**200.97**	**24046.98**	**4644687**	**4321435**	**1336.69**	**安徽**
19696.70		1091.80		5333.50	1269971	1239868	356.02	合肥
1933.80	260.00	1.20		525.00	105523	103523	32.70	巢湖
6023.09	1767.49			3611.00	325241	298248	128.34	芜湖
3522.48				1044.46	292844	254362	85.43	蚌埠
3772.27	212.00	168.00	10.00	1706.00	335329	318953	103.70	淮南
3982.72	381.30	66.53		1824.26	273339	256832	70.64	马鞍山
1502.00	5.60			431.00	196382	187460	40.76	淮北
2765.63	82.18	51.14		1694.75	167173	152664	43.41	铜陵
2553.61	759.91	30.00	24.00	1899.14	271342	238101	65.56	安庆
466.30	125.00			293.00	80049	68978	15.40	桐城
1404.02	192.94	252.27	156.20	499.80	151231	127947	35.39	黄山
1530.00	536.00	63.00		1298.00	163255	149612	40.32	滁州
980.00	93.00			350.00	57099	49652	16.30	天长
601.00	43.10	41.00		101.10	29086	26100	12.97	明光
1518.33				807.07	212778	211215	64.00	阜阳
572.00	5.00			92.00	37034	35802	13.00	界首
1226.87	65.00	5.40		652.40	133944	121880	40.20	宿州
1920.02	410.39	651.38		676.98	158486	141717	58.99	六安
1350.00		110.00		240.00	91794	91300	31.94	亳州
1168.00	54.00	230.00		412.00	113744	89590	30.02	池州
1436.32	48.70	25.77	10.77	383.47	108293	99015	34.80	宣城
821.00				172.05	70750	58616	16.80	宁国

5-6 续表 7

城市名称 Name of Cities	综合生产能力(万立方米/日) Integrated Production Capacity (10,000m³/day)	地下水 Underground Water	水厂个数(个) Number of Water Plants (unit)	地下水 Underground Water	供水管道长度(公里) Length of Water Supply Pipelines (km)	供水总量(万立方米) 合计 Total	售水量 小计 Subtotal	生产运营用水 The Quantity of Water for Production and Operation	公共服务用水 The Quantity of Water for Public Service
福　建	**688.80**	**11.80**	**76**	**8**	**15086.95**	**151229.40**	**124630.71**	**38833.48**	**14844.15**
福　州	152.00		7		2353.60	31914.66	25005.75	2800.47	6334.09
福　清	18.50		4		694.00	6612.00	5459.39	2578.11	460.49
长　乐	26.40		2		291.45	2023.32	1786.00	420.00	225.00
厦　门	147.70		11		3797.19	41956.61	35639.00	11979.00	2947.00
莆　田	28.00		3		890.00	10220.00	8168.00	5000.00	925.00
三　明	65.60		4		477.55	6379.14	5735.64	4090.55	241.00
永　安	11.50		3		260.46	2166.53	1929.38	872.14	267.84
泉　州	46.00		4		2771.64	10784.15	8374.15	1431.80	123.15
石　狮	20.00		1		329.00	5485.90	4584.00	1376.00	320.00
晋　江	30.00		2		598.00	6120.00	5505.00	2500.00	300.00
南　安	12.00		2		229.20	1743.00	1423.00	188.00	155.00
漳　州	32.50		4		475.33	4800.00	4323.00	1236.00	622.00
龙　海	12.00		1		169.78	1253.00	1100.50	201.00	191.50
南　平	14.00		2		373.10	2592.00	2194.22	478.90	568.36
邵　武	7.50		2		146.00	1025.00	890.00	208.00	160.00
武夷山	2.60		1		117.44	827.00	732.50	10.00	221.00
建　瓯	4.00		3		91.32	925.00	815.65	65.00	199.19
建　阳	5.00		1		101.66	898.57	786.25	170.00	83.00
龙　岩	21.80	11.80	11	8	239.86	6208.00	4632.00	2467.00	433.00
漳　平	3.00		1		89.50	853.09	649.63	182.25	2.13
宁　德	13.70		4		286.66	2207.70	1751.29	81.68	35.80
福　安	7.00		2		118.63	1867.98	1327.48	88.39	28.60
福　鼎	8.00		1		185.58	2366.75	1818.88	409.19	1.00
江　西	**441.60**	**5.40**	**61**	**8**	**13541.42**	**103938.47**	**83079.86**	**15068.53**	**17781.06**
南　昌	144.00		10		3499.42	37793.54	30783.75	2767.01	11091.66
景德镇	20.00		4		625.40	5113.64	4069.75	365.06	957.94
乐　平	4.10		1		159.00	715.80	489.80	79.30	62.00
萍　乡	23.50		4	1	496.20	3949.72	2376.54	110.31	292.63
九　江	34.00		3		1450.60	8212.00	5752.00	2267.00	34.00
瑞　昌	4.00	4.00	1	1	208.00	1384.00	1231.00	148.00	37.00
共青城	2.50		1		181.30	379.10	334.89	104.30	63.00
新　余	20.50		2	2	524.88	5902.00	5005.00	2000.00	620.00
鹰　潭	10.00		1		194.35	2236.00	1747.00	240.00	320.00
贵　溪	6.00		2		235.00	1214.00	904.00	130.00	115.00
赣　州	47.00		4		2079.18	10929.45	9705.12	2361.95	1545.89
瑞　金	3.50		1		633.00	1198.65	1009.00	136.00	153.00
吉　安	25.00		4		674.00	3570.00	2708.00	450.00	460.00
井冈山	3.50	0.20	3	1	85.30	292.30	252.85	9.07	132.34
宜　春	16.00		3		581.30	4420.00	3870.33	1028.35	248.32

Continued 7

Total Quantity of Water Supply(10,000m³)					用水户数(户) Number of Households with Access to Water Supply (unit)		用水人口(万人) Population with Access to Water Supply (10,000 persons)	城市名称 Name of Cities
Water Sold		免费供水量 The Quantitiy of Free Water Supply		漏损水量 The Lossed Water		家庭用户 Household User		
居民家庭用水 The Quantity of Water for Household Use	其他用水 The Quantity of Water for Other Purposes		生活用水 Domestic Water Use					
57348.89	**13604.19**	**1494.54**	**123.36**	**25104.15**	**3018827**	**2730582**	**1117.36**	**福建**
12921.16	2950.03	1008.91		5900.00	781843	741848	235.90	福州
1940.47	480.32	2.00		1150.61	152043	143678	32.92	福清
988.00	153.00	1.32		236.00	56557	53028	21.18	长乐
14596.00	6117.00	100.00		6217.61	537967	469989	293.03	厦门
2243.00		10.00		2042.00	168320	140020	55.65	莆田
1404.09		3.50		640.00	72366	67995	22.43	三明
772.12	17.28	3.51	3.36	233.64	43763	31750	13.76	永安
5215.00	1604.20	119.00	20.00	2291.00	307453	268280	123.00	泉州
2819.00	69.00			901.90	45630	30161	33.00	石狮
2155.00	550.00	10.00		605.00	92525	86120	33.28	晋江
1080.00		20.00		300.00	65535	58516	29.00	南安
2465.00		2.00		475.00	139820	126900	47.83	漳州
674.00	34.00	22.00		130.50	55991	53615	18.43	龙海
1146.96		15.20		382.58	106263	95319	21.10	南平
522.00		30.00		105.00	37255	34540	11.47	邵武
501.50		8.50		86.00	33721	28775	8.76	武夷山
531.00	20.46	5.35		104.00	40868	36946	13.51	建瓯
500.25	33.00	6.55		105.77	29427	25679	10.68	建阳
780.00	952.00	100.00	100.00	1476.00	67038	59526	27.03	龙岩
417.99	47.26	5.00		198.46	23313	21158	10.20	漳平
1166.17	467.64	16.20		440.21	71049	69597	25.10	宁德
1108.06	102.43	5.50		535.00	44920	42500	14.36	福安
1402.12	6.57			547.87	45160	44642	15.74	福鼎
43857.67	**6372.60**	**1999.05**	**375.98**	**18859.56**	**2630479**	**2261533**	**950.01**	**江西**
13242.08	3683.00	300.00	100.00	6709.79	793692	629245	246.73	南昌
2746.73	0.02	1.22		1042.67	128983	116050	47.03	景德镇
347.00	1.50	106.00	10.99	120.00	23211	22610	16.16	乐平
1604.16	369.44	192.72		1380.46	115179	103494	44.84	萍乡
3252.00	199.00	240.00	60.00	2220.00	249903	228195	65.91	九江
1046.00		15.00		138.00	56089	53284	18.80	瑞昌
148.49	19.10	5.03	4.45	39.18	12113	10025	4.60	共青城
2350.00	35.00			897.00	141659	131987	46.20	新余
822.00	365.00	199.00		290.00	70012	56312	22.80	鹰潭
546.00	113.00	84.00		226.00	35820	32011	12.80	贵溪
5063.41	733.87	27.51		1196.82	216088	169196	125.75	赣州
626.00	94.00	55.65		134.00	52552	50130	30.50	瑞金
1698.00	100.00	117.00	117.00	745.00	139128	122564	39.92	吉安
105.23	6.21	11.02		28.43	12549	11478	3.68	井冈山
2503.12	90.54	73.00	73.00	476.67	170790	153908	49.69	宜春

5-6 续表 8

城市名称 Name of Cities	综合生产能力(万立方米/日) Integrated Production Capacity (10,000m³/day)	地下水 Underground Water	水厂个数(个) Number of Water Plants (unit)	地下水 Underground Water	供水管道长度(公里) Length of Water Supply Pipelines (km)	供水总量(万立方米) 合计 Total	售水量 小计 Subtotal	生产运营用水 The Quantity of Water for Production and Operation	公共服务用水 The Quantity of Water for Public Service
丰　城	16.00		4	1	465.99	2397.33	2077.33	233.33	81.00
樟　树	10.00		2		100.58	1219.47	1009.92	215.59	172.89
高　安	8.00	1.20	3	1	224.41	2828.00	2547.00	1590.25	166.62
抚　州	21.00		5		551.78	5375.00	4364.00	456.00	522.00
上　饶	20.00		2	1	375.03	4038.71	2243.80	162.96	647.41
德　兴	3.00		1		196.70	769.76	598.78	214.05	58.36
山　东	**1290.86**	**387.91**	**264**	**127**	**42434.74**	**254730.15**	**215586.45**	**81543.52**	**35578.14**
济　南	172.70	75.00	12	7	3618.22	26386.98	19949.31	4221.92	2690.34
章　丘	19.50	19.50	3	3	305.00	2679.64	2329.64	1101.32	105.00
青　岛	153.20	7.00	28	7	5833.96	41068.85	35032.30	12640.78	8144.52
胶　州	8.00		2		401.80	2068.00	1718.00	806.00	218.00
即　墨	15.00	1.00	8	1	620.00	3700.00	3301.00	1438.00	756.00
平　度	7.50	2.70	3	2	501.65	2100.00	1726.00	584.00	157.00
莱　西	10.50		1		492.67	1618.00	1379.00	564.00	125.00
淄　博	127.35	66.65	25	23	2065.49	19698.62	17798.31	11122.69	1226.95
枣　庄	31.50	26.50	9	8	1521.20	6649.20	4874.49	1331.90	490.01
滕　州	14.00	14.00	5	5	910.00	4104.00	2861.00	670.00	234.00
东　营	84.50		5		1158.23	9233.57	7900.76	3168.29	790.68
烟　台	81.40	14.00	20	6	3288.88	14404.19	11903.29	3690.11	2913.23
龙　口	14.00		3	2	328.00	1582.00	1400.00	469.00	259.00
莱　阳	12.00	2.00	3	2	311.02	1987.00	1589.71	916.94	
莱　州	8.00		3		624.00	1390.00	1251.00	253.39	350.50
蓬　莱	8.10	0.50	5	2	297.72	1307.00	1175.00	499.00	182.00
招　远	4.50	2.00	3	2	360.00	1618.84	1470.84	739.22	261.20
栖　霞	3.00		2		117.60	326.02	281.02	30.00	73.00
海　阳	9.26		4		350.00	1414.76	1263.45	236.72	137.48
潍　坊	51.00	8.60	11	4	2022.76	11671.73	10635.53	5452.50	1585.63
青　州	13.50	10.50	4	4	637.30	2570.00	2282.00	1044.00	340.00
诸　城	12.00		2		345.40	3959.00	3494.00	1857.00	232.00
寿　光	11.60	11.60	4	4	299.00	3216.00	2865.00	1900.00	142.00
安　丘	10.00	6.00	3	1	257.00	1530.40	1415.40	517.10	73.00
高　密	19.10	0.63	6	2	158.60	3191.77	2767.77	1855.24	12.46
昌　邑	8.00	8.00	2	2	90.62	1690.00	1521.00	493.00	54.00
济　宁	37.00	36.00	6	6	879.65	9015.00	6905.00	2752.00	1164.00
曲　阜	5.00	5.00	1	1	271.00	1730.59	1507.59	659.00	295.20
邹　城	10.00	10.00	6	6	209.00	2966.47	2537.30	1660.00	244.30
泰　安	24.00	4.00	3	2	1473.00	6571.00	5566.00	1699.00	1593.00
新　泰	13.50		2		621.30	2796.00	2493.00	459.00	277.00
肥　城	5.30	5.30	2	2	166.00	1739.00	1541.00	535.00	199.00

Continued 8

Total Quantity of Water Supply($10,000m^3$)					用水户数(户) Number of Households with Access to Water Supply (unit)		用水人口(万人) Population with Access to Water Supply (10,000 persons)	城市名称 Name of Cities
Water Sold		免费供水量 The Quantitiy of Free Water Supply		漏损水量 The Lossed Water		家庭用户 Household User		
居民家庭用水 The Quantity of Water for Household Use	其他用水 The Quantity of Water for Other Purposes		生活用水 Domestic Water Use					
1763.00				320.00	78800	72094	32.28	丰城
616.55	4.89	6.30	6.00	203.25	42289	38710	20.43	樟树
780.00	10.13			281.00	25391	22696	21.00	高安
2843.00	543.00	5.00	1.50	1006.00	129318	119164	54.17	抚州
1433.43		558.00	0.64	1236.91	98350	84950	40.38	上饶
321.47	4.90	2.60	2.40	168.38	38563	33430	6.34	德兴
92313.87	**6150.92**	**6672.78**	**644.02**	**32470.92**	**8065373**	**7554004**	**2765.87**	**山东**
12193.79	843.26	3390.00		3047.67	711341	678716	289.70	济南
1104.32	19.00	60.00		290.00	82371	81351	26.73	章丘
13749.76	497.24	585.91		5450.64	1383945	1313325	309.14	青岛
661.00	33.00	8.00	2.40	342.00	70849	60779	28.70	胶州
1096.00	11.00	3.00		396.00	70279	64031	43.00	即墨
904.00	81.00	64.00		310.00	70385	69212	22.84	平度
587.00	103.00			239.00	98426	96621	28.32	莱西
5292.96	155.71	102.62	75.42	1797.69	496275	481742	157.40	淄博
2932.18	120.40	9.20	2.00	1765.51	195477	180929	83.14	枣庄
1706.00	251.00			1243.00	119050	109015	34.80	滕州
2501.18	1440.61	178.90		1153.91	235235	225491	66.90	东营
5273.61	26.34	50.65		2450.25	485130	439585	166.70	烟台
599.00	73.00			182.00	75107	74095	28.18	龙口
672.77				397.29	86407	85475	30.21	莱阳
647.11		0.09		138.91	92916	91326	32.14	莱州
450.00	44.00	2.00		130.00	44739	42971	17.03	蓬莱
450.42	20.00	9.00		139.00	69152	66575	19.09	招远
166.02	12.00	10.00	8.00	35.00	29306	22789	10.03	栖霞
871.04	18.21	7.00		144.31	89063	88103	25.61	海阳
3552.40	45.00	7.20		1029.00	361723	339611	124.40	潍坊
898.00		30.00		258.00	83022	82354	32.82	青州
1302.00	103.00	87.00		378.00	103730	102347	35.81	诸城
823.00		29.00		322.00	71743	71328	25.11	寿光
819.30	6.00			115.00	93362	91005	30.83	安丘
868.92	31.15	40.00		384.00	57124	51452	26.17	高密
974.00				169.00	1991	850	10.25	昌邑
2794.00	195.00	728.00	504.00	1382.00	357252	313612	122.20	济宁
551.80	1.59	46.00	5.00	177.00	42601	41000	19.90	曲阜
623.00	10.00	32.00	32.00	397.17	69539	66502	28.95	邹城
2204.00	70.00	238.00		767.00	225821	208500	64.10	泰安
1605.00	152.00	18.00	15.20	285.00	111370	110400	47.67	新泰
778.00	29.00	1.00		197.00	77486	76809	25.70	肥城

5-6 续表 9

城市名称 Name of Cities	综合生产能力(万立方米/日) Integrated Production Capacity (10,000m³/day)	地下水 Underground Water	水厂个数(个) Number of Water Plants (unit)	地下水 Underground Water	供水管道长度(公里) Length of Water Supply Pipelines (km)	供水总量(万立方米) 合计 Total	售水量 小计 Subtotal	售水量 生产运营用水 The Quantity of Water for Production and Operation	售水量 公共服务用水 The Quantity of Water for Public Service
威　海	41.00	1.90	7	3	2759.55	9538.50	8405.50	3963.07	1989.10
荣　成	12.00		4		517.00	2113.00	2009.50	730.00	559.50
乳　山	14.00	3.00	2	1	552.65	1345.00	1165.00	472.00	295.00
日　照	33.50	11.53	14	7	1497.25	7282.84	6375.56	3077.15	826.66
莱　芜	27.80	8.00	8	3	782.00	3893.00	3236.00	1095.00	340.16
临　沂	42.05		10	1	1058.68	14412.75	12235.41	1805.42	3527.14
德　州	19.00		4		1977.15	3863.00	3151.00	752.08	341.13
乐　陵	7.50	5.00	3	2	90.00	989.90	893.90	88.50	277.00
禹　城	4.50	3.00	2	1	159.10	801.49	659.19	20.78	25.35
聊　城	16.00	13.00	4	3	721.06	3161.77	2825.72	876.00	508.00
临　清	6.00	6.00	2	2	154.03	1335.00	1160.00	102.00	201.00
滨　州	48.50		7		1383.70	6719.27	5793.96	2978.40	392.60
菏　泽	15.00		1		246.50	3291.00	2941.00	217.00	970.00
河　南	**787.42**	**323.55**	**120**	**76**	**19002.29**	**139729.27**	**112160.74**	**28561.13**	**14616.85**
郑　州	137.00	35.20	7	3	2842.66	32180.97	26774.38	2726.39	5188.51
巩　义	6.00	4.50	3	1	165.66	1310.00	940.00	13.00	327.80
荥　阳	2.40	2.40	2	2	164.10	833.30	740.30	255.00	60.00
新　密	7.00	3.50	5	4	244.00	1082.00	910.00	34.00	273.00
新　郑	2.90	2.90	1	1	288.60	800.00	649.00		140.00
登　封	3.20	0.70	5	2	113.75	879.10	770.10	226.00	189.40
开　封	57.50	7.50	3	2	1297.26	7960.58	6377.25	2770.46	512.02
洛　阳	76.40	63.70	4	3	1636.53	13194.76	11306.70	2615.30	2181.40
偃　师	6.50	6.50	2	2	171.14	810.00	660.00	94.00	51.00
平顶山	60.10	1.50	7	2	1206.65	10322.44	8146.70	4097.00	174.00
舞　钢	4.00	0.50	1	1	102.76	479.60	424.80	43.00	32.00
汝　州	2.52	2.52	2	2	258.89	510.00	356.48	43.00	45.00
安　阳	42.00	32.00	5	4	697.80	5185.00	4308.00	570.00	700.00
林　州	5.00	2.00	4	2	229.30	953.00	692.00	25.00	43.00
鹤　壁	15.65	0.65	3	1	509.94	3445.00	2839.31	995.00	24.42
新　乡	44.00	11.00	3	1	769.89	7716.30	5314.73	2079.00	
卫　辉	3.00		2		166.00	1094.50	945.00	221.00	115.00
辉　县	5.00	5.00	2	2	316.20	594.00	520.00	21.00	49.00
焦　作	27.30	22.50	5	4	861.07	5357.19	3831.75	665.04	492.95
沁　阳	1.60	1.60	1	1	93.95	449.33	373.04	35.23	23.16
孟　州	3.80	3.80	2	2	196.10	374.00	319.00	15.00	23.00
濮　阳	20.20	11.20	2	1	159.27	3038.00	2730.00	1570.00	330.00
许　昌	24.00	14.00	3	2	352.72	2811.50	2146.34	235.47	304.53
禹　州	6.20	0.20	1	1	197.00	1525.00	1363.00	100.00	35.00
长　葛	3.00	3.00	1	1	73.00	888.98	626.98	146.00	74.56

Continued 9

Total Quantity of Water Supply(10,000m^3)					用水户数(户) Number of Households with Access to Water Supply (unit)		用水人口(万人) Population with Access to Water Supply (10,000 persons)	城市名称 Name of Cities
Water Sold		免费供水量 The Quantitiy of Free Water Supply		漏损水量 The Lossed Water		家庭用户 Household User		
居民家庭用水 The Quantity of Water for Household Use	其他用水 The Quantity of Water for Other Purposes		生活用水 Domestic Water Use					
2309.33	144.00	107.00		1026.00	371374	332855	93.53	威海
710.50	9.50	17.50		86.00	112031	110873	37.05	荣成
386.00	12.00	15.00		165.00	57375	56750	18.05	乳山
2381.90	89.85			907.28	189657	96566	66.38	日照
1704.84	96.00	32.00		625.00	150406	148131	54.60	莱芜
5948.03	954.82	498.96		1678.38	313283	300209	155.07	临沂
1989.54	68.25			712.00	210058	195638	68.51	德州
523.00	5.40			96.00	88833	87510	24.18	乐陵
538.20	74.86			142.30	44844	40815	15.10	禹城
1441.60	0.12	26.05		310.00	145950	142769	63.00	聊城
789.00	68.00	12.00		163.00	58231	56932	20.90	临清
2256.35	166.61	207.70		717.61	147211	144605	74.63	滨州
1684.00	70.00	20.00		330.00	13903	12450	61.30	菏泽
62046.66	**6936.10**	**3181.63**	**665.39**	**24386.90**	**4465676**	**4104170**	**2082.56**	**河南**
15214.75	3644.73	325.21	300.01	5081.38	1082517	1011287	631.74	郑州
563.20	36.00	25.00	11.00	345.00	59588	58831	28.42	巩义
420.00	5.30	5.00		88.00	32671	27685	13.07	荥阳
512.00	91.00			172.00	33407	30925	14.12	新密
509.00				151.00	33098	26478	16.40	新郑
228.50	126.20	19.00		90.00	29880	26159	15.50	登封
2724.90	369.87	200.00		1383.33	220646	198301	85.30	开封
6429.10	80.90	19.20	4.50	1868.86	313252	275164	233.58	洛阳
462.00	53.00	15.80		134.20	36264	35581	12.38	偃师
3412.00	463.70	134.00		2041.74	141011	129400	91.50	平顶山
345.00	4.80	0.80		54.00	56069	26890	9.48	舞钢
265.40	3.08	5.40		148.12	34842	30578	12.40	汝州
2618.00	420.00			877.00	184007	172806	66.91	安阳
605.00	19.00	25.00		236.00	38530	36230	17.51	林州
1819.89		10.00	10.00	595.69	129451	83654	38.50	鹤壁
3173.94	61.79	800.00		1601.57	225745	208856	75.40	新乡
537.00	72.00	5.00		144.50	29150	28025	14.00	卫辉
435.00	15.00			74.00	38710	37950	14.45	辉县
2488.35	185.41	32.37	20.37	1493.07	185284	175897	77.27	焦作
243.32	71.33	3.99		72.30	37804	37692	12.69	沁阳
265.00	16.00			55.00	25500	22500	15.00	孟州
730.00	100.00			308.00	69053	65987	28.65	濮阳
1435.93	170.41			665.16	143742	133000	41.00	许昌
1193.00	35.00			162.00	79888	79510	32.35	禹州
263.86	142.56	115.00	1.00	147.00	43331	39130	15.65	长葛

5-6 续表 10

城市名称 Name of Cities	综合生产能力(万立方米/日) Integrated Production Capacity (10,000m³/day)	地下水 Underground Water	水厂个数(个) Number of Water Plants (unit)	地下水 Underground Water	供水管道长度(公里) Length of Water Supply Pipelines (km)	供水总量(万立方米) 合计 Total	售水量 小计 Subtotal	生产运营用水 The Quantity of Water for Production and Operation	公共服务用水 The Quantity of Water for Public Service
漯　河	17.40	2.73	4	1	350.87	4086.00	2793.00	859.00	645.00
三门峡	12.50	4.00	3	2	206.35	1824.00	1418.00	34.00	89.00
义　马	13.30	2.30	1	1	55.00	1205.60	1087.60	835.00	37.00
灵　宝	4.00	4.00	1	1	94.10	765.00	638.00	115.00	118.00
南　阳	52.15	32.95	12	7	1137.16	5924.80	4681.65	1309.25	881.40
邓　州	8.50	8.50	2	2	539.87	937.51	808.31	85.51	181.40
商　丘	31.80	6.00	6	5	556.00	3310.58	2414.29	596.68	26.15
永　城	5.50	5.50	2	2	278.70	1700.00	1485.00	301.00	160.00
信　阳	26.00		2		1265.78	3956.00	3548.00	954.00	290.00
周　口	14.00	5.20	4	3	342.56	2359.23	1369.23	12.00	378.15
项　城	6.00	6.00	3	3	210.70	1894.00	1655.00	660.00	83.00
驻马店	22.00		2		488.00	5714.00	4264.00	2742.00	70.00
济　源	8.00	8.00	2	2	362.96	2258.00	1933.80	462.80	269.00
湖　北	**1166.20**	**1.30**	**114**	**4**	**28060.16**	**236740.59**	**185164.20**	**45267.77**	**33111.77**
武　汉	453.00	0.50	21	1	12057.72	120454.50	94422.40	20425.33	22835.16
黄　石	48.00		3		760.15	6482.71	5500.07	1731.55	781.40
大　冶	13.00		2		239.58	2194.00	1974.00	945.00	164.00
十　堰	21.00		3		341.00	3915.00	3162.00	508.00	693.00
丹江口	13.00		3		352.16	2088.19	1639.17	190.29	127.98
宜　昌	64.20		9		1330.25	9656.54	7814.69	2075.73	663.57
宜　都	11.00		4		345.20	1882.85	1637.16	962.00	110.00
当　阳	10.00		1		389.72	1554.18	1357.85	605.17	157.00
枝　江	6.00		1		152.00	1101.50	826.00	282.00	118.00
襄　阳	95.00		4		772.28	14211.73	8843.66	3256.12	
老河口	17.00		2		213.00	1530.00	1333.00	403.00	86.00
枣　阳	12.00		2		240.67	2264.00	1633.00	222.00	353.00
宜　城	5.00		1		142.17	1098.48	993.48	82.00	90.00
鄂　州	19.00		4		930.00	3805.00	3273.00	593.00	386.00
荆　门	20.00		3		460.00	4738.46	3687.51	1441.22	145.19
钟　祥	10.00		1		254.66	2171.00	1953.90	223.90	170.00
孝　感	33.00		3		423.73	3626.38	2606.38	524.16	356.00
应　城	10.80	0.80	2	1	151.02	1895.82	1698.62	248.67	88.30
安　陆	10.80		1		183.50	1744.50	1547.50	575.00	320.00
汉　川	13.00		2		255.01	3455.61	2122.61	584.96	550.00
荆　州	55.00		3		1706.63	8129.69	6627.39	1609.35	1335.30
石　首	10.00		1		139.18	1688.80	1078.00	300.00	165.00
洪　湖	16.00		2		754.50	1742.00	1447.00	410.00	139.00
松　滋	5.00		1		275.20	1200.00	700.00	55.00	29.00
黄　冈	23.00		2		391.90	3152.00	2815.00	410.00	667.00

Continued 10

Total Quantity of Water Supply($10,000m^3$)					用水户数(户) Number of Households with Access to Water Supply (unit)		用水人口(万人) Population with Access to Water Supply (10,000 persons)	城市名称 Name of Cities
Water Sold		免费供水量 The Quantitiy of Free Water Supply		漏损水量 The Lossed Water		家庭用户 Household User		
居民家庭用水 The Quantity of Water for Household Use	其他用水 The Quantity of Water for Other Purposes		生活用水 Domestic Water Use					
1150.00	139.00	225.00	200.00	1068.00	145987	142740	42.70	漯　河
1278.00	17.00			406.00	65803	57784	32.00	三门峡
212.00	3.60	1.00		117.00	17061	16328	8.13	义　马
357.00	48.00	33.00		94.00	37070	37019	13.52	灵　宝
2390.68	100.32	360.46	104.00	882.69	155109	149384	92.64	南　阳
428.80	112.60	36.00		93.20	43720	42690	23.87	邓　州
1791.46		21.00	4.51	875.29	136011	120700	55.00	商　丘
984.00	40.00	25.00	10.00	190.00	69477	67977	27.96	永　城
2247.00	57.00			408.00	149012	138147	48.76	信　阳
969.58	9.50	593.20		396.80	87286	82236	31.08	周　口
850.00	62.00	51.00		188.00	62510	60100	28.30	项　城
1382.00	70.00			1450.00	117187	114897	37.50	驻马店
1112.00	90.00	95.20		229.00	76003	75652	27.83	济　源
100748.17	**6036.49**	**12285.27**	**415.06**	**39291.12**	**5209359**	**4740649**	**1762.13**	**湖　北**
50073.49	1088.42	9741.98	155.00	16290.12	2077635	1976963	634.65	武　汉
2643.46	343.66	131.74		850.90	209560	194481	79.56	黄　石
796.00	69.00			220.00	99170	94185	28.00	大　冶
1904.00	57.00			753.00	59873	54129	28.70	十　堰
997.81	323.09			449.02	68002	66567	18.21	丹江口
4035.79	1039.60	351.42	12.86	1490.43	215250	190000	85.28	宜　昌
563.46	1.70	3.00	0.90	242.69	26571	25125	16.82	宜　都
595.68		34.69	34.69	161.64	51800	47000	15.53	当　阳
426.00		2.50		273.00	28476	25869	16.50	枝　江
4125.40	1462.14			5368.07	192921	169770	87.88	襄　阳
788.00	56.00	43.00		154.00	125434	62463	24.06	老河口
1044.00	14.00	55.00	55.00	576.00	70686	69339	30.00	枣　阳
793.48	28.00	5.00	2.54	100.00	59642	47790	17.96	宜　城
2244.00	50.00			532.00	101339	100767	35.45	鄂　州
2076.69	24.41	56.32	56.32	994.63	209364	188662	44.49	荆　门
1500.00	60.00	10.00		207.10	67456	65903	23.60	钟　祥
1659.00	67.22	50.40	50.40	969.60	43420	30828	38.20	孝　感
1356.65	5.00	9.00	6.60	188.20	37575	36169	15.90	应　城
635.50	17.00	12.00	8.60	185.00	51027	50015	19.00	安　陆
956.23	31.42			1333.00	60907	42405	35.40	汉　川
3682.74		130.41		1371.89	207839	196714	66.26	荆　州
513.00	100.00	10.80	1.00	600.00	51039	49706	14.64	石　首
880.00	18.00	33.00		262.00	116845	89610	31.00	洪　湖
590.00	26.00	100.00		400.00	32920	32460	11.98	松　滋
1603.00	135.00	27.00	27.00	310.00	87669	84314	31.10	黄　冈

5-6 续表 11

城市名称 Name of Cities	综合生产能力(万立方米/日) Integrated Production Capacity (10,000m³/day)	地下水 Underground Water	水厂个数(个) Number of Water Plants (unit)	地下水 Underground Water	供水管道长度(公里) Length of Water Supply Pipelines (km)	供水总量(万立方米) 合计 Total	售水量 小计 Subtotal	生产运营用水 The Quantity of Water for Production and Operation	公共服务用水 The Quantity of Water for Public Service
麻城	9.50		3	2	387.98	3061.77	2721.43	1094.02	244.37
武穴	13.00		6		332.00	3355.00	3014.00	1121.00	802.00
咸宁	16.00		4		308.00	3220.00	2576.00	290.00	138.00
赤壁	20.00		3		308.29	2552.00	1640.00	211.00	104.00
随州	26.00		3		662.00	3878.00	2737.00	810.00	219.00
广水	18.00		3		156.68	1019.00	617.00	68.00	
恩施	11.00		3		358.00	3202.00	2386.00	381.00	390.00
利川	6.70		2		338.40	1527.00	772.00	235.00	48.00
仙桃	25.20		3		479.60	4886.00	4306.00	1517.00	415.00
潜江	12.00		1		616.78	2339.70	2109.20	400.80	180.00
天门	15.00		2		851.20	1917.18	1592.18	476.50	41.50
湖南	**831.00**	**9.90**	**87**	**11**	**19740.16**	**169098.42**	**132766.77**	**24847.22**	**11413.67**
长沙	215.00		7		3135.98	52417.67	43414.63	3217.42	1671.35
浏阳	7.60	1.60	2	1	310.10	2712.32	2431.10	500.00	61.10
株洲	100.00		4		2218.83	17208.68	14145.57	4511.63	2478.51
醴陵	6.00		1		589.61	1932.16	1299.12	189.86	108.41
湘潭	47.50	1.50	5	1	929.27	9844.76	6507.60	366.33	1215.64
湘乡	10.00		1		578.66	1582.10	1101.10	98.00	101.00
韶山	4.00	0.20	4	2	180.00	330.00	248.00		76.00
衡阳	65.00		4		1130.05	12033.26	8821.40	3400.60	836.00
耒阳	10.00		2		165.00	1717.63	1502.63	241.93	386.00
常宁	5.50		1		120.00	670.00	603.00	132.00	107.00
邵阳	51.50		4		754.34	7602.00	4964.00	1074.00	533.00
武冈	8.00		2		394.96	1700.00	1485.00	490.00	240.00
岳阳	45.50	0.30	5	1	843.09	7704.00	6375.00	1702.00	185.00
汨罗	3.00		1		199.80	964.34	658.27	8.90	4.81
临湘	5.20		2		148.50	904.00	750.00	129.00	90.00
常德	37.50		3		1500.31	8521.33	5713.40	2161.00	178.39
津市	10.00		3		287.00	1150.00	815.00	209.00	117.00
张家界	13.50		3		447.90	2725.00	1799.00	39.00	338.00
益阳	32.00		2		440.00	5358.00	4408.00	1100.00	38.00
沅江	3.00		2	2	111.92	864.60	822.00	53.00	50.00
郴州	33.50	4.30	9	3	1267.00	5879.04	5049.99	626.94	303.04
资兴	5.50		2		366.00	835.00	592.00	139.00	6.00
永州	42.70		5		822.40	8200.80	6519.80	2676.00	392.00
怀化	21.20		3		962.80	4916.00	3826.00	968.00	485.00
洪江	3.00		1		58.50	383.00	301.00	36.00	56.00
娄底	18.50		3		420.62	5312.13	4303.03	287.58	489.42
冷水江	11.00		2		474.93	1727.57	1251.10	300.00	70.00
涟源	5.00	2.00	2	1	270.00	1366.00	971.00	190.00	98.00
吉首	10.80		2		612.59	2537.03	2089.03	0.03	699.00

Continued 11

Total Quantity of Water Supply(10,000m^3)					用水户数(户) Number of Households with Access to Water Supply (unit)		用水人口(万人) Population with Access to Water Supply (10,000 persons)	城市名称 Name of Cities
Water Sold		免费供水量 The Quantitiy of Free Water Supply		漏损水量 The Lossed Water		家庭用户 Household User		
居民家庭用水 The Quantity of Water for Household Use	其他用水 The Quantity of Water for Other Purposes		生活用水 Domestic Water Use					
1324.01	59.03	34.01	4.15	306.33	62270	57206	21.49	麻　城
1070.00	21.00	20.00		321.00	80647	79120	27.50	武　穴
1530.00	618.00			644.00	102800	92790	39.50	咸　宁
1314.00	11.00	402.00		510.00	70230	67143	24.37	赤　壁
1647.00	61.00	161.00		980.00	85242	74011	46.10	随　州
549.00				402.00	91157	38540	16.60	广　水
1600.00	15.00	261.00		555.00	86070	74600	24.60	恩　施
489.00		600.00		155.00	28000	25000	17.80	利　川
2189.00	185.00			580.00	112070	105000	36.10	仙　桃
1478.60	49.80			230.50	90890	89770	27.90	潜　江
1074.18				325.00	47563	46235	30.00	天　门
84624.04	**11881.84**	**9493.91**	**2830.32**	**26837.74**	**3811761**	**3481837**	**1344.22**	**湖　南**
32397.90	6127.96	2100.00	75.00	6903.04	1060040	1023920	319.55	长　沙
1870.00		23.90		257.32	107650	95000	30.00	浏　阳
7155.43		482.11	68.05	2581.00	298205	277416	101.55	株　洲
878.73	122.12	141.91	31.20	491.13	71276	70027	24.34	醴　陵
3620.26	1305.37	561.51	61.65	2775.65	199848	178693	58.20	湘　潭
890.00	12.10	81.00	35.00	400.00	57912	51548	22.85	湘　乡
172.00				82.00	10594	10044	4.50	韶　山
4519.20	65.60	1934.86	49.00	1277.00	280624	258117	103.00	衡　阳
809.70	65.00			215.00	37542	33200	37.00	耒　阳
322.00	42.00			67.00	47537	1514	17.00	常　宁
3357.00		49.00	49.00	2589.00	150224	144203	68.70	邵　阳
610.00	145.00	40.00	20.00	175.00	33050	30265	20.00	武　冈
4388.00	100.00	300.00	80.00	1029.00	207645	185700	59.50	岳　阳
470.45	174.11			306.07	20303	10886	13.30	汨　罗
471.00	60.00	34.00	25.00	120.00	41470	38100	16.90	临　湘
3206.63	167.38	1607.76	1607.76	1200.17	217604	216396	69.05	常　德
439.00	50.00	148.00	14.00	187.00	35795	34014	10.80	津　市
1077.00	345.00	321.50	111.50	604.50	62979	52354	21.76	张家界
2450.00	820.00	50.00	35.00	900.00	112837	107031	51.00	益　阳
714.00	5.00	30.00	30.00	12.60	56318	49251	16.10	沅　江
3058.32	1061.69	63.26	61.52	765.79	167043	119983	61.87	郴　州
420.00	27.00	56.00	10.00	187.00	57496	53772	13.00	资　兴
3111.80	340.00	319.00	9.44	1362.00	151721	147320	49.75	永　州
2319.00	54.00	450.00	20.00	640.00	47770	41300	49.20	怀　化
194.00	15.00	22.00	8.30	60.00	14426	11821	5.80	洪　江
2928.52	597.51	474.10	267.00	535.00	108540	98297	47.90	娄　底
808.10	73.00	33.00	20.90	443.47	56470	54525	16.70	冷水江
615.00	68.00	160.00	130.00	235.00	35730	31635	15.90	涟　源
1351.00	39.00	11.00	11.00	437.00	63112	55505	19.00	吉　首

5-6 续表 12

城市名称 Name of Cities	综合生产能力(万立方米/日) Integrated Production Capacity (10,000m³/day)	地下水 Underground Water	水厂个数(个) Number of Water Plants (unit)	地下水 Underground Water	供水管道长度(公里) Length of Water Supply Pipelines (km)	供水总量(万立方米) 合计 Total	售水量 小计 Subtotal	生产运营用水 The Quantity of Water for Production and Operation	公共服务用水 The Quantity of Water for Public Service
广　东	**3512.08**	**23.10**	**326**	**12**	**95027.02**	**834633.18**	**716019.90**	**215719.96**	**129518.02**
广　州	655.00		27		17653.61	200442.01	167314.60	32257.69	37859.13
增　城	27.00		1		430.80	5175.00	4892.00	826.00	532.00
从　化	11.00		2		452.01	3731.68	3147.74	966.19	204.20
韶　关	36.50		6		1785.24	8741.00	7738.00	1277.00	1127.00
乐　昌	5.00		1		162.35	837.40	746.00	37.30	59.68
南　雄	3.00		1		85.60	700.00	645.42	88.40	1.58
深　圳	674.50		52		16377.00	164132.00	142199.00	47587.00	36319.00
珠　海	101.89		15		3058.24	33819.00	30935.00	13486.00	6277.00
汕　头	106.60		16		2705.90	28534.19	23646.69	5643.87	2391.59
佛　山	330.80		12		4898.61	49993.80	44590.28	11426.82	11662.67
江　门	96.10		6		1694.36	22603.33	19163.33	6043.28	2577.76
台　山	12.00		1		674.94	3346.03	2814.03	633.00	708.97
开　平	27.00		3		807.92	2413.99	2003.99	855.91	122.64
鹤　山	17.00		2		455.00	3480.00	2993.00	598.60	701.26
恩　平	6.00		1		936.52	1535.19	1388.00	128.00	324.00
湛　江	45.60	23.10	14	12	1293.84	12057.78	10340.07	4247.07	
廉　江	15.00		1		1290.00	2198.00	1600.00	103.00	371.00
雷　州	5.00		1		301.00	1084.00	789.00	97.00	92.00
吴　川	10.00		2		270.00	1336.00	1335.00	195.00	410.00
茂　名	25.10		5		1381.83	6284.45	6201.15	586.12	1703.49
高　州	9.00		1		248.25	1595.00	1525.00	143.00	290.00
化　州	5.50		1		215.99	1457.13	1423.93	68.28	198.65
信　宜	6.00		1		222.00	1408.00	1350.00	220.00	90.00
肇　庆	48.00		5		1963.37	11395.06	9423.18	3713.85	1852.86
高　要	13.50		2		83.52	1485.80	1337.80	786.00	282.00
四　会	15.00		2		141.00	3624.00	2654.00	800.00	526.00
惠　州	135.00		10		2305.03	25892.35	24805.96	9406.28	3496.48
梅　州	16.00		2		754.10	4549.90	3831.66	1146.92	381.18
兴　宁	10.00		2		205.20	2645.50	2040.50	263.50	275.50
汕　尾	16.50		3		474.90	3459.00	2604.00	944.00	186.00
陆　丰	9.00		1		1195.19	1792.80	1613.30	446.80	216.50
河　源	19.10		2		898.69	6212.02	5593.11	1894.56	627.56
阳　江	26.00		1		812.00	5292.00	4163.00	401.00	501.00
阳　春	9.00		1		777.71	1989.00	1449.00	261.00	143.00
清　远	31.00		3		2366.30	7295.00	6449.48	848.91	2444.74
英　德	11.00		1		284.90	1853.00	1298.00	418.00	115.00

Continued 12

Total Quantity of Water Supply(10,000m^3)					用水户数(户) Number of Households with Access to Water Supply (unit)		用水人口(万人) Population with Access to Water Supply (10,000 persons)	城市名称 Name of Cities
Water Sold		免费供水量 The Quantitiy of Free Water Supply		漏损水量 The Lossed Water		家庭用户 Household User		
居民家庭用水 The Quantity of Water for Household Use	其他用水 The Quantity of Water for Other Purposes		生活用水 Domestic Water Use					
318158.44	**52623.48**	**10720.54**	**296.42**	**107892.74**	**11615276**	**9364321**	**4950.85**	**广东**
94570.84	2626.94	7051.95	1.81	26075.46	2386512	2182038	1100.89	广州
2662.00	872.00			283.00	69014	59201	28.56	增城
1726.00	251.35	77.98		505.96	42643	36863	26.27	从化
4733.00	601.00	21.00		982.00	139742	119932	55.07	韶关
559.50	89.52	0.40	0.40	91.00	48389	38774	11.60	乐昌
422.18	133.26	9.20	9.20	45.38	35762	29261	9.37	南雄
56556.00	1737.00	662.00		21271.00	1136672	700000	1077.89	深圳
10524.00	648.00	742.00	21.00	2142.00	624847	556829	179.00	珠海
15246.33	364.90	44.24	43.90	4843.26	632634	548709	232.27	汕头
16026.60	5474.19	741.26	102.72	4662.26	793903	573224	201.98	佛山
6359.10	4183.19	200.00		3240.00	492410	424384	132.09	江门
1431.96	40.10			532.00	113264	103249	17.51	台山
1023.24	2.20			410.00	74950	64971	22.42	开平
1204.14	489.00	137.00		350.00	74946	63660	14.52	鹤山
644.00	292.00			147.19	48583	44147	16.61	恩平
6093.00				1717.71	160576	149956	80.43	湛江
981.00	145.00	14.00	14.00	584.00	31522	30676	22.00	廉江
600.00		5.00		290.00	45678	45039	12.50	雷州
713.00	17.00			1.00	70000	44000	20.00	吴川
3795.32	116.22	24.00	5.00	59.30	169175	148217	64.32	茂名
955.00	137.00			70.00	84012	74566	33.20	高州
1070.00	87.00			33.20	53662	48946	29.01	化州
1020.00	20.00	20.00		38.00	55400	47500	30.20	信宜
3856.47		161.70	3.64	1810.18	222650	200280	54.98	肇庆
231.00	38.80	4.00		144.00	29908	28028	13.11	高要
1173.00	155.00	15.00		955.00	97932	83650	22.35	四会
10680.66	1222.54	35.39		1051.00	397982	352113	150.32	惠州
2303.56		195.00	5.40	523.24	216199	178084	38.00	梅州
1420.60	80.90	25.00		580.00	110327	97836	19.10	兴宁
1402.00	72.00	55.00		800.00	64746	60993	24.09	汕尾
900.00	50.00			179.50	41915	39420	20.03	陆丰
2631.35	439.64			618.91	140895	117279	30.33	河源
2810.00	451.00			1129.00	116476	101869	41.39	阳江
1045.00				540.00	62717	57716	20.00	阳春
3095.83	60.00	0.29	0.29	845.23	242765	185300	46.11	清远
750.00	15.00	230.00		325.00	58885	44430	23.55	英德

5-6 续表 13

城市名称 Name of Cities	综合生产能力(万立方米/日) Integrated Production Capacity (10,000m³/day)	地下水 Underground Water	水厂个数(个) Number of Water Plants (unit)	地下水 Underground Water	供水管道长度(公里) Length of Water Supply Pipelines (km)	供水总量(万立方米) 合计 Total	售水量 小计 Subtotal	生产运营用水 The Quantity of Water for Production and Operation	公共服务用水 The Quantity of Water for Public Service
连　州	6.00		1		128.50	955.91	836.42	162.50	128.20
东　莞	748.19		102		19894.11	158864.46	135061.29	62504.57	11512.60
中　山	20.00		1		1668.21	15299.02	13584.08	609.22	1174.20
潮　州	58.00		5		827.43	9091.00	7247.93	1438.76	619.18
揭　阳	35.70		3		878.40	7328.00	5907.96	932.46	399.20
普　宁	36.50		4		320.50	3390.00	3054.00	242.00	161.00
云　浮	10.00		1		1014.21	2991.38	2786.00	724.10	373.20
罗　定	8.00		2		632.74	2323.00	1498.00	261.00	79.00
广　西	**481.45**	**43.20**	**70**	**10**	**14635.94**	**118201.75**	**97793.96**	**20231.71**	**17033.45**
南　宁	134.20	10.20	11	2	3215.64	40149.87	33103.74	6118.32	5991.24
柳　州	47.15	1.00	7	2	1782.90	16471.43	12972.31	2836.53	2749.18
桂　林	44.00		4		1599.05	10482.31	8967.35	1161.16	2175.85
梧　州	40.50		6		460.18	6205.87	5577.52	1502.64	1297.21
岑　溪	4.20		2		143.98	1053.01	916.91	74.12	154.71
北　海	32.00	17.00	3	2	1170.05	5106.01	4510.48	1150.46	984.05
防城港	17.60		4		462.46	4382.35	3484.94	2093.90	194.93
东　兴	5.00		1		157.81	1483.57	1263.24	6.68	68.52
钦　州	30.40		3		735.92	4986.98	4164.24	1622.20	285.75
贵　港	17.50		3		964.33	4758.61	3400.34	1148.00	57.47
桂　平	8.00		2		125.18	1487.15	1335.02	152.00	339.00
玉　林	18.50		3		809.50	6031.43	5025.00	1085.00	745.00
北　流	7.50		2		246.41	1550.00	1390.00	186.00	101.00
百　色	13.00		3		539.84	3014.00	2508.00	215.00	745.00
贺　州	8.00		2		490.11	2706.85	1885.18	403.75	157.64
河　池	15.00	15.00	4	4	256.91	2128.50	1895.50	124.00	151.00
宜　州	6.00		3		224.41	1385.00	1111.00	112.00	72.00
来　宾	19.20		3		758.23	2264.21	2021.18	83.00	156.18
合　山	3.00		1		83.60	363.00	313.00	5.00	9.00
崇　左	5.00		1		205.00	1457.50	1303.00	108.00	430.00
凭　祥	5.70		2		204.43	734.10	646.01	43.95	168.72
海　南	**151.80**	**17.60**	**21**	**3**	**3861.03**	**42514.73**	**34107.29**	**8073.40**	**4528.02**
海　口	82.00	6.00	6	1	1047.94	21112.56	16393.01	5072.14	1026.51
三　亚	26.20		3		704.87	11516.10	9289.00	1119.00	2021.00
三　沙					2.20	0.80	0.20		
五指山	1.80		1		95.00	542.00	444.00		50.00
琼　海	9.00		2		640.00	2413.00	2093.00	355.00	552.00
儋　州	10.00		1		788.30	2322.00	1914.00	177.00	399.00
文　昌	4.80		2		245.62	1218.00	1083.91	134.43	236.30
万　宁	8.00	2.00	3	1	285.60	780.00	550.00	45.00	125.00
东　方	10.00	9.60	3	1	51.50	2610.27	2340.17	1170.83	118.21

Continued 13

Total Quantity of Water Supply(10,000m³): Water Sold: 居民家庭用水 The Quantity of Water for Household Use	Total Quantity of Water Supply(10,000m³): Water Sold: 其他用水 The Quantity of Water for Other Purposes	免费供水量 The Quantitiy of Free Water Supply	生活用水 Domestic Water Use	漏损水量 The Lossed Water	用水户数(户) Number of Households with Access to Water Supply (unit)	家庭用户 Household User	用水人口(万人) Population with Access to Water Supply (10,000 persons)	城市名称 Name of Cities
537.10	8.62			119.49	32006	26450	12.00	连州
43222.08	17822.04	135.33	86.06	23667.84	1460709	910467	606.28	东莞
2239.68	9560.98			1714.94	196576	170054	71.89	中山
3239.60	1950.39			1843.07	310841	185836	77.44	潮州
2416.30	2160.00	89.10		1330.94	166089	144482	153.58	揭阳
2651.00				336.00	148507	148492	52.50	普宁
1685.00	3.70	3.70	3.00	201.68	62406	53892	24.93	云浮
952.00	206.00	21.00		804.00	50449	43508	31.16	罗定
59388.77	**1140.03**	**2864.17**	**997.19**	**17543.62**	**1936240**	**1766673**	**880.79**	**广西**
20765.18	229.00	2202.13	915.00	4844.00	364102	345249	246.49	南宁
7386.60		53.10	15.10	3446.02	332071	302904	113.09	柳州
5604.20	26.14	55.36		1459.60	328369	301720	79.80	桂林
2777.67		2.41	2.41	625.94	141399	127908	52.09	梧州
688.08		1.10		135.00	30494	25948	14.00	岑溪
2375.97				595.53	102271	96906	40.00	北海
1124.59	71.52	40.92	4.12	856.49	42666	38050	17.79	防城港
707.47	480.57	8.54	5.82	211.79	18970	14044	9.28	东兴
2088.29	168.00	6.67	6.67	816.07	80661	63163	30.12	钦州
2194.49	0.38	436.75		921.52	86919	84250	36.40	贵港
841.00	3.02	3.13		149.00	35058	33121	17.98	桂平
3164.00	31.00	1.43	0.44	1005.00	101819	86050	66.30	玉林
1081.00	22.00	5.00		155.00	34810	33952	20.00	北流
1548.00				506.00	24562	21466	25.10	百色
1300.39	23.40	19.63	19.63	802.04	39995	34295	20.00	贺州
1620.50		15.00	15.00	218.00	28015	25820	21.90	河池
915.00	12.00			274.00	21855	21223	15.26	宜州
1727.00	55.00			243.03	69720	62187	28.32	来宾
299.00				50.00	14000	13920	5.62	合山
747.00	18.00	13.00	13.00	141.50	21045	18000	15.00	崇左
433.34				88.09	17439	16497	6.25	凭祥
18435.09	**3070.78**	**85.78**	**6.40**	**8321.66**	**249218**	**203000**	**257.87**	**海南**
10129.53	164.83	14.18		4705.37	105036	82349	137.35	海口
3978.00	2171.00	58.10		2169.00	12601	6906	36.20	三亚
0.20		0.50	0.50	0.10	20	20	0.10	三沙
351.00	43.00	2.00		96.00	14899	14573	5.50	五指山
960.00	226.00	1.00	1.00	319.00	38222	31480	17.00	琼海
1038.00	300.00			408.00	35511	28917	20.00	儋州
635.25	77.93			134.09	15030	11853	15.20	文昌
375.00	5.00	10.00	4.90	220.00	14055	13210	14.50	万宁
968.11	83.02			270.10	13844	13692	12.02	东方

5-6 续表 14

城市名称 Name of Cities	综合生产能力(万立方米/日) Integrated Production Capacity (10,000m³/day)	地下水 Underground Water	水厂个数(个) Number of Water Plants (unit)	地下水 Underground Water	供水管道长度(公里) Length of Water Supply Pipelines (km)	供水总量(万立方米) 合计 Total	售水量 小计 Subtotal	生产运营用水 The Quantity of Water for Production and Operation	公共服务用水 The Quantity of Water for Public Service
重　庆	**425.49**	**0.96**	**83**	**9**	**10290.69**	**101338.86**	**86423.21**	**20353.09**	**10930.76**
四　川	**787.19**	**75.46**	**173**	**46**	**25929.20**	**201171.40**	**170184.17**	**28129.01**	**28282.11**
成　都	292.20	15.20	17	8	6790.25	91242.33	79696.81	10765.12	16206.30
都江堰	19.80	6.30	8	5	940.92	2897.74	2171.26	118.97	150.00
彭　州	18.00		1		1003.38	2491.00	1579.00	159.00	164.00
邛　崃	3.40	1.90	2	1	410.75	1224.00	930.00	65.00	40.00
崇　州	4.70	4.70	2	2	263.00	1113.00	1076.00	196.00	96.00
自　贡	26.50		3		2164.00	5538.13	3805.78	692.42	423.36
攀枝花	37.53		10		861.67	9912.38	9116.75	5073.16	1454.32
泸　州	20.17	0.80	8	1	916.47	5835.00	5125.00	867.00	817.00
德　阳	23.00	7.00	4	3	388.84	3788.00	3222.00	681.00	120.00
广　汉	10.56	10.56	5	3	241.50	1896.40	1525.40	199.90	169.50
什　邡	4.50	4.50	3	2	388.00	1465.00	1118.00	320.00	160.00
绵　竹	9.00	9.00	1	1	78.00	1077.00	967.00	230.00	200.00
绵　阳	49.17	8.50	16	9	2657.91	8771.63	7747.52	1054.01	1327.69
江　油	11.00		5		365.00	2248.00	1716.00	98.00	250.50
广　元	16.60	6.50	8	5	482.03	3485.00	2759.14	116.08	181.43
遂　宁	20.09		6		627.61	3914.87	3385.34	545.92	354.74
内　江	19.12		9		490.10	3639.78	2855.11	443.00	286.00
乐　山	23.47		12		1418.52	4800.85	4063.99	465.42	489.15
峨眉山	5.00		2		207.00	1785.00	1355.00	68.00	145.00
南　充	30.00		4		791.00	8309.00	7360.00	1370.00	1860.00
阆　中	11.00		2		189.00	2283.00	2017.00	494.00	510.00
眉　山	12.50		3		500.21	3576.00	3003.00	471.00	270.00
宜　宾	21.00		12		798.76	6331.00	4834.00	239.00	966.00
广　安	9.10		5		352.70	2383.26	1684.08	420.50	56.70
华　蓥	4.50		3		127.00	720.00	697.00	141.00	116.00
达　州	22.88		4		710.00	7082.00	6110.00	1128.00	467.00
万　源	2.50		2		106.00	451.76	406.46	74.30	38.10
雅　安	14.30	0.50	6	1	295.27	2449.00	2080.00	586.00	240.00
巴　中	9.50		2		235.39	2523.00	1936.39	212.04	
资　阳	19.10		2		445.23	2373.11	1963.11	407.00	321.19
简　阳	5.00		1		156.75	1192.46	896.03	70.17	90.13
西　昌	12.00		5	5	526.94	4372.70	2982.00	358.00	312.00

Continued 14

Total Quantity of Water Supply(10,000m³) Water Sold 居民家庭用水 The Quantity of Water for Household Use	其他用水 The Quantity of Water for Other Purposes	免费供水量 The Quantitiy of Free Water Supply	生活用水 Domestic Water Use	漏损水量 The Lossed Water	用水户数(户) Number of Households with Access to Water Supply (unit)	家庭用户 Household User	用水人口(万人) Population with Access to Water Supply (10,000 persons)	城市名称 Name of Cities
51230.10	**3909.26**	**1636.46**	**164.38**	**13279.19**	**3214424**	**2909336**	**1151.44**	**重　庆**
107319.10	**6453.95**	**3713.68**	**231.81**	**27273.55**	**4696352**	**4183392**	**1714.18**	**四　川**
51846.93	878.46	1447.88	0.48	10097.64	777117	698517	487.58	成　都
1090.67	811.62	209.50		516.98	109955	95190	32.52	都江堰
981.00	275.00			912.00	72928	67044	18.29	彭　州
697.00	128.00	4.30		289.70	52674	45622	14.00	邛　崃
784.00		21.00		16.00	23688	23423	14.00	崇　州
2534.30	155.70	404.23		1328.12	230418	215789	82.00	自　贡
2509.27	80.00	26.35	9.52	769.28	126686	118403	46.16	攀枝花
3435.00	6.00	128.00	46.50	582.00	277324	245081	101.72	泸　州
2246.00	175.00			566.00	181180	157876	47.00	德　阳
1103.00	53.00	45.00		326.00	50031	31373	13.06	广　汉
506.00	132.00	130.00		217.00	32293	31517	8.00	什　邡
482.00	55.00			110.00	15624	13705	10.81	绵　竹
5232.20	133.62	43.66	28.49	980.45	394850	366378	116.77	绵　阳
1365.65	1.85	59.00		473.00	114419	112298	30.00	江　油
2036.69	424.94			725.86	75424	71244	35.00	广　元
1997.75	486.93			529.53	129472	120597	58.57	遂　宁
1937.11	189.00			784.67	129358	115446	53.62	内　江
2755.89	353.53	92.37		644.49	230633	213506	58.33	乐　山
1097.00	45.00	31.00		399.00	64782	51559	12.98	峨眉山
4130.00		14.00	10.00	935.00	373790	327880	105.00	南　充
1013.00		6.00	4.00	260.00	109788	93946	26.20	阆　中
2074.00	188.00			573.00	163803	148081	39.00	眉　山
3224.00	405.00	266.00	8.00	1231.00	167533	143997	64.20	宜　宾
1088.54	118.34	51.39	33.82	647.79	125701	114310	29.17	广　安
425.00	15.00	18.00		5.00	26611	26100	10.20	华　蓥
3764.00	751.00	245.00		727.00	268365	202747	46.89	达　州
251.86	42.20			45.30	20802	19932	7.96	万　源
1146.00	108.00	101.00	1.00	268.00	74224	64012	26.10	雅　安
1694.07	30.28	180.00		406.61	114434	101369	34.50	巴　中
1131.17	103.75	90.00	90.00	320.00	62782	58329	25.15	资　阳
653.00	82.73			296.43	44192	40978	26.40	简　阳
2087.00	225.00	100.00		1290.70	55471	47143	33.00	西　昌

5-6 续表 15

城市名称 Name of Cities	综合生产能力(万立方米/日) Integrated Production Capacity ($10,000m^3$/day)	地下水 Underground Water	水厂个数(个) Number of Water Plants (unit)	地下水 Underground Water	供水管道长度(公里) Length of Water Supply Pipelines (km)	供水总量(万立方米) 合计 Total	售水量 小计 Subtotal	生产运营用水 The Quantity of Water for Production and Operation	公共服务用水 The Quantity of Water for Public Service
贵州	**236.93**	**12.55**	**47**	**7**	**8385.48**	**53010.70**	**42729.59**	**5793.58**	**6427.08**
贵阳	114.45	4.45	8	1	3965.60	28156.37	21561.01	2869.28	3876.92
清镇	3.50		2		186.50	926.40	828.12	160.00	22.58
六盘水	10.00		2		950.00	2450.21	1943.21	85.01	966.00
遵义	23.40		2		305.00	5724.00	5148.00	578.00	345.00
赤水	4.00		1		94.80	488.00	439.00	48.00	41.00
仁怀	7.50		7		140.86	1184.30	1052.90	141.00	88.00
安顺	8.50	3.50	3	1	235.00	2147.12	1924.59	424.63	188.13
铜仁	17.26	0.90	6	2	285.00	2303.86	1881.42	399.96	9.00
兴义	12.50		4		392.00	2454.00	2054.00	360.00	99.00
毕节	12.00		2		588.00	2190.00	1481.00	47.00	367.00
凯里	10.38	1.50	6	1	813.00	2471.00	2221.00	250.00	21.00
都匀	10.80	0.80	2	1	285.12	1553.74	1351.64	166.90	368.95
福泉	2.64	1.40	2	1	144.60	961.70	843.70	263.80	34.50
云南	**331.10**	**10.53**	**68**	**13**	**9169.56**	**71868.59**	**54693.62**	**14966.34**	**4976.23**
昆明	183.10	3.63	14	5	3459.34	37055.73	26164.45	8307.08	1770.71
安宁	6.50		1		288.00	1364.00	1149.00	102.00	224.00
曲靖	20.00		3		434.00	3818.00	3045.00	857.00	
宣威	4.00		2	1	148.31	790.00	622.00	50.50	20.30
玉溪	11.50		3		353.50	2850.83	2475.78	997.55	
保山	8.10	1.10	3	2	265.06	1936.00	1692.70	420.00	240.00
昭通	5.00		2	1	310.47	1571.00	1315.00	290.00	
丽江	7.50		3		290.31	1985.72	1513.12	15.86	878.60
普洱	7.00		3		274.62	1580.00	1348.00	73.00	389.00
临沧	4.50		3		180.00	690.00	626.00	38.50	14.00
楚雄	11.80		3		691.46	2229.79	2000.79	353.94	422.95
个旧	7.10	3.30	7	2	135.00	1332.26	1086.20	222.97	85.01
开远	4.00	2.00	2	1	191.79	1403.66	1192.32	220.00	60.00
蒙自	8.50		2		378.81	2278.65	1726.22	390.11	65.56
弥勒	3.00		1		250.00	598.00	482.00	131.00	104.00
文山	6.70		3		663.98	2387.00	1486.16	326.96	44.60
景洪	7.00		2		243.50	2526.00	2013.91	871.00	190.00
大理	16.50	0.50	9	1	285.36	3124.95	2824.97	332.87	456.50
瑞丽	5.00		1		203.05	1646.00	1289.00	872.00	11.00
芒市	4.30		1		123.00	701.00	641.00	94.00	
西藏	**57.50**	**48.00**	**7**	**4**	**1041.40**	**12383.53**	**9791.53**	**1931.81**	**3215.20**
拉萨	48.00	48.00	4	4	869.12	11121.20	8544.20	1877.00	3134.20
昌都	6.00		1		28.00	425.00	415.00	10.00	5.00
日喀则	3.50		2		144.28	837.33	832.33	44.81	76.00

Continued 15

Total Quantity of Water Supply(10,000m^3)					用水户数（户）Number of Households with Access to Water Supply (unit)		用水人口（万人）Population with Access to Water Supply (10,000 persons)	城市名称 Name of Cities
Water Sold		免费供水量 The Quantitiy of Free Water Supply		漏损水量 The Lossed Water				
居民家庭用水 The Quantity of Water for Household Use	其他用水 The Quantity of Water for Other Purposes		生活用水 Domestic Water Use			家庭用户 Household User		
27252.84	**3256.09**	**3039.89**	**234.50**	**7241.22**	**1210857**	**1101230**	**587.63**	**贵州**
12835.29	1979.52	2669.49	170.00	3925.87	687521	652781	249.17	贵阳
640.00	5.54	3.50		94.78	39500	33480	14.00	清镇
871.00	21.20			507.00	36363	16735	30.00	六盘水
3833.00	392.00			576.00	39763	33951	75.00	遵义
325.00	25.00			49.00	33542	28650	10.00	赤水
792.00	31.90	12.40		119.00	39538	39120	13.49	仁怀
1293.23	18.60			222.53	41321	33200	47.40	安顺
1383.40	89.06	60.00	60.00	362.44	64037	55064	29.50	铜仁
1560.00	35.00			400.00	77897	76225	29.80	兴义
905.00	162.00	272.50	4.50	436.50	57444	49758	25.00	毕节
1525.00	425.00			250.00	55290	46560	35.00	凯里
779.02	36.77			202.10	19552	17142	20.27	都匀
510.90	34.50	22.00		96.00	19089	18564	9.00	福泉
30861.22	**3889.83**	**6809.77**	**145.15**	**10365.20**	**2064060**	**1901303**	**777.01**	**云南**
13647.76	2438.90	5905.30		4985.98	999159	904505	359.30	昆明
725.00	98.00			215.00	68545	68500	25.90	安宁
2188.00				773.00	109770	108560	56.30	曲靖
513.20	38.00	85.00		83.00	46887	40357	17.51	宣威
1464.88	13.35	5.28	4.20	369.77	44829	39837	25.20	玉溪
822.70	210.00	43.00		200.30	38670	25467	25.20	保山
1020.00	5.00			256.00	43515	41428	28.69	昭通
592.35	26.31	232.30	8.40	240.30	45628	43923	14.58	丽江
854.00	32.00			232.00	53253	51235	18.74	普洱
554.50	19.00	14.00	2.50	50.00	31266	30969	10.45	临沧
1213.66	10.24	3.00		226.00	71872	65537	28.33	楚雄
770.93	7.29	31.05	4.05	215.01	34991	31696	20.03	个旧
812.32	100.00	70.00	45.00	141.34	38880	35407	17.47	开远
1190.31	80.24			552.43	115761	109573	23.15	蒙自
247.00		55.00		61.00	39310	38645	13.74	弥勒
1099.70	14.90	104.75		796.09	58109	54851	20.43	文山
707.91	245.00	259.09	79.00	253.00	54099	53581	19.13	景洪
1593.00	442.60			299.98	125353	121583	29.97	大理
319.00	87.00	2.00	2.00	355.00	25170	18069	10.09	瑞丽
525.00	22.00			60.00	18993	17580	12.80	芒市
3919.52	**725.00**	**156.00**		**2436.00**	**209451**	**203731**	**58.86**	**西藏**
2848.00	685.00	156.00		2421.00	164406	162100	43.00	拉萨
400.00				10.00	26150	25800	6.00	昌都
671.52	40.00			5.00	18895	15831	9.86	日喀则

5-6 续表 16

城市名称 Name of Cities	综合生产能力(万立方米/日) Integrated Production Capacity (10,000m³/day)	地下水 Underground Water	水厂个数(个) Number of Water Plants (unit)	地下水 Underground Water	供水管道长度(公里) Length of Water Supply Pipelines (km)	供水总量(万立方米) 合计 Total	售水量 小计 Subtotal	生产运营用水 The Quantity of Water for Production and Operation	公共服务用水 The Quantity of Water for Public Service
陕西	**309.83**	**106.38**	**59**	**41**	**6292.15**	**75607.19**	**64389.85**	**17877.51**	**3939.80**
西安	183.50	47.75	12	9	3036.87	50714.64	43828.36	15187.91	449.25
铜川	14.20	1.20	7	2	395.74	1651.10	1319.70	74.00	120.00
宝鸡	23.40	5.70	6	4	791.00	4822.00	4064.00	630.00	834.00
咸阳	17.50	12.00	5	5	303.49	4724.51	4067.51	445.74	346.70
兴平	1.50	1.50	2	2	46.25	369.00	294.11	8.60	22.50
渭南	8.70	4.70	5	4	281.06	2243.00	1674.40	141.56	424.40
韩城	5.00	3.00	2	1	105.00	690.80	585.00	29.00	80.00
华阴	5.45	5.45	3	3	71.50	273.80	212.80	36.00	42.00
延安	6.50		1		151.00	2076.94	1643.57	10.00	575.25
汉中	10.00	10.00	2	2	295.00	2588.00	1975.00	29.00	580.00
榆林	10.40	5.40	5	4	431.74	2673.00	2227.00	897.00	236.00
安康	9.00		3		181.20	1358.00	1222.00	202.00	109.00
商洛	5.00	5.00	2	2	100.60	862.00	770.00	30.00	70.00
杨陵区	9.68	4.68	4	3	101.70	560.40	506.40	156.70	50.70
甘肃	**292.47**	**82.95**	**45**	**30**	**4534.04**	**45243.21**	**40906.70**	**12849.23**	**6005.75**
兰州	144.60	10.00	6	2	970.03	23204.88	21696.60	9065.29	2725.13
嘉峪关	8.46	8.46	2	2	401.01	1411.30	1171.30	236.08	608.05
金昌	10.00		1		253.65	1996.80	1747.20	318.00	305.70
白银	38.10	1.50	6	1	152.13	4392.17	3712.97	655.61	128.17
天水	11.00	11.00	3	3	202.70	3263.00	2937.00	290.00	850.00
武威	20.00	10.00	2	1	231.00	1741.90	1376.90	285.00	263.00
张掖	10.00	10.00	1	1	207.09	1675.66	1523.63	213.05	121.50
平凉	4.45	4.45	5	5	343.71	1527.50	1367.50	488.00	145.00
酒泉	12.40	8.40	6	5	306.46	1591.00	1443.00	374.00	248.00
玉门	8.00	3.00	2	1	239.80	684.00	612.00	270.00	53.00
敦煌	7.00	7.00	2	2	317.36	775.00	695.00	143.00	161.00
庆阳	5.32	1.00	2	1	374.00	731.00	645.80	93.00	105.00
定西	5.00	5.00	2	2	207.72	640.00	595.00	125.00	100.00
陇南	1.61	1.61	3	3	59.20	440.00	399.00	46.00	78.00
临夏	5.00		1		210.00	812.00	671.80	89.20	90.20
合作	1.53	1.53	1	1	58.18	357.00	312.00	158.00	24.00
青海	**61.50**	**21.10**	**12**	**4**	**1929.14**	**16335.67**	**12952.27**	**3114.12**	**1634.00**
西宁	38.50		7		1024.10	11221.42	8704.67	1405.32	1147.90
海东	1.10	1.10	1	1	80.00	292.00	263.50	182.00	52.50
玉树	1.90		1		339.00	164.00	146.00	17.00	3.00
格尔木	10.00	10.00	1	1	261.83	2238.50	1902.40	320.80	287.60
德令哈	10.00	10.00	2	2	224.21	2419.75	1935.70	1189.00	143.00

Continued 16

Total Quantity of Water Supply(10,000m³)					用水户数(户) Number of Households with Access to Water Supply (unit)		用水人口(万人) Population with Access to Water Supply (10,000 persons)	城市名称 Name of Cities
Water Sold		免费供水量 The Quantitiy of Free Water Supply		漏损水量 The Lossed Water		家庭用户 Household User		
居民家庭用水 The Quantity of Water for Household Use	其他用水 The Quantity of Water for Other Purposes		生活用水 Domestic Water Use					
39404.29	**3168.25**	**821.87**	**283.00**	**10395.47**	**980538**	**929492**	**772.06**	**陕　西**
26770.68	1420.52	120.48		6765.80	76197	60657	397.91	西　安
712.50	413.20	106.00		225.40	78894	77500	37.50	铜　川
2450.00	150.00	188.00	46.00	570.00	221325	218634	68.54	宝　鸡
2716.63	558.44	45.00	10.00	612.00	111593	106120	58.50	咸　阳
196.00	67.01	11.79		63.10	14085	12940	5.86	兴　平
1059.60	48.84	279.60	210.00	289.00	96477	95282	36.30	渭　南
470.00	6.00			105.80	36234	28950	12.45	韩　城
130.00	4.80	9.00		52.00	13910	10800	8.00	华　阴
1051.88	6.44			433.37	77239	75715	26.50	延　安
1280.00	86.00	60.00	17.00	553.00	92772	88059	31.50	汉　中
985.00	109.00	2.00		444.00	50279	48000	38.40	榆　林
911.00				136.00	70803	68167	27.30	安　康
515.00	155.00			92.00	26615	26100	15.00	商　洛
156.00	143.00			54.00	14115	12568	8.30	杨陵区
20065.17	**1986.55**	**677.98**	**292.81**	**3658.53**	**860619**	**806252**	**514.10**	**甘　肃**
9874.58	31.60	464.38	266.01	1043.90	25295	18121	177.84	兰　州
327.17				240.00	60682	55592	12.97	嘉峪关
678.40	445.10			249.60	55081	52165	15.32	金　昌
2250.00	679.19	46.20	5.50	633.00	65471	61172	41.44	白　银
1797.00				326.00	129866	114854	55.16	天　水
825.00	3.90	40.00		325.00	71374	70005	31.00	武　威
746.22	442.86			152.03	50439	49781	15.71	张　掖
727.00	7.50			160.00	66610	65534	31.88	平　凉
772.00	49.00	44.00	12.00	104.00	87588	78820	35.00	酒　泉
280.00	9.00	2.00		70.00	24836	24233	7.27	玉　门
321.00	70.00			80.00	30727	29996	11.39	敦　煌
410.50	37.30	26.20	9.30	59.00	38912	38135	18.77	庆　阳
240.00	130.00			45.00	48547	46836	19.62	定　西
235.00	40.00			41.00	29318	29102	13.75	陇　南
461.30	31.10	45.20		95.00	63524	60613	22.45	临　夏
120.00	10.00	10.00		35.00	12349	11293	4.53	合　作
6858.75	**1345.40**	**721.84**	**461.10**	**2661.56**	**138077**	**115998**	**152.72**	**青　海**
5681.45	470.00	715.15	460.00	1801.60	45730	33264	121.59	西　宁
22.00	7.00	5.50		23.00	17365	15768	8.65	海　东
124.00	2.00			18.00	17237	14034	3.00	玉　树
688.00	606.00			336.10	38462	37142	11.73	格尔木
343.30	260.40	1.19	1.10	482.86	19283	15790	7.75	德令哈

5-6 续表 17

城市名称 Name of Cities	综合生产能力(万立方米/日) Integrated Production Capacity (10,000m³/day)	地下水 Underground Water	水厂个数(个) Number of Water Plants (unit)	地下水 Underground Water	供水管道长度(公里) Length of Water Supply Pipelines (km)	供水总量(万立方米) 合计 Total	售水量 小计 Subtotal	生产运营用水 The Quantity of Water for Production and Operation	公共服务用水 The Quantity of Water for Public Service
宁　夏	**83.30**	**71.60**	**21**	**17**	**1727.51**	**19312.80**	**16570.82**	**3679.65**	**3322.29**
银　川	34.50	34.50	6	6	708.90	9717.37	8417.03	586.00	1811.00
灵　武	2.50	2.50	1	1	93.08	815.93	737.70	122.11	126.81
石嘴山	26.50	18.50	5	4	254.60	4373.00	3767.00	2035.00	790.00
吴　忠	8.00	8.00	2	2	238.95	2107.00	1784.00	606.00	319.00
青铜峡	3.90	3.90	3	3	123.51	740.12	663.42	88.98	68.73
固　原	3.70		3		196.00	848.50	595.00	71.00	158.00
中　卫	4.20	4.20	1	1	112.47	710.88	606.67	170.56	48.75
新　疆	**457.30**	**191.73**	**70**	**43**	**8219.05**	**82215.17**	**67903.40**	**22738.21**	**9460.59**
乌鲁木齐	140.00	54.00	11	5	1567.60	28689.00	22474.00	6245.00	2411.00
克拉玛依	104.34		9	3	1058.64	14557.62	13926.60	9764.08	1832.68
吐鲁番	6.00		1		306.40	909.00	783.00	65.00	128.00
哈　密	22.50	15.50	4	3	675.99	2998.00	2488.00	796.00	977.00
昌　吉	10.00		2		216.43	1940.00	1732.00	83.00	78.00
阜　康	3.04	3.04	3	3	160.50	762.40	682.28	8.00	329.28
博　乐	2.80	2.80	3	3	205.27	694.80	621.70	101.00	97.00
阿拉山口	6.03		1		46.70	90.27	66.07	5.78	10.00
库尔勒	23.00	23.00	1	1	392.87	5616.00	4441.00	1510.00	963.00
阿克苏	20.00	20.00	2	2	330.00	2722.00	2377.00	364.20	242.80
阿图什	2.60	2.60	1	1	72.50	670.00	600.00	16.00	22.00
喀　什	11.70	11.70	3	3	312.50	3801.41	3421.21	10.96	689.00
和　田	8.00	8.00	2	2	237.00	1642.00	1370.00	60.00	432.00
伊　宁	16.00	16.00	4	4	647.59	4045.00	2701.00	166.00	266.00
奎　屯	7.30	7.30	2	2	223.40	1880.00	1320.00	280.00	200.00
乌　苏	8.00	3.20	3	2	261.50	1512.00	953.56	303.21	57.45
塔　城	2.00	2.00	2	2	211.87	652.00	575.00	62.00	133.00
阿勒泰	3.20		2		191.80	570.00	491.00	43.00	56.00
石河子	32.00	17.00	3	2	509.12	4683.00	3507.00	1474.00	145.00
阿拉尔	10.00		2		205.80	1797.00	1679.00	1151.00	102.00
图木舒克	11.50		2		131.54	203.00	193.00	70.00	18.00
五家渠	4.70	4.70	2	2	53.98	941.00	840.70	44.90	44.60
北　屯	1.70		2		122.96	594.27	421.38	21.63	144.28
铁门关	0.39	0.39	2	2	35.00	134.40	128.00	86.00	9.00
双　河	0.50	0.50	1	1	42.09	111.00	110.90	7.45	73.50

Continued 17

Total Quantity of Water Supply(10,000m^3)					用水户数（户）Number of Households with Access to Water Supply (unit)		用水人口（万人）Population with Access to Water Supply (10,000 persons)	城市名称 Name of Cities
Water Sold		免费供水量 The Quantitiy of Free Water Supply		漏损水量 The Lossed Water		家庭用户 Household User		
居民家庭用水 The Quantity of Water for Household Use	其他用水 The Quantity of Water for Other Purposes		生活用水 Domestic Water Use					
9061.22	**507.66**	**255.18**	**190.13**	**2486.80**	**675702**	**568249**	**248.14**	**宁　　夏**
5990.43	29.60			1300.34	380677	325079	134.02	银　　川
341.35	147.43			78.23	34523	32319	5.42	灵　　武
942.00				606.00	84185	72600	43.00	石 嘴 山
695.00	164.00	90.00	30.00	233.00	42015	22777	18.20	吴　　忠
445.59	60.12	3.50	0.13	73.20	25999	21327	7.40	青 铜 峡
308.00	58.00	160.00	160.00	93.50	42132	36980	24.98	固　　原
338.85	48.51	1.68		102.53	66171	57167	15.12	中　　卫
30249.47	**5455.13**	**4261.75**	**385.92**	**10050.02**	**1821042**	**1695785**	**689.48**	**新　　疆**
13155.00	663.00	3315.00	100.00	2900.00	561784	520017	305.20	乌鲁木齐
1830.99	498.85	1.15		629.87	128179	124559	36.17	克拉玛依
498.00	92.00			126.00	17999	15358	6.96	吐 鲁 番
715.00				510.00	117968	108603	25.90	哈　　密
979.00	592.00			208.00	54111	50327	30.30	昌　　吉
284.00	61.00			80.12	31633	30859	8.02	阜　　康
313.70	110.00	5.10	1.62	68.00	44250	27557	19.50	博　　乐
50.29		1.00		23.20	1763	880	1.30	阿拉山口
1423.00	545.00	168.00	168.00	1007.00	135974	131459	38.80	库 尔 勒
1770.00		65.00		280.00	130185	126500	36.80	阿 克 苏
562.00				70.00	2800	2680	8.00	阿 图 什
2245.07	476.18			380.20	89100	85455	31.78	喀　　什
870.00	8.00	14.00	14.00	258.00	28752	27762	16.15	和　　田
1395.00	874.00	213.00		1131.00	110455	100000	35.12	伊　　宁
840.00		100.00	100.00	460.00	59010	57730	15.40	奎　　屯
215.90	377.00	377.00		181.44	24912	24191	9.80	乌　　苏
300.00	80.00			77.00	39108	38363	8.11	塔　　城
392.00				79.00	25045	23886	6.97	阿 勒 泰
1190.00	698.00	2.50	2.30	1173.50	120467	110530	26.35	石 河 子
396.00	30.00			118.00	12188	12044	6.52	阿 拉 尔
95.00	10.00			10.00	6935	5750	2.37	图木舒克
415.60	335.60			100.30	31617	29289	6.80	五 家 渠
255.47				172.89	35344	30990	5.49	北　　屯
28.50	4.50			6.40	4475	4386	0.57	铁 门 关
29.95				0.10	6988	6610	1.10	双　　河

5-7 2014年按城市分列的城市供水(自建设施供水)

城市名称 Name of Cities	综合生产能力(万立方米/日) Integrated Production Capacity (10,000m³/day)	地下水 Underground Water	供水管道长度(公里) Length of Water Supply Pipelines (km)	供水总量(万立方米) 合计 Total	生产运营用水 The Quantity of Water for Production and Operation	公共服务用水 The Quantity of Water for Public Service
全　国	**6572.82**	**3839.19**	**52200.51**	**768784.87**	**547655.96**	**73481.74**
北　京	**1939.56**	**1939.56**	**12291.46**	**59373.23**	**14810.87**	**18129.70**
天　津	**72.90**	**69.10**	**138.27**	**9149.04**	**5017.78**	**3769.07**
河　北	**229.20**	**191.09**	**2091.90**	**46158.68**	**35679.99**	**3865.87**
石家庄	26.67	26.67	123.10	7687.24	6552.41	201.44
晋　州	5.00	5.00	1.00	1825.00	1727.00	30.00
新　乐	2.00	2.00		538.00	538.00	
唐　山	30.01	30.01	317.00	10216.48	9063.88	1152.60
遵　化	13.00	13.00	21.00	944.00	215.00	270.00
迁　安	5.39	5.39	8.50	1800.00	1686.00	105.00
邯　郸	28.00		270.00	5320.00	4720.00	65.00
武　安	1.50	1.50	101.00	471.61	395.00	76.60
邢　台	8.04	8.04		1497.00	1347.00	
南　宫	1.60	1.60	35.00	245.00	118.00	20.60
涿　州	24.80	14.69	85.00	2377.00	1496.00	163.00
安　国	9.10	9.10	15.00	865.00	681.00	33.00
高碑店	1.12	1.12	22.00	299.80	251.00	
张家口	11.00	11.00	9.00	3071.69	2960.00	28.00
承　德	3.45	3.45	10.00	699.00	642.00	57.00
泊　头	1.00	1.00	22.00	124.84	76.80	
任　丘	3.07	3.07	273.00	1099.75	380.25	289.00
廊　坊	5.98	5.98	340.00	1120.00	200.00	270.00
霸　州	1.92	1.92	115.00	692.90	432.00	83.00
三　河	4.30	4.30	123.00	1500.00	456.00	344.00
衡　水	0.96	0.96	10.00	172.00	153.00	
冀　州	1.49	1.49	58.50	397.37	179.65	88.63
深　州	4.00	4.00	75.80	227.00	70.00	20.00
辛　集	15.50	15.50	32.00	1166.00	617.00	438.00
定　州	20.30	20.30	25.00	1802.00	723.00	131.00
山　西	**150.21**	**59.80**	**2265.83**	**25915.81**	**14825.72**	**2333.03**
太　原	75.00		203.00	10460.00	7685.00	
古　交	3.60		37.00	1231.70	750.20	240.54
大　同	14.00	12.00	521.00	1931.56	1206.00	335.00
阳　泉	6.00	0.69	526.03	1038.48		186.77
长　治	11.53	11.53	350.00	2625.00	1298.00	102.00
潞　城	1.20	1.20	5.80	212.00	96.00	52.00
晋　城	5.00	5.00	181.00	895.00	274.00	144.00
高　平	1.00	1.00	54.00	236.00		86.00
朔　州	3.00	3.00	2.50	663.00	540.00	28.00

Urban Water Supply by City (Surpliers with Self-Built Facilities) (2014)

Total Quantity of Water Supply(10,000m³)		用水户数(户) Number of Households with Access to Water Supply (unit)		用水人口(万人) Population with Access to Water Supply (10,000 persons)	城市名称 Name of Cities
居民家庭用水 The Quantity of Water for Household Use	其他用水 The Quantity of Water for Other Purposes		家庭用户 Household User		
114865.17	**32782.00**	**6667133**	**5956979**	**2370.69**	**全　国**
19378.13	**7054.53**	**1112670**	**1094388**	**519.04**	**北　京**
362.19		**10**	**5**	**13.81**	**天　津**
5738.80	**874.02**	**489662**	**448954**	**151.59**	**河　北**
650.28	283.11	52195	48289	16.73	石家庄
68.00		597	55	2.77	晋　州
		10			新　乐
		7860			唐　山
440.00	19.00	24578	23550	10.00	遵　化
9.00		9532	6180	1.40	迁　安
535.00		15150	15000	6.02	邯　郸
0.01		26	1	1.79	武　安
150.00		31000	30000	9.00	邢　台
102.00	4.40	2650	2100	3.60	南　宫
713.00	5.00	49043	45984	17.36	涿　州
126.00	25.00	7890	7692	2.44	安　国
48.80		4754	4005	1.90	高碑店
71.69	12.00	4025	3968	1.00	张家口
		239			承　德
48.04		8907	8223	1.40	泊　头
313.00	117.50	54080	46540	12.53	任　丘
650.00		16500	16400	7.20	廊　坊
170.00	7.90	15409	12981	5.13	霸　州
352.00	348.00	10312	7012	3.52	三　河
13.00	6.00	1293	1257	0.58	衡　水
125.98	3.11	21897	20812	7.82	冀　州
137.00		10790	10680	7.60	深　州
88.00	23.00	14700	13500	4.50	辛　集
928.00	20.00	126225	124725	27.30	定　州
6513.52	**2243.54**	**429744**	**396126**	**165.39**	**山　西**
2775.00		19523	16542	40.00	太　原
195.64	45.32	13252	12975	6.81	古　交
374.56	16.00	164328	163412	36.20	大　同
786.48	65.23	71493	65978	24.05	阳　泉
401.00	824.00	45987	40352	5.06	长　治
54.00	10.00	327	226	0.17	潞　城
278.00	199.00	20424	20412	7.11	晋　城
139.00	11.00	4300	3900	1.33	高　平
95.00		8380	8300	2.94	朔　州

5-7 续表 1

城市名称 Name of Cities	综合生产能力(万立方米/日) Integrated Production Capacity (10,000m³/day)	地下水 Underground Water	供水管道长度(公里) Length of Water Supply Pipelines (km)	供水总量(万立方米) 合计 Total	生产运营用水 The Quantity of Water for Production and Operation	公共服务用水 The Quantity of Water for Public Service
晋中	3.50	3.50	50.00	1227.70	149.81	106.13
介休	2.74	2.74	10.00	222.00		
运城	8.00	6.00	131.00	1043.00	672.00	118.00
永济	2.70	2.70		505.00	192.00	45.00
忻州	2.75	2.75	56.00	985.00	799.00	121.00
原平	2.80	2.80	43.00	711.98	466.51	222.20
临汾	2.50			725.00	250.00	100.00
侯马	0.59	0.59		144.00	133.00	11.00
霍州	2.00	2.00		544.59	158.00	216.79
吕梁	2.30	2.30	95.50	514.80	156.20	218.60
内蒙古	**105.40**	**99.33**	**1962.50**	**18154.66**	**13600.00**	**2134.00**
呼和浩特	5.04	5.04	23.00	1669.80	1183.50	434.00
包头	9.10	9.10	53.00	1366.20	935.70	260.00
乌海	12.00	12.00	1231.00	265.00	90.00	15.00
赤峰	20.84	20.82	292.70	6709.00	5810.00	200.00
通辽	16.80	16.80	50.00	2000.00	1390.00	550.00
霍林郭勒	1.60	1.60	70.00	45.10		7.00
鄂尔多斯	2.50	2.10	5.00	122.00	10.00	80.00
呼伦贝尔	5.00	5.00	78.80	818.00	684.00	40.00
牙克石	3.00	3.00	10.00	940.00	639.00	75.00
扎兰屯	5.65			2055.00	1765.00	65.00
根河	2.80	2.80		191.76	43.00	21.00
乌兰察布	0.52	0.52	50.00	189.80	102.80	87.00
丰镇	5.60	5.60	8.00	30.00	30.00	
乌兰浩特	13.00	13.00	10.00	1500.00	700.00	300.00
锡林浩特	1.95	1.95	81.00	253.00	217.00	
辽宁	**391.06**	**226.63**	**6248.71**	**68428.81**	**52538.50**	**8692.74**
沈阳	20.22	20.22	2937.41	4326.66	1382.19	1408.26
新民	1.00	1.00	10.00	270.34	156.29	64.28
瓦房店	3.80	3.80	21.00	1370.00	650.00	400.00
鞍山	112.00	82.50	358.00	16509.00	12840.00	3380.00
海城	2.50	2.50	158.00	720.00	430.00	126.00
抚顺	18.00		42.00	5915.00	5915.00	
本溪	74.60	4.98	173.20	18633.00	18027.00	44.60
丹东	16.20	0.95	332.00	770.00	457.00	135.00
凤城	1.00	1.00	223.00	135.00		
锦州	41.00	41.00	145.00	4698.00	3776.00	680.00
凌海	11.00	11.00	17.00	791.00	572.00	50.00
北镇	1.28	0.70	17.00	179.93	8.50	107.00
营口	2.30	2.30	51.00	150.00	49.00	53.00
盖州	0.60	0.60		190.00	15.00	50.00
辽阳	36.00	19.50	463.00	4830.56	3002.00	1740.00

Continued 1

Total Quantity of Water Supply(10,000m³)		用水户数(户) Number of Households with Access to Water Supply (unit)		用水人口(万人) Population with Access to Water Supply (10,000 persons)	城市名称 Name of Cities
居民家庭用水 The Quantity of Water for Household Use	其他用水 The Quantity of Water for Other Purposes		家庭用户 Household User		
121.76	850.00	200	100	1.00	晋中
220.00	2.00	25933	25806	8.81	介休
200.00	53.00	14520	409	13.00	运城
253.00	15.00	47	20	2.93	永济
46.00	19.00	2300	2235	2.59	忻州
20.33	2.94	1980	1830	0.82	原平
275.00	100.00	22052	22017	8.00	临汾
		620			侯马
140.75	29.05	7821	7800	2.77	霍州
138.00	2.00	6257	3812	1.80	吕梁
1822.16	**598.50**	**151054**	**115060**	**31.04**	**内蒙古**
22.30	30.00	27731	8657	2.61	呼和浩特
	170.50	470			包头
150.00	10.00	10380	10306	5.00	乌海
632.00	67.00	57198	47618	7.55	赤峰
50.00	10.00	2000	1750	1.00	通辽
10.10	28.00	1236	1048	0.40	霍林郭勒
30.00	2.00	3089	3000	0.50	鄂尔多斯
90.00	4.00	12833	12333	3.85	呼伦贝尔
198.00	28.00	16200	16100	4.76	牙克石
	225.00	112			扎兰屯
127.76		8617	8565	3.43	根河
		108			乌兰察布
		10			丰镇
500.00		9492	4163	1.41	乌兰浩特
12.00	24.00	1578	1520	0.53	锡林浩特
6005.87	**1191.70**	**387079**	**376346**	**144.97**	**辽宁**
1536.21		1189	812	41.63	沈阳
49.77		1033	845	0.39	新民
	320.00	394			瓦房店
289.00		22600	22192	5.77	鞍山
84.00	80.00	14000	12300	3.78	海城
		9			抚顺
339.10	222.30	33935	33500	6.00	本溪
178.00		2680	2590	0.70	丹东
135.00		12100	12100	3.72	凤城
242.00		23024	23000	7.10	锦州
169.00		15837	15576	4.03	凌海
51.03	13.40	5594	5570	1.83	北镇
48.00		9233	6756	1.23	营口
115.00	10.00	325	305	0.09	盖州
88.56		12416	12300	3.69	辽阳

5-7 续表 2

城市名称 Name of Cities	综合生产能力(万立方米/日) Integrated Production Capacity (10,000m³/day)	地下水 Underground Water	供水管道长度(公里) Length of Water Supply Pipelines (km)	供水总量(万立方米) 合计 Total	生产运营用水 The Quantity of Water for Production and Operation	公共服务用水 The Quantity of Water for Public Service
灯塔	0.24		52.00	25.80	0.90	0.10
盘锦	19.56	12.15	482.00	3844.35	2465.35	251.00
调兵山	4.80	3.45	309.90	1080.00	50.00	41.00
开原	3.29	3.29	205.00	1127.00	704.00	82.00
朝阳	10.22	6.94	125.00	1606.57	1098.07	72.50
北票	0.10	0.10	5.00	30.00		
凌源	3.80	3.80	37.20	346.60	220.20	8.00
葫芦岛	7.55	4.85	85.00	880.00	720.00	
吉林	**333.18**	**49.29**	**2300.09**	**20605.16**	**14885.26**	**1648.56**
长春	5.47	5.47		1149.00	641.00	43.00
九台	2.40	2.40		313.00	35.00	198.00
榆树	0.93	0.93	43.00	322.90	17.67	42.20
德惠	4.14	4.14	940.00	1103.85	679.18	89.42
吉林	264.00	3.00	140.00	8973.00	8926.00	
蛟河	0.50	0.40	2.50	15.30	1.30	8.50
桦甸	0.68	0.68	107.00	209.76	67.67	113.62
磐石	0.50	0.50		85.00	25.00	15.00
四平	4.39	3.00	540.91	1054.56	113.56	152.00
双辽	1.05	1.05		362.50	221.30	124.20
辽源	5.00			160.00	100.00	50.00
白山	5.00	2.00	30.00	1481.96	1400.00	24.08
临江	1.10	0.30	34.00	120.00	31.00	
扶余	1.19	1.19	3.00	156.00	88.00	
白城	4.00	4.00	75.00	200.00	140.00	60.00
洮南	0.55	0.55	20.00	195.00	38.00	16.00
大安	0.10	0.10	4.00	34.40	8.50	1.00
延吉	3.11	3.11		121.00	70.00	42.00
图们	0.04	0.04		12.35	3.63	4.96
敦化	6.58	1.68	89.80	1146.99	930.88	72.82
珲春	2.00		21.00	671.60	325.40	181.60
龙井	1.00	1.00	17.00	353.70	212.00	33.20
和龙	2.40		172.07	370.00	34.00	26.00
公主岭	14.45	11.45	24.81	1325.29	566.17	142.96
梅河口	2.60	2.30	36.00	668.00	210.00	208.00
黑龙江	**241.84**	**143.57**	**1157.46**	**38205.92**	**30650.63**	**2709.73**
哈尔滨	33.70	33.09	142.00	3747.50	2385.13	883.73
双城	0.91	0.91		314.77	47.90	31.40
齐齐哈尔	12.80	12.80	233.70	2777.90	2215.20	30.90
讷河	0.32	0.32	18.00	36.98		4.07
鸡西	7.04	7.00	276.58	2539.60	1003.00	256.10
虎林	0.30	0.30	17.00	54.00	31.00	16.00
鹤岗	4.07	4.07		1200.00	910.00	290.00

Continued 2

Total Quantity of Water Supply($10,000m^3$)		用水户数(户) Number of Households with Access to Water Supply (unit)		用水人口(万人) Population with Access to Water Supply (10,000 persons)	城市名称 Name of Cities
居民家庭用水 The Quantity of Water for Household Use	其他用水 The Quantity of Water for Other Purposes		家庭用户 Household User		
24.80		8557	8540	3.04	灯　塔
1128.00		116606	116572	33.00	盘　锦
975.00	14.00	54520	54349	12.30	调兵山
201.00	140.00	5461	5193	2.21	开　原
138.60	297.40	18960	15311	6.77	朝　阳
30.00		6800	6800	1.25	北　票
23.80	94.60	903	883	0.34	凌　源
160.00		20903	20852	6.10	葫芦岛
2922.73	**1148.61**	**188459**	**159914**	**66.29**	**吉　林**
	465.00	874			长　春
60.00	20.00	5960	5620	1.90	九　台
0.55	262.48	92	6	1.40	榆　树
324.25	11.00	757	717	2.38	德　惠
47.00		3832	3819	1.04	吉　林
0.50	5.00	5200	5000	1.80	蛟　河
28.47		739	594	0.18	桦　甸
45.00		100	60	0.10	磐　石
609.00	180.00	87	22	3.00	四　平
10.00	7.00	3700	3200	1.20	双　辽
10.00		985	500	2.50	辽　源
57.88		4700	4600	1.30	白　山
	89.00	2090			临　江
68.00		4512	4500	1.13	扶　余
		2200			白　城
141.00		18160	18070	8.98	洮　南
24.90		2590	2190	0.76	大　安
9.00		2350	2120	0.71	延　吉
	3.76	8			图　们
133.02	10.27	34911	27928	7.53	敦　化
164.60		11179	9971	4.25	珲　春
86.50	22.00	4300	4100	1.18	龙　井
308.00	2.00	17000	15000	4.00	和　龙
565.06	51.10	40633	37347	15.65	公主岭
230.00	20.00	21500	14550	5.30	梅河口
4292.06	**553.50**	**657490**	**603901**	**123.86**	**黑龙江**
427.33	51.31	52377	51153	13.40	哈尔滨
219.77	15.70	11200	10504	2.40	双　城
530.80	1.00	52887	51707	14.30	齐齐哈尔
28.06	4.85	1823	1598	0.68	讷　河
1202.60	77.90	52672	31137	26.10	鸡　西
7.00		2350	972	1.00	虎　林
		157			鹤　岗

5-7 续表 3

城市名称 Name of Cities	综合生产能力(万立方米/日) Integrated Production Capacity (10,000m³/day)	地下水 Underground Water	供水管道长度(公里) Length of Water Supply Pipelines (km)	供水总量(万立方米)		
				合计 Total	生产运营用水 The Quantity of Water for Production and Operation	公共服务用水 The Quantity of Water for Public Service
双鸭山	5.10	5.10	32.00	283.00	213.00	57.00
大　庆	43.00	43.00	9.30	3569.60	3109.00	283.00
伊　春	8.87	2.90	33.20	1125.00	808.77	82.73
铁　力	0.10	0.10	25.00	34.00	28.00	
佳木斯	13.50	13.50	123.40	2092.00	1744.40	123.70
富　锦	2.50	2.50	0.50	350.00	260.00	76.00
七台河	10.30	6.10	46.00	1830.94	1530.00	176.00
牡丹江	87.00	0.50	116.00	16320.00	15385.00	180.00
绥芬河	0.70	0.70	10.00	250.00	142.00	90.00
海　林	0.69	0.14	1.00	251.13	226.23	17.90
穆　棱	0.20	0.20	7.00	72.50		6.20
黑　河	0.46	0.06	5.00	80.00	55.00	25.00
北　安	0.35	0.35	4.00	120.00	20.00	20.00
绥　化	1.83	1.83	47.28	633.00	340.00	43.00
安　达	4.20	4.20	5.00	391.00	127.00	
海　伦	3.90	3.90	5.50	133.00	70.00	17.00
江　苏	**556.56**	**58.78**	**2696.66**	**83630.90**	**74231.11**	**1756.66**
南　京	251.58		912.42	29453.95	23604.02	96.86
无　锡	35.00		50.00	6500.00	6500.00	
江　阴	4.00		37.00	1027.00	912.00	
徐　州	46.00	13.00	950.00	9421.61	8653.87	467.74
新　沂	15.60	15.60	60.00	1325.00	980.00	277.00
邳　州	20.50	10.50	67.00	2461.30	1759.00	85.00
常　州	30.00	0.35	17.40	4130.00	4130.00	
苏　州	64.81	0.24		12131.86	12056.80	75.06
太　仓	1.27	0.29		206.72	206.72	
南　通	2.00	1.00	5.00	347.57	347.57	
连云港	9.10		133.38	1593.00	1561.00	
淮　安	37.00	12.00	98.00	5980.39	4787.39	680.00
盐　城	2.50	2.50	68.00	110.00	110.00	
大　丰	4.00		1.50	200.00	200.00	
扬　州	11.22	0.30	0.46	1685.30	1685.30	
仪　征	4.88		161.50	1379.25	1079.05	75.00
高　邮	1.10		33.00	330.16	310.60	
镇　江	9.00		12.00	3073.00	3073.00	
宿　迁	7.00	3.00	90.00	2274.79	2274.79	
浙　江	**151.39**	**2.62**	**997.13**	**14903.44**	**13066.14**	**117.89**
宁　波	10.00		58.23	805.00	805.00	
慈　溪	3.00		157.12	605.00	142.00	
乐　清	0.46		110.90	164.31		18.10
海　宁	4.30			1564.75	1564.75	
绍　兴	71.00		337.00	8537.88	8020.29	7.59

Continued 3

Total Quantity of Water Supply($10,000m^3$)		用水户数（户）Number of Households with Access to Water Supply (unit)		用水人口（万人）Population with Access to Water Supply (10,000 persons)	城市名称 Name of Cities
居民家庭用水 The Quantity of Water for Household Use	其他用水 The Quantity of Water for Other Purposes		家庭用户 Household User		
13.00		245	221	9.20	双鸭山
71.80	105.80	329415	314916	1.63	大庆
135.00	98.50	19880	13731	6.30	伊春
6.00		2190	2174	0.74	铁力
188.40	35.50	13584	13426	7.00	佳木斯
9.00	5.00	560	500	0.20	富锦
92.00	32.94	13200	9084	4.15	七台河
670.00	85.00	39602	39112	13.85	牡丹江
18.00		810	680	0.20	绥芬河
7.00		674	640	0.70	海林
66.30		1838	1816	0.64	穆棱
		26			黑河
40.00	40.00	5400	5000	1.34	北安
250.00		27500	27000	9.50	绥化
264.00		20100	20030	7.53	安达
46.00		9000	8500	3.00	海伦
5116.20	**2526.93**	**125114**	**103234**	**27.28**	**江苏**
3868.14	1884.93	95369	88756	22.67	南京
		10			无锡
	115.00	28			江阴
	300.00	732			徐州
15.00	53.00	10164	792	0.16	新沂
611.00	6.30	723	707	0.23	邳州
		62			常州
		272			苏州
		31			太仓
		26			南通
32.00		3106	2277	0.50	连云港
455.00	58.00	2100	810	1.06	淮安
		970			盐城
		6			大丰
		88			扬州
115.50	109.70	11355	9875	2.65	仪征
19.56		34	17	0.01	高邮
		10			镇江
		28			宿迁
1206.21	**513.20**	**83898**	**80824**	**28.41**	**浙江**
		35			宁波
463.00		31366	31000	10.25	慈溪
146.21		9460	8620	3.19	乐清
		32			海宁
	510.00	344			绍兴

5-7 续表 4

城市名称 Name of Cities	综合生产能力(万立方米/日) Integrated Production Capacity (10,000m³/day)	地下水 Underground Water	供水管道长度(公里) Length of Water Supply Pipelines (km)	供水总量(万立方米) 合计 Total	生产运营用水 The Quantity of Water for Production and Operation	公共服务用水 The Quantity of Water for Public Service
诸暨	2.00		43.00	599.00	599.00	
金华	1.75	1.12	10.00	60.50	59.50	
义乌	0.96	0.96		305.00	285.00	
东阳	1.34	0.46	2.00	333.00	183.60	9.40
永康	0.58		17.00	164.00	112.00	
衢州	54.00		236.88	1035.00	650.00	
江山	2.00	0.08	25.00	730.00	645.00	82.80
安徽	**420.38**	**56.20**	**1746.18**	**30355.14**	**22848.05**	**3933.03**
芜湖	20.00		70.00	140.00	125.00	
蚌埠	35.00	1.00	20.00	8880.00	6000.00	2200.00
淮南	3.00		27.00	70.26		
马鞍山	85.54		915.00	7526.56	7526.56	
淮北	24.74	22.47	267.00	2583.00	1399.70	71.50
铜陵	180.59	0.54	171.00	62.00	62.00	
安庆	24.00		89.00	2487.46	2487.46	
黄山	0.44	0.05	1.68	47.98	6.25	41.73
滁州	4.00	2.00	18.00	656.00	656.00	
明光	1.00	0.26	2.08	176.55	75.00	3.80
阜阳	23.00	13.00	27.00	3683.81	2352.56	1225.00
界首	2.26	2.26	13.22	346.30	165.00	2.00
宿州	12.00	12.00	100.00	2257.00	798.00	314.00
六安	2.00		6.20	430.22	374.52	
亳州	2.70	2.60	1.00	968.00	800.00	75.00
宣城	0.11	0.02	18.00	40.00	20.00	
福建	**28.44**	**5.00**	**1452.41**	**5234.60**	**2799.94**	**482.95**
福州	1.68			560.70	33.10	78.00
福清	0.36			125.79	125.79	
长乐	1.00		32.85	100.70		0.70
永安	6.50		126.00	1953.15	1540.00	170.30
泉州	12.00		1236.00	505.00	150.00	102.00
龙海	0.60		32.11	49.46	18.55	4.15
龙岩	5.00	5.00	12.65	1772.00	859.00	115.00
漳平	1.00		6.80	112.00	68.00	8.00
福安	0.30		6.00	55.80	5.50	4.80
江西	**16.06**	**4.06**	**172.16**	**2114.43**	**987.51**	**88.57**
景德镇	1.02	0.35	34.00	293.25	208.20	31.00
乐平	9.10	1.05	40.00	646.27	399.00	2.51
共青城	0.14	0.03	3.50	50.21	39.64	7.96
宜春	0.40		22.30	138.80		16.10
樟树	2.30	1.03	47.60	53.90	45.67	
高安	2.00	1.50	7.76	545.00	270.00	12.00
上饶	1.10	0.10	17.00	387.00	25.00	19.00

Continued 4

Total Quantity of Water Supply(10,000m³)		用水户数(户) Number of Households with Access to Water Supply (unit)		用水人口(万人) Population with Access to Water Supply (10,000 persons)	城市名称 Name of Cities
居民家庭用水 The Quantity of Water for Household Use	其他用水 The Quantity of Water for Other Purposes		家庭用户 Household User		
		9			诸暨
	1.00	20			金华
20.00		64	14	0.45	义乌
140.00		21500	21400	9.55	东阳
52.00		1263	227	0.31	永康
385.00		19737	19563	4.66	衢州
	2.20	68			江山
3398.40	**175.66**	**229817**	**205126**	**76.08**	**安徽**
15.00		1550	800	0.30	芜湖
650.00	30.00	5000	4000	7.53	蚌埠
70.26		7900	7900	1.75	淮南
		3			马鞍山
1074.25	37.55	114860	112700	40.99	淮北
		1			铜陵
		1			安庆
		15			黄山
		4			滁州
93.20	4.55	3370	3340	1.07	明光
79.69	26.56	44246	24664	7.40	阜阳
178.00	1.30	9488	9311	3.23	界首
1145.00		40958	40259	12.81	宿州
	55.70	4			六安
93.00		2212	2152	1.00	亳州
	20.00	205			宣城
1739.36	**212.35**	**26902**	**24118**	**11.01**	**福建**
449.60		371	351	0.17	福州
		30			福清
100.00		3100	2230	0.73	长乐
230.40	12.45	5647	4682	2.28	永安
208.00	45.00	5950	5630	0.70	泉州
23.36	3.40	1064	965	0.41	龙海
663.00	135.00	8360	8060	5.50	龙岩
36.00		1750	1600	1.00	漳平
29.00	16.50	630	600	0.22	福安
903.41	**134.94**	**46679**	**44940**	**15.91**	**江西**
13.90	40.15	11662	11615	2.70	景德镇
164.10	80.66	4060	3166	0.58	乐平
1.60	1.01	45	38	0.01	共青城
122.70		9602	9538	3.96	宜春
5.11	3.12	3670	2989	2.58	樟树
253.00	10.00	7698	7666	2.30	高安
343.00		9942	9928	3.78	上饶

5-7 续表 5

城市名称 Name of Cities	综合生产能力(万立方米/日) Integrated Production Capacity (10,000m³/day)	地下水 Underground Water	供水管道长度(公里) Length of Water Supply Pipelines (km)	供水总量(万立方米) 合计 Total	生产运营用水 The Quantity of Water for Production and Operation	公共服务用水 The Quantity of Water for Public Service
山　东	**434.37**	**296.39**	**4938.16**	**93051.19**	**62852.79**	**9818.41**
济　南	23.00	23.00	40.00	8000.00	6600.00	200.00
青　岛	17.02	14.07	343.00	5580.18	2725.09	221.08
胶　州	6.00	4.00	42.00	2165.00	925.00	549.00
即　墨	14.00		119.00	3255.00	2361.00	
平　度	6.00	6.00	35.00	1495.00	466.00	245.00
莱　西	5.00	2.00	32.00	1581.00	686.00	252.00
淄　博	43.42	36.10	499.33	6864.60	5302.66	413.07
枣　庄	24.80	22.00	153.00	3476.55	2086.40	460.80
滕　州	7.00	6.00	14.50	1689.20	1616.00	42.00
烟　台	18.10	6.00	179.30	3065.00	2333.00	204.00
龙　口	1.85	1.85	5.00	56.82	46.00	
莱　阳	4.20	4.20	18.00	716.61	286.79	314.21
莱　州	8.00	0.50	21.00	757.00	250.00	160.00
蓬　莱	1.00	1.00	41.00	75.00	44.70	18.20
招　远	1.50	1.50	83.00	465.80	428.30	17.50
栖　霞	1.30	1.30		460.00	29.00	191.00
海　阳	0.80		6.00	110.00	110.00	
潍　坊	23.19	14.59	165.00	3171.61	2564.00	315.80
青　州	5.30	5.30	37.00	482.45	482.45	
诸　城	8.00			2596.00	2031.00	93.00
寿　光	7.00	4.30	72.00	2555.00	2012.00	44.00
安　丘	6.50	5.60	34.00	1991.10	1493.20	262.79
高　密	12.00	9.00	72.00	3774.93	2990.32	264.56
昌　邑	8.80	8.80	20.50	3204.00	2986.00	197.00
济　宁	39.00	39.00	140.00	6895.00	3314.00	1127.00
曲　阜	5.00	4.00	45.00	1100.00	750.00	346.00
邹　城	5.00	5.00	153.00	1010.00	634.00	14.00
泰　安	5.00	5.00	50.00	549.00	363.00	169.00
新　泰	4.30	1.10	216.00	252.00	116.00	29.00
肥　城	0.80	0.80	15.00	220.00	220.00	
威　海	11.14	4.04	292.80	836.42	617.80	201.14
荣　成	15.00	5.00	297.00	880.00	615.00	250.00
乳　山	2.50	1.50	6.80	171.00	135.00	18.00
日　照	0.60	0.60	132.00	41.24	35.47	5.77
莱　芜	3.70	2.00	161.80	1028.57	731.00	42.29
临　沂	20.75	12.75	924.17	6098.66	2719.96	1653.00
德　州	30.00	2.19	15.60	7049.15	5660.15	425.00
乐　陵	1.50	1.00	6.10	50.20	11.50	14.20
禹　城	7.00	7.00	16.53	1872.10	1610.00	150.00
聊　城	9.80	9.80	286.00	3522.00	1590.00	686.00
临　清	10.00	9.00	110.73	1340.00	637.00	83.00
菏　泽	9.50	9.50	38.00	2548.00	2238.00	140.00

Continued 5

Total Quantity of Water Supply(10,000m^3)		用水户数(户) Number of Households with Access to Water Supply (unit)		用水人口(万人) Population with Access to Water Supply (10,000 persons)	城市名称 Name of Cities
居民家庭用水 The Quantity of Water for Household Use	其他用水 The Quantity of Water for Other Purposes		家庭用户 Household User		
15448.04	**4931.95**	**745753**	**632195**	**270.41**	**山东**
1200.00		12000	11900	11.30	济南
1083.93	1550.08	43547	41413	16.22	青岛
691.00		6235	6087	12.94	胶州
894.00		47516	43512	12.72	即墨
784.00		83300	83160	24.69	平度
643.00		15945	15900	4.01	莱西
644.21	504.66	18085	14522	3.69	淄博
434.65	494.70	30344	23934	10.82	枣庄
	31.20	29			滕州
528.00		30860	27229	7.56	烟台
10.82		1150	1137	0.41	龙口
115.61		5500	5000	1.15	莱阳
180.00	167.00	13571	12317	4.86	莱州
	12.10	38			蓬莱
20.00		3785	3570	1.00	招远
240.00		19533	15620	7.15	栖霞
		160			海阳
149.81	142.00	8692	6229	3.10	潍坊
		85			青州
201.00	271.00	32540	29607	10.82	诸城
499.00		26057	26035	9.12	寿光
132.40	102.71	5138	2905	2.19	安丘
283.35	236.70	3028	1926	0.83	高密
21.00		16860	16630	5.04	昌邑
2245.00	209.00	37370	5532	13.95	济宁
4.00		2285	360	0.80	曲阜
362.00		3257	2235	1.14	邹城
17.00		4110	3300	2.20	泰安
97.00	10.00	8598	8483	3.00	新泰
		11			肥城
13.11	4.37	10405	2295	0.73	威海
8.00	7.00	2630	1422	0.48	荣成
13.00	5.00	2842	2586	0.80	乳山
		70			日照
255.19	0.09	21409	17372	5.98	莱芜
1174.96	550.74	91064	87422	44.93	临沂
681.00	283.00	53820	44115	18.31	德州
22.00	2.50	1994	1875	1.00	乐陵
85.00	27.10	7010	6105	1.80	禹城
1007.00	239.00	24850	20730	9.37	聊城
538.00	82.00	23930	23750	9.90	临清
170.00		26100	15980	6.40	菏泽

5-7 续表 6

城市名称 Name of Cities	综合生产能力(万立方米/日) Integrated Production Capacity (10,000m³/day)	地下水 Underground Water	供水管道长度(公里) Length of Water Supply Pipelines (km)	供水总量(万立方米) 合计 Total	生产运营用水 The Quantity of Water for Production and Operation	公共服务用水 The Quantity of Water for Public Service
河　南	**296.20**	**234.76**	**1588.09**	**51271.43**	**39692.74**	**4366.73**
郑　州	8.42	8.42	59.30	1950.00	1431.00	114.00
巩　义	6.00	6.00	8.00	740.00	555.00	62.00
荥　阳	2.00	2.00	53.00	346.20	186.00	51.00
新　密	3.50	3.50	9.00	150.00	150.00	
新　郑	3.23	3.23	45.00	450.00	350.00	83.00
登　封	0.50	0.50		154.30	63.50	44.90
开　封	5.00	5.00		889.23	518.90	119.83
洛　阳	9.30	9.30	19.00	3103.70	1699.80	991.60
偃　师	1.05	1.05	32.50	265.40	132.50	13.90
平顶山	0.82	0.82		297.54	297.54	
舞　钢	11.70	3.00	38.00	1883.00	1690.00	78.00
汝　州	6.10	6.10		505.00	438.00	55.00
安　阳	37.00	22.00	96.00	4752.00	4150.00	420.00
林　州	1.00	1.00	10.00	156.00	83.00	52.00
鹤　壁	22.68	15.69	136.00	2308.00	2202.00	
新　乡	18.00	18.00		4922.00	4922.00	
卫　辉	3.00	3.00	5.50	822.00	597.00	118.00
辉　县	5.00	5.00	89.50	1475.00	740.00	365.00
焦　作	30.00	30.00	142.00	2656.00	2656.00	
沁　阳	6.00	6.00		156.33	96.33	36.00
孟　州	3.50	3.50	19.20	580.00	400.00	168.00
濮　阳	15.40	14.60		2429.00	1362.00	188.00
许　昌	15.00	4.55	230.00	1800.00	1574.00	70.00
禹　州	1.50	1.50	5.00	547.00	351.00	53.00
长　葛	8.00	7.00		512.00	288.00	111.00
漯　河	16.00	4.00	122.00	5837.00	4837.00	171.00
三门峡	2.00	2.00	44.00	243.28	102.18	4.00
义　马	1.50	1.50	30.00	341.00	184.00	5.00
灵　宝	4.20	4.20	28.10	1120.00	970.00	23.00
南　阳	20.66	15.76	250.29	3620.55	2913.54	311.10
邓　州	5.80	5.20	15.00	488.00	382.00	30.00
商　丘	5.50	4.50	10.00	1024.00	352.00	112.00
永　城	5.50	5.50	12.00	1260.00	800.00	100.00
信　阳	0.80	0.80	30.00	290.00	131.00	92.00
周　口	5.00	5.00	8.50	1321.60	525.95	156.40
项　城	2.50	2.50	27.00	793.00	652.00	38.00
驻马店	0.84	0.84	11.00	291.00	189.00	79.00
济　源	2.20	2.20	3.20	792.30	720.50	51.00

Continued 6

Total Quantity of Water Supply(10,000m³)		用水户数（户）Number of Households with Access to Water Supply (unit)		用水人口（万人）Population with Access to Water Supply (10,000 persons)	城市名称 Name of Cities
居民家庭用水 The Quantity of Water for Household Use	其他用水 The Quantity of Water for Other Purposes		家庭用户 Household User		
5850.01	**1361.95**	**399953**	**354855**	**149.89**	**河　南**
273.00	132.00	5235	5046	6.21	郑　州
110.00	13.00	7188	7140	3.00	巩　义
109.00	0.20	2350	1980	0.90	荥　阳
		56			新　密
17.00		600	350	0.50	新　郑
45.90		2945	2500	1.22	登　封
250.50		4820	4650	2.50	开　封
398.00	14.30	36415	15789	4.68	洛　阳
113.90	5.10	14171	14086	4.96	偃　师
		31			平顶山
65.00	50.00	3900	3700	2.45	舞　钢
12.00		1630	1508	0.88	汝　州
182.00		16500	15100	4.95	安　阳
21.00		2756	2651	0.79	林　州
106.00		22100	17100	6.00	鹤　壁
		73			新　乡
72.00	35.00	2340	2020	0.60	卫　辉
172.00	198.00	15684	15637	5.80	辉　县
		78			焦　作
16.00	8.00	1681	1654	0.61	沁　阳
	12.00	33			孟　州
800.00	79.00	56200	50789	18.00	濮　阳
120.00	36.00	22231	21981	7.02	许　昌
120.00	23.00	11170	11070	4.16	禹　州
78.00	35.00	2246	2032	0.86	长　葛
515.00	314.00	27850	26852	8.32	漯　河
137.10		5043	4888	1.66	三门峡
152.00		22300	22287	7.74	义　马
127.00		12031	11838	4.38	灵　宝
335.49	60.42	20285	19617	23.55	南　阳
65.00	11.00	5420	4800	1.58	邓　州
527.00	33.00	24537	24371	9.70	商　丘
345.00	15.00	12360	11090	5.56	永　城
57.00	10.00	5130	3300	1.20	信　阳
409.12	230.13	12195	12137	4.23	周　口
57.00	46.00	6179	4076	1.73	项　城
23.00		9680	8900	2.95	驻马店
19.00	1.80	4510	3916	1.20	济　源

5-7 续表 7

城市名称 Name of Cities	综合生产能力(万立方米/日) Integrated Production Capacity ($10,000m^3$/day)	地下水 Underground Water	供水管道长度(公里) Length of Water Supply Pipelines (km)	供水总量(万立方米) 合计 Total	生产运营用水 The Quantity of Water for Production and Operation	公共服务用水 The Quantity of Water for Public Service
湖　北	**188.10**	**32.79**	**1584.02**	**32817.35**	**20847.56**	**667.15**
武　汉	28.17	5.10	286.00	10280.70	9228.10	
黄　石	24.73		82.00	3860.71	2423.37	
大　冶	28.22		187.38	6085.51	3159.85	
丹江口	0.05	0.05	1.10	13.00	12.00	
宜　昌	12.00		59.00	1193.78	730.00	
当　阳	2.90		56.90	73.61	53.61	
枝　江	3.00		10.00	527.00	312.00	60.00
襄　阳	12.58	12.58	82.80	2405.00	1121.00	
老河口	0.80	0.80	2.00	292.00	131.00	
宜　城	5.00	2.81	2.94	210.00	210.00	
鄂　州	4.00		106.00	828.00	110.00	92.00
荆　门	26.00		90.00	2445.00	2030.00	55.00
孝　感	5.30	5.30	28.00	984.80	477.00	45.00
应　城	0.80	0.80	15.00	172.71	83.43	4.05
安　陆	0.80	0.80	14.00	180.00	22.00	2.00
荆　州	1.60			576.00		
松　滋	0.51		12.00	20.00		
广　水	10.81		146.90	765.73	51.20	124.30
仙　桃	5.00		170.00	480.00	140.00	20.00
潜　江	15.48	4.20	220.00	1302.80	432.00	264.80
天　门	0.35	0.35	12.00	121.00	121.00	
湖　南	**200.79**	**74.19**	**758.32**	**23548.67**	**17196.77**	**822.89**
株　洲	3.50		78.00	400.00	100.00	
醴　陵	0.50	0.50	28.10	108.40	78.30	4.70
湘　潭	6.90	5.20	288.20	2285.00	1060.00	540.00
韶　山	0.30	0.30		109.50	76.65	27.40
衡　阳	4.65	4.65	30.00	1642.50	842.00	
耒　阳	0.85	0.85	37.00	221.30	42.00	38.00
常　宁	5.50		84.00	441.00	15.00	38.00
岳　阳	62.00		55.00	8876.00	8250.00	41.00
汨　罗	2.29	0.90		491.00	346.00	65.00
常　德	5.98	4.32	35.00	488.81	348.36	
益　阳	32.00			2526.00	1000.00	17.00
沅　江	2.30		19.80	444.00	30.00	48.00
永　州	9.00	0.45	36.17	334.96	125.46	2.59
怀　化	8.00		60.00	209.00	83.00	
洪　江	0.02	0.02	0.05	1.20		1.20
冷水江	57.00	57.00	7.00	4970.00	4800.00	

Continued 7

Total Quantity of Water Supply(10,000m³)		用水户数(户) Number of Households with Access to Water Supply (unit)		用水人口(万人) Population with Access to Water Supply (10,000 persons)	城市名称 Name of Cities
居民家庭用水 The Quantity of Water for Household Use	其他用水 The Quantity of Water for Other Purposes		家庭用户 Household User		
7758.78	**3543.86**	**362941**	**296747**	**94.27**	**湖　北**
	1052.60	110			武　汉
704.66	732.68	14433	12590	6.03	黄　石
2335.49	590.17	110200	102000	28.00	大　冶
1.00		10000	5000	1.00	丹江口
186.00	277.78	7800	7500	2.70	宜　昌
20.00		713	708	1.45	当　阳
155.00		1078	930	2.58	枝　江
1269.00	15.00	26039	26000	7.00	襄　阳
161.00		1578	1572	0.44	老河口
		7			宜　城
543.00	83.00	20336	19983	6.89	鄂　州
360.00		15080	15050	5.91	荆　门
460.00	2.80	8610	8320	2.80	孝　感
83.43	1.80	3342	3321	1.28	应　城
155.00	1.00	2050	2001	0.63	安　陆
80.00	496.00	5137	4737	1.50	荆　州
20.00		500	500	0.30	松　滋
549.00	41.23	82050	34670	13.60	广　水
300.00	20.00	13500	13000	4.00	仙　桃
376.20	229.80	40375	38865	8.16	潜　江
		3			天　门
5126.52	**402.49**	**227930**	**207541**	**70.66**	**湖　南**
300.00		9900	9000	5.40	株　洲
20.30	5.10	1450	1380	0.41	醴　陵
420.00	265.00	43200	42650	22.10	湘　潭
	5.45	6			韶　山
800.50		13500	13200	4.20	衡　阳
130.00	11.30	1230	920	5.20	耒　阳
334.00	54.00	6500	6300	5.50	常　宁
550.00	35.00	6100	5500	9.00	岳　阳
80.00		12000	9000	1.45	汨　罗
140.45		2355	1512	0.69	常　德
1500.00	9.00	112531	107031	10.00	益　阳
350.00	16.00	8800	1520	2.70	沅　江
205.27	1.64	3857	3208	2.71	永　州
126.00		4500	4400	0.90	怀　化
		1			洪　江
170.00		2000	1920	0.40	冷水江

5-7 续表 8

城市名称 Name of Cities	综合生产能力(万立方米/日) Integrated Production Capacity (10,000m³/day)		供水管道长度(公里) Length of Water Supply Pipelines (km)	供水总量(万立方米)		
		地下水 Underground Water		合计 Total	生产运营用水 The Quantity of Water for Production and Operation	公共服务用水 The Quantity of Water for Public Service
广　东	**43.32**	**5.24**	**436.06**	**5625.89**	**4477.66**	**99.78**
增　城	3.18	0.01		750.98	750.98	
佛　山	7.51		3.10	191.13	188.88	
江　门	10.47			2200.19	2200.19	
湛　江	3.60	3.60	43.80	580.00	406.00	
雷　州	0.40	0.40	34.00	111.00	17.00	2.00
肇　庆	2.60	1.20	83.00	362.00	180.50	36.00
惠　州	3.00		118.00	423.00	283.00	9.00
兴　宁	2.00		74.00	415.00	16.00	26.00
中　山	5.76	0.03		325.11	325.11	
云　浮	4.80		80.16	267.48	110.00	26.78
广　西	**163.13**	**13.66**	**1220.98**	**44034.58**	**41189.07**	**207.09**
南　宁	5.00		64.00	518.28	434.28	84.00
柳　州	95.00	4.36	762.00	33138.07	31477.93	
桂　林	2.60	2.06	93.88	409.57	269.60	
梧　州	3.80		18.00	437.50	402.36	
岑　溪	1.20	1.10	5.00	341.00	290.00	5.00
北　海	0.50	0.50	18.00	80.00	8.00	5.00
钦　州	1.75		3.00	82.80	47.60	14.00
贵　港	17.58	2.04	130.00	5630.67	5058.40	96.09
桂　平	12.00	0.20	31.50	1320.00	1220.00	
北　流	2.50	2.50	8.00	285.00	278.50	
河　池	3.50		38.00	286.00	286.00	
宜　州	13.70		19.00	1345.74	1328.00	
来　宾	1.00		5.60	10.95	9.40	
合　山	2.00		20.00	112.00	79.00	3.00
凭　祥	1.00	0.90	5.00	37.00		
海　南	**1.60**		**3.00**	**65.00**		
儋　州	1.60		3.00	65.00		
重　庆	**81.40**	**1.75**	**1310.75**	**11519.73**	**9120.43**	**412.17**
四　川	**163.35**	**32.12**	**1531.58**	**19849.99**	**13148.64**	**1107.26**
成　都	13.30	5.30	176.50	1891.50	1128.50	138.00
都江堰	3.48	1.31	215.00	1270.03	169.19	185.02
彭　州	0.34	0.34	2.19	37.44	24.33	3.07
邛　崃	0.19	0.19		68.31	57.85	10.46
崇　州	2.30	2.30		558.00	445.00	28.00
攀枝花	26.56	0.05	370.00	5350.05	4346.48	48.35
泸　州	57.50		201.80	2281.76	1549.45	137.56
德　阳	10.00	10.00	115.00	1800.00	1590.00	55.00
广　汉	6.50	6.50	7.30	1791.60	1236.70	100.80
什　邡	1.60	1.60	41.00	418.00	293.00	28.00

Continued 8

Total Quantity of Water Supply(10,000m³)		用水户数(户) Number of Households with Access to Water Supply (unit)		用水人口(万人) Population with Access to Water Supply (10,000 persons)	城市名称 Name of Cities
居民家庭用水 The Quantity of Water for Household Use	其他用水 The Quantity of Water for Other Purposes		家庭用户 Household User		
870.50	**177.95**	**41283**	**38716**	**18.48**	**广东**
		24			增城
	2.25	15			佛山
		39			江门
174.00		9641	9580	3.60	湛江
92.00		3440	3140	1.59	雷州
93.50	52.00	4770	4667	1.40	肇庆
111.00	20.00	5169	4619	2.60	惠州
310.00	63.00	15263	15020	6.00	兴宁
		25			中山
90.00	40.70	2897	1690	3.29	云浮
2609.66	**28.76**	**28327**	**25200**	**54.75**	**广西**
		3			南宁
1660.14		165	40	44.55	柳州
139.97		522	450	0.27	桂林
35.14		601	570	0.20	梧州
46.00		4098	3692	1.92	岑溪
64.00	3.00	3000	2980	1.00	北海
21.20		1629	1600	0.65	钦州
476.16	0.02	10155	10122	3.09	贵港
100.00		2939	2787	1.73	桂平
6.50		2990	1225	0.60	北流
		6			河池
	17.74	1			宜州
1.55		568	114	0.27	来宾
25.00	5.00	1000	980	0.21	合山
34.00	3.00	650	640	0.26	凭祥
65.00		**6600**	**6600**	**1.26**	**海南**
65.00		6600	6600	1.26	儋州
1452.36	**534.77**	**95620**	**88040**	**52.00**	**重庆**
4681.43	**912.66**	**280308**	**218918**	**82.11**	**四川**
360.00	265.00	24000	22763	5.58	成都
515.82	400.00	2580	2530	0.75	都江堰
10.04		586	577	0.17	彭州
		5			邛崃
78.00	7.00	2613	1800	1.00	崇州
870.06	85.16	76479	50735	17.14	攀枝花
594.75		12614	8632	4.26	泸州
135.00	20.00	21100	20800	5.50	德阳
451.10	3.00	49930	43925	13.21	广汉
92.00	5.00	10030	9965	2.82	什邡

5-7 续表 9

城市名称 Name of Cities	综合生产能力(万立方米/日) Integrated Production Capacity (10,000m³/day)	地下水 Underground Water	供水管道长度(公里) Length of Water Supply Pipelines (km)	供水总量(万立方米) 合计 Total	生产运营用水 The Quantity of Water for Production and Operation	公共服务用水 The Quantity of Water for Public Service
绵竹	0.50	0.50	5.00	92.10	78.00	9.00
绵阳	3.34	1.50		1016.05	789.03	0.11
广元	0.90	0.72	25.92	147.06	27.60	48.01
遂宁	1.66	0.22	10.00	207.80	195.80	
内江	2.48		15.00	382.56	58.06	59.58
峨眉山	3.70		34.00	221.00	135.00	23.00
眉山	2.20	0.09	38.00	411.85	212.85	67.00
广安	0.40					
华蓥	3.40	1.50	41.00	680.00	550.00	44.00
达州	10.00		60.50	291.00	130.00	2.00
万源	1.00		68.00	195.18	95.00	72.00
资阳	10.00		60.37	93.70	16.80	28.30
简阳	2.00		45.00	645.00	20.00	20.00
贵州	**9.25**	**2.99**	**299.10**	**2782.54**	**1804.83**	**304.29**
贵阳	5.40	1.43	252.16	1717.19	1421.83	179.69
清镇	2.00		16.00	463.55	112.00	11.00
安顺	0.80	0.80	7.80	222.00	65.00	38.00
都匀	1.05	0.76	23.14	379.80	206.00	75.60
云南	**25.85**	**7.67**	**417.00**	**5839.43**	**3463.54**	**155.52**
昆明	11.01	4.32	152.40	4015.65	2855.70	
曲靖	1.00	1.00	23.00	207.00	152.00	7.00
宣威	7.30	1.70	15.20	632.94	283.00	7.70
丽江	0.20	0.01		54.79	2.97	51.82
普洱	0.67			138.45		
临沧	4.50		147.27	584.00	57.00	60.00
开远	0.76	0.27	56.33	60.59	9.30	9.00
蒙自	0.33	0.33	16.40	119.00	82.00	20.00
文山	0.08	0.04	6.40	27.01	21.57	
西藏	**7.00**	**6.80**	**17.70**	**53.02**	**0.90**	**2.14**
日喀则	7.00	6.80	17.70	53.02	0.90	2.14
陕西	**69.59**	**62.08**	**528.06**	**17303.55**	**12414.00**	**1290.00**
西安	0.10	0.08	6.30	28.70		
宝鸡	5.00	5.00	209.00	1662.00	762.00	230.00
咸阳	29.30	29.30	46.32	7963.00	6883.00	242.00
兴平	10.00	10.00	2.70	3054.00	2296.00	8.00
渭南	12.40	9.40	50.50	3077.00	1999.00	597.00
韩城	5.00	2.00	68.00	302.00	110.00	32.00
华阴	3.00	3.00	41.00	300.00	170.00	31.00
安康	1.49		9.24	213.00	87.00	
商洛	1.10	1.10	5.00	147.00	75.00	
杨陵区	2.20	2.20	90.00	556.85	32.00	150.00

Continued 9

Total Quantity of Water Supply(10,000m³)		用水户数(户) Number of Households with Access to Water Supply (unit)		用水人口(万人) Population with Access to Water Supply (10,000 persons)	城市名称 Name of Cities
居民家庭用水 The Quantity of Water for Household Use	其他用水 The Quantity of Water for Other Purposes		家庭用户 Household User		
5.00	0.10	35	13	0.10	绵　竹
225.51	1.40	3719	2908	1.00	绵　阳
66.45	5.00	1721	1586	2.38	广　元
12.00		1050	1035	0.30	遂　宁
264.92		19725	10637	6.23	内　江
55.00	8.00	3365	3280	0.83	峨眉山
125.00	7.00	9000	650	2.50	眉　山
					广　安
76.00	10.00	3210	3000	1.00	华　蓥
108.00	51.00	6735	6575	2.47	达　州
3.18	25.00	298	276	0.09	万　源
33.60	15.00	12513	9231	7.68	资　阳
600.00	5.00	19000	18000	7.10	简　阳
603.17	**70.25**	**23099**	**15882**	**9.93**	**贵　州**
93.12	22.55	67	11	3.08	贵　阳
301.85	38.70	5120	4920	1.20	清　镇
110.00	9.00	8500	8401	2.90	安　顺
98.20		9412	2550	2.75	都　匀
2045.08	**175.29**	**81319**	**69581**	**33.54**	**云　南**
1027.95	132.00	7669	7433	9.35	昆　明
48.00		3834	3519	2.53	曲　靖
336.24	6.00	21820	12601	10.40	宣　威
		11			丽　江
138.45		6900	6900	3.20	普　洱
430.00	37.00	31268	31081	4.80	临　沧
42.00	0.29	7035	6733	1.99	开　远
17.00		981	951	0.73	蒙　自
5.44		1801	363	0.54	文　山
44.97	**5.01**	**4653**	**2899**	**0.95**	**西　藏**
44.97	5.01	4653	2899	0.95	日喀则
2816.55	**783.00**	**142031**	**90541**	**76.89**	**陕　西**
28.70		2358	2358	0.45	西　安
600.00	70.00	19850	19145	13.44	宝　鸡
628.00	210.00	16061	9076	27.90	咸　阳
450.00	300.00	30780	326	12.87	兴　平
312.00	169.00	17168	16335	8.40	渭　南
146.00	14.00	14050	10750	4.18	韩　城
79.00	20.00	5850	5400	2.50	华　阴
126.00		20165	18890	3.15	安　康
72.00		489	420	0.20	商　洛
374.85		15260	7841	3.80	杨陵区

5-7 续表 10

城市名称 Name of Cities	综合生产能力(万立方米/日) Integrated Production Capacity (10,000m³/day)	地下水 Underground Water	供水管道长度(公里) Length of Water Supply Pipelines (km)	供水总量(万立方米) 合计 Total	生产运营用水 The Quantity of Water for Production and Operation	公共服务用水 The Quantity of Water for Public Service
甘　肃	**88.32**	**34.68**	**731.29**	**9321.80**	**6571.18**	**1410.00**
兰　州	9.41	1.72	62.04	3021.96	2042.12	470.60
嘉峪关	43.10	28.10	381.35	2423.00	1763.00	302.00
金　昌	20.00		38.50	700.00		448.00
白　银	10.30		151.00	1908.06	1899.06	
张　掖	1.85	1.80	45.30	591.00	440.00	39.00
平　凉	0.60		5.20	8.58	6.00	
酒　泉	3.00	3.00	42.00	647.80	406.00	145.00
陇　南	0.06	0.06	5.90	21.40	15.00	5.40
青　海	**33.47**	**21.40**	**301.57**	**8694.91**	**6709.92**	**146.73**
西　宁	11.89		105.20	4077.70	2801.15	
海　东	1.80	1.80	26.00	148.40	67.00	
玉　树	0.18		32.40	60.00		5.00
格尔木	14.40	14.40	116.97	2607.81	2176.77	121.73
德令哈	5.20	5.20	21.00	1801.00	1665.00	20.00
宁　夏	**63.50**	**51.30**	**581.20**	**11030.56**	**7955.14**	**932.42**
银　川	7.40	7.40		2700.00	1800.00	300.00
灵　武	0.04	0.04	80.00	14.51	14.51	
石嘴山	38.20	27.40	309.00	3739.85	2191.03	400.42
吴　忠	2.00	2.00	5.00	244.00	198.00	
青铜峡	13.90	12.50	169.40	4032.40	3642.00	206.00
固　原	1.40	1.40	7.50	97.00	14.00	26.00
中　卫	0.56	0.56	10.30	202.80	95.60	
新　疆	**67.40**	**56.34**	**432.87**	**9745.41**	**4269.29**	**2077.36**
乌鲁木齐	5.38	5.38		1165.90	430.00	0.90
克拉玛依	0.16	0.16	13.00	46.00	19.00	11.00
哈　密	1.74	1.74	98.87	443.35	81.94	35.66
昌　吉	18.30	7.50	125.00	470.00	150.50	27.50
阜　康	0.50	0.50	7.00	60.50	3.30	
库尔勒	6.80	6.80	96.00	713.00	107.00	67.00
喀　什	13.00	13.00		141.00	68.00	70.00
奎　屯	9.10	9.10		2991.80	874.00	1470.80
塔　城	0.66	0.66	17.00	101.00	38.00	51.00
石河子	11.00	11.00	61.00	3458.00	2490.00	270.00
铁门关	0.26		15.00	43.86		
双　河	0.50	0.50		111.00	7.55	73.50

Continued 10

Total Quantity of Water Supply(10,000m³)		用水户数(户) Number of Households with Access to Water Supply (unit)		用水人口(万人) Population with Access to Water Supply (10,000 persons)	城市名称 Name of Cities
居民家庭用水 The Quantity of Water for Household Use	其他用水 The Quantity of Water for Other Purposes		家庭用户 Household User		
1241.04	**99.58**	**117922**	**105272**	**29.45**	**甘肃**
452.24	57.00	42918	39015	10.64	兰州
358.00		47340	46800	10.02	嘉峪关
252.00		11900	11837	3.63	金昌
9.00		3000	820	0.34	白银
112.00		8921	3056	2.85	张掖
2.00	0.58	142	110	0.75	平凉
54.80	42.00	3600	3550	1.10	酒泉
1.00		101	84	0.12	陇南
1537.08	**301.18**	**35815**	**33782**	**12.38**	**青海**
1276.55		11036	10705	4.49	西宁
80.00	1.40	7000	6600	1.23	海东
55.00		11020	9865	4.52	玉树
67.53	241.78	6036	5900	1.86	格尔木
58.00	58.00	723	712	0.28	德令哈
919.18	**1223.82**	**45237**	**40917**	**17.82**	**宁夏**
	600.00	142			银川
		4			灵武
543.98	604.42	25050	24886	6.71	石嘴山
46.00		1611	488	0.84	吴忠
173.00	11.40	9110	7934	6.00	青铜峡
49.00	8.00	3300	3020	1.60	固原
107.20		6020	4589	2.67	中卫
2396.76	**1002.00**	**99764**	**76357**	**21.22**	**新疆**
670.00	65.00	8500	5500	2.50	乌鲁木齐
15.00	1.00	1002	950	0.30	克拉玛依
325.75		19811	18811	2.74	哈密
280.00	12.00	10220	10130	4.50	昌吉
57.20		3338	2757	1.30	阜康
52.00	487.00	11000	10950	2.76	库尔勒
	3.00	32			喀什
275.00	372.00	8419	6947	1.05	奎屯
9.00	3.00	900	450	0.22	塔城
639.00	59.00	28450	12148	4.15	石河子
43.86		4386	4386	0.70	铁门关
29.95		3706	3328	1.00	双河

六、城市节约用水

6. Urban Water Conservation

简要说明

本部分主要反映城市节约用水情况，只统计设有节约用水管理机构的城市，汇总量均不代表全社会。主要包括设有节约用水管理机构城市的计划用水量、实际用水量、节约用水量等内容。

Brief Introduction

This section mainly demonstrates status of urban water conservation. Statistics only covers cities with water conservation authorities, therefore the data does not represent the situation of the whole society. Main indicators include planned households supplied, actual quantity of water used, quantity of water saved, etc..

6 全国历年城市节约用水情况(1991−2014)
National Urban Water Conservation in Past Years(1991-2014)

年 份 Year	计划用水量 (万立方米) Planned Quantity of Water Use (10,000 m^3)	新水取用量 (万立方米) Fresh Water Used (10,000 m^3)	工业用水重复利用量 (万立方米) Quantity of Industrial Water Recycled (10,000 m^3)	节约用水量 (万立方米) Water Saved (10,000 m^3)
1991	1977024	1921307	1985326	211259
1992	2077092	1939390	2843918	205087
1993	2076928	2004922	3000109	218317
1994	2299596	2497236	3375652	276241
1995	2123215	1930610	3626086	235113
1996	6285246	2166806	3345351	235194
1997	2004412	1875974	4429175	260885
1998	2490390	2343370	3978967	278835
1999	2409254	2223035	3966355	287284
2000	2153979	2071731	3811945	353569
2001	2504134	2126401	3881683	377733
2002	2463717	2091365	4849164	372352
2003	2353286	2014528	4572711	338758
2004	2441914	2048488	4183937	393426
2005	2676425	2300332	5670096	376093
2006		2356268	5535492	415755
2007		2295192	6026048	454794
2008		2121034	6547258	659114
2009		2064014	6130645	628692
2010		2161262	6872928	407152
2011		1694727	6334101	406578
2012		1838306	7388185	400806
2013		1876372	6526517	382760
2014		1950107	6930588	405234

注：自2006年起，不统计计划用水量指标。
Note: From 2006, "Planned Quantity of Water Use" has not been counted.

6-1 2014年全国城市节约用水分组资料

计量单位：万立方米

地区名称 Name of Regions		计划用水户数（户） Planned Water Consumers (unit)	自备水计划用水户数 Planned Self-produced Water Consumers	计划用水户实际用水量 合计 Total	工业 Industry	新水取用量 Fresh Water Used	工业 Industry	重复利用量 Water Reused
全　国	**National Total**	**2356707**	**300520**	**9435400**	**7804674**	**1950107**	**874086**	**7485293**
分类一	**Group one**							
东部地区	East China	972804	43060	6685681	5445439	1335209	553865	5350472
中部地区	Central China	780023	233019	2007793	1759917	446304	255876	1561489
西部地区	West China	603880	24441	741926	599318	168594	64345	573332
分类二	**Group two**							
东部地区	East China	967273	42859	6261064	5080299	1254877	530222	5006187
中部地区	Central China	730681	232421	1797442	1570295	402902	228494	1394540
西部地区	West China	658753	25240	1376894	1154080	292328	115370	1084566
分类三	**Group three**							
东部地区	East China	823441	42102	4897496	3780283	1117903	446952	3779593
中部地区	Central China	496813	22723	1389926	1221157	239662	114674	1150264
西部地区	West China	658753	25240	1376894	1154080	292328	115370	1084566
东北地区	Northeast China	377700	210455	1771084	1649154	300214	197090	1470870

National Urban Water Conservation (2014)

Measurement Unit:10,000m^3

Actual Quantity of Water Used				节约用水量 Water Saved		节水措施投资总额(万元) Total Investment in Water-Saving Measures (10,000 RMB)	地区名称 Name of Regions
	超计划定额用水量 Water Quantity Consumed in Excess of Quota	重复利用率(%) Reuse Rate (%)			工业 Industry		
工业 Industry			工业 Industry				
6930588	**25751**	**79.33**	**88.80**	**405234**	**292290**	**274321**	**全　国**
							分类一
4891574	18127	80.03	89.83	256876	190770	213808	东部地区
1504041	2319	77.77	85.46	109598	82347	39602	中部地区
534973	5305	77.28	89.26	38760	19173	20911	西部地区
							分类二
4550077	13203	79.96	89.56	244878	181910	210217	东部地区
1341801	2319	77.58	85.45	95248	72246	39595	中部地区
1038710	10229	78.77	90.00	65108	38134	24509	西部地区
							分类三
3333331	10868	77.17	88.18	208733	156504	191461	东部地区
1106483	1857	82.76	90.61	66601	47113	34024	中部地区
1038710	10229	78.77	90.00	65108	38134	24509	西部地区
1452064	2797	83.05	88.05	64792	50539	24327	东北地区

6-2 2014年按省分列的全国城市节约用水

计量单位：万立方米

地区名称 Name of Regions	计划用水户数（户） Planned Water Consumers (unit)	自备水计划用水户数 Planned Self-produced Water Consumers	计划用水户实际用水量 合计 Total	工业 Industry	新水取用量 Fresh Water Used	工业 Industry	重复利用量 Water Reused
全　国	**2356707**	**300520**	**9435400**	**7804674**	**1950107**	**874086**	**7485293**
北　京	27709	5284	311951	43600	251423	26841	60528
天　津	6523		504127	492115	41367	31439	462760
河　北	104555	6830	552968	376886	41031	27696	511937
山　西	27357	358	154370	120610	28096	11006	126274
内蒙古	49342	598	210351	189622	43402	27382	166949
辽　宁	143832	757	1363568	1300016	136974	83270	1226594
吉　林	5796	842	168828	148098	53254	32921	115574
黑龙江	228072	208856	238688	201040	109986	80899	128702
上　海	34236		87710	37075	87710	37075	
江　苏	25797	1267	1646643	1354854	288552	165821	1358091
浙　江	27496	414	241527	211383	66128	41902	175399
安　徽	3152	285	342121	323277	32631	16044	309490
福　建	15975	320	127958	66088	68929	8365	59029
江　西	51419	2659	28439	10823	16569	4790	11870
山　东	318130	24161	1209448	1047985	198107	94818	1011341
河　南	44944	4277	459826	424915	52560	27028	407266
湖　北	348603	15118	364601	312619	82487	39748	282114
湖　南	21338	26	40569	28913	27319	16058	13250
广　东	248817	120	214835	150052	74500	12897	140335
广　西	5531	201	424617	365140	80332	23643	344285
海　南	14203	3706	329	245	156	98	173
重　庆	200		740	130	550	90	190
四　川	180458	5676	81163	44663	42266	11817	38897
贵　州	3392	124	30700	23920	11955	5493	18745
云　南	121988	76	61525	54157	14715	7648	46810
西　藏	1300	88	38		38		
陕　西	144475	11704	150035	132603	28789	13208	121246
甘　肃	2413	786	258458	239352	30494	12988	227964
青　海	5	5	3164	1004	1722	520	1442
宁　夏	41031	1957	136193	98080	19217	7760	116976
新　疆	108618	4025	19910	5409	18848	4821	1062

Urban Water Conservation by Province(2014)

Measurement Unit:10,000m^3

Actual Quantity of Water Used		重复利用率(%)		节约用水量		节水措施投资总额(万元)	地区名称
工业 Industry	超计划定额用水量 Water Quantity Consumed in Excess of Quota	重复利用率(%) Reuse Rate (%)	工业 Industry	节约用水量 Water Saved	工业 Industry	节水措施投资总额(万元) Total Investment in Water-Saving Measures (10,000 RMB)	地区名称 Name of Regions
6930588	**25751**	**79.33**	**88.80**	**405234**	**292290**	**274321**	**全 国**
16759	2433	19.40	38.44	8023	8	47728	北 京
460676	140	91.79	93.61	339	235	716	天 津
349190	73	92.58	92.65	12613	11991	6964	河 北
109604	283	81.80	90.87	12691	8702	7486	山 西
162240		79.37	85.56	14350	10101	7	内蒙古
1216746	2335	89.95	93.59	36145	25406	18756	辽 宁
115177	462	68.46	77.77	16658	14500	2420	吉 林
120141		53.92	59.76	11989	10633	3151	黑龙江
				16290	13325	4184	上 海
1189033	2210	82.48	87.76	59726	47914	74088	江 苏
169481	637	72.62	80.18	13946	9062	6555	浙 江
307233	527	90.46	95.04	24025	19237	9925	安 徽
57723	442	46.13	87.34	6087	3461	420	福 建
6033	42	41.74	55.74	1701	924	625	江 西
953167	3861	83.62	90.95	78400	68010	47206	山 东
397887	205	88.57	93.64	11064	6590	8730	河 南
272871		77.38	87.29	11226	6792	3768	湖 北
12855	800	32.66	44.46	5894	4868	3490	湖 南
137155	906	65.32	91.40	13056	2359	2150	广 东
341497	4924	81.08	93.52	11998	8860	3591	广 西
147	166	52.58	60.00	253	139	1450	海 南
40		25.68	30.77	145	25		重 庆
32846	3785	47.92	73.54	7116	3512	1615	四 川
18427	594	61.06	77.04	2218	1748	1923	贵 州
46509	790	76.08	85.88	2944	77	60	云 南
				45			西 藏
119395		80.81	90.04	7704	6193	585	陕 西
226364	41	88.20	94.57	9071	4408	1986	甘 肃
484		45.58	48.21	209	209	45	青 海
90320		85.89	92.09	3616	2229	9575	宁 夏
588	95	5.33	10.87	5692	772	5122	新 疆

6-3 2014年按城市分列的全国城市节约用水

计量单位：万立方米

城市名称 Name of Cities	计划用水户数（户） Planned Water Consumers (unit)	自备水计划用水户数 Planned Self-produced Water Consumers	计划用水户实际用水量 合计 Total	工业 Industry	新水取用量 Fresh Water Used	工业 Industry	重复利用量 Water Reused
全国	**2356707**	**300520**	**9435400**	**7804674**	**1950107**	**874086**	**7485293**
北京	**27709**	**5284**	**311951**	**43600**	**251423**	**26841**	**60528**
天津	**6523**		**504127**	**492115**	**41367**	**31439**	**462760**
河北	**104555**	**6830**	**552968**	**376886**	**41031**	**27696**	**511937**
石家庄	2559	22	1812	657	1812	657	
唐山	771	44	196833	194366	6361	3894	190472
秦皇岛	1059		29827	28841	3524	2538	26303
邯郸	1230	1230	195028	33500	7862	6134	187166
武安	35484		3937	3138	1060	302	2877
邢台	15		1497	1347	1497	1347	
保定	1100	227	78680	74310	6300	3700	72380
涿州	1100	1100	2383	2185	1785	1587	598
张家口	4000	4000	17472	16231	6110	4869	11362
承德	96	96	4390	4333	699	642	3691
沧州	427		14004	13238	1825	1059	12179
黄骅	56491		5040	3218	1029	288	4011
衡水	23	23	858	790	171	158	687
辛集	112		475		475		
定州	88	88	732	732	521	521	211
山西	**27357**	**358**	**154370**	**120610**	**28096**	**11006**	**126274**
大同	2325	172	76937	61301	7918	3289	69019
阳泉	363	6	31905	29588	4827	2510	27078
长治	276		848		424		424
晋城	867	12	12048	8106	2076	701	9972
高平	195		310	60	310	60	
朔州	862	69	2803	2449	1324	970	1479
晋中	265	2	2168	740	542	148	1626
运城	470		4190	2120	1912	1400	2278
河津	133		505	153	430	78	75
原平	379	62	6222	3528	2850	156	3372
临汾	1200		3200	1830	1850	480	1350
侯马	412	14	5946	5483	963	500	4983
霍州	420	21	5200	4640	900	340	4300
吕梁	362		1049	102	982	68	67
孝义	18828		1039	510	788	306	251

Urban Water Conservation by City(2014)

Measurement Unit:10,000m³

Actual Quantity of Water Used							
工 业 Industry	超计划定额用水量 Water Quantity Consumed in Excess of Quota	重 复 利用率 (%) Reuse Rate (%)	工 业 Industry	节 约 用水量 Water Saved	工 业 Industry	节水措施投资总额 (万元) Total Investment in Water-Saving Measures (10,000 RMB)	城市名称 Name of Cities
6930588	**25751**	**79.33**	**88.80**	**405234**	**292290**	**274321**	**全　国**
16759	**2433**	**19.40**	**38.44**	**8023**	**8**	**47728**	**北　京**
460676	**140**	**91.79**	**93.61**	**339**	**235**	**716**	**天　津**
349190	**73**	**92.58**	**92.65**	**12613**	**11991**	**6964**	**河　北**
	43			15	15		石家庄
190472		96.77	98.00	715	705	5139	唐　山
26303		88.19	91.20	1808	1781	970	秦皇岛
27366		95.97	81.69	2500	2160		邯　郸
2836		73.08	90.38	2878	2841		武　安
							邢　台
70610	30	91.99	95.02	1510	1510	150	保　定
598		25.09	27.37	870	870		涿　州
11362		65.03	70.00	829	752		张家口
3691		84.08	85.18				承　德
12179		86.97	92.00	319	257	500	沧　州
2930		79.58	91.05	207	185	155	黄　骅
632		80.07	80.00	592	545	50	衡　水
							辛　集
211		28.83	28.83	370	370		定　州
109604	**283**	**81.80**	**90.87**	**12691**	**8702**	**7486**	**山　西**
58012	247	89.71	94.63	7638	5983	755	大　同
27078		84.87	91.52	461	406	410	阳　泉
		50.00		407			长　治
7405	1	82.77	91.35	285	150	3171	晋　城
				60			高　平
1479		52.76	60.39	800	750		朔　州
592	5	75.00	80.00	1626	592		晋　中
720	19	54.37	33.96	430	330		运　城
75		14.85	49.02	75	42		河　津
3372		54.19	95.58				原　平
1350		42.19	73.77	160	50		临　汾
4983		83.80	90.88	280	190	2800	侯　马
4300		82.69	92.67	250	150	350	霍　州
34		6.39	33.33	78	6		吕　梁
204	11	24.16	40.00	141	53		孝　义

6-3 续表 1

计量单位：万立方米

城市名称 Name of Cities	计划用水户实际用水量						
	计划用水户数（户） Planned Water Consumers (unit)	自备水计划用水户数 Planned Self-produced Water Consumers	合计 Total	工业 Industry	新水取用量 Fresh Water Used	工业 Industry	重复利用量 Water Reused
内蒙古	**49342**	**598**	**210351**	**189622**	**43402**	**27382**	**166949**
包头	2812	461	179483	171270	27224	19011	152259
乌海	90	51	19219	12607	10062	6126	9157
赤峰	46258		1170	415	430	185	740
鄂尔多斯	96		5969	1720	3234	508	2735
乌兰浩特	86	86	4510	3610	2452	1552	2058
辽宁	**143832**	**757**	**1363568**	**1300016**	**136974**	**83270**	**1226594**
沈阳	4879		49080	42459	7036	2318	42044
大连	1676	187	107951	103615	8777	4591	99174
瓦房店	1250	3	644	644	396	396	248
庄河	998		646	354	534	249	112
鞍山	3846		351679	349422	19852	17595	331827
海城	2920		2178	190	1942	135	236
抚顺	781	9	145820	142930	15630	14010	130190
本溪	4202		266771	262215	25271	20715	241500
丹东	275	90	7500	2580	6900	1980	600
锦州	540	20	129188	127006	7484	5364	121704
凌海	20	20	106	106	21	21	85
北镇	2007		156	42	125	42	31
营口	2974	3	29193	24723	5291	1817	23902
盖州	456	36	912	72	456	36	456
大石桥	84304		1550	190	1450	100	100
阜新	650		37992	34239	6302	2549	31690
辽阳	481	108	19621	10252	9780	440	9841
盘锦	294	4	121003	114994	4163	2297	116840
铁岭	21985		1991	367	1813	264	178
调兵山	213		785	355	135		650
朝阳	5310	60	24840	22620	3396	1176	21444
北票	251	191	4767	4747	1800	1780	2967
凌源	20	20	830	490	800	460	30
葫芦岛	3500	6	58365	55404	7620	4935	50745
吉林	**5796**	**842**	**168828**	**148098**	**53254**	**32921**	**115574**
长春	1218		36776	28161	15648	7037	21128
榆树	1990	92	625		601		24
德惠	190	70	280	140	120	85	160
吉林	513	36	81984	80947	19654	18617	62330
桦甸	325	180	4		2		2
四平	187	87	15626	11110	5356	840	10270
通化	290		12849	10791	2189	361	10660

Continued 1

Measurement Unit:10,000m^3

Actual Quantity of Water Used				节约用水量 Water Saved		节水措施投资总额(万元) Total Investment in Water-Saving Measures (10,000 RMB)	城市名称 Name of Cities
工业 Industry	超计划定额用水量 Water Quantity Consumed in Excess of Quota	重复利用率(%) Reuse Rate (%)	工业 Industry		工业 Industry		
162240		**79.37**	**85.56**	**14350**	**10101**	**7**	**内蒙古**
152259		84.83	88.90	400	350		包头
6481		47.65	51.41	9157	6481		乌海
230		63.25	55.42				赤峰
1212		45.82	70.47	2735	1212	7	鄂尔多斯
2058		45.63	57.01	2058	2058		乌兰浩特
1216746	**2335**	**89.95**	**93.59**	**36145**	**25406**	**18756**	**辽宁**
40141		85.66	94.54	10585	4744	212	沈阳
99024		91.87	95.57				大连
248	2	38.51	38.51	219	89		瓦房店
105		17.34	29.66	92	66		庄河
331827		94.36	94.96	3599	2689		鞍山
55	47	10.84	28.95	97	55	63	海城
128920	180	89.28	90.20	4200	2300	16050	抚顺
241500		90.53	92.10				本溪
600		8.00	23.26	750	654		丹东
121642		94.21	95.78	1612	1457		锦州
85		80.19	80.19	21	21		凌海
		19.87		35	17		北镇
22906		81.88	92.65	1110	810		营口
36		50.00	50.00	456	36	1050	盖州
90		6.45	47.37	100	90	65	大石桥
31690		83.41	92.56	960	770		阜新
9812		50.16	95.71	9565	9556		辽阳
112697	11	96.56	98.00	450	419	300	盘锦
103		8.94	28.07	449	130	7	铁岭
355		82.80	100.00	170	85		调兵山
21444		86.33	94.80	560	342	109	朝阳
2967		62.24	62.50	124	120		北票
30		3.61	6.12	47	47		凌源
50469	2095	86.94	91.09	944	909	900	葫芦岛
115177	**462**	**68.46**	**77.77**	**16658**	**14500**	**2420**	**吉林**
21124	185	57.45	75.01	687	360	1680	长春
		3.84		15			榆树
55		57.14	39.29	60	40		德惠
62330	10	76.03	77.00	6658	5801		吉林
		50.00		4	1		桦甸
10270	2	65.72	92.44	185			四平
10430	65	82.96	96.65	4581	4487	180	通化

6-3 续表 2

计量单位：万立方米

城市名称 Name of Cities	计划用水户数(户) Planned Water Consumers (unit)	自备水计划用水户数 Planned Self-produced Water Consumers	计划用水户实际用水量 合计 Total	工业 Industry	新水取用量 Fresh Water Used	工业 Industry	重复利用量 Water Reused
白　山	107	107	2885	2800	1485	1400	1400
临　江	100		240	100	180	40	60
松　原	97		1867	1409	1400	970	467
白　城	73	73	1616	824	1191	399	425
延　吉	146	10	401	56	377	33	24
图　们	24	6	78		78		
敦　化	87	7	517	501	207	191	310
珲　春	120		1427	771	1108	452	319
龙　井	45		418	308	320	210	98
公主岭	174	174	8662	8280	838	456	7824
梅河口	110		2573	1900	2500	1830	73
黑龙江	**228072**	**208856**	**238688**	**201040**	**109986**	**80899**	**128702**
哈尔滨	1805	461	52568	38421	15268	7342	37300
齐齐哈尔	65		110418	103071	65067	57720	45351
大　庆	198000	198000	58460	48500	22460	12500	36000
伊　春	16750		4170	2354	3138	1337	1032
七台河	11320	10325	7352	5509	3563	1720	3789
牡丹江	132	70	5720	3185	490	280	5230
上　海	**34236**		**87710**	**37075**	**87710**	**37075**	
江　苏	**25797**	**1267**	**1646643**	**1354854**	**288552**	**165821**	**1358091**
南　京	4301		427578	221628	99198	39893	328380
无　锡	1008		45703	36788	17691	9384	28012
江　阴	161		24852	23766	4531	3445	20321
宜　兴	2490		3100	1800	2660	1410	440
徐　州	456	80	101624	98491	13195	10222	88429
新　沂	40	35	37468	37468	1925	1925	35543
邳　州	11	10	20520	20350	1920	1750	18600
常　州	2645	62	145817	142452	16903	13797	128914
金　坛	333		7922	7664	1033	775	6889
苏　州	4511	172	209786	191911	31308	22691	178478
常　熟	536		55130	49334	3758	2051	51372
张家港	361		13455	10881	1282	392	12173
昆　山	353		54245	46623	13872	6855	40373
太　仓	431		14628	13088	2439	1992	12189
南　通	2460	599	95226	92074	15344	12560	79882
启　东	88		2598	2320	788	580	1810
如　皋	334		1169		1169		
海　门	19		5040	3105	3032	1097	2008

Continued 2

Measurement Unit:10,000m³

Actual Quantity of Water Used				节约用水量 Water Saved	工业 Industry	节水措施投资总额(万元) Total Investment in Water-Saving Measures (10,000 RMB)	城市名称 Name of Cities
工业 Industry	超计划定额用水量 Water Quantity Consumed in Excess of Quota	重复利用率(%) Reuse Rate (%)	工业 Industry				
1400		48.53	50.00	2450	2210		白山
60		25.00	60.00	64	55		临江
439	198	25.01	31.16	439	439	512	松原
425		26.30	51.58	259	251		白城
23	2	5.99	41.07	115	26	5	延吉
				4		38	图们
310		59.96	61.88	304	84	5	敦化
319		22.35	41.37	458	458		珲春
98		23.44	31.82	98	98		龙井
7824		90.33	94.49	169	90		公主岭
70		2.84	3.68	108	100		梅河口
120141		**53.92**	**59.76**	**11989**	**10633**	**3151**	**黑龙江**
31079		70.96	80.89	2395	1680	620	哈尔滨
45351		41.07	44.00	4043	3763		齐齐哈尔
36000		61.58	74.23	1280	1280	2220	大庆
1017		24.75	43.20	521	350		伊春
3789		51.54	68.78	2930	2930	11	七台河
2905		91.43	91.21	820	630	300	牡丹江
				16290	**13325**	**4184**	**上海**
1189033	**2210**	**82.48**	**87.76**	**59726**	**47914**	**74088**	**江苏**
181735		76.80	82.00	3466	1156	757	南京
27404	17	61.29	74.49	2300	1621	1874	无锡
20321		81.77	85.50	388	352	198	江阴
390		14.19	21.67	270		360	宜兴
88269	26	87.02	89.62	6550	6030	4200	徐州
35543		94.86	94.86	450	450	210	新沂
18600		90.64	91.40	1550	1550	432	邳州
128655		88.41	90.31	19768	17219	5714	常州
6889	3	86.96	89.89	30	9	118	金坛
169220	27	85.08	88.18	4601	2923	6601	苏州
47283		93.18	95.84	2050	1450	33	常熟
10489	131	90.47	96.40	73	18		张家港
39768	8	74.43	85.30	538	473	501	昆山
11096	94	83.33	84.78	1003	825	700	太仓
79514		83.89	86.36	2304	2251	41834	南通
1740		69.67	75.00	205	184	50	启东
	1					500	如皋
2008		39.84	64.67	83	83	206	海门

6-3 续表 3

计量单位：万立方米

城市名称 Name of Cities	计划用水户实际用水量						
	计划用水户数（户） Planned Water Consumers (unit)	自备水计划用水户数 Planned Self-produced Water Consumers	合计 Total	工业 Industry	新水取用量 Fresh Water Used	工业 Industry	重复利用量 Water Reused
连云港	890	12	158776	153742	10718	6586	148058
淮安	610	80	42963	39174	6500	3900	36463
盐城	436	21	13600	13020	4800	4320	8800
大丰	7	6	4850	3885	1420	456	3430
扬州	1493	23	22233	21973	3947	3697	18286
仪征	74	74	27414	23362	7114	3062	20300
高邮	53	33	1501	1084	990	573	511
镇江	997	9	68881	66267	9572	6958	59309
丹阳	187		1876	1589	956	669	920
扬中	65		615	595	140	130	475
句容	63		429	275	354	200	75
泰州	57	23	7493	7493	1139	1139	6354
兴化	116		5009		3806		1203
靖江	32		1871	655	1583	521	288
宿迁	179	28	23271	21997	3465	2791	19806
浙江	**27496**	**414**	**241527**	**211383**	**66128**	**41902**	**175399**
杭州	991	286	4418	2064	2426	764	1992
建德	23		12	12	6	6	6
宁波	2503		109817	103076	26233	19563	83584
慈溪	8784		1788	218	1388	218	400
奉化	258		1688		1688		
温州	243		1767	686	1410	429	357
嘉兴	800		17785	16324	3154	1693	14631
海宁	13		163	163	44	44	119
湖州	580		3950	3790	650	490	3300
绍兴	1323	121	56208	52703	9797	8079	46411
诸暨	195		10293	9037	1268	904	9025
嵊州	5510		3894	2336	3292	1787	602
金华	844		6638	5366	2058	786	4580
义乌	636		5750	3220	4750	2660	1000
东阳	451	3	3054	2114	1723	783	1331
永康	101		357	188	254	120	103
舟山	1003	4	7102	5061	2041	1033	5061
台州	2439		5982	4772	3405	2395	2577
温岭	799		861	253	541	148	320
安徽	**3152**	**285**	**342121**	**323277**	**32631**	**16044**	**309490**
合肥	1025		54233	45216	12721	3726	41512
淮南	241		1835	575	1670	410	165
马鞍山	3	3	259914	259914	7570	7570	252344

Continued 3

Measurement Unit:10,000m^3

Actual Quantity of Water Used		重 复 利用率 (%) Reuse Rate (%)		节 约 用水量 Water Saved		节水措施投资总额 (万元) Total Investment in Water-Saving Measures (10,000 RMB)	城市名称 Name of Cities
工 业 Industry	超计划定额用水量 Water Quantity Consumed in Excess of Quota		工 业 Industry		工 业 Industry		
147156	1903	93.25	95.72	1903	1585	2680	连云港
35274		84.87	90.04	5100	4300	500	淮 安
8700		64.71	66.82	1500	930	3800	盐 城
3429		70.72	88.26				大 丰
18276		82.25	83.17	2882	2832	350	扬 州
20300		74.05	86.89	150	137	133	仪 征
511		34.04	47.14	277	222	42	高 邮
59309		86.10	89.50	1037	563		镇 江
920		49.04	57.90	188	131	15	丹 阳
465		77.24	78.15	85	75	280	扬 中
75		17.48	27.27	90	32		句 容
6354		84.80	84.80				泰 州
		24.02					兴 化
134		15.39	20.46	387	101		靖 江
19206		85.11	87.31	498	412	2000	宿 迁
169481	**637**	**72.62**	**80.18**	**13946**	**9062**	**6555**	**浙 江**
1300		45.09	62.98	1233	920		杭 州
6		50.00	50.00				建 德
83513	22	76.11	81.02	3155	2347		宁 波
	8	22.37		400		10	慈 溪
	10			260		2	奉 化
257	71	20.20	37.46	113	45	30	温 州
14631	18	82.27	89.63	942	557		嘉 兴
119	7	73.01	73.01	34	34	3	海 宁
3300		83.54	87.07	445	400		湖 州
44624	31	82.57	84.67	686	479	1893	绍 兴
8133	18	87.68	90.00	820	570	650	诸 暨
549		15.46	23.50				嵊 州
4580	99	69.00	85.35	1815	951	2050	金 华
560		17.39	17.39	1200	620		义 乌
1331	20	43.58	62.96	562	473	561	东 阳
68		28.85	36.17	100	100		永 康
4028	78	71.26	79.59	286	245	315	舟 山
2377	255	43.08	49.81	1515	1201	541	台 州
105		37.17	41.50	380	120	500	温 岭
307233	**527**	**90.46**	**95.04**	**24025**	**19237**	**9925**	**安 徽**
41490	527	76.54	91.76	1753		595	合 肥
165		8.99	28.70	600	280	77	淮 南
252344		97.09	97.09	5655	5655	450	马鞍山

6-3 续表 4

计量单位：万立方米

城市名称 Name of Cities	计划用水户实际用水量						
	计划用水户数(户) Planned Water Consumers (unit)	自备水计划用水户数 Planned Self-produced Water Consumers	合计 Total	工业 Industry	新水取用量 Fresh Water Used	工业 Industry	重复利用量 Water Reused
淮　北	160	110	5184	2126	1912	356	3272
安　庆	1000	80	329		190		139
黄　山	617		5827	4466	1345	570	4482
天　长	10		16	10	10	5	6
阜　阳	58	56	14228	10415	6868	3062	7360
界　首	38	36	555	555	345	345	210
福　建	**15975**	**320**	**127958**	**66088**	**68929**	**8365**	**59029**
福　州	3068		8973	5490	5283	1800	3690
厦　门	6148		53616		53527		89
莆　田			92	15	56	4	36
三　明	2495		59529	57630	6059	4160	53470
泉　州	3100		4537	2688	2875	2140	1662
龙　岩	560	320	882	200	807	200	75
漳　平	114		21	8	17	6	4
福　安	490		308	57	305	55	3
江　西	**51419**	**2659**	**28439**	**10823**	**16569**	**4790**	**11870**
南　昌	1160	3	18684	5979	11211	3581	7473
景德镇	128	3	2250	2080	100	20	2150
萍　乡	50078	2653	2390	495	2100	230	290
赣　州	53		5115	2269	3158	959	1957
山　东	**318130**	**24161**	**1209448**	**1047985**	**198107**	**94818**	**1011341**
济　南	3985	98	284553	259653	29649	9239	254904
章　丘	10		17130	14405	2030	605	15100
青　岛	13631	256	139128	107921	37278	13400	101850
胶　州	626	46	6225	4453	2068	806	4157
即　墨	3667		10414	8149	3700	1656	6714
平　度	871	132	4859	3184	2238	584	2621
莱　西	1143	47	4696	3603	1445	853	3251
淄　博	2174	1075	210527	198255	16905	9507	193622
枣　庄	16147	4164	4503	2701	3171	1469	1332
滕　州	3317	29	2366	1618	1466	918	900
东　营	5356		107627	100580	9509	4906	98118
烟　台	776	28	24114	10047	5999	1879	18115
龙　口	157	14	5481	3679	1457	515	4024
莱　阳	85	10	2472	1661	781	362	1691
蓬　莱	522	38	5456	4399	1347	529	4109
招　远	210		3364	3364	804	804	2560
栖　霞	124	109	659	79	250	28	409

Continued 4

Measurement Unit:10,000m^3

Actual Quantity of Water Used				节约用水量 Water Saved		节水措施投资总额(万元) Total Investment in Water-Saving Measures (10,000 RMB)	城市名称 Name of Cities
工业 Industry	超计划定额用水量 Water Quantity Consumed in Excess of Quota	重复利用率(%) Reuse Rate (%)	工业 Industry		工业 Industry		
1770		63.12	83.25	3272	1770	520	淮北
		42.25		281			安庆
3896		76.92	87.24	4921	3997	924	黄山
5		37.50	50.00	6	5		天长
7353		51.73	70.60	7360	7353	7189	阜阳
210		37.84	37.84	177	177	170	界首
57723	**442**	**46.13**	**87.34**	**6087**	**3461**	**420**	**福建**
3690		41.12	67.21	1385	504		福州
	424	0.17		1215	480	20	厦门
11		39.13	73.33	63	19		莆田
53470		89.82	92.78	967	663		三明
548		36.63	20.39	2295	1754	400	泉州
		8.50		132	35		龙岩
2		19.05	25.00	8	2		漳平
2	18	0.97	3.51	22	4		福安
6033	**42**	**41.74**	**55.74**	**1701**	**924**	**625**	**江西**
2398		40.00	40.11	630	202	50	南昌
2060	2	95.56	99.04	480	430	430	景德镇
265	40	12.13	53.54	380	130	100	萍乡
1310		38.26	57.73	211	162	45	赣州
953167	**3861**	**83.62**	**90.95**	**78400**	**68010**	**47206**	**山东**
250414	380	89.58	96.44	2800	1030	5521	济南
13800		88.15	95.80	46	23	324	章丘
94521	1202	73.21	87.58	10494	7829		青岛
3647		66.78	81.90	340	250	4937	胶州
6493		64.47	79.68	800	684	200	即墨
2600		53.94	81.66	2387	2377	61	平度
2750	60	69.23	76.33	83	80	70	莱西
188748	109	91.97	95.20	1487	1244	1677	淄博
1232	396	29.58	45.61	1655	1228	595	枣庄
700	380	38.04	43.26	262	247	70	滕州
95674		91.16	95.12	2803	2282	2089	东营
8168		75.12	81.30	2278	1355	2108	烟台
3164		73.42	86.00	289	235	3224	龙口
1299		68.41	78.21	1126	623		莱阳
3870		75.31	87.97	135	110	130	蓬莱
2560		76.10	76.10	805	805	422	招远
51		62.06	64.56	44	20	69	栖霞

6-3 续表 5

计量单位：万立方米

城市名称 Name of Cities	计划用水户实际用水量 计划用水户数（户） Planned Water Consumers (unit)	自备水计划用水户数 Planned Self-produced Water Consumers	合计 Total	工业 Industry	新水取用量 Fresh Water Used	工业 Industry	重复利用量 Water Reused
海阳	161		1810	1620	410	320	1400
潍坊	4052	145	49020	40895	6805	3552	42215
青州	700	85	11877	10280	3052	1526	8825
诸城	2160		6139	3401	1626	480	4513
寿光	813	78	31500	25475	3378	2150	28122
安丘	1284	59	1157	814	926	702	231
高密	3728	3028	810	631	580	542	230
昌邑	221		1130	1130	807	807	323
济宁	260	260	20125	19326	6205	5406	13920
曲阜	400		6390	5730	1430	870	4960
邹城	7	7	416	128	416	128	
泰安	939	36	11433	10516	2531	1982	8902
新泰	513	19	10738	3053	2804	429	7934
肥城	583	11	8412	7088	1959	635	6453
威海	633	193	39721	36639	5865	3487	33856
荣成	151	33	4453	3193	1129	465	3324
乳山	129	21	4258	3088	1240	430	3018
日照	2227	47	81670	76203	10330	6095	71340
莱芜	659	12	3325	1970	307	65	3018
临沂	82618	13	40433	36905	6497	3095	33936
德州	27722	13850	18126	14549	11822	8344	6304
禹城	400	150	7000	6000	1500	1000	5500
滨州	133489		6068	2501	2643	500	3425
菏泽	1480	68	9863	9099	3748	3748	6115
河南	**44944**	**4277**	**459826**	**424915**	**52560**	**27028**	**407266**
郑州	2556	312	143984	128712	11849	4728	132135
巩义	211	13	275		160		115
荥阳	40	40	1175	738	743	356	432
新密	450		950	90	790	33	160
新郑	65		1090	522	872	418	218
登封	20		442	112	410	82	32
平顶山	571		8245	6192	4535	2630	3710
舞钢	4	4	3550	2830	2350	1630	1200
汝州	80	19	3350	2300	950		2400
安阳	245	183	19500	19150	4850	4500	14650
林州	37489	2703	1779	102	1734	62	45
鹤壁	231	49	101707	100870	4187	3350	97520
新乡	415		67310	65750	3830	2270	63480
许昌	360	184	300	108	225	83	75
三门峡	420	20	1770	1770	128	128	1642

Continued 5

Measurement Unit:10,000m^3

Actual Quantity of Water Used: 工业 Industry	超计划定额用水量 Water Quantity Consumed in Excess of Quota	重复利用率(%) Reuse Rate (%)	工业 Industry	节约用水量 Water Saved	工业 Industry	节水措施投资总额(万元) Total Investment in Water-Saving Measures (10,000 RMB)	城市名称 Name of Cities
1300		77.35	80.25	310	270	760	海阳
37343	23	86.12	91.31	1365	945	9	潍坊
8754		74.30	85.16	524	512		青州
2921		73.51	85.89	439	439	7030	诸城
23325	912	89.28	91.56	385	352	914	寿光
112		19.97	13.76	141	119	5929	安丘
89		28.40	14.10	294		214	高密
323		28.58	28.58	219	219	67	昌邑
13920	318	69.17	72.03	365	326	43	济宁
4860		77.62	84.82	4960	4860		曲阜
	2			6	6	100	邹城
8534	11	77.86	81.15	2160	1880	700	泰安
2624	31	73.89	85.95	419	252	400	新泰
6453		76.71	91.04	220	178	660	肥城
33152	26	85.23	90.48	1077	953	1195	威海
2728	1	74.65	85.44	423	317	618	荣成
2658	10	70.88	86.08	160	95	150	乳山
70108		87.35	92.00	581	395	2002	日照
1905		90.77	96.70	842	541	1658	莱芜
33810		83.93	91.61	33936	33810	1098	临沂
6205		34.78	42.65	973	919		德州
5000		78.57	83.33	100	80	500	禹城
2001		56.44	80.01	537		162	滨州
5351		62.00	58.81	130	120	1500	菏泽
397887	**205**	**88.57**	**93.64**	**11064**	**6590**	**8730**	**河南**
123984	186	91.77	96.33	4931	1573	2100	郑州
		41.82		97	65		巩义
382		36.77	51.76	843	765		荥阳
57	16	16.84	63.33	26	16	7	新密
104		20.00	19.92	218	104		新郑
30		7.24	26.79	116	58		登封
3562		45.00	57.53	1206	1146		平顶山
1200		33.80	42.40	55	53		舞钢
2300		71.64	100.00	108	75		汝州
14650		75.13	76.50	1420	1420		安阳
40		2.53	39.22	48			林州
97520		95.88	96.68	181	117		鹤壁
63480		94.31	96.55				新乡
25	3	25.00	23.15	17	6	11	许昌
1642		92.77	92.77	502	217		三门峡

6-3 续表 6

计量单位：万立方米

城市名称 Name of Cities	计划用水户实际用水量 计划用水户数(户) Planned Water Consumers (unit)	自备水计划用水户数 Planned Self-produced Water Consumers	合计 Total	工业 Industry	新水取用量 Fresh Water Used	工业 Industry	重复利用量 Water Reused
南阳	1034	341	81163	79575	4133	2545	77030
邓州	170	170	1806	1526	512	438	1294
周口	180	121	2298	459	1734	48	564
驻马店	108	62	12190	8565	6215	2741	5975
济源	295	56	6942	5544	2353	986	4589
湖北	**348603**	**15118**	**364601**	**312619**	**82487**	**39748**	**282114**
武汉	13183	110	289030	260117	54580	29653	234450
黄石	4228	2	40820	36113	5543	4378	35277
宜昌	1264	8	2956	2863	86	86	2870
襄阳	390		8480	1290	7190		1290
老河口	844		954	338	837	226	117
宜城	46173	7	1121	312	991	276	130
荆门	187520	14940	12388	7094	7433	3591	4955
安陆	2100	50	7	5	5	4	2
荆州	800		5232	3973	2467	1208	2765
随州	1000		1625	60	1590	52	35
广水	91100		835	61	799	53	36
潜江	1	1	1153	393	966	221	187
湖南	**21338**	**26**	**40569**	**28913**	**27319**	**16058**	**13250**
长沙	5742		435	435	135	135	300
株洲	400		9300	7300	6300	4300	3000
邵阳	50		1086	998	666	578	420
岳阳	14900		21000	16000	14000	9000	7000
常德	246	26	8748	4180	6218	2045	2530
广东	**248817**	**120**	**214835**	**150052**	**74500**	**12897**	**140335**
广州	5139		165941	142903	29205	6167	136736
增城	284		3830		3830		
汕头	11	11	18564	4805	18395	4636	169
佛山	15		5267		2107		3160
湛江	109	109	12858	689	12638	469	220
肇庆	176539		6658	1462	6658	1462	
阳春	59600		1287	63	1287	63	
云浮	7120		430	130	380	100	50
广西	**5531**	**201**	**424617**	**365140**	**80332**	**23643**	**344285**
南宁	3113	3	31383	10159	23669	2445	7714
柳州	753	110	322269	296574	39030	14122	283239

Continued 6

Measurement Unit:10,000m^3

Actual Quantity of Water Used				节约用水量 Water Saved		节水措施投资总额(万元) Total Investment in Water-Saving Measures (10,000 RMB)	城市名称 Name of Cities
工业 Industry	超计划定额用水量 Water Quantity Consumed in Excess of Quota	重复利用率(%) Reuse Rate (%)	工业 Industry		工业 Industry		
77030		94.91	96.80	190	190	3436	南　阳
1088		71.65	71.30	183	131	60	邓　州
411		24.54	89.54	209	44	16	周　口
5824		49.02	68.00	475	420		驻马店
4558		66.10	82.22	239	190	3100	济　源
272871		**77.38**	**87.29**	**11226**	**6792**	**3768**	**湖　北**
230464		81.12	88.60	7512	4282	2970	武　汉
31735		86.42	87.88	450	324		黄　石
2777		97.09	97.00	309	309		宜　昌
1290		15.21	100.00	340	340		襄　阳
112		12.26	33.14	89	67	15	老河口
36		11.60	11.54	130	32	283	宜　城
3503		40.00	49.38	990	870		荆　门
1		28.57	20.00	1	1	500	安　陆
2765		52.85	69.59	1214	522		荆　州
8		2.15	13.33				随　州
8		4.31	13.11				广　水
172		16.22	43.77	191	45		潜　江
12855	**800**	**32.66**	**44.46**	**5894**	**4868**	**3490**	**湖　南**
300		68.97	68.97	220	220	1000	长　沙
3000	120	32.26	41.10				株　洲
420		38.67	42.08	587	336	480	邵　阳
7000		33.33	43.75	1600	1600	1200	岳　阳
2135	680	28.92	51.08	3487	2712	810	常　德
137155	**906**	**65.32**	**91.40**	**13056**	**2359**	**2150**	**广　东**
136736	831	82.40	95.68	10644	1970	1970	广　州
	2			1973			增　城
169		0.91	3.52	169	169		汕　头
		60.00					佛　山
220		1.71	31.93	220	220	180	湛　江
	63						肇　庆
							阳　春
30	10	11.63	23.08	50			云　浮
341497	**4924**	**81.08**	**93.52**	**11998**	**8860**	**3591**	**广　西**
7714	3987	24.58	75.93	1043	63	954	南　宁
282452	887	87.89	95.24	7488	5763	456	柳　州

6-3 续表 7

计量单位：万立方米

城市名称 Name of Cities	计划用水户数（户）Planned Water Consumers (unit)	自备水计划用水户数 Planned Self-produced Water Consumers	计划用水户实际用水量 合计 Total	工业 Industry	新水取用量 Fresh Water Used	工业 Industry	重复利用量 Water Reused
桂林	942	72	22183	11371	10892	2081	11291
北海	707		42575	41329	2573	1327	40002
贵港	16	16	6207	5707	4168	3668	2039
海南	**14203**	**3706**	**329**	**245**	**156**	**98**	**173**
三亚	191						
儋州	2		202	202	66	66	136
万宁	14010	3706	127	43	90	32	37
重庆	**200**		**740**	**130**	**550**	**90**	**190**
四川	**180458**	**5676**	**81163**	**44663**	**42266**	**11817**	**38897**
成都	8007	188	37856	18858	19606	5015	18250
都江堰	39	30	989	274	858	143	131
彭州	33		2046	596	1857	407	189
崇州	19	16	997	204	947	154	50
自贡	266		7589	5495	2641	550	4948
泸州	4804		1201	1016	1130	945	71
德阳	665	400	580	580	145	145	435
广汉	90	90	730	600	310	180	420
绵阳	227		16494	8799	7695	1390	8799
广元	78	1	18	16	4	2	14
遂宁	335	6	4641	3870	1445	724	3196
内江	38	33	2294	2200	1199	1105	1095
乐山	458		615		615		
南充	19		1185	1070	280	270	905
眉山	120	7	1080	420	850	260	230
达州	135260	3905	2194	491	2037	358	157
万源	30000	1000	654	174	647	169	7
贵州	**3392**	**124**	**30700**	**23920**	**11955**	**5493**	**18745**
贵阳	2897	67	26166	21364	8551	4021	17615
清镇	337	57	4424	2506	3304	1432	1120
毕节	158		110	50	100	40	10
云南	**121988**	**76**	**61525**	**54157**	**14715**	**7648**	**46810**
昆明	11248	55	56686	52571	10312	6498	46374
安宁	201		1020	412	650	42	370
曲靖	108770	15	3144	814	3144	814	
玉溪	13		523	221	523	221	
临沧	1750		20	7	20	7	
文山	6	6	132	132	66	66	66

Continued 7

Measurement Unit:10,000m^3

Actual Quantity of Water Used				节约用水量 Water Saved		节水措施投资总额（万元） Total Investment in Water-Saving Measures (10,000 RMB)	城市名称 Name of Cities
工业 Industry	超计划定额用水量 Water Quantity Consumed in Excess of Quota	重复利用率(%) Reuse Rate (%)	工业 Industry		工业 Industry		
9290		50.90	81.70	1100	810	750	桂林
40002		93.96	96.79	328	185	629	北海
2039	50	32.85	35.73	2039	2039	802	贵港
147	**166**	**52.58**	**60.00**	**253**	**139**	**1450**	**海南**
	150			112			三亚
136		67.33	67.33	136	136	250	儋州
11	16	29.13	25.58	5	3	1200	万宁
40		**25.68**	**30.77**	**145**	**25**		**重庆**
32846	**3785**	**47.92**	**73.54**	**7116**	**3512**	**1615**	**四川**
13843	3714	48.21	73.41	3515	641		成都
131		13.25	47.81				都江堰
189		9.24	31.71	189	189		彭州
50		5.02	24.51	50	50		崇州
4945	2	65.20	89.99	680	408	478	自贡
71		5.91	6.99	71	71	30	泸州
435		75.00	75.00	325	145	135	德阳
420		57.53	70.00	420	420		广汉
7409		53.35	84.20				绵阳
14		77.78	87.50	14	14	5	广元
3146	29	68.86	81.29	196	136	360	遂宁
1095		47.73	49.77	245	245	17	内江
	40			46		10	乐山
800		76.37	74.77	905	800	150	南充
160		21.30	38.10	250	190		眉山
133		7.16	27.09	207	201	350	达州
5		1.07	2.87	3	2	80	万源
18427	**594**	**61.06**	**77.04**	**2218**	**1748**	**1923**	**贵州**
17343	503	67.32	81.18	873	618	1278	贵阳
1074	26	25.32	42.86	1300	1125	645	清镇
10	65	9.09	20.00	45	5		毕节
46509	**790**	**76.08**	**85.88**	**2944**	**77**	**60**	**云南**
46073	589	81.81	87.64	2852			昆明
370	115	36.27	89.81				安宁
	66						曲靖
	20			26	11		玉溪
							临沧
66		50.00	50.00	66	66	60	文山

6-3 续表 8

计量单位：万立方米

城市名称 Name of Cities	计划用水户数（户） Planned Water Consumers (unit)	自备水计划用水户数 Planned Self-produced Water Consumers	计划用水户实际用水量 合计 Total	工业 Industry	新水取用量 Fresh Water Used	工业 Industry	重复利用量 Water Reused
西　藏	**1300**	**88**	**38**		**38**		
日喀则	1300	88	38		38		
陕　西	**144475**	**11704**	**150035**	**132603**	**28789**	**13208**	**121246**
西　安	16346	38	1432	528	1357	453	75
宝　鸡	236	36	14680	10351	5893	1980	8787
咸　阳	115978		123058	116374	12967	7472	110091
渭　南	95	90	10282	5313	8237	3268	2045
韩　城	300	20	450	5	210	3	240
杨陵区	11520	11520	133	32	125	32	8
甘　肃	**2413**	**786**	**258458**	**239352**	**30494**	**12988**	**227964**
兰　州	1621		166374	153996	21661	9283	144713
金　昌	2	1	88144	85356	6493	3705	81651
白　银	790	785	3940		2340		1600
青　海	**5**	**5**	**3164**	**1004**	**1722**	**520**	**1442**
西　宁	5	5	3164	1004	1722	520	1442
宁　夏	**41031**	**1957**	**136193**	**98080**	**19217**	**7760**	**116976**
银　川	142	142	115711	82450	9210	2150	106501
石嘴山	167	167	17941	14394	8441	4894	9500
吴　忠	40683	1611	2170	865	1550	700	620
青铜峡	39	37	371	371	16	16	355
新　疆	**108618**	**4025**	**19910**	**5409**	**18848**	**4821**	**1062**
乌鲁木齐	1890		6915	900	6365	450	550
吐鲁番	174		278	45	260	27	18
哈　密	326		408		408		
昌　吉	683	57	529	214	529	214	
阜　康	22383	3338	740	6	370	6	370
喀　什	175		728	301	632	205	96
和　田	726		980		980		
伊　宁	560	20	236	99	210	75	26
奎　屯	225		1880	280	1880	280	
石河子	81476	610	7216	3564	7214	3564	2

Continued 8

Measurement Unit:10,000m^3

Actual Quantity of Water Used: 工业 Industry	超计划定额用水量 Water Quantity Consumed in Excess of Quota	重复利用率(%) Reuse Rate (%)	工业 Industry	节约用水量 Water Saved	工业 Industry	节水措施投资总额(万元) Total Investment in Water-Saving Measures (10,000 RMB)	城市名称 Name of Cities
				45			**西　藏**
				45			日喀则
119395		**80.81**	**90.04**	**7704**	**6193**	**585**	**陕　西**
75		5.24	14.20	30	18		西　安
8371		59.86	80.87	270	186	530	宝　鸡
108902		89.46	93.58	5227	3977		咸　阳
2045		19.89	38.49	2119	2012	55	渭　南
2		53.33	40.00	8			韩　城
		6.02		50			杨陵区
226364	**41**	**88.20**	**94.57**	**9071**	**4408**	**1986**	**甘　肃**
144713	41	86.98	93.97	6100	2100		兰　州
81651		92.63	95.66	2421	2271	1920	金　昌
		40.61		550	37	66	白　银
484		**45.58**	**48.21**	**209**	**209**	**45**	**青　海**
484		45.58	48.21	209	209	45	西　宁
90320		**85.89**	**92.09**	**3616**	**2229**	**9575**	**宁　夏**
80300		92.04	97.39	233	233	7350	银　川
9500		52.95	66.00	2860	1780		石嘴山
165		28.57	19.08	307		25	吴　忠
355		95.69	95.69	216	216	2200	青铜峡
588	**95**	**5.33**	**10.87**	**5692**	**772**	**5122**	**新　疆**
450		7.95	50.00	4592	700	85	乌鲁木齐
18		6.47	40.00	44	14	80	吐鲁番
				87		637	哈　密
	36			175	44		昌　吉
		50.00					阜　康
96		13.19	31.89	32	11		喀　什
				20			和　田
24	59	11.02	24.24	25	3		伊　宁
				177			奎　屯
		0.03		540		4320	石河子

七、城市燃气

7. Urban Gas

简要说明

城市燃气指符合《城镇燃气设计规范》的规定，供城市生产和生活作燃料使用的人工煤气、天然气和液化石油气等气体能源。

本部分分人工煤气、天然气和液化石油气三部分，主要包括城市燃气的供应能力、供应量、服务情况等内容。

Brief Introduction

Urban gas is a general designation describing gaseous energy such as man-made coal gas, natural gas and LPG, which is provided for urban production and domestic use according to Urban Gas Design Code.

This section includes three parts: statistics on man-made coal gas, statistics on natural gas and statistics on LPG. Indicators such as supply capacity, quantity of gas supplied, service, etc. are used.

7 全国历年城市燃气情况(1978-2014)

年 份 Year	人工煤气 Man-Made Coal Gas				天然气	
	供气总量(万立方米) Total Gas Supplied (10,000 m^3)	家庭用量 Domestic Consumption	用气人口(万人) Population with Access to Gas (10,000 persons)	管道长度(公里) Length of Gas Supply Pipeline (km)	供气总量(万立方米) Total Gas Supplied (10,000 m^3)	家庭用量 Domestic Consumption
1978	172541	66593	450	4157	69078	4103
1979	182748	73557	500	4446	68489	9833
1980	195491	83281	561	4698	58937	4893
1981	199466	90326	594	4830	93970	8575
1982	208819	94896	630	5258	90421	8938
1983	214009	89012	703	5967	49071	9443
1984	231351	96228	768	7353	168568	38258
1985	244754	107060	911	8255	162099	43268
1986	337745	139374	951	7990	435887	65262
1987	686518	170887	1177	11650	501093	77719
1988	667927	171376	1357	13028	573983	73305
1989	841297	204709	1498	14448	591169	91770
1990	1747065	274127	1674	16312	642289	115662
1991	1258088	311430	1867	18181	754616	154302
1992	1495531	305325	2181	20931	628914	152014
1993	1304130	345180	2490	23952	637207	139297
1994	1262712	416453	2889	27716	752436	146938
1995	1266894	456585	3253	33890	673354	163788
1996	1348076	472904	3490	38486	637832	138018
1997	1268944	535412	3735	41475	663001	177121
1998	1675571	480734	3746	42725	688255	195778
1999	1320925	494001	3918	45856	800556	215006
2000	1523615	630937	3944	48384	821476	247580
2001	1369144	494191	4349	50114	995197	247543
2002	1989196	490258	4541	53383	1259334	350479
2003	2020883	583884	4792	57017	1416415	374986
2004	2137225	512026	4654	56419	1693364	454248
2005	2558343	458538	4369	51404	2104951	521389
2006	2964500	381518	4067	50524	2447742	573441
2007	3223512	373522	4022	48630	3086365	662198
2008	3558287	353162	3370	45172	3680393	779917
2009	3615507	307134	2971	40447	4050996	913386
2010	2799380	268764	2802	38877	4875808	1171596
2011	847256	238876	2676	37100	6787997	1301190
2012	769686	215069	2442	33538	7950377	1558311
2013	627989	167886	1943	30467	8882417	1726620
2014	559513	145773	1757	29043	9643783	1968878

注：自2006年起，燃气普及率指标按城区人口和城区暂住人口合计为分母计算，括号中的数据为与往年同口径数据。
Note: Since 2006, gas coverage rate has been calculated based on denominator which combines both permanent and temporary residents in urban areas, and the datas in brackets are the same index but calculated by the method of past years.

National Urban Gas in Past Years(1978-2014)

Natural Gas		液 化 石 油 气 LPG				燃气普及率 (%) Gas Coverage Rate (%)
用气人口 (万人) Population with Access to Gas (10,000 persons)	管道长度 (公里) Length of Gas Supply Pipeline (km)	供气总量 (吨) Total Gas Supplied (ton)	家庭用量 Domestic Consumption	用气人口 (万人) Population with Access to Gas (10,000 persons)	管道长度 (公里) Length of Gas Supply Pipeline (km)	
24	560	194533	175744	635		14.4
76	751	243576	218797	788		16.1
80	921	290460	269502	924		17.3
83	1059	330987	308028	995		11.6
93	1098	388596	342828	1076		12.6
91	1149	456192	414635	1159		12.3
135	1965	535289	424318	1435		13.0
281	2312	601803	540761	1534		13.0
492	2409	1011308	763590	2041		15.2
634	5465	1049116	954534	2399		16.7
748	6186	1730261	1136883	2764		16.5
896	6849	1898003	1259349	3156		17.8
972	7316	2190334	1428058	3579		19.1
1072	8054	2423988	1694399	4084		23.7
1119	8487	2996699	2019620	4796		26.3
1180	8889	3150296	2316129	5770		27.9
1273	9566	3664948	2817702	6745		30.4
1349	10110	4886528	3701504	8355		34.3
1470	18752	5758374	3943604	8864	2762	38.2
1656	22203	5786023	4370979	9350	4086	40.0
1908	25429	7972947	5478535	9995	4458	41.8
2225	29510	7612684	4990363	10336	6116	43.8
2581	33655	10537147	5322828	11107	7419	45.4
3127	39556	9818313	5583497	13875	10809	60.42
3686	47652	11363884	6561738	15431	12788	67.17
4320	57845	11263475	7817094	16834	15349	76.74
5628	71411	11267120	7041351	17559	20119	81.53
7104	92043	12220141	7065214	18013	18662	82.08
8319	121498	12636613	6936513	17100	17469	79.11(88.58)
10190	155271	14667692	7280415	18172	17202	87.40
12167	184084	13291072	6292713	17632	28590	89.55
14544	218778	13400303	6887600	16924	14236	91.41
17021	256429	12680054	6338523	16503	13374	92.04
19028	298972	11658326	6329164	16094	12893	92.41
21208	342752	11148032	6081312	15683	12651	93.15
23783	388466	11097298	6130639	15102	13437	94.25
25973	434571	10828490	5862125	14378	10986	94.57

7-1-1 2014年全国城市人工煤气分组资料

地区名称 Name of Regions		生产能力(万立方米/日) Production Capacity (10,000 m³/day)	储气能力(万立方米) Gas Storage Capacity (10,000 m³)	供气管道长度(公里) Length of Gas Supply Pipeline (km)	自制气量(万立方米) Self-Produced Gas (10,000 m³)	供气总量 合计 Total
全 国	**National Total**	**2102.07**	**838.08**	**29042.94**	**382980.41**	**559512.69**
分类一	**Group one**					
东部地区	East China	642.69	396.38	12616.62	92756.54	169990.91
中部地区	Central China	779.58	279.50	9194.56	107059.86	164154.14
西部地区	West China	679.80	162.20	7231.76	183164.01	225367.64
分类二	**Group two**					
东部地区	East China	632.09	378.18	12153.24	89060.94	165251.61
中部地区	Central China	615.58	264.50	8687.56	103689.86	160654.14
西部地区	West China	854.40	195.40	8202.14	190229.61	233606.94
分类三	**Group three**					
东部地区	East China	294.09	251.38	6318.17	40370.60	101647.33
中部地区	Central China	404.66	201.60	6023.16	76813.00	140043.74
西部地区	West China	854.40	195.40	8202.14	190229.61	233606.94
东北地区	Northeast China	548.92	189.70	8499.47	75567.20	84214.68

National Urban Man-made Coal Gas (2014)

(万立方米) Total Gas Supplied(10,000 m^3)			用气户数 (户) Number of Household with Access to Gas (unit)		用气人口 (万人) Population with Access to Gas (10,000 persons)	地区名称 Name of Regions
销售气量 Quantity Sold	居民家庭 Households	燃气损失量 Loss Amount		家庭用户 Household User		
534735.81	**145772.67**	**24776.88**	**6016209**	**5956990**	**1757.01**	**全　国**
						分类一
157892.47	78600.21	12098.44	3137547	3110535	899.44	东部地区
155968.21	31243.28	8185.93	1312848	1288129	416.94	中部地区
220875.13	35929.18	4492.51	1565814	1558326	440.63	西部地区
						分类二
153196.27	74648.70	12055.34	3002039	2975440	852.08	东部地区
152978.21	28299.28	7675.93	1174127	1149444	375.74	中部地区
228561.33	42824.69	5045.61	1840043	1832106	529.19	西部地区
						分类三
94437.45	33807.25	7209.88	852327	843957	260.78	东部地区
133583.21	15388.20	6460.53	479803	467889	164.36	中部地区
228561.33	42824.69	5045.61	1840043	1832106	529.19	西部地区
78153.82	53752.53	6060.86	2844036	2813038	802.68	东北地区

7-1-2 2014年按省分列的城市人工煤气

地区名称 Name of Regions	生产能力 (万立方米/日) Production Capacity (10,000 m^3/day)	储气能力 (万立方米) Gas Storage Capacity (10,000 m^3)	供气管道长度 (公里) Length of Gas Supply Pipeline (km)	自制气量 (万立方米) Self-Produced Gas (10,000 m^3)	供气总量 合计 Total
全　国	**2102.07**	**838.08**	**29042.94**	**382980.41**	**559512.69**
河　北	88.10	67.30	3145.33	12202.90	56762.93
山　西	10.00	119.40	3951.99		46851.24
内蒙古	164.00	15.00	507.00	3370.00	3500.00
辽　宁	338.00	126.80	5835.07	48690.34	63604.28
吉　林	88.12	28.60	1881.22	9506.86	12827.40
黑龙江	122.80	34.30	783.18	17370.00	7783.00
上　海	146.60	140.00	2109.08	25012.70	31379.40
江　苏	38.00	22.60	270.00	945.00	612.00
浙　江	1.80	1.88	112.21	650.00	478.00
福　建	8.00	5.00	321.00	1560.00	2977.00
江　西	67.00	38.00	1058.51	15611.00	30991.06
山　东	11.59	14.60	360.55		9438.00
河　南	327.66	39.20	573.10	61202.00	59436.00
湖　南		5.00	439.56		2765.44
广　西	10.60	18.20	463.38	3695.60	4739.30
四　川	511.00	35.00	601.12	165003.10	165113.07
贵　州	102	56.50	2954.25		16034.30
云　南	10.00	46.70	3163.51		40721.95
甘　肃	10.80	17.00	399.58	1735.91	1675.91
宁　夏		5.00	42.00		70.41
新　疆	46.00	2.00	71.30	16425.00	1752.00

Urban Man-made Coal Gas by Province(2014)

(万立方米) Total Gas Supplied(10,000 m^3)			用气户数(户) Number of Household with Access to Gas (unit)		用气人口(万人) Population with Access to Gas (10,000 persons)	地区名称 Name of Regions
销售气量 Quantity Sold	居民家庭 Households	燃气损失量 Loss Amount		家庭用户 Household User		
534735.81	**145772.67**	**24776.88**	**6016209**	**5956990**	**1757.01**	**全 国**
51431.45	13671.05	5331.48	532099	529614	172.66	河 北
41753.38	6234.29	5097.86	236894	226954	85.24	山 西
2990.00	2944.00	510.00	138721	138685	41.20	内蒙古
58758.82	40841.45	4845.46	2149712	2131483	591.30	辽 宁
11939.00	9200.38	888.40	389445	380301	117.19	吉 林
7456.00	3710.70	327.00	304879	301254	94.19	黑龙江
30059.00	13502.20	1320.40	141245	138243	34.98	上 海
612.00	470.00		30751	30230	9.00	江 苏
478.00	454.00		14915	14765	4.30	浙 江
2967.00	2510.00	10.00	64000	63845	21.37	福 建
30006.95	4358.38	984.11	76388	75642	18.41	江 西
8890.00	3200.00	548.00	69317	67260	18.47	山 东
59254.00	2590.00	182.00	87741	87098	28.76	河 南
2568.88	2205.53	196.56	78780	78195	31.95	湖 南
4696.20	3951.51	43.10	135508	135095	47.36	广 西
164337.28	5898.83	775.79	158161	157355	50.31	四 川
16014.00	8461.00	20.30	469939	465678	127.50	贵 州
37102.92	18211.15	3619.03	830223	828175	239.09	云 南
1598.52	1538.52	77.39	74368	74018	15.49	甘 肃
70.41	67.68		8123	8100	3.24	宁 夏
1752.00	1752.00		25000	25000	5.00	新 疆

7-1-3 2014年按城市分列的城市人工煤气

城市名称 Name of Cities	生产能力 (万立方米/日) Production Capacity (10,000 m^3/day)	储气能力 (万立方米) Gas Storage Capacity (10,000 m^3)	供气管道长度 (公里) Length of Gas Supply Pipeline (km)	自制气量 (万立方米) Self-Produced Gas (10,000 m^3)	供气总量
					合计 Total
全　国	**2102.07**	**838.08**	**29042.94**	**382980.41**	**559512.69**
河　北	**88.10**	**67.30**	**3145.33**	**12202.90**	**56762.93**
石家庄	6.00	2.50	9.80		5522.00
唐　山			322.02		23494.00
邯　郸		23.00	755.00		7047.00
武　安	20.00	6.00	382.00	7200.00	1899.50
邢　台		15.00	235.02		8233.00
张家口	0.10	11.00	1194.49	19.00	5583.53
承　德	62.00	9.80	247.00	4983.90	4983.90
山　西	**10.00**	**119.40**	**3951.99**		**46851.24**
太　原		85.00	2650.00		22371.00
古　交	10.00	4.00	219.00		1550.00
晋　中		4.40	75.64		3921.05
介　休		5.00	148.50		1966.22
忻　州		10.00	123.75		486.00
临　汾		11.00	735.10		16556.97
内蒙古	**164.00**	**15.00**	**507.00**	**3370.00**	**3500.00**
包　头	164.00	15.00	507.00	3370.00	3500.00
辽　宁	**338.00**	**126.80**	**5835.07**	**48690.34**	**63604.28**
大　连	140.00	58.00	2147.40	29612.29	25903.00
鞍　山	26.00	26.00	1737.10		19210.00
本　溪	21.00	19.40	543.69	4796.03	4681.69
丹　东	61.00	10.50	507.52	4814.00	4229.03
锦　州	60.00	11.40	887.36	9318.02	9475.56
凌　源	30.00	1.50	12.00	150.00	105.00

Urban Man-made Coal Gas by City(2014)

(万立方米) Total Gas Supplied(10,000 m^3)			用气户数(户) Number of Household with Access to Gas (unit)		用气人口(万人) Population with Access to Gas (10,000 persons)	城市名称 Name of Cities
销售气量 Quantity Sold	居民家庭 Households	燃气损失量 Loss Amount		家庭用户 Household User		
534735.81	**145772.67**	**24776.88**	**6016209**	**5956990**	**1757.01**	**全　国**
51431.45	**13671.05**	**5331.48**	**532099**	**529614**	**172.66**	**河　北**
5201.00	488.00	321.00	17415	17313	3.97	石家庄
20234.00	102.00	3260.00	10080	10028	3.00	唐　山
7047.00	5475.50		247552	247219	81.17	邯　郸
1872.00	1342.00	27.50	39998	39838	17.64	武　安
7433.00	185.00	800.00	7439	7397	2.60	邢　台
5233.53	3883.00	350.00	152362	151010	47.56	张家口
4410.92	2195.55	572.98	57253	56809	16.72	承　德
41753.38	**6234.29**	**5097.86**	**236894**	**226954**	**85.24**	**山　西**
22371.00	515.00		25931	25786	10.31	太　原
1310.00	994.00	240.00	33420	33020	12.04	古　交
3803.42	609.75	117.63	13887	13815	5.00	晋　中
1572.96	989.74	393.26	46262	46120	15.50	介　休
486.00	310.00		4920	4900	1.40	忻　州
12210.00	2815.80	4346.97	112474	103313	40.99	临　汾
2990.00	**2944.00**	**510.00**	**138721**	**138685**	**41.20**	**内蒙古**
2990.00	2944.00	510.00	138721	138685	41.20	包　头
58758.82	**40841.45**	**4845.46**	**2149712**	**2131483**	**591.30**	**辽　宁**
23902.00	18285.00	2001.00	814485	812341	228.06	大　连
18325.00	9066.00	885.00	572929	566529	149.15	鞍　山
4184.19	3462.51	497.50	198599	194539	64.20	本　溪
3790.63	3408.45	438.40	229580	223959	57.89	丹　东
8462.00	6524.49	1013.56	328219	328215	90.20	锦　州
95.00	95.00	10.00	5900	5900	1.80	凌　源

7-1-3 续表 1

城市名称 Name of Cities	生产能力（万立方米/日）Production Capacity (10,000 m³/day)	储气能力（万立方米）Gas Storage Capacity (10,000 m³)	供气管道长度（公里）Length of Gas Supply Pipeline (km)	自制气量（万立方米）Self-Produced Gas (10,000 m³)	供气总量 合计 Total
吉　林	**88.12**	**28.60**	**1881.22**	**9506.86**	**12827.40**
长　春	80.00	20.00	1540.00	9506.86	9309.40
通　化	8.12	8.60	341.22		3518.00
黑龙江	**122.80**	**34.30**	**783.18**	**17370.00**	**7783.00**
鸡　西	7.80	8.00	268.77	1820.00	1046.00
双鸭山	13.00	5.50	77.20		735.00
七台河	90.00	10.00	223.65	15550.00	3611.00
牡丹江	12.00	10.80	213.56		2391.00
上　海	**146.60**	**140.00**	**2109.08**	**25012.70**	**31379.40**
江　苏	**38.00**	**22.60**	**270.00**	**945.00**	**612.00**
苏　州	38.00	22.60	270.00	945.00	612.00
浙　江	**1.80**	**1.88**	**112.21**	**650.00**	**478.00**
衢　州	1.80	1.88	112.21	650.00	478.00
福　建	**8.00**	**5.00**	**321.00**	**1560.00**	**2977.00**
三　明	8.00	5.00	321.00	1560.00	2977.00
江　西	**67.00**	**38.00**	**1058.51**	**15611.00**	**30991.06**
景德镇		20.00	353.32		13040.95
萍　乡	55.00	7.00	448.00	13396.00	16780.00
新　余	12.00	11.00	257.19	2215.00	1170.11
山　东	**11.59**	**14.60**	**360.55**		**9438.00**
济　南	11.59		150.00		940.00
枣　庄		5.60	134.20		4721.00
潍　坊		9.00	76.35		3777.00
河　南	**327.66**	**39.20**	**573.10**	**61202.00**	**59436.00**
汝　州	88.00	3.20	263.69	1834.00	1834.00
安　阳	160.00	15.00	6.00	42000.00	42000.00
辉　县	0.16	0.20	3.95	58.00	58.00
南　阳	49.50	10.00	65.13	11945.00	10179.00
济　源	30.00	10.80	234.33	5365.00	5365.00

Continued 1

(万立方米) Total Gas Supplied(10,000 m^3)			用气户数(户) Number of Household with Access to Gas (unit)		用气人口(万人) Population with Access to Gas (10,000 persons)	城市名称 Name of Cities
销售气量 Quantity Sold	居民家庭 Households	燃气损失量 Loss Amount		家庭用户 Household User		
11939.00	**9200.38**	**888.40**	**389445**	**380301**	**117.19**	**吉 林**
8521.00	6646.38	788.40	262881	254300	76.29	长 春
3418.00	2554.00	100.00	126564	126001	40.90	通 化
7456.00	**3710.70**	**327.00**	**304879**	**301254**	**94.19**	**黑龙江**
998.00	865.00	48.00	124545	123380	42.64	鸡 西
700.00	500.00	35.00	34900	34850	9.50	双鸭山
3450.00	1670.00	161.00	79546	77318	22.85	七台河
2308.00	675.70	83.00	65888	65706	19.20	牡丹江
30059.00	**13502.20**	**1320.40**	**141245**	**138243**	**34.98**	**上 海**
612.00	**470.00**		**30751**	**30230**	**9.00**	**江 苏**
612.00	470.00		30751	30230	9.00	苏 州
478.00	**454.00**		**14915**	**14765**	**4.30**	**浙 江**
478.00	454.00		14915	14765	4.30	衢 州
2967.00	**2510.00**	**10.00**	**64000**	**63845**	**21.37**	**福 建**
2967.00	2510.00	10.00	64000	63845	21.37	三 明
30006.95	**4358.38**	**984.11**	**76388**	**75642**	**18.41**	**江 西**
13040.95	942.38		44281	43705	10.01	景德镇
16310.00	2760.00	470.00	11170	11000	4.20	萍 乡
656.00	656.00	514.11	20937	20937	4.20	新 余
8890.00	**3200.00**	**548.00**	**69317**	**67260**	**18.47**	**山 东**
932.00	796.00	8.00	5916	5899	2.00	济 南
4181.00	2318.00	540.00	58570	56608	14.97	枣 庄
3777.00	86.00		4831	4753	1.50	潍 坊
59254.00	**2590.00**	**182.00**	**87741**	**87098**	**28.76**	**河 南**
1815.00	1092.00	19.00	32714	32259	10.95	汝 州
41960.00	412.00	40.00	10012	9850	3.36	安 阳
58.00	58.00		560	560	0.19	辉 县
10136.00	927.00	43.00	42236	42235	13.50	南 阳
5285.00	101.00	80.00	2219	2194	0.76	济 源

7-1-3 续表 2

城市名称 Name of Cities	生产能力 (万立方米/日) Production Capacity (10,000 m^3/day)	储气能力 (万立方米) Gas Storage Capacity (10,000 m^3)	供气管道长度 (公里) Length of Gas Supply Pipeline (km)	自制气量 (万立方米) Self-Produced Gas (10,000 m^3)	供气总量 合计 Total
湖　南		**5.00**	**439.56**		**2765.44**
娄　底		5.00	439.56		2765.44
广　西	**10.60**	**18.20**	**463.38**	**3695.60**	**4739.30**
柳　州	9.60	18.20	460.38	3500.00	4543.60
河　池	1.00		3.00	195.60	195.70
四　川	**511.00**	**35.00**	**601.12**	**165003.10**	**165113.07**
攀枝花	511.00	35.00	601.12	165003.10	165113.07
贵　州	**102.00**	**56.50**	**2954.25**		**16034.30**
贵　阳	95.00	40.00	2027.74		10292.00
清　镇	1.00	3.00	155.56		650.00
六盘水	6.00	13.50	770.95		5092.30
云　南	**10.00**	**46.70**	**3163.51**		**40721.95**
昆　明		36.50	2799.77		33694.95
安　宁	10.00	10.00	271.00		6999.00
开　远		0.20	92.74		28.00
甘　肃	**10.80**	**17.00**	**399.58**	**1735.91**	**1675.91**
嘉峪关	10.80	17.00	399.58	1735.91	1675.91
宁　夏		**5.00**	**42.00**		**70.41**
石嘴山		5.00	42.00		70.41
新　疆	**46.00**	**2.00**	**71.30**	**16425.00**	**1752.00**
乌鲁木齐	46.00	2.00	71.30	16425.00	1752.00

Continued 2

（万立方米） Total Gas Supplied(10,000 m^3)			用气户数（户） Number of Household with Access to Gas (unit)		用气人口（万人） Population with Access to Gas (10,000 persons)	城市名称 Name of Cities
销售气量 Quantity Sold	居民家庭 Households	燃气损失量 Loss Amount		家庭用户 Household User		
2568.88	**2205.53**	**196.56**	**78780**	**78195**	**31.95**	**湖　南**
2568.88	2205.53	196.56	78780	78195	31.95	娄　底
4696.20	**3951.51**	**43.10**	**135508**	**135095**	**47.36**	**广　西**
4500.60	3843.71	43.00	133650	133343	46.67	柳　州
195.60	107.80	0.10	1858	1752	0.69	河　池
164337.28	**5898.83**	**775.79**	**158161**	**157355**	**50.31**	**四　川**
164337.28	5898.83	775.79	158161	157355	50.31	攀枝花
16014.00	**8461.00**	**20.30**	**469939**	**465678**	**127.50**	**贵　州**
10292.00	5086.00		362920	360475	89.00	贵　阳
650.00	480.00		23479	23268	9.50	清　镇
5072.00	2895.00	20.30	83540	81935	29.00	六盘水
37102.92	**18211.15**	**3619.03**	**830223**	**828175**	**239.09**	**云　南**
30396.92	17180.15	3298.03	781679	779780	218.66	昆　明
6678.00	1003.00	321.00	45044	44895	19.20	安　宁
28.00	28.00		3500	3500	1.23	开　远
1598.52	**1538.52**	**77.39**	**74368**	**74018**	**15.49**	**甘　肃**
1598.52	1538.52	77.39	74368	74018	15.49	嘉峪关
70.41	**67.68**		**8123**	**8100**	**3.24**	**宁　夏**
70.41	67.68		8123	8100	3.24	石嘴山
1752.00	**1752.00**		**25000**	**25000**	**5.00**	**新　疆**
1752.00	1752.00		25000	25000	5.00	乌鲁木齐

7-2-1 2014年全国城市天然气分组资料

地区名称 Name of Regions		储气能力(万立方米) Gas Storage Capacity ($10,000\ m^3$)	供气管道长度(公里) Length of Gas Supply Pipeline (km)	供气总量(万立方米)			
				合计 Total	销售气量 Quantity Sold	居民家庭 Households	集中供热 Central Heating
全 国	**National Total**	**55396.67**	**434571.47**	**9643782.86**	**9365202.25**	**1968878.42**	**960836.15**
分类一	**Group one**						
东部地区	East China	47338.75	249443.99	5795747.97	5603077.00	919839.78	435011.16
中部地区	Central China	6051.69	102339.13	1641226.38	1594161.02	451010.17	33900.78
西部地区	West China	2006.23	82788.35	2206808.51	2167964.23	598028.47	491924.21
分类二	**Group two**						
东部地区	East China	46924.59	246066.57	5767237.52	5574877.71	907293.11	435011.16
中部地区	Central China	5854.84	95625.86	1530304.29	1485023.08	432190.47	18105.91
西部地区	West China	2617.24	92879.04	2346241.05	2305301.46	629394.84	507719.08
分类三	**Group three**						
东部地区	East China	46170.05	232598.18	5640423.85	5455758.88	865191.06	429919.36
中部地区	Central China	5433.21	82034.18	1298277.30	1259936.56	377167.09	11271.20
西部地区	West China	2617.24	92879.04	2346241.05	2305301.46	629394.84	507719.08
东北地区	Northeast China	1176.17	27060.07	358840.66	344205.35	97125.43	11926.51

National Urban Natural Gas(2014)

Total Gas Supplied(10,000 m^3)		用气户数(户) Number of Household with Access to Gas (unit)		用气人口(万人) Population with Access to Gas (10,000 persons)	天然气汽车加气站(座) Gas Stations for CNG-Fueled Motor Vehicles (unit)	地区名称 Name of Regions
燃气汽车 Gas-Powered Automobiles	燃气损失量 Loss Amount		家庭用户 Household User			
984060.50	**278580.61**	**95593311**	**92658036**	**25972.94**	**2604**	**全　国**
						分类一
363067.18	192670.97	49924733	48415321	13504.61	1009	东部地区
287138.92	47065.36	24671921	24117828	7537.15	780	中部地区
333854.40	38844.28	20996657	20124887	4931.18	815	西部地区
						分类二
359365.03	192359.81	49131926	47628046	13238.17	992	东部地区
258143.47	45281.21	23265272	22742124	7032.45	698	中部地区
366552.00	40939.59	23196113	22287866	5702.32	914	西部地区
						分类三
345059.77	184664.97	45336615	43861576	12242.46	947	东部地区
202690.11	38340.74	18442300	18042837	5768.15	542	中部地区
366552.00	40939.59	23196113	22287866	5702.32	914	西部地区
69758.62	14635.31	8618283	8465757	2260.01	201	东北地区

7-2-2 2014年按省分列的城市天然气

地区名称 Name of Regions	储气能力(万立方米) Gas Storage Capacity ($10,000\ m^3$)	供气管道长度(公里) Length of Gas Supply Pipeline (km)	供气总量(万立方米) 合计 Total	销售气量 Quantity Sold	居民家庭 Households	集中供热 Central Heating
全　国	**55396.67**	**434571.47**	**9643782.86**	**9365202.25**	**1968878.42**	**960836.15**
北　京	72.00	20574.00	1136874.00	1088999.00	126503.00	344419.00
天　津	115.71	16107.90	300999.60	294472.90	38530.08	23329.09
河　北	382.22	12759.75	257439.29	250009.15	60120.70	16175.60
山　西	215.97	6520.31	177638.29	165043.09	44543.47	1801.72
内蒙古	196.85	6713.27	110922.09	109137.94	18819.70	15794.87
辽　宁	754.54	13468.39	126813.67	119118.83	42102.05	5091.80
吉　林	192.13	6330.36	115403.63	112426.70	27779.31	1290.20
黑龙江	229.50	7261.32	116623.36	112659.82	27244.07	5544.51
上　海	36935.00	26057.35	696093.16	663870.99	124404.18	
江　苏	2870.39	55593.82	842070.65	820793.46	147899.44	
浙　江	415.31	25647.45	328120.99	287528.72	51935.34	3836.73
安　徽	1852.41	17154.68	219683.72	211766.89	70415.02	1679.28
福　建	391.57	7499.21	132311.64	131263.30	10209.12	13741.07
江　西	508.11	8313.66	69115.00	66429.10	23074.45	
山　东	1183.18	40616.38	627532.24	606696.87	148115.99	16418.68
河　南	479.59	17412.24	305240.17	296798.97	96765.82	6612.70
湖　北	359.40	20892.70	309438.31	307951.40	68654.37	92.00
湖　南	2017.73	11740.59	217161.81	211947.11	73713.96	1085.50
广　东	3736.23	25541.18	1291347.46	1284816.27	145694.82	11999.19
广　西	414.16	3377.42	28510.45	28199.29	12546.67	
海　南	68.44	2201.14	27634.82	27308.22	11778.39	
重　庆	133.10	17972.90	321485.47	311748.54	114723.82	
四　川	207.00	31382.35	610049.60	593870.41	203655.85	2955.00
贵　州	234.57	964.82	29010.69	28852.97	11056.89	43.50
云　南	183.60	1173.39	4414.06	4346.55	1104.95	
西　藏	67.48	1350.00	15.75	15.75	15.75	
陕　西	455.84	10526.83	285839.13	279032.73	89682.70	79926.68
甘　肃	272.73	2087.16	159230.29	159035.41	30764.96	57096.73
青　海	70.50	1061.30	129793.15	126971.58	18506.77	66141.97
宁　夏	13.30	4122.62	218699.53	218333.43	36968.29	60691.00
新　疆	368.11	12146.98	448270.84	445756.86	91548.49	225069.33

Urban Natural Gas by Province(2014)

Total Gas Supplied(10,000 m^3) 燃气汽车 Gas-Powered Automobiles	燃气损失量 Loss Amount	用气户数(户) Number of Household with Access to Gas (unit)	家庭用户 Household User	用气人口(万人) Population with Access to Gas (10,000 persons)	天然气汽车加气站(座) Gas Stations for CNG-Fueled Motor Vehicles (unit)	地区名称 Name of Regions
984060.50	**278580.61**	**95593311**	**92658036**	**25972.94**	**2604**	**全　国**
8901.00	47875.00	5732992	5678096	1424.55	23	北　京
13750.30	6526.70	3408677	3367442	771.55	35	天　津
34697.94	7430.14	3584144	2965557	1028.40	101	河　北
19368.28	12595.20	2478709	2393756	826.45	51	山　西
28995.45	1784.15	1406649	1375704	504.70	82	内蒙古
14305.26	7694.84	3795311	3766470	995.71	45	辽　宁
25226.19	2976.93	1995829	1905905	538.63	76	吉　林
30227.17	3963.54	2827143	2793382	725.67	80	黑龙江
6721.20	32222.17	6220526	6140027	1553.92	15	上　海
68585.52	21277.19	8269748	8141099	2124.96	207	江　苏
18637.42	40592.27	3126913	3025714	937.23	30	浙　江
38412.93	7916.83	3862900	3806349	1083.08	147	安　徽
19160.86	1048.34	1133889	1119517	375.19	41	福　建
4284.27	2685.90	1403114	1386519	473.65	22	江　西
124410.42	20835.37	8100038	7919115	2280.13	361	山　东
56406.83	8441.20	4503830	4379698	1448.85	118	河　南
52365.81	1486.91	3676128	3602062	1174.89	143	湖　北
31851.99	5214.70	2517619	2474453	761.23	61	湖　南
39055.31	6531.19	5342228	5091436	1618.67	103	广　东
3702.15	311.16	792807	787275	266.44	17	广　西
11139.80	326.60	417460	413573	127.86	31	海　南
46447.02	9736.93	4301196	4032021	1070.92	81	重　庆
73889.58	16179.19	7348651	7055337	1595.19	168	四　川
5069.48	157.72	473079	433122	138.00	17	贵　州
1239.78	67.51	147370	141599	110.29	11	云　南
		26500	26500	8.21		西　藏
33353.14	6806.40	3463400	3298419	766.94	112	陕　西
27398.55	194.88	1176169	1156911	297.95	65	甘　肃
29064.87	2821.57	404039	402644	126.68	21	青　海
28072.60	366.10	840838	821556	188.26	73	宁　夏
89319.38	2513.98	2815415	2756778	628.74	267	新　疆

7-2-3 2014年按城市分列的城市天然气

城市名称 Name of Cities	储气能力(万立方米) Gas Storage Capacity (10,000 m^3)	供气管道长度(公里) Length of Gas Supply Pipeline (km)	供气总量(万立方米) 合计 Total	销售气量 Quantity Sold	居民家庭 Households	集中供热 Central Heating
全　国	**55396.67**	**434571.47**	**9643782.86**	**9365202.25**	**1968878.42**	**960836.15**
北　京	**72.00**	**20574.00**	**1136874.00**	**1088999.00**	**126503.00**	**344419.00**
天　津	**115.71**	**16107.90**	**300999.60**	**294472.90**	**38530.08**	**23329.09**
河　北	**382.22**	**12759.75**	**257439.29**	**250009.15**	**60120.70**	**16175.60**
石家庄	63.58	1569.99	29708.52	26698.24	7908.98	4873.87
晋　州		113.95	1288.63	1288.63	296.53	
新　乐		150.00	1093.00	1088.00	485.00	
唐　山	42.90	2670.70	26390.80	24866.60	6286.41	1530.00
遵　化	20.00	84.50	455.20	450.00	260.00	
迁　安		197.34	1352.00	1336.43	222.29	77.49
秦皇岛	10.00	1537.28	22481.36	22481.36	10420.49	
邯　郸		718.57	17318.00	16649.00	1752.50	
邢　台	2.00	716.00	15172.00	14439.00	2879.00	3800.00
南　宫	1.40	39.00	260.00	251.30	100.00	
沙　河	4.50	198.73	53127.00	52900.00	270.80	
保　定	8.00	927.10	15356.04	14583.80	4659.88	2983.47
涿　州	1.64	194.00	3811.20	3806.00	2361.00	1417.00
高碑店		104.82	1650.40	1646.00	655.97	369.47
张家口	2.20	97.00	120.75	120.00	105.00	
承　德		78.96	1260.51	1250.38	72.65	154.50
沧　州	3.00	137.00	7887.00	7886.00	1099.00	
泊　头		170.50	1635.00	1498.00	488.60	330.40
任　丘	99.80	304.60	7864.11	7861.53	2516.60	549.40
黄　骅	31.00	144.00	7932.00	7932.00	2158.00	
河　间	1.00	80.98	2070.00	2070.00	1552.00	
廊　坊	66.00	1186.70	23929.00	23929.00	6552.00	
霸　州	7.00	249.70	5645.00	5483.00	4182.00	
三　河	1.20	198.50	866.50	830.50	318.00	
衡　水	4.00	297.70	3587.88	3564.00	273.00	
冀　州	7.60	81.86	2152.39	2152.38	350.00	
深　州	1.20	38.00	129.00	125.00	125.00	
辛　集	4.20	92.00	1043.00	1043.00	343.00	
定　州		380.27	1853.00	1780.00	1427.00	90.00
山　西	**215.97**	**6520.31**	**177638.29**	**165043.09**	**44543.47**	**1801.72**
太　原	58.60	41.08	49847.20	44601.59	9864.24	
大　同	58.00	784.13	11793.72	11095.47	3814.60	
阳　泉	20.00	556.82	19529.00	17578.00	4337.00	
长　治	1.35	503.37	5490.63	5403.51	2004.24	
潞　城		285.80	450.00	440.00	380.00	
晋　城	16.48	755.52	10792.08	10752.08	2091.00	213.00
高　平		70.00	399.56	399.56	170.50	

Urban Natural Gas by City(2014)

Total Gas Supplied(10,000 m^3)		用气户数(户) Number of Household with Access to Gas (unit)		用气人口(万人) Population with Access to Gas (10,000 persons)	天然气汽车加气站(座) Gas Stations for CNG-Fueled Motor Vehicles (unit)	城市名称 Name of Cities
燃气汽车 Gas-Powered Automobiles	燃气损失量 Loss Amount		家庭用户 Household User			
984060.50	**278580.61**	**95593311**	**92658036**	**25972.94**	**2604**	**全　国**
8901.00	**47875.00**	**5732992**	**5678096**	**1424.55**	**23**	**北　京**
13750.30	**6526.70**	**3408677**	**3367442**	**771.55**	**35**	**天　津**
34697.94	**7430.14**	**3584144**	**2965557**	**1028.40**	**101**	**河　北**
3729.24	3010.28	764825	183634	219.84	17	石家庄
766.50		11850	11821	5.33	4	晋　州
500.00	5.00	22542	21242	7.12	3	新　乐
7193.00	1524.20	569912	566676	186.49	12	唐　山
	5.20	32500	30580	13.82		遵　化
217.00	15.57	37434	37002	10.55	1	迁　安
2385.21		504579	500000	15.00	4	秦皇岛
449.00	669.00	175990	174961	66.01	1	邯　郸
2980.00	733.00	210000	200000	84.00	11	邢　台
1.30	8.70	16662	16574	6.90	2	南　宫
184.00	227.00	17200	16200	5.64	1	沙　河
2615.56	772.24	296956	296153	92.35	3	保　定
27.00	5.20	64711	64384	19.38	1	涿　州
107.00	4.40	25591	23455	10.35	1	高碑店
2.00	0.75	17635	15233	31.09	1	张家口
723.80	10.13	8878	8777	2.40	3	承　德
2639.00	1.00	131976	131594	43.30	4	沧　州
408.00	137.00	32155	32112	9.85	1	泊　头
1116.95	2.58	89946	89496	30.33	3	任　丘
780.00		45600	45000	15.50	1	黄　骅
518.00		32820	32700	11.48	1	河　间
3514.00		233293	230000	50.20	9	廊　坊
1139.00	162.00	27714	25497	12.64	2	霸　州
200.00	36.00	32600	32370	19.20	1	三　河
1200.00	23.88	61073	60935	15.00	7	衡　水
352.38	0.01	10852	10821	4.87	3	冀　州
	4.00	4000	4000	7.00		深　州
700.00		35950	35840	8.96	2	辛　集
250.00	73.00	68900	68500	23.80	2	定　州
19368.28	**12595.20**	**2478709**	**2393756**	**826.45**	**51**	**山　西**
808.30	5245.61	860635	856915	299.00	2	太　原
1355.96	698.25	434145	394451	120.43	7	大　同
	1951.00	132765	131200	39.10		阳　泉
2067.95	87.12	137929	137689	53.85	8	长　治
	10.00	19000	18940	6.58		潞　城
4585.90	40.00	138873	137952	40.02	10	晋　城
		4515	4510	2.19		高　平

7-2-3 续表 1

城市名称 Name of Cities	储气能力(万立方米) Gas Storage Capacity (10,000 m^3)	供气管道长度(公里) Length of Gas Supply Pipeline (km)	供气总量(万立方米) 合计 Total	销售气量 Quantity Sold	居民家庭 Households	集中供热 Central Heating
朔　州		362.23	5145.00	4825.00	2168.62	
晋　中	20.00	344.70	4902.97	4802.32	1303.73	
介　休	2.93	72.93	1574.98	1550.00	80.00	
运　城		577.00	7346.00	7150.00	5099.00	
永　济		95.00	1477.89	1472.00	295.40	
河　津	4.50	177.00	3040.42	2960.42	1036.00	
忻　州		294.84	3731.34	3731.34	2446.04	1088.72
原　平		136.01	23858.10	22335.20	2002.10	
临　汾			5537.00	5537.00	738.00	
侯　马		640.08	4653.00	4590.60	1729.00	500.00
霍　州		300.00	1182.40	1141.00	529.00	
吕　梁	8.20	166.60	1800.00	1674.00	1260.00	
孝　义	22.91	96.90	10005.00	7954.00	2150.00	
汾　阳	3.00	260.30	5082.00	5050.00	1045.00	
内 蒙 古	**196.85**	**6713.27**	**110922.09**	**109137.94**	**18819.70**	**15794.87**
呼和浩特	12.00	2463.00	40809.23	39584.95	5582.16	15574.87
包　头		1236.40	38265.00	38265.00	5835.00	
乌　海	16.00	296.84	6680.37	6640.37	2091.97	
赤　峰	64.00	351.80	890.00	874.10	436.20	
通　辽	12.00	601.56	2151.84	2048.97	595.13	
霍林郭勒	3.90	957.88	14814.24	14449.44	2543.58	
鄂尔多斯			19.20	19.20	19.20	
满 洲 里	11.25	168.00	237.49	232.83	101.43	
牙 克 石	10.00	16.00	100.00	94.50	31.70	
扎 兰 屯	10.00	58.00	142.40	142.00	142.00	
巴彦淖尔	5.00	92.35	974.38	974.38	644.63	220.00
乌兰察布	5.00	278.00	2970.60	2968.00	350.00	
丰　镇	10.00	7.80	442.88	434.20	251.70	
乌兰浩特	5.20	75.17	183.20	180.00	109.00	
二连浩特	10.50		341.26	340.70		
锡林浩特	22.00	110.47	1900.00	1889.30	86.00	
辽　宁	**754.54**	**13468.39**	**126813.67**	**119118.83**	**42102.05**	**5091.80**
沈　阳	343.00	5737.00	51160.00	47340.00	18577.00	462.00
新　民	8.50	290.00	169.90	169.90	167.20	
瓦 房 店	9.00	223.25	498.22	458.92	368.62	
普 兰 店	0.02	74.54	180.11	180.10	35.00	
庄　河	16.80	95.70	423.40	418.80	282.60	15.20
鞍　山	16.00	76.00	287.00	287.00	287.00	
海　城	39.60	139.47	3350.29	3346.80	72.00	
抚　顺	21.50	797.00	18699.90	17329.00	6719.00	4200.00
本　溪	40.00	246.27	2310.00	2290.00	185.12	
丹　东	72.00	278.00	746.69	743.69	62.63	
东　港	12.00	185.12	308.42	308.42	174.62	
锦　州	5.24	169.03	897.50	884.24	329.56	

Continued 1

Total Gas Supplied(10,000 m^3)		用气户数(户) Number of Household with Access to Gas (unit)		用气人口(万人) Population with Access to Gas (10,000 persons)	天然气汽车加气站(座) Gas Stations for CNG-Fueled Motor Vehicles (unit)	城市名称 Name of Cities
燃气汽车 Gas-Powered Automobiles	燃气损失量 Loss Amount		家庭用户 Household User			
824.00	320.00	91619	91490	35.09	1	朔　州
	100.65	135000	134049	33.02		晋　中
	24.98	1741	1715	0.50		介　休
1793.00	196.00	97380	93678	42.51	4	运　城
	5.89	8258	8100	4.10		永　济
1924.42	80.00	59869	59714	20.90	2	河　津
196.58		81350	81000	18.70	2	忻　州
	1522.90	41941	41900	11.28		原　平
4754.60		24118	24115	8.56	11	临　汾
630.00	62.40	62987	41250	14.64	3	侯　马
427.57	41.40	22000	18100	6.42	1	霍　州
	126.00	38710	38700	25.38		吕　梁
	2051.00	59824	52388	28.09		孝　义
	32.00	26050	25900	16.09		汾　阳
28995.45	**1784.15**	**1406649**	**1375704**	**504.70**	**82**	**内蒙古**
4685.70	1224.28	541560	531236	185.93	12	呼和浩特
10516.00		358304	357645	114.70	18	包　头
4188.40	40.00	99971	99183	38.90	12	乌　海
403.00	15.90	51900	47800	18.60	6	赤　峰
851.19	102.87	90668	90491	38.35	2	通　辽
3523.31	364.80	115336	113564	39.34	8	霍林郭勒
		5400	5400	1.62		鄂尔多斯
131.40	4.66	5618	5596	0.91	2	满洲里
5.50	5.50	5200	3250	0.91	1	牙克石
	0.40	3998	3998	1.20		扎兰屯
109.75		55632	55630	38.00	3	巴彦淖尔
2618.00	2.60	38600	30450	14.00	9	乌兰察布
182.50	8.68	16346	13925	6.86	2	丰　镇
	3.20	4596	4536	1.38		乌兰浩特
340.70	0.56	320			2	二连浩特
1440.00	10.70	13200	13000	4.00	5	锡林浩特
14305.26	**7694.84**	**3795311**	**3766470**	**995.71**	**45**	**辽　宁**
5483.00	3820.00	1964457	1960969	460.55	16	沈　阳
2.70		29356	28532	5.34	1	新　民
	39.30	38594	38464	12.26		瓦房店
	0.01	8388	8354	2.30		普兰店
67.80	4.60	37747	37349	15.10	1	庄　河
		6000	6000	3.00		鞍　山
1244.80	3.49	12017	12000	3.36	6	海　城
	1370.90	278086	277593	74.68		抚　顺
1660.00	20.00	38087	37804	12.48	4	本　溪
	3.00	31718	31700	3.80		丹　东
72.00		18011	17966	5.37	1	东　港
	13.26	17268	17176	4.31		锦　州

7-2-3 续表 2

城市名称 Name of Cities	储气能力(万立方米) Gas Storage Capacity ($10,000\ m^3$)	供气管道长度(公里) Length of Gas Supply Pipeline (km)	供气总量(万立方米)			
			合计 Total	销售气量 Quantity Sold		
					居民家庭 Households	集中供热 Central Heating
北　镇	1.00	16.50	84.85	78.12	10.12	
营　口	13.00	607.52	1913.06	1714.64	1420.40	
盖　州	14.08	89.65	350.16	350.04	298.96	8.35
大石桥	8.40	147.61	6205.40	5990.20	300.00	
阜　新	10.00	352.01	4310.00	4003.00	1638.00	
辽　阳	56.50	691.61	7328.44	7167.51	1178.77	
灯　塔	0.45	145.92	138.75	138.75	127.70	
盘　锦	2.00	535.67	2448.00	2281.00	2281.00	
铁　岭	15.50	768.99	4420.00	4121.00	2289.00	
调兵山	21.25	215.30	10125.72	9569.72	2057.92	
开　原	8.80	124.64	1193.00	1104.00	327.00	
朝　阳		329.35	1145.00	992.00	830.00	
北　票	12.00	117.70	105.00	104.00	100.00	
葫芦岛	6.50	824.74	7861.10	7595.10	1834.83	406.25
兴　城	1.40	189.80	153.76	152.88	148.00	
吉　林	**192.13**	**6330.36**	**115403.63**	**112426.70**	**27779.31**	**1290.20**
长　春	25.00	2587.85	53058.26	50854.71	17836.00	125.20
九　台	8.00	174.53	643.91	629.08	171.31	
榆　树	3.20	107.00	806.00	806.00	156.00	
德　惠	4.29	91.53	2128.50	2127.45	375.45	
吉　林	15.00	899.05	31774.69	31486.69	3371.15	
蛟　河	0.80	8.76	252.16	252.00		
桦　甸	13.60	13.73	49.92	42.72		
磐　石	0.80	56.00	549.00	549.00	124.00	
四　平	2.00	600.00	3332.00	3137.00	1228.00	
双　辽	15.00	132.19	3636.31	3627.00	127.20	
辽　源	18.00	97.00	1515.00	1515.00	50.00	
白　山		176.90	242.00	242.00	183.00	
松　原	2.41	329.70	7965.00	7965.00	2169.00	1165.00
扶　余	0.40	7.50	390.00	390.00	0.36	
白　城	11.50	41.36	2193.00	2192.50	185.00	
洮　南	0.32		408.20	382.10		
大　安	0.60	63.00	1700.00	1600.00	260.00	
延　吉	32.00	296.00	3094.00	3007.00	730.00	
图　们	12.00	77.00	160.69	160.02	95.31	
敦　化	0.80	60.52	75.00	72.00	70.00	
珲　春	20.00	17.70	26.50	26.50	6.50	
龙　井	0.53	44.00	85.44	84.90	74.00	
和　龙	0.30	31.20	46.05	46.03	28.03	
公主岭	5.00	279.83	800.00	762.00	419.00	
梅河口	0.58	138.01	472.00	470.00	120.00	
黑龙江	**229.50**	**7261.32**	**116623.36**	**112659.82**	**27244.07**	**5544.51**
哈尔滨	20.00	3174.55	53445.00	51377.00	13023.05	44.51
双　城		55.00				

Continued 2

Total Gas Supplied(10,000 m^3)		用气户数(户) Number of Household with Access to Gas (unit)		用气人口(万人) Population with Access to Gas (10,000 persons)	天然气汽车加气站(座) Gas Stations for CNG-Fueled Motor Vehicles (unit)	城市名称 Name of Cities
燃气汽车 Gas-Powered Automobiles	燃气损失量 Loss Amount		家庭用户 Household User			
68.00	6.73	1753	768	0.51	1	北　镇
	198.42	152398	151593	72.00		营　口
42.61	0.12	41846	41573	12.99	1	盖　州
2315.20	215.20	15767	15725	5.36	1	大石桥
	307.00	143615	143349	43.00		阜　新
1188.50	160.93	151267	150314	38.68	4	辽　阳
11.05		28000	21334	8.40	1	灯　塔
	167.00	172000	172000	51.69		盘　锦
	299.00	182178	180280	34.00		铁　岭
474.60	556.00	64551	55402	15.15	2	调兵山
530.00	89.00	24952	24208	7.53	2	开　原
	153.00	137976	137300	44.37		朝　阳
4.00	1.00	14540	14539	5.18	1	北　票
1141.00	266.00	160159	159724	45.20	3	葫芦岛
	0.88	24580	24454	9.10		兴　城
25226.19	**2976.93**	**1995829**	**1905905**	**538.63**	**76**	**吉　林**
6124.00	2203.55	1040491	964066	261.22	5	长　春
132.52	14.83	27727	27460	8.40	1	九　台
650.00		23500	22000	10.02	3	榆　树
1752.00	1.05	12901	12858	4.51	3	德　惠
2534.69	288.00	343674	343021	95.05	11	吉　林
252.00	0.16	327			2	蛟　河
42.72	7.20				2	桦　甸
424.00		19683	19565	5.90	1	磐　石
1209.00	195.00	140000	139990	44.80	6	四　平
220.00	9.31	6470	6460	2.14	2	双　辽
630.00		32053	32000	7.60	2	辽　源
		29631	29610	10.00		白　山
4631.00		112630	109200	30.20	18	松　原
384.55		625	170	0.08	1	扶　余
2007.50	0.50	23505	20000	6.00	4	白　城
382.10	26.10	360			2	洮　南
1340.00	100.00	16900	16740	5.27	1	大　安
2190.00	87.00	51458	51203	16.10	4	延　吉
	0.67	14822	14686	3.00		图　们
2.00	3.00	7501	7500	2.80	1	敦　化
20.00		670	660	0.20	1	珲　春
0.11	0.54	4670	4620	1.35	1	龙　井
18.00	0.02	4380	4230	1.19	1	和　龙
	38.00	58351	56866	17.00		公主岭
280.00	2.00	23500	23000	5.80	4	梅河口
30227.17	**3963.54**	**2827143**	**2793382**	**725.67**	**80**	**黑龙江**
17980.73	2068.00	1594118	1572227	403.98	31	哈尔滨
						双　城

7-2-3 续表 3

城市名称 Name of Cities	储气能力(万立方米) Gas Storage Capacity ($10,000 m^3$)	供气管道长度(公里) Length of Gas Supply Pipeline (km)	供气总量(万立方米) 合计 Total	销售气量 Quantity Sold	居民家庭 Households	集中供热 Central Heating
尚志	0.54	11.00				
齐齐哈尔	15.00	1235.86	21516.48	20383.54	3503.18	
讷河	2.15	54.75	414.28	413.88	55.54	
密山	3.00	31.00	367.00	350.00	165.00	
鹤岗	19.50	136.93	1122.30	1106.00	1106.00	
大庆	1.40	1729.12	34799.70	34371.50	7762.00	5500.00
伊春	1.82	43.50				
铁力	8.20	10.00	3.00	3.00	2.00	
佳木斯	21.20	613.55	4800.00	4500.00	1500.00	
同江		8.00	22.80	22.80	9.80	
七台河	0.89	4.23				
牡丹江	13.80	44.33	55.80	55.50	42.90	
海林	3.00	32.00	8.00	8.00	8.00	
穆棱	69.00	10.50	9.00	8.60	8.60	
绥化	50.00	43.60	60.00	60.00	58.00	
安达		12.00				
海伦		11.40				
上海	**36935.00**	**26057.35**	**696093.16**	**663870.99**	**124404.18**	
江苏	**2870.39**	**55593.82**	**842070.65**	**820793.46**	**147899.44**	
南京	992.59	5810.85	95176.71	91706.89	26195.62	
无锡	140.50	2351.27	69289.25	67920.85	13998.56	
江阴	81.00	1800.40	57856.00	55309.00	3249.00	
宜兴	90.00	1512.25	37286.00	35496.00	1773.00	
徐州	99.70	1844.04	21254.71	20087.28	6183.99	
新沂	10.00	158.00	1540.00	1535.00	300.00	
邳州	3.50	364.33	1005.00	977.00	263.00	
常州	124.00	5044.61	63432.48	61895.81	8985.07	
溧阳	5.00	395.58	6200.00	6182.00	1960.00	
金坛	19.00	550.82	7032.95	6927.95	928.99	
苏州	250.00	6602.53	114244.85	113916.19	18274.39	
常熟	58.20	1685.00	33301.65	33294.17	2227.27	
张家港	7.80	1192.07	44074.69	43800.58	2001.00	
昆山	52.00	3087.30	67190.00	66850.00	14854.00	
太仓	10.00	1138.00	26000.00	25600.00	1711.00	
南通	120.00	2466.10	20300.19	19752.00	4483.96	
启东	23.30	532.34	1350.00	1348.88	726.44	
如皋	200.00	884.00	8300.00	7850.00	5020.00	
海门	50.00	230.40	1062.82	1062.00	409.00	
连云港	34.74	1160.30	11606.00	11176.00	5338.34	
淮安	20.00	1882.42	19344.00	14594.00	6978.00	
盐城	28.00	1233.71	11407.00	11400.00	2939.49	
东台	11.86	181.00	1572.86	1572.86	257.34	
大丰	2.00	619.89	1015.00	988.00	375.00	
扬州	76.50	3015.10	17041.00	16826.00	6277.00	

Continued 3

Total Gas Supplied(10,000 m³)		用气户数(户) Number of Household with Access to Gas (unit)		用气人口(万人) Population with Access to Gas (10,000 persons)	天然气汽车加气站(座) Gas Stations for CNG-Fueled Motor Vehicles (unit)	城市名称 Name of Cities
燃气汽车 Gas-Powered Automobiles	燃气损失量 Loss Amount		家庭用户 Household User			
						尚　志
659.51	1132.94	401102	397282	103.30	3	齐齐哈尔
358.33	0.40	10170	9166	3.14	2	讷　河
180.00	17.00	10010	5760	3.00	1	密　山
	16.30	59498	59498	16.06		鹤　岗
9720.00	428.20	524041	522919	138.00	30	大　庆
						伊　春
1.00		1130	1100	0.30	1	铁　力
1300.00	300.00	181009	179418	48.24	4	佳木斯
13.00		1002	1000	0.34	1	同　江
		13000	13000			七台河
12.60	0.30	12287	12286	3.40	1	牡丹江
		1195	1195	0.45		海　林
	0.40	9031	9031	2.96		穆　棱
2.00		9550	9500	2.50	6	绥　化
						安　达
						海　伦
6721.20	**32222.17**	**6220526**	**6140027**	**1553.92**	**15**	**上　海**
68585.52	**21277.19**	**8269748**	**8141099**	**2124.96**	**207**	**江　苏**
15531.26	3469.82	1740657	1733984	409.70	41	南　京
6557.76	1368.40	933300	929844	221.29	18	无　锡
	2547.00	120356	106678	32.82		江　阴
	1790.00	121361	119663	32.78		宜　兴
4572.32	1167.43	409090	408036	123.14	15	徐　州
510.00	5.00	17000	16910	7.50	2	新　沂
43.00	28.00	17745	17645	9.40	1	邳　州
5811.18	1536.67	538953	533842	151.15	11	常　州
502.00	18.00	61000	60100	17.97	4	溧　阳
606.00	105.00	56195	55786	14.70	3	金　坛
5362.69	328.66	988863	982772	256.52	13	苏　州
705.00	7.48	135118	134468	24.95	4	常　熟
1142.58	274.11	111496	110870	33.51	3	张家港
2031.00	340.00	429050	427050	37.77	8	昆　山
600.00	400.00	68840	68440	17.54	5	太　仓
1373.59	548.19	373302	371865	115.39	10	南　通
400.00	1.12	62958	62695	21.20	1	启　东
2280.00	450.00	97575	97412	32.20	6	如　皋
83.00	0.82	25016	25000	9.30	1	海　门
1834.12	430.00	212316	211601	63.48	4	连云港
4461.00	4750.00	288023	287361	85.15	11	淮　安
2793.84	7.00	231100	220600	80.64	6	盐　城
361.86		20050	19998	8.00	1	东　台
	27.00	31879	31587	9.95		大　丰
4852.00	215.00	313830	312356	80.78	9	扬　州

7-2-3 续表 4

城市名称 Name of Cities	储气能力 (万立方米) Gas Storage Capacity (10,000 m³)	供气管道长度 (公里) Length of Gas Supply Pipeline (km)	供气总量(万立方米) 合计 Total	销售气量 Quantity Sold	居民家庭 Households	集中供热 Central Heating
仪　征	0.60	387.50	8167.80	8108.00	542.50	
高　邮	8.70	372.00	1370.31	1341.30	297.13	
镇　江	137.00	2361.03	34145.91	33215.65	4196.00	
丹　阳	15.00	593.34	11543.00	11543.00	1090.00	
扬　中	1.20	651.85	2745.97	2694.24	512.21	
句　容	1.00	178.96	931.00	920.00	370.00	
泰　州	30.20	2534.38	18024.19	17915.39	2182.07	
兴　化	12.00	436.36	1650.00	1600.00	587.00	
靖　江	100.00	547.50	3273.21	3239.00	875.00	
泰　兴	35.00	608.58	8473.00	8289.00	559.50	
宿　迁	20.00	1180.01	13863.10	13859.42	978.57	
浙　江	**415.31**	**25647.45**	**328120.99**	**287528.72**	**51935.34**	**3836.73**
杭　州	18.00	9724.12	106526.78	67891.42	17409.58	
建　德	10.00	172.00	484.50	484.45	484.45	
富　阳	1.80	707.00	4303.00	4294.00	609.00	
宁　波		3696.63	70903.68	70889.93	8401.44	
余　姚	3.00	647.49	3356.00	3259.00	1255.00	
慈　溪	3.50	562.00	7667.00	7591.00	328.00	
奉　化	0.39	59.14	643.41	643.41	1.50	
温　州	30.00	212.00	4008.99	3976.98	140.25	3836.73
乐　清	12.00	130.66	341.93	337.70	50.33	
嘉　兴	51.00	746.47	17108.11	16752.60	3947.38	
海　宁	10.46	306.37	5135.10	5134.58	668.17	
平　湖		265.00	1770.00	1752.00	244.00	
桐　乡	24.00	545.44	6258.52	6227.52	497.30	
湖　州	13.70	1203.55	15847.30	15724.00	1284.25	
绍　兴	66.80	2804.47	50786.38	50078.44	9774.95	
诸　暨	0.90	615.52	2846.57	2790.30	793.48	
嵊　州	10.90	245.00	475.87	474.55	144.50	
金　华	30.50	133.26	3578.00	3520.00	1443.00	
兰　溪	10.00	189.12	2457.00	2385.90	98.50	
义　乌	6.00	191.00	945.00	945.00	155.00	
永　康	30.00	194.91	8154.45	8142.50	241.10	
衢　州	15.74	646.32	5539.07	5407.42	1320.26	
江　山	12.00	77.75	17.62	16.75	4.46	
舟　山	0.18	936.90	2810.79	2702.91	1362.25	
台　州	15.84	352.91	4215.74	4166.18	884.59	
温　岭	21.60	130.00	360.18	360.18	350.00	
临　海	17.00	137.72	1580.00	1580.00	42.60	
丽　水		14.70				
安　徽	**1852.41**	**17154.68**	**219683.72**	**211766.89**	**70415.02**	**1679.28**
合　肥	1031.00	3980.14	44791.00	42117.00	18919.00	
巢　湖	100.00	639.00	10110.50	10110.00	8000.00	
芜　湖	320.00	1318.81	27978.00	26521.00	8274.00	

Continued 4

Total Gas Supplied(10,000 m^3)		用气户数（户）Number of Household with Access to Gas (unit)		用气人口（万人）Population with Access to Gas (10,000 persons)	天然气汽车加气站（座）Gas Stations for CNG-Fueled Motor Vehicles (unit)	城市名称 Name of Cities
燃气汽车 Gas-Powered Automobiles	燃气损失量 Loss Amount		家庭用户 Household User			
1.00	59.80	33266	33207	11.51	4	仪　征
201.11	29.01	30521	30333	10.39	1	高　邮
1221.57	930.26	262371	199863	62.70	9	镇　江
170.50		80530	80000	23.64	2	丹　阳
376.34	51.73	36355	35625	10.35	1	扬　中
4.00	11.00	23326	22240	6.92	1	句　容
1016.50	108.80	165038	162855	41.40	5	泰　州
360.00	50.00	62000	61768	13.90	1	兴　化
292.00	34.21	30706	30269	4.57	2	靖　江
774.30	184.00	58021	57714	17.75	1	泰　兴
1754.00	3.68	82541	80662	25.00	3	宿　迁
18637.42	**40592.27**	**3126913**	**3025714**	**937.23**	**30**	**浙　江**
1080.00	38635.36	1045850	1042262	328.37	5	杭　州
	0.05	15952	15952	6.43		建　德
	9.00	95933	70780	28.78		富　阳
12579.61	13.75	601201	597616	156.32	2	宁　波
	97.00	60869	60324	17.90		余　姚
	76.00	36528	26859	11.79		慈　溪
		2944	2909	8.28		奉　化
	32.01	17709	17528	8.00		温　州
	4.23	6353	6300	2.21		乐　清
594.37	355.51	242812	241865	76.55	3	嘉　兴
72.00	0.52	42071	41709	14.56	1	海　宁
	18.00	24545	24365	4.20		平　湖
	31.00	54578	26039	9.74		桐　乡
1525.00	123.30	124063	123144	29.50	6	湖　州
875.10	707.94	283236	278324	78.85	6	绍　兴
	56.27	42046	40117	18.20		诸　暨
	1.32	11307	11228	3.80		嵊　州
513.00	58.00	39483	39258	11.78	3	金　华
	71.10	29930	14363	3.60		兰　溪
		29575	29482	10.13		义　乌
	11.95	12120	9336	9.76		永　康
635.75	131.65	69872	69510	20.85	2	衢　州
	0.87	884	868	0.26		江　山
582.00	107.88	182174	181203	51.30	1	舟　山
180.59	49.56	36015	35685	20.88	1	台　州
		12565	12500	3.99		温　岭
		6298	6188	1.20		临　海
						丽　水
38412.93	**7916.83**	**3862900**	**3806349**	**1083.08**	**147**	**安　徽**
3965.00	2674.00	1296627	1291792	327.45	53	合　肥
2000.00	0.50	113000	108000	28.20	5	巢　湖
3784.00	1457.00	403479	401050	119.64	12	芜　湖

7-2-3 续表 5

城市名称 Name of Cities	储气能力(万立方米) Gas Storage Capacity ($10,000\ m^3$)	供气管道长度(公里) Length of Gas Supply Pipeline (km)	供气总量(万立方米) 合计 Total	销售气量 Quantity Sold	居民家庭 Households	集中供热 Central Heating
蚌　埠	16.00	1713.85	27652.00	27197.00	10879.00	
淮　南	20.90	1236.18	9360.80	8826.16	3882.47	
马鞍山	54.00	1007.67	21876.52	21316.65	3540.90	
淮　北	48.00	725.36	8101.00	7682.00	2257.00	
铜　陵	40.00	835.26	17901.36	17795.76	1852.46	
安　庆	10.00	516.44	6045.40	5790.00	1300.00	
桐　城	4.50	196.00	810.00	780.00	440.00	
黄　山	54.00	172.08	950.94	945.89	99.00	
滁　州	15.00	823.53	15037.11	14435.63	1526.00	
天　长	6.00	100.00	128.00	128.00	112.00	
明　光	3.20	126.00	184.10	178.60	60.00	
阜　阳	28.00	585.00	6938.09	6727.90	2939.09	1679.28
界　首	4.00	101.42	686.00	646.00	300.00	
宿　州	39.00	658.00	2857.05	2537.00	721.00	
六　安	10.11	567.61	5609.00	5534.00	877.89	
亳　州	10.00	620.50	4291.26	4213.00	1775.00	
池　州	6.00	570.97	2865.81	2865.81	1697.21	
宣　城	3.70	343.86	3770.59	3704.49	524.00	
宁　国	29.00	317.00	1739.19	1715.00	439.00	
福　建	**391.57**	**7499.21**	**132311.64**	**131263.30**	**10209.12**	**13741.07**
福　州	24.00	1980.21	18409.00	18121.00	4793.17	
福　清	99.99	131.64	11953.15	11953.15	147.04	
长　乐	8.20	20.00	979.60	977.08	2.71	
厦　门	20.00	2033.41	24961.70	24588.67	2912.07	13741.07
莆　田	12.37	751.75	6968.81	6887.43	324.08	
永　安	12.00	137.78	365.00	365.00	139.21	
泉　州	78.50	908.07	5256.00	5190.00	450.00	
石　狮	15.00	168.00	2525.90	2498.20	90.00	
晋　江	22.00	321.36	48096.00	47936.00	269.00	
南　安	13.00	158.40	8200.00	8200.00	78.00	
漳　州	10.00	507.49	3079.72	3070.42	401.47	
龙　岩	46.00	173.30	512.91	512.00	250.00	
漳　平	0.01		423.50	423.00		
宁　德	10.50	105.80	337.00	311.00	125.00	
福　鼎	20.00	102.00	243.35	230.35	227.37	
江　西	**508.11**	**8313.66**	**69115.00**	**66429.10**	**23074.45**	
南　昌	75.60	2365.27	20495.15	18892.47	6063.98	
景德镇	32.50	498.27	12792.61	12649.98	1165.39	
萍　乡	50.00	222.67	6404.00	6404.00	2939.00	
九　江	24.00	921.46	7890.45	7890.45	1685.88	
瑞　昌	3.00	106.95	189.00	188.00	48.80	
共青城		16.16	20.00	20.00	4.30	
新　余	11.00	548.33	3561.10	3167.78	1694.95	
鹰　潭	31.00	133.80	257.36	257.36	257.36	

Continued 5

Total Gas Supplied(10,000 m³)		用气户数(户)		用气人口(万人)	天然气汽车加气站(座)	城市名称
燃气汽车 Gas-Powered Automobiles	燃气损失量 Loss Amount	Number of Household with Access to Gas (unit)	家庭用户 Household User	Population with Access to Gas (10,000 persons)	Gas Stations for CNG-Fueled Motor Vehicles (unit)	Name of Cities
4895.00	455.00	259710	259016	78.46	10	蚌　埠
3600.99	534.64	229433	228594	72.00	12	淮　南
2081.50	559.87	275386	272421	70.64	3	马鞍山
2811.00	419.00	179520	179210	62.20	5	淮　北
1883.33	105.60	185269	184746	43.23	3	铜　陵
1475.01	255.40	162614	160000	48.00	3	安　庆
340.00	30.00	31618	28500	7.90	1	桐　城
	5.05	12820	12358	4.39		黄　山
2452.00	601.48	128062	120890	35.06	7	滁　州
16.00		17880	16980	6.04	1	天　长
113.10	5.50	11000	10000	11.20	1	明　光
1889.19	210.19	156601	148546	49.00	6	阜　阳
346.00	40.00	15900	15400	4.90	2	界　首
1710.00	320.05	88530	88505	25.55	4	宿　州
2075.91	75.00	81274	80983	27.01	5	六　安
1547.00	78.26	46392	42230	16.50	4	亳　州
226.00		95147	88102	24.21	1	池　州
861.90	66.10	46135	43676	13.18	6	宣　城
340.00	24.19	26503	25350	8.32	3	宁　国
19160.86	**1048.34**	**1133889**	**1119517**	**375.19**	**41**	**福　建**
6444.00	288.00	474247	473059	149.00	8	福　州
		14751	14719	7.55		福　清
	2.52	536	535	0.19		长　乐
7935.53	373.03	394888	393678	118.10	12	厦　门
732.08	81.38	28720	28300	9.91	2	莆　田
		21892	21748	8.93		永　安
2672.00	66.00	56141	55328	23.23	12	泉　州
	27.70	10982	10798	4.85		石　狮
118.25	160.00	26594	17016	23.56	2	晋　江
		8122	8050	3.80		南　安
833.02	9.30	55004	54574	12.45	3	漳　州
	0.91	21439	21363	8.47		龙　岩
423.00	0.50				1	漳　平
	26.00	13600	13511	3.90		宁　德
2.98	13.00	6973	6838	1.25	1	福　鼎
4284.27	**2685.90**	**1403114**	**1386519**	**473.65**	**22**	**江　西**
900.00	1602.68	574156	572060	164.67	11	南　昌
	142.63	50174	49782	20.10		景德镇
687.00		80177	79905	28.00	2	萍　乡
380.17		100430	99987	29.55	2	九　江
	1.00	2713	2681	0.80		瑞　昌
		569	560	0.17		共青城
482.00	393.32	152160	151610	41.00	2	新　余
		8580	8580	3.28		鹰　潭

7-2-3 续表 6

城市名称 Name of Cities	储气能力(万立方米) Gas Storage Capacity (10,000 m^3)	供气管道长度(公里) Length of Gas Supply Pipeline (km)	供气总量(万立方米) 合计 Total	销售气量 Quantity Sold	居民家庭 Households	集中供热 Central Heating
贵溪	36.00	73.31	415.46	411.46	135.73	
赣州	64.56	1032.87	6343.95	6243.92	5244.91	
瑞金	7.00	67.24	197.15	197.03	104.60	
吉安	37.00	596.00	1405.00	1370.00	996.00	
宜春	28.00	603.91	4356.00	4080.00	1138.44	
丰城	3.00	238.98	589.66	557.81	527.89	
樟树	16.75	95.63	270.00	265.00	191.50	
抚州	49.50	353.48	2891.86	2864.72	341.79	
上饶	38.70	416.78	1035.70	968.57	533.38	
德兴	0.50	22.55	0.55	0.55	0.55	
山东	**1183.18**	**40616.38**	**627532.24**	**606696.87**	**148115.99**	**16418.68**
济南	100.00	3660.00	50274.00	40200.00	16133.00	1427.00
章丘	0.60	379.28	3303.00	3303.00	1254.00	
青岛	100.50	5180.32	74823.19	72232.54	17864.74	3580.00
胶州	5.00	822.00	7070.00	6686.00	1233.00	575.00
即墨	36.00	774.00	5217.00	5110.00	2900.00	
平度	11.60	698.22	4627.49	4455.49	678.00	
莱西		739.70	3300.30	3203.30	700.00	
淄博	69.79	2320.13	93575.73	92463.77	16197.03	2005.00
枣庄	8.00	1240.36	5642.00	4666.00	1969.32	435.00
滕州	8.13	762.69	12516.69	12405.75	1044.64	
东营	100.00	1066.00	27711.26	27421.00	13056.45	
烟台	90.80	1716.84	25099.62	24125.17	6058.00	10.98
龙口	163.43	990.55	38848.88	38314.90	2385.00	
莱阳	30.00	370.58	2251.20	2243.20	564.00	
莱州	5.20	67.61	1740.00	1680.00	580.00	
蓬莱		152.50	4787.50	4784.27	549.87	
招远	0.42	302.93	1558.00	1480.00	400.00	
栖霞	2.00	250.00	1042.00	1030.00	580.00	
海阳	16.00	674.60	834.00	834.00	407.60	
潍坊	8.00	1444.67	23772.00	23392.00	3970.00	3650.00
青州		573.10	3735.00	3735.00	850.00	
诸城	8.50	606.24	5800.00	5800.00	841.16	99.52
寿光	6.00	273.00	9267.00	9260.00	1060.00	300.00
安丘	2.50	256.14	3753.20	3731.00	461.43	
高密		410.30	3226.80	3220.30	1819.00	740.80
昌邑	1.00	233.04	1839.00	1704.00	1206.00	
济宁	21.00	1200.86	22321.48	21843.25	3730.60	
曲阜	6.00	188.73	3724.00	3616.00	576.00	
邹城	3.50	538.58	2289.00	2289.00	920.00	
泰安	160.00	1655.84	20571.87	20319.12	7232.97	1442.77
新泰	11.00	129.48	2202.00	2200.00	338.00	
肥城	20.00	278.90	3900.00	3895.50	2712.00	
威海	72.00	2220.60	10097.81	10075.92	2517.82	
荣成	10.00	472.00	876.00	874.00	486.00	

Continued 6

Total Gas Supplied(10,000 m^3)		用气户数(户) Number of Household with Access to Gas (unit)		用气人口(万人) Population with Access to Gas (10,000 persons)	天然气汽车加气站(座) Gas Stations for CNG-Fueled Motor Vehicles (unit)	城市名称 Name of Cities
燃气汽车 Gas-Powered Automobiles	燃气损失量 Loss Amount		家庭用户 Household User			
	4.00	8245	8236	2.00		贵　溪
987.00	100.03	128245	119384	62.27	2	赣　州
	0.12	7134	7082	2.90		瑞　金
	35.00	76300	75900	28.56		吉　安
848.10	276.00	69023	66215	24.36	3	宜　春
	31.85	34897	34867	18.48		丰　城
	5.00	23055	22935	8.00		樟　树
	27.14	39465	39277	22.89		抚　州
	67.13	47691	47358	16.58		上　饶
		100	100	0.04		德　兴
124410.42	**20835.37**	**8100038**	**7919115**	**2280.13**	**361**	**山　东**
22537.00	10074.00	1000355	997726	224.00	44	济　南
105.00		72000	71500	22.73	1	章　丘
15600.42	2590.65	1345943	1339175	292.36	55	青　岛
902.00	384.00	135724	135110	33.63	3	胶　州
	107.00	131726	131417	39.60		即　墨
567.12	172.00	70127	68275	25.45	4	平　度
280.00	97.00	51606	51500	16.32	1	莱　西
4957.16	1111.96	462619	452887	138.09	25	淄　博
758.00	976.00	209206	208506	60.70	3	枣　庄
1654.04	110.94	123590	122988	25.75	3	滕　州
7918.41	290.26	174300	165184	56.52	21	东　营
2346.55	974.45	411620	408994	144.26	6	烟　台
5187.60	533.98	87487	83957	26.52	5	龙　口
588.00	8.00	54208	53853	18.31	3	莱　阳
368.00	60.00	53006	50100	15.90	2	莱　州
467.65	3.23	50159	46867	12.55	2	蓬　莱
313.60	78.00	50462	50321	14.09	2	招　远
120.00	12.00	33179	33114	10.20	1	栖　霞
225.00		61756	61700	17.60	2	海　阳
5256.00	380.00	367722	366690	102.00	23	潍　坊
2400.00		86606	82222	28.82	4	青　州
1381.10		76608	75488	23.63	3	诸　城
6400.00	7.00	56571	56516	20.23	9	寿　光
1800.00	22.20	78004	76420	24.02	3	安　丘
438.25	6.50	59674	56598	22.00	2	高　密
366.00	135.00	48800	48300	12.29	1	昌　邑
1142.76	478.23	322943	321828	120.27	4	济　宁
610.00	108.00	47192	47040	17.00	3	曲　阜
600.00		99200	98700	26.98	2	邹　城
1578.00	252.75	259500	218400	64.30	9	泰　安
1860.00	2.00	44180	43890	20.37	3	新　泰
838.00	4.50	72000	67570	25.70	2	肥　城
2019.00	21.89	367135	329463	91.26	7	威　海
	2.00	77215	75633	25.53		荣　成

7-2-3 续表 7

城市名称 Name of Cities	储气能力(万立方米) Gas Storage Capacity ($10,000\ m^3$)	供气管道长度(公里) Length of Gas Supply Pipeline (km)	供气总量(万立方米) 合计 Total	销售气量 Quantity Sold	居民家庭 Households	集中供热 Central Heating
乳　山	5.21	325.53	758.87	751.87	582.38	
日　照	36.00	602.70	10600.00	10555.00	3890.00	
莱　芜	7.00	488.18	10036.26	10035.51	1592.72	
临　沂		2962.29	49639.89	49257.95	15028.98	271.00
德　州	16.00	1510.58	18669.08	18221.58	4275.24	528.29
乐　陵	2.00	51.00	1987.30	1981.80	1523.00	
禹　城		327.30	6400.90	6400.00	2365.00	
聊　城	22.00	1115.66	16040.12	15456.92	2596.73	620.40
临　清	3.00	62.30	3568.00	3568.00	1432.00	280.00
滨　州	13.70	339.95	13639.80	13379.76	1024.31	452.92
菏　泽	1.30	181.10	14595.00	14495.00	530.00	
河　南	**479.59**	**17412.24**	**305240.17**	**296798.97**	**96765.82**	**6612.70**
郑　州	240.00	4199.64	95319.25	92395.46	29121.23	3760.00
巩　义		106.45	6356.00	6296.00	2278.50	
荥　阳		162.00	1205.20	1195.00	623.00	
新　密	10.80	219.01	2805.46	2777.20	1268.09	
新　郑	0.91	203.14	3719.00	3656.00	1000.00	
登　封	1.40	98.65	2517.50	2500.50	158.00	
开　封	41.00	1274.37	11657.85	11085.00	3487.00	100.00
洛　阳		333.03	21949.00	21780.00	3481.00	960.00
偃　师		30.44	1346.33	1340.00	1242.00	
平顶山	20.00	399.44	9366.00	9366.00	3064.00	
舞　钢	2.00	41.80	725.02	725.00	285.00	
安　阳	3.00	1658.00	19359.00	18571.00	6006.00	
林　州	6.00	560.77	2148.00	1976.00	1817.00	
鹤　壁	2.00	339.60	3511.00	3400.00	2065.00	
新　乡		1207.48	14469.00	13643.00	8867.00	
卫　辉		71.41	1011.00	1001.70	675.00	
辉　县		163.00	3380.00	3380.00	1163.00	
焦　作	35.90	1466.98	18794.35	18120.11	5607.06	
沁　阳		270.30	1656.00	1656.00	367.00	
孟　州		147.00	1018.10	1016.00	1016.00	
濮　阳		367.99	5781.45	5780.00	3670.00	
许　昌	4.90	202.37	5776.00	5414.00	2436.00	
禹　州		133.85	4108.00	4053.00	1485.00	1647.00
长　葛		76.02	8426.00	8375.00	337.00	
漯　河		311.60	2273.00	2255.00	1400.00	
三门峡	14.16	167.05	10861.40	10806.00	372.00	
义　马		92.00	549.00	532.53	373.00	
灵　宝	0.10	35.00	100.00	95.00	95.00	
南　阳	18.80	305.69	5362.00	5172.00	2713.00	
邓　州	1.60	3.80	78.80	78.60		
商　丘	20.00	656.30	4039.10	3821.77	1046.99	
永　城	24.50	193.00	756.50	728.60	359.75	145.70
信　阳	20.00	508.79	10738.00	10558.00	4095.00	

Continued 7

Total Gas Supplied(10,000 m³) 燃气汽车 Gas-Powered Automobiles	燃气损失量 Loss Amount	用气户数(户) Number of Household with Access to Gas (unit)	家庭用户 Household User	用气人口(万人) Population with Access to Gas (10,000 persons)	天然气汽车加气站(座) Gas Stations for CNG-Fueled Motor Vehicles (unit)	城市名称 Name of Cities
9.00	7.00	85470	68946	18.85	1	乳　山
3257.00	45.00	104556	103278	35.98	9	日　照
5931.43	0.75	99380	98881	30.13	23	莱　芜
12531.42	381.94	439920	432019	137.80	15	临　沂
2634.24	447.50	270635	267667	81.28	25	德　州
458.80	5.50	52610	49600	12.94	3	乐　陵
490.00	0.90	50000	49740	15.50	4	禹　城
2551.00	583.20	174783	174009	52.14	5	聊　城
1350.00		31898	30147	16.80	3	临　清
3612.87	260.04	107273	106146	49.63	15	滨　州
	100.00	41090	40750	10.10		菏　泽
56406.83	**8441.20**	**4503830**	**4379698**	**1448.85**	**118**	**河　南**
19358.23	2923.79	1555732	1550790	476.12	14	郑　州
	60.00	53880	53634	22.89		巩　义
0.73	10.20	30800	30680	9.24	1	荥　阳
515.22	28.26	33636	33500	11.72	2	新　密
1374.00	63.00	30000	22000	12.00	3	新　郑
1450.00	17.00	13432	12108	5.95	2	登　封
4098.70	572.85	216301	214402	64.60	12	开　封
1543.00	169.00	454191	453131	150.60	10	洛　阳
98.00	6.33	28511	28510	9.97	1	偃　师
3203.00		201016	200475	82.00	10	平顶山
410.00	0.02	21634	21600	8.10	2	舞　钢
1419.00	788.00	231450	195000	59.24	3	安　阳
155.00	172.00	55123	54918	15.32	2	林　州
	111.00	118788	118000	38.00		鹤　壁
2728.00	826.00	243279	216929	71.00	8	新　乡
34.00	9.30	21079	21070	6.30	2	卫　辉
450.00		24390	24224	8.50	2	辉　县
	674.24	200227	199536	72.75		焦　作
		14972	14900	5.00		沁　阳
	2.10	24400	24400	12.20		孟　州
	1.45	131678	128907	45.62		濮　阳
2000.00	362.00	87800	85580	26.88	4	许　昌
626.00	55.00	32700	31000	9.50	2	禹　州
	51.00	15620	15478	5.90		长　葛
6.20	18.00	59931	57971	20.00	3	漯　河
1.32	55.40	43886	40653	16.58	2	三门峡
	16.47	36300	36214	10.90		义　马
	5.00	8720	8720	3.26		灵　宝
1336.00	190.00	105506	105000	33.60	10	南　阳
78.60	0.20	220			3	邓　州
1539.79	217.33	78763	78366	27.66	5	商　丘
223.00	27.90	27143	27053	10.85	2	永　城
5841.00	180.00	89212	87470	27.64	6	信　阳

7-2-3 续表 8

城市名称 Name of Cities	储气能力(万立方米) Gas Storage Capacity ($10,000\ m^3$)	供气管道长度(公里) Length of Gas Supply Pipeline (km)	供气总量(万立方米) 合计 Total	销售气量 Quantity Sold	居民家庭 Households	集中供热 Central Heating
周　口	6.00	495.29	6852.60	6838.50	586.00	
项　城	0.52	186.39	990.26	990.00	530.20	
驻马店		551.00	5029.00	4397.00	1839.00	
济　源	6.00	173.59	11206.00	11024.00	1837.00	
湖　北	**359.40**	**20892.70**	**309438.31**	**307951.40**	**68654.37**	**92.00**
武　汉	80.00	7594.00	147000.00	147000.00	26460.00	
黄　石	16.50	792.78	20905.50	20762.50	1171.00	
大　冶	5.35	397.00	14908.00	14799.00	437.00	
十　堰	9.97	487.80	3275.22	3245.89	2458.89	90.00
丹江口	6.00	42.95	833.00	830.00	103.11	2.00
宜　昌	9.50	1372.64	14584.21	14584.21	4220.93	
宜　都	2.70	514.23	2881.00	2775.00	1325.00	
当　阳	7.00	198.87	4963.00	4963.00	315.00	
枝　江	1.54	126.90	1224.00	1204.00	314.00	
襄　阳	35.00	588.00	16713.00	16713.00	5850.00	
老河口	4.00	148.10	918.00	918.00	645.00	
枣　阳	3.00	231.20	897.00	890.00	182.00	
宜　城	0.66	249.36	2047.10	2047.10	966.00	
鄂　州		547.00	3820.00	3820.00	1650.00	
荆　门	0.91	845.47	10366.67	10177.77	1786.45	
钟　祥	60.00	230.00	1710.00	1700.00	913.00	
孝　感		541.10	4656.00	4621.00	1090.00	
应　城	3.75	84.70	899.40	890.50	593.70	
安　陆	3.00	94.00	1680.00	1640.00	240.00	
汉　川	5.50	173.50	3105.75	3059.16	281.57	
荆　州		1084.00	13964.00	13761.00	3208.50	
石　首	0.97	46.00	300.01	300.00	58.00	
洪　湖	10.00	132.50	291.00	266.00	244.00	
松　滋	0.65	260.00	870.00	810.00	810.00	
黄　冈	6.30	415.00	2860.00	2810.00	1400.00	
麻　城	3.70	137.30	963.07	961.00	561.00	
武　穴	2.00	608.00	748.10	744.00	744.00	
咸　宁	31.00	430.00	9511.00	9490.00	1890.00	
赤　壁	4.50	40.03	336.30	333.00	27.00	
随　州	2.20	71.80	2319.70	2277.00	787.13	
恩　施	10.00	639.07	5903.00	5782.00	1828.00	
利　川	2.00	460.00	3170.00	3070.00	2464.00	
仙　桃	6.00	200.75	4590.00	4551.00	1106.00	
潜　江	20.40	785.65	5172.56	5133.55	2139.93	
天　门	5.30	323.00	1052.72	1022.72	384.16	
湖　南	**2017.73**	**11740.59**	**217161.81**	**211947.11**	**73713.96**	**1085.50**
长　沙	1280.00	1200.00	73299.00	69248.00	21189.00	
浏　阳	7.40	102.36	1371.90	1366.20	778.20	
株　洲	19.50	1387.11	23647.28	23296.53	5717.53	

Continued 8

Total Gas Supplied(10,000 m^3)		用气户数(户)		用气人口(万人)	天然气汽车加气站(座)	城市名称
燃气汽车 Gas-Powered Automobiles	燃气损失量 Loss Amount	Number of Household with Access to Gas (unit)	家庭用户 Household User	Population with Access to Gas (10,000 persons)	Gas Stations for CNG-Fueled Motor Vehicles (unit)	Name of Cities
6252.50	14.10	25585	24933	14.90	4	周　口
459.54	0.26	21990	18051	6.16	1	项　城
	632.00	85721	65035	21.10		驻马店
1206.00	182.00	80214	79460	26.80	2	济　源
52365.81	**1486.91**	**3676128**	**3602062**	**1174.89**	**143**	**湖　北**
25000.00		1637574	1619032	514.00	63	武　汉
2604.00	143.00	112084	110161	33.75	7	黄　石
591.00	109.00	29109	28926	8.70	2	大　冶
697.00	29.33	143443	143085	45.50	2	十　堰
90.00	3.00	15931	14321	4.00	1	丹江口
4660.24		197058	187205	72.71	11	宜　昌
25.00	106.00	31425	27605	13.70	1	宜　都
196.00		24101	23906	8.44	1	当　阳
	20.00	24100	22900	9.00		枝　江
3677.00		239884	238662	77.75	7	襄　阳
120.00		56120	55913	19.99	1	老河口
329.00	7.00	18200	15400	5.40	1	枣　阳
147.10		21363	21000	8.20	1	宜　城
870.00		39446	38223	13.39	2	鄂　州
1608.04	188.90	126363	125548	34.40	5	荆　门
360.00	10.00	25596	22372	6.60	1	钟　祥
800.00	35.00	27650	22760	6.80	2	孝　感
164.80	8.90	12575	12375	3.54	2	应　城
270.00	40.00	22275	21325	4.62	1	安　陆
60.12	46.59	27056	26579	14.70	1	汉　川
5495.50	203.00	154370	153296	45.85	6	荆　州
140.60	0.01	4615	4600	2.06	1	石　首
5.00	25.00	44500	40505	14.01	1	洪　湖
	60.00	24000	24000	8.40		松　滋
1100.00	50.00	68755	68021	19.00	4	黄　冈
380.00	2.07	12517	12033	3.61	1	麻　城
	4.10	28130	28130	11.74		武　穴
273.25	21.00	62032	61670	15.42	4	咸　宁
1.09	3.30	4253	3800	0.48	1	赤　壁
630.34	42.70	45000	44712	44.60	2	随　州
21.00	121.00	78196	76774	19.00	1	恩　施
300.00	100.00	53000	51500	17.50	1	利　川
750.00	39.00	130848	122500	27.10	5	仙　桃
633.73	39.01	101012	99987	31.03	2	潜　江
366.00	30.00	33547	33236	9.90	2	天　门
31851.99	**5214.70**	**2517619**	**2474453**	**761.23**	**61**	**湖　南**
12817.21	4051.00	902547	899258	248.00	22	长　沙
	5.70	27898	26698	10.10		浏　阳
2181.00	350.75	341851	339353	101.69	4	株　洲

7-2-3 续表 9

城市名称 Name of Cities	储气能力(万立方米) Gas Storage Capacity (10,000 m³)	供气管道长度(公里) Length of Gas Supply Pipeline (km)	供气总量(万立方米) 合计 Total	销售气量 Quantity Sold	居民家庭 Households	集中供热 Central Heating
醴　陵	5.00	472.00	20757.00	20532.00	720.00	
湘　潭	5.00	1369.00	15006.00	15003.00	3665.00	
湘　乡	1.00	138.40	290.60	280.00	126.00	
韶　山	6.00	71.32	96.25	96.25	48.22	
衡　阳	25.00	2000.00	20000.00	20000.00	4244.00	
耒　阳	0.53	15.26	9.41	9.25	9.25	
常　宁		236.82	22.00	22.00	22.00	
邵　阳	432.00	520.00	2714.00	2684.00	1476.00	
武　冈	13.00	140.00	401.00	393.00	238.00	
岳　阳	9.20	935.75	14222.50	13980.00	3600.00	877.50
汨　罗	0.35	51.60	1660.20	1655.77	164.12	
临　湘		40.00	514.00	508.00	153.50	
常　德	40.00	1470.73	29685.90	29563.90	27516.90	
津　市	15.50	102.00	300.20	300.00	200.00	
张家界	23.00	163.30	726.83	714.57	326.73	
益　阳	5.00	593.00	5853.00	5736.00	1674.00	
沅　江	12.00	90.30	2854.00	2850.00	789.00	
郴　州	13.00	355.00	2437.00	2437.00	715.00	208.00
资　兴	56.25	5.00	159.82	153.72	21.59	
永　州	21.00	76.90	100.92	100.92	94.92	
怀　化	22.00	165.26	473.00	457.00	105.00	
娄　底			380.00	380.00		
冷水江		9.48				
吉　首	6.00	30.00	180.00	180.00	120.00	
广　东	**3736.23**	**25541.18**	**1291347.46**	**1284816.27**	**145694.82**	**11999.19**
广　州	608.66	7943.76	167974.90	166279.32	27593.83	10241.12
增　城	2.87	349.60	4099.23	4099.23	1026.40	
从　化	20.50	302.00	902.37	900.00	369.00	
韶　关	42.00	563.10	2545.00	2463.00	1331.00	39.00
乐　昌	8.27	55.45	70.35	70.35	34.56	
南　雄	12.50	33.00	55.50	55.00	50.00	
深　圳	320.32	5181.55	847857.62	844919.31	71191.09	
珠　海	71.70	240.63	8023.25	8023.25	1171.00	
汕　头	42.00	93.33	2074.86	2074.86	235.77	
佛　山	55.86	2915.61	103363.07	103259.85	7444.37	
江　门	25.87	336.98	8829.17	8764.06	5229.89	
台　山	2.50	5.00	2.00	2.00		
开　平	2.10	56.60	65.50	61.50	0.36	
鹤　山	6.32		120.62	120.52	9.00	
湛　江	96.00	666.52	8374.00	8374.00	1396.00	
茂　名	36.00	115.00	1298.50	1280.00	476.80	
高　州		7.31				
化　州	0.65	5.80	1.70	1.70	0.65	
肇　庆	81.00	337.10	9269.01	9260.00	959.00	
四　会	51.30	52.00	235.00	235.00	73.00	

Continued 9

Total Gas Supplied(10,000 m^3) 燃气汽车 Gas-Powered Automobiles	燃气损失量 Loss Amount	用气户数(户) Number of Household with Access to Gas (unit)	家庭用户 Household User	用气人口(万人) Population with Access to Gas (10,000 persons)	天然气汽车加气站(座) Gas Stations for CNG-Fueled Motor Vehicles (unit)	城市名称 Name of Cities
547.00	225.00	37751	37476	12.00	1	醴陵
4745.00	3.00	181820	180246	58.18	6	湘潭
	10.60	26108	25699	8.24		湘乡
		2290	2245	0.79		韶山
2880.00		286656	284247	80.00	5	衡阳
	0.16	910	910	0.28		耒阳
		3150	3150	1.10		常宁
770.00	30.00	128560	127780	47.00	2	邵阳
	8.00	14000	13700	5.00		武冈
1600.00	242.50	149600	141900	52.10	3	岳阳
9.90	4.43	8100	7983	4.90	1	汨罗
226.00	6.00	10572	9793	6.50	1	临湘
1925.00	122.00	185288	175345	64.50	4	常德
100.00	0.20	15769	15356	4.95	1	津市
109.08	12.26	22291	22066	6.67	2	张家界
1800.00	117.00	96000	86200	25.86	3	益阳
1664.00	4.00	17600	16800	4.90	2	沅江
		35763	35550	10.60		郴州
	6.10	2128	2080	0.62		资兴
6.00		7420	7402	2.97	1	永州
91.80	16.00	10249	10118	3.90	1	怀化
380.00					2	娄底
						冷水江
		3298	3098	0.38		吉首
39055.31	**6531.19**	**5342228**	**5091436**	**1618.67**	**103**	**广东**
5809.59	1695.58	1805971	1794614	502.19	13	广州
		93285	93222	19.00	2	增城
63.00	2.37	20509	20463	6.39	1	从化
60.00	82.00	92054	91465	24.70	1	韶关
		3456	3455	1.20		乐昌
	0.50	4400	4000	1.40		南雄
4031.81	2938.31	1459650	1450909	507.83	22	深圳
4845.25		127909	127718	30.00	8	珠海
287.00		18365	18231	7.29	1	汕头
10021.30	103.22	480529	275526	84.23	14	佛山
1938.21	65.11	45459	44917	15.80	5	江门
1.00		2		0.51	1	台山
	4.00	150	54	0.05		开平
111.52	0.10	1780	1700	0.68	1	鹤山
3039.00		107069	106560	47.95	4	湛江
386.00	18.50	38102	37795	16.77	1	茂名
						高州
		1650	1580	0.58		化州
2262.00	9.01	57796	57278	18.21	5	肇庆
		12450	11785	3.68		四会

7-2-3 续表 10

城市名称 Name of Cities	储气能力(万立方米) Gas Storage Capacity ($10,000 m^3$)	供气管道长度(公里) Length of Gas Supply Pipeline (km)	供气总量(万立方米) 合计 Total	销售气量 Quantity Sold	居民家庭 Households	集中供热 Central Heating
惠　州	0.61	1238.70	10257.96	10177.35	2028.64	
梅　州	21.00	259.47	1023.01	1022.64	620.83	
汕　尾	2.60	19.00	87.25	87.23	55.44	
陆　丰		17.00	9.60	9.60	9.60	
河　源	12.00	52.00	570.00	568.00	5.40	
阳　江	24.00		1317.56	1308.00	1308.00	
阳　春	6.00	23.70	115.90	115.00	115.00	
清　远	3.20	333.17	5700.30	5700.30	1652.00	
英　德	16.74	5.56	359.00	359.00	21.00	
连　州	1850.46	2931.45	67672.07	67592.60	18051.96	1586.02
中　山	54.00	734.59	8562.99	8384.98	2469.96	
潮　州	103.20	163.53	22576.00	21614.00		
揭　阳	52.00	215.58	7104.70	6812.02	132.72	
普　宁	92.00	95.29	420.62	420.00	389.00	13.05
云　浮	6.00	178.00	366.50	361.00	241.00	120.00
罗　定	6.00	13.80	42.35	41.60	2.55	
广　西	**414.16**	**3377.42**	**28510.45**	**28199.29**	**12546.67**	
南　宁	95.00	570.95	12587.97	12546.00	5502.45	
柳　州	68.83	641.89	4475.15	4360.15	1935.98	
桂　林	52.00	285.34	3230.00	3110.00	1983.00	
梧　州	0.04	170.00	1053.18	1050.68	431.66	
北　海	56.80	567.80	2580.03	2580.00	920.00	
防城港	5.40	180.00	193.13	192.13	113.13	
东　兴	12.00	18.75	12.30	12.00	11.40	
钦　州	18.00	155.04	763.23	754.74	403.77	
贵　港	12.00	132.90	817.70	817.00	392.00	
桂　平	0.24	27.80	10.04	10.00	10.00	
玉　林	24.00	238.00	1720.90	1710.00	556.00	
北　流	60.00	236.16	843.90	835.00	116.00	
百　色	3.60	63.74	32.47	32.46	32.46	
宜　州		18.92	1.89	1.81	1.81	
来　宾	6.00	53.63	181.95	181.04	130.73	
崇　左	0.25	16.50	6.61	6.28	6.28	
海　南	**68.44**	**2201.14**	**27634.82**	**27308.22**	**11778.39**	
海　口	22.00	1190.56	19013.83	18697.83	9800.00	
三　亚	15.00	788.50	6058.00	6058.00	817.00	
琼　海	1.20	62.00	1100.50	1100.00	570.00	
儋　州	6.00	22.00	560.00	560.00	17.00	
文　昌		48.50	328.84	326.74	326.74	
万　宁	9.00	40.60	358.00	350.00	32.00	
东　方	15.24	48.98	215.65	215.65	215.65	

Continued 10

Total Gas Supplied(10,000 m^3)		用气户数(户) Number of Household with Access to Gas (unit)		用气人口(万人) Population with Access to Gas (10,000 persons)	天然气汽车加气站(座) Gas Stations for CNG-Fueled Motor Vehicles (unit)	城市名称 Name of Cities
燃气汽车 Gas-Powered Automobiles	燃气损失量 Loss Amount		家庭用户 Household User			
2581.42	80.61	188295	187027	68.89	5	惠　州
401.81	0.37	22291	22185	9.92	1	梅　州
	0.02	4577	4568	2.05		汕　尾
		520	520	0.26		陆　丰
	2.00	1042	1011	5.00		河　源
	9.56	35559	35559	9.00		阳　江
	0.90	1429	1429	0.58		阳　春
		68347	59977	19.64		清　远
213.00		2612	2567	0.78	2	英　德
870.69	79.47	454127	446671	152.08	12	连　州
1849.24	178.01	145167	143469	50.22	3	中　山
	962.00	1427	346			潮　州
283.47	292.68	24522	23272	3.50	1	揭　阳
	0.62	2554	2503	1.19		普　宁
	5.50	18900	18800	7.00		云　浮
	0.75	273	260	0.10		罗　定
3702.15	**311.16**	**792807**	**787275**	**266.44**	**17**	**广　西**
1188.25	41.97	349390	348085	113.00	5	南　宁
528.78	115.00	113087	112843	39.38	2	柳　州
1007.00	120.00	100300	100100	31.10	3	桂　林
60.74	2.50	29216	29056	10.17	1	梧　州
520.00	0.03	48000	46000	9.00	2	北　海
79.00	1.00	13820	13732	3.79	1	防城港
	0.30	2947	2876	0.88		东　兴
	8.49	33405	32558	12.03		钦　州
7.38	0.70	41478	41318	9.00	1	贵　港
	0.04	1640	1640	1.10		桂　平
311.00	10.90	36000	35627	14.40	2	玉　林
	8.90	7125	7089	17.60		北　流
	0.01	3204	3204	1.26		百　色
	0.08	532	532	0.20		宜　州
	0.91	11920	11872	3.27		来　宾
	0.33	743	743	0.26		崇　左
11139.80	**326.60**	**417460**	**413573**	**127.86**	**31**	**海　南**
7600.00	316.00	268209	266652	91.00	19	海　口
2629.00		100967	100187	27.00	5	三　亚
530.00	0.50	22000	21000	3.30	4	琼　海
380.00		1500	1200	1.80	1	儋　州
	2.10	18418	18418	1.23		文　昌
0.80	8.00	1653	1403	1.41	2	万　宁
		4713	4713	2.12		东　方

7-2-3 续表 11

城市名称 Name of Cities	储气能力(万立方米) Gas Storage Capacity (10,000 m^3)	供气管道长度(公里) Length of Gas Supply Pipeline (km)	供气总量(万立方米) 合计 Total	销售气量 Quantity Sold	居民家庭 Households	集中供热 Central Heating
重　庆	**133.10**	**17972.90**	**321485.47**	**311748.54**	**114723.82**	
四　川	**207.00**	**31382.35**	**610049.60**	**593870.41**	**203655.85**	**2955.00**
成　都	56.50	10502.73	216491.50	210768.15	85644.92	
都江堰	7.20	930.00	7043.00	6892.00	3286.00	
彭　州		913.10	11938.00	10637.00	2018.00	
邛　崃		550.00	5180.00	4660.00	2680.00	
崇　州		450.00	5995.00	5995.00	2496.00	
自　贡	8.00	795.00	14601.00	14451.00	7122.00	
攀枝花	10.00	81.67	146.05	146.00	146.00	
泸　州	4.00	878.28	79812.65	78735.67	10486.16	
德　阳	6.30	1019.89	45324.86	44901.77	8361.58	
广　汉		410.77	6830.38	6731.74	3436.81	
什　邡		251.26	7107.00	7008.00	1400.00	
绵　竹		386.00	9008.00	8998.00	2000.00	
绵　阳	4.79	1765.25	48281.16	47141.16	11346.46	
江　油	4.00	343.00	7027.00	6765.00	4520.00	
广　元		549.28	11864.96	11727.72	4918.41	
遂　宁	12.71	1938.55	12313.03	11638.04	4964.27	2780.00
内　江	5.00	906.24	10296.52	9940.59	3597.87	175.00
乐　山	2.50	789.39	27392.45	27164.80	6078.22	
峨眉山		316.31	2979.00	2579.00	1002.00	
南　充	8.00	793.00	16730.00	15960.00	7310.00	
阆　中	6.00	340.00	3153.00	3002.00	1843.00	
眉　山		698.91	8178.26	7994.67	3589.89	
宜　宾	10.00	826.39	10794.30	10484.12	4586.73	
广　安	0.90	857.42	6518.78	6071.68	3650.43	
华　蓥	0.80	380.00	1155.50	1150.00	800.00	
达　州	35.85	1014.00	8807.00	8510.00	4794.00	
万　源	2.50	16.50	146.10	138.30	109.20	
雅　安	6.75	670.65	5245.00	4865.00	3352.00	
巴　中	3.20	552.35	8739.00	8282.00	3981.00	
资　阳		729.50	5171.00	4993.00	1864.00	
简　阳		679.76	4847.60	4657.50	1882.90	
西　昌	12.00	47.15	932.50	881.50	388.00	
贵　州	**234.57**	**964.82**	**29010.69**	**28852.97**	**11056.89**	**43.50**
贵　阳	46.00	244.61	20079.60	20079.60	8486.00	
遵　义	52.00	192.00	3663.00	3575.00	617.00	
赤　水	0.20	24.00	1012.50	957.50	572.00	
仁　怀	27.60	27.80	904.70	904.00	455.00	
安　顺	12.00	109.00	974.39	974.39	120.00	
兴　义	13.00	60.56	145.55	143.88	16.89	43.50
毕　节	24.27	115.85	585.10	585.10	268.00	
凯　里	48.00	90.00	1448.85	1448.50	477.00	
都　匀	11.50	101.00	197.00	185.00	45.00	

Continued 11

Total Gas Supplied(10,000 m^3)		用气户数(户) Number of Household with Access to Gas (unit)		用气人口(万人) Population with Access to Gas (10,000 persons)	天然气汽车加气站(座) Gas Stations for CNG-Fueled Motor Vehicles (unit)	城市名称 Name of Cities
燃气汽车 Gas-Powered Automobiles	燃气损失量 Loss Amount		家庭用户 Household User			
46447.02	**9736.93**	**4301196**	**4032021**	**1070.92**	**81**	**重　庆**
73889.58	**16179.19**	**7348651**	**7055337**	**1595.19**	**168**	**四　川**
20541.07	5723.35	3001200	2941369	457.93	69	成　都
1115.00	151.00	97375	94026	22.59	4	都江堰
2551.00	1301.00	58342	57214	17.96	3	彭　州
1402.86	520.00	45300	45146	13.56	1	邛　崃
1047.00		35400	33280	11.90	2	崇　州
2105.00	150.00	361373	355937	108.39	8	自　贡
	0.05	4000	4000	1.20		攀枝花
4869.78	1076.98	235210	195867	95.85	6	泸　州
3194.50	423.09	247048	226252	47.50	6	德　阳
1300.00	98.64	72027	72000	17.64	2	广　汉
895.00	99.00	56502	55205	9.90	2	什　邡
	10.00	60000	50000	10.10		绵　竹
7898.15	1140.00	546393	530571	113.29	13	绵　阳
2145.00	262.00	96743	95773	25.50	4	江　油
2412.40	137.24	184668	177178	31.14	4	广　元
2672.55	674.99	226503	221838	58.58	6	遂　宁
2682.52	355.93	159177	157383	51.95	2	内　江
3008.00	227.65	262055	230136	55.70	5	乐　山
379.00	400.00	49985	48125	11.80	2	峨眉山
4360.00	770.00	364100	320980	99.50	8	南　充
728.00	151.00	95013	83524	25.08	3	阆　中
1836.00	183.59	162442	160228	45.55	2	眉　山
226.00	310.18	171854	168963	60.50	1	宜　宾
	447.10	152386	149577	29.17		广　安
	5.50	25000	24000	8.30		华　蓥
1106.95	297.00	198997	194213	45.25	5	达　州
	7.80	2670	2410	2.10		万　源
310.00	380.00	81279	78835	25.43	1	雅　安
2562.00	457.00	102000	100500	33.00	3	巴　中
1408.00	178.00	72860	62545	23.20	3	资　阳
640.30	190.10	103238	100791	30.23	2	简　阳
493.50	51.00	17511	17471	5.40	1	西　昌
5069.48	**157.72**	**473079**	**433122**	**138.00**	**17**	**贵　州**
		318626	317616	92.00		贵　阳
2958.00	88.00	41058	36000	10.40	5	遵　义
118.50	55.00	14127	14016	5.35	2	赤　水
349.00	0.70	18690	12525	5.00	4	仁　怀
854.39		46085	19888	15.53	2	安　顺
83.49	1.67	2036	1996	1.00	1	兴　义
317.10		6869	6747	2.02	1	毕　节
257.50	0.35	20966	19813	5.00	1	凯　里
131.50	12.00	4622	4521	1.70	1	都　匀

7-2-3 续表 12

城市名称 Name of Cities	储气能力(万立方米) Gas Storage Capacity (10,000 m^3)	供气管道长度(公里) Length of Gas Supply Pipeline (km)	供气总量(万立方米) 合计 Total	销售气量 Quantity Sold	居民家庭 Households	集中供热 Central Heating
云南	**183.60**	**1173.39**	**4414.06**	**4346.55**	**1104.95**	
昆明	36.00	109.67	1405.40	1375.49	107.72	
曲靖	40.40	205.93	1278.00	1278.00	316.80	
宣威	23.00	41.00	165.84	142.47	1.00	
玉溪	10.00	55.27	470.00	470.00	9.40	
保山	11.00	137.30	490.90	480.00	370.90	
昭通	18.00	89.00	285.00	285.00	85.00	
丽江	0.20	26.00	80.65	80.50	80.50	
楚雄	12.00	325.22	107.00	104.37	81.00	
文山	12.00	26.50	2.80	2.80	1.90	
景洪	12.00	71.50	53.27	53.02	23.96	
大理		34.50	13.17	13.17	13.17	
瑞丽	3.00	12.00	7.90	7.60	7.60	
芒市	6.00	39.50	54.13	54.13	6.00	
西藏	**67.48**	**1350.00**	**15.75**	**15.75**	**15.75**	
拉萨	67.48	1350.00	15.75	15.75	15.75	
陕西	**455.84**	**10526.83**	**285839.13**	**279032.73**	**89682.70**	**79926.68**
西安	323.34	6603.76	178124.90	171616.32	54177.38	55292.58
铜川		23.90	11051.00	11051.00	2842.00	4922.00
宝鸡	16.00	954.70	19825.87	19692.87	5676.92	
咸阳	15.00	611.50	18040.00	18040.00	4997.00	2521.00
兴平		216.10	2214.00	2214.00	1056.00	
渭南	4.00	276.00	9525.00	9445.00	2582.00	1257.00
韩城	0.25	88.04	4229.00	4188.98	1075.00	
华阴		12.10	308.00	300.00	37.50	
延安	0.25	342.10	13135.76	13135.76	8363.00	
汉中	90.00	109.83	2436.60	2435.80	890.50	256.50
榆林		857.80	22782.00	22753.00	7046.40	15676.60
安康	6.00	76.00	765.00	760.00	320.00	
商洛	1.00	90.00	802.00	800.00	89.00	1.00
杨陵区		265.00	2600.00	2600.00	530.00	
甘肃	**272.73**	**2087.16**	**159230.29**	**159035.41**	**30764.96**	**57096.73**
兰州	50.40	833.17	137401.24	137339.24	23113.52	55785.53
嘉峪关	6.00	29.00	146.20	145.60	140.00	
金昌	1.47	66.76	1559.53	1551.00	117.60	
白银	14.30	394.20	6141.00	6096.30	1321.30	
天水	37.50	113.82	1677.20	1677.20	767.42	166.20
武威	0.80	61.47	2237.00	2230.00	374.90	
张掖	32.00	83.50	905.64	905.00	905.00	
平凉	10.25	42.87	788.07	788.07	208.00	
酒泉	30.00	107.71	582.00	580.00	194.22	
玉门	12.00	35.00	111.31	111.00	48.00	
敦煌	37.00	187.36	2096.00	2096.00	1687.00	

Continued 12

Total Gas Supplied(10,000 m³)		用气户数(户) Number of Household with Access to Gas (unit)		用气人口(万人) Population with Access to Gas (10,000 persons)	天然气汽车加气站(座) Gas Stations for CNG-Fueled Motor Vehicles (unit)	城市名称 Name of Cities
燃气汽车 Gas-Powered Automobiles	燃气损失量 Loss Amount		家庭用户 Household User			
1239.78	**67.51**	**147370**	**141599**	**110.29**	**11**	**云南**
	29.91	66491	66477	18.63		昆明
961.20		14994	14594	51.08	6	曲靖
141.00	23.37	1000	162	0.35	2	宣威
		962	950	0.35		玉溪
109.10	10.90	15800	15000	10.60	2	保山
		22700	22580	16.21		昭通
	0.15	5681	5681	2.22		丽江
	2.63	11880	9393	6.20		楚雄
		321	307	0.11		文山
28.48	0.25	1300	785	0.40	1	景洪
		3184	3184	0.95		大理
	0.30	256	256	2.60		瑞丽
		2801	2230	0.59		芒市
		26500	**26500**	**8.21**		**西藏**
		26500	26500	8.21		拉萨
33353.14	**6806.40**	**3463400**	**3298419**	**766.94**	**112**	**陕西**
16148.76	6508.58	2087852	2014525	397.36	51	西安
2089.00		110910	108496	36.80	5	铜川
5777.88	133.00	362774	356981	76.62	22	宝鸡
3404.00		273501	254384	85.05	7	咸阳
410.00		38350	38021	13.68	1	兴平
2617.00	80.00	128571	92285	33.70	2	渭南
430.00	40.02	24580	22408	7.84	3	韩城
262.50	8.00	1600	1580	0.50	1	华阴
429.00		103933	101987	32.48	8	延安
1288.00	0.80	82895	62802	14.50	2	汉中
30.00	29.00	146869	146800	37.71	7	榆林
440.00	5.00	60950	58150	14.20	1	安康
2.00	2.00	14000	13700	8.00	1	商洛
25.00		26615	26300	8.50	1	杨陵区
27398.55	**194.88**	**1176169**	**1156911**	**297.95**	**65**	**甘肃**
20357.29	62.00	847488	835888	172.90	28	兰州
5.00	0.60	18460	18200	6.50	2	嘉峪关
200.00	8.53	15771	15682	5.70	1	金昌
2311.90	44.70	54288	54100	24.00	5	白银
743.58		50588	50409	16.00	1	天水
1410.00	7.00	36000	35950	10.79	5	武威
	0.64	25521	25521	9.80		张掖
368.00		16904	14980	12.07	1	平凉
385.78	2.00	32611	32522	11.38	6	酒泉
63.00	0.31	7240	6250	3.27	4	玉门
349.00		38730	36890	11.39	5	敦煌

7-2-3 续表 13

城市名称 Name of Cities	储气能力 (万立方米) Gas Storage Capacity (10,000 m³)	供气管道长度 (公里) Length of Gas Supply Pipeline (km)	供气总量(万立方米) 合计 Total	销售气量 Quantity Sold	居民家庭 Households	集中供热 Central Heating
庆　阳	35.00	50.00	1623.00	1622.00	120.00	
定　西	0.01		66.00	64.00	1.00	
陇　南	6.00	20.00	196.10	195.00	195.00	
临　夏		62.30	3700.00	3635.00	1572.00	1145.00
青　海	**70.50**	**1061.30**	**129793.15**	**126971.58**	**18506.77**	**66141.97**
西　宁	16.00	466.72	113747.00	110933.00	16257.00	60264.00
海　东	30.00	79.78	5000.00	4999.97	1465.00	407.00
格尔木	24.50	489.50	8985.45	8984.61	737.77	5470.97
德令哈		25.30	2060.70	2054.00	47.00	
宁　夏	**13.30**	**4122.62**	**218699.53**	**218333.43**	**36968.29**	**60691.00**
银　川		2416.99	177000.00	177000.00	24960.00	60155.00
灵　武		230.50	3948.00	3918.00	3018.00	
石嘴山		851.95	14444.43	14444.43	3445.35	
吴　忠	1.20	204.80	8286.00	8183.00	4898.00	
青铜峡	4.10	117.86	5434.10	5421.00	100.40	536.00
中　卫	8.00	300.52	9587.00	9367.00	546.54	
新　疆	**368.11**	**12146.98**	**448270.84**	**445756.86**	**91548.49**	**225069.33**
乌鲁木齐	30.00	4974.85	295702.00	295702.00	36600.00	204800.00
克拉玛依		522.25	20987.69	20908.37	2721.03	8435.86
吐鲁番	0.90	291.95	2978.79	2963.69	503.51	489.20
哈　密	28.10	934.33	4863.20	4847.70	1468.80	
昌　吉	6.78	96.38	11000.00	10390.00	6715.00	447.00
阜　康	0.70	559.38	2219.00	2216.00	715.00	
博　乐	6.33	88.35	2026.40	2021.40	808.56	
库尔勒		918.20	23382.90	23062.90	13962.00	900.00
阿克苏	55.00	304.21	7820.00	7820.00	2100.00	
阿图什		77.00	8277.00	8200.00	940.57	1850.00
喀　什	48.00	950.98	18658.57	18098.82	11300.26	3146.67
和　田		451.60	13220.00	13100.00	5700.00	5000.00
伊　宁	30.00	116.25	4106.00	3964.20	2258.30	
奎　屯	2.00	246.75	3376.00	3346.00	1453.00	
乌　苏		141.00	2214.00	2212.00	366.00	
塔　城	16.00	20.80	557.00	541.00	95.00	
阿勒泰	12.00	40.97	800.12	799.72	204.34	
石河子	67.20	670.00	22332.17	21853.56	2809.77	
阿拉尔	60.00	426.10	2417.00	2386.50	449.00	0.60
图木舒克		18.83	175.20	175.20	89.35	
五家渠	1.30	253.80	396.80	386.80	159.00	
北　屯	3.00	14.00	640.00	640.00	26.00	
铁门关		20.00	44.00	44.00	41.00	
双　河	0.80	9.00	77.00	77.00	63.00	

Continued 13

Total Gas Supplied(10,000 m^3)		用气户数(户) Number of Household with Access to Gas (unit)		用气人口(万人) Population with Access to Gas (10,000 persons)	天然气汽车加气站(座) Gas Stations for CNG-Fueled Motor Vehicles (unit)	城市名称 Name of Cities
燃气汽车 Gas-Powered Automobiles	燃气损失量 Loss Amount		家庭用户 Household User			
285.00	1.00	3620	3258	0.74	2	庆　阳
2.00	2.00	927	358	0.29	2	定　西
	1.10	6586	6586	2.15		陇　南
918.00	65.00	21435	20317	10.97	3	临　夏
29064.87	**2821.57**	**404039**	**402644**	**126.68**	**21**	**青　海**
26512.00	2814.00	360230	360000	108.94	14	西　宁
697.00	0.03	6200	6000	4.20	1	海　东
1425.87	0.84	33391	32519	10.06	5	格尔木
430.00	6.70	4218	4125	3.48	1	德令哈
28072.60	**366.10**	**840838**	**821556**	**188.26**	**73**	**宁　夏**
22050.00		519079	519000	119.02	43	银　川
900.00	30.00	46000	44000	5.38	1	灵　武
362.00		193763	191408	41.60	18	石嘴山
3240.00	103.00	37283	34446	10.40	7	吴　忠
688.60	13.10	9836	8870	3.39	1	青铜峡
832.00	220.00	34877	23832	8.47	3	中　卫
89319.38	**2513.98**	**2815415**	**2756778**	**628.74**	**267**	**新　疆**
33952.12		1153078	1140995	288.35	103	乌鲁木齐
2843.97	79.32	122204	121261	30.47	10	克拉玛依
1970.98	15.10	20235	19929	5.90	10	吐鲁番
3378.90	15.50	118253	118244	26.00	9	哈　密
3228.00	610.00	157349	157058	31.00	13	昌　吉
1501.00	3.00	29313	28813	8.07	3	阜　康
1212.84	5.00	29742	29671	10.84	7	博　乐
8200.00	320.00	302200	296150	40.56	13	库尔勒
5720.00		88800	88300	26.49	10	阿克苏
1600.00	77.00	23943	23000	7.80	4	阿图什
3651.89	559.75	249410	235420	31.00	11	喀　什
2400.00	120.00	70000	66300	16.45	6	和　田
1705.90	141.80	100000	93000	29.20	5	伊　宁
1438.00	30.00	72400	71000	15.41	3	奎　屯
1440.00	2.00	22021	20921	7.32	4	乌　苏
430.00	16.00	10100	10090	3.82	3	塔　城
587.96	0.40	18000	17940	5.90	2	阿勒泰
11761.27	478.61	165212	159502	29.96	32	石河子
1356.90	30.50	20514	20328	3.72	11	阿拉尔
80.85		5710	5534	1.80	1	图木舒克
227.80	10.00	27500	24500	6.30	3	五家渠
614.00		2621	2620	0.92	2	北　屯
3.00		4210	4102	0.75	1	铁门关
14.00		2600	2100	0.71	1	双　河

7-3-1 2014年全国城市液化石油气分组资料

地区名称	Name of Regions	储气能力(吨) Gas Storage Capacity (ton)	供气管道长度(公里) Length of Gas Supply Pipeline (km)	供气总量(吨) Total Gas Supplied (ton)			
				合计 Total	销售气量 Quantity Sold	居民家庭 Households	燃气汽车 Gas-Powered Automobiles
全　国	**National Total**	**1611659.41**	**10985.85**	**10828490.26**	**10790250.23**	**5862124.86**	**633097.45**
分类一	**Group one**						
东部地区	East China	1263237.92	9257.55	7750592.51	7725896.35	4229654.28	542035.33
中部地区	Central China	180766.55	1142.89	2284405.11	2273904.94	1169635.46	75286.04
西部地区	West China	167654.94	585.41	793492.64	790448.94	462835.12	15776.08
分类二	**Group two**						
东部地区	East China	1197688.25	9245.88	7482960.79	7459298.22	4006048.83	542035.33
中部地区	Central China	170608.55	1069.63	2221335.68	2211710.37	1112130.57	72028.20
西部地区	West China	243362.61	670.34	1124193.79	1119241.64	743945.46	19033.92
分类三	**Group three**						
东部地区	East China	1147288.25	8566.77	6990554.69	6967491.32	3781444.93	505691.33
中部地区	Central China	133710.10	957.32	1822353.73	1814812.58	880314.75	41255.00
西部地区	West China	243362.61	670.34	1124193.79	1119241.64	743945.46	19033.92
东北地区	Northeast China	87298.45	791.42	891388.05	888704.69	456419.72	67117.20

National Urban LPG Supply (2014)

燃气损失量 Loss Amount	用气户数(户) Number of Household with Access to Gas (unit)	家庭用户 Household User	用气人口(万人) Population with Access to Gas (10,000 persons)	液化石油气汽车加气站(座) Gas Stations for LPG-Fueled Motor Vehicles (unit)	地区名称 Name of Regions
38240.03	**49969416**	**45142988**	**14378.41**	**359**	**全　国**
					分类一
24696.16	35620309	32549185	9635.91	210	东部地区
10500.17	10887682	9624121	3589.78	116	中部地区
3043.70	3461425	2969682	1152.72	33	西部地区
					分类二
23662.57	33691912	30685035	9028.12	210	东部地区
9625.31	10074372	8924610	3329.64	103	中部地区
4952.15	6203132	5533343	2020.65	46	西部地区
					分类三
23063.37	31377507	28641318	8427.00	168	东部地区
7541.15	7616920	6675143	2554.44	30	中部地区
4952.15	6203132	5533343	2020.65	46	西部地区
2683.36	4771857	4293184	1376.32	115	东北地区

7-3-2 2014年按省分列的城市液化石油气

地区名称 Name of Regions	储气能力(吨) Gas Storage Capacity (ton)	供气管道长度(公里) Length of Gas Supply Pipeline (km)	供气总量(吨) Total Gas Supplied (ton)			
			合计 Total	销售气量 Quantity Sold	居民家庭 Households	燃气汽车 Gas-Powered Automobiles
全　国	**1611659.41**	**10985.85**	**10828490.26**	**10790250.23**	**5862124.86**	**633097.45**
北　京	36034.00	414.00	546293.00	531556.00	234779.00	
天　津	6910.80	183.57	43153.81	43153.81	21736.60	
河　北	19198.10	271.49	161922.56	161603.11	97070.57	100.00
山　西	5870.00	275.00	69557.40	69257.00	50733.00	
内蒙古	10158.00	73.26	63069.43	62194.57	57504.89	3257.84
辽　宁	50400.00	679.11	492406.10	491806.90	224603.90	36344.00
吉　林	20486.45	83.94	184552.75	183085.75	109049.25	9338.60
黑龙江	16412.00	28.37	214429.20	213812.04	122766.57	21434.60
上　海	21130.00	516.23	418013.03	418061.97	252164.99	48862.44
江　苏	106889.00	719.96	651778.92	649793.72	390403.41	11787.00
浙　江	318714.74	3329.55	701812.12	700728.42	478585.21	6080.00
安　徽	39097.00	270.22	752627.07	751184.04	123246.12	
福　建	24040.03	215.51	298251.91	297585.12	171537.31	3064.33
江　西	17722.50	111.62	237315.56	234631.75	194581.84	
山　东	54919.18	560.36	395520.63	394857.31	243953.70	27863.59
河　南	11964.00	16.70	223532.08	222079.33	186580.45	7815.00
湖　北	35405.60	264.78	350091.92	349494.26	175407.34	27000.00
湖　南	23651.00	19.00	189229.70	188166.20	149766.00	6440.00
广　东	553064.35	2338.14	3684389.83	3680753.85	1812505.64	398875.97
广　西	65549.67	11.67	267631.72	266598.13	223605.45	
海　南	6388.05	17.96	89418.88	89398.01	78708.50	9058.00
重　庆	8244.60		95672.40	95480.40	37173.40	
四　川	18916.00	148.32	175130.89	173908.29	102940.40	1510.00
贵　州	9357.58	125.39	76042.53	75665.62	71044.90	1.00
云　南	15008.36	230.39	210629.19	210542.92	80418.52	2835.93
西　藏	688.60	0.5	62481.48	62021.28	36321.28	9237.65
陕　西	7100.00		28634.86	28258.84	17058.00	
甘　肃	95937.80		59662.10	59438.00	52469.00	50.00
青　海	2155.00		6249.53	6236.98	6226.98	
宁　夏	4377.00		19885.13	19868.43	9853.62	
新　疆	5870.00	80.81	59104.53	59028.18	49329.02	2141.50

Urban LPG Supply by Province(2014)

燃气损失量 Loss Amount	用气户数 (户) Number of Household with Access to Gas (unit)	家庭用户 Household User	用气人口 (万人) Population with Access to Gas (10,000 persons)	液化石油气汽车加气站 (座) Gas Stations for LPG-Fueled Motor Vehicles (unit)	地区名称 Name of Regions
38240.03	**49969416**	**45142988**	**14378.41**	**359**	**全　国**
14737.00	2817399	2781637	434.45	1	北　京
	68598	65271	14.94		天　津
319.45	875938	813790	334.19	2	河　北
300.40	401551	362341	126.90		山　西
874.86	813310	699511	260.14	13	内蒙古
599.20	2314405	2043717	601.12	42	辽　宁
1467.00	1250524	1139322	406.50	28	吉　林
617.16	1206928	1110145	368.70	45	黑龙江
-48.94	3346765	3306365	836.78	44	上　海
1985.20	3287273	3027326	828.91	10	江　苏
1083.70	4673703	4134028	1082.64	2	浙　江
1443.03	1017824	948300	303.58		安　徽
666.79	2134989	1841138	724.35	2	福　建
2683.81	1231926	1128815	448.16		江　西
663.32	2476085	2288407	724.62	24	山　东
1452.75	1541708	1376639	533.21	12	河　南
597.66	1765196	1382616	605.60	9	湖　北
1063.50	1658715	1476432	536.99	9	湖　南
3635.98	11119026	10067261	3319.12	73	广　东
1033.59	1928397	1864150	607.79		广　西
20.87	577731	316095	127.00	10	海　南
192.00	287418	206569	101.34		重　庆
1222.60	517205	439001	146.33	1	四　川
376.91	636446	521985	217.10	1	贵　州
86.27	936383	822856	281.68	2	云　南
460.2	64971	61206	30.15	23	西　藏
376.02	163888	151904	71.15		陕　西
224.10	345700	324513	164.40	2	甘　肃
12.55	60453	60152	20.37		青　海
16.70	199375	191192	52.49		宁　夏
76.35	249586	190304	67.71	4	新　疆

7-3-3 2014年按城市分列的城市液化石油气

城市名称 Name of Cities	储气能力(吨) Gas Storage Capacity (ton)	供气管道长度(公里) Length of Gas Supply Pipeline (km)	供气总量(吨) Total Gas Supplied (ton)			
			合计 Total	销售气量 Quantity Sold	居民家庭 Households	燃气汽车 Gas-Powered Automobiles
全　国	**1611659.41**	**10985.85**	**10828490.26**	**10790250.23**	**5862124.86**	**633097.45**
北　京	**36034.00**	**414.00**	**546293.00**	**531556.00**	**234779.00**	
天　津	**6910.80**	**183.57**	**43153.81**	**43153.81**	**21736.60**	
河　北	**19198.10**	**271.49**	**161922.56**	**161603.11**	**97070.57**	**100.00**
石家庄	1960.00	17.50	34774.40	34645.00	8894.80	100.00
晋　州			1647.00	1647.00	1601.00	
新　乐			597.00	595.00	505.00	
唐　山	2500.00		9868.80	9868.80	7621.00	
遵　化	60.00		4800.00	4800.00	4800.00	
迁　安	320.00		3820.00	3800.00	3800.00	
秦皇岛	250.00		3845.00	3845.00	3295.00	
邯　郸	740.00	7.54	1089.50	1085.00	1085.00	
武　安			2963.00	2963.00	2773.00	
邢　台	710.00		7130.00	7130.00	7130.00	
南　宫	3400.00	2.08	3360.00	3360.00	3200.00	
沙　河	220.00		2185.00	2149.00	2149.00	
保　定	850.00	1.23	2495.96	2495.96	2204.62	
涿　州	52.00	1.04	1256.00	1256.00	1256.00	
安　国	12.50		3285.00	3285.00	3120.00	
高碑店			500.00	500.00	388.00	
张家口	443.00	110.00	3134.00	3134.00	3134.00	
承　德	685.00	61.00	4811.35	4788.20	4688.00	
沧　州	600.00		3429.00	3429.00	3429.00	
泊　头	125.00		3776.00	3774.00	3774.00	
任　丘	5000.00		42364.00	42364.00	8564.40	
黄　骅	160.00		649.00	649.00	646.00	
河　间	180.00		1160.00	1160.00	1160.00	
廊　坊	160.00		2750.00	2750.00	2750.00	
霸　州	188.60		2430.00	2430.00	2430.00	
三　河	130.00		1120.00	1120.00	998.00	
衡　水			3000.00	3000.00	3000.00	
冀　州			1636.05	1635.15	1106.75	
深　州	220.00		3014.50	3014.00	3014.00	
辛　集	232.00	60.50	3147.00	3067.00	2754.00	
定　州		10.60	1885.00	1864.00	1800.00	
山　西	**5870.00**	**275.00**	**69557.40**	**69257.00**	**50733.00**	
太　原	1368.00	130.00	29514.00	29468.00	24698.00	
大　同	42.00		200.00	190.00	170.00	

Urban LPG Supply by City(2014)

燃气损失量 Loss Amount	用气户数（户） Number of Household with Access to Gas (unit)	家庭用户 Household User	用气人口（万人） Population with Access to Gas (10,000 persons)	液化石油气汽车加气站（座） Gas Stations for LPG-Fueled Motor Vehicles (unit)	城市名称 Name of Cities
38240.03	**49969416**	**45142988**	**14378.41**	**359**	**全　国**
14737.00	**2817399**	**2781637**	**434.45**	**1**	**北　京**
	68598	**65271**	**14.94**		**天　津**
319.45	**875938**	**813790**	**334.19**	**2**	**河　北**
129.40	56202	50202	57.96	2	石家庄
	17400	16998	8.00		晋　州
2.00	7314	7180	2.00		新　乐
	33000	30600	8.00		唐　山
	22990	22990	9.00		遵　化
20.00	36988	36988	14.00		迁　安
	50130	49925	15.00		秦皇岛
4.50	12234	12234	10.00		邯　郸
	20200	19680	7.00		武　安
	83932	83932	7.16		邢　台
	16000	15900	6.00		南　宫
36.00	12600	12600	4.00		沙　河
	51575	50939	18.00		保　定
	5000	5000	7.00		涿　州
	27647	26438	9.00		安　国
	3323	3112	3.00		高碑店
	8955	8955	9.00		张家口
23.15	92300	70680	36.18		承　德
	44374	44374	13.00		沧　州
2.00	26206	26206	7.00		泊　头
	24030	23790	8.00		任　丘
	10714	1800	4.00		黄　骅
	19070	19070	6.00		河　间
	12000	12000	3.00		廊　坊
	12096	12096	3.00		霸　州
	8400	6963	1.00		三　河
	57500	57500	21.00		衡　水
0.90	8998	8288	11.00		冀　州
0.50	30500	30500	10.60		深　州
80.00	34000	27650	8.29		辛　集
21.00	30260	19200	8.00		定　州
300.40	**401551**	**362341**	**126.90**		**山　西**
46.00	168421	153421	40.00		太　原
10.00	2000	1800	2.00		大　同

7-3-3 续表 1

城市名称 Name of Cities	储气能力(吨) Gas Storage Capacity (ton)	供气管道长度(公里) Length of Gas Supply Pipeline (km)	供气总量(吨) Total Gas Supplied (ton)			
			合计 Total	销售气量 Quantity Sold	居民家庭 Households	燃气汽车 Gas-Powered Automobiles
阳　泉	800.00	145.00	10772.20	10759.00	3314.00	
长　治	100.00		754.00	754.00	120.00	
潞　城	470.00		3774.00	3774.00	3774.00	
晋　城	400.00		271.00	267.00	267.00	
高　平	120.00		1540.00	1530.00	1140.00	
朔　州	80.00		1647.20	1635.00	1630.00	
晋　中	200.00		1300.00	1300.00	680.00	
介　休	1200.00		2270.00	2160.00	860.00	
运　城	100.00		2210.00	2200.00	500.00	
永　济			3800.00	3800.00	3800.00	
忻　州	390.00		4050.00	4050.00	4050.00	
原　平	50.00		630.00	625.00	200.00	
临　汾	450.00		4075.00	4075.00	3560.00	
侯　马	100.00		1260.00	1210.00	720.00	
霍　州			1490.00	1460.00	1250.00	
内蒙古	**10158.00**	**73.26**	**63069.43**	**62194.57**	**57504.89**	**3257.84**
包　头	1097.00		9220.00	9220.00	9020.00	
乌　海	56.00		1331.00	1322.00	1322.00	
赤　峰	2353.00	63.26	15769.00	15670.00	14200.00	1361.00
通　辽	900.00		576.00	576.00	460.80	115.20
霍林郭勒	75.00	2.00	2203.50	2200.00	1800.00	400.00
鄂尔多斯	2700.00		1800.00	1800.00	1800.00	
呼伦贝尔	800.00		6840.00	6820.00	6820.00	
满洲里	848.00		6480.86	6380.00	6257.00	122.64
牙克石	175.00		2063.00	2060.00	1829.00	
扎兰屯	60.00		2741.00	2210.00	2087.00	
额尔古纳	100.00		763.29	761.79	761.79	
根　河	100.00		981.78	981.78	902.30	
巴彦淖尔	46.00	8.00	3785.00	3700.00	3600.00	
乌兰察布	192.00		952.00	930.00	655.00	
丰　镇	326.00		3469.00	3469.00	2210.00	1259.00
乌兰浩特	100.00		80.00	80.00	80.00	
二连浩特	50.00		924.00	924.00	850.00	
锡林浩特	180.00		3090.00	3090.00	2850.00	
辽　宁	**50400.00**	**679.11**	**492406.10**	**491806.90**	**224603.90**	**36344.00**
沈　阳	3229.00		134200.00	134200.00	21500.00	
新　民	771.00	8.00	3482.00	3482.00	2470.00	1008.00
大　连	9230.00	420.50	158112.00	158020.00	52830.00	18220.00
瓦房店	720.00	6.80	7340.00	7320.00	7100.00	
普兰店	2030.00	54.35	4836.00	4776.00	4366.00	410.00
庄　河	945.00	53.00	7032.00	7025.00	6178.00	272.00

Continued 1

燃气损失量 Loss Amount	用气户数 (户) Number of Household with Access to Gas (unit)	家庭用户 Household User	用气人口 (万人) Population with Access to Gas (10,000 persons)	液化石油气汽车加气站 (座) Gas Stations for LPG-Fueled Motor Vehicles (unit)	城市名称 Name of Cities
13.20	19823	15523	3.00		阳　泉
	600	500	1.00		长　治
	30100	30100	15.00		潞　城
4.00	2873	2873	0.83		晋　城
10.00	19080	19000	6.00		高　平
12.20	23906	22926	9.00		朔　州
	7360	7310	2.46		晋　中
110.00	30000	15000	10.00		介　休
10.00	7500	6000	1.00		运　城
	12600	12600	12.00		永　济
	26670	26670	8.00		忻　州
5.00	1860	967	0.65		原　平
	26505	26500	8.06		临　汾
50.00	3650	2551	1.30		侯　马
30.00	18603	18600	6.60		霍　州
874.86	**813310**	**699511**	**260.14**	**13**	**内蒙古**
	88206	62206	21.00		包　头
9.00	14510	14510	8.42		乌　海
99.00	254000	233500	78.01	3	赤　峰
	20000	16000	5.00	4	通　辽
3.50	20300	19850	12.00	1	霍林郭勒
	20000	20000	6.00		鄂尔多斯
20.00	83400	83400	27.00		呼伦贝尔
100.86	73280	72800	18.00	2	满洲里
3.00	27870	20370	10.00		牙克石
531.00	27095	24021	10.00		扎兰屯
1.50	9600	9600	3.41		额尔古纳
	15630	8986	6.00		根　河
85.00	39350	29800	15.00		巴彦淖尔
22.00	10728	7190	3.00		乌兰察布
	39861	19898	15.00	3	丰　镇
	1480	1480	1.00		乌兰浩特
	9000	8900	6.30		二连浩特
	59000	47000	15.00		锡林浩特
599.20	**2314405**	**2043717**	**601.12**	**42**	**辽　宁**
	253000	213000	56.00		沈　阳
	45213	26998	16.00	1	新　民
92.00	496208	340727	98.00	18	大　连
20.00	62100	59000	21.00		瓦房店
60.00	36176	36172	10.12	1	普兰店
7.00	61774	61241	18.00	1	庄　河

7-3-3 续表 2

城市名称 Name of Cities	储气能力(吨) Gas Storage Capacity (ton)	供气管道长度(公里) Length of Gas Supply Pipeline (km)	供气总量(吨) Total Gas Supplied (ton)			
			合计 Total	销售气量 Quantity Sold	居民家庭 Households	燃气汽车 Gas-Powered Automobiles
鞍　山	1200.00		5100.00	5100.00	5100.00	
海　城	1100.00		9000.00	9000.00	8500.00	500.00
抚　顺	6227.00		38696.00	38631.00	24839.00	
本　溪	1280.00		6415.00	6408.00	2340.00	2406.00
丹　东	1520.00		14015.00	14015.00	5101.00	3000.00
东　港	114.00	2.50	2872.00	2866.00	1300.00	1566.00
凤　城	260.00		3600.30	3600.00	3000.00	370.00
锦　州	1600.00	13.86	122.00	122.00	122.00	
凌　海	450.00	34.00	4409.00	4409.00	4409.00	
北　镇	473.00		3975.00	3975.00	3975.00	
营　口	3900.00	20.00	6005.00	6000.00	6000.00	
盖　州	320.00		6555.00	6527.00	6435.00	92.00
大石桥	1565.00		6050.00	5900.00	5000.00	900.00
阜　新	200.00		5220.00	5220.00	4860.00	
辽　阳	2030.00	2.80	11372.00	11372.00	11372.00	
灯　塔			700.00	700.00	700.00	
盘　锦	3700.00	10.00	14675.00	14650.00	14589.00	
铁　岭	590.00	0.30	2945.00	2940.00	1402.00	
调兵山	93.00		740.00	740.00	390.00	
开　原	325.00		7392.00	7392.00	6792.00	
朝　阳	1235.00		5830.00	5750.00	3920.00	
北　票	1075.00		2903.80	2901.90	2901.90	
凌　源	750.00	53.00	3342.00	3310.00	3310.00	
葫芦岛	2788.00		12665.00	12650.00	2050.00	7600.00
兴　城	680.00		2805.00	2805.00	1752.00	
吉　林	**20486.45**	**83.94**	**184552.75**	**183085.75**	**109049.25**	**9338.60**
长　春	6000.00		43762.00	43762.00	7134.00	475.00
九　台	65.00		880.00	880.00	800.00	
榆　树	784.00	3.80	4760.00	4760.00	4500.00	260.00
德　惠	650.00	1.00	10929.30	10840.50	9198.00	1642.50
吉　林	4200.00		36267.75	36267.75	11735.75	2259.00
蛟　河	269.15	8.00	4998.00	4968.00	4150.00	600.00
桦　甸	432.00		3600.00	3600.00	3100.00	500.00
舒　兰	60.00	4.00	1150.00	1150.00	1123.00	
磐　石	150.00		590.00	590.00	590.00	
四　平	350.00	5.64	2831.00	2831.00	1331.00	1500.00
双　辽	171.80	1.50	756.50	756.50	729.50	
辽　源	345.00		4236.00	4236.00	1936.00	
通　化	400.00		2090.00	1150.00	950.00	150.00
集　安	286.00	4.00	1043.20	1026.00	770.00	
白　山	310.00	17.00	4507.00	4502.00	3902.00	
临　江	280.00		1180.00	1170.00	980.00	

Continued 2

燃气损失量 Loss Amount	用气户数（户）Number of Household with Access to Gas (unit)	家庭用户 Household User	用气人口（万人）Population with Access to Gas (10,000 persons)	液化石油气汽车加气站（座）Gas Stations for LPG-Fueled Motor Vehicles (unit)	城市名称 Name of Cities
	31071	31071	9.00		鞍山
	96300	93000	33.00	2	海城
65.00	245796	243636	56.00		抚顺
7.00	50480	46240	15.00	4	本溪
	38920	35920	3.00	6	丹东
6.00	21998	20718	7.00	3	东港
0.30	51000	50000	16.00	2	凤城
	2030	2030	1.00		锦州
	41331	41331	13.00		凌海
	29280	29280	11.00		北镇
5.00	65934	65934	25.00		营口
28.00	70181	60345	13.00	1	盖州
150.00	45250	43250	24.00	1	大石桥
	50625	50215	17.00		阜新
	119260	119260	40.00		辽阳
	11000	11000	3.00		灯塔
25.00	122585	121585	19.00		盘锦
5.00	31847	20820	10.00		铁岭
	10800	4200	2.00		调兵山
	71478	67974	19.00		开原
80.00	28693	25845	11.00		朝阳
1.90	30800	30800	9.00		北票
32.00	42000	42000	16.00		凌源
15.00	31150	31000	4.00	2	葫芦岛
	20125	19125	6.00		兴城
1467.00	**1250524**	**1139322**	**406.50**	**28**	**吉林**
	91646	78542	28.00	1	长春
	45320	10950	14.00		九台
	21450	19800	17.00	1	榆树
88.80	28003	28000	11.20	3	德惠
	110050	106126	29.00	6	吉林
30.00	44000	42000	12.60	1	蛟河
	60000	53000	13.00	1	桦甸
	28500	27586	12.00		舒兰
	8500	8500	4.80		磐石
	22170	22169	7.00	3	四平
	6600	6400	3.00		双辽
	137300	135100	35.00		辽源
940.00	8900	8400	5.00	3	通化
17.20	26220	17600	8.00		集安
5.00	49315	49115	23.00		白山
10.00	12210	12180	10.00		临江

7-3-3 续表 3

城市名称 Name of Cities	储气能力(吨) Gas Storage Capacity (ton)	供气管道长度(公里) Length of Gas Supply Pipeline (km)	供气总量(吨) Total Gas Supplied (ton)			
			合计 Total	销售气量 Quantity Sold	居民家庭 Households	燃气汽车 Gas-Powered Automobiles
松　原	1320.00		9934.00	9934.00	9934.00	
扶　余	286.00		2850.00	2850.00	2850.00	
白　城	440.00		4808.00	4800.00	4800.00	
洮　南	585.00		1780.00	1780.00	1780.00	
大　安	290.00		2421.00	2421.00	2421.00	
延　吉	575.00		19229.00	18938.00	18938.00	
图　们	270.00	0.50	500.00	500.00	227.00	270.00
敦　化	877.50		6771.00	6769.00	6267.00	500.00
珲　春	300.00		4484.00	4484.00	4484.00	
龙　井	110.00		862.00	850.00	849.00	0.10
和　龙	180.00		1660.00	1660.00	860.00	2.00
公主岭	100.00	0.50	2150.00	2110.00	210.00	190.00
梅河口	400.00	38.00	3523.00	3500.00	2500.00	990.00
黑龙江	**16412.00**	**28.37**	**214429.20**	**213812.04**	**122766.57**	**21434.60**
哈尔滨	2414.50		78000.00	78000.00	24000.00	240.50
双　城	95.00		6193.32	6132.00	5536.00	5.00
尚　志	480.00		5100.00	5100.00	4300.00	300.00
五　常	580.00	1.00	6650.00	6650.00	5150.00	50.00
齐齐哈尔	1065.00		5000.00	5000.00	3200.00	1800.00
讷　河	150.00		1499.00	1489.00	1489.00	
鸡　西	1452.00		6391.12	6386.00	5186.00	200.00
虎　林	65.00		1350.00	1350.00	1080.00	
密　山	95.00		1000.00	1000.00	1000.00	
鹤　岗	242.00		7778.06	7737.70	6301.56	
双鸭山	450.00		3250.00	3250.00	3250.00	
大　庆	1800.00	8.37	9318.68	9296.33	6766.00	1355.10
伊　春	1045.00		8619.00	8617.00	7092.00	500.00
铁　力	100.00		2645.00	2205.00	2016.00	
佳木斯	645.00		6000.00	6000.00	2000.00	3500.00
同　江	30.00		320.00	320.00	260.00	
富　锦	600.00		4900.00	4900.00	4050.00	
七台河	180.00		1548.00	1548.00	1341.00	
牡丹江	1003.50		18021.30	18016.00	10708.00	4500.00
绥芬河	160.00		1250.00	1250.00	1100.00	150.00
海　林	205.00		2730.00	2700.00	2700.00	
宁　安	120.00		1660.00	1660.00	1455.00	
穆　棱	55.00		1195.72	1195.01	1195.01	
黑　河	230.00		2320.00	2320.00	2220.00	100.00
北　安	150.00		1700.00	1700.00	1100.00	165.00
五大连池	30.00		220.00	220.00	211.00	5.00
绥　化	500.00		13000.00	13000.00	5000.00	8000.00
安　达	140.00		7100.00	7100.00	4900.00	54.00
肇　东	2200.00	19.00	7800.00	7800.00	6800.00	
海　伦	130.00		1870.00	1870.00	1360.00	510.00

Continued 3

燃气损失量 Loss Amount	用气户数(户) Number of Household with Access to Gas (unit)	家庭用户 Household User	用气人口(万人) Population with Access to Gas (10,000 persons)	液化石油气汽车加气站(座) Gas Stations for LPG-Fueled Motor Vehicles (unit)	城市名称 Name of Cities
	45500	45500	17.00		松　原
	27940	27940	8.00		扶　余
8.00	79700	79700	21.00		白　城
	19510	19510	5.90		洮　南
	29700	29700	10.00		大　安
291.00	101456	101456	34.00		延　吉
	13300	3783	5.00	1	图　们
2.00	75702	69183	21.00	3	敦　化
	51782	51782	16.00		珲　春
12.00	29200	29100	9.00	1	龙　井
	10050	9000	8.00	2	和　龙
40.00	16500	2200	5.00	1	公主岭
23.00	50000	45000	14.00	1	梅河口
617.16	**1206928**	**1110145**	**368.70**	**45**	**黑龙江**
	135000	127000	13.35	1	哈尔滨
61.32	40950	39500	16.80	2	双　城
	30600	29827	10.09	2	尚　志
	45000	41000	13.00	1	五　常
	11000	9500	3.00	3	齐齐哈尔
10.00	13275	13275	6.00		讷　河
5.12	50965	45965	20.00	5	鸡　西
	18000	14500	6.10		虎　林
	16480	16480	5.79		密　山
40.36	74758	69059	19.34		鹤　岗
	36600	36600	15.10		双鸭山
22.35	41463	41323	13.30	6	大　庆
2.00	92388	77975	28.00	1	伊　春
440.00	19615	19080	7.00		铁　力
	25000	24000	7.00	5	佳木斯
	3650	3550	1.30		同　江
	32820	27650	12.00		富　锦
	17114	12351	5.20		七台河
5.30	132410	122100	41.00	5	牡丹江
	15500	14500	9.00	1	绥芬河
30.00	30000	30000	9.00		海　林
	17875	17085	7.45		宁　安
0.71	13325	13325	4.78		穆　棱
	43100	36900	13.10	1	黑　河
	14500	11500	5.00	1	北　安
	3550	3500	1.00	1	五大连池
	52000	50000	19.00	4	绥　化
	78790	73400	21.00	4	安　达
	73900	73700	29.00		肇　东
	27300	15500	7.00	2	海　伦

7-3-3 续表 4

城市名称 Name of Cities	储气能力(吨) Gas Storage Capacity (ton)	供气管道长度(公里) Length of Gas Supply Pipeline (km)	供气总量(吨) Total Gas Supplied (ton)			
			合计 Total	销售气量 Quantity Sold	居民家庭 Households	燃气汽车 Gas-Powered Automobiles
上　海	**21130.00**	**516.23**	**418013.03**	**418061.97**	**252164.99**	**48862.44**
江　苏	**106889.00**	**719.96**	**651778.92**	**649793.72**	**390403.41**	**11787.00**
南　京	8158.00	149.00	109277.98	108973.18	64487.68	
无　锡	12590.00		46313.71	46313.71	21945.75	
江　阴	3310.00		4176.00	4176.00	1025.00	
宜　兴	580.00		6538.00	6538.00	6538.00	
徐　州	4593.00	65.00	28054.00	28054.00	20872.00	
新　沂	1500.00	40.00	10000.00	9980.00	9000.00	
邳　州	1248.00		4400.00	4400.00	3800.00	550.00
常　州	1480.00		5689.00	5595.00	1589.00	
溧　阳	200.00		1525.94	1525.94	1525.94	
金　坛	860.00		5908.00	5908.00	2601.00	
苏　州	2470.00		88875.00	88635.00	16035.00	
常　熟	1020.00		12709.90	12688.00	11516.00	
张家港	34750.00		36875.00	36850.00	21980.00	3609.00
昆　山	6600.00		31625.00	31213.00	15963.50	2031.00
太　仓	1885.00		16422.00	16422.00	5824.00	
南　通	2710.00	5.00	24869.00	24869.00	19272.00	5597.00
海　门	370.00	375.97	4183.89	4182.39	4182.39	
连云港	775.00		8401.00	8189.00	6694.00	
淮　安	5350.00		30276.00	30276.00	25881.00	
盐　城	1400.00		24000.00	24000.00	19000.00	
东　台	295.00	3.29	1738.00	1738.00	1600.00	
大　丰	360.00	81.70	7980.00	7980.00	5520.00	
扬　州	2431.00		27480.00	27475.50	17737.15	
仪　征	920.00		13479.00	13441.00	7940.00	
高　邮	498.00		3997.00	3997.00	3997.00	
镇　江	3580.00		25023.00	24942.00	11902.00	
丹　阳	672.00		7150.00	7078.00	4268.00	
扬　中	250.00		4800.00	4800.00	3910.00	
句　容	1010.00		7230.50	7220.00	6810.00	
泰　州	2196.00		23558.00	23184.00	20906.00	
兴　化	320.00		3350.00	3345.00	3000.00	
靖　江	600.00		13349.00	13334.00	11206.00	
泰　兴	808.00		4540.00	4536.00	3990.00	
宿　迁	1100.00		7985.00	7935.00	7885.00	

Continued 4

燃气损失量 Loss Amount	用气户数（户） Number of Household with Access to Gas (unit)	家庭用户 Household User	用气人口（万人） Population with Access to Gas (10,000 persons)	液化石油气汽车加气站（座） Gas Stations for LPG-Fueled Motor Vehicles (unit)	城市名称 Name of Cities
-48.94	**3346765**	**3306365**	**836.78**	**44**	**上　海**
1985.20	**3287273**	**3027326**	**828.91**	**10**	**江　苏**
304.80	848274	821906	195.00		南　京
	123568	103063	24.98		无　锡
	14916	9732	3.50		江　阴
	53600	53600	15.00		宜　兴
	144698	143146	44.03		徐　州
20.00	210000	138460	24.00		新　沂
	52000	51200	25.00	4	邳　州
94.00	11814	10596	3.00		常　州
	9733	9733	2.91		溧　阳
	18493	10425	3.00		金　坛
240.00	56122	55822	28.00		苏　州
21.90	54592	52726	17.00		常　熟
25.00	74850	74160	7.00	1	张家港
412.00	73658	49500	4.00	2	昆　山
	36260	24550	7.00		太　仓
	45492	43872	39.31	3	南　通
1.50	40000	40000	20.00		海　门
212.00	64065	57525	19.45		连云港
	195320	190563	54.06		淮　安
	153000	143000	35.00		盐　城
	80000	62000	24.00		东　台
	34000	33900	8.00		大　丰
4.50	99940	99501	27.84		扬　州
38.00	29360	26590	9.00		仪　征
	39499	39499	11.40		高　邮
81.00	74783	74387	26.08		镇　江
72.00	39182	38800	12.00		丹　阳
	20300	15000	6.00		扬　中
10.50	38122	37622	9.36		句　容
374.00	176526	162526	49.94		泰　州
5.00	47500	47000	7.00		兴　化
15.00	170000	160000	18.00		靖　江
4.00	21405	20335	8.00		泰　兴
50.00	136201	126587	41.05		宿　迁

7-3-3 续表 5

城市名称 Name of Cities	储气能力(吨) Gas Storage Capacity (ton)	供气管道长度(公里) Length of Gas Supply Pipeline (km)	供气总量(吨) Total Gas Supplied (ton)			
			合计 Total	销售气量 Quantity Sold	居民家庭 Households	燃气汽车 Gas-Powered Automobiles
浙　江	**318714.74**	**3329.55**	**701812.12**	**700728.42**	**478585.21**	**6080.00**
杭　州	4777.89		91721.23	91719.23	43808.61	
建　德	225.00		3521.00	3520.00	3168.00	
富　阳	200.00		7011.00	7011.00	7011.00	
临　安	740.65	414.95	31556.12	31540.65	14180.00	
宁　波	283645.80	261.49	98346.03	98296.93	47005.59	
余　姚	200.00		4931.69	4931.69	3629.00	
慈　溪	338.00		29910.00	29910.00	27980.00	
奉　化	211.30	56.44	6483.16	6483.16	5318.20	
温　州	2733.00	665.07	53736.12	53736.12	29048.64	
瑞　安	65.00	47.30	13100.00	13100.00	8908.00	
乐　清	1240.00		15587.00	15551.00	12200.00	
嘉　兴	1412.80		26256.00	26239.00	17006.00	
海　宁	900.00		5256.00	5256.00	3500.00	
平　湖	640.00		7664.00	7664.00	2606.00	
桐　乡	1400.00		7250.00	7250.00	4264.00	
湖　州	775.00	28.96	4659.00	4659.00	2970.17	
绍　兴	2195.00	13.12	31373.62	31149.86	27760.55	
诸　暨	4050.00		18615.00	18000.00	15000.00	
嵊　州	640.00	110.00	7598.17	7597.07	7597.07	
金　华	1162.00	538.77	29224.10	29223.10	24130.41	
兰　溪	940.00	8.30	7692.50	7690.00	7388.00	
义　乌	515.00	35.00	19488.00	19488.00	14616.00	
东　阳	350.00	69.69	16712.00	16712.00	16500.00	
永　康	430.00		13732.00	13719.00	12623.00	
衢　州	475.00	7.00	5711.00	5711.00	5310.00	
江　山	300.00	59.78	6542.00	6512.00	6040.00	
舟　山	1937.30		29845.60	29845.60	29845.60	
台　州	1963.00	418.83	67166.78	67166.78	46292.31	4080.00
温　岭	1105.00	257.53	13716.00	13700.00	11700.00	2000.00
临　海	2537.00	97.29	9081.07	9054.98	7694.61	
丽　水	461.00	240.03	12014.93	12005.25	11198.45	
龙　泉	150.00		6311.00	6286.00	2286.00	
安　徽	**39097.00**	**270.22**	**752627.07**	**751184.04**	**123246.12**	
合　肥	1880.00	8.42	28900.00	28900.00	14450.00	
巢　湖	1440.00		860.70	860.00	600.00	
芜　湖	4243.00		19200.00	19200.00	14600.00	
蚌　埠	450.00	13.00	2200.00	2200.00	2200.00	
淮　南	8139.00		10713.00	10070.00	9190.00	
淮　北	1200.00		11200.00	11200.00	10700.00	
铜　陵	1500.00		276.88	276.88	74.18	
安　庆	8705.00	94.90	605744.00	605744.00	9266.00	
桐　城	120.00	40.00	7300.00	7100.00	2500.00	
黄　山	565.00	34.50	11029.00	11029.00	10179.00	

Continued 5

燃气损失量 Loss Amount	用气户数(户) Number of Household with Access to Gas (unit)	家庭用户 Household User	用气人口(万人) Population with Access to Gas (10,000 persons)	液化石油气汽车加气站(座) Gas Stations for LPG-Fueled Motor Vehicles (unit)	城市名称 Name of Cities
1083.70	**4673703**	**4134028**	**1082.64**	**2**	**浙　江**
2.00	790652	788743	57.30		杭　州
1.00	16938	16425	7.00		建　德
	19620	19620	9.00		富　阳
15.47	69054	68954	26.08		临　安
49.10	460726	377884	30.00		宁　波
	47470	28426	27.00		余　姚
	221302	215621	40.00		慈　溪
	93838	88791	25.00		奉　化
	523268	383386	176.26		温　州
	82060	62291	27.19		瑞　安
36.00	131473	128473	46.52		乐　清
17.00	137102	48093	10.24		嘉　兴
	18464	17640	7.00		海　宁
	27773	27558	12.04		平　湖
	77254	43726	15.29		桐　乡
	67989	31216	59.00		湖　州
223.76	234603	226692	66.13		绍　兴
615.00	48135	45280	16.00		诸　暨
1.10	79824	79824	24.84		嵊　州
1.00	229104	203620	51.10		金　华
2.50	74268	71518	22.00		兰　溪
	289694	269744	62.04		义　乌
	88224	82133	41.14		东　阳
13.00	70207	69134	13.26		永　康
	32977	32767	10.00		衢　州
30.00	40378	40045	15.00		江　山
	73669	73669	7.60		舟　山
	327476	306215	81.43	1	台　州
16.00	76355	72200	24.20	1	温　岭
26.09	88716	84370	29.80		临　海
9.68	106090	105970	34.40		丽　水
25.00	29000	24000	8.78		龙　泉
1443.03	**1017824**	**948300**	**303.58**		**安　徽**
	102000	100000	24.00		合　肥
0.70	5500	2800	2.00		巢　湖
	45000	40600	9.00		芜　湖
	16800	16800	14.50		蚌　埠
643.00	95610	94500	29.00		淮　南
	61206	60206	19.00		淮　北
	740	610	0.18		铜　陵
	71200	71100	16.00		安　庆
200.00	25000	24500	7.00		桐　城
	96902	88822	31.00		黄　山

7-3-3 续表 6

城市名称 Name of Cities	储气能力(吨) Gas Storage Capacity (ton)	供气管道长度(公里) Length of Gas Supply Pipeline (km)	供气总量(吨) Total Gas Supplied (ton)			
			合计 Total	销售气量 Quantity Sold	居民家庭 Households	燃气汽车 Gas-Powered Automobiles
滁　州	745.00		5136.00	5058.00	4980.00	
天　长	1560.00		5000.00	4800.00	4600.00	
明　光	900.00		3016.00	2930.00	2425.00	
阜　阳	1450.00		5108.81	5100.48	3672.34	
界　首	280.00		1667.00	1667.00	1667.00	
宿　州	2485.00		7100.00	7100.00	7100.00	
六　安	1210.00		7409.00	7409.00	7409.00	
亳　州	440.00		6229.68	6129.68	5919.60	
池　州	210.00		2635.00	2610.00	1862.00	
宣　城	400.00	3.00	3600.00	3500.00	2700.00	
宁　国	1175.00	76.40	8302.00	8300.00	7152.00	
福　建	**24040.03**	**215.51**	**298251.91**	**297585.12**	**171537.31**	**3064.33**
福　州	5670.00	13.54	62335.00	62145.00	22335.00	
福　清	205.28		3475.05	3475.05	3475.05	
长　乐	200.00	73.13	3073.00	3073.00	3073.00	
厦　门	3000.00		84493.85	84493.85	28020.16	1879.33
莆　田	735.00		13508.00	13436.00	13436.00	
三　明	250.00		1803.01	1803.00	1790.00	
永　安	300.00		1328.26	1305.34	1305.34	
泉　州	5840.00		31718.00	31718.00	13889.00	
石　狮	300.00		5800.00	5800.00	5800.00	
晋　江	135.00		1828.00	1813.00	1581.00	
南　安	550.00		12700.00	12600.00	10500.00	
漳　州	500.00		15288.40	15284.00	12227.00	
龙　海	500.00	50.74	5969.24	5933.73	4760.61	
南　平	427.40	78.10	10253.00	10253.00	9068.00	1185.00
邵　武	1160.00		2303.00	2265.00	1750.00	
武夷山	250.00		1714.00	1713.00	1600.00	
建　瓯	340.00		2798.00	2798.00	2298.00	
建　阳	650.00		3330.00	3330.00	3330.00	
龙　岩	954.00		7248.15	7245.00	6850.00	
漳　平	50.00		1705.00	1703.00	1703.00	
宁　德	263.35		8460.00	8278.00	8096.00	
福　安	1175.00		6850.00	6850.00	5580.00	
福　鼎	585.00		10270.95	10270.15	9070.15	
江　西	**17722.50**	**111.62**	**237315.56**	**234631.75**	**194581.84**	
南　昌	1101.00	20.13	48521.00	48521.00	42326.00	
景德镇	650.00		20148.84	20143.84	18340.84	
乐　平	335.00		1757.10	1755.00	1749.00	
萍　乡	1200.00		16780.00	16755.00	11080.00	
九　江	4530.00		15300.00	15245.00	10200.00	

Continued 6

燃气损失量 Loss Amount	用气户数(户) Number of Household with Access to Gas (unit)	家庭用户 Household User	用气人口(万人) Population with Access to Gas (10,000 persons)	液化石油气汽车加气站(座) Gas Stations for LPG-Fueled Motor Vehicles (unit)	城市名称 Name of Cities
78.00	25510	18056	5.24		滁　州
200.00	55500	40500	10.16		天　长
86.00	22220	19660	4.00		明　光
8.33	50486	49235	18.00		阜　阳
	15689	15689	6.00		界　首
	75000	75000	26.00		宿　州
	78298	78298	31.00		六　安
100.00	58268	57268	16.00		亳　州
25.00	21350	20862	6.00		池　州
100.00	65545	45000	21.00		宣　城
2.00	30000	28794	8.50		宁　国
666.79	**2134989**	**1841138**	**724.35**	**2**	**福　建**
190.00	231243	219058	86.00		福　州
	54819	54819	25.00		福　清
	46560	46560	21.00		长　乐
	580123	556809	173.00	1	厦　门
72.00	134000	134000	45.37		莆　田
0.01	8550	8400	1.01		三　明
22.92	15152	15152	7.00		永　安
	291200	144880	98.00		泉　州
	38000	38000	28.00		石　狮
15.00	17300	16544	9.00		晋　江
100.00	217000	120000	27.00		南　安
4.40	104756	102436	35.00		漳　州
35.51	46265	43100	18.39		龙　海
	44250	44200	21.00	1	南　平
38.00	19944	19450	11.42		邵　武
1.00	20000	18500	9.00		武夷山
	25885	24990	13.73		建　瓯
	25990	25990	10.72		建　阳
3.15	63700	62265	23.80		龙　岩
2.00	18012	18012	11.11		漳　平
182.00	48380	46780	21.15		宁　德
	45329	43144	14.47		福　安
0.80	38531	38049	14.18		福　鼎
2683.81	**1231926**	**1128815**	**448.16**		**江　西**
	192184	191828	72.00		南　昌
5.00	76700	70100	19.00		景德镇
2.10	15903	15352	15.72		乐　平
25.00	33889	33210	12.00		萍　乡
55.00	120010	110670	36.00		九　江

7-3-3 续表 7

城市名称 Name of Cities	储气能力（吨）Gas Storage Capacity (ton)	供气管道长度（公里）Length of Gas Supply Pipeline (km)	供气总量(吨) Total Gas Supplied (ton)			
			合计 Total	销售气量 Quantity Sold	居民家庭 Households	燃气汽车 Gas-Powered Automobiles
瑞　　昌	560.00		5632.00	5623.00	5559.00	
共 青 城	35.00		991.32	986.21	980.00	
新　　余	1230.00		1125.00	1110.00	1110.00	
鹰　　潭	382.00	48.59	7005.30	6997.70	4000.00	
贵　　溪	110.00		4068.00	4000.00	3900.00	
赣　　州	2287.00		17141.00	17041.00	16739.00	
瑞　　金	230.00	1.97	6271.00	6217.00	4100.00	
吉　　安	888.40		14150.00	14150.00	10000.00	
井 冈 山	87.00		391.00	391.00	314.00	
宜　　春	338.00		20468.00	18980.00	12232.00	
丰　　城	1000.00		6500.00	6500.00	6500.00	
樟　　树	100.10		2512.00	2512.00	2015.00	
高　　安	1200.00	40.93	7050.00	7000.00	7000.00	
抚　　州	637.00		23356.00	23356.00	23356.00	
上　　饶	462.00		14488.00	13688.00	9581.00	
德　　兴	360.00		3660.00	3660.00	3500.00	
山　　东	**54919.18**	**560.36**	**395520.63**	**394857.31**	**243953.70**	**27863.59**
济　　南			38900.00	38900.00	14430.00	
章　　丘	364.00		4353.00	4350.00	4280.00	70.00
青　　岛	7430.50		39255.45	39240.93	17645.55	1000.00
胶　　州	595.00		2374.00	2374.00	2374.00	
即　　墨	650.00		6080.40	6080.40	6080.40	
平　　度	1600.00		9000.00	9000.00	7088.00	
莱　　西	510.00		6110.00	6110.00	4810.00	600.00
淄　　博	2277.28		37909.11	37870.15	17603.15	
枣　　庄	953.00	20.20	10309.77	10257.30	6515.00	
滕　　州	1470.00		5460.00	5447.00	4400.00	
东　　营	7029.90	0.38	9574.20	9489.00	9064.00	
烟　　台	1925.00	68.40	34257.00	34053.00	9523.00	15395.00
龙　　口	496.00		2615.00	2615.00	2432.00	
莱　　阳	900.00		5500.00	5500.00	5200.00	
莱　　州	330.00		2900.00	2900.00	1750.00	
蓬　　莱	600.00		3400.00	3400.00	3000.00	
招　　远	300.00		2989.00	2987.00	1785.00	1200.00
栖　　霞	323.00		2730.00	2730.00	2420.00	310.00
海　　阳	30.00		3000.00	3000.00	2690.00	310.00
潍　　坊	950.00		8650.00	8650.00	8650.00	
青　　州	1400.00		2300.00	2300.00	600.00	
诸　　城	1700.00		8109.00	8100.00	8000.00	
寿　　光	2490.00		2480.00	2480.00	2480.00	
安　　丘	522.00		6182.50	6173.00	4989.00	
高　　密	960.50		1983.20	1978.10	1978.10	

Continued 7

燃气损失量 Loss Amount	用气户数（户） Number of Household with Access to Gas (unit)	家庭用户 Household User	用气人口（万人） Population with Access to Gas (10,000 persons)	液化石油气汽车加气站（座） Gas Stations for LPG-Fueled Motor Vehicles (unit)	城市名称 Name of Cities
9.00	40214	37017	17.09		瑞　　昌
5.11	11163	10138	4.26		共 青 城
15.00	3786	3786	0.74		新　　余
7.60	42738	34120	19.00		鹰　　潭
68.00	28133	26133	10.00		贵　　溪
100.00	170382	163119	61.34		赣　　州
54.00	40540	34318	19.95		瑞　　金
	32720	31964	13.35		吉　　安
	2840	2351	2.00		井 冈 山
1488.00	73602	71325	29.22		宜　　春
	52858	52858	15.00		丰　　城
	39784	20789	16.34		樟　　树
50.00	65000	65000	21.80		高　　安
	65500	65500	31.20		抚　　州
800.00	104990	73457	26.00		上　　饶
	18990	15780	6.15		德　　兴
663.32	**2476085**	**2288407**	**724.62**	**24**	**山　　东**
	314360	310000	75.00		济　　南
3.00	13000	12995	4.00	1	章　　丘
14.52	167503	165052	33.00	4	青　　岛
	25680	25680	8.00		胶　　州
	56300	56300	16.00		即　　墨
	60525	59000	22.00		平　　度
	46700	46600	16.00	2	莱　　西
38.96	76497	74024	23.00		淄　　博
52.47	51727	43361	18.35		枣　　庄
13.00	34133	33944	9.00		滕　　州
85.20	51130	51100	10.20		东　　营
204.00	143829	137610	30.00	6	烟　　台
	9513	8782	2.00		龙　　口
	53700	53000	13.00		莱　　阳
	63000	21000	21.00		莱　　州
	23152	20833	4.00		蓬　　莱
2.00	21108	19824	6.00	3	招　　远
	22120	21614	7.00	1	栖　　霞
	28000	27000	8.00	1	海　　阳
	72110	72110	24.00		潍　　坊
	10500	8500	4.00		青　　州
9.00	86448	85748	23.00		诸　　城
	41229	41229	14.00		寿　　光
9.50	20542	19640	9.00		安　　丘
5.10	14288	14288	5.00		高　　密

7-3-3 续表 8

城市名称 Name of Cities	储气能力（吨） Gas Storage Capacity (ton)	供气管道长度（公里） Length of Gas Supply Pipeline (km)	供气总量(吨) Total Gas Supplied (ton)			
			合计 Total	销售气量 Quantity Sold	居民家庭 Households	燃气汽车 Gas-Powered Automobiles
昌　邑	450.00		1440.00	1440.00	1350.00	
济　宁	440.00	2.00	5700.00	5700.00	5698.00	
曲　阜	100.00		260.00	260.00	96.00	
邹　城	180.00	0.66	1081.00	1081.00	560.00	
泰　安	100.00		2740.00	2725.00	1025.00	
新　泰	820.00	48.00	5528.00	5500.00	5500.00	
威　海	475.00		10465.00	10422.00	1696.00	7700.00
荣　成	350.00	157.00	7500.00	7485.00	2800.00	1141.59
乳　山	80.00	30.00	139.10	137.00		137.00
日　照	2158.00	47.00	12000.00	11962.80	9885.00	
莱　芜	1178.00		10152.00	10149.00	9510.00	
临　沂	2782.00		41221.80	41200.00	32867.50	
德　州	500.00		7451.60	7451.60	6100.00	
乐　陵	335.00		3474.50	3471.03	2691.00	
禹　城	5.00		500.00	500.00	500.00	
聊　城	200.00		3600.00	3600.00	2000.00	
临　清	470.00		538.00	538.00	538.00	
滨　州	1500.00	186.72	4600.00	4600.00	4600.00	
菏　泽	6990.00		20708.00	20650.00	6750.00	
河　南	**11964.00**	**16.70**	**223532.08**	**222079.33**	**186580.45**	**7815.00**
郑　州	970.00		62607.00	62018.00	45244.00	5325.00
巩　义	90.00		3203.30	3200.00	1650.00	
荥　阳	200.00		2029.00	2018.00	1780.00	
新　密	270.00		774.00	767.70	767.70	
新　郑	240.00		2584.40	2579.00	1770.00	
登　封	45.00		1234.10	1220.00	1110.00	
开　封	600.00	5.00	10690.00	10370.00	9685.00	
洛　阳	356.00		21874.60	21857.00	19330.00	
偃　师	50.00		1274.00	1270.00	1270.00	
汝　州	205.00		2717.00	2710.00	710.00	2000.00
安　阳	670.00	10.00	7326.00	7321.00	3560.00	
林　州	50.00		1278.10	1276.00	1257.00	
鹤　壁	100.00		1436.00	1436.00	1436.00	
新　乡	540.00		1200.00	1200.00	1200.00	
卫　辉	60.00		973.00	970.00	970.00	
辉　县	200.00		3532.50	3524.00	3524.00	
沁　阳	100.00		2015.00	2015.00	2015.00	
许　昌	465.00		6796.00	6760.00	6760.00	
禹　州	563.00		5643.00	5630.00	5156.00	
长　葛	100.00		5212.00	4965.00	4095.00	
漯　河	400.00		8751.00	8751.00	8164.00	
三门峡	200.00		2171.60	2158.00	2070.00	

Continued 8

燃气损失量 Loss Amount	用气户数（户） Number of Household with Access to Gas (unit)	家庭用户 Household User	用气人口（万人） Population with Access to Gas (10,000 persons)	液化石油气汽车加气站（座） Gas Stations for LPG-Fueled Motor Vehicles (unit)	城市名称 Name of Cities
	11730	11070	3.00		昌　邑
	68100	67900	12.00		济　宁
	8571	1600	3.00		曲　阜
	8000	7800	1.00		邹　城
15.00	6700	6000	2.00		泰　安
28.00	74500	74500	30.30		新　泰
43.00	14732	11167	3.00	2	威　海
15.00	58560	35895	12.00	1	荣　成
2.10	210			3	乳　山
37.20	89444	88571	30.00		日　照
3.00	119947	119519	30.39		莱　芜
21.80	186960	161351	59.00		临　沂
	24436	23418	5.38		德　州
3.47	31156	20611	12.00		乐　陵
	3021	3021	1.00		禹　城
	35500	30000	20.00		聊　城
	5904	5904	14.00		临　清
	87000	87000	25.00		滨　州
58.00	134520	103846	57.00		菏　泽
1452.75	**1541708**	**1376639**	**533.21**	**12**	**河　南**
589.00	321866	218770	99.00	7	郑　州
3.30	13520	11570	5.62		巩　义
11.00	15830	15800	5.00		荥　阳
6.30	7683	7683	3.00		新　密
5.40	19000	14200	9.00		新　郑
14.10	12350	9900	4.00		登　封
320.00	52120	51670	23.00		开　封
17.60	101380	96930	34.00		洛　阳
4.00	13100	13100	4.51		偃　师
7.00	7360	6473	3.00	3	汝　州
5.00	37850	26500	8.00		安　阳
2.10	13020	12011	3.00		林　州
	9755	9755	4.00		鹤　壁
	12400	12400	4.00		新　乡
3.00	10100	10100	3.50		卫　辉
8.50	28742	28742	10.00		辉　县
	20333	20333	8.17		沁　阳
36.00	57320	57320	17.00		许　昌
13.00	43760	43710	19.00		禹　州
247.00	26323	26145	10.00		长　葛
	80000	73100	23.55		漯　河
13.60	31736	22880	14.00		三门峡

7-3-3 续表 9

城市名称 Name of Cities	储气能力(吨) Gas Storage Capacity (ton)	供气管道长度(公里) Length of Gas Supply Pipeline (km)	供气总量(吨) Total Gas Supplied (ton)			
			合计 Total	销售气量 Quantity Sold	居民家庭 Households	燃气汽车 Gas-Powered Automobiles
义　马	120.00		2696.56	2691.00	2689.00	
灵　宝	250.00		2550.00	2500.00	2500.00	
南　阳	1560.00		20930.05	20911.36	20911.36	
邓　州	1200.00		3652.20	3650.00	3650.00	
商　丘	800.00		14016.57	14011.27	11978.39	
永　城	140.00		3820.00	3790.00	3300.00	490.00
信　阳	300.00		9960.00	9940.00	7740.00	
周　口	500.00	1.70	4000.10	4000.00	4000.00	
项　城	360.00		2635.00	2630.00	2348.00	
驻马店	200.00		3270.00	3260.00	3260.00	
济　源	60.00		680.00	680.00	680.00	
湖　北	**35405.60**	**264.78**	**350091.92**	**349494.26**	**175407.34**	**27000.00**
武　汉	14000.00	119.00	180000.00	180000.00	29700.00	27000.00
黄　石	2445.00	3.00	22203.00	22203.00	7835.00	
大　冶	1319.00		7370.00	7370.00	7370.00	
十　堰	730.00	113.00	8668.00	8438.00	8438.00	
丹江口	612.00		2109.00	2092.00	1930.00	
宜　昌	700.00		5658.42	5658.42	5658.42	
宜　都	190.00		1380.00	1380.00	1377.00	
当　阳	183.00		2823.34	2823.34	1815.92	
枝　江	220.00		2100.00	2100.00	2100.00	
襄　阳	2555.00		12755.00	12755.00	11339.00	
老河口	268.00		1940.00	1940.00	1860.00	
枣　阳	250.00		3201.50	3200.00	3200.00	
宜　城	650.00		2127.00	2100.00	1800.00	
鄂　州	580.00		6800.00	6800.00	5600.00	
荆　门	1600.00	5.18	6413.00	6373.00	6373.00	
钟　祥	300.00		6879.00	6819.00	6819.00	
孝　感	350.00	15.00	12045.50	12030.50	9500.00	
应　城	450.00		5381.00	5341.00	5275.00	
安　陆	210.00		2968.00	2946.00	2860.00	
汉　川	400.00	6.00	9000.00	9000.00	9000.00	
荆　州	1817.00		5959.00	5959.00	5959.00	
石　首	480.00		3626.00	3621.00	3361.00	
洪　湖	300.00		2918.00	2918.00	2918.00	
松　滋	500.00		867.10	865.00	865.00	
黄　冈	520.00		3506.00	3500.00	3100.00	
麻　城	660.00	3.60	5111.26	5105.00	4102.00	
武　穴	400.00		4000.00	4000.00	4000.00	
咸　宁	425.00		5300.00	5300.00	5000.00	
赤　壁	520.00		3625.00	3625.00	3552.00	
广　水	120.00		2452.00	2452.00	2001.00	

Continued 9

燃气损失量 Loss Amount	用气户数(户) Number of Household with Access to Gas (unit)	家庭用户 Household User	用气人口(万人) Population with Access to Gas (10,000 persons)	液化石油气汽车加气站(座) Gas Stations for LPG-Fueled Motor Vehicles (unit)	城市名称 Name of Cities
5.56	13552	13500	5.00		义马
50.00	25897	25897	9.83		灵宝
18.69	198892	198892	60.85		南阳
2.20	32010	32010	16.00		邓州
5.30	109362	98733	47.00		商丘
30.00	32260	26050	17.00	2	永城
20.00	79800	79320	24.00		信阳
0.10	46266	46266	16.18		周口
5.00	28896	27654	11.00		项城
10.00	36000	36000	11.00		驻马店
	3225	3225	1.00		济源
597.66	**1765196**	**1382616**	**605.60**	**9**	**湖北**
	363371	96000	114.00	9	武汉
	130765	130545	39.00		黄石
	64000	64000	19.00		大冶
230.00	30252	30252	10.00		十堰
17.00	38280	19080	12.00		丹江口
	27142	27142	9.00		宜昌
	10980	9100	3.00		宜都
	24355	16795	8.00		当阳
	17000	17000	9.00		枝江
	79321	77321	17.00		襄阳
	13038	12970	4.00		老河口
1.50	31680	31680	24.00		枣阳
27.00	24900	23500	10.00		宜城
	86882	85454	27.00		鄂州
40.00	39359	39359	16.00		荆门
60.00	45802	45802	17.00		钟祥
15.00	107400	101000	32.00		孝感
40.00	29324	29100	11.00		应城
22.00	27450	27320	9.00		安陆
	65800	65800	20.00		汉川
	70404	70404	22.00		荆州
5.00	31568	30830	12.00		石首
	35646	35646	18.00		洪湖
2.10	12000	12000	4.00		松滋
6.00	30500	23900	12.00		黄冈
6.26	51921	45510	17.00		麻城
	32891	32891	10.00		武穴
	50400	49080	23.00		咸宁
	51890	37950	22.00		赤壁
	59850	20060	15.00		广水

7-3-3 续表 10

城市名称 Name of Cities	储气能力(吨) Gas Storage Capacity (ton)	供气管道长度(公里) Length of Gas Supply Pipeline (km)	供气总量(吨) Total Gas Supplied (ton)			
			合计 Total	销售气量 Quantity Sold	居民家庭 Households	燃气汽车 Gas-Powered Automobiles
恩　施	549.60		1000.00	980.00	900.00	
利　川	70.00		243.00	242.00	241.00	
仙　桃	617.00		5900.00	5840.00	5840.00	
潜　江	225.00		1738.80	1715.00	1715.00	
天　门	190.00		2024.00	2003.00	2003.00	
湖　南	**23651.00**	**19.00**	**189229.70**	**188166.20**	**149766.00**	**6440.00**
长　沙	3770.00		17500.00	17500.00	17000.00	
浏　阳	1005.00		6478.00	6478.00	6478.00	
株　洲	739.00		3593.00	3593.00	1375.00	
醴　陵	395.00		2532.00	2532.00	1302.00	
湘　潭	1182.00		9700.00	9700.00	9300.00	400.00
湘　乡	350.00		2223.00	2218.00	2218.00	
韶　山			1460.00	1460.00	277.00	
衡　阳	2010.00		14100.00	14100.00	8600.00	5500.00
耒　阳	108.00		6200.00	6200.00	6200.00	
常　宁	250.00		2837.14	2760.00	2160.00	
邵　阳	220.00		4300.00	4265.00	3865.00	
武　冈	50.00		980.00	980.00	980.00	
岳　阳	200.00		4205.00	4200.00	4200.00	
汨　罗	1780.00		2300.00	2292.00	2292.00	
临　湘	1345.00		3510.00	3500.00	3500.00	
常　德	1780.00		4154.20	4154.20	3620.00	
津　市	600.00		2400.07	2400.00	2400.00	
张家界	726.00		8966.00	8876.00	8876.00	
益　阳	750.00		16500.00	16000.00	5460.00	300.00
沅　江	600.00	4.00	3270.00	3230.00	1352.00	
郴　州	1390.00		19000.00	19000.00	19000.00	
资　兴	500.00		4100.00	4100.00	3900.00	40.00
永　州	2200.00		10966.29	10965.00	9755.00	
怀　化	860.00		22815.00	22598.00	14071.00	
洪　江	110.00		782.00	762.00	762.00	
娄　底	411.00		6255.00	6200.00	2900.00	200.00
冷水江	85.00		2400.00	2400.00	2400.00	
涟　源	129.00		2702.00	2702.00	2702.00	
吉　首	106.00	15.00	3001.00	3001.00	2821.00	
广　东	**553064.35**	**2338.14**	**3684389.83**	**3680753.85**	**1812505.64**	**398875.97**
广　州	43018.11	154.27	1028739.21	1028702.29	330937.29	396040.75
增　城	50.00	147.83	4757.64	4501.52	3012.41	
从　化	1500.00		3752.29	3627.63	2012.54	
韶　关	120.00		10600.00	10600.00	10600.00	
乐　昌	272.00		3500.00	3500.00	3500.00	

Continued 10

燃气损失量 Loss Amount	用气户数(户) Number of Household with Access to Gas (unit)	家庭用户 Household User	用气人口(万人) Population with Access to Gas (10,000 persons)	液化石油气汽车加气站(座) Gas Stations for LPG-Fueled Motor Vehicles (unit)	城市名称 Name of Cities
20.00	7700	6800	2.00		恩　施
1.00	8500	3500	2.60		利　川
60.00	35000	35000	13.00		仙　桃
23.80	13952	13952	5.00		潜　江
21.00	15873	15873	18.00		天　门
1063.50	**1658715**	**1476432**	**536.99**	**9**	**湖　南**
	400000	285000	64.00		长　沙
	51125	51125	15.45		浏　阳
	14069	13928	4.00		株　洲
	19787	19659	6.00		醴　陵
	66500	64500	20.00	1	湘　潭
5.00	35112	35112	12.23		湘　乡
	857	771	3.00		韶　山
	66000	60000	23.00	1	衡　阳
	98575	98575	37.00		耒　阳
77.14	28012	28000	15.90		常　宁
35.00	61000	57060	19.60		邵　阳
	6000	6000	8.00		武　冈
5.00	42800	42800	16.00		岳　阳
8.00	27000	27000	9.00		汨　罗
10.00	35000	35000	10.80		临　湘
	10623	10000	5.50		常　德
0.07	23000	23000	6.00		津　市
90.00	42234	42234	13.55		张家界
500.00	16000	15600	19.88	4	益　阳
40.00	3995	3865	12.00		沅　江
	138000	138000	48.30		郴　州
	43200	42150	13.78	1	资　兴
1.29	144350	144340	45.00		永　州
217.00	162966	110215	43.00		怀　化
20.00	12885	12885	5.00		洪　江
55.00	24000	23990	13.20	2	娄　底
	30500	30500	16.00		冷水江
	29025	29025	15.40		涟　源
	26100	26098	16.40		吉　首
3635.98	**11119026**	**10067261**	**3319.12**	**73**	**广　东**
36.92	3508002	2817469	599.70	40	广　州
256.12	24121	23112	9.00		增　城
124.66	36100	35865	11.00		从　化
	92000	92000	28.00		韶　关
	34958	34958	10.20		乐　昌

7-3-3 续表 11

城市名称 Name of Cities	储气能力(吨) Gas Storage Capacity (ton)	供气管道长度(公里) Length of Gas Supply Pipeline (km)	供气总量(吨) Total Gas Supplied (ton)			
			合计 Total	销售气量 Quantity Sold		
					居民家庭 Households	燃气汽车 Gas-Powered Automobiles
南　雄	190.00		1808.00	1808.00	1808.00	
深　圳	84360.00		1100846.75	1100846.75	246434.66	
珠　海	224300.00	19.19	125000.00	125000.00	115000.00	
汕　头	114500.00	173.00	194180.00	194180.00	150100.00	
佛　山	12656.54	515.60	76939.96	76206.96	52896.85	
江　门	5784.00	352.42	73882.22	73882.22	61757.00	1382.22
台　山	550.00	6.00	26332.30	26332.00	23831.00	1.00
开　平	1071.00	15.20	9174.00	9174.00	9174.00	
鹤　山	411.00		10457.68	10456.90	6971.79	
恩　平	200.00		5600.50	5600.00	5600.00	
湛　江	8211.00		40100.00	40000.00	35000.00	
廉　江	1040.00		13528.00	12870.00	12870.00	
雷　州	235.00		2907.00	2879.00	2851.00	
吴　川	800.00		7240.00	7240.00	7233.00	
茂　名	4245.15	21.00	42159.00	42114.00	17692.00	
高　州	965.00		15255.00	15235.00	15235.00	
化　州	925.00		7925.00	7925.00	6843.00	
信　宜	790.00		13700.00	13650.00	13450.00	
肇　庆	1899.00	111.03	15897.00	15897.00	10048.00	
高　要	75.63		2748.00	2748.00	2748.00	
四　会	740.00	0.76	6850.00	6840.00	6827.00	
惠　州	5155.00	104.77	55479.00	55180.00	47771.00	
梅　州	605.00		20500.55	20498.00	20498.00	
兴　宁	626.80	6.00	21380.00	21380.00	21380.00	
汕　尾	205.00		14235.00	14235.00	14235.00	
陆　丰	531.60	1.00	6754.00	6754.00	5096.00	
河　源	1326.00	178.45	28371.66	28294.44	26921.08	
阳　江	5245.00	3.31	87519.00	87474.00	87474.00	
阳　春	6628.40		12821.00	11958.00	11958.00	
清　远	4026.00	226.31	32435.14	32435.14	18399.71	
英　德	10.00	5.40	1860.00	1860.00	1550.00	
连　州	595.00		5025.40	5025.40	4210.00	
东　莞	10336.12	104.60	286098.83	286005.50	222300.64	1451.00
中　山	2845.00		33927.00	33927.00	23749.00	
潮　州	2455.00	192.00	98556.00	98545.00	30437.97	
揭　阳	1210.00		70895.50	70715.00	64050.00	
普　宁	406.00		50912.00	50912.00	47092.00	
云　浮	1150.00		5751.20	5750.10	3364.70	1.00
罗　定	800.00		7989.00	7989.00	7586.00	

Continued 11

燃气损失量 Loss Amount	用气户数(户) Number of Household with Access to Gas (unit)	家庭用户 Household User	用气人口(万人) Population with Access to Gas (10,000 persons)	液化石油气汽车加气站(座) Gas Stations for LPG-Fueled Motor Vehicles (unit)	城市名称 Name of Cities
	11310	11310	4.00		南　雄
	1776972	1767072	569.75		深　圳
	555000	550000	149.00		珠　海
	604560	595519	241.00		汕　头
733.00	466592	426949	114.46		佛　山
	325011	316261	115.34	30	江　门
0.30	56430	46662	17.00	1	台　山
	48500	48500	19.00		开　平
0.78	34129	32230	11.00		鹤　山
0.50	31313	31313	16.00		恩　平
100.00	11600	10600	39.49		湛　江
658.00	70268	70268	22.00		廉　江
28.00	40305	31100	15.79		雷　州
	33740	33722	14.70		吴　川
45.00	136170	131985	47.55		茂　名
20.00	71245	71245	33.20		高　州
	54997	53680	28.43		化　州
50.00	49600	44300	30.20		信　宜
	76310	69638	37.84		肇　庆
	27655	27655	14.00		高　要
10.00	58630	58080	20.12		四　会
299.00	265100	240562	78.00		惠　州
2.55	105900	105900	28.20		梅　州
	100286	100286	24.30		兴　宁
	77431	77431	22.00		汕　尾
	32355	31846	17.00		陆　丰
77.22	93071	92866	24.00		河　源
45.00	36106	36106	12.00		阳　江
863.00	11956	11956	19.00		阳　春
	136183	91121	26.47		清　远
	51800	38500	20.72		英　德
	84940	36040	9.70		连　州
93.33	936827	882174	444.10	1	东　莞
	69667	67259	21.00		中　山
11.00	248661	225753	76.86		潮　州
180.50	341305	340305	185.00		揭　阳
	165032	160956	45.00		普　宁
1.10	47225	33642	19.00	1	云　浮
	79663	63065	29.00		罗　定

7-3-3 续表 12

城市名称 Name of Cities	储气能力(吨) Gas Storage Capacity (ton)	供气管道长度(公里) Length of Gas Supply Pipeline (km)	供气总量(吨) Total Gas Supplied (ton)			
			合计 Total	销售气量 Quantity Sold	居民家庭 Households	燃气汽车 Gas-Powered Automobiles
广　西	**65549.67**	**11.67**	**267631.72**	**266598.13**	**223605.45**	
南　宁	2827.00		60265.91	60178.00	56240.00	
柳　州	4175.00		49902.31	49897.31	20117.54	
桂　林	1145.00		20056.01	20056.00	18732.09	
梧　州	680.00		8278.75	8241.33	8241.33	
岑　溪	208.00	11.67	5968.00	5948.00	5628.00	
北　海	6468.80		19201.50	19200.00	14050.00	
防城港	2618.00		10289.00	10108.00	9440.00	
东　兴	70.00		2612.00	2602.00	2410.00	
钦　州	42373.12		9953.00	9821.00	9780.00	
贵　港	980.00		10237.62	10232.62	10232.62	
桂　平	186.00		6235.00	6233.00	6233.00	
玉　林	672.00		29797.00	29597.00	29592.00	
北　流	126.00		1531.10	1507.00	1507.00	
百　色	350.00		5587.80	5550.00	5550.00	
贺　州	680.00		6764.00	6624.00	6034.00	
河　池	710.00		5013.00	5010.00	4425.00	
宜　州	308.50		5881.58	5880.82	5880.82	
来　宾	250.00		3259.00	3154.00	2893.00	
合　山	200.00		1252.00	1227.00	1088.00	
崇　左	437.25		3301.04	3300.00	3300.00	
凭　祥	85.00		2246.10	2231.05	2231.05	
海　南	**6388.05**	**17.96**	**89418.88**	**89398.01**	**78708.50**	**9058.00**
海　口	2100.00		56000.00	56000.00	56000.00	
三　亚		16.96	10661.00	10661.00	1605.00	9056.00
五指山	72.00		1350.30	1350.00	1350.00	
琼　海	330.00	1.00	6271.00	6270.00	5310.00	
儋　州	250.00		4692.76	4692.00	4692.00	
文　昌	2800.00		4503.00	4500.00	4455.00	
万　宁	430.00		3115.00	3100.00	2500.00	2.00
东　方	406.05		2825.82	2825.01	2796.50	
重　庆	**8244.60**		**95672.40**	**95480.40**	**37173.40**	
四　川	**18916.00**	**148.32**	**175130.89**	**173908.29**	**102940.40**	**1510.00**
成　都	1172.00		102332.00	102223.00	49556.00	
都江堰	118.00		3057.26	3055.70	3055.70	
彭　州	40.00		960.00	960.00	899.00	
邛　崃	120.00		400.00	400.00	400.00	
崇　州	3000.00		3065.50	3059.00	1818.00	
攀枝花	560.00	66.30	5784.40	5620.40	4893.70	
泸　州	500.00		2255.20	2242.00	1679.00	
德　阳	700.00		2629.48	2615.00	2520.00	

Continued 12

燃气损失量 Loss Amount	用气户数（户）Number of Household with Access to Gas (unit)	家庭用户 Household User	用气人口（万人）Population with Access to Gas (10,000 persons)	液化石油气汽车加气站（座）Gas Stations for LPG-Fueled Motor Vehicles (unit)	城市名称 Name of Cities
1033.59	**1928397**	**1864150**	**607.79**		**广　西**
87.91	616857	581563	156.00		南　宁
5.00	192553	188571	66.00		柳　州
0.01	157250	156800	51.00		桂　林
37.42	115653	115653	44.48		梧　州
20.00	35536	34352	16.00		岑　溪
1.50	106000	105800	32.00		北　海
181.00	37173	36424	13.93		防城港
10.00	19500	16500	7.00		东　兴
132.00	111000	109860	20.00		钦　州
5.00	92766	92766	26.00		贵　港
2.00	28632	28632	12.00		桂　平
200.00	141000	137000	51.16		玉　林
24.10	8021	8021	3.00		北　流
37.80	21850	21850	11.70		百　色
140.00	45200	40200	17.00		贺　州
3.00	38250	37380	18.00		河　池
0.76	44560	44560	15.00		宜　州
105.00	55631	48208	25.03		来　宾
25.00	12975	12020	5.49		合　山
1.04	33820	33820	11.00		崇　左
15.05	14170	14170	6.00		凭　祥
20.87	**577731**	**316095**	**127.00**	**10**	**海　南**
	180000	180000	46.00		海　口
	12147	8745	8.00	5	三　亚
0.30	14644	14644	5.00		五指山
1.00	34780	32205	12.00		琼　海
0.76	29035	29035	18.00		儋　州
3.00	16830	15250	14.00		文　昌
15.00	8100	8000	13.00	5	万　宁
0.81	282195	28216	11.00		东　方
192.00	**287418**	**206569**	**101.34**		**重　庆**
1222.60	**517205**	**439001**	**146.33**	**1**	**四　川**
109.00	119739	91826	31.00		成　都
1.56	26814	26814	8.00		都江堰
	16233	9644	3.00		彭　州
	6500	6500	2.00		邛　崃
6.50	11250	9840	3.00		崇　州
164.00	48497	46589	14.29		攀枝花
13.20	8639	7535	2.80		泸　州
14.48	15300	14300	3.00		德　阳

7-3-3 续表 13

城市名称 Name of Cities	储气能力(吨) Gas Storage Capacity (ton)	供气管道长度(公里) Length of Gas Supply Pipeline (km)	供气总量(吨) Total Gas Supplied (ton)			
			合计 Total	销售气量 Quantity Sold	居民家庭 Households	燃气汽车 Gas-Powered Automobiles
广　汉	2150.00		4871.10	4871.10	4574.70	
什　邡	460.00		695.00	690.00	320.00	
绵　竹			1155.70	1151.00	1133.00	
绵　阳	468.00	2.42	4813.00	4810.00	3710.00	
广　元			1200.00	1200.00	1056.00	
内　江	1050.00		17127.00	16600.00	7499.00	
乐　山	63.00	14.00	120.00	120.00	13.10	
峨眉山	690.00		1510.00	1510.00		1510.00
南　充	880.00	1.00	5810.00	5550.00	4745.00	
阆　中	85.00	1.00	1389.00	1330.00	785.00	
眉　山	910.00		3444.39	3426.09	3380.20	
宜　宾	100.00	0.50	560.00	556.00	500.00	
华　蓥	100.00		155.00	155.00	120.00	
万　源	1288.00		1021.78	1008.00	1008.00	
巴　中	400.00		450.00	450.00	450.00	
资　阳			3622.00	3622.00	2413.00	
简　阳	3100.00		1250.00	1250.00	980.00	
西　昌	962.00	63.10	5453.08	5434.00	5432.00	
贵　州	**9357.58**	**125.39**	**76042.53**	**75665.62**	**71044.90**	**1.00**
贵　阳	1547.00		40000.00	40000.00	40000.00	
清　镇			1689.20	1627.40	1565.60	
六盘水	52.08		488.08	483.00	383.00	
遵　义	1289.00		11075.00	10859.00	9685.00	
赤　水	40.00	4.00	252.20	250.00	250.00	
仁　怀	80.00		790.00	750.00	660.00	1.00
安　顺	494.00		4035.00	4035.00	3125.00	
铜　仁	230.00	91.26	2105.00	2100.00	1900.00	
兴　义	675.00		2846.24	2840.00	2840.00	
毕　节			2030.60	2023.00	2011.00	
凯　里	2943.50		7553.00	7553.00	5858.00	
都　匀	502.00	30.13	1817.62	1785.22	1412.30	
福　泉	1505.00		1360.59	1360.00	1355.00	
云　南	**15008.36**	**230.39**	**210629.19**	**210542.92**	**80418.52**	**2835.93**
昆　明	3120.00	38.72	168000.37	168000.37	44739.51	
曲　靖	210.00	89.41	4069.00	4069.00	1233.07	2835.93
宣　威	2682.00	0.83	2647.10	2646.00	2130.00	
玉　溪	334.00	30.00	6980.07	6980.00	6210.00	
保　山	1972.41		1972.41	1958.11	1890.00	
昭　通	260.00		326.00	326.00	326.00	
丽　江	600.00	5.00	2524.93	2524.90	2524.90	

Continued 13

燃气损失量 Loss Amount	用气户数(户) Number of Household with Access to Gas (unit)	家庭用户 Household User	用气人口(万人) Population with Access to Gas (10,000 persons)	液化石油气汽车加气站(座) Gas Stations for LPG-Fueled Motor Vehicles (unit)	城市名称 Name of Cities
	26615	25593	7.00		广　汉
5.00	1300	980	2.00		什　邡
4.70	4800	4050	1.00		绵　竹
3.00	16100	15470	5.00		绵　阳
	9974	9009	3.16		广　元
527.00	29305	20833	6.00		内　江
	154	143	1.00		乐　山
	500			1	峨眉山
260.00	15980	15050	5.00		南　充
59.00	3265	3060	1.00		阆　中
18.30	8600	8032	3.00		眉　山
4.00	2315	2173	1.00		宜　宾
	1840	1500	1.00		华　蓥
13.78	9080	9080	3.08		万　源
	7200	7200	2.00		巴　中
	31045	29652	9.00		资　阳
	12560	11428	4.00		简　阳
19.08	83600	62700	25.00		西　昌
376.91	**636446**	**521985**	**217.10**	**1**	**贵　州**
	205000	205000	72.00		贵　阳
61.80	30900	15450	5.00		清　镇
5.08	4823	3805	1.10		六盘水
216.00	129800	100280	43.00		遵　义
2.20	2610	2610	1.00		赤　水
40.00	8300	7210	6.00	1	仁　怀
	35495	32280	11.00		安　顺
5.00	20668	16680	10.00		铜　仁
6.24	12200	12200	11.00		兴　义
7.60	23200	20032	12.00		毕　节
	93060	86600	22.00		凯　里
32.40	55315	4942	18.00		都　匀
0.59	15075	14896	5.00		福　泉
86.27	**936383**	**822856**	**281.68**	**2**	**云　南**
	390014	328984	98.70		昆　明
	10479	10462	3.00	2	曲　靖
1.10	42396	35200	23.00		宣　威
0.07	19651	19641	9.00		玉　溪
14.30	7680	5480	4.40		保　山
	4750	4750	4.00		昭　通
0.03	65200	65200	10.18		丽　江

7-3-3 续表 14

城市名称 Name of Cities	储气能力(吨) Gas Storage Capacity (ton)	供气管道长度(公里) Length of Gas Supply Pipeline (km)	供气总量(吨) Total Gas Supplied (ton)			
			合计 Total	销售气量 Quantity Sold	居民家庭 Households	燃气汽车 Gas-Powered Automobiles
普　洱	160.00	18.73	1467.18	1467.18	1467.18	
临　沧	2600.00		4120.00	4120.00	4120.00	
楚　雄	400.00		2300.17	2298.00	2116.00	
个　旧	62.00		860.50	829.00	396.00	
开　远	300.00		360.00	360.00	360.00	
蒙　自	148.55		2919.10	2916.00	1845.00	
弥　勒	130.00		1101.00	1100.00	750.00	
文　山	164.00	2.50	1700.00	1698.00	1698.00	
景　洪	660.00		4204.00	4200.00	3652.50	
大　理	750.00		2647.00	2620.00	2530.00	
瑞　丽	156.50	30.00	1764.00	1764.00	1764.00	
芒　市	298.90	15.20	666.36	666.36	666.36	
西　藏	**688.60**	**0.50**	**62481.48**	**62021.28**	**36321.28**	**9237.65**
拉　萨	243.60		40321.28	40221.28	31221.28	9000.00
昌　都			15600.00	15300.00	300.00	25.00
日喀则	445.00	0.50	6560.20	6500.00	4800.00	212.65
陕　西	**7100.00**		**28634.86**	**28258.84**	**17058.00**	
西　安	170.00		1885.00	1875.00	1097.00	
宝　鸡	435.00		858.00	847.00	489.00	
咸　阳	204.00		9136.00	9136.00	5912.00	
兴　平	85.00		280.02	280.00	280.00	
渭　南	1772.00		2390.00	2380.00	2230.00	
韩　城	90.00		340.00	340.00	320.00	
华　阴	90.00		560.00	560.00	430.00	
延　安	252.00		6540.84	6540.84		
汉　中	3500.00		4080.00	3800.00	3800.00	
安　康	502.00		2565.00	2500.00	2500.00	
甘　肃	**95937.80**		**59662.10**	**59438.00**	**52469.00**	**50.00**
兰　州	91028.80		26417.20	26347.00	26078.00	
嘉峪关			42.00	42.00	18.00	
金　昌	450.00		450.00	430.00	285.00	
白　银	1100.00		1870.00	1870.00	1870.00	
天　水			7083.00	7083.00	7083.00	
武　威	450.00		3360.00	3360.00	1341.00	
张　掖	710.00		3538.00	3538.00	3290.00	
平　凉	320.00		3083.30	3075.00	2738.00	
酒　泉	220.00		1400.00	1400.00	1400.00	
玉　门	500.00		565.00	480.00	395.00	
庆　阳	14.50		8258.00	8236.00	4622.00	

Continued 14

燃气损失量 Loss Amount	用气户数（户） Number of Household with Access to Gas (unit)	家庭用户 Household User	用气人口（万人） Population with Access to Gas (10,000 persons)	液化石油气汽车加气站（座） Gas Stations for LPG-Fueled Motor Vehicles (unit)	城市名称 Name of Cities
	65023	65023	17.10		普洱
	41350	41350	11.00		临沧
2.17	30000	28000	14.00		楚雄
31.50	6072	3950	2.00		个旧
	18500	18500	7.00		开远
3.10	22583	19227	7.30		蒙自
1.00	11800	9800	3.00		弥勒
2.00	21900	21900	13.00		文山
4.00	43820	40430	18.00		景洪
27.00	86230	56024	20.00		大理
	22235	22235	10.00		瑞丽
	26700	26700	7.00		芒市
460.20	**64971**	**61206**	**30.15**	**23**	**西藏**
100.00	33581	30561	17.15	11	拉萨
300.00	12890	12370	3.00	3	昌都
60.20	18500	18275	10.00	9	日喀则
376.02	**163888**	**151904**	**71.15**		**陕西**
10.00	4812	4572	1.00		西安
11.00	7430	6546	4.20		宝鸡
	19766	19696	6.00		咸阳
0.02	800	800	5.00		兴平
10.00	20480	19780	5.95		渭南
	3400	2100	7.00		韩城
	14200	5410	5.00		华阴
					延安
280.00	58000	58000	25.00		汉中
65.00	35000	35000	12.00		安康
224.10	**345700**	**324513**	**164.40**	**2**	**甘肃**
70.20	41680	40370	13.00		兰州
	528	228	1.00		嘉峪关
20.00	8000	6000	7.00		金昌
	12091	12091	12.00		白银
	57670	57670	31.00		天水
	21520	21200	9.00		武威
	40312	39561	8.76		张掖
8.30	38860	30898	12.00		平凉
	35672	35672	24.72		酒泉
85.00	9000	4000	4.00		玉门
22.00	36854	35558	15.41		庆阳

7-3-3 续表 15

城市名称 Name of Cities	储气能力(吨) Gas Storage Capacity (ton)	供气管道长度(公里) Length of Gas Supply Pipeline (km)	供气总量(吨) Total Gas Supplied (ton)			
			合计 Total	销售气量 Quantity Sold	居民家庭 Households	燃气汽车 Gas-Powered Automobiles
定　西	116.00		632.00	622.00	564.00	50.00
陇　南	650.00		877.50	870.00	850.00	
临　夏	280.00		691.10	690.00	540.00	
合　作	98.50		1395.00	1395.00	1395.00	
青　海	**2155.00**		**6249.53**	**6236.98**	**6226.98**	
西　宁	615.00		3923.00	3918.00	3918.00	
海　东	60.00		107.90	106.00	106.00	
玉　树	479.00		951.10	948.00	948.00	
格尔木	659.00		1019.98	1019.98	1019.98	
德令哈	342.00		247.55	245.00	235.00	
宁　夏	**4377.00**		**19885.13**	**19868.43**	**9853.62**	
银　川	1580.00		14000.00	14000.00	5000.00	
灵　武	1200.00		190.00	190.00	47.00	
石嘴山	120.00		259.62	259.62	259.62	
吴　忠	200.00		1410.00	1407.00	1200.00	
青铜峡	225.00		1293.20	1287.00	1130.00	
固　原	960.00		1191.50	1184.00	976.00	
中　卫	92.00		1540.81	1540.81	1241.00	
新　疆	**5870.00**	**80.81**	**59104.53**	**59028.18**	**49329.02**	**2141.50**
乌鲁木齐	2535.00		31325.50	31325.50	31250.00	75.50
克拉玛依	43.00	7.00	4051.67	4051.26	2134.37	
吐鲁番	60.00		487.00	480.00	480.00	
哈　密	730.00	73.81	3653.00	3641.00	2941.00	700.00
昌　吉	130.00		2873.40	2870.00	2870.00	
阜　康	630.00		930.43	925.42	661.65	
博　乐	230.00		400.50	390.00	390.00	
库尔勒	50.00		2902.00	2900.00	930.00	1366.00
阿克苏	150.00		5703.00	5703.00	1080.00	
阿图什	220.00		160.00	155.00	155.00	
和　田			95.00	95.00	90.00	
伊　宁	195.00		2429.43	2427.00	2427.00	
奎　屯	60.00		191.50	190.00	190.00	
乌　苏	230.00		605.00	600.00	600.00	
塔　城	110.00		572.00	550.00	405.00	
阿勒泰	100.00		410.10	410.00	410.00	
阿拉尔	150.00		700.00	700.00	700.00	
北　屯	200.00		1300.00	1300.00	1300.00	
双　河	47.00		315.00	315.00	315.00	

Continued 15

燃气损失量 Loss Amount	用气户数 (户) Number of Household with Access to Gas (unit)	家庭用户 Household User	用气人口 (万人) Population with Access to Gas (10,000 persons)	液化石油气汽车加气站 (座) Gas Stations for LPG-Fueled Motor Vehicles (unit)	城市名称 Name of Cities
10.00	15687	14168	14.00	2	定西
7.50	11701	11572	6.00		陇南
1.10	5500	4900	1.50		临夏
	10625	10625	5.01		合作
12.55	**60453**	**60152**	**20.37**		**青海**
5.00	39000	39000	11.00		西宁
1.90	1280	1280	1.00		海东
3.10	9710	9710	4.10		玉树
	7594	7594	3.27		格尔木
2.55	2869	2568	1.00		德令哈
16.70	**199375**	**191192**	**52.49**		**宁夏**
	91000	89138	15.00		银川
	300	180	0.09		灵武
	25693	25693	1.00		石嘴山
3.00	20331	20000	8.40		吴忠
6.20	21001	20003	8.00		青铜峡
7.50	32910	28338	14.00		固原
	8140	7840	6.00		中卫
76.35	**249586**	**190304**	**67.71**	**4**	**新疆**
	68484	67000	14.00	2	乌鲁木齐
0.41	19507	11754	6.00		克拉玛依
7.00	3500	3500	0.90		吐鲁番
12.00	17000	10000	1.00	1	哈密
3.40	14770	14770	3.00		昌吉
5.01	5200	3980	1.16		阜康
10.50	2560	2560	5.00		博乐
2.00	4769	3394	1.00	1	库尔勒
	40000	3200	15.00		阿克苏
5.00	440	440	0.20		阿图什
	750	700	0.10		和田
2.43	27100	27100	5.00		伊宁
1.50	1000	1000	1.00		奎屯
5.00	4800	4800	2.00		乌苏
22.00	9000	5400	3.50		塔城
0.10	4200	4200	1.00		阿勒泰
	5000	5000	3.00		阿拉尔
	18000	18000	3.85		北屯
	3506	3506	1.00		双河

八、城市集中供热

8.Urban Central Heating

简要说明

城市供热指向热用户供应热能的活动，可分为集中供热和分散供热。本部分只包括集中供热，集中供热指从一个或多个热源通过热网向城市的热用户供给生产和生活热能的方式，要求具有一定的规模。

Brief Introduction

Urban heating is to supply heat energy to urban users in two ways: central heating and individual heating. This section is only about central heating, which is to deliver heat from one or more heat sources through network to urban end-users for industrial and domestic purposes.

8 全国历年城市集中供热情况(1981-2014)
National Urban Central Heating in Past Years(1981-2014)

年 份 Year	供热能力 Heating Capacity		供热总量 Total Heat Supplied		管道长度(公里) Length of Pipelines (km)		集中供热面积(万平方米) Heated Area (10,000 m^2)
	蒸 汽(吨/小时) Steam (ton/hour)	热 水(兆瓦) Hot Water (mega watts)	蒸 汽(万吉焦) Steam (10,000 gigajoules)	热 水(万吉焦) Hot Water (10,000 gigajoules)	蒸 汽 Steam	热 水 Hot Water	
1981	754	440	641	183	79	280	1167
1982	883	718	627	241	37	491	1451
1983	965	987	650	332	67	586	1841
1984	1421	1222	996	454	71	761	2445
1985	1406	1360	896	521	76	954	2742
1986	9630	36103	3467	2704	183	1335	9907
1987	16258	27601	6669	3650	163	1576	15282
1988	18550	32746	5978	4848	209	2193	13883
1989	20177	25987	6782	4334	401	2678	19386
1990	20341	20128	7117	21658	157	3100	21263
1991	21495	29663	8195	21065	656	3952	27651
1992	25491	45386	9267	26670	362	4230	32832
1993	31079	48437	10633	29036	532	5161	44164
1994	34848	52466	10335	32056	670	6399	50992
1995	67601	117286	16414	75161	909	8456	64645
1996	62316	103960	17615	56307	9577	24012	73433
1997	65207	69539	20604	62661	7054	25446	80755
1998	66427	71720	17463	64684	6933	27375	86540
1999	70146	80591	22169	69771	7733	30506	96775
2000	74148	97417	23828	83321	7963	35819	110766
2001	72242	126249	37655	100192	9183	43926	146329
2002	83346	148579	57438	122728	10139	48601	155567
2003	92590	171472	59136	128950	11939	58028	188956
2004	98262	174442	69447	125194	12775	64263	216266
2005	106723	197976	71493	139542	14772	71338	252056
2006	95204	217699	67794	148011	14012	79943	265853
2007	94009	224660	66374	158641	14116	88870	300591
2008	94454	305695	69082	187467	16045	104551	348948
2009	93193	286106	63137	200051	14317	110490	379574
2010	105084	315717	66397	224716	15122	124051	435668
2011	85273	338742	51777	229245	13381	133957	473784
2012	86452	365278	51609	243818	12690	147390	518368
2013	84362	403542	53242	266462	12259	165877	571677
2014	84664	447068	55614	276546	12476	174708	611246

注：1981年至1995年热水供热能力计量单位为兆瓦/小时；1981年至2000年蒸汽供热总量计量单位为万吨。

Note: Heating capacity through hot water from 1981 to 1995 is measured with the unit of maga watts/hour;Heating capacity through steam from 1981 to 2000 is measured with the unit of 10,000 tons.

8-1 2014年全国城市集中供热分组资料

地区名称 Name of Regions		蒸汽 Steam						
		供热能力(吨/小时) Heating Capacity (ton/hour)	热电厂供热 Heating by Co-Generation	锅炉房供热 Heating by Boilers	供热总量(万吉焦) Total Heat Supplied (10,000 gcal)	热电厂供热 Heating by Co-Generation	锅炉房供热 Heating by Boilers	管道长度(公里) Length of Pipelines (km)
全　国	**National Total**	**84664**	**70372**	**14086**	**55614**	**48584**	**6910**	**12476**
分类一	**Group one**							
东部地区	East China	56297	49013	7108	39772	35847	3807	7511
中部地区	Central China	20699	16924	3775	11269	9379	1889	3120
西部地区	West China	7668	4435	3203	4574	3357	1214	1845
分类二	**Group two**							
东部地区	East China	56297	49013	7108	39772	35847	3807	7511
中部地区	Central China	20357	16808	3549	11087	9296	1791	3093
西部地区	West China	8010	4551	3429	4755	3440	1313	1873
分类三	**Group three**							
东部地区	East China	43521	38466	4880	32266	29948	2201	6138
中部地区	Central China	13886	11424	2462	8132	6820	1312	2376
西部地区	West China	8010	4551	3429	4755	3440	1313	1873
东北地区	Northeast China	19247	15932	3315	10460	8376	2085	2090

National Urban Central Heating(2014)

热水 Hot Water							供热面积(万平方米) Heated Area (10,000 m^2)	住宅 Housing	地区名称 Name of Regions
供热能力(兆瓦) Heating Capacity (mega watts)	热电厂供热 Heating by Co-Generation	锅炉房供热 Heating by Boilers	供热总量(万吉焦) Total Heat Supplied (10,000 gcal)	热电厂供热 Heating by Co-Generation	锅炉房供热 Heating by Boilers	管道长度(公里) Length of Pipelines (km)			
447068	**205043**	**235070**	**276546**	**115190**	**157559**	**174708**	**611246**	**449989**	**全　国**
									分类一
205200	82628	122064	134786	49645	84939	102262	330913	245788	东部地区
180964	103364	72005	106261	55021	47769	55287	210608	150656	中部地区
60904	19051	41000	35499	10524	24851	17160	69726	53544	西部地区
									分类二
205200	82628	122064	134786	49645	84939	102262	330913	245788	东部地区
142964	84178	58367	78676	41958	36541	46063	168640	122164	中部地区
98904	38237	54638	63084	23587	36079	26383	111693	82036	西部地区
									分类三
136043	60371	75199	90704	36362	54166	70217	234325	170904	东部地区
56416	46162	9886	20729	13767	6805	11957	65978	49807	中部地区
98904	38237	54638	63084	23587	36079	26383	111693	82036	西部地区
155706	60273	95346	102029	41474	60509	66151	199249	147242	东北地区

8-2 2014年按省分列的城市集中供热

地区名称 Name of Regions	蒸汽 Steam						
	供热能力(吨/小时) Heating Capacity (ton/hour)	热电厂供热 Heating by Co-Generation	锅炉房供热 Heating by Boilers	供热总量(万吉焦) Total Heat Supplied (10,000 gcal)	热电厂供热 Heating by Co-Generation	锅炉房供热 Heating by Boilers	管道长度(公里) Length of Pipelines (km)
全　国	**84664**	**70372**	**14086**	**55614**	**48584**	**6910**	**12476**
北　京	300	300		166	166		44
天　津	3769	2873	896	1538	1027	511	362
河　北	7142	5807	1159	5684	5144	423	1094
山　西	1225	660	565	834	440	394	49
内蒙古	342	116	226	182	83	99	28
辽　宁	12776	10548	2228	7505	5900	1606	1373
吉　林	1598	1355	243	457	378	79	294
黑龙江	4874	4030	844	2497	2098	400	423
浙　江	8914	8879	35	10857	10801	56	1196
安　徽	4493	4473	20	2870	2864	6	606
山　东	23396	20607	2790	14020	12809	1211	3442
河　南	6088	5039	1049	3150	2653	497	1484
湖　北	2080	1252	828	1279	864	415	237
贵　州							
西　藏	13		13	130		130	620
陕　西	3708	1010	2668	2150	1230	917	311
甘　肃	200	26	174	88	8	80	101
青　海							
宁　夏	1687	1359	328	985	900	85	713
新　疆	2060	2040	20	1221	1219	2	100

Urban Central Heating by Province(2014)

热水 Hot Water							供热面积(万平方米) Heated Area (10,000 m^2)		
供热能力(兆瓦) Heating Capacity (mega watts)	热电厂供热 Heating by Co-Generation	锅炉房供热 Heating by Boilers	供热总量(万吉焦) Total Heat Supplied (10,000 gcal)	热电厂供热 Heating by Co-Generation	锅炉房供热 Heating by Boilers	管道长度(公里) Length of Pipelines (km)		住宅 Housing	地区名称 Name of Regions
447068	**205043**	**235070**	**276546**	**115190**	**157559**	**174708**	**611246**	**449989**	**全 国**
40445	7509	32936	35300	5518	29782	12038	56786	38085	北 京
22596	6767	15763	11254	2921	8263	17352	34240	25985	天 津
29554	17397	12059	19144	11736	7326	10040	52296	39288	河 北
26412	18699	7346	15067	9192	5718	8339	42916	32388	山 西
38000	19186	13638	27585	13063	11228	9224	41967	28491	内蒙古
69158	22257	46865	44083	13283	30773	32045	96587	74885	辽 宁
41998	17033	24964	22465	10246	12199	17309	45006	33020	吉 林
44551	20983	23518	35482	17945	17537	16797	57656	39337	黑龙江
20	20						8001	29	浙 江
20182	20040	142	46	10	36	15	2304	988	安 徽
43427	28677	14441	25005	16187	8795	30787	83003	67517	山 东
9544	7224	2321	5572	4555	1017	3583	18993	15249	河 南
278	200	78	44	10	34	20	1765	1183	湖 北
240		240	132		132	38	191	33	贵 州
							22		西 藏
11428	2868	8540	5872	1226	4635	1630	19825	16790	陕 西
14146	4375	9659	9175	3132	6012	4313	15270	11199	甘 肃
348		348	290		290	179	456	343	青 海
7138	1299	5119	4109	1068	2959	2428	8757	7072	宁 夏
27604	10509	17094	15920	5097	10823	8572	25205	18107	新 疆

8-3 2014年按城市分列的城市集中供热

城市名称 Name of Cities	蒸汽 Steam						
	供热能力(吨/小时) Heating Capacity (ton/hour)	热电厂供热 Heating by Co-Generation	锅炉房供热 Heating by Boilers	供热总量(万吉焦) Total Heat Supplied (10,000 gcal)	热电厂供热 Heating by Co-Generation	锅炉房供热 Heating by Boilers	管道长度(公里) Length of Pipelines (km)
全　国	**84664**	**70372**	**14086**	**55614**	**48584**	**6910**	**12476**
北　京	**300**	**300**		**166**	**166**		**44**
天　津	**3769**	**2873**	**896**	**1538**	**1027**	**511**	**362**
河　北	**7142**	**5807**	**1159**	**5684**	**5144**	**423**	**1094**
石家庄	3095	3025	70	3760	3700	60	502
晋　州							
新　乐	225	225		73	73		52
唐　山							
遵　化							
迁　安	200	200		35	35		30
秦皇岛	191	70	121	86	17	69	29
邯　郸	46	46		25	25		36
武　安	410	410		198	198		12
邢　台	330	330		316	316		41
南　宫							
沙　河							
保　定	730	650	80	580	568	12	81
涿　州	256	256		65	65		36
安　国	18		18	7		7	4
高碑店							
张家口							
承　德	275	275		70	70		70
沧　州							
泊　头							
任　丘							
黄　骅							
河　间							
廊　坊	545		545	185		185	62
霸　州							
三　河	325		325	90		90	46
衡　水							
冀　州	60	60		28	28		35
深　州	176			117			32
辛　集	260	260		48	48		25
定　州							

Urban Central Heating by City(2014)

热水 Hot Water							供热面积(万平方米) Heated Area (10,000 m²)		城市名称 Name of Cities
供热能力(兆瓦) Heating Capacity (mega watts)	热电厂供热 Heating by Co-Generation	锅炉房供热 Heating by Boilers	供热总量(万吉焦) Total Heat Supplied (10,000 gcal)	热电厂供热 Heating by Co-Generation	锅炉房供热 Heating by Boilers	管道长度(公里) Length of Pipelines (km)		住宅 Housing	
447068	**205043**	**235070**	**276546**	**115190**	**157559**	**174708**	**611246**	**449989**	**全　国**
40445	**7509**	**32936**	**35300**	**5518**	**29782**	**12038**	**56786**	**38085**	**北　京**
22596	**6767**	**15763**	**11254**	**2921**	**8263**	**17352**	**34240**	**25985**	**天　津**
29554	**17397**	**12059**	**19144**	**11736**	**7326**	**10040**	**52296**	**39288**	**河　北**
4637	2818	1819	4884	3106	1778	1053	14777	10103	石家庄
106	60	46	75	60	15	35	150	116	晋　州
300	300		28	28		4	329	291	新　乐
5921	4760	1161	3010	2482	528	1702	6089	4797	唐　山
543		543	245		245	110	535	475	遵　化
471	435	36	345	342	3	401	1200	923	迁　安
2681	1613	1068	1542	1073	469	1323	4245	3853	秦皇岛
1706	1346	360	1059	869	190	631	3624	2584	邯　郸
110	110		64	64		328	666	527	武　安
659	659		518	518		255	2110	1470	邢　台
78	78		85	85		123	195	166	南　宫
66	66		57	57		85	97	68	沙　河
1220	1080	140	473	457	16	243	3124	2571	保　定
134		134	90		90	33	330	255	涿　州
996		996	441		441	60	661	321	安　国
215		215	210		210	40	349	277	高碑店
2312	50	2262	1381	200	1181	193	2398	1894	张家口
1010	602	408	838	589	249	362	1974	1409	承　德
1050	1050		730	730		487	1610	1200	沧　州
116		116	58		58	43	140	110	泊　头
746	600	146	496	345	151	108	1064	763	任　丘
401		401	520		520	280	790	680	黄　骅
180		180	238		238	42	340	304	河　间
1319		1319	505		505	908	2032	1331	廊　坊
82		82	60		60	56	123	115	霸　州
460		460	300		300	329	720	560	三　河
1435	1435		484	484		472	1079	912	衡　水
80	80		60	60		145	200	181	冀　州
							175	85	深　州
317	182	37	271	156	32	101	947	735	辛　集
204	74	130	78	30	49	88	223	213	定　州

8-3 续表 1

城市名称 Name of Cities	蒸汽 Steam 供热能力(吨/小时) Heating Capacity (ton/hour)	热电厂供热 Heating by Co-Generation	锅炉房供热 Heating by Boilers	供热总量(万吉焦) Total Heat Supplied (10,000 gcal)	热电厂供热 Heating by Co-Generation	锅炉房供热 Heating by Boilers	管道长度(公里) Length of Pipelines (km)
山　西	**1225**	**660**	**565**	**834**	**440**	**394**	**49**
太　原							
古　交	350	350		145	145		2
大　同							
阳　泉	160		160	145		145	20
长　治							
潞　城							
晋　城	130	130		130	130		0.03
高　平	180	180		165	165		0.13
朔　州							
晋　中	30		30	9		9	25
介　休	375		375	240		240	2
运　城							
永　济							
河　津							
忻　州							
原　平							
临　汾							
侯　马							
霍　州							
吕　梁							
孝　义							
汾　阳							
内 蒙 古	**342**	**116**	**226**	**182**	**83**	**99**	**28**
呼和浩特							
包　头							
乌　海							
赤　峰	272	116	156	145	83	62	8
通　辽							
霍林郭勒							
鄂尔多斯							
呼伦贝尔							
满 洲 里							
牙 克 石							
扎 兰 屯							
额尔古纳							
根　河							
巴彦淖尔							
乌兰察布							

Continued 1

热水 Hot Water							供热面积（万平方米） Heated Area (10,000 m²)		城市名称 Name of Cities
供热能力（兆瓦） Heating Capacity (mega watts)	热电厂供热 Heating by Co-Generation	锅炉房供热 Heating by Boilers	供热总量（万吉焦） Total Heat Supplied (10,000 gcal)	热电厂供热 Heating by Co-Generation	锅炉房供热 Heating by Boilers	管道长度（公里） Length of Pipelines (km)		住宅 Housing	
26412	**18699**	**7346**	**15067**	**9192**	**5718**	**8339**	**42916**	**32388**	**山　西**
5582	3760	1822	3043	1786	1257	1456	11895	9755	太　原
						174	388	330	古　交
3287	3175	112	2117	1898	219	808	6506	4169	大　同
1998	1914		1561	1493		1298	2529	1919	阳　泉
2031	1537	494	980	634	346	179	3104	2502	长　治
174		174	93		93	118	298	172	潞　城
1449	669	752	855	392	386	497	2176	1563	晋　城
10		10	3		3	323	329	242	高　平
2884	2000	884	644	300	344	620	2563	1632	朔　州
2449	1760	689	1058	760	297	555	2909	2110	晋　中
116		116	100		100	99	695	535	介　休
654	448	206	635	285	350	167	1843	1574	运　城
1260	1260		101	101		129	303	228	永　济
150		150	375		375	29	536	536	河　津
830	660	170	431	376	56	662	944	748	忻　州
341		341	323		323	152	536	415	原　平
1214	629	331	830	470	351	118	1784	1472	临　汾
373	233	138	322	200	119	124	644	426	侯　马
210		210	128		128	50	374	315	霍　州
604	322	282	560	288	272	423	1080	747	吕　梁
464		464	700		700	245	1080	764	孝　义
332	332		208	208		112	400	234	汾　阳
38000	**19186**	**13638**	**27585**	**13063**	**11228**	**9224**	**41967**	**28491**	**内蒙古**
9844	3061	6783	8286	1683	6603	1717	9160	6445	呼和浩特
7361	7241	120	4438	4338	100	865	7618	5683	包　头
679	451	228	507	287	220	426	1841	850	乌　海
3612	2502	509	2262	1710	204	1165	3943	2493	赤　峰
1260	595	665	951	492	459	569	2499	1748	通　辽
158	128	30	462	367	96	94	493	352	霍林郭勒
5040		640	3087		226	1042	5297	3068	鄂尔多斯
1706	991	715	1174	711	463	331	1536	1003	呼伦贝尔
916	628	288	866	679	187	370	1182	740	满洲里
457	331	126	552	504	48	199	630	460	牙克石
261	87	174	320	30	290	75	434	275	扎兰屯
221	105	116	141	107	34	40	150	94	额尔古纳
130	130		299	299		31	144	104	根　河
1311	625	686	1132	300	832	878	1665	1300	巴彦淖尔
1813	265	1372	897	200	613	343	1628	1276	乌兰察布

8-3 续表 2

城市名称 Name of Cities	蒸汽 Steam 供热能力(吨/小时) Heating Capacity (ton/hour)	热电厂供热 Heating by Co-Generation	锅炉房供热 Heating by Boilers	供热总量(万吉焦) Total Heat Supplied (10,000 gcal)	热电厂供热 Heating by Co-Generation	锅炉房供热 Heating by Boilers	管道长度(公里) Length of Pipelines (km)
丰　镇							
乌兰浩特							
阿尔山	70		70	37		37	20
二连浩特							
锡林浩特							
辽　宁	**12776**	**10548**	**2228**	**7505**	**5900**	**1606**	**1373**
沈　阳	774	117	657	211	53	158	208
新　民							
大　连	5361	4276	1085	3117	2070	1047	306
瓦房店	250	182	68	142	133	9	10
普兰店	351	351		245	245		157
庄　河							
鞍　山	180	180		165	165		12
海　城							
抚　顺	865	664	201	254	153	101	5
本　溪							
丹　东	2405	2405		1295	1295		185
东　港							
凤　城							
锦　州	705	705		109	109		70
凌　海	17	17		6	6		12
北　镇							
营　口	316	316		133	133		8
盖　州							
大石桥							
阜　新							
辽　阳							
灯　塔	230	230		244	244		234
盘　锦							
铁　岭							
调兵山							
开　原							
朝　阳	400	260	140	434	282	152	44
北　票							
凌　源	225	225		203	203		72
葫芦岛	697	620	77	947	808	139	50
兴　城							

Continued 2

热水 Hot Water							供热面积(万平方米) Heated Area (10,000 m²)		城市名称 Name of Cities
供热能力(兆瓦) Heating Capacity (mega watts)	热电厂供热 Heating by Co-Generation	锅炉房供热 Heating by Boilers	供热总量(万吉焦) Total Heat Supplied (10,000 gcal)	热电厂供热 Heating by Co-Generation	锅炉房供热 Heating by Boilers	管道长度(公里) Length of Pipelines (km)		住宅 Housing	
405	405		358	358		60	695	653	丰　镇
959	780	179	574	411	163	448	1112	723	乌兰浩特
90		90	47		47	55	103	70	阿 尔 山
366		366	226		226	250	398	201	二连浩特
1411	860	551	1006	587	419	265	1440	955	锡林浩特
69158	**22257**	**46865**	**44083**	**13283**	**30773**	**32045**	**96587**	**74885**	**辽　宁**
16051	4621	11430	11666	3498	8168	9272	26800	20400	沈　阳
827		827	369		369	250	514	467	新　民
12519	3747	8772	6583	1260	5323	3465	19663	14058	大　连
771		771	445		445	581	1116	888	瓦 房 店
496		496	341		341	157	896	669	普 兰 店
888		888	598		598	241	971	799	庄　河
4955	349	4606	3975	420	3555	2550	6016	5029	鞍　山
881	294	587	473	216	256	353	1224	902	海　城
6680	3926	2754	2468	1068	1400	1263	4631	3786	抚　顺
2195	985	1211	1233	525	708	1354	2506	2037	本　溪
1589		1589	791		791	995	3125	2451	丹　东
720	700	20	330	315	15	188	700	610	东　港
360	182	178	180	159	21	244	344	285	凤　城
2495	1337	1158	2289	1227	1062	1339	3617	2732	锦　州
184		184	197		197	174	378	285	凌　海
332		332	243		243	102	397	345	北　镇
2236	1361	840	1233	962	245	1973	2752	2305	营　口
729		729	444		444	196	770	627	盖　州
512		512	429		429	425	712	570	大 石 桥
2588	1716	872	1766	1244	522	1516	3337	2774	阜　新
1827	1010	817	2139	1309	830	1087	3166	2811	辽　阳
							363	259	灯　塔
2079		2079	1620		1620	876	2947	2239	盘　锦
1609	478	1131	829	344	485	778	1721	1365	铁　岭
964	562	402	269	157	112	398	736	560	调 兵 山
585		585	323		323	388	678	517	开　原
1662	660	1002	1380	380	1000	821	2592	1968	朝　阳
485	330	155	287	200	87	111	440	313	北　票
467		467	230		230	55	700	605	凌　源
1184		1184	709		709	580	2299	1890	葫 芦 岛
289		289	243		243	312	478	339	兴　城

8-3 续表 3

城市名称 Name of Cities	蒸汽 Steam						
	供热能力(吨/小时) Heating Capacity (ton/hour)	热电厂供热 Heating by Co-Generation	锅炉房供热 Heating by Boilers	供热总量(万吉焦) Total Heat Supplied (10,000 gcal)	热电厂供热 Heating by Co-Generation	锅炉房供热 Heating by Boilers	管道长度(公里) Length of Pipelines (km)
吉　林	**1598**	**1355**	**243**	**457**	**378**	**79**	**294**
长　春	116	25	91	109	31	78	35
九　台							
榆　树							
德　惠							
吉　林	620	618	2	34	32	2	12
蛟　河							
桦　甸	137	137		70	70		33
舒　兰							
磐　石							
四　平							
双　辽							
辽　源	300	150	150	0.07	0.04	0.03	10
通　化							
集　安							
白　山							
临　江							
松　原							
扶　余							
白　城							
洮　南	275	275		222	222		167
大　安							
延　吉							
图　们							
敦　化	150	150		23	23		38
珲　春							
龙　井							
和　龙							
公主岭							
梅河口							
黑龙江	**4874**	**4030**	**844**	**2497**	**2098**	**400**	**423**
哈尔滨	2439	1925	514	1196	885	311	151
双　城							
尚　志							
五　常							
齐齐哈尔	150	150		136	136		10
讷　河							
鸡　西	200		200	66		66	93
虎　林							
密　山	152	152		171	171		47

Continued 3

热水 Hot Water							供热面积 (万平方米) Heated Area (10,000 m²)		城市名称 Name of Cities
供热能力 (兆瓦) Heating Capacity (mega watts)	热电厂供热 Heating by Co-Generation	锅炉房供热 Heating by Boilers	供热总量 (万吉焦) Total Heat Supplied (10,000 gcal)	热电厂供热 Heating by Co-Generation	锅炉房供热 Heating by Boilers	管道长度 (公里) Length of Pipelines (km)		住宅 Housing	
41998	**17033**	**24964**	**22465**	**10246**	**12199**	**17309**	**45006**	**33020**	**吉　林**
17906	7542	10364	8145	3615	4530	5210	16407	10814	长　春
431		431	285		285	181	609	466	九　台
773		773	532		532	188	1063	842	榆　树
992		992	480		480	756	712	616	德　惠
3118	2495	623	2627	2579	48	1740	6318	4885	吉　林
617	172	445	290	82	208	257	618	472	蛟　河
422		422	161		161	242	485	355	桦　甸
239		239	140		140	231	313	278	舒　兰
613		613	348		348	96	530	397	磐　石
860	500	360	772	562	210	914	1781	1349	四　平
1129	1025	104	186	105	81	62	376	300	双　辽
1510	672	838	705	475	230	1472	1534	1203	辽　源
1430	960	470	1010	789	221	1227	1610	1288	通　化
396		396	166		166	160	298	215	集　安
1820	1460	360	963	596	367	646	1587	1188	白　山
417		417	300		300	129	433	306	临　江
1828	920	908	1046	403	643	705	1559	1027	松　原
180		180	155		155	160	240	173	扶　余
1450	99	1351	668	52	616	604	1285	900	白　城
18	18		15	15		64	355	301	洮　南
546		546	89		89	82	288	197	大　安
2293	420	1873	1369	249	1121	1169	3066	2542	延　吉
525		525	200		200	140	329	254	图　们
574		574	295		295	145	847	689	敦　化
280	260	20	296	272	24	171	544	533	珲　春
278	80	198	138	32	106	135	249	196	龙　井
160	160		140	140		56	210	147	和　龙
844		844	564		564	259	820	738	公主岭
350	250	99	380	280	80	109	540	350	梅河口
44551	**20983**	**23518**	**35482**	**17945**	**17537**	**16797**	**57656**	**39337**	**黑龙江**
15405	8095	7310	13980	7590	6390	2956	20523	12657	哈尔滨
310		310	221		221	93	390	284	双　城
433		433	206		206	173	497	414	尚　志
608		608	248		248	73	612	402	五　常
3759	900	2859	2494	746	1748	1045	3858	2870	齐齐哈尔
390		390	195		195	71	356	284	讷　河
1215	806	358	885	510	375	576	1595	1238	鸡　西
249	249		220	220		183	315	219	虎　林
174		174	91		91	98	375	242	密　山

8-3 续表 4

城市名称 Name of Cities	蒸汽 Steam						
	供热能力（吨/小时） Heating Capacity (ton/hour)	热电厂供热 Heating by Co-Generation	锅炉房供热 Heating by Boilers	供热总量（万吉焦） Total Heat Supplied (10,000 gcal)	热电厂供热 Heating by Co-Generation	锅炉房供热 Heating by Boilers	管道长度（公里） Length of Pipelines (km)
鹤　岗							
双鸭山							
大　庆							
伊　春	130		130	23		23	11
铁　力	240	240		116	116		15
佳木斯							
同　江							
富　锦							
七台河							
牡丹江	885	885		286	286		30
绥芬河							
海　林							
宁　安							
穆　棱							
黑　河							
北　安							
五大连池							
绥　化	520	520		414	414		62
安　达							
肇　东							
海　伦	158	158		90	90		5
浙　江	**8914**	**8879**	**35**	**10857**	**10801**	**56**	**1196**
宁　波	3928	3893	35	4720	4664	56	493
绍　兴	4121	4121		5486	5486		574
诸　暨	150	150		125	125		40
嵊　州	515	515		423	423		57
金　华	200	200		104	104		31
安　徽	**4493**	**4473**	**20**	**2870**	**2864**	**6**	**606**
合　肥	2065	2065		845	845		400
淮　南	90	90		120	120		35
淮　北	128	128		8	8		6
安　庆	1520	1500	20	1412	1406	6	24
滁　州	220	220		148	148		56
阜　阳	205	205		172	172		35
宿　州	260	260		156	156		39
池　州	5	5		8	8		11

Continued 4

热水 Hot Water							供热面积（万平方米）Heated Area (10,000 m^2)		城市名称 Name of Cities
供热能力（兆瓦）Heating Capacity (mega watts)	热电厂供热 Heating by Co-Generation	锅炉房供热 Heating by Boilers	供热总量（万吉焦）Total Heat Supplied (10,000 gcal)	热电厂供热 Heating by Co-Generation	锅炉房供热 Heating by Boilers	管道长度（公里）Length of Pipelines (km)		住宅 Housing	
1437	752	685	1216	634	582	676	1917	1469	鹤岗
1290	1213	77	700	623	77	229	2181	1347	双鸭山
6368	2620	3748	5998	2538	3460	6449	8569	5345	大庆
1755	958	797	1185	730	454	879	1981	1540	伊春
147	130	17	150	61	89	113	415	354	铁力
1746	1046	700	1330	750	580	505	2800	2050	佳木斯
198	198		165	165		65	240	223	同江
287		287	385		385	15	569	465	富锦
925	875	50	945	910	35	317	1353	1010	七台河
2882	1340	1542	1776	1370	406	483	3190	2392	牡丹江
699		699	375		375	253	553	348	绥芬河
377		377	270		270	162	480	400	海林
239		239	160		160	85	298	206	宁安
224	151	74	223	149	74	132	321	269	穆棱
990	990		620	620		356	892	571	黑河
810	660	150	356	330	26	295	515	309	北安
244		244	123		123	112	213	145	五大连池
240		240	183		183	68	1241	1057	绥化
214		214	142		142	91	210	134	安达
474		474	420		420	112	608	568	肇东
462		462	221		221	134	590	524	海伦
20	**20**						**8001**	**29**	**浙江**
20	20						4528	8	宁波
							2202		绍兴
							200		诸暨
							962		嵊州
							109	21	金华
20182	**20040**	**142**	**46**	**10**	**36**	**15**	**2304**	**988**	**安徽**
							2000	900	合肥
							185	34	淮南
142		142	36		36	15	72	36	淮北
							3		安庆
40	40		3	3			16		滁州
20000	20000		7	7			4		阜阳
							20	19	宿州
							4		池州

8-3 续表 5

城市名称 Name of Cities	蒸汽 Steam						
	供热能力(吨/小时) Heating Capacity (ton/hour)	热电厂供热 Heating by Co-Generation	锅炉房供热 Heating by Boilers	供热总量(万吉焦) Total Heat Supplied (10,000 gcal)	热电厂供热 Heating by Co-Generation	锅炉房供热 Heating by Boilers	管道长度(公里) Length of Pipelines (km)
山　东	**23396**	**20607**	**2790**	**14020**	**12809**	**1211**	**3442**
济　南	3828	3010	818	1823	1460	363	464
章　丘							
青　岛	5062	4435	627	2981	2838	143	339
胶　州	350	175	175	290	149	141	30
即　墨	400	320	80	313	266	47	59
平　度	275	275		166	166		32
莱　西	435	435		305	305		40
淄　博	2451	2258	193	1873	1818	55	267
枣　庄	122	122		38	38		55
滕　州							
东　营							
烟　台	1671	1535	136	451	373	77	157
龙　口	110	110		80	80		21
莱　阳							
莱　州							
蓬　莱	120	120		7	7		6
招　远							
栖　霞							
海　阳	30	30		10	10		4
潍　坊	1641	955	686	933	585	348	404
青　州	365	365		232	232		35
诸　城	880	880		782	782		184
寿　光	220	220		150	150		65
安　丘	550	550		471	471		102
高　密							
昌　邑	293	293		263	263		20
济　宁	155	155		459	459		132
曲　阜	30		30	18		18	12
邹　城	38	38		43	43		18
泰　安	754	754		212	212		25
新　泰	101	101		56	56		64
肥　城							
威　海	875	875		666	666		396
荣　成	260	260		75	75		11
乳　山	90	90		50	50		15
日　照	160	160		10	10		153
莱　芜	511	466	45	168	148	19	105
临　沂	350	350		310	310		52
德　州	100	100		32	32		34
乐　陵							

Continued 5

热水 Hot Water							供热面积(万平方米) Heated Area (10,000 m²)		城市名称 Name of Cities
供热能力(兆瓦) Heating Capacity (mega watts)	热电厂供热 Heating by Co-Generation	锅炉房供热 Heating by Boilers	供热总量(万吉焦) Total Heat Supplied (10,000 gcal)	热电厂供热 Heating by Co-Generation	锅炉房供热 Heating by Boilers	管道长度(公里) Length of Pipelines (km)		住宅 Housing	
43427	**28677**	**14441**	**25005**	**16187**	**8795**	**30787**	**83003**	**67517**	**山东**
2476	1629	848	2312	1529	783	1351	10295	8228	济南
594	594		558	558		292	900	669	章丘
5167	1861	3306	2575	1075	1500	6611	11775	9961	青岛
407		407	407		407	337	1035	902	胶州
527	481	46	210	170	40	100	923	882	即墨
227		227	105		105	278	980	871	平度
101		101	136		136	399	472	444	莱西
4251	3267	984	1229	637	591	2440	5192	4593	淄博
1438	1228	210	432	408	23	382	1470	1348	枣庄
450	450		230	230		94	780	725	滕州
3289	1040	2249	2326	610	1716	2406	3382	2328	东营
3544	1351	2193	2410	1053	1357	3350	7418	5479	烟台
411	411		377	377		200	932	826	龙口
817	360	457	195	130	65	386	419	364	莱阳
489	347	142	385	255	130	135	720	575	莱州
473	170	303	322	64	258	308	540	432	蓬莱
240	240		273	273		669	465	422	招远
125	125		50	50		123	131	122	栖霞
323	144	179	345	150	195	486	510	473	海阳
849	536	313	599	398	201	662	3266	2633	潍坊
314	162	152	264	144	120	193	873	785	青州
115	115		51	51		32	1229	929	诸城
600	120	480	260	60	200	181	793	700	寿光
						33	612	445	安丘
485	485		183	183		208	476	236	高密
109	24	85	78	31	48	34	546	489	昌邑
2576	2267		945	922		661	3197	2671	济宁
87	58	29	195	150	45	132	476	377	曲阜
669	669		228	228		67	887	847	邹城
248	80	168	281	250	31	665	1634	1239	泰安
441	441		343	343		103	660	529	新泰
790	670	120	125	110	15	170	400	355	肥城
1546	1546		1496	1496		3036	4248	3037	威海
427	105	322	410	150	260	809	790	620	荣成
345	345		220	220		295	422	310	乳山
1626	850	776	910	860	50	433	1470	1120	日照
1421	1421		341	341		256	1074	990	莱芜
1621	1481	140	603	577	26	596	3756	3365	临沂
1152	1012	140	1067	581	486	811	2940	2081	德州
195	132	64	71	63	7	77	141	132	乐陵

8-3 续表 6

城市名称 Name of Cities	蒸汽 Steam 供热能力(吨/小时) Heating Capacity (ton/hour)	热电厂供热 Heating by Co-Generation	锅炉房供热 Heating by Boilers	供热总量(万吉焦) Total Heat Supplied (10,000 gcal)	热电厂供热 Heating by Co-Generation	锅炉房供热 Heating by Boilers	管道长度(公里) Length of Pipelines (km)
禹　城	120	120		7	7		5
聊　城	310	310		125	125		77
临　清	310	310		193	193		37
滨　州	230	230		328	328		12
菏　泽	200	200		101	101		12
河　南	**6088**	**5039**	**1049**	**3150**	**2653**	**497**	**1484**
郑　州	550		550	160		160	199
巩　义							
荥　阳							
新　密							
新　郑	256	256		56	56		168
登　封							
开　封	290		290	120		120	99
洛　阳	500	360	140	427	282	145	94
偃　师	200	200		102	102		26
平顶山	975	975		472	472		179
安　阳							
林　州							
鹤　壁							
新　乡	300	300		86	86		6
辉　县							
焦　作	165	120	45	138	90	48	47
濮　阳	113	113		51	51		37
许　昌	430	430		330	330		161
禹　州	435	435		192	192		87
长　葛	70	70		12	12		8
漯　河	80	80		70	70		50
三门峡							
义　马	190	190		190	190		13
南　阳	104	80	24	124	100	24	33
商　丘							
永　城	310	310		160	160		76
驻马店	400	400		163	163		66
济　源	720	720		297	297		136
湖　北	**2080**	**1252**	**828**	**1279**	**864**	**415**	**237**
黄　石	436	392	44	436	392	44	27
十　堰	860	860		472	472		179
襄　阳	390		390	202		202	25
潜　江	394		394	169		169	7

Continued 6

热水 Hot Water							供热面积（万平方米）Heated Area (10,000 m²)		城市名称 Name of Cities
供热能力（兆瓦）Heating Capacity (mega watts)	热电厂供热 Heating by Co-Generation	锅炉房供热 Heating by Boilers	供热总量（万吉焦）Total Heat Supplied (10,000 gcal)	热电厂供热 Heating by Co-Generation	锅炉房供热 Heating by Boilers	管道长度（公里）Length of Pipelines (km)		住宅 Housing	
140	140		119	119		162	311	250	禹　城
1069	1069		339	339		193	1971	1582	聊　城
110	110		103	103		178	619	450	临　清
343	343		685	685		309	1227	1113	滨　州
800	800		215	215		143	649	587	菏　泽
9544	**7224**	**2321**	**5572**	**4555**	**1017**	**3583**	**18993**	**15249**	**河　南**
2786	1800	986	1370	1122	248	1190	4520	3903	郑　州
300	300		104	104		35	345	228	巩　义
126		126	80		80	88	175	140	荥　阳
80		80	35		35	51	105		新　密
							123	101	新　郑
110	110		21	21		45	59	36	登　封
							1000	894	开　封
997	331	666	1405	1214	191	267	2790	2223	洛　阳
						52	180	130	偃　师
							677	500	平顶山
290	290		500	500		314	1311	1004	安　阳
700	700		110	110		73	239	214	林　州
192	192		194	194		175	495	439	鹤　壁
983	983		294	294		148	742	490	新　乡
110	110		80	80		28	238	202	辉　县
193	135	58	110	82	28	80	1116	994	焦　作
366	192	174	394	180	214	290	754	549	濮　阳
							802	749	许　昌
							300	200	禹　州
							18	15	长　葛
16	16		32	32		13	152	103	漯　河
142	142		262	262		136	570	455	三门峡
							328	221	义　马
249	18	231	322	100	222	230	493	384	南　阳
1200	1200		183	183		231	335	223	商　丘
79	79		60	60		116	256	175	永　城
626	626		17	17		21	170	126	驻马店
							699	549	济　源
278	**200**	**78**	**44**	**10**	**34**	**20**	**1765**	**1183**	**湖　北**
							29	2	黄　石
200	200		10	10		10	869	700	十　堰
							368	68	襄　阳
78		78	34		34	10	499	413	潜　江

8-3 续表 7

城市名称 Name of Cities	蒸汽 Steam						
	供热能力（吨/小时） Heating Capacity (ton/hour)	热电厂供热 Heating by Co-Generation	锅炉房供热 Heating by Boilers	供热总量（万吉焦） Total Heat Supplied (10,000 gcal)	热电厂供热 Heating by Co-Generation	锅炉房供热 Heating by Boilers	管道长度（公里） Length of Pipelines (km)
贵　州							
六盘水							
西　藏	**13**		**13**	**130**		**130**	**620**
拉　萨	13		13	130		130	620
陕　西	**3708**	**1010**	**2668**	**2150**	**1230**	**917**	**311**
西　安	2663	760	1903	1706	1050	657	214
宝　鸡							
咸　阳	855	130	725	351	98	253	63
渭　南	60	60		50	50		8
华　阴	30			3			10
延　安							
榆　林							
杨陵区	100	60	40	39	33	7	16
甘　肃	**200**	**26**	**174**	**88**	**8**	**80**	**101**
兰　州							
嘉峪关							
金　昌							
白　银	174		174	80		80	78
天　水							
武　威							
张　掖							
平　凉							
酒　泉							
玉　门	26	26		8	8		24
敦　煌							
庆　阳							
定　西							
陇　南							
临　夏							
合　作							

Continued 7

热水 Hot Water 供热能力（兆瓦） Heating Capacity (mega watts)	热电厂供热 Heating by Co-Generation	锅炉房供热 Heating by Boilers	供热总量（万吉焦） Total Heat Supplied (10,000 gcal)	热电厂供热 Heating by Co-Generation	锅炉房供热 Heating by Boilers	管道长度（公里） Length of Pipelines (km)	供热面积（万平方米） Heated Area (10,000 m²)	住宅 Housing	城市名称 Name of Cities
240		**240**	**132**		**132**	**38**	**191**	**33**	**贵　州**
240		240	132		132	38	191	33	六盘水
							22		**西　藏**
							22		拉　萨
11428	**2868**	**8540**	**5872**	**1226**	**4635**	**1630**	**19825**	**16790**	**陕　西**
6774	1200	5574	3473	314	3159	633	13072	11423	西　安
1808	400	1408	957	259	699	509	2546	2207	宝　鸡
347	47	300	69	33	37	56	1244	1154	咸　阳
235		235	109		109	16	340	278	渭　南
20			11			7	43	33	华　阴
391	153	238	258	111	147	105	494	421	延　安
1853	1068	785	995	509	486	304	2022	1225	榆　林
							63	49	杨陵区
14146	**4375**	**9659**	**9175**	**3132**	**6012**	**4313**	**15270**	**11199**	**甘　肃**
4633	1706	2927	3254	1175	2079	626	5749	4018	兰　州
1142	929	101	804	762	11	532	1231	893	嘉峪关
660	660		450	450		315	825	643	金　昌
1433		1433	805		805	872	1525	1040	白　银
380		380	384		384	120	680	550	天　水
1553		1553	360		360	170	769	601	武　威
625		625	292		292	76	500	465	张　掖
800	540	260	547	345	202	652	813	760	平　凉
840	540	300	650	400	250	348	1020	735	酒　泉
127		127	45		45	112	169	115	玉　门
600		600	302		302	286	450	192	敦　煌
360		360	411		411	39	470	371	庆　阳
460		460	550		550	54	583	448	定　西
50		50	13		13	13	16	16	陇　南
368		368	229		229	43	346	273	临　夏
116		116	80		80	54	125	80	合　作

8-3 续表 8

城市名称 Name of Cities	蒸汽 Steam						
	供热能力(吨/小时) Heating Capacity (ton/hour)	热电厂供热 Heating by Co-Generation	锅炉房供热 Heating by Boilers	供热总量(万吉焦) Total Heat Supplied (10,000 gcal)	热电厂供热 Heating by Co-Generation	锅炉房供热 Heating by Boilers	管道长度(公里) Length of Pipelines (km)
青　海							
西　宁							
海　东							
玉　树							
格尔木							
德令哈							
宁　夏	**1687**	**1359**	**328**	**985**	**900**	**85**	**713**
银　川	186	32	154	31	18	13	10
灵　武							
石嘴山	1320	1320		875	875		687
吴　忠							
青铜峡	181	7	174	79	7	72	16
固　原							
中　卫							
新　疆	**2060**	**2040**	**20**	**1221**	**1219**	**2**	**100**
乌鲁木齐							
克拉玛依							
吐鲁番							
哈　密							
昌　吉							
阜　康							
博　乐							
阿拉山口							
库尔勒							
阿克苏	80	80		71	71		6
阿图什							
喀　什							
和　田							
伊　宁							
奎　屯							
乌　苏	600	600		205	205		10
塔　城							
阿勒泰	20	20		7	7		6
石河子	1340	1340		936	936		77
阿拉尔							
图木舒克							
北　屯	20		20	2		2	1
双　河							

Continued 8

热水 Hot Water							供热面积(万平方米) Heated Area (10,000 m²)		城市名称 Name of Cities
供热能力(兆瓦) Heating Capacity (mega watts)	热电厂供热 Heating by Co-Generation	锅炉房供热 Heating by Boilers	供热总量(万吉焦) Total Heat Supplied (10,000 gcal)	热电厂供热 Heating by Co-Generation	锅炉房供热 Heating by Boilers	管道长度(公里) Length of Pipelines (km)		住宅 Housing	
348		**348**	**290**		**290**	**179**	**456**	**343**	**青　海**
75		75	95		95	16	136	91	西　宁
17		17	7		7	15	10	1	海　东
53		53	67		67	15	98	71	玉　树
99		99	56		56	86	102	96	格尔木
105		105	65		65	47	110	85	德令哈
7138	**1299**	**5119**	**4109**	**1068**	**2959**	**2428**	**8757**	**7072**	**宁　夏**
3519	935	2584	2177	748	1428	1299	4247	3412	银　川
269		269	130		130	70	196	170	灵　武
							1585	1271	石嘴山
1269		1269	929		929	252	903	712	吴　忠
333		333	123		123	291	373	279	青铜峡
1084	364		402	320		361	870	766	固　原
664		664	349		349	155	583	463	中　卫
27604	**10509**	**17094**	**15920**	**5097**	**10823**	**8572**	**25205**	**18107**	**新　疆**
13138	4551	8587	6722	1673	5049	2779	9485	7093	乌鲁木齐
1838		1838	1438		1438	1162	1867	1113	克拉玛依
220		220	107		107	192	217	169	吐鲁番
1344	540	803	649	276	373	695	1496	1120	哈　密
1536	939	597	1265	675	590	262	1820	1249	昌　吉
480	480		311	311		224	489	330	阜　康
418		418	205		205	220	412	261	博　乐
46		46	20		20	8	30	8	阿拉山口
1110		1110	650		650	510	1123	828	库尔勒
140		140	137		137	37	320	228	阿克苏
162		162	81		81	112	254	171	阿图什
700	100	600	461	177	284	434	1056	783	喀　什
120		120	43		43	89	53	35	和　田
1278	609	669	785	427	358	218	2060	1484	伊　宁
995	420	575	801	362	439	367	834	664	奎　屯
87		87	205		205	225	590	360	乌　苏
420		420	303		303	101	419	303	塔　城
284		284	320		320	103	256	179	阿勒泰
2600	2600		999	999		673	1682.16	1205	石河子
220	220		160	160		24	218	168	阿拉尔
50	50		37	37		67	168	93	图木舒克
348		348	182		182	43	302.5	219	北　屯
71		71	40		40	27	52	45	双　河

九、城市轨道交通

9. Urban Rail Transit System

简要说明

城市轨道交通指采用轨道结构进行承重和导向的车辆运输系统，依据城市交通总体规划的要求，设置全封闭或部分封闭的专用轨道线路，以列车或单车形式，运送相当规模客流量的公共交通方式。包括地铁系统、轻轨系统、单轨系统、有轨电车、磁浮系统、自动导向轨道系统和市域快速轨道系统。

本部分共分城市轨道交通（建成）和城市轨道交通（在建）两部分，主要包括城市轨道交通已建成和正在建设的线路条数、长度、车站数等内容。

Brief Introduction

Urban rail transit system is a vehicular transit system supported and guided by rails. It is a public transit mode for transporting large volume of passengers, and it operates singly or in multi-car trains on fixed rails in closed or semi-closed right-of-way in accordance with urban transport master plan. It includes subway, light rail, monorail, cable car, maglev, automated guideway transit, and intracity rapid rail systems.

This section is divided into two parts: urban rail transit system(completed) and urban rail transit system (under construction). The section mainly includes such items as number and total length of transit lines, number of stations, etc., both completed and under construction.

9 全国历年城市轨道交通情况(1978-2014)
National Urban Rail Transit System in Past Years (1978-2014)

年 份 Year	建成轨道交通的城市个数(个) Number of Cities with Completed Rail Transport Lines (unit)	建成轨道交通线路长度(公里) The Length of Completed Rail Transport Lines (km)	正在建设轨道交通的城市个数(个) Number of Cities with Rail Transport Lines under Construction (unit)	正在建设轨道交通线路长度(公里) The Length of Rail Transport Lines under Construction (km)
1978	1	23		
1979	1	23		
1980	1	23		
1981	1	23		
1982	1	23		
1983	1	23		
1984	2	47		
1985	2	47		
1986	2	47		
1987	2	47		
1988	2	47		
1989	2	47		
1990	2	47		
1991	2	47		
1992	2	47		
1993	2	47		
1994	2	47		
1995	3	63		
1996	3	63		
1997	3	63		
1998	4	81		
1999	4	81		
2000	4	117		
2001	5	172		
2002	5	200		
2003	5	347		
2004	7	400		
2005	10	444		
2006	10	621		
2007	10	775		
2008	10	855		
2009	10	838.88	28	1991.36
2010	12	1428.87	28	1741.07
2011	12	1672.42	28	1891.29
2012	16	2005.53	29	2060.43
2013	16	2213.28	35	2760.38
2014	22	2714.79	36	3004.37

注：2000年及以前年份，大连、鞍山、长春、哈尔滨的有轨电车没有统计在内。

Note: For the year 2000 and before, the streetcar systems in Dalian, Anshan, Changchun and Harbin City were not included when collecting data on the number of cities with completed rail transport lines and the length of lines.

9-1-1 2014年全国城市轨道交通(建成)分组资料

地区名称 Name of Regions		线路长度(公里) Length of Lines (kilometer)								
		合计 Total	地铁 Subway	轻轨 Light Rail	单轨 Monorail	有轨 Cable Car	磁浮 Maglev	按敷设方式 by Ways of Laying		
								地面线 Surface Lines	地下线 Underground Lines	高架线 Elevated Lines
全　国	**National Total**	**2714.79**	**2247.09**	**281.12**	**67.45**	**89.23**	**29.90**	**223.27**	**1712.06**	**779.46**
分类一	**Group one**									
东部地区	East China	2141.86	1842.58	180.15		89.23	29.90	198.50	1356.26	587.10
中部地区	Central China	208.80	127.25	81.55				19.93	128.65	60.22
西部地区	West China	364.13	277.26	19.42	67.45			4.84	227.15	132.14
分类二	**Group two**									
东部地区	East China	2141.86	1842.58	180.15		89.23	29.90	198.50	1356.26	587.10
中部地区	Central China	208.80	127.25	81.55				19.93	128.65	60.22
西部地区	West China	364.13	277.26	19.42	67.45			4.84	227.15	132.14
分类三	**Group three**									
东部地区	East China	2005.09	1792.58	156.67		25.94	29.9	143.99	1306.26	554.84
中部地区	Central China	144.10	109.72	34.38				0.30	106.52	37.28
西部地区	West China	364.13	277.26	19.42	67.45			4.84	227.15	132.14
东北地区	Northeast China	201.47	67.53	70,65		63.29		74.14	72.13	55.20

National Urban Rail Transit System (complted) (2014)

车站数(个) Number of Stations (unit)				换乘站数(个) Number of Transfer Stations (unit)	配置车辆数(辆) Number of Vehicles in Service (unit)						地区名称 Name of Regions
合计 Total	地面站 Surface Lines	地下站 Underground Lines	高架站 Elevated Lines		合计 Total	地铁 Subway	轻轨 Light Rail	单轨 Monorail	有轨 Cable Car	磁浮 Maglev	
1786	**176**	**1117**	**493**	**366**	**14654**	**13273**	**879**	**426**	**62**	**14**	**全　国**
											分类一
1357	153	840	364	273	12055	11403	576		62	14	东部地区
183	19	110	54	40	875	672	203				中部地区
246	4	167	75	53	1724	1198	100	426			西部地区
											分类二
1357	153	840	364	273	12055	11403	576		62	14	东部地区
183	19	110	54	40	875	672	203				中部地区
246	4	167	75	53	1724	1198	100	426			西部地区
											分类三
1250	108	799	343	271	11687	11145	502		26	14	东部地区
116		86	30	33	715	570	145				中部地区
246	4	167	75	53	1724	1198	100	426			西部地区
174	64	65	45	9	528	360	132		36		东北地区

9-1-2 2014年按省分列的城市轨道交通(建成)

地区名称 Name of Regions	线路长度(公里) Length of Lines (kilometer)									车站数(个)	
							按敷设方式 by Ways of Laying				
	合计 Total	地铁 Subway	轻轨 Light Rail	单轨 Monorail	有轨 Cable Car	磁浮 Maglev	地面线 Surface Lines	地下线 Underground Lines	高架线 Elevated Lines	合计 Total	地面站 Surface Lines
全　国	**2714.79**	**2247.09**	**281.12**	**67.45**	**89.23**	**29.90**	**223.27**	**1712.06**	**779.46**	**1786**	**176**
北　京	527.00	527.00					50.00	361.00	116.00	318	21
天　津	147.14	93.93	45.41		7.80		16.56	70.04	60.54	101	19
辽　宁	136.77	50.00	23.48		63.29		54.51	50.00	32.26	107	45
吉　林	47.17		47.17				19.63	4.60	22.94	49	19
黑龙江	17.53	17.53						17.53		18	
上　海	548.18	459.32	58.96			29.9	17.89	310.32	219.97	310	37
江　苏	311.61	241.17	52.30		18.14		21.02	180.15	110.44	200	13
浙　江	20.88	20.88						15.12	5.76	20	
河　南	26.20	26.2						26.20		20	
湖　北	95.64	61.26	34.38				0.3	58.06	37.28	77	
湖　南	22.26	22.26						22.26		19	
广　东	450.28	450.28					38.52	369.63	42.13	301	18
重　庆	198.87	112.00	19.42	67.45			4.01	89.04	105.82	121	4
四　川	71.60	71.60						57.00	14.6	54	
云　南	42.00	42.00					0.83	29.45	11.72	31	
陕　西	51.66	51.66						51.66		40	

Urban Rail Transit System (completed) by Province(2014)

Number of Stations (unit)		换乘站数(个) Number of Transfer Stations (unit)	配置车辆数(辆) Number of Vehicles in Service (unit)						地区名称 Name of Regions
地下站 Underground Lines	高架站 Elevated Lines		合计 Total	地铁 Subway	轻轨 Light Rail	单轨 Monorail	有轨 Cable Car	磁浮 Maglev	
1117	**493**	**366**	**14654**	**13273**	**879**	**426**	**62**	**14**	**全　国**
248	49	47	4664	4664					北　京
53	29	14	576	416	152		8		天　津
41	21	2	368	258	74		36		辽　宁
6	24	2	58		58				吉　林
18		5	102	102					黑龙江
90	183	105	3661	3509	138			14	上　海
136	51	30	1238	1008	212		18		江　苏
15	5	5	132	132					浙　江
20		6	18	18					河　南
47	30	22	559	414	145				湖　北
19		5	138	138					湖　南
257	26	70	1416	1416					广　东
55	62	35	1084	558	100	426			重　庆
47	7	8	600	600					四　川
25	6								云　南
40		10	40	40					陕　西

9-1-3 2014年按城市分列的城市轨道交通(建成)

城市名称 Name of Cities	线路长度(公里) Length of Lines (kilometer)									车站数(个)	
	合计 Total	地铁 Subway	轻轨 Light Rail	单轨 Monorail	有轨 Cable Car	磁浮 Maglev	按敷设方式 by Ways of Laying			合计 Total	地面站 Surface Lines
							地面线 Surface Lines	地下线 Underground Lines	高架线 Elevated Lines		
全　国	**2714.79**	**2247.09**	**281.12**	**67.45**	**89.23**	**29.90**	**223.27**	**1712.06**	**779.46**	**1786**	**176**
北　京	**527.00**	**527.00**					**50.00**	**361.00**	**116.00**	**318**	**21**
天　津	**147.14**	**93.93**	**45.41**		**7.80**		**16.56**	**70.04**	**60.54**	**101**	**19**
辽　宁	**136.77**	**50.00**	**23.48**		**63.29**		**54.51**	**50.00**	**32.26**	**107**	**45**
沈　阳	50.00	50.00						50.00		41	
大　连	86.77		23.48		63.29		54.51		32.26	66	45
吉　林	**47.17**		**47.17**				**19.63**	**4.60**	**22.94**	**49**	**19**
长　春	47.17		47.17				19.63	4.60	22.94	49	19
黑龙江	**17.53**	**17.53**						**17.53**		**18**	
哈尔滨	17.53	17.53						17.53		18	
上　海	**548.18**	**459.32**	**58.96**			**29.90**	**17.89**	**310.32**	**219.97**	**310**	**37**
江　苏	**311.61**	**241.17**	**52.30**		**18.14**		**21.02**	**180.15**	**110.44**	**200**	**13**
南　京	179.45	179.45					4.09	93.97	81.39	92	
无　锡	55.72	55.72					0.10	41.73	13.89	46	
苏　州	70.44		52.30		18.14		16.83	44.45	9.16	59	13
昆　山	6.00	6.00							6.00	3	
浙　江	**20.88**	**20.88**						**15.12**	**5.76**	**20**	
宁　波	20.88	20.88						15.12	5.76	20	
河　南	**26.20**	**26.20**						**26.20**		**20**	
郑　州	26.20	26.20						26.20		20	
湖　北	**95.64**	**61.26**	**34.38**				**0.30**	**58.06**	**37.28**	**77**	
武　汉	95.64	61.26	34.38				0.30	58.06	37.28	77	
湖　南	**22.26**	**22.26**						**22.26**		**19**	
长　沙	22.26	22.26						22.26		19	
广　东	**450.28**	**450.28**					**38.52**	**369.63**	**42.13**	**301**	**18**
广　州	239.26	239.26					34.14	203.22	1.90	156	17
深　圳	178.86	178.86					4.38	134.25	40.23	131	1
佛　山	32.16	32.16						32.16		14	
重　庆	**198.87**	**112.00**	**19.42**	**67.45**			**4.01**	**89.04**	**105.82**	**121**	**4**
四　川	**71.60**	**71.60**						**57.00**	**14.60**	**54**	
成　都	71.60	71.60						57.00	14.60	54	
云　南	**42.00**	**42.00**					**0.83**	**29.45**	**11.72**	**31**	
昆　明	42.00	42.00					0.83	29.45	11.72	31	
陕　西	**51.66**	**51.66**						**51.66**		**40**	
西　安	51.66	51.66						51.66		40	

Urban Rail Transit System (completed) by City (2014)

Number of Stations (unit)		换乘站数(个) Number of Transfer Stations (unit)	配置车辆数(辆) Number of Vehicles in Service (unit)						城市名称 Name of Cities
地下站 Underground Lines	高架站 Elevated Lines		合计 Total	地铁 Subway	轻轨 Light Rail	单轨 Monorail	有轨 Cable Car	磁浮 Maglev	
1117	**493**	**366**	**14654**	**13273**	**879**	**426**	**62**	**14**	**全 国**
248	**49**	**47**	**4664**	**4664**					**北 京**
53	**29**	**14**	**576**	**416**	**152**		**8**		**天 津**
41	**21**	**2**	**368**	**258**	**74**		**36**		**辽 宁**
41		2	258	258					沈 阳
	21		110		74		36		大 连
6	**24**	**2**	**58**		**58**				**吉 林**
6	24	2	58		58				长 春
18		**5**	**102**	**102**					**黑 龙 江**
18		5	102	102					哈 尔 滨
90	**183**	**105**	**3661**	**3509**	**138**			**14**	**上 海**
136	**51**	**30**	**1238**	**1008**	**212**		**18**		**江 苏**
58	34	10	726	726					南 京
37	9	9	276	276					无 锡
41	5	11	230		212		18		苏 州
	3		6	6					昆 山
15	**5**	**5**	**132**	**132**					**浙 江**
15	5	5	132	132					宁 波
20		**6**	**18**	**18**					**河 南**
20		6	18	18					郑 州
47	**30**	**22**	**559**	**414**	**145**				**湖 北**
47	30	22	559	414	145				武 汉
19		**5**	**138**	**138**					**湖 南**
19		5	138	138					长 沙
257	**26**	**70**	**1416**	**1416**					**广 东**
139		36	323	323					广 州
104	26	34	1066	1066					深 圳
14			27	27					佛 山
55	**62**	**35**	**1084**	**558**	**100**	**426**			**重 庆**
47	**7**	**8**	**600**	**600**					**四 川**
47	7	8	600	600					成 都
25	**6**								**云 南**
25	6								昆 明
40		**10**	**40**	**40**					**陕 西**
40		10	40	40					西 安

9-2-1 2014年全国城市轨道交通(在建)分组资料

地区名称 Name of Regions	线路长度(公里) Length of Lines (kilometer)						按敷设方式 by Ways of Laying		
	合计 Total	地铁 Subway	轻轨 Light Rail	单轨 Monorail	有轨 Cable Car	磁浮 Maglev	地面线 Surface Lines	地下线 Underground Lines	高架线 Elevated Lines
全　国 National Total	**3004.37**	**2507.78**	**358.06**	**59.52**	**79.01**		**181.11**	**2431.09**	**392.17**
分类一 Group one									
东部地区 East China	2031.57	1544.95	358.06	49.55	79.01		147.88	1583.01	300.68
中部地区 Central China	485.81	485.81						469.11	16.70
西部地区 West China	486.99	477.02		9.97			33.23	378.97	74.79
分类二 Group two									
东部地区 East China	1978.47	1544.95	304.96	49.55	79.01		147.88	1529.91	300.68
中部地区 Central China	485.81	485.81						469.11	16.70
西部地区 West China	540.09	477.02	53.10	9.97			33.23	432.07	74.79
分类三 Group three									
东部地区 East China	1753.52	1403.14	221.82	49.55	79.01		125.96	1381.99	245.57
中部地区 Central China	430.52	430.52						413.82	16.70
西部地区 West China	540.09	477.02	53.10	9.97			33.23	432.07	74.79
东北地区 Northeast China	280.24	197.10	83.14				21.92	203.21	55.11

National Urban Rail Transit System (under construction)(2014)

车站数(个) Number of Stations (unit)				换乘站数(个) Number of Transfer Stations (unit)	配置车辆数(辆) Number of Vehicles in Service (unit)						地区名称 Name of Regions
合计 Total	地面站 Surface Lines	地下站 Underground Lines	高架站 Elevated Lines		合计 Total	地铁 Subway	轻轨 Light Rail	单轨 Monorail	有轨 Cable Car	磁浮 Maglev	
2047	**127**	**1643**	**277**	**532**	**10400**	**9679**	**489**	**66**	**166**		**全　国**
											分类一
1349	104	1010	235	320	6473	5818	489		166		东部地区
369		361	8	107	1878	1878					中部地区
329	23	272	34	105	2049	1983		66			西部地区
											分类二
1306	104	967	235	308	6431	5818	447		166		东部地区
369		361	8	107	1878	1878					中部地区
372	23	315	34	117	2091	1983	42	66			西部地区
											分类三
1176	62	893	221	272	6363	5770	427		166		东部地区
325		317	8	94	1698	1698					中部地区
372	23	315	34	117	2091	1983	42	66			西部地区
174	42	118	14	49	248	228	20				东北地区

9-2-2 2014年按省分列的城市轨道交通(在建)

地区名称 Name of Regions	线路长度(公里) Length of Lines (kilometer)									车站数(个)	
	合计 Total	地铁 Subway	轻轨 Light Rail	单轨 Monorail	有轨 Cable Car	磁浮 Maglev	按敷设方式 by Ways of Laying			合计 Total	地面站 Surface Lines
							地面线 Surface Lines	地下线 Underground Lines	高架线 Elevated Lines		
全 国	**3004.37**	**2507.78**	**358.06**	**59.52**	**79.01**		**181.11**	**2431.09**	**392.17**	**2047**	**127**
北 京	143.29	134.25			9.04		6.86	125.45	10.98	95	7
天 津	123.90	123.90					2.41	120.77	0.72	100	1
河 北	43.19	43.19						43.19		37	
辽 宁	224.95	141.81	83.14				21.92	147.92	55.11	130	42
吉 林	40.99	40.99						40.99		34	
黑龙江	14.30	14.30						14.30		10	
上 海	199.87	180.37	19.50				0.31	157.11	42.45	128	
江 苏	258.81	149.09	109.72				1.19	230.19	27.43	178	2
浙 江	220.65	167.15			53.50		3.22	141.82	75.61	155	2
安 徽	52.34	52.34						52.34		47	
福 建	84.48	84.48					1.60	80.08	2.80	66	1
江 西	60.43	60.43						60.43		51	
山 东	58.73	49.96			8.77		8.77	49.96		56	12
河 南	108.15	108.15						92.45	15.70	72	
湖 北	111.60	111.60						111.60		82	
湖 南	98.00	98.00						97.00	1.00	73	
广 东	620.60	470.75	92.60	49.55	7.70		101.60	433.42	85.58	361	37
广 西	53.10		53.10					53.10		43	
重 庆	150.46	140.49		9.97			0.50	112.96	37.00	92	2
四 川	114.63	114.63						114.63		83	
贵 州	34.30	34.30					29.00	5.30		24	19
云 南	59.72	59.72					3.28	30.22	26.22	34	2
陕 西	74.35	74.35					0.45	62.33	11.57	55	
甘 肃	25.91	25.91						25.91		20	
新 疆	27.62	27.62						27.62		21	

Urban Rail Transit System by Province (under construction) by Province (2014)

Number of Stations (unit)		换乘站数(个) Number of Transfer Stations (unit)	配置车辆数(辆) Number of Vehicles in Service (unit)						地区名称 Name of Regions
地下站 Underground Lines	高架站 Elevated Lines		合计 Total	地铁 Subway	轻轨 Light Rail	单轨 Monorail	有轨 Cable Car	磁浮 Maglev	
1643	**277**	**532**	**10400**	**9679**	**489**	**66**	**166**		**全 国**
72	16	27	863	832			31		北 京
98	1	13	416	416					天 津
37		11	50	50					河 北
74	14	36	68	48	20				辽 宁
34		13							吉 林
10			180	180					黑龙江
112	16	58	1620	1472	148				上 海
164	12	57	1081	810	271				江 苏
95	58	13	464	336			128		浙 江
47		11	324	324					安 徽
64	1	17	594	594					福 建
51		13	12	12					江 西
44		15	301	294			7		山 东
65	7	20							河 南
82		39	774	774					湖 北
72	1	11	588	588					湖 南
207	117	61	974	966	8				广 东
43		12	42		42				广 西
73	17	37	828	762		66			重 庆
83		34	834	834					四 川
5		5	204	204					贵 州
22	10								云 南
48	7	17							陕 西
20		5	156	156					甘 肃
21		7	27	27					新 疆

9-2-3 2014年按城市分列的城市轨道交通(在建)

城市名称 Name of Cities	线路长度(公里) Length of Lines (kilometer)									车站数(个)	
	合计 Total	地铁 Subway	轻轨 Light Rail	单轨 Monorail	有轨 Cable Car	磁浮 Maglev	按敷设方式 by Ways of Laying 地面线 Surface Lines	地下线 Underground Lines	高架线 Elevated Lines	合计 Total	地面站 Surface Lines
全　国	**3004.37**	**2507.78**	**358.06**	**59.52**	**79.01**		**181.11**	**2431.09**	**392.17**	**2047**	**127**
北　京	**143.29**	**134.25**			**9.04**		**6.86**	**125.45**	**10.98**	**95**	**7**
天　津	**123.90**	**123.90**					**2.41**	**120.77**	**0.72**	**100**	**1**
河　北	**43.19**	**43.19**						**43.19**		**37**	
石家庄	43.19	43.19						43.19		37	
辽　宁	**224.95**	**141.81**	**83.14**				**21.92**	**147.92**	**55.11**	**130**	**42**
沈　阳	78.91	78.91						78.91		60	37
大　连	146.04	62.90	83.14				21.92	69.01	55.11	70	5
吉　林	**40.99**	**40.99**						**40.99**		**34**	
长　春	40.99	40.99						40.99		34	
黑龙江	**14.30**	**14.30**						**14.30**		**10**	
哈尔滨	14.30	14.30						14.30		10	
上　海	**199.87**	**180.37**	**19.50**				**0.31**	**157.11**	**42.45**	**128**	
江　苏	**258.81**	**149.09**	**109.72**				**1.19**	**230.19**	**27.43**	**178**	**2**
南　京	114.89	114.89					0.79	88.87	25.23	65	1
常　州	34.20	34.20					0.40	31.60	2.20	29	
苏　州	109.72		109.72					109.72		84	1
浙　江	**220.65**	**167.15**			**53.50**		**3.22**	**141.82**	**75.61**	**155**	**2**
杭　州	98.63	98.63					0.20	90.83	7.60	89	
宁　波	68.52	68.52						39.62	28.90	46	
温　州	53.50				53.50		3.02	11.37	39.11	20	2
安　徽	**52.34**	**52.34**						**52.34**		**47**	
合　肥	52.34	52.34						52.34		47	
福　建	**84.48**	**84.48**					**1.60**	**80.08**	**2.80**	**66**	**1**
福　州	54.18	54.18						54.18		42	1
厦　门	30.30	30.30					1.60	25.90	2.80	24	
江　西	**60.43**	**60.43**						**60.43**		**51**	
南　昌	60.43	60.43						60.43		51	

Urban Rail Transit System by City (under construction) by City (2014)

Number of Stations (unit)		换乘站数(个) Number of Transfer Stations (unit)	配置车辆数(辆) Number of Vehicles in Service (unit)						城市名称 Name of Cities
地下站 Underground Lines	高架站 Elevated Lines		合计 Total	地铁 Subway	轻轨 Light Rail	单轨 Monorail	有轨 Cable Car	磁浮 Maglev	
1643	**277**	**532**	**10400**	**9679**	**489**	**66**	**166**		**全　国**
72	**16**	**27**	**863**	**832**			**31**		**北　京**
98	**1**	**13**	**416**	**416**					**天　津**
37		**11**	**50**	**50**					**河　北**
37		11	50	50					石家庄
74	**14**	**36**	**68**	**48**	**20**				**辽　宁**
23		25							沈　阳
51	14	11	68	48	20				大　连
34		**13**							**吉　林**
34		13							长　春
10			**180**	**180**					**黑龙江**
10			180	180					哈尔滨
112	**16**	**58**	**1620**	**1472**	**148**				**上　海**
164	**12**	**57**	**1081**	**810**	**271**				**江　苏**
54	10	26	594	594					南　京
27	2	8	216	216					常　州
83		23	271		271				苏　州
95	**58**	**13**	**464**	**336**			**128**		**浙　江**
58	31								杭　州
34	12	13	336	336					宁　波
3	15		128				128		温　州
47		**11**	**324**	**324**					**安　徽**
47		11	324	324					合　肥
64	**1**	**17**	**594**	**594**					**福　建**
41		11	354	354					福　州
23	1	6	240	240					厦　门
51		**13**	**12**	**12**					**江　西**
51		13	12	12					南　昌

9-2-3 续表

城市名称 Name of Cities	线路长度(公里) Length of Lines (kilometer)									车站数(个)	
	合计 Total	地铁 Subway	轻轨 Light Rail	单轨 Monorail	有轨 Cable Car	磁浮 Maglev	按敷设方式 by Ways of Laying 地面线 Surface Lines	地下线 Underground Lines	高架线 Elevated Lines	合计 Total	地面站 Surface Lines
山　东	**58.73**	**49.96**			**8.77**		**8.77**	**49.96**		**56**	**12**
青　岛	58.73	49.96			8.77		8.77	49.96		56	12
河　南	**108.15**	**108.15**						**92.45**	**15.70**	**72**	
郑　州	108.15	108.15						92.45	15.70	72	
湖　北	**111.60**	**111.60**						**111.60**		**82**	
武　汉	111.60	111.60						111.60		82	
湖　南	**98.00**	**98.00**						**97.00**	**1.00**	**73**	
长　沙	98.00	98.00						97.00	1.00	73	
广　东	**620.60**	**470.75**	**92.60**	**49.55**	**7.70**		**101.60**	**433.42**	**85.58**	**361**	**37**
广　州	376.21	318.96		49.55	7.70		91.75	277.86	6.60	145	20
深　圳	107.29	107.29					1.30	94.99	11.00	67	
佛　山	6.70	6.70						6.70		4	
肇　庆	54.60		54.60				3.15	2.27	49.18	6	
惠　州	38.00		38.00				5.00	18.00	15.00	124	17
东　莞	37.80	37.80					0.40	33.60	3.80	15	
广　西	**53.10**		**53.10**					**53.10**		**43**	
南　宁	53.10		53.10					53.10		43	
重　庆	**150.46**	**140.49**		**9.97**			**0.50**	**112.96**	**37.00**	**92**	**2**
四　川	**114.63**	**114.63**						**114.63**		**83**	
成　都	114.63	114.63						114.63		83	
贵　州	**34.30**	**34.30**					**29.00**	**5.30**		**24**	**19**
贵　阳	34.30	34.30					29.00	5.30		24	19
云　南	**59.72**	**59.72**					**3.28**	**30.22**	**26.22**	**34**	**2**
昆　明	59.72	59.72					3.28	30.22	26.22	34	2
陕　西	**74.35**	**74.35**					**0.45**	**62.33**	**11.57**	**55**	
西　安	74.35	74.35					0.45	62.33	11.57	55	
甘　肃	**25.91**	**25.91**						**25.91**		**20**	
兰　州	25.91	25.91						25.91		20	
新　疆	**27.62**	**27.62**						**27.62**		**21**	
乌鲁木齐	27.62	27.62						27.62		21	

Continued

Number of Stations (unit)		换乘站数(个) Number of Transfer Stations (unit)	配置车辆数(辆) Number of Vehicles in Service (unit)						城市名称 Name of Cities
地下站 Underground Lines	高架站 Elevated Lines		合计 Total	地铁 Subway	轻轨 Light Rail	单轨 Monorail	有轨 Cable Car	磁浮 Maglev	
44		**15**	**301**	**294**			**7**		**山　东**
44		15	301	294			7		青　岛
65	**7**	**20**							**河　南**
65	7	20							郑　州
82		**39**	**774**	**774**					**湖　北**
82		39	774	774					武　汉
72	**1**	**11**	**588**	**588**					**湖　南**
72	1	11	588	588					长　沙
207	**117**	**61**	**974**	**966**	**8**				**广　东**
125		26							广　州
63	4	31	846	846					深　圳
4									佛　山
	6		8		8				肇　庆
1	106								惠　州
14	1	4	120	120					东　莞
43		**12**	**42**		**42**				**广　西**
43		12	42		42				南　宁
73	**17**	**37**	**828**	**762**		**66**			**重　庆**
83		**34**	**834**	**834**					**四　川**
83		34	834	834					成　都
5		**5**	**204**	**204**					**贵　州**
5		5	204	204					贵　阳
22	**10**								**云　南**
22	10								昆　明
48	**7**	**17**							**陕　西**
48	7	17							西　安
20		**5**	**156**	**156**					**甘　肃**
20		5	156	156					兰　州
21		**7**	**27**	**27**					**新　疆**
21		7	27	27					乌鲁木齐

十、城市道路和桥梁

10.Urban Road and Bridge

简要说明

城市道路指城市供车辆、行人通行的，具备一定技术条件的道路、桥梁、隧道及其附属设施。城市道路由车行道和人行道等组成。在统计时只统计路面宽度在 3.5 米（含 3.5 米）以上的各种铺装道路，包括开放型工业区和住宅区道路在内。

本部分包括城市道路、桥梁和防洪，主要包括道路长度和面积、防洪堤长度等内容。

北京市的城市道路分为两部分：北京市城内八区、亦庄开发区以及按照北京市总体规划划定的五环内高速公路里程，以及 10 个远郊区县县城区域内道路。

Brief Introduction

Urban roads refer to roads, bridges, tunnels and auxiliary facilities that are provided for vehicles and passengers for transportation. Urban roads consist of drive lanes and sidewalks. Only paved roads with width above 3.5m , including roads within open industrial parks and residential communities are included in statistics.

This section includes statistics on roads, bridges and flood control, employing such indicators as length of roads, surface area of roads, length of flood control dikes, etc..

Urban roads in Beijing are composed of two parts: 1. Freeways within 8 urban districts, Yizhuang Economic Development Zone; and the areas within the 5th Ring Road; 2.Roads within the county seats of 10 counties in the suburb.

10 全国历年城市道路和桥梁情况(1978–2014)
National Urban Road and Bridge in Past Years (1978-2014)

年份 Year	道路长度 (公里) Length of Roads (km)	道路面积 (万平方米) Surface Area of Roads (10,000 m^2)	防洪堤长度 (公里) Length of Flood Control Dikes (km)	人均城市道路面积 (平方米) Urban Road Surface Area Per Capita (m^2)
1978	26966	22539	3443	2.93
1979	28391	24069	3670	2.85
1980	29485	25255	4342	2.82
1981	30277	26022	4446	1.81
1982	31934	27976	5201	1.96
1983	33934	29962	5577	1.88
1984	36410	33019	6170	1.84
1985	38282	35872	5998	1.72
1986	71886	69856	9952	3.05
1987	78453	77885	10732	3.10
1988	88634	91355	12894	3.10
1989	96078	100591	14506	3.22
1990	94820	101721	15500	3.13
1991	88791	99135	13892	3.35
1992	96689	110526	16015	3.59
1993	104897	124866	16729	3.70
1994	111058	137602	16575	3.84
1995	130308	164886	18885	4.36
1996	132583	179871	18475	4.96
1997	138610	192165	18880	5.22
1998	145163	206136	19550	5.51
1999	152385	222158	19842	5.91
2000	159617	237849	20981	6.13
2001	176016	249431	23798	6.98
2002	191399	277179	25503	7.87
2003	208052	315645	29426	9.34
2004	222964	352955	29515	10.34
2005	247015	392166	41269	10.92
2006	241351	411449	38820	11.04(12.36)
2007	246172	423662	32274	11.43
2008	259740	452433	33147	12.21
2009	269141	481947	34698	12.79
2010	294443	521322	36153	13.21
2011	308897	562523	35051	13.75
2012	327081	607449	33926	14.39
2013	336304	644155		14.87
2014	352333	683028		15.34

注：1.自2006年起，人均城市道路面积按城区人口和城区暂住人口合计为分母计算，括号内为与往年同口径数据。
2.自2013年起,不再统计防洪堤长度数据。

Note: 1.Since 2006, urban road surface per capita has been calculated based on denominator which combines both permanent and temporary residents in urban areas, and the data in brackets are the same index calculated by the method of past years.
2.Starting from 2013, the data on the length of flood prevention dyke has been unavailable.

10-1 2014年全国城市道路和桥梁分组资料
National Urban Road and Bridge(2014)

地区名称 Name of Regions	道路长度(公里) Length of Roads (km)	道路面积(万平方米) Surface Area of Roads (10,000 m^2)		桥梁数(座) Number of Bridges (unit)			道路照明灯盏数(盏) Number of Road Lamps (unit)	安装路灯道路长度(公里) Length of The Road with Street Lamp (km)
			人行道面积 Surface Area of Sidewalks		大桥及特大桥 Great Bridge and Grand Bridge	立交桥 Intersection		
全　国　National Total	**352333**	**683028**	**149587**	**61863**	**5840**	**4568**	**23019144**	**268108**
分类一　Group one								
东部地区 East China	203666	386078	78557	46509	4011	2605	13222455	159886
中部地区 Central China	97857	192074	44614	8828	951	1162	5828081	70894
西部地区 West China	50811	104876	26416	6526	878	801	3968608	37329
分类二　Group two								
东部地区 East China	196027	370464	75436	45774	3897	2511	12631803	153879
中部地区 Central China	89245	173642	40060	8454	913	1051	5081591	65505
西部地区 West China	67061	138922	34091	7635	1030	1006	5305750	48725
分类三　Group three								
东部地区 East China	179335	341467	68978	44111	3695	2254	11069565	142453
中部地区 Central China	68071	138397	33145	6672	656	702	3958736	52514
西部地区 West China	67061	138922	34091	7635	1030	1006	5305750	48725
东北地区 Northeast China	37866	64243	13373	3445	459	606	2685093	24416

10-2 2014年按省分列的城市道路和桥梁
Urban Road and Bridge by Province (2014)

地区名称 Name of Regions	道路长度(公里) Length of Roads (km)	道路面积(万平方米) Surface Area of Roads (10,000 m²)	人行道面积 Surface Area of Sidewalks	桥梁数(座) Number of Bridges (unit)	大桥及特大桥 Great Bridge and Grand Bridge	立交桥 Intersection	道路照明灯盏(盏) Number of Road Lamps (unit)	安装路灯道路长度(公里) Length of The Road with Street Lamp (km)
全 国	**352333**	**683028**	**149587**	**61863**	**5840**	**4568**	**23019144**	**268108**
北 京	8107	13834	2382	2244	519	433	248695	6407
天 津	7275	13144	3141	869	150	110	309857	5669
河 北	12859	30113	6779	1378	111	259	624580	8407
山 西	7107	14470	3491	640	52	132	436661	4286
内蒙古	8612	18432	4554	374	38	111	746490	5389
辽 宁	16692	28997	6458	1663	202	257	1562238	11425
吉 林	8922	16887	3226	750	94	149	500674	5695
黑龙江	12252	18359	3689	1032	163	200	622181	7295
上 海	4851	9964	2514	2439	3	54	523776	4851
江 苏	39070	71151	11023	14013	388	379	3198359	31864
浙 江	19382	37323	7813	9732	392	174	1392080	17315
安 徽	12932	29124	6619	1441	130	182	809764	9955
福 建	7987	15436	3473	1799	211	80	689595	6052
江 西	7250	15578	3321	659	103	64	602316	5269
山 东	39404	78308	16359	5109	348	257	1789706	30460
河 南	11627	28017	6890	1287	50	126	825471	9301
湖 北	18209	31145	7659	1917	180	122	641678	14628
湖 南	10947	20062	5164	728	141	76	642846	9075
广 东	38213	67446	14410	6377	1561	499	2123950	29401
广 西	7638	15614	3121	735	114	94	590652	6007
海 南	2188	4747	1085	151	12	9	168967	2027
重 庆	6893	14528	4114	1379	243	268	449583	5332
四 川	12488	26264	7216	2027	306	202	929417	9997
贵 州	3295	6531	1923	573	64	36	401338	2185
云 南	7338	14182	2961	653	39	46	413222	4386
西 藏	585	970	181	1	1		28762	262
陕 西	6170	13557	3968	678	89	139	622187	4571
甘 肃	4151	8758	2234	445	68	34	265456	2772
青 海	925	1835	528	127		4	115779	739
宁 夏	2134	6332	1181	183	1	8	227011	1922
新 疆	6831	11917	2111	460	67	64	515853	5163

10-3 2014年按城市分列的城市道路和桥梁
Urban Road and Bridge by City(2014)

城市名称 Name of Cities	道路长度(公里) Length of Roads (km)	道路面积(万平方米) Surface Area of Roads (10,000 m²)	人行道面积 Surface Area of Sidewalks	桥梁数(座) Number of Bridges (unit)	大桥及特大桥 Great Bridge and Grand Bridge	立交桥 Intersection	道路照明灯盏(盏) Number of Road Lamps (unit)	安装路灯道路长度(公里) Length of The Road with Street Lamp (km)
全　国	**352333**	**683028**	**149587**	**61863**	**5840**	**4568**	**23019144**	**268108**
北　京	**8107**	**13834**	**2382**	**2244**	**519**	**433**	**248695**	**6407**
天　津	**7275**	**13144**	**3141**	**869**	**150**	**110**	**309857**	**5669**
河　北	**12859**	**30113**	**6779**	**1378**	**111**	**259**	**624580**	**8407**
石家庄	1929	5233	927	163	29	118	15547	271
晋　州	128	265	58	15		4	6027	104
新　乐	131	214	34	4		4	6670	42
唐　山	1612	3096	479	136		32	116380	1353
遵　化	184	464	148	61			4600	175
迁　安	165	477	122	8	2		24833	163
秦皇岛	751	1955	539	150		35	44195	680
邯　郸	1086	3126	822	109	14	11	54467	953
武　安	315	595	144	13		1	43935	310
邢　台	507	1461	197	99	39	10	40314	271
南　宫	119	323	110				7206	116
沙　河	173	251	72	8			11000	120
保　定	996	2514	749	154	1	14	35433	546
涿　州	254	473	146				9327	128
安　国	113	305	88	6			6682	97
高碑店	120	430	84	1		1	2431	101
张家口	548	1367	363	79	4		22469	275
承　德	524	733	97	86	14	1	24148	432
沧　州	368	968	245	21		7	25795	287
泊　头	115	256	68	13			7322	92
任　丘	444	592	123	26			9841	107
黄　骅	226	567	116	29		3	8607	223
河　间	140	311	83	10			5554	104
廊　坊	483	925	167	48			33731	480
霸　州	165	257	45	6			8402	64
三　河	181	455	85	16		5	5885	93
衡　水	362	742	164	57	8	5	18365	230
冀　州	219	407	87	22			6498	170
深　州	136	340	90	10			4106	104
辛　集	165	405	115	15		5	6472	139
定　州	200	608	213	13		3	8338	176
山　西	**7107**	**14470**	**3491**	**640**	**52**	**132**	**436661**	**4286**
太　原	2015	3941	855	179	15	36	96837	468
古　交	285	212	77	23			6104	70

10-3 续表 1 Continued 1

城市名称 Name of Cities	道路长度（公里）Length of Roads (km)	道路面积（万平方米）Surface Area of Roads (10,000 m^2)	人行道面积 Surface Area of Sidewalks	桥梁数（座）Number of Bridges (unit)	大桥及特大桥 Great Bridge and Grand Bridge	立交桥 Intersection	道路照明灯盏（盏）Number of Road Lamps (unit)	安装路灯道路长度（公里）Length of The Road with Street Lamp (km)
大　　同	936	2029	472	87		12	47626	908
阳　　泉	643	836	197	73	7	1	17317	231
长　　治	385	658	176	65	13	7	20074	356
潞　　城	62	120	28	5	3		4763	57
晋　　城	217	572	105	28			14615	169
高　　平	133	208	29	16			14500	50
朔　　州	238	668	230	11		4	26327	232
晋　　中	320	850	280	29		25	33413	319
介　　休	150	243	37	4		4	15184	143
运　　城	256	716	204	7		6	17265	166
永　　济	112	246	85	14		5	8852	60
河　　津	172	516	173	8			11383	131
忻　　州	219	552	106	11	4	6	19228	168
原　　平	58	148	35	4		4	3994	44
临　　汾	243	616	143	18		9	33333	200
侯　　马	113	174	46	12		11	7715	40
霍　　州	85	141	33				4500	27
吕　　梁	164	305	72	31	5		10098	164
孝　　义	197	553	78	9	2		17851	197
汾　　阳	104	165	29	6	3	2	5682	86
内 蒙 古	**8612**	**18432**	**4554**	**374**	**38**	**111**	**746490**	**5389**
呼和浩特	905	2245	484	76	2	57	252000	600
包　　头	1457	2669	854	40	12	2	81533	1166
乌　　海	622	1013	132	55		13	35160	134
赤　　峰	692	2022	493	39			30090	436
通　　辽	512	1089	164	15	5	5	53354	335
霍林郭勒	125	400	80	13	3	2	4678	80
鄂尔多斯	1191	2915	951	16	11	1	65121	637
呼伦贝尔	352	959	177	1	1		20456	294
满 洲 里	452	782	178	11		8	6886	411
牙 克 石	92	310	63	3		2	5420	52
扎 兰 屯	150	306	136	29			16185	41
额尔古纳	79	84	2	3			2176	63
根　　河	45	107	17	4			1153	40
巴彦淖尔	549	952	367	9		3	20876	200
乌兰察布	393	885	113	18		7	46091	280
丰　　镇	224	307	50	18	1	3	6200	125
乌兰浩特	248	465	81	9	3	6	13108	145
阿 尔 山	74	73	4	9			3812	18
二连浩特	156	266	74	2		2	10191	132
锡林浩特	294	584	136	4			72000	200

10-3 续表 2 Continued 2

城市名称 Name of Cities	道路长度(公里) Length of Roads (km)	道路面积(万平方米) Surface Area of Roads (10,000 m^2)		桥梁数(座) Number of Bridges (unit)			道路照明灯盏(盏) Number of Road Lamps (unit)	安装路灯道路长度(公里) Length of The Road with Street Lamp (km)
			人行道面积 Surface Area of Sidewalks		大桥及特大桥 Great Bridge and Grand Bridge	立交桥 Intersection		
辽　　宁	**16692**	**28997**	**6458**	**1663**	**202**	**257**	**1562238**	**11425**
沈　　阳	3806	8413	1713	352	43	95	246372	2448
新　　民	159	324	49	5			10458	69
大　　连	3053	4410	1150	220	1	80	275685	2459
瓦 房 店	188	387	131	24		5	76166	176
普 兰 店	146	302	118	30		3	9897	112
庄　　河	248	476	75	12			22165	175
鞍　　山	640	1478	413	44		6	63081	170
海　　城	233	494	66	3	1		6689	110
抚　　顺	864	1396	423	90	67	10	28471	696
本　　溪	734	1024	209	183	31	6	28701	458
丹　　东	499	1055	184	123	6	8	28433	291
东　　港	156	385	69	6	3		6762	128
凤　　城	78	118	11	10		1	3719	63
锦　　州	561	1116	248	46	9	9	26642	471
凌　　海	93	180	18	16			14307	31
北　　镇	91	109	21				3862	40
营　　口	547	720	111	36		2	316101	301
盖　　州	521	337	33	50	18	3	6086	391
大 石 桥	217	305	58	45		4	17972	79
阜　　新	352	517	115	37		1	17470	280
辽　　阳	1070	1341	264	120	2	2	85465	635
灯　　塔	145	154	24	4		2	14256	82
盘　　锦	475	942	285	61	6	7	93327	425
铁　　岭	285	633	159	27		5	48782	273
调 兵 山	177	232	40	7		1	11852	169
开　　原	171	390	84	13		1	30169	162
朝　　阳	272	421	87	13	12	1	20612	256
北　　票	133	245	62	22			20277	114
凌　　源	101	166	43	4			5600	98
葫 芦 岛	419	580	141	47	3	5	18992	192
兴　　城	256	349	56	13			3867	71
吉　　林	**8922**	**16887**	**3226**	**750**	**94**	**149**	**500674**	**5695**
长　　春	3125	7113	1256	264	9	66	130683	2290
九　　台	130	295	31	10	4	3	1931	65
榆　　树	164	381	94				1027	10
德　　惠	197	247		3		1	5626	87
吉　　林	1013	1371	271	76	17	28	46625	638
蛟　　河	167	151	25	15			7825	153
桦　　甸	77	217	54	14			6308	49
舒　　兰	121	120	26	31		2	7938	72
磐　　石	101	217	50				6500	92

10-3 续表 3 Continued 3

城市名称 Name of Cities	道路长度(公里) Length of Roads (km)	道路面积(万平方米) Surface Area of Roads (10,000 m^2)	人行道面积 Surface Area of Sidewalks	桥梁数(座) Number of Bridges (unit)	大桥及特大桥 Great Bridge and Grand Bridge	立交桥 Intersection	道路照明灯盏(盏) Number of Road Lamps (unit)	安装路灯道路长度(公里) Length of The Road with Street Lamp (km)
四　平	664	1298	128	11	4	7	14502	142
双　辽	84	81	15	3	2	1	2496	36
辽　源	221	525	96	50	10	3	19157	218
通　化	296	409	114	62	8	3	87570	213
集　安	27	35	2	4			1475	27
白　山	322	413	130	34	13	3	15399	88
临　江	56	78	27	14			6248	56
松　原	256	875	232	8	2	3	28891	149
扶　余	84	171	30	6		1	3326	47
白　城	210	318	50	10		3	10005	174
洮　南	133	122	62	2		1	5865	123
大　安	124	229	27	1		1	4124	115
延　吉	205	498	137	19	17		10845	198
图　们	40	69	12	8		1	3804	20
敦　化	254	334	83	9			12693	241
珲　春	252	306	45	8	1		9306	166
龙　井	87	98	25	5			6020	77
和　龙	47	72	10	12			11347	16
公主岭	283	439	29	48		14	12828	94
梅河口	180	401	165	23	7	8	20310	40
黑龙江	**12252**	**18359**	**3689**	**1032**	**163**	**200**	**622181**	**7295**
哈尔滨	2813	5934	1363	353	99	87	111122	1596
双　城	133	247	25	7		1	10370	8
尚　志	145	203	25	14		2	2877	96
五　常	118	158	27	5		1	3888	82
齐齐哈尔	546	983	162	32		3	47526	314
讷　河	76	127	15	5			4463	47
鸡　西	401	649	117	78		6	33369	246
虎　林	77	105	23				6300	48
密　山	200	197	25	5		2	3246	93
鹤　岗	388	450	51	29		3	51714	139
双鸭山	385	397	62	25	4	4	10764	123
大　庆	2482	3456	645	190	47	50	79044	1932
伊　春	871	865	135	78	9		27051	554
铁　力	231	191	38	14			5661	69
佳木斯	319	574	105	28			43500	319
同　江	91	141	25				3081	47
富　锦	206	190	12				2976	137
七台河	531	485	106	14		5	35674	194
牡丹江	805	981	251	68		2	56908	652
绥芬河	109	172	31	17		2	12246	102
海　林	187	271	61	12		12	8095	4

10-3 续表 4 Continued 4

城市名称 Name of Cities	道路长度(公里) Length of Roads (km)	道路面积(万平方米) Surface Area of Roads (10,000 m^2)	人行道面积 Surface Area of Sidewalks	桥梁数(座) Number of Bridges (unit)	大桥及特大桥 Great Bridge and Grand Bridge	立交桥 Intersection	道路照明灯盏(盏) Number of Road Lamps (unit)	安装路灯道路长度(公里) Length of The Road with Street Lamp (km)
宁　安	83	95	21	4	4	3	2986	31
穆　棱	148	105	10	19		2	7706	33
黑　河	83	178	57	3			14183	79
北　安	120	287	106	14		4	6255	97
五大连池	42	34	4	1			2486	21
绥　化	186	253	36	1		1	10700	73
安　达	181	222	69	3		2	2327	52
肇　东	219	303	63	11		8	3590	59
海　伦	78	105	20	2			12073	49
上　海	**4851**	**9964**	**2514**	**2439**	**3**	**54**	**523776**	**4851**
江　苏	**39070**	**71151**	**11023**	**14013**	**388**	**379**	**3198359**	**31864**
南　京	7424	13495	1590	2003	164	157	443467	5030
无　锡	3422	6213	647	2748	9	91	301595	3422
江　阴	425	962	157	87	2	2	22579	424
宜　兴	894	1246	174	230			36877	703
徐　州	2699	4310	722	265	37	23	272114	1842
新　沂	325	648	81	55	3	3	28932	321
邳　州	386	610	162	41	2	5	45935	361
常　州	2111	3934	543	1092	37	6	203354	1978
溧　阳	232	400	100	56			10160	219
金　坛	241	344	34	59			25411	240
苏　州	3768	8257	1215	2707	17	39	390674	2578
常　熟	662	1298	161	320		3	47688	605
张家港	468	1149	182	71			28200	468
昆　山	720	1197	196	188	1	2	39777	710
太　仓	359	814	156	318		2	40649	347
南　通	2557	4523	802	1187	50	34	188343	1888
启　东	198	373	75	48			39331	198
如　皋	310	524	79	89	5		30369	290
海　门	192	598	77	60	3		26700	168
连云港	1077	1775	330	161	3	3	59848	960
淮　安	1739	2910	625	227			103900	1200
盐　城	957	2336	497	361	23	3	195773	857
东　台	317	663	199	271			35021	317
大　丰	189	394	109	67			37844	189
扬　州	1539	2367	479	343	7		125572	1338
仪　征	267	389	66	29	1	1	22109	252
高　邮	283	358	56	56			14069	283
镇　江	1349	2148	314	120		2	100311	1253
丹　阳	524	673	92	73			28948	490
扬　中	89	282	97	30			13369	85

10-3 续表 5 Continued 5

城市名称 Name of Cities	道路长度（公里） Length of Roads (km)	道路面积（万平方米） Surface Area of Roads (10,000 m²)	人行道面积 Surface Area of Sidewalks	桥梁数（座） Number of Bridges (unit)	大桥及特大桥 Great Bridge and Grand Bridge	立交桥 Intersection	道路照明灯盏（盏） Number of Road Lamps (unit)	安装路灯道路长度（公里） Length of The Road with Street Lamp (km)
句 容	237	329	97				17903	217
泰 州	1150	2228	375	313	22		113745	1063
兴 化	336	465	114	79			18414	247
靖 江	470	574	63	86			13320	347
泰 兴	295	535	103	85	2	1	16840	285
宿 迁	857	1830	256	88		2	59218	688
浙 江	**19382**	**37323**	**7813**	**9732**	**392**	**174**	**1392080**	**17315**
杭 州	2578	5699	1153	1181	110	72	216200	2558
建 德	102	137	36	28		3	19291	95
富 阳	170	446	87	54			33156	170
临 安	111	231	72	29			20601	99
宁 波	1606	2951	541	948	34	19	120039	1606
余 姚	672	1072	111	280	10	9	50649	659
慈 溪	820	1717	284	666			52684	791
奉 化	295	435	94	44			15187	295
温 州	1442	2793	563	1246	41	5	122966	1305
瑞 安	240	381	124	205			14368	240
乐 清	784	793	97	404			6056	106
嘉 兴	820	1493	287	495	5	8	52680	797
海 宁	273	607	120	196			38087	260
平 湖	95	328	80	133			16797	90
桐 乡	313	496	100	170			19054	306
湖 州	676	2210	772	475	77		50000	627
绍 兴	1212	2608	600	878	16	8	84360	950
诸 暨	206	383	94	23		4	8200	205
嵊 州	255	393	123	71	9		27155	255
金 华	689	1659	279	101	13	6	56259	548
兰 溪	168	349	116	11	6	6	15556	159
义 乌	535	1441	261	121		14	91862	520
东 阳	423	828	202	69	12		22006	317
永 康	332	599	176	73	13	4	27642	324
衢 州	570	1103	270	84	16	4	28285	560
江 山	146	345	60	26		1	8225	138
舟 山	552	1082	211	278			25712	345
台 州	2247	2841	496	997		1	86031	2089
温 岭	293	666	177	268	23	1	14541	247
临 海	405	622	91	109	3	9	15583	405
丽 水	173	433	129	49	4		26412	165
龙 泉	180	185	10	20			6436	84

10-3 续表 6 Continued 6

城市名称 Name of Cities	道路长度（公里）Length of Roads (km)	道路面积（万平方米）Surface Area of Roads (10,000 m^2)		桥梁数（座）Number of Bridges (unit)			道路照明灯盏（盏）Number of Road Lamps (unit)	安装路灯道路长度（公里）Length of The Road with Street Lamp (km)
			人行道面积 Surface Area of Sidewalks		大桥及特大桥 Great Bridge and Grand Bridge	立交桥 Intersection		
安　徽	**12932**	**29124**	**6619**	**1441**	**130**	**182**	**809764**	**9955**
合　肥	2140	5850	1254	357	45	97	178833	2139
巢　湖	230	517	158	26		22	20650	214
芜　湖	1434	3337	933	90	3	13	76825	1290
蚌　埠	835	1788	485	78	7	9	41600	600
淮　南	747	1480	264	49	1	11	23797	360
马鞍山	467	1248	315	67	4		29600	348
淮　北	657	1099	172	30		1	22106	205
铜　陵	293	501	123	30		4	17548	293
安　庆	612	1117	230	78		6	36692	327
桐　城	114	315	78	11			8000	105
黄　山	401	745	127	39	10		49423	308
滁　州	583	1798	406	68	10	5	33802	462
天　长	353	602	151	30	20		11640	199
明　光	177	370	70	10		1	12408	142
阜　阳	752	1804	189	115	2	5	39137	520
界　首	116	266	59	29	4		15331	110
宿　州	728	1435	301	52	8	5	45920	495
六　安	489	1255	282	22	11		19467	154
亳　州	829	1438	531	126		1	29404	780
池　州	425	761	126	29	1		60999	393
宣　城	361	969	276	61	4	2	19780	346
宁　国	189	431	92	44			16802	166
福　建	**7987**	**15436**	**3473**	**1799**	**211**	**80**	**689595**	**6052**
福　州	1201	2611	601	428	78	9	87575	950
福　清	169	374	70	29		1	5720	161
长　乐	113	159	20	89			16840	102
厦　门	1791	3602	801	469	84	49	225434	1465
莆　田	718	831	196	93		1	44075	460
三　明	289	355	91	44	13	3	4949	125
永　安	146	243	67	27		2	8480	129
泉　州	882	1955	562	142	23	6	41163	325
石　狮	154	535	64	45			35261	151
晋　江	307	844	221	34			51791	298
南　安	233	425	91	37		1	14900	210
漳　州	352	1111	169	78	1	1	24697	298
龙　海	143	262	75	27	1		12020	114
南　平	249	254	34	54		4	13504	100
邵　武	116	169	43	36			7605	115
武夷山	107	164	42	14			11452	107
建　瓯	121	103	32	7			13074	109
建　阳	67	122	22	7		1	5739	67

10-3 续表 7 Continued 7

城市名称 Name of Cities	道路长度(公里) Length of Roads (km)	道路面积(万平方米) Surface Area of Roads (10,000 m^2)	人行道面积 Surface Area of Sidewalks	桥梁数(座) Number of Bridges (unit)	大桥及特大桥 Great Bridge and Grand Bridge	立交桥 Intersection	道路照明灯盏(盏) Number of Road Lamps (unit)	安装路灯道路长度(公里) Length of The Road with Street Lamp (km)
龙　岩	357	467	80	52	6	2	24498	330
漳　平	73	126	36	6			8715	70
宁　德	184	407	91	20			13487	164
福　安	114	132	30	17	5		5766	106
福　鼎	101	188	34	44			12850	98
江　西	**7250**	**15578**	**3321**	**659**	**103**	**64**	**602316**	**5269**
南　昌	1220	2769	575	189	17	26	108090	1133
景德镇	402	808	107	28	26		58124	338
乐　平	188	213	56	3		1	6988	103
萍　乡	256	711	182	33	1	1	39000	156
九　江	862	1530	289	80		16	35328	495
瑞　昌	306	429	84	42			9143	96
共青城	75	134	37	2		1	3918	36
新　余	462	1119	354	30	5	7	65839	234
鹰　潭	133	307	82	24	6		12520	118
贵　溪	113	210	48	11	3	5	10070	112
赣　州	588	1465	295	49	14	1	30627	435
瑞　金	168	316	57	11	1		4724	72
吉　安	369	804	199	14			23888	369
井冈山	43	111	41	18			12156	37
宜　春	365	802	134	22		1	30185	235
丰　城	311	713	141	10	3	2	23845	216
樟　树	206	456	130	25	1		7549	141
高　安	261	514	102	16			12945	160
抚　州	451	1117	278	27	17	3	61355	433
上　饶	404	939	115	15			35731	298
德　兴	65	110	17	10	9		10291	53
山　东	**39404**	**78308**	**16359**	**5109**	**348**	**257**	**1789706**	**30460**
济　南	4785	7980	1715	765	16	69	121025	2850
章　丘	239	594	155	33		7	26550	200
青　岛	4393	7908	1664	651	61	48	139014	3450
胶　州	651	940	144	72			16765	348
即　墨	850	1177	318	56		1	17761	441
平　度	673	938	223	132			18827	566
莱　西	516	813	146	54			19041	277
淄　博	1585	3864	731	268	2	11	72251	1041
枣　庄	1144	2410	633	108	23	5	54622	966
滕　州	568	777	223	30	6	12	22555	369
东　营	831	2296	269	130			39658	688
烟　台	1629	3396	801	111	1	6	133334	1451

10-3 续表 8 Continued 8

城市名称 Name of Cities	道路长度（公里）Length of Roads (km)	道路面积（万平方米）Surface Area of Roads (10,000 m^2)	人行道面积 Surface Area of Sidewalks	桥梁数（座）Number of Bridges (unit)	大桥及特大桥 Great Bridge and Grand Bridge	立交桥 Intersection	道路照明灯盏（盏）Number of Road Lamps (unit)	安装路灯道路长度（公里）Length of The Road with Street Lamp (km)
龙　口	328	757	216	33	1		17534	319
莱　阳	191	378	106	35			8412	95
莱　州	208	776	115	12		1	27337	113
蓬　莱	277	468	104	43		2	17178	245
招　远	287	453	98	55	4	1	9986	198
栖　霞	100	149	34	27			10379	98
海　阳	206	450	162	34	6	1	8145	190
潍　坊	1725	3590	969	85	6	1	92743	1337
青　州	598	1016	239	24		1	42690	563
诸　城	730	1552	398	31			26177	650
寿　光	717	1087	210	7	5	1	42176	714
安　丘	410	832	117	72	2		15989	379
高　密	525	840	250	83		4	16552	510
昌　邑	159	330	84	29	3		8241	158
济　宁	1415	4456	864	168	7	28	61905	1142
曲　阜	302	525	96	32			50466	286
邹　城	611	622	199	42		8	15600	400
泰　安	817	1710	377	156	6	8	39597	566
新　泰	543	1307	154	37	10	6	13294	448
肥　城	205	676	72	36	35		19960	171
威　海	1286	2981	586	316		2	69464	1100
荣　成	467	1015	157	98			25323	467
乳　山	324	600	105	82	3		18597	295
日　照	1464	1981	398	86	66	14	44999	1380
莱　芜	954	1757	354	103		6	38354	818
临　沂	2508	4663	709	138	10	5	166623	2100
德　州	1026	2846	517	138	24		58652	906
乐　陵	360	707	186	25			5880	334
禹　城	211	429	56	64		3	8057	209
聊　城	652	2263	478	132	4		41964	266
临　清	425	954	301	30			8810	242
滨　州	850	1546	307	275	47		35304	574
菏　泽	657	1502	321	171		6	41915	537
河　南	**11627**	**28017**	**6890**	**1287**	**50**	**126**	**825471**	**9301**
郑　州	1630	4174	873	207		52	85212	1481
巩　义	103	302	86	4		4	15440	83
荥　阳	140	311	115	9		4	8773	121
新　密	101	267	56	2			10047	89
新　郑	123	399	122	17	4	1	8522	113
登　封	169	355	112	20			14510	131
开　封	471	1342	339	83	2	15	32400	373

10-3 续表 9 Continued 9

城市名称 Name of Cities	道路长度（公里） Length of Roads (km)	道路面积（万平方米） Surface Area of Roads (10,000 m^2)	人行道面积 Surface Area of Sidewalks	桥梁数（座） Number of Bridges (unit)	大桥及特大桥 Great Bridge and Grand Bridge	立交桥 Intersection	道路照明灯盏（盏） Number of Road Lamps (unit)	安装路灯道路长度（公里） Length of The Road with Street Lamp (km)
洛　阳	735	2349	447	84	3	6	73174	637
偃　师	89	145	44	1		1	7660	75
平顶山	288	1081	191	56	10	4	44172	278
舞　钢	123	240	74	5		1	3194	64
汝　州	142	304	83	10			7092	117
安　阳	450	997	241	60		7	28212	450
林　州	152	280	69	10			17508	152
鹤　壁	330	746	147	34		3	19572	320
新　乡	461	1100	300	36	1	1	30107	420
卫　辉	86	165	34	7			7800	71
辉　县	125	277	50	12			8392	89
焦　作	444	1248	454	98			23119	417
沁　阳	176	379	62	5			8254	108
孟　州	89	295	77	6			14118	86
濮　阳	272	668	194	17			21631	271
许　昌	302	622	199	36		4	38470	290
禹　州	135	393	108	17			21073	126
长　葛	175	377	121	15		3	10006	151
漯　河	352	810	252	20	13	7	22689	316
三门峡	163	326	88	10			21675	153
义　马	134	286	63	5			3725	52
灵　宝	85	210	56	5			5097	80
南　阳	1387	2018	527	185	10	5	31628	424
邓　州	177	387	50	52			16277	126
商　丘	389	918	221	33			35397	330
永　城	239	605	166	52			10470	219
信　阳	416	876	226	11		4	28397	395
周　口	241	773	148	11	6		33802	239
项　城	173	353	94	1	1		5312	112
驻马店	340	1084	212	24		4	23239	130
济　源	218	556	186	27			29305	213
湖　北	**18209**	**31145**	**7659**	**1917**	**180**	**122**	**641678**	**14628**
武　汉	5143	8880	2487	601	136	90	165712	5143
黄　石	761	1552	262	29		3	32100	234
大　冶	174	483	123	12	3		10470	20
十　堰	825	924	139	288	7	13	19786	244
丹江口	231	239	56	32	3	1	10468	153
宜　昌	1164	1878	420	95	1	2	28211	1163
宜　都	209	420	59	23			4368	187
当　阳	233	322	106	9	2		1918	99
枝　江	187	293	50				4249	185

10-3 续表 10 Continued 10

城市名称 Name of Cities	道路长度(公里) Length of Roads (km)	道路面积(万平方米) Surface Area of Roads (10,000 m^2)	人行道面积 Surface Area of Sidewalks	桥梁数(座) Number of Bridges (unit)	大桥及特大桥 Great Bridge and Grand Bridge	立交桥 Intersection	道路照明灯盏(盏) Number of Road Lamps (unit)	安装路灯道路长度(公里) Length of The Road with Street Lamp (km)
襄　阳	794	1666	334	73	22	1	90257	773
老河口	374	465	63				4337	117
枣　阳	184	609	168	5			9460	183
宜　城	217	371	74	14			8052	194
鄂　州	834	1167	366	33		4	8144	678
荆　门	467	876	272	91			19566	427
钟　祥	225	523	81	24			12640	135
孝　感	470	929	160	30			11807	320
应　城	230	425	85				2390	183
安　陆	186	458	44				4821	167
汉　川	251	340	53				3310	210
荆　州	850	993	188	98			54497	832
石　首	120	240	53	3			3600	118
洪　湖	452	506	162	5			4285	445
松　滋	145	263	93				4991	117
黄　冈	448	975	214	8			11404	301
麻　城	432	663	193	55	1	1	3319	59
武　穴	284	559	134	14			5360	231
咸　宁	253	532	161	21			14781	248
赤　壁	289	408	65	7			4500	100
随　州	224	482	151	73		1	13741	85
广　水	168	353	159	112			9710	168
恩　施	173	195	52	30	5	4	15849	160
利　川	131	184	39	28		1	10334	126
仙　桃	645	810	230	44			15500	527
潜　江	296	652	228	41		1	8192	164
天　门	140	510	133	19			9549	133
湖　南	**10947**	**20062**	**5164**	**728**	**141**	**76**	**642846**	**9075**
长　沙	2146	4038	863	179	58	25	101250	2100
浏　阳	106	260	65	27			14420	96
株　洲	1548	2012	445	84	20	20	68794	1206
醴　陵	191	261	56	44		3	8512	130
湘　潭	577	1475	355	17	6		17905	573
湘　乡	144	288	85	5			8396	124
韶　山	25	90	23	2	1		3000	25
衡　阳	629	1422	456	46	16	13	73558	628
耒　阳	277	709	253				7800	150
常　宁	168	282	72	9			3680	52
邵　阳	480	1100	355	20		2	56125	446
武　冈	117	279	63	18			5810	80
岳　阳	695	907	208	23	8	3	38000	620

10-3 续表 11 Continued 11

城市名称 Name of Cities	道路长度(公里) Length of Roads (km)	道路面积(万平方米) Surface Area of Roads (10,000 m^2)	人行道面积 Surface Area of Sidewalks	桥梁数(座) Number of Bridges (unit)	大桥及特大桥 Great Bridge and Grand Bridge	立交桥 Intersection	道路照明灯盏(盏) Number of Road Lamps (unit)	安装路灯道路长度(公里) Length of The Road with Street Lamp (km)
汨罗	91	260	100				5223	69
临湘	129	170	65	3			2787	85
常德	639	1357	356	21	8		51010	590
津市	128	132	40	4	1		7805	100
张家界	309	386	68	18			9783	112
益阳	570	844	313	4	3		22767	564
沅江	116	140	42	1	1		1732	50
郴州	297	956	210	51		5	24910	177
资兴	144	167	64				11080	91
永州	392	859	165	17	3	5	22256	309
怀化	258	445	121	37	8		9780	167
洪江	48	107	34	5	5		4920	38
娄底	242	445	95	8			40320	240
冷水江	133	202	56	7	1		7423	60
涟源	122	154	32	21			3930	40
吉首	226	316	108	57	2		9870	153
广东	**38213**	**67446**	**14410**	**6377**	**1561**	**499**	**2123950**	**29401**
广州	7176	10414	1961	1372	470	189	217754	4535
增城	109	279	62	13			19010	101
从化	152	257	95	13			42734	152
韶关	571	735	140	56	12	3	46474	262
乐昌	67	78	37	5	2	1	4390	66
南雄	65	87	20	8			3896	46
深圳	6375	11633	2371	2273	725	210	275768	6707
珠海	2320	5101	634	461	98	3	109772	1298
汕头	1326	2500	271	142		5	56650	1326
佛山	1607	2573	602	208	10	3	218717	1545
江门	1402	2412	495	181	3	1	63070	1245
台山	269	313	44	15	5		12120	269
开平	137	246	95	14			17366	136
鹤山	261	423	176	20	7		17696	210
恩平	286	233	47	10			7395	357
湛江	503	1035	342	51			32325	500
廉江	376	215	80	17			23680	254
雷州	100	157	55	15			4098	50
吴川	548	224	67				8393	199
茂名	292	648	133	35		2	24673	221
高州	94	202	48	15			7347	94
化州	90	103	38				120	2
信宜	102	137	18	17			6900	90
肇庆	652	1124	350	61	4	3	47785	429

10-3 续表 12 Continued 12

城市名称 Name of Cities	道路长度(公里) Length of Roads (km)	道路面积(万平方米) Surface Area of Roads (10,000 m2)	人行道面积 Surface Area of Sidewalks	桥梁数(座) Number of Bridges (unit)	大桥及特大桥 Great Bridge and Grand Bridge	立交桥 Intersection	道路照明灯盏(盏) Number of Road Lamps (unit)	安装路灯道路长度(公里) Length of The Road with Street Lamp (km)
高　要	123	188	73	2		2	7432	74
四　会	228	409	125				23890	38
惠　州	1335	2812	605	80	14	1	111758	886
梅　州	495	809	196	41	5	1	52865	495
兴　宁	438	346	93	5			9680	213
汕　尾	197	261	63	10			9659	185
陆　丰	84	219	54	24			6090	19
河　源	144	416	170	30			26700	144
阳　江	363	694	162	12			34502	360
阳　春	82	287	115				16279	1
清　远	982	1462	350	18	3		40838	801
英　德	201	362	127	10	1		23687	200
连　州	263	413	111	5	3	1	9438	194
东　莞	6476	13947	3172	922	164	60	340624	4445
中　山	434	1069	281	139	23	14	24228	417
潮　州	483	733	148	7			27965	224
揭　阳	384	763	167				31310	372
普　宁	412	851	138	45			27552	78
云　浮	173	186	65	25	12		21655	124
罗　定	38	93	17				9665	38
广　西	**7638**	**15614**	**3121**	**735**	**114**	**94**	**590652**	**6007**
南　宁	1500	3861	790	261	34	48	75363	1109
柳　州	998	1894	310	71	14	10	63849	980
桂　林	530	976	161	82		8	57635	474
梧　州	448	847	197	16	3	3	61606	309
岑　溪	137	321	87	7			9121	111
北　海	416	880	204	12			29466	409
防城港	288	633	81	20		2	17881	136
东　兴	151	220	37	11	3		6593	81
钦　州	424	1049	211	17	9		34051	334
贵　港	348	787	127	39		13	7696	312
桂　平	142	319	55	13			8518	122
玉　林	553	956	195	30	9	6	25955	405
北　流	404	494	148	13			16123	329
百　色	190	427	85	14			27642	139
贺　州	172	316	44	30	30		17198	172
河　池	135	213	60	38	6	1	14123	98
宜　州	261	384	93	10			12050	176
来　宾	188	622	166	21	6		87835	174
合　山	71	88	15	2			2491	40
崇　左	170	190	15	15		2	8643	43
凭　祥	112	134	41	13		1	6813	55

10-3 续表 13 Continued 13

城市名称 Name of Cities	道路长度(公里) Length of Roads (km)	道路面积(万平方米) Surface Area of Roads (10,000 m²)	人行道面积 Surface Area of Sidewalks	桥梁数(座) Number of Bridges (unit)	大桥及特大桥 Great Bridge and Grand Bridge	立交桥 Intersection	道路照明灯盏(盏) Number of Road Lamps (unit)	安装路灯道路长度(公里) Length of The Road with Street Lamp (km)
海　南	**2188**	**4747**	**1085**	**151**	**12**	**9**	**168967**	**2027**
海　口	1142	2568	466	86	9	7	77936	1109
三　亚	237	429	135	19			19200	237
三　沙	4	2						
五指山	65	121	25				10591	36
琼　海	162	362	118	12		1	19535	155
儋　州	230	401	85	10			23865	210
文　昌	157	274	116	19	1		5930	153
万　宁	71	170	30	2	1	1	4000	36
东　方	120	420	109	3	1		7910	91
重　庆	**6893**	**14528**	**4114**	**1379**	**243**	**268**	**449583**	**5332**
四　川	**12488**	**26264**	**7216**	**2027**	**306**	**202**	**929417**	**9997**
成　都	2633	7404	1832	759	111	120	207753	2602
都江堰	303	595	158	83	7	2	19201	191
彭　州	124	323	109	8			6308	84
邛　崃	110	374	42	1	1		9885	110
崇　州	131	366	147	10			22304	87
自　贡	1337	1537	248	122	31	23	43808	982
攀枝花	733	821	193	131	40	7	47696	386
泸　州	678	1369	434	34	3	2	46740	415
德　阳	278	677	103	37	2	6	30008	278
广　汉	215	417	105	22		1	17599	192
什　邡	114	181	58	37			9638	101
绵　竹	170	219	56	22		2	13656	153
绵　阳	781	1543	476	114	26	11	40329	758
江　油	204	565	233	27	3	12	19525	162
广　元	363	555	146	93	36		29371	281
遂　宁	673	1868	729	29			17902	198
内　江	222	471	147	49	7	9	17274	176
乐　山	626	853	162	57		3	35345	571
峨眉山	75	199	52	21			27571	71
南　充	495	1500	450	52	7	1	31973	465
阆　中	154	373	118	24	1		9979	150
眉　山	423	715	176	23			46282	422
宜　宾	314	497	128	28	9	2	50339	103
广　安	276	662	202	17	6		30119	267
华　蓥	98	181	85	21	1		8340	92
达　州	110	215	80	9			11075	109

10-3 续表 14 Continued 14

城市名称 Name of Cities	道路长度(公里) Length of Roads (km)	道路面积(万平方米) Surface Area of Roads (10,000 m^2)	人行道面积 Surface Area of Sidewalks	桥梁数(座) Number of Bridges (unit)	大桥及特大桥 Great Bridge and Grand Bridge	立交桥 Intersection	道路照明灯盏(盏) Number of Road Lamps (unit)	安装路灯道路长度(公里) Length of The Road with Street Lamp (km)
万　源	46	57	10	59			2050	46
雅　安	180	341	115	21			21681	87
巴　中	93	103	44	20	9		6557	93
资　阳	203	500	140	38			10439	98
简　阳	116	335	156	18	6	1	6743	76
西　昌	209	449	82	41			31927	190
贵　州	**3295**	**6531**	**1923**	**573**	**64**	**36**	**401338**	**2185**
贵　阳	1294	2611	867	311	46	26	218565	808
清　镇	64	191	46	4			4066	37
六盘水	177	407	74	25			25480	144
遵　义	276	552	138	28		2	29735	256
赤　水	51	89	26	2			5221	51
仁　怀	26	69	8	5	2		6651	26
安　顺	239	457	118	27		3	16329	216
铜　仁	233	256	94	26			7300	88
兴　义	310	710	210	26		2	18013	60
毕　节	202	430	122	40	3	1	5933	137
凯　里	240	461	116	28	4		48200	222
都　匀	108	211	78	45	9	2	13608	103
福　泉	75	86	26	6			2237	38
云　南	**7338**	**14182**	**2961**	**653**	**39**	**46**	**413222**	**4386**
昆　明	3764	7238	973	384	8	30	108287	1667
安　宁	111	188	57	1	1		14360	108
曲　靖	314	1016	328	32			26547	153
宣　威	242	444	95	2			15513	156
玉　溪	274	668	214	13		1	25955	190
保　山	171	356	90	5		1	15000	140
昭　通	147	390	83				10442	143
丽　江	117	180	50	7			14952	116
普　洱	112	216	88	4		3	8780	88
临　沧	69	195	44	15		1	8356	64
楚　雄	241	388	101	27		2	12246	214
个　旧	92	90	19	3			4039	88
开　远	94	166	51	10		3	40335	93
蒙　自	361	583	103	38			18317	142
弥　勒	83	200	67				6408	77
文　山	198	317	73	32	30	1	15838	180
景　洪	182	382	131	9		2	13146	181
大　理	328	531	190	63		2	20098	289
瑞　丽	333	378	137	8			22574	190
芒　市	107	257	67				12029	107

10-3 续表 15 Continued 15

城市名称 Name of Cities	道路长度(公里) Length of Roads (km)	道路面积(万平方米) Surface Area of Roads (10,000 m^2)	人行道面积 Surface Area of Sidewalks	桥梁数(座) Number of Bridges (unit)	大桥及特大桥 Great Bridge and Grand Bridge	立交桥 Intersection	道路照明灯盏(盏) Number of Road Lamps (unit)	安装路灯道路长度(公里) Length of The Road with Street Lamp (km)
西　藏	**585**	**970**	**181**	**1**	**1**		**28762**	**262**
拉　萨	355	708	140				20962	216
昌　都	83	40	4					
日喀则	147	222	36	1	1		7800	46
陕　西	**6170**	**13557**	**3968**	**678**	**89**	**139**	**622187**	**4571**
西　安	3146	7200	2035	417	70	100	314339	2200
铜　川	297	466	118	32		4	27423	158
宝　鸡	515	1303	512	53		1	60443	476
咸　阳	322	1182	333	33		12	52681	307
兴　平	181	279	101	12	2	3	11663	70
渭　南	314	428	133	5	1	4	22898	308
韩　城	118	226	42				4036	69
华　阴	77	142	58	21			5420	51
延　安	134	227	63	6			23380	117
汉　中	202	313	77	7	3	1	14076	197
榆　林	420	852	278	30	4	4	52147	303
安　康	202	519	126	13	5		23024	128
商　洛	136	185	37	25	3	1	6737	97
杨陵区	107	237	54	24	1	9	3920	91
甘　肃	**4151**	**8758**	**2234**	**445**	**68**	**34**	**265456**	**2772**
兰　州	1319	3247	836	247	15	13	83846	558
嘉峪关	324	394	93	9		9	25524	162
金　昌	170	463	155	15		1	23617	125
白　银	414	627	166	25	5	5	12537	347
天　水	305	601	216	38	2	2	12526	235
武　威	157	360	84	9	6		8350	141
张　掖	199	617	97	1			18429	125
平　凉	186	614	82	32		2	18627	135
酒　泉	285	453	114				14541	279
玉　门	141	217	49	1		1	2553	141
敦　煌	197	205	91	1			5245	196
庆　阳	158	290	119	3			7580	110
定　西	98	261	36	10	3		5863	36
陇　南	44	68	8	13	12	1	3012	43
临　夏	120	238	48	28	25		20891	120
合　作	35	102	39	13			2315	20

10-3 续表 16 Continued 16

城市名称 Name of Cities	道路长度(公里) Length of Roads (km)	道路面积(万平方米) Surface Area of Roads (10,000 m^2)		桥梁数(座) Number of Bridges (unit)			道路照明灯盏(盏) Number of Road Lamps (unit)	安装路灯道路长度(公里) Length of The Road with Street Lamp (km)
			人行道面积 Surface Area of Sidewalks		大桥及特大桥 Great Bridge and Grand Bridge	立交桥 Intersection		
青　海	**925**	**1835**	**528**	**127**		**4**	**115779**	**739**
西　宁	498	913	258	71		4	84562	425
海　东	48	85	22	22			3543	20
玉　树	58	87	12	19			713	43
格尔木	184	429	138				21565	116
德令哈	138	321	98	15			5396	135
宁　夏	**2134**	**6332**	**1181**	**183**	**1**	**8**	**227011**	**1922**
银　川	619	1885	447	82		4	140431	619
灵　武	125	234	57				5158	107
石嘴山	583	1568	172	2	1		7181	461
吴　忠	176	516	125	14			36343	173
青铜峡	231	805	145	48			7980	214
固　原	248	782	118	17			9363	195
中　卫	152	542	118	20		4	20555	152
新　疆	**6831**	**11917**	**2111**	**460**	**67**	**64**	**515853**	**5163**
乌鲁木齐	2159	3101	481	172		53	127052	1870
克拉玛依	449	1047	179	17			36288	419
吐鲁番	105	203	50				7499	62
哈　密	222	419	76	13			20256	193
昌　吉	300	563	136	12		3	15559	136
阜　康	102	253	58	5	4		5750	80
博　乐	148	272	44	9	9		8765	79
阿拉山口	53	117	5				1422	28
库尔勒	458	1017	186	62	40		28184	443
阿克苏	228	518	106	15	9	4	18931	80
阿图什	64	182	46	1			5278	45
喀　什	358	695	150	29			47663	317
和　田	136	323	58	7	2		48249	116
伊　宁	412	730	88	22	2	2	33925	362
奎　屯	182	294	60	17			15007	127
乌　苏	132	196	37	6			12690	104
塔　城	90	128	24	24			4321	51
阿勒泰	88.33	115.03	20.31	30			4631	51
石河子	715.14	985.95	111.51	11	1	2	47791	267.9
阿拉尔	72.59	134.76	24.28	1			6100	38
图木舒克	88.28	166.68	44.7				6976	84
五家渠	112	139.97	32.12	7			5876	87
北　屯	92.9	218.55	67.28				7100	85.16
铁门关	7.6	21.02	4.22				200	5
双　河	56.46	77.53	21.15				340	33

十一、城市排水和污水处理

11. Urban Drainage and Wastewater Treatment

简要说明

城市排水指由城市排水系统收集、输送、处理和排放城市污水（生活污水、工业废水）和雨水的方式。

城市污水处理指对城市污水通过排水系统集中于一个或几个处所，并利用污水处理设施进行净化处理，最终使处理后的污水和污泥达到规定要求后排放水体或再利用。

城市污水处理设施包括两类，一是污水处理厂，二是污水处理装置。

Brief Introduction

Urban drainage refers to the collection, delivery, treatment and discharge of wastewater (domestic wastewater and industrial wastewater) and rainwater through urban drainage system.

Urban wastewater treatment refers to purifying centralized wastewater through wastewater treatment facilities to make wastewater and sludge meet discharge or recycling standards.

Urban wastewater treatment facilities include wastewater treatment plants and wastewater treatment devices.

11 全国历年城市排水和污水处理情况(1978-2014)
National Urban Drainage and Wastewater Treatment in Past Years (1978-2014)

年份 Year	排水管道长度(公里) Length of Drainage Pipelines (km)	污水年排放量(万立方米) Annual Quantity of Wastewater Discharged (10,000 m^3)	污水处理厂 Wastewater Treatment Plant 座数(座) Number (unit)	处理能力(万立方米/日) Treatment Capacity (10,000 m^3/day)	污水年处理量(万立方米) Annual Treatment Capacity (10,000 m^3)	污水处理率(%) Wastewater Treatment Rate (%)
1978	19556	1494493	37	64		
1979	20432	1633266	36	66		
1980	21860	1950925	35	70		
1981	23183	1826460	39	85		
1982	24638	1852740	39	76		
1983	26448	2097290	39	90		
1984	28775	2253145	43	146		
1985	31556	2318480	51	154		
1986	42549	963965	64	177		
1987	47107	2490249	73	198		
1988	50678	2614897	69	197		
1989	54510	2611283	72	230		
1990	57787	2938980	80	277		
1991	61601	2997034	87	317	445355	14.86
1992	67672	3017731	100	366	521623	17.29
1993	75207	3113420	108	449	623163	20.02
1994	83647	3030082	139	540	518013	17.10
1995	110293	3502553	141	714	689686	19.69
1996	112812	3528472	309	1153	833446	23.62
1997	119739	3514011	307	1292	907928	25.84
1998	125943	3562912	398	1583	1053342	29.56
1999	134486	3556821	402	1767	1135532	31.93
2000	141758	3317957	427	2158	1135608	34.25
2001	158128	3285850	452	3106	1196960	36.43
2002	173042	3375959	537	3578	1349377	39.97
2003	198645	3491616	612	4254	1479932	42.39
2004	218881	3564601	708	4912	1627966	45.67
2005	241056	3595162	792	5725	1867615	51.95
2006	261379	3625281	815	6366	2026224	55.67
2007	291933	3610118	883	7146	2269847	62.87
2008	315220	3648782	1018	8106	2560041	70.16
2009	343892	3712129	1214	9052	2793457	75.25
2010	369553	3786983	1444	10436	3117032	82.31
2011	414074	4037022	1588	11303	3376104	83.63
2012	439080	4167602	1670	11733	3437868	87.30
2013	464878	4274525	1736	12454	3818948	89.34
2014	511179	4453428	1807	13087	4016198	90.18

注：1978年至1995年污水处理厂座数及处理能力均为系统内数。

Note: Number of wastewater treatment plants and treatment capacity from 1978 to 1995 are limited to the statistical figure in the building sector.

11-1 2014年全国城市排水和污水处理分组资料

地区名称 Name of Regions	污水排放量(万立方米) Annual Quantity of Wastewater Discharged (10,000 m³)	排水管道长度(公里) Length of Drainage Piplines (km)	污水管道 Sewers	雨水管道 Rainwater Drainage Pipeline	雨污合流管道 Combined Drainage Pipeline	污水处理厂 座数(座) Number of Wastewater Treatment Plant (unit)	二、三级处理 Secondary and Tertiary Treatment	处理能力(万立方米/日) Treatment Capacity (10,000 m³/day)	二、三级处理 Secondary and Tertiary Treatment
全　国 National Total	**4453428**	**511179**	**211157**	**192115**	**107906**	**1807**	**1513**	**13086.8**	**11013.4**
分类一 Group one									
东部地区 East China	2739570	313809	129531	125784	58494	1055	927	8134.2	7060.7
中部地区 Central China	1078910	128181	49160	43090	35931	461	349	3104.7	2401.4
西部地区 West China	634948	69189	32467	23241	13481	291	237	1847.9	1551.3
分类二 Group two									
东部地区 East China	2614229	305037	127061	123786	54190	1021	901	7847.6	6811.7
中部地区 Central China	1021698	116058	42458	38672	34929	421	316	2915.2	2228.9
西部地区 West China	817501	90083	41638	29658	18787	365	296	2324.0	1972.8
分类三 Group three									
东部地区 East China	2374340	288255	123354	119370	45531	931	825	7079.9	6165.5
中部地区 Central China	816792	96266	35533	32335	28398	330	272	2339.6	1933.7
西部地区 West China	817501	90083	41638	29658	18787	365	296	2324.0	1972.8
东北地区 Northeast China	444795	36575	10633	10752	15190	181	120	1343.3	941.4

National Urban Drainage and Wastwater Treatment (2014)

Wastewater Treatment Plant				其他污水处理设施 Other Wastewater Treatment Facilities		污水处理总量(万立方米)	再生水 Recycled Water			
处理量(万立方米) Quantity of Wastewater Treated (10,000 m^3)	二、三级处理 Secondary and Tertiary Treated	干污泥产生量(吨) Quantity of Dry Sludge Produced (ton)	干污泥处置量(吨) Quantity of Dry Sludge Treated (ton)	处理能力(万立方米/日) Treatment Capacity (10,000 m^3/day)	处理量(万立方米) Quantity of Wastewater Treated (10,000 m^3)	Total Quantity of Wastewater Treated (10,000 m^3)	生产能力(万立方米/日) Recycled Water Production Capacity (10,000 m^3/day)	利用量(万立方米) Annual Quantity of Wastewater Recycled and Reused (10,000 m^3)	管道长度(公里) Length of Piplines (km)	地区名称 Name of Regions
3827239	**3251020**	**7115301**	**6812987**	**2036.7**	**188959**	**4016198**	**2065.3**	**363460**	**7498**	**全　国**
										分类一
2381716	2070371	4927947	4819266	1113.1	114533	2496249	1383.6	241980	4849	东部地区
912577	720205	1268510	1165008	830.0	53779	966356	344.9	46882	1593	中部地区
532946	460444	918844	828713	93.6	20647	553593	336.8	74598	1055	西部地区
										分类二
2305921	2001594	4875510	4766869	727.5	80713	2386634	1383.4	241951	4849	东部地区
861536	672935	1200821	1103827	830.0	53779	915315	277.2	40762	956	中部地区
659782	576491	1038970	942291	479.2	54467	714249	404.7	80747	1692	西部地区
										分类三
2095572	1823836	4538285	4456755	711.4	77430	2173002	1262.7	219601	4367	东部地区
710019	591430	974443	913349	452.0	36339	746358	230.2	34790	896	中部地区
659782	576491	1038970	942291	479.2	54467	714249	404.7	80747	1692	西部地区
361866	259263	563603	500592	394.1	20723	382589	167.7	28322	543	东北地区

11-2 2014年按省分列的城市排水和污水处理

地区名称 Name of Regions	污水排放量(万立方米) Annual Quantity of Wastewater Discharged (10,000 m³)	排水管道长度(公里) Length of Drainage Piplines (km)				污水处理厂				
			污水管道 Sewers	雨水管道 Rainwater Drainage Pipeline	雨污合流管道 Combined Drainage Pipeline	座数(座) Number of Wastewater Treatment Plant (unit)	二、三级处理 Secondary and Tertiary Treatment	处理能力(万立方米/日) Treatment Capacity (10,000 m³/day)	二、三级处理 Secondary and Tertiary Treatment	处理量(万立方米) Quantity of Wastewater Treated (10,000 m³)
全　国	**4453428**	**511179**	**211157**	**192115**	**107906**	**1807**	**1513**	**13086.8**	**11013.4**	**3827239**
北　京	161548	14290	6536	5555	2198	51	44	429.5	405.5	136533
天　津	82316	18748	9124	8042	1582	40	40	260.0	260.0	74276
河　北	157348	15924	6547	6174	3203	73	39	520.9	221.7	149281
山　西	67093	7428	2243	1513	3672	33	22	203.8	148.0	58490
内蒙古	57212	12123	6702	4419	1002	40	33	189.5	172.5	51041
辽　宁	239889	16783	3707	4416	8659	90	76	767.7	646.2	210349
吉　林	83347	9870	3595	3668	2607	38	18	258.3	174.0	74513
黑龙江	121559	9922	3330	2668	3924	53	26	317.3	121.2	77004
上　海	231685	20972	8009	11189	1774	51	51	788.0	788.0	207865
江　苏	396336	66256	32144	24593	9519	189	157	1111.0	942.3	310725
浙　江	250146	35960	17360	15767	2832	78	69	782.0	683.8	220057
安　徽	144249	24580	9689	10795	4096	63	45	411.9	331.6	130097
福　建	119013	12709	6686	4684	1339	49	49	324.3	324.3	99691
江　西	81271	10814	4258	3931	2626	35	35	224.4	224.4	67090
山　东	295243	49554	19255	23630	6670	151	151	927.8	927.8	280681
河　南	169502	19348	7428	7093	4826	66	52	550.3	410.2	154223
湖　北	192893	21484	6402	6215	8868	74	60	540.6	420.9	170798
湖　南	161784	12612	5514	2789	4310	59	58	408.6	398.6	129321
广　东	652251	50320	16230	18159	15931	226	210	1848.8	1554.3	596142
广　西	125341	8771	2470	1998	4303	34	26	286.6	249.0	75795
海　南	28454	3522	1463	1577	482	23	15	87.6	57.8	20321
重　庆	93517	11081	5542	3476	2063	42	39	252.9	242.9	85981
四　川	172892	20606	9020	8882	2705	75	56	479.2	341.5	137587
贵　州	45013	5577	2565	2110	901	28	23	140.8	134.0	42669
云　南	78196	10136	4958	3593	1585	31	28	219.3	209.9	69399
西　藏	10639	610	100	77	433	2	2	6.2	6.2	1710
陕　西	86823	7237	3345	2847	1046	33	20	280.5	210.0	79492
甘　肃	39211	5016	2032	1375	1609	22	20	137.2	125.2	29785
青　海	17700	1469	796	598	75	8	8	34.2	34.2	10476
宁　夏	27114	1460	317	141	1002	11	9	65.5	50.5	21462
新　疆	63843	5997	3792	143	2062	39	32	232.1	196.9	54385

Urban Drainage and Wastewater Treatment by Province (2014)

Wastewater Treatment Plant			其他污水处理设施 Other Wastewater Treatment Facilities		污水处理总量(万立方米)	再生水 Recycled Water			
二、三级处理 Secondary and Tertiary Treated	干污泥产生量(吨) Quantity of Dry Sludge Produced (ton)	干污泥处置量(吨) Quantity of Dry Sludge Treated (ton)	处理能力(万立方米/日) Treatment Capacity (10,000 m^3/day)	处理量(万立方米) Quantity of Wastewater Treated (10,000 m^3)	Total Quantity of Wastewater Treated (10,000 m^3)	生产能力(万立方米/日) Recycled Water Production Capacity (10,000 m^3/day)	利用量(万立方米) Annual Quantity of Wastewater Recycled and Reused (10,000 m^3)	管道长度(公里) Length of Piplines (km)	地区名称 Name of Regions
3251020	**7115301**	**6812987**	**2036.7**	**188959**	**4016198**	**2065.3**	**363460**	**7498**	**全　国**
132713	1272933	1244337	12.5	2575	139108	425.5	68260	1361	北　京
74276	81202	81202	2.6	668	74944	27.5	2597	1072	天　津
62685	290814	285234	2.3	298	149579	167.4	31798	465	河　北
42507	88648	80418	4.7	802	59292	88.3	9338	354	山　西
47270	67689	61181			51041	67.7	6120	637	内蒙古
177758	337225	310114	16.1	3283	213632	120.7	22350	483	辽　宁
53935	99680	64732	4.5	579	75092	20.0	706	24	吉　林
27570	126698	125746	373.5	16861	93865	27.0	5266	37	黑龙江
207865	303299	303299			207865				上　海
264115	541835	540989	511.4	59704	370429	293.7	61233	474	江　苏
191538	349797	347816	56.5	6787	226844	26.0	3383	32	浙　江
104745	142650	121058	204.3	8682	138779	29.5	1060	50	安　徽
99691	177999	171260	110.1	5820	105511	13.0	96	73	福　建
67090	64042	64042	18.0	979	68069	2.6	796	125	江　西
280681	473333	470025	7.3	602	281283	289.2	51142	853	山　东
117731	272723	248383	12.5	2594	156817	57.3	7619	242	河　南
133530	215111	209139	69.8	6824	177622	45.7	15176	11	湖　北
125827	191269	190309	142.7	16458	145779	6.8	801	115	湖　南
497482	1006140	971857	8.7	976	597118	4.1	94	8	广　东
68777	52437	52397	385.6	33820	109615	0.2	29	0.2	广　西
12790	40933	40736			20321	16.3	998	31	海　南
84012	119952	118650	4.9	980	86961	10.9	726	70	重　庆
101480	297689	280832	48.4	9991	147578	17.7	2792	12	四　川
40489	51996	51996			42669	62.0	22122	16	贵　州
66772	94818	88162	14.2	1868	71267	86.8	29529	143	云　南
1710	9	9			1710				西　藏
63241	137871	124425			79492	53.6	6869	109	陕　西
28031	67275	52221	23.8	3545	33330	16.0	2161	148	甘　肃
10476	12868	12868			10476	2.6	649	57	青　海
17175	66828	66828		3587	25049	20.3	1535	281	宁　夏
47058	69538	32722	2.3	676	55061	66.9	8215	220	新　疆

11-3 2014年按城市分列的城市排水和污水处理

城市名称 Name of Cities	污水排放量（万立方米）Annual Quantity of Wastewater Discharged (10,000 m³)	排水管道长度（公里）Length of Drainage Piplines (km)				污水处理厂				
			污水管道 Sewers	雨水管道 Rainwater Drainage Pipeline	雨污合流管道 Combined Drainage Pipeline	座数（座）Number of Wastewater Treatment Plant (unit)	二、三级处理 Secondary and Tertiary Treatment	处理能力（万立方米/日）Treatment Capacity (10,000 m³/day)	二、三级处理 Secondary and Tertiary Treatment	处理量（万立方米）Quantity of Wastewater Treated (10,000 m³)
全　国	**4453428**	**511179**	**211157**	**192115**	**107906**	**1807**	**1513**	**13086.8**	**11013.4**	**3827239**
北　京	**161548**	**14290**	**6536**	**5555**	**2198**	**51**	**44**	**429.5**	**405.5**	**136533**
天　津	**82316**	**18748**	**9124**	**8042**	**1582**	**40**	**40**	**260.0**	**260.0**	**74276**
河　北	**157348**	**15924**	**6547**	**6174**	**3203**	**73**	**39**	**520.9**	**221.7**	**149281**
石家庄	45077	2046	753	1070	223	11	2	144.0	8.0	43092
晋　州	2230	179	73	56	50	1	1	6.0	6.0	2153
新　乐	1475	105	27	16	61	1		4.0		1408
唐　山	22452	2350	1147	1100	103	8	8	72.3	72.3	21330
遵　化	1534	185	85	25	75	1	1	8.0	8.0	1404
迁　安	2469	186	89	58	40	1		8.0		2469
秦皇岛	10117	1411	1003	408		5		34.0		9987
邯　郸	12812	1669	798	871		7	3	43.6	6.8	12500
武　安	1927	521	323	198		1		6.6		1849
邢　台	4164	804	341	421	42	5	5	17.1	17.1	4012
南　宫	789	158	67	91		1	1	3.0	3.0	738
沙　河	1787	162	5	15	142	1		5.0		1571
保　定	8325	833	417	415	1	3	3	29.0	29.0	8325
涿　州	2835	158	47	21	90	1	1	8.0	8.0	2459
安　国	1143	152	27	21	104	1	1	3.0	3.0	1027
高碑店	1341	212	132	9	72	1	1	4.0	4.0	1326
张家口	6725	667	121		546	2		24.5		6295
承　德	4044	473	205	215	53	3	3	15.0	15.0	3785
沧　州	3758	557	147	160	249	2		16.0		3758
泊　头	1340	145	11	11	124	2		4.0		1314
任　丘	1538	248	48	43	157	1	1	5.0	5.0	1508
黄　骅	699	308	31	239	38	1	1	2.5	2.5	686
河　间	1119	148	38	22	88	1		4.0		1119
廊　坊	4095	614	231	240	143	2	2	11.0	11.0	3695
霸　州	1257	146	38	27	81	1	1	4.0	4.0	1206

Urban Drainage and Wastewater Treatment by City (2014)

Wastewater Treatment Plant			其他污水处理设施 Other Wastewater Treatment Facilities		污水处理总量(万立方米)	再生水 Recycled Water			
二、三级处理 Secondary and Tertiary Treated	干污泥产生量(吨) Quantity of Dry Sludge Produced (ton)	干污泥处置量(吨) Quantity of Dry Sludge Treated (ton)	处理能力(万立方米/日) Treatment Capacity (10,000 m³/day)	处理量(万立方米) Quantity of Wastewater Treated (10,000 m³)	Total Quantity of Wastewater Treated (10,000 m³)	生产能力(万立方米/日) Recycled Water Production Capacity (10,000 m³/day)	利用量(万立方米) Annual Quantity of Wastewater Recycled and Reused (10,000 m³)	管道长度(公里) Length of Piplines (km)	城市名称 Name of Cities
3251020	**7115301**	**6812987**	**2036.7**	**188959**	**4016198**	**2065.3**	**363460**	**7498**	**全　国**
132713	**1272933**	**1244337**	**12.5**	**2575**	**139108**	**425.5**	**68260**	**1361**	**北　京**
74276	**81202**	**81202**	**2.6**	**668**	**74944**	**27.5**	**2597**	**1072**	**天　津**
62685	**290814**	**285234**	**2.3**	**298**	**149579**	**167.4**	**31798**	**465**	**河　北**
2498	64549	64549			43092	30.0	8460	27	石家庄
2153	3816	3816			2153				晋　州
	2816	2816			1408				新　乐
21330	74613	74613			21330	30.0	8072	44	唐　山
1404	1760	1760			1404				遵　化
	3772	3772			2469	4.0	1063	12	迁　安
	18078	18078			9987				秦皇岛
2019	18688	17308			12500	19.0	4639	10	邯　郸
	1876	1876			1849	6.5	1715	14	武　安
4012	4883	4883			4012	8.0	1031	48	邢　台
738	1044	1044			738				南　宫
	3100				1571				沙　河
8325	24907	24907			8325	6.0	365	22	保　定
2459	3019	3019	2.3	298	2757	7.9	8	145	涿　州
1027	2033	2033			1027	2.9	329	2	安　国
1326	2521	2511			1326				高碑店
	9753	9753			6295	7.0	1998	37	张家口
3785	4467	4467			3785	5.0	1068	9	承　德
	7516	6452			3758	15.9	799	36	沧　州
	1319	1319			1314				泊　头
1508	1508	1508			1508	4.9	616	2	任　丘
686	1098	1098			686	1.5	228	6	黄　骅
	2038	2038			1119				河　间
3695	7219	7219			3695	10.0	1120	23	廊　坊
1206	2393	2367			1206				霸　州

11-3 续表 1

城市名称 Name of Cities	污水排放量(万立方米) Annual Quantity of Wastewater Discharged (10,000 m³)	排水管道长度(公里) Length of Drainage Piplines (km)	污水管道 Sewers	雨水管道 Rainwater Drainage Pipeline	雨污合流管道 Combined Drainage Pipeline	污水处理厂 座数(座) Number of Wastewater Treatment Plant (unit)	二、三级处理 Secondary and Tertiary Treatment	处理能力(万立方米/日) Treatment Capacity (10,000 m³/day)	二、三级处理 Secondary and Tertiary Treatment	处理量(万立方米) Quantity of Wastewater Treated (10,000 m³)
三　河	2100	239	45	173	22	3		7.8		1950
衡　水	3468	398	18	32	348	1	1	10.0	10.0	2095
冀　州	517	267	72	15	180	1	1	3.0	3.0	517
深　州	949	166	145	21		1		2.5		845
辛　集	3185	175	20	145	9	1		10.0		2956
定　州	2077	245	43	38	164	2	2	6.0	6.0	1902
山　西	**67093**	**7428**	**2243**	**1513**	**3672**	**33**	**22**	**203.8**	**148.0**	**58490**
太　原	26146	1826	181	267	1378	5	5	71.0	71.0	22447
古　交	1395	68	26	42		1	1	4.0	4.0	1230
大　同	6062	638	273	205	160	4	4	15.4	15.4	4260
阳　泉	3600	419	220	21	178	1		8.0		2801
长　治	6289	457	105	127	224	2		17.8		5832
潞　城	400	108	69	39		1	1	2.0	2.0	325
晋　城	3562	363	181	159	24	1	1	12.0	12.0	3384
高　平	535	123	46	29	48	1	1	1.5	1.5	483
朔　州	1920	510	226	169	115	2		7.0		1876
晋　中	2948	751	241		510	2	2	12.1	12.1	2848
介　休	623	178	74	35	69	1	1	3.0	3.0	592
运　城	2380	378	148	108	122	2	2	9.0	9.0	2166
永　济	828	138	28		110	1	1	4.5	4.5	721
河　津	677	118	35	35	48	1	1	2.0	2.0	610
忻　州	2469	398	172	128	97	1	1	6.5	6.5	2345
原　平	1096	81	30	5	46	1	1	5.0	5.0	1096
临　汾	2557	111	19	30	62	1		11.0		2325
侯　马	684	137	35	20	82	1		2.0		627
霍　州	697	84	23	14	47	1		2.0		598
吕　梁	946	259	71	73	115	1		3.5		863
孝　义	896	185	21	8	156	1		3.0		760
汾　阳	383	99	18		81	1		1.5		301

Continued 1

Wastewater Treatment Plant 二、三级处理 Secondary and Tertiary Treated	Wastewater Treatment Plant 干污泥产生量(吨) Quantity of Dry Sludge Produced (ton)	Wastewater Treatment Plant 干污泥处置量(吨) Quantity of Dry Sludge Treated (ton)	其他污水处理设施 Other Wastewater Treatment Facilities 处理能力(万立方米/日) Treatment Capacity (10,000 m³/day)	其他污水处理设施 Other Wastewater Treatment Facilities 处理量(万立方米) Quantity of Wastewater Treated (10,000 m³)	污水处理总量(万立方米) Total Quantity of Wastewater Treated (10,000 m³)	再生水 Recycled Water 生产能力(万立方米/日) Recycled Water Production Capacity (10,000 m³/day)	再生水 Recycled Water 利用量(万立方米) Annual Quantity of Wastewater Recycled and Reused (10,000 m³)	再生水 Recycled Water 管道长度(公里) Length of Piplines (km)	城市名称 Name of Cities
	1950	1950			1950				三　河
2095	2580	2580			2095			15	衡　水
517	990	990			517	2.9	286	10	冀　州
	1252	1252			845				深　州
	11631	11631			2956				辛　集
1902	3625	3625			1902	5.9	1	2	定　州
42507	**88648**	**80418**	**4.7**	**802**	**59292**	**88.3**	**9338**	**354**	**山　西**
22447	39185	31332			22447	25.0	731	20	太　原
1230	1800	1800			1230	0.5	155	12	古　交
4260	5125	4808	4.7	802	5062	2.0	400	116	大　同
	4257	4257			2801	6.5	900	14	阳　泉
	9019	9019			5832	10.0	1562	34	长　治
325	389	389			325	1.8		21	潞　城
3384	3958	3958			3384	9.3	1600	11	晋　城
483	914	914			483				高　平
	2502	2502			1876	2.8	538	20	朔　州
2848	5670	5670			2848	8.0	342	48	晋　中
592	1184	1184			592	2.0	129	8	介　休
2166	3566	3566			2166	9.8	550	16	运　城
721	759	759			721				永　济
610	878	878			610				河　津
2345	1893	1893			2345	4.0	951	5	忻　州
1096	1113	1113			1096	3.0	950	15	原　平
	2584	2584			2325				临　汾
	756	756			627				侯　马
	665	605			598				霍　州
	892	892			863	1.0	302	4	吕　梁
	1124	1124			760	1.6	228	8	孝　义
	415	415			301	1.0		2	汾　阳

11-3 续表 2

城市名称 Name of Cities	污水排放量(万立方米) Annual Quantity of Wastewater Discharged (10,000 m³)	排水管道长度(公里) Length of Drainage Piplines (km)				污水处理厂				
			污水管道 Sewers	雨水管道 Rainwater Drainage Pipeline	雨污合流管道 Combined Drainage Pipeline	座数(座) Number of Wastewater Treatment Plant (unit)	二、三级处理 Secondary and Tertiary Treatment	处理能力(万立方米/日) Treatment Capacity (10,000 m³/day)	二、三级处理 Secondary and Tertiary Treatment	处理量(万立方米) Quantity of Wastewater Treated (10,000 m³)
内 蒙 古	**57212**	**12123**	**6702**	**4419**	**1002**	**40**	**33**	**189.5**	**172.5**	**51041**
呼和浩特	11810	1996	986	918	92	4	3	30.0	26.0	9568
包　　头	9255	2087	1488	483	117	7	7	35.2	35.2	7965
乌　　海	3056	290	149	3	138	3	2	8.5	8.0	2890
赤　　峰	9246	761	149	286	326	3	3	26.6	26.6	8284
通　　辽	5649	731	403	268	60	3	2	20.0	15.0	5508
霍林郭勒	1268	352	312	40		1	1	5.0	5.0	1243
鄂尔多斯	2573	2133	1011	972	150	2	2	9.0	9.0	2525
呼伦贝尔	2897	493	182	311		1	1	10.0	10.0	2674
满 洲 里	694	292	146	117	28	1	1	2.0	2.0	611
牙 克 石	1032	95	95			1	1	3.4	3.4	913
扎 兰 屯	1645	135	117	18		1	1	4.0	4.0	1464
额尔古纳	90	57	53	4		1		1.0		80
根　　河	263	28	28			1		1.5		232
巴彦淖尔	2313	1101	689	401	11	2	1	11.0	7.0	2264
乌兰察布	1162	314	228	81	5	3	3	7.8	7.8	1145
丰　　镇	696	226	136	72	17	1	1	2.0	2.0	636
乌兰浩特	2020	378	156	180	42	2	2	6.0	6.0	1742
阿 尔 山	46	38	20	17		1		1.0		38
二连浩特	393	172	156		16	1	1	1.5	1.5	376
锡林浩特	1104	446	198	248		1	1	4.0	4.0	883
辽　　宁	**239889**	**16783**	**3707**	**4416**	**8659**	**90**	**76**	**767.7**	**646.2**	**210349**
沈　　阳	57552	4109	980	1173	1956	18	18	218.6	218.6	54737
新　　民	1524	139	31	4	103	1	1	5.0	5.0	1524
大　　连	38387	2679	634	1005	1040	17	15	109.0	98.0	35094
瓦 房 店	2282	251	28	28	195	1	1	6.0	6.0	2190
普 兰 店	2353	238	91	147		1		2.0		592
庄　　河	1188	223	14		209	1	1	3.0	3.0	1107
鞍　　山	21329	930	57	180	692	7	5	65.5	53.0	18574
海　　城	3027	68	17		51	1	1	8.2	8.2	2963
抚　　顺	21718	933	420	223	289	3	2	56.0	50.0	15276
本　　溪	19431	362	62	47	253	5	4	65.0	52.0	17797
丹　　东	4943	785	156	321	309	1	1	10.0	10.0	3245
东　　港	1517	114	50	7	57	1	1	3.0	3.0	960

Continued 2

Wastewater Treatment Plant			其他污水处理设施 Other Wastewater Treatment Facilities		污水处理总量(万立方米)	再生水 Recycled Water			
二、三级处理 Secondary and Tertiary Treated	干污泥产生量(吨) Quantity of Dry Sludge Produced (ton)	干污泥处置量(吨) Quantity of Dry Sludge Treated (ton)	处理能力(万立方米/日) Treatment Capacity (10,000 m³/day)	处理量(万立方米) Quantity of Wastewater Treated (10,000 m³)	Total Quantity of Wastewater Treated (10,000 m³)	生产能力(万立方米/日) Recycled Water Production Capacity (10,000 m³/day)	利用量(万立方米) Annual Quantity of Wastewater Recycled and Reused (10,000 m³)	管道长度(公里) Length of Piplines (km)	城市名称 Name of Cities
47270	**67689**	**61181**			**51041**	**67.7**	**6120**	**637**	**内蒙古**
8124	15168	15168			9568	14.2	4	154	呼和浩特
7965	11014	11014			7965	25.0	1958	68	包头
2750	3919	984			2890	0.1	36	23	乌海
8284	9048	9048			8284	5.0	512	80	赤峰
4265	7036	7036			5508	3.0	2	3	通辽
1243	1400	1400			1243	3.0	365	19	霍林郭勒
2525	3110	2910			2525	8.0	2208	219	鄂尔多斯
2674	2690	2690			2674	5.0	548	3	呼伦贝尔
611	1100	1100			611	1.0	102	22	满洲里
913	1700	1700			913				牙克石
1464	1500	1500			1464				扎兰屯
	122	122			80				额尔古纳
	439	439			232				根河
1670	2630	2630			2264				巴彦淖尔
1145	1561	124			1145				乌兰察布
636	636	636			636				丰镇
1742	2630	2630			1742	2.0	224	8	乌兰浩特
	50	50			38				阿尔山
376	685				376	1.4	161	40	二连浩特
883	1251				883				锡林浩特
177758	**337225**	**310114**	**16.1**	**3283**	**213632**	**120.7**	**22350**	**483**	**辽宁**
54737	76577	73377			54737	16.0	4068	325	沈阳
1524	1800	1800			1524	3.0	537	3	新民
31803	59027	38723			35094	44.0	14712	44	大连
2190	2211	2211			2190	2.0			瓦房店
	936	936			592				普兰店
1107	1789				1107				庄河
14309	34257	34257			18574				鞍山
2963	3218	3218			2963				海城
14249	34705	34705			15276	2.8	275	7	抚顺
14058	30577	30577	1.6	407	18204	0.2		0.2	本溪
3245	4760	4760	5.4	1203	4448				丹东
960	1110	1110			960	2.9	3	1	东港

11-3 续表 3

城市名称 Name of Cities	污水排放量(万立方米) Annual Quantity of Wastewater Discharged (10,000 m³)	排水管道长度(公里) Length of Drainage Piplines (km)	污水管道 Sewers	雨水管道 Rainwater Drainage Pipeline	雨污合流管道 Combined Drainage Pipeline	污水处理厂 座数(座) Number of Wastewater Treatment Plant (unit)	二、三级处理 Secondary and Tertiary Treatment	处理能力(万立方米/日) Treatment Capacity (10,000 m³/day)	二、三级处理 Secondary and Tertiary Treatment	处理量(万立方米) Quantity of Wastewater Treated (10,000 m³)
凤　城	894	78	10	13	55	1	1	3.0	3.0	760
锦　州	12051	535	64	10	462	2	1	34.0	4.0	9630
凌　海	1206	63	1		62	1		2.0		533
北　镇	810	68	2	24	42	2	1	4.0	2.0	735
营　口	5512	553	5		548	2	2	20.0	20.0	5512
盖　州	976	158	40	82	35	1	1	5.0	5.0	885
大石桥	1085	124	11	8	106	1		3.0		1050
阜　新	6452	286	6	9	270	1	1	10.0	10.0	3435
辽　阳	8207	885	226	144	515	6	5	39.6	19.6	8207
灯　塔	1128	86	32	20	34	1	1	3.0	3.0	1095
盘　锦	6004	638	60	154	423	2	2	20.0	20.0	6004
铁　岭	3060	391	97	89	205	1		15.0		3060
调兵山	1150	145	93	49	3	1	1	3.0	3.0	1095
开　原	2854	246	27	42	177	1	1	8.0	8.0	2854
朝　阳	4350	659	211	285	162	2	2	16.0	16.0	3855
北　票	935	100			100	1		5.0		935
凌　源	1210	78	1	1	76	1	1	5.0	5.0	1210
葫芦岛	4684	691	225	312	154	5	5	17.8	17.8	4185
兴　城	2070	169	55	37	76	1	1	3.0	3.0	1250
吉　林	**83347**	**9870**	**3595**	**3668**	**2607**	**38**	**18**	**258.3**	**174.0**	**74513**
长　春	25974	4962	2005	2303	654	8	6	89.3	64.3	23337
九　台	790	120	14	21	84	1		3.0		780
榆　树	915	132	38	46	48	1		3.0		915
德　惠	1213	118	2		116	1	1	2.1	2.1	767
吉　林	18637	933	356	546	31	2	2	54.0	54.0	17612
蛟　河	779	101	28	3	70	1	1	1.5	1.5	611
桦　甸	900	90	25	23	42	1		3.0		766
舒　兰	813	36	4		32	1		2.0		573
磐　石	836	110	62	10	38	1		3.0		712
四　平	3794	214	26	8	180	1	1	9.0	9.0	3229
双　辽	730	93	2		91	1	1	2.5	2.5	730
辽　源	2790	198	20		178	1		10.0		2745

Continued 3

Wastewater Treatment Plant			其他污水处理设施 Other Wastewater Treatment Facilities		污水处理总量(万立方米) Total Quantity of Wastewater Treated (10,000 m³)	再生水 Recycled Water			城市名称 Name of Cities
二、三级处理 Secondary and Tertiary Treated	干污泥产生量(吨) Quantity of Dry Sludge Produced (ton)	干污泥处置量(吨) Quantity of Dry Sludge Treated (ton)	处理能力(万立方米/日) Treatment Capacity (10,000 m³/day)	处理量(万立方米) Quantity of Wastewater Treated (10,000 m³)		生产能力(万立方米/日) Recycled Water Production Capacity (10,000 m³/day)	利用量(万立方米) Annual Quantity of Wastewater Recycled and Reused (10,000 m³)	管道长度(公里) Length of Piplines (km)	
760	770	770			760				凤城
730	10750	10750	4.1	1000	10630	10.0		4	锦州
	914	914	5.0	673	1206				凌海
400	1268	1250			735				北镇
5512	8900	8900			5512	5.0	718	24	营口
885	1302	1302			885				盖州
	1250	1250			1050				大石桥
3435	6800	6800			3435	7.0	251	14	阜新
3343	14957	14957			8207	5.0	900	2	辽阳
1095	2000	2000			1095				灯塔
6004	6647	6647			6004				盘锦
	5448	5448			3060	5.0	142	4	铁岭
1095	1495	1495			1095	2.7	51	7	调兵山
2854	3452	3452			2854				开原
3855	7700	7700			3855	8.7	90	26	朝阳
	1800				935				北票
1210	2000	2000			1210				凌源
4185	7555	7555			4185	6.4	603	16	葫芦岛
1250	1250	1250			1250			6	兴城
53935	**99680**	**64732**	**4.5**	**579**	**75092**	**20.0**	**706**	**24**	**吉林**
18755	32648	1313	4.5	579	23916	15.0	646	20	长春
	890	890			780				九台
	1372	1372			915				榆树
767	843	843			767				德惠
17612	27616	27616			17612				吉林
611	620	620			611				蛟河
	137	137			766				桦甸
	1100	1100			573				舒兰
	890	890			712				磐石
3229	3396	3396			3229				四平
730	465	465			730				双辽
	2791	2791			2745				辽源

11-3 续表 4

城市名称 Name of Cities	污 水 排放量 (万立方米) Annual Quantity of Wastewater Discharged (10,000 m^3)	排水管道长度 (公里) Length of Drainage Piplines (km)	污水管道 Sewers	雨水管道 Rainwater Drainage Pipeline	雨污合流管道 Combined Drainage Pipeline	污水处理厂 座数 (座) Number of Wastewater Treatment Plant (unit)	二、三级处理 Secondary and Tertiary Treatment	处理能力 (万立方米/日) Treatment Capacity (10,000 m^3/day)	二、三级处理 Secondary and Tertiary Treatment	处理量 (万立方米) Quantity of Wastewater Treated (10,000 m^3)
通　化	2096	160	35	15	110	1		5.3		1946
集　安	657	60	29	29	1	1		2.0		657
白　山	2345	156	87	67	2	2	1	5.6	3.6	1740
临　江	430	86	15	71		1		2.5		429
松　原	4590	225	114	65	46	1	1	15.0	15.0	4401
扶　余	396	79	30		49	1		3.0		380
白　城	1266	308	169	125	14	1		5.0		882
洮　南	445	135	32		103	1		1.5		389
大　安	622	149	72	77		1		2.0		563
延　吉	3928	309	103	33	173	1	1	10.0	10.0	3557
图　们	440	64	24	32	8	1		2.0		440
敦　化	2041	217	96	69	52	1		5.0		1800
珲　春	1500	182	12	53	117	1	1	3.0	3.0	1000
龙　井	598	77	6		71	1		1.5		560
和　龙	684	103	43	4	56	1	1	4.0	4.0	432
公主岭	1838	344	115	12	217	1	1	5.0	5.0	1551
梅河口	1300	108	30	56	22	1		3.5		1009
黑龙江	**121559**	**9922**	**3330**	**2668**	**3924**	**53**	**26**	**317.3**	**121.2**	**77004**
哈尔滨	37557	2830	435	857	1538	10		129.0		33538
双　城	752	148	134	14		1	1	6.0	6.0	752
尚　志	750	91	24	13	54	1		4.0		710
五　常	660	108	43	8	57	1	1	3.0	3.0	654
齐齐哈尔	7679	773	318	415	40	3	1	30.0	10.0	4960
讷　河	354	104	19	12	73	1	1	2.0	2.0	354
鸡　西	5574	319	58	245	16	1	1	5.0	5.0	1810
虎　林	330	61	6		56	1	1	2.0	2.0	300
密　山	511	107	4	7	96	1		1.5		511
鹤　岗	3610	310	219		91	2	1	8.0	5.0	1810
双鸭山	2060	261	38	213	10	1	1	5.0	5.0	922
大　庆	21264	1528	1109	419		7	7	42.5	42.5	8742
伊　春	3426	445	140	60	245	5	3	8.3	7.2	1430
铁　力	768	81	30	8	43	1		3.0		678

Continued 4

Wastewater Treatment Plant			其他污水处理设施 Other Wastewater Treatment Facilities		污水处理总量（万立方米）	再生水 Recycled Water			
二、三级处理 Secondary and Tertiary Treated	干污泥产生量（吨） Quantity of Dry Sludge Produced (ton)	干污泥处置量（吨） Quantity of Dry Sludge Treated (ton)	处理能力（万立方米/日） Treatment Capacity (10,000 m³/day)	处理量（万立方米） Quantity of Wastewater Treated (10,000 m³)	Total Quantity of Wastewater Treated (10,000 m³)	生产能力（万立方米/日） Recycled Water Production Capacity (10,000 m³/day)	利用量（万立方米） Annual Quantity of Wastewater Recycled and Reused (10,000 m³)	管道长度（公里） Length of Piplines (km)	城市名称 Name of Cities
	2336	2336			1946				通　化
	500	500			657				集　安
1290	3014	2963			1740				白　山
	376	376			429				临　江
4401	6156	6156			4401				松　原
	870	870			380				扶　余
	641	641			882				白　城
	260				389				洮　南
	662	662			563				大　安
3557	3640	3640			3557	5.0	60	4	延　吉
	730				440				图　们
	2461	1239			1800				敦　化
1000	1994	1994			1000				珲　春
	560	560			560				龙　井
432	432	432			432				和　龙
1551	1268				1551				公主岭
	1012	930			1009				梅河口
27570	**126698**	**125746**	**373.5**	**16861**	**93865**	**27.0**	**5266**	**37**	**黑龙江**
	71086	71086			33538				哈尔滨
752	752	752			752				双　城
	1277	1277			710				尚　志
654	655	655			654				五　常
638	5554	5554	25.0	650	5610				齐齐哈尔
354	520	520			354				讷　河
1810	2998	2998			1810				鸡　西
300	528				300				虎　林
	537	537			511				密　山
1542	1991	1991			1810				鹤　岗
922	922	922	5.0	922	1844	2.0			双鸭山
8742	6531	6512	333.5	12013	20755	21.0	4309	27	大　庆
1302	2674	2674			1430				伊　春
	1000	1000			678				铁　力

11-3 续表 5

城市名称 Name of Cities	污水排放量（万立方米） Annual Quantity of Wastewater Discharged (10,000 m³)	排水管道长度（公里） Length of Drainage Piplines (km)				污水处理厂				
			污水管道 Sewers	雨水管道 Rainwater Drainage Pipeline	雨污合流管道 Combined Drainage Pipeline	座数（座） Number of Wastewater Treatment Plant (unit)	二、三级处理 Secondary and Tertiary Treatment	处理能力（万立方米/日） Treatment Capacity (10,000 m³/day)	二、三级处理 Secondary and Tertiary Treatment	处理量（万立方米） Quantity of Wastewater Treated (10,000 m³)
佳木斯	5200	472	58	58	357	2	1	16.0	6.0	4263
同江	220	103	73		30	1	1	2.0	2.0	220
富锦	547	100	36	15	49	1		1.5		547
七台河	3960	174	79	38	57	1	1	5.0	5.0	1573
牡丹江	16680	430	86	171	173	1	1	10.0	10.0	3722
绥芬河	818	113	25	18	69	1	1	2.0	2.0	818
海林	500	127	49	2	76	1	1	2.0	2.0	500
宁安	730	82	34	13	35	1		2.0		730
穆棱	430	66	44	1	22	1		2.0		430
黑河	1130	102	29	32	41	1		5.0		1018
北安	840	111	13	10	88	1		3.0		820
五大连池	275	75	44		32	1		1.0		275
绥化	1674	202	40	20	142	1		5.0		1674
安达	950	178	54	6	118	1	1	4.5	4.5	950
肇东	1814	302	46	5	251	1		5.0		1814
海伦	496	118	43	9	67	1	1	2.0	2.0	479
上海	**231685**	**20972**	**8009**	**11189**	**1774**	**51**	**51**	**788.0**	**788.0**	**207865**
江苏	**396336**	**66256**	**32144**	**24593**	**9519**	**189**	**157**	**1111.0**	**942.3**	**310725**
南京	94134	7910	2587	2484	2839	23	23	191.0	191.0	61577
无锡	34617	12687	9124	3133	430	12	11	125.9	115.9	31106
江阴	7100	962	361	601		2	2	18.0	18.0	5680
宜兴	4927	1917	1425	492		3	3	10.8	10.8	3822
徐州	20709	2094	973	573	548	13	12	59.5	57.5	19206
新沂	2190	614	187	319	108	1	1	9.0	9.0	1667
邳州	2530	568	53	27	487	3	3	5.0	5.0	1545
常州	20520	4876	2221	2194	461	15	14	93.8	89.8	18132
溧阳	2190	295	153	142		1	1	5.0	5.0	2072
金坛	2024	415	161	166	88	2	2	7.0	7.0	1837
苏州	59871	7819	3893	3412	514	30	8	177.8	63.5	47489
常熟	6438	1740	823	631	286	4	2	22.0	18.0	5078
张家港	4728	996	534	442	20	6	6	19.5	19.5	4213

Continued 5

Wastewater Treatment Plant			其他污水处理设施 Other Wastewater Treatment Facilities		污水处理总量(万立方米)	再生水 Recycled Water			
二、三级处理 Secondary and Tertiary Treated	干污泥产生量(吨) Quantity of Dry Sludge Produced (ton)	干污泥处置量(吨) Quantity of Dry Sludge Treated (ton)	处理能力(万立方米/日) Treatment Capacity (10,000 m^3/day)	处理量(万立方米) Quantity of Wastewater Treated (10,000 m^3)	Total Quantity of Wastewater Treated (10,000 m^3)	生产能力(万立方米/日) Recycled Water Production Capacity (10,000 m^3/day)	利用量(万立方米) Annual Quantity of Wastewater Recycled and Reused (10,000 m^3)	管道长度(公里) Length of Piplines (km)	城市名称 Name of Cities
2292	5240	5240			4263				佳木斯
220	281	281			220				同江
	730	730			547				富锦
1573	1573	1573			1573	4.0	957	10	七台河
3722	7443	7038	10.0	3276	6998				牡丹江
818	1391	1391			818				绥芬河
500	616	616			500				海林
	1157	1157			730				宁安
	810	810			430				穆棱
	1548	1548			1018				黑河
	1318	1318			820				北安
	300	300			275				五大连池
	2000	2000			1674				绥化
950	1787	1787			950				安达
	3000	3000			1814				肇东
479	479	479			479				海伦
207865	**303299**	**303299**			**207865**				**上海**
264115	**541835**	**540989**	**511.4**	**59704**	**370429**	**293.7**	**61233**	**474**	**江苏**
61577	102856	102634	272.4	28156	89733	1.0		0.3	南京
27783	45984	45831	24.7	2400	33506	40.0	12162	100	无锡
5680	10739	10739	6.0	1172	6852	9.5	2037	18	江阴
3822	7380	7380	3.2	440	4262				宜兴
18359	24151	24151			19206	1.3	470	2	徐州
1667	1601	1601	1.0	224	1891				新沂
1545	2485	2485			1545				邳州
17312	41245	41245	12.0	1362	19494	30.8	8342	13	常州
2072	4026	4026			2072	4.9	1114	4	溧阳
1837	5860	5860			1837	1.0	287	2	金坛
16500	77602	77602	81.7	9832	57321	56.6	18272	16	苏州
4786	11867	11867	4.0	895	5973	6.0	2139	6	常熟
4213	5898	5898	4.5	139	4352	4.0	876	4	张家港

11-3 续表 6

城市名称 Name of Cities	污水排放量（万立方米） Annual Quantity of Wastewater Discharged (10,000 m^3)	排水管道长度（公里） Length of Drainage Piplines (km)				污水处理厂				
			污水管道 Sewers	雨水管道 Rainwater Drainage Pipeline	雨污合流管道 Combined Drainage Pipeline	座数（座） Number of Wastewater Treatment Plant (unit)	二、三级处理 Secondary and Tertiary Treatment	处理能力（万立方米/日） Treatment Capacity (10,000 m^3/day)	二、三级处理 Secondary and Tertiary Treatment	处理量（万立方米） Quantity of Wastewater Treated (10,000 m^3)
昆　山	13043	896	514	180	201	5	5	28.0	28.0	9528
太　仓	4418	827	364	448	15	5	5	16.0	16.0	4161
南　通	20970	3907	1545	2303	59	6	5	52.7	32.7	18562
启　东	2257	455	129	216	110	1	1	5.0	5.0	1825
如　皋	3090	597	206	307	84	3	3	10.0	10.0	2638
海　门	2605	397	197	128	72	1	1	8.0	8.0	2383
连云港	7610	1501	517	984		4	3	20.8	18.8	5079
淮　安	13406	1977	821	955	201	5	5	32.5	32.5	10645
盐　城	6253	1494	544	703	248	6	5	26.1	23.7	4986
东　台	1408	421	71	108	242	1		5.0		1109
大　丰	1660	293	148	143	2	1	1	3.0	3.0	1078
扬　州	14667	2311	1184	817	310	3	3	41.0	41.0	12980
仪　征	3402	369	73	56	241	2	1	9.0	4.0	2446
高　邮	1860	209	56		154	1	1	5.0	5.0	1500
镇　江	13543	1987	825	597	565	9	9	35.5	35.5	11298
丹　阳	2935	679	250	137	292	2	2	5.1	5.1	1849
扬　中	1253	280	141	121	18	2	2	3.5	3.5	1110
句　容	1759	198	85	70	43	1	1	5.0	5.0	1319
泰　州	7405	1674	646	717	311	6	6	21.5	21.5	4334
兴　化	862	534	100	104	331	1	1	2.0	2.0	680
靖　江	2147	634	445	189		1	1	6.0	6.0	1306
泰　兴	1700	374	102	129	143	1	1	7.0	7.0	1360
宿　迁	6105	1346	684	565	97	7	7	19.0	19.0	5125
浙　江	**250146**	**35960**	**17360**	**15767**	**2832**	**78**	**69**	**782.0**	**683.8**	**220057**
杭　州	48520	4616	2316	2273	27	5	4	146.5	86.5	46392
建　德	1015	231	133	99		1	1	3.0	3.0	888
富　阳	4591	396	155	196	45	2		11.0		3926
临　安	2842	552	404	148		2	2	8.0	8.0	2556
宁　波	40088	4670	1891	2494	285	8	8	91.5	91.5	31659
余　姚	4570	771	360	412		1	1	15.0	15.0	3944
慈　溪	7908	1299	770	479	50	3	3	24.0	24.0	6801
奉　化	2463	207	77	128	2	1	1	6.0	6.0	2098

Continued 6

Wastewater Treatment Plant			其他污水处理设施 Other Wastewater Treatment Facilities		污水处理总量（万立方米） Total Quantity of Wastewater Treated (10,000 m³)	再生水 Recycled Water			城市名称 Name of Cities
二、三级处理 Secondary and Tertiary Treated	干污泥产生量（吨） Quantity of Dry Sludge Produced (ton)	干污泥处置量（吨） Quantity of Dry Sludge Treated (ton)	处理能力（万立方米/日） Treatment Capacity (10,000 m³/day)	处理量（万立方米） Quantity of Wastewater Treated (10,000 m³)		生产能力（万立方米/日） Recycled Water Production Capacity (10,000 m³/day)	利用量（万立方米） Annual Quantity of Wastewater Recycled and Reused (10,000 m³)	管道长度（公里） Length of Piplines (km)	
9528	12448	12448	23.3	2762	12290	15.0	3168	3	昆　山
4161	8713	8713			4161				太　仓
11649	35443	35443	4.5	901	19463	51.5	3347	55	南　通
1825	2290	2290	1.4	226	2051	4.9	291	8	启　东
2638	3140	3140	1.0	40	2678	9.5	500	105	如　皋
2383	7554	7554			2383	7.6	358	9	海　门
4471	8530	8530	4.0	1320	6399				连云港
10645	17029	17029	5.6	1553	12198	2.1	217	76	淮　安
4781	7892	7892	3.0	590	5576	1.0	80	1	盐　城
	1760	1760	3.5	66	1175	5.0	298	1	东　台
1078	2102	2102	3.8	266	1344				大　丰
12980	13973	13973	7.3	766	13746	4.0	785	9	扬　州
942	4575	4545	2.0	612	3058				仪　征
1500	2322	2322	2.6	77	1577	3.4	12	1	高　邮
11298	40981	40981	9.5	1270	12568	21.5	3813	8	镇　江
1849	9438	9438	5.4	682	2531	1.6	433	4	丹　阳
1110	1515	1515	0.3	31	1141				扬　中
1319	1952	1952	0.5	182	1501				句　容
4334	6240	5799	13.5	2290	6624				泰　州
680	1060	1060	0.5	88	768				兴　化
1306	1887	1887	3.0	632	1938				靖　江
1360	1500	1500	3.0	150	1510				泰　兴
5125	7797	7797	4.2	580	5705	11.5	2232	30	宿　迁
191538	**349797**	**347816**	**56.5**	**6787**	**226844**	**26.0**	**3383**	**32**	**浙　江**
25269	72806	71673			46392				杭　州
888	848				888				建　德
	2738	2738			3926				富　阳
2556	1243	1243			2556				临　安
31659	28635	28635	50.0	5361	37020	22.0	2997	18	宁　波
3944	4664	4664			3944	1.0	55	6	余　姚
6801	8813	8813			6801	2.0	31	2	慈　溪
2098	3448	3448			2098				奉　化

11-3 续表 7

城市名称 Name of Cities	污水排放量（万立方米） Annual Quantity of Wastewater Discharged (10,000 m³)	排水管道长度（公里） Length of Drainage Piplines (km)				污水处理厂				
			污水管道 Sewers	雨水管道 Rainwater Drainage Pipeline	雨污合流管道 Combined Drainage Pipeline	座数（座） Number of Wastewater Treatment Plant (unit)	二、三级处理 Secondary and Tertiary Treatment	处理能力（万立方米/日） Treatment Capacity (10,000 m³/day)	二、三级处理 Secondary and Tertiary Treatment	处理量（万立方米） Quantity of Wastewater Treated (10,000 m³)
温　州	19250	3167	1162	1726	279	6	6	48.4	48.4	17604
瑞　安	1964	332	146	77	108	1		14.0		1748
乐　清	2912	843	548	294		2	2	9.8	9.8	1915
嘉　兴	9050	877	737	140		1	1	60.0	60.0	8188
海　宁	3932	616	353	263		1	1	15.0	15.0	3579
平　湖	2562	577	425	152						2310
桐　乡	2451	570	233	337		2	2	10.0	10.0	2207
湖　州	7152	1955	683	338	933	7	7	27.0	27.0	6580
绍　兴	30391	2568	1156	1260	153	2	2	106.9	106.9	27127
诸　暨	4639	367	182	146	38	2	1	18.0	10.0	3969
嵊　州	3326	172	96	45	31	1	1	15.0	15.0	2773
金　华	5041	1575	689	687	199	4	4	16.0	16.0	4538
兰　溪	1425	432	156	193	84	1	1	4.0	4.0	1190
义　乌	9693	1492	692	800		4	4	32.0	32.0	8725
东　阳	2186	768	351	417		1	1	5.9	5.9	1859
永　康	2489	603	257	273	72	1	1	8.0	8.0	2069
衢　州	4145	1224	700	524		5	3	15.1	12.4	3687
江　山	1667	293	163	120	10	1	1	4.0	4.0	1406
舟　山	3690	938	553	385		3	3	8.0	8.0	2235
台　州	11361	2149	1284	622	243	4	3	34.0	32.0	10231
温　岭	2550	403	165	126	112	1	1	7.0	7.0	2276
临　海	2474	562	201	230	131	1	1	6.6	6.6	2202
丽　水	3132	555	225	313	17	2	2	10.0	10.0	2772
龙　泉	667	182	98	70	13	2	1	2.3	1.8	603
安　徽	**144249**	**24580**	**9689**	**10795**	**4096**	**63**	**45**	**411.9**	**331.6**	**130097**
合　肥	42200	7623	3441	3968	215	10	10	102.5	102.5	37727
巢　湖	2800	720	438	276	5	1		6.0		2464
芜　湖	13544	2766	827	1502	437	6	6	50.0	50.0	12257
蚌　埠	13631	1127	412	484	230	4	4	40.0	40.0	12783
淮　南	6330	706	147	111	448	2	2	20.0	20.0	5483
马鞍山	12948	1415	474	643	298	6	2	35.3	12.0	11385
淮　北	4654	167	167			3	3	14.0	14.0	4193

Continued 7

Wastewater Treatment Plant			其他污水处理设施 Other Wastewater Treatment Facilities		污水处理总量(万立方米)	再生水 Recycled Water			
二、三级处理 Secondary and Tertiary Treated	干污泥产生量(吨) Quantity of Dry Sludge Produced (ton)	干污泥处置量(吨) Quantity of Dry Sludge Treated (ton)	处理能力(万立方米/日) Treatment Capacity ($10,000\ m^3$/day)	处理量(万立方米) Quantity of Wastewater ($10,000\ m^3$)	Total Quantity of Wastewater Treated ($10,000\ m^3$)	生产能力(万立方米/日) Recycled Water Production Capacity ($10,000\ m^3$/day)	利用量(万立方米) Annual Quantity of Wastewater Recycled and Reused ($10,000\ m^3$)	管道长度(公里) Length of Piplines (km)	城市名称 Name of Cities
17604	18898	18898			17604				温州
	3064	3064			1748				瑞安
1915	1640	1640	1.8	418	2333				乐清
8188	23482	23482			8188				嘉兴
3579	6877	6877			3579				海宁
2310					2310				平湖
2207	2410	2410			2207				桐乡
6580	39817	39817			6580	1.0	300	5	湖州
27127	60109	60109			27127				绍兴
3419	10833	10833			3969				诸暨
2773	8763	8763			2773				嵊州
4538	4851	4851			4538				金华
1190	1098	1098			1190				兰溪
8725	12632	12632			8725				义乌
1859	1667	1667			1859				东阳
2069	1683	1683			2069				永康
3188	4851	4851	0.1	13	3700				衢州
1406	2006	2006	1.0	28	1434				江山
2235	2448	2448	3.3	951	3186				舟山
9680	9949	9949			10231				台州
2276	1335	1335			2276				温岭
2202	3354	3354			2202				临海
2772	4255	4255	0.3	16	2788				丽水
481	580	580			603				龙泉
104745	**142650**	**121058**	**204.3**	**8682**	**138779**	**29.5**	**1060**	**50**	**安徽**
37727	39591	39591	164.0	4009	41736	13.0	1060	15	合肥
	2500	2500			2464				巢湖
12257	10383	10383	1.1	150	12407				芜湖
12783	13183		8.4	752	13535				蚌埠
5483	7052	1824	2.3	732	6215				淮南
3640	13405	13405	9.5	1444	12829				马鞍山
4193	4565	4565	8.6	362	4555				淮北

11-3 续表 8

城市名称 Name of Cities	污水排放量（万立方米）Annual Quantity of Wastewater Discharged (10,000 m³)	排水管道长度（公里）Length of Drainage Piplines (km)	污水管道 Sewers	雨水管道 Rainwater Drainage Pipeline	雨污合流管道 Combined Drainage Pipeline	污水处理厂 座数（座）Number of Wastewater Treatment Plant (unit)	二、三级处理 Secondary and Tertiary Treatment	处理能力（万立方米/日）Treatment Capacity (10,000 m³/day)	二、三级处理 Secondary and Tertiary Treatment	处理量（万立方米）Quantity of Wastewater Treated (10,000 m³)
铜　陵	4737	1203	402	458	343	2	2	14.0	14.0	4265
安　庆	7156	1041	370	386	285	4	4	18.7	18.7	6107
桐　城	818	251	90	32	129	1		2.0		665
黄　山	2956	479	342	97	40	4	4	8.7	8.7	2782
滁　州	6107	1366	527	595	243	3	2	16.0	11.0	5758
天　长	1500	312	104	103	105	1		6.0		1499
明　光	1397	456	186	190	80	1		5.0		1368
阜　阳	5396	829	302	184	343	2		13.0		4858
界　首	1026	190	51	42	98	2		5.5		946
宿　州	3763	803	125	533	145	1	1	16.0	16.0	3260
六　安	3624	508	293	216		2	2	10.0	10.0	3153
亳　州	3806	1038	390	360	288	3	1	12.5	8.0	3689
池　州	2315	559	236	194	130	2		6.0		2137
宣　城	2227	716	248	283	185	2	2	6.7	6.7	2040
宁　国	1314	305	117	139	50	1		4.0		1278
福　建	**119013**	**12709**	**6686**	**4684**	**1339**	**49**	**49**	**324.3**	**324.3**	**99691**
福　州	27200	2084	962	937	186	8	8	74.5	74.5	23532
福　清	5400	371	177	45	150	1	1	12.0	12.0	4600
长　乐	1720	278	106	67	106	1	1	3.8	3.8	1304
厦　门	29438	2615	1400	1203	12	7	7	87.5	87.5	25909
莆　田	7968	1297	900	289	108	5	5	21.5	21.5	6969
三　明	4466	197	82	109	6	2	2	5.5	5.5	1474
永　安	2884	121	36	11	74	1	1	4.0	4.0	1208
泉　州	8651	1375	895	435	45	6	6	31.0	31.0	7585
石　狮	4100	390	193	196		1	1	10.0	10.0	3607
晋　江	4410	1113	606	411	96	1	1	10.0	10.0	3860
南　安	1400	352	197	42	113	1	1	5.0	5.0	1209
漳　州	3840	815	387	396	33	2	2	12.0	12.0	3420
龙　海	957	210	63	69	78	1	1	2.5	2.5	697
南　平	1948	161	96	26	39	2	2	8.0	8.0	1694
邵　武	783	107	16	31	60	1	1	2.0	2.0	695
武夷山	600	182	84	82	16	2	2	2.5	2.5	527

Continued 8

Wastewater Treatment Plant			其他污水处理设施 Other Wastewater Treatment Facilities		污水处理总量(万立方米)	再生水 Recycled Water			
二、三级处理 Secondary and Tertiary Treated	干污泥产生量(吨) Quantity of Dry Sludge Produced (ton)	干污泥处置量(吨) Quantity of Dry Sludge Treated (ton)	处理能力(万立方米/日) Treatment Capacity (10,000 m^3/day)	处理量(万立方米) Quantity of Wastewater Treated (10,000 m^3)	Total Quantity of Wastewater Treated (10,000 m^3)	生产能力(万立方米/日) Recycled Water Production Capacity (10,000 m^3/day)	利用量(万立方米) Annual Quantity of Wastewater Recycled and Reused (10,000 m^3)	管道长度(公里) Length of Piplines (km)	城市名称 Name of Cities
4265	5580	5580			4265	1.0		5	铜　陵
6107	6788	6688	3.5	403	6510	0.5		5	安　庆
	543	543	0.5	35	700				桐　城
2782	4396	4396			2782				黄　山
3932	4561	4561	2.5	105	5863				滁　州
	2000	2000			1499				天　长
	1106	1106			1368				明　光
	6528	6528			4858	5.0		22	阜　阳
	1030	1030	1.3	15	961				界　首
3260	4821	4821	1.8	483	3743				宿　州
3153	4234	4114	0.6	152	3305				六　安
3123	5062	5062			3689	10.0		3	亳　州
	1581				2137				池　州
2040	2361	2361	0.2	40	2080				宣　城
	1380				1278				宁　国
99691	**177999**	**171260**	**110.1**	**5820**	**105511**	**13.0**	**96**	**73**	**福　建**
23532	46455	46455	2.6	330	23862	9.0	28	4	福　州
4600	5362	5362			4600				福　清
1304	1392	1392	3.0	186	1490				长　乐
25909	57500	57498	12.0	1580	27489	2.0	68	67	厦　门
6969	12901	12901			6969				莆　田
1474	1616		78.6	2344	3818				三　明
1208	1260	1260	12.0	1282	2490				永　安
7585	13972	13673			7585	2.0		2	泉　州
3607	6900	6900			3607				石　狮
3860	3689	3689			3860				晋　江
1209	2358	2358			1209				南　安
3420	4383	4383			3420				漳　州
697	1385	1385	1.9	98	795				龙　海
1694	1842				1694				南　平
695	1038				695				邵　武
527	540				527				武夷山

11-3 续表 9

城市名称 Name of Cities	污水排放量(万立方米) Annual Quantity of Wastewater Discharged (10,000 m³)	排水管道长度(公里) Length of Drainage Piplines (km)	污水管道 Sewers	雨水管道 Rainwater Drainage Pipeline	雨污合流管道 Combined Drainage Pipeline	污水处理厂 座数(座) Number of Wastewater Treatment Plant (unit)	二、三级处理 Secondary and Tertiary Treatment	处理能力(万立方米/日) Treatment Capacity (10,000 m³/day)	二、三级处理 Secondary and Tertiary Treatment	处理量(万立方米) Quantity of Wastewater Treated (10,000 m³)
建　瓯	652	76	46	12	18	1	1	1.5	1.5	471
建　阳	672	75	65	3	7	1	1	1.5	1.5	587
龙　岩	5613	256	145	58	53	1	1	15.0	15.0	5024
漳　平	776	86	24	24	38	1	1	2.0	2.0	661
宁　德	1546	217	107	88	22	1	1	4.0	4.0	1345
福　安	1730	185	57	50	78	1	1	3.5	3.5	1445
福　鼎	2259	145	44	101		1	1	5.0	5.0	1868
江　西	**81271**	**10814**	**4258**	**3931**	**2626**	**35**	**35**	**224.4**	**224.4**	**67090**
南　昌	30390	2064	887	754	423	6	6	99.0	99.0	27953
景德镇	3785	709	424	141	144	1	1	8.0	8.0	2728
乐　平	957	188	77	23	88	1	1	2.0	2.0	848
萍　乡	3448	43	29	4	10	1	1	8.0	8.0	2927
九　江	6015	1144	403	541	200	2	2	16.0	16.0	5875
瑞　昌	969	201	24	42	135	1	1	2.5	2.5	893
共青城	338	88	17	67	4	1	1	1.0	1.0	310
新　余	4720	792	258	335	200	2	2	16.0	16.0	4569
鹰　潭	1868	173	59	58	57	1	1	5.0	5.0	1760
贵　溪	878	187	65	81	40	1	1	2.0	2.0	401
赣　州	7773	1177	342	416	420	3	3	16.0	16.0	3194
瑞　金	1022	144	48	35	61	1	1	2.0	2.0	631
吉　安	3032	519	344	135	39	2	2	9.0	9.0	2758
井冈山	233	73	61	12		2	2	1.1	1.1	210
宜　春	3315	576	258	277	41	2	2	9.0	9.0	3089
丰　城	1817	349	173	136	40	2	2	5.0	5.0	1316
樟　树	945	297	94	115	89	1	1	2.0	2.0	629
高　安	2365	468	170	232	67	1	1	2.0	2.0	360
抚　州	3764	780	196	214	370	2	2	9.8	9.8	3470
上　饶	3098	741	292	286	162	1	1	8.0	8.0	2798
德　兴	539	100	37	27	36	1	1	1.0	1.0	371

Continued 9

Wastewater Treatment Plant			其他污水处理设施 Other Wastewater Treatment Facilities		污水处理总量(万立方米)	再生水 Recycled Water			
二、三级处理 Secondary and Tertiary Treated	干污泥产生量(吨) Quantity of Dry Sludge Produced (ton)	干污泥处置量(吨) Quantity of Dry Sludge Treated (ton)	处理能力(万立方米/日) Treatment Capacity (10,000 m^3/day)	处理量(万立方米) Quantity of Wastewater Treated (10,000 m^3)	Total Quantity of Wastewater Treated (10,000 m^3)	生产能力(万立方米/日) Recycled Water Production Capacity (10,000 m^3/day)	利用量(万立方米) Annual Quantity of Wastewater Recycled and Reused (10,000 m^3)	管道长度(公里) Length of Piplines (km)	城市名称 Name of Cities
471	650				471				建　瓯
587	730				587				建　阳
5024	6648	6648			5024				龙　岩
661	1300	1300			661				漳　平
1345	1749	1749			1345				宁　德
1445	1879	1879			1445				福　安
1868	2450	2428			1868				福　鼎
67090	**64042**	**64042**	**18.0**	**979**	**68069**	**2.6**	**796**	**125**	**江　西**
27953	19854	19854			27953				南　昌
2728	2728	2728			2728				景德镇
848	1192	1192			848				乐　平
2927	3171	3171			2927				萍　乡
5875	5998	5998	12.0	108	5983				九　江
893	1100	1100			893				瑞　昌
310	340	340			310				共青城
4569	5343	5343	4.0	151	4720	2.6	796	125	新　余
1760					1760				鹰　潭
401	600	600			401				贵　溪
3194	5087	5087	2.0	720	3914				赣　州
631	1262	1262			631				瑞　金
2758	3479	3479			2758				吉　安
210	359	359			210				井冈山
3089	3100	3100			3089				宜　春
1316	1316	1316			1316				丰　城
629	1243	1243			629				樟　树
360	438	438			360				高　安
3470	3470	3470			3470				抚　州
2798	3575	3575			2798				上　饶
371	387	387			371				德　兴

11-3 续表 10

城市名称 Name of Cities	污水排放量(万立方米) Annual Quantity of Wastewater Discharged (10,000 m³)	排水管道长度(公里) Length of Drainage Piplines (km)	污水管道 Sewers	雨水管道 Rainwater Drainage Pipeline	雨污合流管道 Combined Drainage Pipeline	污水处理厂 座数(座) Number of Wastewater Treatment Plant (unit)	二、三级处理 Secondary and Tertiary Treatment	处理能力(万立方米/日) Treatment Capacity (10,000 m³/day)	二、三级处理 Secondary and Tertiary Treatment	处理量(万立方米) Quantity of Wastewater Treated (10,000 m³)
山　东	**295243**	**49554**	**19255**	**23630**	**6670**	**151**	**151**	**927.8**	**927.8**	**280681**
济　南	29229	2583	1358	1067	158	6	6	78.5	78.5	28074
章　丘	2278	777	102	580	95	2	2	8.0	8.0	2098
青　岛	39651	6840	3310	3291	239	15	15	121.0	121.0	37642
胶　州	3598	653	292	360	1	2	2	12.0	12.0	3490
即　墨	5912	729	379	332	18	4	4	22.0	22.0	5734
平　度	3056	808	252	86	471	1	1	7.0	7.0	2964
莱　西	2719	721	457	264		1	1	8.0	8.0	2638
淄　博	22579	2639	1024	1082	533	10	10	70.5	70.5	21616
枣　庄	8607	1206	373	617	216	7	7	27.0	27.0	8187
滕　州	4924	475	153	236	86	3	3	20.0	20.0	4727
东　营	7479	997	475	516	7	4	4	27.0	27.0	7083
烟　台	14849	3326	1411	1558	357	5	5	48.0	48.0	14187
龙　口	1393	524	150	286	88	2	2	4.5	4.5	1351
莱　阳	2298	288	53	152	83	1	1	10.0	10.0	2229
莱　州	1825	428	77	255	97	1	1	5.0	5.0	1770
蓬　莱	1175	342	118	216	8	1	1	4.0	4.0	1078
招　远	1772	475	119	275	80	1	1	5.0	5.0	1719
栖　霞	668	176	81	55	40	1	1	2.0	2.0	648
海　阳	1296	337	154	183		2	2	5.0	5.0	1235
潍　坊	12616	2157	865	1142	150	6	6	34.0	34.0	11707
青　州	2595	764	322	188	255	3	3	10.0	10.0	2517
诸　城	5572	587	268	311	8	2	2	18.6	18.6	5405
寿　光	4905	790	193	467	129	1	1	23.0	23.0	4758
安　丘	2993	647	200	376	72	1	1	12.0	12.0	2903
高　密	5922	470	100	253	117	3	3	18.5	18.5	5744
昌　邑	4160	184	40	54	91	2	2	14.0	14.0	4035
济　宁	13524	1443	326	741	376	4	4	38.0	38.0	12766
曲　阜	2406	213	65	96	52	2	2	7.0	7.0	2303
邹　城	3380	309	139	54	117	1	1	11.0	11.0	3279
泰　安	6052	878	280	440	158	3	3	21.0	21.0	5772
新　泰	2591	529	159	189	181	2	2	8.0	8.0	2509
肥　城	1665	272	93	100	79	1	1	4.0	4.0	1525
威　海	8818	3613	1704	1909		7	7	26.0	26.0	8362
荣　成	2544	891	671	221		1	1	10.0	10.0	2467

Continued 10

Wastewater Treatment Plant			其他污水处理设施 Other Wastewater Treatment Facilities		污水处理总量(万立方米)	再生水 Recycled Water			
二、三级处理 Secondary and Tertiary Treated	干污泥产生量(吨) Quantity of Dry Sludge Produced (ton)	干污泥处置量(吨) Quantity of Dry Sludge Treated (ton)	处理能力(万立方米/日) Treatment Capacity ($10,000\ m^3/day$)	处理量(万立方米) Quantity of Wastewater Treated ($10,000\ m^3$)	Total Quantity of Wastewater Treated ($10,000\ m^3$)	生产能力(万立方米/日) Recycled Water Production Capacity ($10,000\ m^3/day$)	利用量(万立方米) Annual Quantity of Wastewater Recycled and Reused ($10,000\ m^3$)	管道长度(公里) Length of Piplines (km)	城市名称 Name of Cities
280681	**473333**	**470025**	**7.3**	**602**	**281283**	**289.2**	**51142**	**853**	**山　东**
28074	41645	41645	7.0	570	28644	69.0	7640	134	济　南
2098	2642	2642			2098	2.0	126	5	章　丘
37642	91958	91958			37642	51.7	11041	244	青　岛
3490	3456	3456			3490				胶　州
5734	11625	11625			5734	0.1		0.2	即　墨
2964	8802	8802			2964				平　度
2638	3807	3807			2638				莱　西
21616	43157	43157	0.1	6	21622	30.8	8519	33	淄　博
8187	9178	9178			8187	16.0	1435	55	枣　庄
4727	18697	18697			4727	12.0	1910	3	滕　州
7083	6587	6587			7083	13.5	2388	3	东　营
14187	21669	21669			14187	4.0	88	28	烟　台
1351	1430	1430			1351	2.0	468	10	龙　口
2229	2295				2229				莱　阳
1770	1825	1825			1770	2.0	223	36	莱　州
1078	1230	1230			1078	0.8	220	2	蓬　莱
1719	1960	1960			1719				招　远
648	690	690			648	1.0	120	7	栖　霞
1235	1445	1445			1235	0.6	110	4	海　阳
11707	17172	17082			11707				潍　坊
2517	3433	3433			2517				青　州
5405	8730	8730			5405				诸　城
4758	7941	7941			4758				寿　光
2903	9241	9241			2903				安　丘
5744	10347	10347			5744				高　密
4035	8285	8285			4035				昌　邑
12766	22006	21183			12766	2.2	331	11	济　宁
2303	3794	3794			2303				曲　阜
3279	4210	4210			3279	5.0	801	8	邹　城
5772	6757	6757			5772	3.5	1200	100	泰　安
2509	2562	2462			2509	4.0	371	54	新　泰
1525	1725	1725			1525	3.0	299	15	肥　城
8362	14641	14641			8362	5.1	1830	15	威　海
2467	3702	3702			2467	2.0	192	2	荣　成

11-3 续表 11

城市名称 Name of Cities	污水排放量（万立方米） Annual Quantity of Wastewater Discharged (10,000 m^3)	排水管道长度（公里） Length of Drainage Piplines (km)				污水处理厂				
			污水管道 Sewers	雨水管道 Rainwater Drainage Pipeline	雨污合流管道 Combined Drainage Pipeline	座数（座） Number of Wastewater Treatment Plant (unit)	二、三级处理 Secondary and Tertiary Treatment	处理能力（万立方米/日） Treatment Capacity (10,000 m^3/day)	二、三级处理 Secondary and Tertiary Treatment	处理量（万立方米） Quantity of Wastewater Treated (10,000 m^3)
乳　山	1288	612	199	57	355	2	2	6.0	6.0	1250
日　照	6225	1385	236	864	285	8	8	19.8	19.8	5835
莱　芜	4183	1024	222	800	2	4	4	11.5	11.5	3488
临　沂	17435	2894	925	1119	851	8	8	49.0	49.0	16174
德　州	9275	1164	523	596	45	5	5	30.0	30.0	8900
乐　陵	884	218	90	92	37	1	1	2.4	2.4	746
禹　城	2273	227	57	61	110	2	2	11.0	11.0	2204
聊　城	5681	1376	293	844	239	5	5	17.5	17.5	5377
临　清	2274	324	93	103	127	1	1	6.0	6.0	2110
滨　州	5711	1436	471	745	220	4	4	19.0	19.0	5311
菏　泽	4963	823	387	397	40	3	3	16.0	16.0	4764
河　南	**169502**	**19348**	**7428**	**7093**	**4826**	**66**	**52**	**550.3**	**410.2**	**154223**
郑　州	30601	3592	1828	1678	86	4	4	99.4	99.4	29342
巩　义	1437	193	89	35	68	1	1	5.0	5.0	1097
荥　阳	1117	259	40	37	182	1		3.0		1109
新　密	1032	126	49	49	28	1	1	5.0	5.0	908
新　郑	2089	225	55	50	120	2	2	6.0	6.0	1775
登　封	991	216	26	34	156	1		3.0		901
开　封	8266	810	269	328	213	2	2	23.0	23.0	7657
洛　阳	14582	1598	639	959		4	4	51.0	51.0	14248
偃　师	933	101	46	55		2	2	3.0	3.0	859
平顶山	9119	456	147	102	207	2		41.6		8368
舞　钢	1870	172	118	44	10	1	1	2.0	2.0	712
汝　州	985	237	70	69	98	1		4.0		977
安　阳	7724	847	419	340	88	3	3	30.0	30.0	7548
林　州	921	221	87	44	90	1	1	2.5	2.5	853
鹤　壁	4028	411	103	32	276	2	2	11.0	11.0	2835
新　乡	10111	835	356	479		2	1	30.0	15.0	9100
卫　辉	1588	132	54	10	68	1	1	5.0	5.0	1588
辉　县	1812	251	91	43	117	1	1	10.0	10.0	1610
焦　作	9193	912	301	359	252	3	2	22.5	12.5	8044
沁　阳	424	244	45	26	173	1	1	2.0	2.0	238

Continued 11

Wastewater Treatment Plant 二、三级处理 Secondary and Tertiary Treated	Wastewater Treatment Plant 干污泥产生量（吨）Quantity of Dry Sludge Produced (ton)	Wastewater Treatment Plant 干污泥处置量（吨）Quantity of Dry Sludge Treated (ton)	其他污水处理设施 Other Wastewater Treatment Facilities 处理能力（万立方米/日）Treatment Capacity (10,000 m³/day)	其他污水处理设施 Other Wastewater Treatment Facilities 处理量（万立方米）Quantity of Wastewater Treated (10,000 m³)	污水处理总量（万立方米）Total Quantity of Wastewater Treated (10,000 m³)	再生水 Recycled Water 生产能力（万立方米/日）Recycled Water Production Capacity (10,000 m³/day)	再生水 Recycled Water 利用量（万立方米）Annual Quantity of Wastewater Recycled and Reused (10,000 m³)	再生水 Recycled Water 管道长度（公里）Length of Piplines (km)	城市名称 Name of Cities
1250	1503	1503			1250	2.2	36	4	乳　山
5835	6269	6269		15	5850	10.0	1719	5	日　照
3488	5525	5525			3488	5.0	708	9	莱　芜
16174	28260	28260	0.2	11	16185	20.6	4939	32	临　沂
8900	7729	7729			8900	12.1	2107	25	德　州
746	1245	1245			746	2.0	661	3	乐　陵
2204	2849	2849			2204	1.0			禹　城
5377	5217	5217			5377	3.0	960	1	聊　城
2110	2350	2350			2110				临　清
5311	8397	8397			5311				滨　州
4764	5345	5345			4764	3.0	700	6	菏　泽
117731	**272723**	**248383**	**12.5**	**2594**	**156817**	**57.3**	**7619**	**242**	**河　南**
29342	96377	92976			29342	15.0	3454	96	郑　州
1097	1611	1611			1097				巩　义
	1540	1400			1109				荥　阳
908	1550	1550			908				新　密
1775	3442	3442			1775	1.0	300	3	新　郑
	1230	15			901				登　封
7657	13182	13182			7657				开　封
14248	22191	22191			14248	17.5	1185	71	洛　阳
859	1012	1012			859				偃　师
	10705	10705			8368	5.0	435	15	平顶山
712	703		4.0	1020	1732				舞　钢
	1656	1539			977	2.5		6	汝　州
7548	11843	11843			7548				安　阳
853	912	912			853				林　州
2835	2935	2935			2835				鹤　壁
4387	11800	11800			9100				新　乡
1588	1999	1868			1588				卫　辉
1610	2148	2148			1610				辉　县
4520	9856	9856			8044				焦　作
238	390	390			238				沁　阳

11-3 续表 12

城市名称 Name of Cities	污水排放量(万立方米) Annual Quantity of Wastewater Discharged (10,000 m^3)	排水管道长度(公里) Length of Drainage Piplines (km)	污水管道 Sewers	雨水管道 Rainwater Drainage Pipeline	雨污合流管道 Combined Drainage Pipeline	污水处理厂 座数(座) Number of Wastewater Treatment Plant (unit)	二、三级处理 Secondary and Tertiary Treatment	处理能力(万立方米/日) Treatment Capacity (10,000 m^3/day)	二、三级处理 Secondary and Tertiary Treatment	处理量(万立方米) Quantity of Wastewater Treated (10,000 m^3)
孟州	842	242	32	28	183	1	1	2.5	2.5	821
濮阳	4601	413	180	190	43	1	1	10.0	10.0	3010
许昌	3689	519	310	209		2	2	18.0	18.0	3578
禹州	1652	345	138	207		2	2	8.0	8.0	1650
长葛	1279	213	64	79	70	1	1	4.5	4.5	1267
漯河	7273	481	22	10	450	1	1	19.0	19.0	7000
三门峡	2067	215	104	68	44	1		8.0		2007
义马	1086	64	15	1	48	1	1	2.5	2.5	837
灵宝	1472	140	33	34	72	2	2	6.0	6.0	1333
南阳	7638	1321	343	389	590	1	1	20.0	20.0	6385
邓州	1020	306	129	79	98	1	1	3.0	3.0	933
商丘	8236	421	157	117	147	2		21.0		7415
永城	2721	407	171	107	130	6	6	9.3	9.3	2581
信阳	3997	339	39	44	257	1	1	10.0	10.0	3557
周口	3076	599	361	196	41	2		17.0		2779
项城	1925	366	175	90	101	2	2	5.0	5.0	1700
驻马店	5104	702	179	414	108	2		17.5		4699
济源	3001	417	145	58	213	1	1	10.0	10.0	2902
湖北	**192893**	**21484**	**6402**	**6215**	**8868**	**74**	**60**	**540.6**	**420.9**	**170798**
武汉	79245	9102	1979	2596	4527	19	15	230.8	168.8	73698
黄石	8894	1028	456	528	44	5		23.5		8058
大冶	1536	157	39	54	65	1		5.5		1429
十堰	9550	813	705	22	85	3	3	26.5	26.5	8519
丹江口	1765	204	204			1	1	4.5	4.5	1765
宜昌	8189	1024	353	343	328	5	5	27.2	27.2	7452
宜都	1318	144	21		123	2	2	3.5	3.5	1123
当阳	1210	176	62	25	89	1	1	3.0	3.0	1032
枝江	1348	175			175	1	1	3.5	3.5	1220
襄阳	15989	981	230	125	627	2	2	40.0	40.0	14206
老河口	1301	248	51	7	190	1	1	6.0	6.0	1200
枣阳	1855	365	112	70	183	1	1	6.0	6.0	1670
宜城	916	189	60	30	99	1	1	2.0	2.0	716

Continued 12

Wastewater Treatment Plant			其他污水处理设施 Other Wastewater Treatment Facilities		污水处理总量(万立方米)	再生水 Recycled Water			
二、三级处理 Secondary and Tertiary Treated	干污泥产生量(吨) Quantity of Dry Sludge Produced (ton)	干污泥处置量(吨) Quantity of Dry Sludge Treated (ton)	处理能力(万立方米/日) Treatment Capacity (10,000 m^3/day)	处理量(万立方米) Quantity of Wastewater Treated (10,000 m^3)	Total Quantity of Wastewater Treated (10,000 m^3)	生产能力(万立方米/日) Recycled Water Production Capacity (10,000 m^3/day)	利用量(万立方米) Annual Quantity of Wastewater Recycled and Reused (10,000 m^3)	管道长度(公里) Length of Piplines (km)	城市名称 Name of Cities
821	955	955			821	2.1	370	15	孟　州
3010	3230	3120	6.0	1221	4231				濮　阳
3578	6740	5900			3578	5.0	423	3	许　昌
1650	2386	2386			1650				禹　州
1267	2456	2095			1267				长　葛
7000	7000				7000				漯　河
	2537	2537			2007				三门峡
837	1590	1590			837				义　马
1333	1940				1333				灵　宝
6385	7907	7907	2.5	353	6738	4.0	19	14	南　阳
933	1850	1850			933	0.2	73	1	邓　州
	10516	10516			7415				商　丘
2581	3072	3060			2581				永　城
3557	4350				3557				信　阳
	5970	5970			2779				周　口
1700	2780	2130			1700				项　城
	6992	6992			4699				驻马店
2902	3370				2902	5.0	1360	19	济　源
133530	**215111**	**209139**	**69.8**	**6824**	**177622**	**45.7**	**15176**	**11**	**湖　北**
55241	84750	84749	4.9	1788	75486	42.0	15044	10	武　汉
	18950	18950	35.4	170	8228				黄　石
	1543	1543			1429				大　冶
8519	8399	8399	1.0	315	8834				十　堰
1765	2000	2000			1765				丹江口
7452	15979	15979			7452				宜　昌
1123	1654	1654	0.5	140	1263				宜　都
1032	1165	1165			1032				当　阳
1220	2460	2440			1220				枝　江
14206	14209	14209	2.0	427	14633				襄　阳
1200	1569				1200				老河口
1670	3169	3169			1670				枣　阳
716	1057	1057			716				宜　城

11-3 续表 13

城市名称 Name of Cities	污水排放量(万立方米) Annual Quantity of Wastewater Discharged (10,000 m³)	排水管道长度(公里) Length of Drainage Piplines (km)	污水管道 Sewers	雨水管道 Rainwater Drainage Pipeline	雨污合流管道 Combined Drainage Pipeline	污水处理厂 座数(座) Number of Wastewater Treatment Plant (unit)	二、三级处理 Secondary and Tertiary Treatment	处理能力(万立方米/日) Treatment Capacity (10,000 m³/day)	二、三级处理 Secondary and Tertiary Treatment	处理量(万立方米) Quantity of Wastewater Treated (10,000 m³)
鄂　州	3528	621	85	372	164	1	1	9.0	9.0	2892
荆　门	5164	777	382	80	315	2	2	15.0	15.0	4451
钟　祥	2182	193	35	11	147	1	1	5.0	5.0	1855
孝　感	4600	370	43	327		1		14.0		3930
应　城	1458	112	7	8	97	1	1	3.3	3.3	1167
安　陆	1462	160	48	104	8	1		3.0		1124
汉　川	2420	232	95	137		1		5.7		2080
荆　州	6965	559	156	214	189	4	4	18.0	18.0	6310
石　首	1339	164	1		163	2	2	3.1	3.1	1250
洪　湖	1393	298	160	138		1	1	7.0	7.0	1198
松　滋	858	228	120		108	1	1	2.0	2.0	687
黄　冈	2521	359	66		293	1		6.0		2190
麻　城	2269	247	79	6	162	1	1	3.0	3.0	1045
武　穴	2505	102	26		76	1	1	3.5	3.5	1260
咸　宁	2417	246	166	36	44	2	2	9.0	9.0	2117
赤　壁	1787	319	112	38	169	1	1	4.0	4.0	1680
随　州	3425	272	132	103	36	1	1	10.0	10.0	2107
广　水	1287	131	67	35	29	2	2	5.0	5.0	1081
恩　施	2500	200	46	62	92	1	1	6.0	6.0	2177
利　川	1070	83	35	5	43	1	1	2.0	2.0	438
仙　桃	4000	513	94	389	30	1	1	12.0	12.0	3526
潜　江	2997	425	50	297	79	2	2	8.0	8.0	2640
天　门	1630	268	126	53	89	1	1	5.0	5.0	1505
湖　南	**161784**	**12612**	**5514**	**2789**	**4310**	**59**	**58**	**408.6**	**398.6**	**129321**
长　沙	45796	2062	2062			8	8	128.0	128.0	44375
浏　阳	2015	84	26	29	29	2	2	5.7	5.7	1965
株　洲	14241	1004	281	561	162	6	6	50.2	50.2	12412
醴　陵	1353	243	100	64	80	1	1	3.0	3.0	835
湘　潭	15664	1030	398	350	283	2	2	25.0	25.0	9247
湘　乡	1115	252	86	73	93	1	1	5.0	5.0	1060
韶　山	570	120	56	43	22	1	1	1.2	1.2	401
衡　阳	10941	998	304	233	461	3	3	21.0	21.0	6303

Continued 13

Wastewater Treatment Plant			其他污水处理设施 Other Wastewater Treatment Facilities		污水处理总量(万立方米)	再生水 Recycled Water			城市名称
二、三级处理 Secondary and Tertiary Treated	干污泥产生量(吨) Quantity of Dry Sludge Produced (ton)	干污泥处置量(吨) Quantity of Dry Sludge Treated (ton)	处理能力(万立方米/日) Treatment Capacity (10,000 m^3/day)	处理量(万立方米) Quantity of Wastewater Treated (10,000 m^3)	Total Quantity of Wastewater Treated (10,000 m^3)	生产能力(万立方米/日) Recycled Water Production Capacity (10,000 m^3/day)	利用量(万立方米) Annual Quantity of Wastewater Recycled and Reused (10,000 m^3)	管道长度(公里) Length of Piplines (km)	Name of Cities
2892	6679	6679	1.0	248	3140				鄂　州
4451	4083	4083			4451				荆　门
1855	1856	1856			1855				钟　祥
	3981	3981			3930				孝　感
1167	1202	1202			1167	0.1		0.1	应　城
	1200	1200			1124	2.6	24	0.2	安　陆
	2800	2800			2080				汉　川
6310	6310	3127			6310				荆　州
1250	1321	1321			1250				石　首
1198	1198				1198				洪　湖
687	256	256			687				松　滋
	3377	3377	7.5	331	2521				黄　冈
1045	1060	1060	2.3	839	1884				麻　城
1260	1300	1300	4.2	1138	2398				武　穴
2117	3296	3296			2117				咸　宁
1680	2098	2098			1680				赤　壁
2107	2207	2207	10.0	1108	3215				随　州
1081	1172	1172			1081				广　水
2177	3850	3850	0.5	160	2337				恩　施
438	842	842	0.5	160	598				利　川
3526	4125	4125			3526				仙　桃
2640	2741	2740			2640				潜　江
1505	1253	1253			1505	1.0	108	0.2	天　门
125827	**191269**	**190309**	**142.7**	**16458**	**145779**	**6.8**	**801**	**115**	**湖　南**
44375	60454	60454			44375	4.0	521	100	长　沙
1965	2568	2568			1965				浏　阳
12412	12979	12979	46.8	1040	13452	2.1	240	11	株　洲
835	1240	1240	1.0	356	1191				醴　陵
9247	8268	8238	15.0	4851	14098				湘　潭
1060	2011	2011			1060				湘　乡
401	295	295	0.4	113	514				韶　山
6303	12600	12600	5.6	2011	8314				衡　阳

11-3 续表 14

城市名称 Name of Cities	污水排放量(万立方米) Annual Quantity of Wastewater Discharged (10,000 m^3)	排水管道长度(公里) Length of Drainage Piplines (km)				污水处理厂				
			污水管道 Sewers	雨水管道 Rainwater Drainage Pipeline	雨污合流管道 Combined Drainage Pipeline	座数(座) Number of Wastewater Treatment Plant (unit)	二、三级处理 Secondary and Tertiary Treatment	处理能力(万立方米/日) Treatment Capacity (10,000 m^3/day)	二、三级处理 Secondary and Tertiary Treatment	处理量(万立方米) Quantity of Wastewater Treated (10,000 m^3)
耒　阳	1371	261	80	48	133	1	1	2.0	2.0	813
常　宁	889	187	74	70	43	1	1	4.0	4.0	676
邵　阳	7722	836	105		732	2	1	14.0	4.0	4713
武　冈	1286	216	73	30	114	1	1	3.0	3.0	1096
岳　阳	12495	1271	532	352	387	4	4	25.0	25.0	7543
汨　罗	949	124	14	40	70	1	1	2.5	2.5	790
临　湘	1245	172	39	70	63	1	1	3.0	3.0	957
常　德	6346	539	425	6	108	3	3	16.5	16.5	5389
津　市	825	140	61	11	68	1	1	2.0	2.0	758
张家界	2353	231	100	85	46	3	3	5.5	5.5	1908
益　阳	5800	297	78	84	135	3	3	17.0	17.0	5298
沅　江	983	143	106	17	21	1	1	2.0	2.0	847
郴　州	4703	362	31		331	2	2	16.5	16.5	4247
资　兴	585	148	20	39	89	1	1	1.0	1.0	413
永　州	6939	476	165	205	106	2	2	20.0	20.0	5716
怀　化	3903	346	90	221	35	1	1	10.0	10.0	3318
洪　江	356	61	25	2	35	1	1	1.0	1.0	321
娄　底	4249	444	60	61	323	2	2	12.5	12.5	3623
冷水江	3448	161	44	32	85	1	1	3.0	3.0	1069
涟　源	1094	100			100	1	1	2.0	2.0	935
吉　首	2548	305	82	64	159	2	2	7.0	7.0	2293
广　东	**652251**	**50320**	**16230**	**18159**	**15931**	**226**	**210**	**1848.8**	**1554.3**	**596142**
广　州	132834	10078	4498	3556	2024	34	25	417.6	202.6	131135
增　城	12690	318	78	97	143	1	1	10.0	10.0	3685
从　化	2985	181	36		145	2	2	6.6	6.6	1576
韶　关	6961	521	18	47	456	3	3	15.8	15.8	5663
乐　昌	670	6	6			1	1	1.2	1.2	468
南　雄	1052	61	38	17	6	1	1	1.5	1.5	529
深　圳	158205	11634	4354	4960	2320	31	27	479.5	412.0	152827
珠　海	23748	1430	830	600		13	13	58.4	58.4	21404
汕　头	19974	1685	328	1177	180	7	7	67.5	67.5	18392
佛　山	46099	2536	396	764	1376	15	15	119.5	119.5	36719

Continued 14

Wastewater Treatment Plant			其他污水处理设施 Other Wastewater Treatment Facilities		污水处理总量(万立方米)	再生水 Recycled Water			
二、三级处理 Secondary and Tertiary Treated	干污泥产生量(吨) Quantity of Dry Sludge Produced (ton)	干污泥处置量(吨) Quantity of Dry Sludge Treated (ton)	处理能力(万立方米/日) Treatment Capacity (10,000 m^3/day)	处理量(万立方米) Quantity of Wastewater Treated (10,000 m^3)	Total Quantity of Wastewater Treated (10,000 m^3)	生产能力(万立方米/日) Recycled Water Production Capacity (10,000 m^3/day)	利用量(万立方米) Annual Quantity of Wastewater Recycled and Reused (10,000 m^3)	管道长度(公里) Length of Piplines (km)	城市名称 Name of Cities
813	1230	1230	0.7	255	1068				耒　阳
676	700	700			676				常　宁
1219	4911	4911	8.0	1930	6643				邵　阳
1096	1700	1660	3.0		1096				武　冈
7543	22629	22629	20.0	3802	11345				岳　阳
790	1900	1900			790	0.7	40	3	汨　罗
957	2450	2450	0.5	128	1085				临　湘
5389	6011	6011			5389				常　德
758	1450	1450			758				津　市
1908	890				1908				张家界
5298	5543	5543			5298				益　阳
847	921	921			847				沅　江
4247	4253	4253			4247				郴　州
413	214	214			413				资　兴
5716	8522	8522	3.0	60	5776				永　州
3318	9800	9800	0.1	16	3334				怀　化
321	309	309			321				洪　江
3623	10455	10455			3623				娄　底
1069	2750	2750	38.6	1896	2965				冷水江
935	1900	1900			935				涟　源
2293	2316	2316			2293				吉　首
497482	**1006140**	**971857**	**8.7**	**976**	**597118**	**4.1**	**94**	**8**	**广　东**
58008	131313	131295			131135				广　州
3685	3590				3685				增　城
1576	1242				1576				从　化
5663	8965	8965			5663				韶　关
468	503	503			468				乐　昌
529	21	21			529				南　雄
131402	421692	421690			152827				深　圳
21404	35170	35169			21404				珠　海
18392	35802	26594			18392				汕　头
36719	59561	59561			36719				佛　山

11-3 续表 15

城市名称 Name of Cities	污水排放量(万立方米) Annual Quantity of Wastewater Discharged (10,000 m³)	排水管道长度(公里) Length of Drainage Piplines (km)	污水管道 Sewers	雨水管道 Rainwater Drainage Pipeline	雨污合流管道 Combined Drainage Pipeline	污水处理厂 座数(座) Number of Wastewater Treatment Plant (unit)	二、三级处理 Secondary and Tertiary Treatment	处理能力(万立方米/日) Treatment Capacity (10,000 m³/day)	二、三级处理 Secondary and Tertiary Treatment	处理量(万立方米) Quantity of Wastewater Treated (10,000 m³)
江门	18083	437	100		337	8	8	50.8	50.8	16497
台山	2691	267	242	3	22	1	1	8.0	8.0	2468
开平	1931	26	26			1	1	5.0	5.0	1647
鹤山	2784	305	14		291	2	2	10.0	10.0	2412
恩平	1207	193			193	1	1	2.0	2.0	880
湛江	12695	780	402	364	14	4	4	38.0	38.0	12272
廉江	1692	205			205	1	1	3.0	3.0	931
雷州	860	104	23	17	64	1	1	2.0	2.0	798
吴川	1588	141	1	7	132	1	1	4.0	4.0	981
茂名	5039	384	207	156	21	2	2	12.3	12.3	4444
高州	1270	166	105	39	22	1	1	5.0	5.0	1156
化州	1065	87	2		85	1	1	5.0	5.0	825
信宜	1116	118	15		103	1	1	3.0	3.0	1005
肇庆	7253	792	177	213	402	5	5	26.0	26.0	6757
高要	1208	103	43		60	1	1	2.0	2.0	738
四会	3133	247	4	34	209	2	2	8.0	8.0	2530
惠州	21139	2596	867	1388	340	14	14	65.0	65.0	20603
梅州	3594	517	33	19	466	2	2	15.0	15.0	3056
兴宁	2180	731	366	323	42	1		5.0		1564
汕尾	2422	244	98	39	107	2	2	9.0	9.0	2133
陆丰	1460	169	81	51	38	1	1	5.0	5.0	1023
河源	4382	393	176	202	15	2	2	11.0	11.0	4080
阳江	3709	416	111	110	194	3	3	7.0	7.0	2547
阳春	2079	100	30	60	10	1	1	6.0	6.0	2079
清远	5363	523	268	213	42	7	7	22.5	22.5	4590
英德	1440	306	101	138	67	1	1	6.0	6.0	1384
连州	764	129	38	19	72	1		2.0		724
东莞	104068	9172	1717	3332	4124	37	37	258.5	258.5	99470
中山	12864	1068	240	68	761	3	2	35.0	30.0	11655
潮州	7273	441	57	56	328	2	2	14.0	14.0	4587
揭阳	3671	78	26		52	2	2	9.0	9.0	2830
普宁	2323	371	17	48	306	1	1	5.5	5.5	1591
云浮	2829	131	40	30	61	2	2	7.2	7.2	2135
罗定	1858	129	18	15	97	3	3	4.4	4.4	1352

Continued 15

Wastewater Treatment Plant			其他污水处理设施 Other Wastewater Treatment Facilities		污水处理总量(万立方米)	再生水 Recycled Water			
二、三级处理 Secondary and Tertiary Treated	干污泥产生量(吨) Quantity of Dry Sludge Produced (ton)	干污泥处置量(吨) Quantity of Dry Sludge Treated (ton)	处理能力(万立方米/日) Treatment Capacity (10,000 m^3/day)	处理量(万立方米) Quantity of Wastewater Treated (10,000 m^3)	Total Quantity of Wastewater Treated (10,000 m^3)	生产能力(万立方米/日) Recycled Water Production Capacity (10,000 m^3/day)	利用量(万立方米) Annual Quantity of Wastewater Recycled and Reused (10,000 m^3)	管道长度(公里) Length of Piplines (km)	城市名称 Name of Cities
16497	41543	41543			16497	1.6		0.4	江门
2468	3941	3941			2468				台山
1647	1302	1302			1647				开平
2412	1868	1868			2412				鹤山
880	1501	1501	1.0	86	966				恩平
12272	70895	58965			12272				湛江
931	1671	1671			931				廉江
798	2545	2545			798				雷州
981	773	773			981				吴川
4444	2884	2394			4444				茂名
1156	1196				1156				高州
825	680				825				化州
1005	3970	3970			1005				信宜
6757	4693	4693			6757				肇庆
738	300	300	2.0	249	987				高要
2530	7849	7849			2530				四会
20603	37943	37943			20603				惠州
3056	3070	3070			3056				梅州
	1855	1855			1564	2.5	94	8	兴宁
2133	2244	2244			2133				汕尾
1023	1024	948			1023				陆丰
4080	11078	11078			4080				河源
2547	3190	2938			2547				阳江
2079	1765				2079				阳春
4590	13115	10979			4590				清远
1384	3290	3290			1384				英德
	1659	1659			724				连州
99470	44734	44734			99470				东莞
9835	24916	24916			11655				中山
4587	3961	3961			4587				潮州
2830	1186	1186			2830				揭阳
1591	2780	2780			1591				普宁
2135	1765	68	3.2	450	2585				云浮
1352	1095	1095	2.5	191	1543				罗定

11-3 续表 16

城市名称 Name of Cities	污水排放量（万立方米）Annual Quantity of Wastewater Discharged (10,000 m³)	排水管道长度（公里）Length of Drainage Piplines (km)	污水管道 Sewers	雨水管道 Rainwater Drainage Pipeline	雨污合流管道 Combined Drainage Pipeline	污水处理厂 座数（座）Number of Wastewater Treatment Plant (unit)	二、三级处理 Secondary and Tertiary Treatment	处理能力（万立方米/日）Treatment Capacity (10,000 m³/day)	二、三级处理 Secondary and Tertiary Treatment	处理量（万立方米）Quantity of Wastewater Treated (10,000 m³)
广　西	**125341**	**8771**	**2470**	**1998**	**4303**	**34**	**26**	**286.6**	**249.0**	**75795**
南　宁	30501	792	221		571	2	2	78.0	78.0	22716
柳　州	39688	1254	51	35	1167	3	3	47.5	47.5	15231
桂　林	8519	582	287	288	7	4	4	35.5	35.5	7353
梧　州	5315	333	89	38	205	4	4	10.5	10.5	3375
岑　溪	980	112	18	3	92	1	1	3.0	3.0	890
北　海	3630	818	372	400	47	1		20.0		2815
防城港	3104	467	171	163	133	1	1	4.0	4.0	1227
东　兴	1187	172	37	12	123	1		3.0		990
钦　州	3802	657	264	194	199	3	3	17.5	17.5	2794
贵　港	7885	374	142	126	107	2	1	10.6	10.0	2780
桂　平	2305	203	78	46	78	1	1	3.5	3.5	992
玉　林	5260	730	196	55	479	1	1	20.0	20.0	5213
北　流	1435	323	20	180	123	1	1	4.0	4.0	1410
百　色	2230	297	89	44	163	1	1	6.0	6.0	1803
贺　州	1922	235	34	27	174	2	1	5.0	3.0	1279
河　池	1820	234	49	36	149	1	1	5.0	5.0	1570
宜　州	2184	426	56	13	357	1		3.0		846
来　宾	1594	528	205	201	122	1		5.0		1326
合　山	342	87	24	63		1		2.0		299
崇　左	1021	98	45	45	7	1	1	1.5	1.5	423
凭　祥	617	51	21	30	0.22	1		2.0		463
海　南	**28454**	**3522**	**1463**	**1577**	**482**	**23**	**15**	**87.6**	**57.8**	**20321**
海　口	14779	1573	628	822	123	7	1	55.8	30.0	12573
三　亚	5530	871	438	433		9	9	16.4	16.4	4336
三　沙	29	5	5							
五指山	390	44	44			1	1	1.0	1.0	240
琼　海	1822	348	151	95	102	1	1	3.0	3.0	950

Continued 16

Wastewater Treatment Plant			其他污水处理设施 Other Wastewater Treatment Facilities		污水处理总量(万立方米)	再生水 Recycled Water			
二、三级处理 Secondary and Tertiary Treated	干污泥产生量(吨) Quantity of Dry Sludge Produced (ton)	干污泥处置量(吨) Quantity of Dry Sludge Treated (ton)	处理能力(万立方米/日) Treatment Capacity (10,000 m^3/day)	处理量(万立方米) Quantity of Wastewater Treated (10,000 m^3)	Total Quantity of Wastewater Treated (10,000 m^3)	生产能力(万立方米/日) Recycled Water Production Capacity (10,000 m^3/day)	利用量(万立方米) Annual Quantity of Wastewater Recycled and Reused (10,000 m^3)	管道长度(公里) Length of Piplines (km)	城市名称 Name of Cities
68777	**52437**	**52397**	**385.6**	**33820**	**109615**	**0.2**	**29**	**0.2**	**广　西**
22716	21559	21559	32.5	3850	26566				南　宁
15231	9762	9762	294.3	20885	36116				柳　州
7353	7516	7516	1.0	60	7413				桂　林
3375	995	995	6.8	1330	4705				梧　州
890	198	198			890				岑　溪
	2153	2153			2815	0.2	29	0.2	北　海
1227	244	244	3.0	987	2214				防城港
	404	404			990				东　兴
2794	1797	1797	5.5	586	3380				钦　州
2753	909	909	30.8	4051	6831				贵　港
992	117	117	3.1	990	1982				桂　平
5213	2365	2365			5213				玉　林
1410	1242	1242			1410				北　流
1803	102	102			1803				百　色
1027	358	318			1279				贺　州
1570	1082	1082	1.0	65	1635				河　池
	506	506	7.6	1016	1862				宜　州
	919	919			1326				来　宾
	10	10			299				合　山
423	155	155			423				崇　左
	44	44			463				凭　祥
12790	**40933**	**40736**			**20321**	**16.3**	**998**	**31**	**海　南**
6032	24103	24103			12573				海　口
4336	13170	13110			4336	16.0	998	26	三　亚
									三　沙
240	270	270			240				五指山
950	982	982			950				琼　海

11-3 续表 17

城市名称 Name of Cities	污水排放量（万立方米） Annual Quantity of Wastewater Discharged (10,000 m³)	排水管道长度（公里） Length of Drainage Piplines (km)				污水处理厂				
			污水管道 Sewers	雨水管道 Rainwater Drainage Pipeline	雨污合流管道 Combined Drainage Pipeline	座数（座） Number of Wastewater Treatment Plant (unit)	二、三级处理 Secondary and Tertiary Treatment	处理能力（万立方米/日） Treatment Capacity (10,000 m³/day)	二、三级处理 Secondary and Tertiary Treatment	处理量（万立方米） Quantity of Wastewater Treated (10,000 m³)
儋　州	1680	335	74	102	159	2	1	3.0	1.5	558
文　昌	1802	168	40	95	33	1	1	3.0	3.0	594
万　宁	550	64	53	11		1		2.5		520
东　方	1872	115	30	20	64	1	1	2.9	2.9	550
重　庆	**93517**	**11081**	**5542**	**3476**	**2063**	**42**	**39**	**252.9**	**242.9**	**85981**
四　川	**172892**	**20606**	**9020**	**8882**	**2705**	**75**	**56**	**479.2**	**341.5**	**137587**
成　都	70601	7014	3236	3578	200	17	9	247.5	137.5	66526
都江堰	3322	519	208	273	38	3	1	8.0	4.0	2804
彭　州	1770	387	123	265		1		4.6		1312
邛　崃	1400	280	89	140	51	1		2.0		1079
崇　州	1170	384	170	183	31	1		4.0		701
自　贡	7080	125	65	61		3	3	11.5	11.5	5052
攀枝花	10853	640	477	153	10	5	5	12.4	12.4	2819
泸　州	5683	931	361	376	194	3	2	8.0	7.2	2824
德　阳	5009	478	208	270		1	1	15.0	15.0	4558
广　汉	2583	353	117	163	73	2	2	10.0	10.0	1535
什　邡	1322	120	34	46	40	1	1	3.0	3.0	1148
绵　竹	1078	212	162	50		1	1	2.5	2.5	987
绵　阳	8150	1894	769	1091	34	3	3	29.0	29.0	7528
江　油	1976	410	205	205		1	1	5.0	5.0	1701
广　元	2882	584	317	240	28	3	2	6.3	6.0	2491
遂　宁	4192	791	367	347	77	4	4	13.5	13.5	4029
内　江	2825	322	80	77	164	1	1	10.0	10.0	2508
乐　山	3395	604	130	66	409	6	4	10.1	4.1	2707
峨眉山	1604	71	34		37	1	1	4.0	4.0	1587
南　充	6110	1311	498	446	367	2	2	15.0	15.0	5229
阆　中	1747	292	112	97	83	1	1	4.0	4.0	1430
眉　山	3130	581	361	126	95	2	2	10.0	10.0	2445
宜　宾	5412	572	207	190	175	2	1	6.0	5.0	1965
广　安	1720	267	207	50	10	1	1	5.0	5.0	1578

Continued 17

Wastewater Treatment Plant			其他污水处理设施 Other Wastewater Treatment Facilities		污水处理总量(万立方米) Total Quantity of Wastewater Treated (10,000 m^3)	再生水 Recycled Water			城市名称 Name of Cities
二、三级处理 Secondary and Tertiary Treated	干污泥产生量(吨) Quantity of Dry Sludge Produced (ton)	干污泥处置量(吨) Quantity of Dry Sludge Treated (ton)	处理能力(万立方米/日) Treatment Capacity (10,000 m^3/day)	处理量(万立方米) Quantity of Wastewater Treated (10,000 m^3)		生产能力(万立方米/日) Recycled Water Production Capacity (10,000 m^3/day)	利用量(万立方米) Annual Quantity of Wastewater Recycled and Reused (10,000 m^3)	管道长度(公里) Length of Piplines (km)	
88	633	516			558	0.3		5	儋　州
594	705	705			594				文　昌
	520	500			520				万　宁
550	550	550			550				东　方
84012	**119952**	**118650**	**4.9**	**980**	**86961**	**10.9**	**726**	**70**	**重　庆**
101480	**297689**	**280832**	**48.4**	**9991**	**147578**	**17.7**	**2792**	**12**	**四　川**
39202	216561	213917	1.0	288	66814				成　都
1483	4884	4884	0.1	20	2824				都江堰
	1620		0.2	24	1336				彭　州
	1217	1217			1079				邛　崃
	349	349			701				崇　州
5052	5065	5065	7.4	1360	6412	11.4	1161	1	自　贡
2819	3029	3029	24.3	6056	8875				攀枝花
2600	3592	3592	13.9	2008	4832				泸　州
4558	6394	6394			4558				德　阳
1535	1630	1630			1535				广　汉
1148	2290	2290			1148				什　邡
987	990	973			987				绵　竹
7528	6779	6779			7528				绵　阳
1701	1737	1637			1701				江　油
2437	2097	2097			2491				广　元
4029	3451	3451			4029	2.0	720	4	遂　宁
2508	2980	2980			2508	0.2	6	2	内　江
516	2048	2048			2707				乐　山
1587	2080	2080			1587				峨眉山
5229	5420	5420			5229	4.0	905	1	南　充
1430	1660	1660			1430				阆　中
2445	4480	605	1.5	235	2680				眉　山
1606	3170	3170			1965				宜　宾
1578	2072	2072			1578				广　安

11-3 续表 18

城市名称 Name of Cities	污水排放量（万立方米） Annual Quantity of Wastewater Discharged (10,000 m³)	排水管道长度（公里） Length of Drainage Piplines (km)	污水管道 Sewers	雨水管道 Rainwater Drainage Pipeline	雨污合流管道 Combined Drainage Pipeline	污水处理厂 座数（座） Number of Wastewater Treatment Plant (unit)	二、三级处理 Secondary and Tertiary Treatment	处理能力（万立方米/日） Treatment Capacity (10,000 m³/day)	二、三级处理 Secondary and Tertiary Treatment	处理量（万立方米） Quantity of Wastewater Treated (10,000 m³)
华蓥	1030	180	91	76	13	1	1	1.0	1.0	360
达州	5398	88	40	48		1	1	8.0	8.0	2550
万源	1625	65		19	46	1	1	1.2	1.2	491
雅安	1748	287	84	30	172	1	1	5.0	5.0	1179
巴中	1950	258	118	140		1	1	4.0	4.0	1565
资阳	1778	306	107	38	161	1		5.0		1542
简阳	1288	96	26	39	31	1	1	2.8	2.8	1288
西昌	3061	186	20		166	2	2	5.8	5.8	2069
贵州	**45013**	**5577**	**2565**	**2110**	**901**	**28**	**23**	**140.8**	**134.0**	**42669**
贵阳	21716	3520	1633	1654	232	7	7	64.0	64.0	20783
清镇	2009	81	32	49		2	2	5.0	5.0	1949
六盘水	1725	76	29		46	2	2	6.5	6.5	1692
遵义	4579	222	61		161	3	3	21.0	21.0	4350
赤水	400	110	45	33	32	1	1	2.0	2.0	390
仁怀	921	40	30		10	1	1	3.0	3.0	887
安顺	1964	372	175	88	110	1	1	5.0	5.0	1856
铜仁	2071	157	64	63	30	2	1	5.3	5.0	1712
兴义	1753	411	206	195	10	3	1	5.5	0.5	1716
毕节	3041	165	142		23	1	1	8.0	8.0	2920
凯里	2370	167	80		87	2	2	8.0	8.0	2229
都匀	1790	162	32		130	1	1	6.0	6.0	1718
福泉	674	94	36	28	30	2		1.5		467
云南	**78196**	**10136**	**4958**	**3593**	**1585**	**31**	**28**	**219.3**	**209.9**	**69399**
昆明	46882	4315	2336	1812	166	9	9	114.0	114.0	42618
安宁	1070	364	170	97	97	1	1	6.0	6.0	910
曲靖	3748	607	396	140	71	2	2	11.0	11.0	3375
宣威	997	227	78	56	93	1	1	6.0	6.0	810
玉溪	2950	440	119	119	202	1	1	10.0	10.0	2417
保山	1720	198	106	76	16	1	1	5.5	5.5	1480
昭通	1530	202	25		177	1	1	8.0	8.0	1296

Continued 18

Wastewater Treatment Plant			其他污水处理设施 Other Wastewater Treatment Facilities		污水处理总量(万立方米) Total Quantity of Wastewater Treated (10,000 m³)	再生水 Recycled Water			城市名称 Name of Cities
二、三级处理 Secondary and Tertiary Treated	干污泥产生量(吨) Quantity of Dry Sludge Produced (ton)	干污泥处置量(吨) Quantity of Dry Sludge Treated (ton)	处理能力(万立方米/日) Treatment Capacity (10,000 m³/day)	处理量(万立方米) Quantity of Wastewater Treated (10,000 m³)		生产能力(万立方米/日) Recycled Water Production Capacity (10,000 m³/day)	利用量(万立方米) Annual Quantity of Wastewater Recycled and Reused (10,000 m³)	管道长度(公里) Length of Piplines (km)	
360	340	340			360				华蓥
2550	2881				2550				达州
491	127	127			491				万源
1179	1265				1179				雅安
1565	2050				1565	0.1		5	巴中
	1340	1340			1542				资阳
1288	1686	1686			1288				简阳
2069	2405				2069				西昌
40489	**51996**	**51996**			**42669**	**62.0**	**22122**	**16**	**贵州**
20783	23984	23984			20783	58.0	20782	1	贵阳
1949	1953	1953			1949				清镇
1692	3014	3014			1692				六盘水
4350	4611	4611			4350				遵义
390	400	400			390				赤水
887	900	900			887				仁怀
1856	2506	2506			1856	4.0	1340	15	安顺
1655	2060	2060			1712				铜仁
60	1847	1847			1716				兴义
2920	5400	5400			2920				毕节
2229	2571	2571			2229				凯里
1718	2261	2261			1718				都匀
	489	489			467				福泉
66772	**94818**	**88162**	**14.2**	**1868**	**71267**	**86.8**	**29529**	**143**	**云南**
42618	57732	57732	14.2	1868	44486	80.5	29382	95	昆明
910	1631	1630			910	5.0			安宁
3375	4977	1220			3375				曲靖
810	850	850			810	1.0	70	5	宣威
2417	2134	2134			2417				玉溪
1480	2547	2547			1480				保山
1296	1296				1296				昭通

11-3 续表 19

城市名称 Name of Cities	污水排放量(万立方米) Annual Quantity of Wastewater Discharged (10,000 m³)	排水管道长度(公里) Length of Drainage Piplines (km)	污水管道 Sewers	雨水管道 Rainwater Drainage Pipeline	雨污合流管道 Combined Drainage Pipeline	污水处理厂 座数(座) Number of Wastewater Treatment Plant (unit)	二、三级处理 Secondary and Tertiary Treatment	处理能力(万立方米/日) Treatment Capacity (10,000 m³/day)	二、三级处理 Secondary and Tertiary Treatment	处理量(万立方米) Quantity of Wastewater Treated (10,000 m³)
丽　江	1726	360	330	31		1	1	5.0	5.0	1564
普　洱	1203	477	103	210	164	1	1	5.0	5.0	979
临　沧	892	253	162	61	30	1	1	2.5	2.5	813
楚　雄	2700	240	111	84	46	2	2	8.0	8.0	2442
个　旧	1463	74	72		2	1	1	5.0	5.0	1180
开　远	1570	152	49	48	55	1	1	6.0	6.0	1288
蒙　自	1823	509	214	192	103	1	1	4.0	4.0	1367
弥　勒	590	132	37	25	70	1	1	2.5	2.5	526
文　山	1883	325	168	144	12	1	1	5.5	5.5	1637
景　洪	1911	170	30	73	67	1		5.0		1547
大　理	2299	576	259	243	74	2	2	5.9	5.9	2070
瑞　丽	557	324	119	184	21	1		1.4		490
芒　市	682	191	73		118	1		3.0		590
西　藏	**10639**	**610**	**100**	**77**	**433**	**2**	**2**	**6.2**	**6.2**	**1710**
拉　萨	8374	259		8	251	1	1	5.3	5.3	1500
昌　都	415	40	20	20		1	1	0.9	0.9	210
日喀则	1850	310	80	49	182					
陕　西	**86823**	**7237**	**3345**	**2847**	**1046**	**33**	**20**	**280.5**	**210.0**	**79492**
西　安	49261	4373	2043	2030	300	12	9	146.5	130.0	46059
铜　川	1579	203	167	11	26	2		6.0		1405
宝　鸡	7002	586	321	226	39	3		22.0		6719
咸　阳	9855	295	43	41	212	4	4	37.0	37.0	8571
兴　平	2537	82	9	9	64	1		10.0		2067
渭　南	4542	359	159	138	63	2	2	16.0	16.0	3883
韩　城	695	123	62	46	16	1	1	2.5	2.5	559
华　阴	442	106	23	16	67	1		2.0		376
延　安	1976	92	92			1	1	5.0	5.0	1778
汉　中	3764	154	114	40		1	1	10.0	10.0	3432
榆　林	1872	446	126	165	155	2		11.0		1622
安　康	1335	186	78	24	84	1	1	6.0	6.0	1167
商　洛	960	85	35	30	20	1		3.0		900
杨陵区	1003	145	75	70		1	1	3.5	3.5	954

Continued 19

Wastewater Treatment Plant			其他污水处理设施 Other Wastewater Treatment Facilities		污水处理总量(万立方米) Total Quantity of Wastewater Treated (10,000 m^3)	再生水 Recycled Water			城市名称 Name of Cities
二、三级处理 Secondary and Tertiary Treated	干污泥产生量(吨) Quantity of Dry Sludge Produced (ton)	干污泥处置量(吨) Quantity of Dry Sludge Treated (ton)	处理能力(万立方米/日) Treatment Capacity (10,000 m^3/day)	处理量(万立方米) Quantity of Wastewater Treated (10,000 m^3)		生产能力(万立方米/日) Recycled Water Production Capacity (10,000 m^3/day)	利用量(万立方米) Annual Quantity of Wastewater Recycled and Reused (10,000 m^3)	管道长度(公里) Length of Piplines (km)	
1564	1732	1732			1564				丽　江
979	533	533			979				普　洱
813	1214	1214			813				临　沧
2442	3689	3689			2442				楚　雄
1180	1475	1475			1180	0.3	77	43	个　旧
1288	1592	1592			1288				开　远
1367	2280	2280			1367				蒙　自
526	641	641			526				弥　勒
1637	1602				1637				文　山
	1547	1547			1547				景　洪
2070	4046	4046			2070				大　理
	607	607			490				瑞　丽
	2693	2693			590				芒　市
1710	**9**	**9**			**1710**				**西　藏**
1500	9	9			1500				拉　萨
210					210				昌　都
									日喀则
63241	**137871**	**124425**			**79492**	**53.6**	**6869**	**109**	**陕　西**
42897	87748	87748			46059	27.6	3816	65	西　安
	2528				1405	3.0			铜　川
	9418				6719	6.0	2114	13	宝　鸡
8571	10423	10423			8571	6.0	878	21	咸　阳
	4133	4133			2067	5.0	36	1	兴　平
3883	5700	4200			3883	6.0	25	10	渭　南
559	565	565			559				韩　城
	745	745			376				华　阴
1778	2842	2842			1778				延　安
3432	5618	5618			3432				汉　中
	2476	2476			1622				榆　林
1167	1985	1985			1167				安　康
	1800	1800			900				商　洛
954	1890	1890			954				杨陵区

11-3 续表 20

城市名称 Name of Cities	污水排放量(万立方米) Annual Quantity of Wastewater Discharged (10,000 m^3)	排水管道长度(公里) Length of Drainage Piplines (km)	污水管道 Sewers	雨水管道 Rainwater Drainage Pipeline	雨污合流管道 Combined Drainage Pipeline	污水处理厂 座数(座) Number of Wastewater Treatment Plant (unit)	二、三级处理 Secondary and Tertiary Treatment	处理能力(万立方米/日) Treatment Capacity (10,000 m^3/day)	二、三级处理 Secondary and Tertiary Treatment	处理量(万立方米) Quantity of Wastewater Treated (10,000 m^3)
甘　肃	**39211**	**5016**	**2032**	**1375**	**1609**	**22**	**20**	**137.2**	**125.2**	**29785**
兰　州	18512	2180	866	1074	240	5	5	71.9	71.9	15574
嘉峪关	2923	381	381			1	1	2.5	2.5	640
金　昌	1952	96	92	4		1	1	8.0	8.0	1871
白　银	4464	172	40	28	104	2	2	6.6	6.6	1524
天　水	2400	315	58		258	2	2	12.0	12.0	2026
武　威	1295	160	60		100	1		9.0		1244
张　掖	1653	285	12	12	260	1	1	4.0	4.0	1440
平　凉	1157	393	263	87	43	1	1	5.0	5.0	985
酒　泉	1568	297			297	1	1	4.0	4.0	1468
玉　门	528	142	26		116	1	1	1.0	1.0	425
敦　煌	568	59			59	1	1	3.0	3.0	562
庆　阳	585	194	60	54	81	1	1	2.0	2.0	528
定　西	450	135	79	51	5	1	1	3.0	3.0	408
陇　南	333	56	17	23	16	1	1	1.5	1.5	329
临　夏	570	113	54	37	23	1		3.0		510
合　作	253	39	24	5	10	1	1	0.7	0.7	251
青　海	**17700**	**1469**	**796**	**598**	**75**	**8**	**8**	**34.2**	**34.2**	**10476**
西　宁	10820	818	469	329	20	4	4	25.1	25.1	7802
海　东	360	94	35	59		1	1	0.6	0.6	257
玉　树	162	92	50	42		1	1	1.5	1.5	88
格尔木	3393	214	207	6	0	1	1	5.0	5.0	1381
德令哈	2965	252	35	162	55	1	1	2.0	2.0	948
宁　夏	**27114**	**1460**	**317**	**141**	**1002**	**11**	**9**	**65.5**	**50.5**	**21462**
银　川	14872	574	13	32	529	5	4	35.0	30.0	14019
灵　武	870	110	10	10	89	1	1	3.5	3.5	790
石嘴山	2477	113			113	1		10.0		2414

Continued 20

Wastewater Treatment Plant			其他污水处理设施 Other Wastewater Treatment Facilities		污水处理总量 (万立方米)	再生水 Recycled Water			
二、三级处理 Secondary and Tertiary Treated	干污泥产生量 (吨) Quantity of Dry Sludge Produced (ton)	干污泥处置量 (吨) Quantity of Dry Sludge Treated (ton)	处理能力 (万立方米/日) Treatment Capacity (10,000 m^3/day)	处理量 (万立方米) Quantity of Wastewater Treated (10,000 m^3)	Total Quantity of Wastewater Treated (10,000 m^3)	生产能力 (万立方米/日) Recycled Water Production Capacity (10,000 m^3/day)	利用量 (万立方米) Annual Quantity of Wastewater Recycled and Reused (10,000 m^3)	管道长度 (公里) Length of Piplines (km)	城市名称 Name of Cities
28031	**67275**	**52221**	**23.8**	**3545**	**33330**	**16.0**	**2161**	**148**	**甘　　肃**
15574	46685	32684			15574				兰　　州
640	1220	1220	16.0	1866	2506	1.7	603	61	嘉 峪 关
1871	1871	1871			1871	6.4	790	16	金　　昌
1524	2145	2145	7.8	1679	3203				白　　银
2026	3122	3122			2026				天　　水
	2130	2130			1244				武　　威
1440	1548	1548			1440	0.3	85	26	张　　掖
985	1050				985	1.1	395	3	平　　凉
1468	2580	2580			1468	4.0	100	7	酒　　泉
425	840	840			425				玉　　门
562	660	660			562				敦　　煌
528	1054	1054			528	2.0	6	33	庆　　阳
408	685	685			408				定　　西
329	440	437			329				陇　　南
	920	920			510				临　　夏
251	325	325			251	0.5	182	3	合　　作
10476	**12868**	**12868**			**10476**	**2.6**	**649**	**57**	**青　　海**
7802	8600	8600			7802	0.3	10	3	西　　宁
257	288	288			257				海　　东
88	166	166			88				玉　　树
1381	2658	2658			1381	2.3	639	54	格 尔 木
948	1156	1156			948				德 令 哈
17175	**66828**	**66828**		**3587**	**25049**	**20.3**	**1535**	**281**	**宁　　夏**
12146	57447	57447			14019				银　　川
790	1580	1580			790	3.0	169	6	灵　　武
	1673	1673			2414	7.0	719	10	石 嘴 山

11-3 续表 21

城市名称 Name of Cities	污水排放量(万立方米) Annual Quantity of Wastewater Discharged (10,000 m^3)	排水管道长度(公里) Length of Drainage Piplines (km)	污水管道 Sewers	雨水管道 Rainwater Drainage Pipeline	雨污合流管道 Combined Drainage Pipeline	污水处理厂 座数(座) Number of Wastewater Treatment Plant (unit)	二、三级处理 Secondary and Tertiary Treatment	处理能力(万立方米/日) Treatment Capacity (10,000 m^3/day)	二、三级处理 Secondary and Tertiary Treatment	处理量(万立方米) Quantity of Wastewater Treated (10,000 m^3)
吴　忠	2555	138	138			1	1	8.0	8.0	2350
青铜峡	4931	132	40	48	45	1	1	3.0	3.0	671
固　原	682	294	116	50	129	1	1	2.0	2.0	494
中　卫	727	97			97	1	1	4.0	4.0	724
新　疆	**63843**	**5997**	**3792**	**143**	**2062**	**39**	**32**	**232.1**	**196.9**	**54385**
乌鲁木齐	20899	1442	1315	127		8	7	73.1	63.1	17133
克拉玛依	6546	435	24	16	396	6	4	27.1	17.1	6225
吐鲁番	600	131	30		101	1		4.0		387
哈　密	1500	371	371			1	1	10.0	10.0	1284
昌　吉	1800	245	24		221	1	1	10.0	10.0	1720
阜　康	599	186	186			2	2	2.1	2.1	582
博　乐	514	254	254			1	1	1.5	1.5	450
阿拉山口	1728	39	39			1	1	0.8	0.8	312
库尔勒	6314	325			325	2	2	22.5	22.5	6017
阿克苏	2348	240			240	1		9.0		2300
阿图什	509	53	48		5	1	1	1.0	1.0	383
喀　什	2769	160			160	1	1	8.0	8.0	2758
和　田	1396	117	117			1	1	4.0	4.0	1187
伊　宁	3180	513	148		365	1	1	13.0	13.0	2306
奎　屯	1443	248	248			1	1	4.8	4.8	1003
乌　苏	1059	154	154			1	1	3.0	3.0	848
塔　城	615	141	141			1	1	2.0	2.0	542
阿勒泰	570	86	86			1	1	3.0	3.0	565
石河子	6243	406	376		31	1	1	20.0	20.0	5712
阿拉尔	1470	96	36		61	2	1	8.0	6.0	1406
图木舒克	148	119	119			1	1	0.4	0.4	85
五家渠	659	55			55	1	1	3.0	3.0	600
北　屯	589	106	30		75	1	1	1.6	1.6	580
铁门关	125	45	45							
双　河	220	29	2		28	1		0.2		

Continued 21

Wastewater Treatment Plant			其他污水处理设施 Other Wastewater Treatment Facilities		污水处理总量(万立方米) Total Quantity of Wastewater Treated (10,000 m^3)	再生水 Recycled Water			城市名称 Name of Cities
二、三级处理 Secondary and Tertiary Treated	干污泥产生量(吨) Quantity of Dry Sludge Produced (ton)	干污泥处置量(吨) Quantity of Dry Sludge Treated (ton)	处理能力(万立方米/日) Treatment Capacity (10,000 m^3/day)	处理量(万立方米) Quantity of Wastewater Treated (10,000 m^3)		生产能力(万立方米/日) Recycled Water Production Capacity (10,000 m^3/day)	利用量(万立方米) Annual Quantity of Wastewater Recycled and Reused (10,000 m^3)	管道长度(公里) Length of Piplines (km)	
2350	3720	3720			2350	3.0	121	28	吴　忠
671	676	676		3587	4258	2.8	220	21	青铜峡
494	976	976			494	1.5	58	6	固　原
724	756	756			724	3.0	248	209	中　卫
47058	**69538**	**32722**	**2.3**	**676**	**55061**	**66.9**	**8215**	**220**	**新　疆**
14942	30136		1.7	610	17743	46.5	4868	142	乌鲁木齐
4222	4347	4347			6225	6.4	1123	38	克拉玛依
	390				387				吐鲁番
1284	1800	1800			1284	5.0	239	6	哈　密
1720	2184	2184	0.2	65	1785				昌　吉
582	760	760			582				阜　康
450	450	440			450				博　乐
312	350	350			312				阿拉山口
6017	6455	1560			6017	7.5	1460	12	库尔勒
	2000	2000			2300				阿克苏
383	383	300			383				阿图什
2758	2800	2800			2758				喀　什
1187	1200				1187				和　田
2306	4321	4321			2306				伊　宁
1003	1050	1050			1003				奎　屯
848	848	848			848				乌　苏
542	542	520			542				塔　城
565	925	925			565	1.5	525	22	阿勒泰
5712	7020	7020			5712				石河子
960	806	806			1406				阿拉尔
85	80				85				图木舒克
600	620	620			600				五家渠
580	71	71			580				北　屯
			0.4	1	1				铁门关
									双　河

十二、城市园林绿化

12. Urban Landscaping

简要说明

城市绿地指以自然植被和人工植被为主要存在形态的城市用地。它包含两个层次的内容：一是城市建设用地范围内用于绿化的土地；二是城市建设用地之外，对城市生态、景观和居民休闲生活具有积极作用、绿化环境较好的区域。

本部分主要反映城市的园林绿化情况，如绿化覆盖面积、园林绿地面积、公园面积等。

从 2006 年起，根据最新的《城市绿地分类标准》，不再统计公共绿地面积指标，改为公园绿地面积，比原公共绿地面积范围略大。

Brief Introduction

Urban green land refers to urban useable land covered by natural or planted vegetation. It has two implications: one refers to urban construction land specifically designated for landscaping, the other refers to green areas, which are non-construction land and play an active role in protecting urban ecology, and landscape and provide comfortable environment for the people.

This section includes main indicators such as green coverage area, area of green space, and area of park, etc..

Since 2006, according to the latest Standard on Category of Urban Green Space, area of public recreational green space instead of area of public green space is included in statistics.

12 全国历年城市园林绿化情况(1981−2014)
National Urban Landscaping in Past Years(1981-2014)

计量单位：公顷 Measurement Unit:Hectare

年 份 Year	建成区绿化覆盖面积 Built District Green Coverage Area	建成区绿地面积 Built District Area of Parks and Green Space	公园绿地面积 Area of Public Recreational Green Space	公园面积 Park Area	人均公园绿地面积(平方米) Public Recreational Green Space Per Capita (m^2)	建成区绿化覆盖率(%) Green Coverage Rate of Built District (%)	建成区绿地率(%) Green Space Rate of Built District (%)
1981		110037	21637	14739	1.50		
1982		121433	23619	15769	1.65		
1983		135304	27188	18373	1.71		
1984		146625	29037	20455	1.62		
1985		159291	32766	21896	1.57		
1986		153235	42255	30740	1.84	16.9	
1987		161444	47752	32001	1.90	17.1	
1988		180144	52047	36260	1.76	17.0	
1989		196256	52604	38313	1.69	17.8	
1990	246829		57863	39084	1.78	19.2	
1991	282280		61233	41532	2.07	20.1	
1992	313284		65512	45741	2.13	21.0	
1993	354127		73052	48621	2.16	21.3	
1994	396595		82060	55468	2.29	22.1	
1995	461319		93985	72857	2.49	23.9	
1996	493915	385056	99945	68055	2.76	24.43	19.05
1997	530877	427766	107800	68933	2.93	25.53	20.57
1998	567837	466197	120326	73198	3.22	26.56	21.81
1999	593698	495696	131930	77137	3.51	27.58	23.03
2000	631767	531088	143146	82090	3.69	28.15	23.67
2001	681914	582952	163023	90621	4.56	28.38	24.26
2002	772749	670131	188826	100037	5.36	29.75	25.80
2003	881675	771730	219514	113462	6.49	31.15	27.26
2004	962517	842865	252286	133846	7.39	31.66	27.72
2005	1058381	927064	283263	157713	7.89	32.54	28.51
2006	1181762	1040823	309544	208056	8.3(9.3)	35.11	30.92
2007	1251573	1110330	332654	202244	8.98	35.29	31.30
2008	1356467	1208448	359468	218260	9.71	37.37	33.29
2009	1494486	1338133	401584	235825	10.66	38.22	34.17
2010	1612458	1443663	441276	258177	11.18	38.62	34.47
2011	1718924	1545985	482620	285751	11.80	39.22	35.27
2012	1812488	1635240	517815	306245	12.26	39.59	35.72
2013	1907490	1719361	547356	329842	12.64	39.70	35.78
2014	2017348	1819960	582392	367926	13.08	40.22	36.29

注：1.自2006年起，“公共绿地”统计为“公园绿地”。
2.自2006年起，“人均公共绿地面积”统计为以城区人口和城区暂住人口合计为分母计算的“人均公园绿地面积”，括号内数据约为与往年同口径数据。

Note: 1.Since 2006,Public Green Space is changed to Public Recreatinal Green Space.
2.Since 2006,Public recreational green space per capita has been calculated based on denominator which combines both permanent and temporary resiclents in urban areas, and the datas in brackets are the same index but calculated by the method of past years.

12-1 2014年全国城市园林绿化分组资料
National Urban Landscaping(2014)

计量单位：公顷 Measurement Unit:Hectare

地区名称 Name of Regions	绿化覆盖面积 Green Coverage Area	建成区 Built District	绿地面积 Area of Parks and Green Space	建成区 Built District	公园绿地面积 Area of Public Recreational Green Space	公园个数（个）Number of Parks (unit)	公园面积 Park Area
全 国 National Total	**2937863**	**2017348**	**2539748**	**1819960**	**582392**	**13074**	**367926**
分类一 Group one							
东部地区 East China	1866932	1127955	1605381	1021095	337386	8388	225268
中部地区 Central China	671083	562523	578229	504588	151188	2573	90025
西部地区 West China	399848	326870	356137	294277	93818	2113	52633
分类二 Group two							
东部地区 East China	1787511	1081121	1532967	980850	326301	8192	217501
中部地区 Central China	608363	515376	520858	461499	134765	2313	77935
西部地区 West China	541989	420852	485923	377612	121327	2569	72490
分类三 Group three							
东部地区 East China	1591389	983973	1410986	890440	299895	7818	203671
中部地区 Central China	472142	402331	399249	358695	104172	1799	62078
西部地区 West China	541989	420852	485923	377612	121327	2569	72490
东北地区 Northeast China	332343	210193	243590	193213	56999	888	29687

12-2 2014年按省分列的城市园林绿化

Urban Landscaping by Province(2014)

计量单位：公顷 Measurement Unit:Hectare

地区名称 Name of Regions	绿化覆盖面积 Green Coverage Area	建成区 Built District	绿地面积 Area of Parks and Green Space	建成区 Built District	公园绿地面积 Area of Public Recreational Green Space	公园个数（个） Number of Parks (unit)	公园面积 Park Area
全　国	**2937863**	**2017348**	**2539748**	**1819960**	**582392**	**13074**	**367926**
北　京	86945	86945	80223	80223	28798	282	28798
天　津	27843	27843	25307	25307	7652	94	2124
河　北	90136	76870	79393	69881	23541	479	16373
山　西	46692	43987	40448	38719	12253	259	9417
内蒙古	62720	47148	57372	43090	16423	260	12090
辽　宁	196122	97148	121982	90410	26406	374	13829
吉　林	50909	48821	45263	43908	13912	183	6231
黑龙江	85312	64224	76346	58895	16681	331	9626
上　海	136427	38382	125741	33878	17789	161	2301
江　苏	297376	171265	265543	157696	42901	883	21879
浙　江	149641	101425	132619	91370	26155	1106	15949
安　徽	107540	75569	89512	67868	18909	348	11303
福　建	67984	56767	60396	51719	14475	557	11402
江　西	55327	53586	50809	49983	13955	310	8596
山　东	232174	188277	205208	168473	51952	790	32621
河　南	98862	90995	85661	79482	23834	306	12002
湖　北	96603	78675	75546	69068	20866	329	11206
湖　南	67118	59519	57273	53576	14355	247	9555
广　东	486241	223676	421884	200717	83195	3408	70151
广　西	79421	46834	72414	40245	11086	196	7767
海　南	16623	12522	14672	11176	3437	58	2074
重　庆	57805	50000	52515	46030	21107	307	10751
四　川	92272	83145	82116	74435	22191	466	12369
贵　州	41085	24587	35721	22634	7906	63	5066
云　南	41284	37266	37309	33590	9113	646	6673
西　藏	5630	5530	4195	4144	725	59	723
陕　西	44104	39143	36354	33005	10999	191	5417
甘　肃	26404	24010	22342	21510	7320	116	4079
青　海	5442	5235	5340	5142	1786	29	949
宁　夏	24944	16760	23195	16076	4897	73	2282
新　疆	60879	41194	57050	37711	7774	163	4325

注：本表中北京市的各项绿化数据均为该市调查面积内数据。
Note: All the greening-related data for Beijing Municipality in the Table are those for the areas surveyed in the city.

12-3 2014年按城市分列的城市园林绿化
Urban Landscaping by City(2014)

计量单位：公顷 Measurement Unit:Hectare

城市名称 Name of Cities	绿化覆盖面积 Green Coverage Area	建成区 Built District	绿地面积 Area of Parks and Green Space	建成区 Built District	公园绿地面积 Area of Public Recreational Green Space	公园个数(个) Number of Parks (unit)	公园面积 Park Area
全　国	**2937863**	**2017348**	**2539748**	**1819960**	**582392**	**13074**	**367926**
北　京	**86945**	**86945**	**80223**	**80223**	**28798**	**282**	**28798**
天　津	**27843**	**27843**	**25307**	**25307**	**7652**	**94**	**2124**
河　北	**90136**	**76870**	**79393**	**69881**	**23541**	**479**	**16373**
石家庄	12932	11629	11430	10494	4320	88	4158
晋　州	680	625	620	575	159	6	47
新　乐	592	474	481	415	85	9	74
唐　山	10251	10251	9624	9624	2978	56	1779
遵　化	1417	1049	1245	930	266	8	230
迁　安	1931	1670	1777	1632	510	16	470
秦皇岛	5491	4783	5258	4522	2018	30	1130
邯　郸	9340	5768	8092	5316	2984	28	2069
武　安	1566	1566	1375	1375	375	7	285
邢　台	6362	3845	4415	3320	1175	16	1054
南　宫	630	630	561	561	176	10	142
沙　河	747	542	704	512	140	6	88
保　定	6129	5912	5737	5601	1328	26	871
涿　州	1341	1128	1004	988	281	11	96
安　国	468	448	382	382	96	4	58
高碑店	625	625	556	556	112	1	30
张家口	3831	3731	3392	3332	1085	26	844
承　德	4876	4820	4406	4331	1371	48	1229
沧　州	2527	2526	2211	2210	602	14	192
泊　头	758	758	645	645	152	3	47
任　丘	2013	1714	1501	1465	382	5	69
黄　骅	1630	1172	1279	1032	262	5	103
河　间	833	803	728	718	235	7	55
廊　坊	4634	2932	4411	2708	716	7	285
霸　州	743	738	664	661	203	3	111
三　河	739	724	625	620	215	4	58
衡　水	1973	1973	1797	1797	448	12	362
冀　州	1556	730	1314	695	210	5	250
深　州	805	748	799	646	146	6	63
辛　集	1195	1103	1051	960	161	4	37
定　州	1522	1453	1308	1258	352	8	87

12-3 续表 1 continued 1

计量单位：公顷 Measurement Unit:Hectare

城市名称 Name of Cities	绿化覆盖面积 Green Coverage Area	建成区 Built District	绿地面积 Area of Parks and Green Space	建成区 Built District	公园绿地面积 Area of Public Recreational Green Space	公园个数（个） Number of Parks (unit)	公园面积 Park Area
山　西	**46692**	**43987**	**40448**	**38719**	**12253**	**259**	**9417**
太　原	13365	13365	11738	11738	3828	47	3313
古　交	673	650	583	583	133	2	84
大　同	4845	4845	4352	4352	1107	13	1320
阳　泉	3941	2621	2272	2262	648	18	541
长　治	3494	2719	3135	2440	924	4	127
潞　城	333	333	284	284	72	3	24
晋　城	2642	2382	2642	1702	561	58	561
高　平	739	739	683	639	157	5	112
朔　州	1934	1782	1598	1588	430	8	334
晋　中	2518	2518	2229	2229	816	9	565
介　休	730	730	637	637	169	7	128
运　城	1827	1817	1688	1678	452	10	426
永　济	959	946	793	790	242	7	242
河　津	1056	1035	1017	1010	330	2	11
忻　州	1156	1156	1006	1006	480	5	471
原　平	372	372	350	350	67		
临　汾	2019	2018	1834	1833	645	8	335
侯　马	878	878	871	871	201	9	72
霍　州	418	415	378	377	134	1	95
吕　梁	960	957	846	844	352	10	299
孝　义	1199	1087	972	969	386	5	245
汾　阳	634	622	540	537	121	28	112
内蒙古	**62720**	**47148**	**57372**	**43090**	**16423**	**260**	**12090**
呼和浩特	11027	9263	9279	8216	3267	46	2918
包　头	8392	8114	7841	7556	2400	28	1936
乌　海	2641	2636	2544	2528	1036	19	683
赤　峰	4083	4076	3760	3753	1823	35	528
通　辽	2590	2590	2337	2337	907	7	788
霍林郭勒	750	610	701	511	185	6	135
鄂尔多斯	11902	4885	11432	4455	1817	56	1466
呼伦贝尔	2084	2083	1961	1957	703	7	518
满洲里	950	949	824	821	274	4	48
牙克石	685	669	671	640	217	1	66
扎兰屯	2402	722	2381	702	188	1	68
额尔古纳	478	412	428	376	58	3	23
根　河	614	613	555	555	118	1	73
巴彦淖尔	1964	1960	1932	1862	712	7	211
乌兰察布	6715	2346	5822	2161	1187	14	1393
丰　镇	925	892	877	848	404	6	167

12-3 续表 2 continued 2

计量单位：公顷　　Measurement Unit:Hectare

城市名称 Name of Cities	绿化覆盖面积 Green Coverage Area	建成区 Built District	绿地面积 Area of Parks and Green Space	建成区 Built District	公园绿地面积 Area of Public Recreational Green Space	公园个数(个) Number of Parks (unit)	公园面积 Park Area
乌兰浩特	1554	1552	1299	1297	501	4	436
阿尔山	537	356	411	205	193	5	208
二连浩特	988	985	878	874	125	4	120
锡林浩特	1439	1436	1439	1436	310	6	305
辽　宁	**196122**	**97148**	**121982**	**90410**	**26406**	**374**	**13829**
沈　阳	29482	19427	28724	17757	7282	66	3138
新　民	505	505	458	457	192	5	70
大　连	18759	17733	18341	17310	3660	90	2115
瓦房店	1559	1415	1384	1165	464	6	428
普兰店	1484	879	1018	769	190	6	171
庄　河	1608	1590	1474	1452	424	9	269
鞍　山	6599	6599	6508	6508	1883	11	501
海　城	1226	1033	915	625	223	3	101
抚　顺	6688	5671	5130	5130	1382	16	842
本　溪	87378	5500	23480	5332	980	14	439
丹　东	2515	2071	2187	2005	725	11	662
东　港	813	794	643	641	142	2	34
凤　城	884	629	461	461	169	1	35
锦　州	4415	3240	3081	3075	1228	22	784
凌　海	615	528	406	406	145	4	105
北　镇	464	406	405	387	53	1	60
营　口	4420	4335	4064	3979	1021	13	654
盖　州	1007	1007	981	981	203	3	203
大石桥	1193	1193	1095	1095	270	4	206
阜　新	3517	3280	3127	2940	970	17	651
辽　阳	4373	4373	4087	4087	847	11	215
灯　塔	527	495	478	449	156	3	111
盘　锦	3030	3030	2809	2809	902	8	400
铁　岭	2242	2242	2068	2068	539	10	317
调兵山	922	753	698	698	164	4	108
开　原	1082	1026	929	903	299	4	153
朝　阳	2819	1500	1363	1353	586	7	234
北　票	608	527	516	516	154	1	60
凌　源	765	744	762	743	171	3	171
葫芦岛	3199	3199	3117	3117	750	12	444
兴　城	1423	1423	1273	1193	232	7	149

12-3 续表 3 continued 3

计量单位：公顷 Measurement Unit:Hectare

城市名称 Name of Cities	绿化覆盖面积 Green Coverage Area	建成区 Built District	绿地面积 Area of Parks and Green Space	建成区 Built District	公园绿地面积 Area of Public Recreational Green Space	公园个数(个) Number of Parks (unit)	公园面积 Park Area
吉　林	**50909**	**48821**	**45263**	**43908**	**13912**	**183**	**6231**
长　春	19156	18244	16848	16046	5119	51	1720
九　台	699	690	623	623	172	3	87
榆　树	507	465	495	462	233	2	32
德　惠	660	594	660	660	208	4	65
吉　林	8538	8038	6808	6808	1537	8	489
蛟　河	432	432	366	366	182	6	175
桦　甸	683	683	680	680	274	3	17
舒　兰	412	390	396	354	155	1	14
磐　石	591	591	558	558	120	2	117
四　平	1842	1827	1801	1801	551	7	424
双　辽	326	326	270	270	94	1	94
辽　源	1853	1853	1809	1809	451	11	323
通　化	1803	1803	1564	1564	550	7	381
集　安	243	243	204	204	85	6	81
白　山	1300	1277	1073	1047	405	9	147
临　江	370	351	317	310	217	4	137
松　原	2129	2104	2149	2055	854	13	413
扶　余	185	185	168	168	55		
白　城	1376	1343	1259	1184	366	5	234
洮　南	696	686	629	619	145	1	17
大　安	464	434	371	371	234	1	143
延　吉	1500	1412	1371	1283	490	4	148
图　们	334	334	290	289	91	4	73
敦　化	1611	1435	1354	1354	527	12	326
珲　春	722	722	712	712	173	2	150
龙　井	502	470	424	421	130	7	8
和　龙	258	258	227	227	53	1	2
公主岭	617	607	536	525	197	2	40
梅河口	1100	1024	1300	1138	245	6	375
黑龙江	**85312**	**64224**	**76346**	**58895**	**16681**	**331**	**9626**
哈尔滨	14473	14219	13452	13172	4346	90	1868
双　城	1385	510	445	445	230	1	47
尚　志	291	276	273	273	145	3	112
五　常	1052	455	403	403	198	4	184
齐齐哈尔	6187	5391	6097	5301	1091	19	615
讷　河	395	395	361	361	129	1	60
鸡　西	3179	3179	2803	2803	775	7	539
虎　林	431	430	319	319	109	7	60
密　山	695	472	504	410	114	3	114
鹤　岗	3096	2244	2886	2033	824	7	652

12-3 续表 4 continued 4

计量单位：公顷 Measurement Unit:Hectare

城市名称 Name of Cities	绿化覆盖面积 Green Coverage Area	建成区 Built District	绿地面积 Area of Parks and Green Space	建成区 Built District	公园绿地面积 Area of Public Recreational Green Space	公园个数(个) Number of Parks (unit)	公园面积 Park Area
双鸭山	2736	2526	2310	2128	690	15	284
大庆	25483	11113	22355	9890	2153	13	599
伊春	4667	4482	4702	4435	1572	36	1397
铁力	669	669	641	641	189	6	72
佳木斯	4031	4031	3873	3873	847	18	828
同江	445	425	380	380	103	4	103
富锦	533	464	423	423	93	2	5
七台河	2752	2734	2467	2449	483	16	366
牡丹江	5298	3063	5182	2969	809	19	619
绥芬河	1037	1037	894	894	123	17	155
海林	609	550	529	440	140	14	120
宁安	405	405	357	357	110	3	63
穆棱	384	384	281	281	121	6	73
黑河	807	807	717	708	194	7	202
北安	527	527	473	473	167	2	75
五大连池	76	76	64	64	44	1	44
绥化	1167	1101	993	912	305	3	126
安达	414	358	340	340	87	4	23
肇东	1670	1483	1425	1321	416	2	200
海伦	419	419	397	397	74	1	21
上海	**136427**	**38382**	**125741**	**33878**	**17789**	**161**	**2301**
江苏	**297376**	**171265**	**265543**	**157696**	**42901**	**883**	**21879**
南京	95554	32416	88069	29540	9115	120	6861
无锡	19320	14056	18543	13060	3648	38	1290
江阴	5239	5019	4810	4608	540	16	276.75
宜兴	4629	3286	4278	3053	754	15	1170
徐州	15966	11039	15462	10324	2761	70	1700
新沂	2267	1444	2069	1392	307	8	66
邳州	2346	1924	1813	1722	498	4	397
常州	9659	8756	8813	7957	2036	29	716
溧阳	1483	1184	1307	1065	263	8	154
金坛	1075	922	981	834	224	5	128
苏州	26876	18866	21596	17010	4461	164	1992
常熟	4785	4424	4482	4114	817	13	546
张家港	3322	3022	2826	2740	580	8	313
昆山	3774	3179	3421	2896	610	127	846
太仓	3436	2072	2584	1955	324	4	256
南通	9213	8085	8286	7513	2592	32	538

12-3 续表 5 continued 5

计量单位：公顷 Measurement Unit:Hectare

城市名称 Name of Cities	绿化覆盖面积 Green Coverage Area	建成区 Built District	绿地面积 Area of Parks and Green Space	建成区 Built District	公园绿地面积 Area of Public Recreational Green Space	公园个数（个） Number of Parks (unit)	公园面积 Park Area
启　东	1093	1067	1022	997	220	8	132
如　皋	2169	1368	1887	1291	392	7	210
海　门	1129	994	1076	938	298	5	36
连云港	20590	6402	20251	5992	1174	22	423
淮　安	8975	6138	6573	5661	1925	9	289
盐　城	5328	4484	4793	4080	1393	37	864
东　台	2060	1468	1886	1385	416	3	59
大　丰	1176	1159	1125	1104	227	15	254
扬　州	8235	5914	6928	5596	1966	12	350
仪　征	1632	1607	1456	1456	202	3	37
高　邮	1121	1068	989	962	219	3	20
镇　江	8209	5692	7920	5331	1659	24	627
丹　阳	1807	1332	1668	1237	354	3	32
扬　中	1068	532	1042	495	169	6	122
句　容	1075	1025	1048	992	189	4	116
泰　州	8123	4040	3716	3676	869	18	423
兴　化	1760	1520	1633	1408	275	18	146
靖　江	1612	1407	1496	1281	259	6	84
泰　兴	1103	1030	1061	938	252	4	36
宿　迁	10168	3324	8634	3093	913	15	369
浙　江	**149641**	**101425**	**132619**	**91370**	**26155**	**1106**	**15949**
杭　州	34513	19066	31370	17537	5977	193	2102
建　德	409	372	375	338	147	15	72
富　阳	1150	965	1013	849	327	14	196
临　安	10367	626	9548	605	261	11	128
宁　波	12393	11811	11390	10811	1983	123	939
余　姚	2379	2087	2104	1859	481	28	425
慈　溪	2256	1745	1912	1572	673	39	166
奉　化	884	764	976	702	401	26	139
温　州	8380	8239	7265	7117	2393	50	1766
瑞　安	901	882	794	778	358	7	242
乐　清	1347	791	1264	689	491	25	126
嘉　兴	5659	4800	5265	4440	1164	61	921
海　宁	2712	2003	2678	1800	323	15	164
平　湖	1264	1020	1114	882	225	16	116
桐　乡	2066	1811	1854	1613	370	5	66
湖　州	5188	4792	4458	4384	1467	43	811
绍　兴	10648	8367	7352	7209	1927	75	2374
诸　暨	2682	1513	2166	1341	368	15	235

12-3 续表 6 continued 6

计量单位：公顷 Measurement Unit:Hectare

城市名称 Name of Cities	绿化覆盖面积 Green Coverage Area	建成区 Built District	绿地面积 Area of Parks and Green Space	建成区 Built District	公园绿地面积 Area of Public Recreational Green Space	公园个数(个) Number of Parks (unit)	公园面积 Park Area
嵊 州	1682	1490	1479	1311	317	7	304
金 华	2960	2947	2766	2756	722	34	405
兰 溪	1283	1283	1179	1179	246	16	158
义 乌	4149	4149	3641	3641	869	30	478
东 阳	1543	1532	1344	1342	421	20	342
永 康	1501	1483	1335	1301	221	9	58
衢 州	2894	2856	2547	2496	517	58	496
江 山	768	721	693	683	189	4	35
舟 山	15358	2366	13374	2068	771	32	557
台 州	6040	5711	5606	5263	1235	68	1012
温 岭	1824	1434	1600	1253	371	25	298
临 海	1762	1751	1731	1722	454	17	376
丽 水	1562	1533	1413	1364	375	15	338
龙 泉	1117	514	1015	467	113	10	105
安 徽	**107540**	**75569**	**89512**	**67868**	**18909**	**348**	**11303**
合 肥	18428	18170	16704	16201	4751	51	2361
巢 湖	1830	1790	1830	1758	420	26	266
芜 湖	6440	6295	6210	5702	1620	22	1105
蚌 埠	5788	4938	4417	4337	1189	17	983
淮 南	4710	4210	4468	3898	1294	10	574
马 鞍 山	5915	4028	5621	3780	1087	15	350
淮 北	4129	3581	4174	3463	1235	7	1042
铜 陵	5360	3223	5133	3045	642	7	486
安 庆	11480	3587	3536	3480	865	10	247
桐 城	914	894	824	824	224	7	224
黄 山	14092	2929	13171	2460	530	28	401
滁 州	4644	3365	4037	3083	537	20	258
天 长	1354	1210	1266	1091	278	8	292
明 光	426	348	253	216	95	15	81
阜 阳	4804	3795	4282	3302	932	9	304
界 首	1237	587	344	333	83	2	70
宿 州	3901	3166	2924	2856	657	21	428
六 安	3140	2819	2828	2528	844	19	528
亳 州	2066	1961	1585	1565	416	14	250
池 州	1910	1562	1419	1238	518	8	370
宣 城	3866	2064	3572	1822	468	18	468
宁 国	1105	1046	914	887	224	14	215

12-3 续表 7 continued 7

计量单位：公顷 Measurement Unit:Hectare

城市名称 Name of Cities	绿化覆盖面积 Green Coverage Area	建成区 Built District	绿地面积 Area of Parks and Green Space	建成区 Built District	公园绿地面积 Area of Public Recreational Green Space	公园个数(个) Number of Parks (unit)	公园面积 Park Area
福建	**67984**	**56767**	**60396**	**51719**	**14475**	**557**	**11402**
福州	11581	10894	10919	10031	3054	84	3054
福清	2097	2024	2117	1838	473	34	429
长乐	1108	905	966	874	350	79	405
厦门	19699	12604	18248	11172	3351	100	2418
莆田	2572	2572	2237	2237	710	20	337
三明	1835	1576	1628	1453	308	6	154
永安	1092	1073	997	979	197	8	155
泉州	8516	8515	7946	7945	1749	36	821
石狮	1460	1460	1300	1300	429	9	325
晋江	1670	1669	1512	1511	380	10	380
南安	1262	1261	1095	1095	321	13	316
漳州	2655	2650	2503	2480	680	31	585
龙海	880	839	794	781	280	12	253
南平	1325	1315	1187	1179	288	14	268
邵武	903	805	762	754	180	10	172
武夷山	2833	381	417	361	117	22	126
建瓯	571	563	557	548	155	14	133
建阳	502	490	467	461	171	2	80
龙岩	2235	2075	1934	1934	398	21	231
漳平	607	552	474	465	140	5	131
宁德	1169	1134	1052	1050	391	9	343
福安	568	566	524	511	184	14	136
福鼎	844	844	760	760	170	4	150
江西	**55327**	**53586**	**50809**	**49983**	**13955**	**310**	**8596**
南昌	11027	11025	10490	10483	3005	27	766
景德镇	4064	4064	3895	3895	738	12	481
乐平	999	942	999	900	308	9	179
萍乡	2061	2061	1972	1972	474	15	351
九江	5251	5251	5011	5011	1163	18	668
瑞昌	835	791	732	711	227	5	82
共青城	657	632	650	631	138	3	96
新余	3790	3759	3678	3647	835	29	822
鹰潭	1385	1385	1218	1218	310	14	271
贵溪	1255	1172	1217	1056	182	13	154
赣州	5795	5463	5031	4821	1306	33	1038
瑞金	1047	1034	978	962	715	6	488
吉安	3072	2427	2362	2189	729	10	568
井冈山	457	450	438	437	215	5	192
宜春	2958	2958	2791	2791	876	14	418

12-3 续表 8 continued 8

计量单位：公顷

Measurement Unit:Hectare

城市名称 Name of Cities	绿化覆盖面积 Green Coverage Area	建成区 Built District	绿地面积 Area of Parks and Green Space	建成区 Built District	公园绿地面积 Area of Public Recreational Green Space	公园个数(个) Number of Parks (unit)	公园面积 Park Area
丰　城	2214	2214	2014	2014	429	20	317
樟　树	1265	1156	1090	1037	315	14	131
高　安	1236	1206	1170	1140	348	2	60
抚　州	3102	2739	2519	2515	893	26	853
上　饶	2323	2323	2062	2062	632	24	600
德　兴	534	534	492	492	117	11	62
山　东	**232174**	**188277**	**205208**	**168473**	**51952**	**790**	**32621**
济　南	15233	15233	13337	13337	3162	37	2557
章　丘	1836	1835	1669	1668	452	7	222
青　岛	31735	21939	28805	19483	4741	91	2988
胶　州	2429	2273	2118	1970	506	7	175
即　墨	2742	2551	2452	2309	723	9	301
平　度	2560	2360	2115	1908	576	9	115
莱　西	1607	1467	1334	1287	460	9	321
淄　博	18092	11629	17009	9773	2568	33	916
枣　庄	8958	6239	7043	5556	1421	40	1704
滕　州	1925	1890	1837	1690	454	16	291
东　营	7519	5089	7199	4782	1572	40	2301
烟　台	12683	12626	12485	12307	3524	27	628
龙　口	2443	1863	1635	1634	428	10	223
莱　阳	1807	1793	1542	1542	470	1	73
莱　州	1761	1745	1614	1596	544	30	220
蓬　莱	1462	1091	1140	981	277	7	109
招　远	1380	1350	1232	1230	351	9	348
栖　霞	622	608	580	570	215	4	41
海　阳	1557	1448	1416	1391	380	6	401
潍　坊	10162	7180	9900	6989	2278	21	815
青　州	2558	2286	2468	2140	841	16	148
诸　城	3798	2087	2977	1836	1090	13	592
寿　光	3111	1764	2860	1568	803	11	606
安　丘	2280	2052	1911	1721	853	5	709
高　密	2312	2014	1872	1830	653	5	175
昌　邑	1513	1226	1125	1048	320	3	280
济　宁	8869	6587	7623	6148	1854	30	2264
曲　阜	1094	1061	954	837	307	25	379
邹　城	1768	1697	1705	1633	424	12	282
泰　安	5813	5571	5084	4739	1319	12	627
新　泰	3310	3110	3052	3052	1032	17	971
肥　城	1831	1573	1607	1451	515	5	454

12-3 续表 9 continued 9

计量单位：公顷 Measurement Unit:Hectare

城市名称 Name of Cities	绿化覆盖面积 Green Coverage Area	建成区 Built District	绿地面积 Area of Parks and Green Space	建成区 Built District	公园绿地面积 Area of Public Recreational Green Space	公园个数（个） Number of Parks (unit)	公园面积 Park Area
威海	10254	9312	8830	8373	2385	31	1010
荣成	2539	2353	2233	2147	904	12	594
乳山	1636	1502	1436	1369	352	8	101
日照	4385	4329	4155	4106	1503	23	780
莱芜	6440	5367	6263	4872	1187	22	1034
临沂	12473	8663	11028	7797	3965	38	4041
德州	7214	6365	6070	5349	2169	25	385
乐陵	1527	1465	1165	1139	347	4	235
禹城	1339	1339	1119	1105	299	9	98
聊城	5970	4250	3457	3403	1088	16	802
临清	1384	1153	1155	936	417	7	183
滨州	5751	5054	4887	4312	1381	18	650
菏泽	4491	3887	3711	3561	842	10	472
河南	**98862**	**90995**	**85661**	**79482**	**23834**	**306**	**12002**
郑州	18165	16590	15168	14401	4456	74	2260
巩义	1265	1228	1145	1111	459	2	118
荥阳	883	882	691	691	172	3	100
新密	831	827	678	670	204	2	110
新郑	1130	1129	925	915	231	3	145
登封	876	837	719	709	190	9	98
开封	5020	4039	4451	3735	974	13	254
洛阳	8179	8178	6712	6708	2077	14	767
偃师	683	678	637	625	161	4	153
平顶山	3155	2928	2620	2454	968	14	393
舞钢	697	656	620	592	147	2	76
汝州	1033	1032	823	822	214	4	179
安阳	3188	3142	2725	2718	725	11	156
林州	893	853	808	768	201	2	99
鹤壁	2539	2538	2267	2263	688	9	380
新乡	4512	4512	4208	4206	780	16	131
卫辉	761	759	632	631	112	1	19
辉县	777	767	686	677	153	5	71
焦作	4225	4225	3678	3678	854	14	727
沁阳	489	484	330	329	118	3	25
孟州	592	590	510	508	149	2	125
濮阳	2174	2083	1992	1785	697	9	598
许昌	3375	3370	3076	2967	520	5	150
禹州	1514	1371	1236	1151	325	4	238
长葛	869	858	677	661	283	3	137

12-3 续表 10 continued 10

计量单位：公顷　　Measurement Unit:Hectare

城市名称 Name of Cities	绿化覆盖面积 Green Coverage Area	建成区 Built District	绿地面积 Area of Parks and Green Space	建成区 Built District	公园绿地面积 Area of Public Recreational Green Space	公园个数(个) Number of Parks (unit)	公园面积 Park Area
漯　河	2520	2396	1957	1957	825	13	191
三门峡	1304	1302	1197	1194	482	6	508
义　马	613	583	502	483	197	4	195
灵　宝	801	784	696	680	196	1	74
南　阳	6290	3769	6395	4213	2666	9	2139
邓　州	1201	1151	1021	995	239	2	55
商　丘	2654	2639	2251	2239	610	9	337
永　城	1667	1582	1434	1372	483	9	393
信　阳	5050	3764	4467	3278	747	5	118
周　口	2891	2555	2455	2107	367	5	201
项　城	1202	1182	1002	1001	321	3	96
驻马店	2891	2880	2504	2453	490	4	74
济　源	1953	1853	1765	1735	356	8	112
湖　北	**96603**	**78675**	**75546**	**69068**	**20866**	**329**	**11206**
武　汉	21668	21668	18679	18679	7017	74	3110
黄　石	2835	2835	2668	2668	934	16	567
大　冶	770	770	684	684	245	3	235
十　堰	12591	3199	3168	3068	676	11	415
丹江口	1116	1116	1013	1013	213	5	213
宜　昌	6699	6699	5955	5955	1253	36	709
宜　都	1284	1038	927	875	224	4	121
当　阳	852	780	781	670	162	5	144
枝　江	723	723	630	630	188	2	158
襄　阳	6525	5361	4691	4691	1260	10	422
老河口	1327	1189	1084	1036	232	6	152
枣　阳	1454	1336	1090	1045	428	3	47
宜　城	945	925	850	815	224	2	59
鄂　州	2076	2076	1771	1771	633	5	232
荆　门	2198	2198	1858	1858	527	6	265
钟　祥	836	821	760	743	270	4	232
孝　感	1723	1547	1846	1317	371	6	284
应　城	774	617	676	533	156	3	46
安　陆	855	757	752	668	176	7	94
汉　川	1128	984	1010	1010	246	4	248
荆　州	2894	2894	2578	2578	777	24	760
石　首	831	820	719	713	134	2	117
洪　湖	1894	1662	1789	1532	414	6	30
松　滋	618	618	537	537	149	2	50
黄　冈	1897	1752	1666	1642	441	3	168

12-3 续表 11 continued 11

计量单位：公顷 Measurement Unit:Hectare

城市名称 Name of Cities	绿化覆盖面积 Green Coverage Area	建成区 Built District	绿地面积 Area of Parks and Green Space	建成区 Built District	公园绿地面积 Area of Public Recreational Green Space	公园个数（个） Number of Parks (unit)	公园面积 Park Area
麻城	1091	1058	945	933	230	4	192
武穴	671	642	578	576	318	4	54
咸宁	3963	2732	3682	2373	535	9	482
赤壁	1080	1006	989	897	239	10	245
随州	4788	1963	4597	1522	450	6	216
广水	635	515	464	453	339	4	213
恩施	1772	1288	1633	1134	253	5	192
利川	433	433	388	387	164	4	34
仙桃	2673	1669	1470	1444	368	5	182
潜江	1866	1866	1635	1635	361	5	185
天门	1119	1119	981	981	262	24	333
湖南	**67118**	**59519**	**57273**	**53576**	**14355**	**247**	**9555**
长沙	11813	11813	10164	10164	3256	26	1779
浏阳	906	906	770	770	149	3	101
株洲	5627	5627	5342	5342	1239	19	1239
醴陵	1087	1011	985	902	237	4	145
湘潭	4957	3265	2997	2967	736	9	166
湘乡	773	773	680	680	196	2	143
韶山	378	223	356	203	53	2	25
衡阳	4239	4239	3947	3947	987	27	852
耒阳	1582	1582	1359	1359	321	2	58
常宁	620	410	396	346	126	2	52
邵阳	2750	2250	2129	1850	670	8	570
武冈	855	635	611	545	196	4	186
岳阳	4602	3802	4350	3650	628	9	465
汨罗	625	625	566	566	117	2	185
临湘	633	493	574	423	220	1	98
常德	3803	3803	3422	3422	1001	14	786
津市	626	599	541	512	107	8	123
张家界	1576	1302	1389	1139	198	7	95
益阳	3962	2681	3548	2564	1017	39	513
沅江	548	476	470	437	97	4	72
郴州	3395	3395	3127	3127	712	11	534
资兴	911	911	862	862	151	1	80
永州	2630	2447	2346	2190	496	5	131
怀化	2198	2176	1987	1955	397	6	299
洪江	871	251	216	216	81	5	81
娄底	2781	1883	2039	1646	457	14	313
冷水江	977	845	969	837	211	6	211
涟源	750	458	564	388	56	2	36
吉首	642	639	568	568	243	5	218

12-3 续表 12 continued 12

计量单位：公顷 Measurement Unit:Hectare

城市名称 Name of Cities	绿化覆盖面积 Green Coverage Area	建成区 Built District	绿地面积 Area of Parks and Green Space	建成区 Built District	公园绿地面积 Area of Public Recreational Green Space	公园个数(个) Number of Parks (unit)	公园面积 Park Area
广　东	**486241**	**223676**	**421884**	**200717**	**83195**	**3408**	**70151**
广　州	143349	42948	132448	36929	22292	245	5180
增　城	1639	1498	1385	1385	621	13	621
从　化	576	576	560	560	459	8	409
韶　关	4425	4425	4133	4133	697	24	697
乐　昌	449	449	389	389	137	7	137
南　雄	557	432	401	401	117	6	117
深　圳	98805	40123	97442	34881	18152	889	21953
珠　海	33048	7071	8533	6504	3359	164	2779
汕　头	10528	10528	10100	10100	3632	28	1198
佛　山	9571	6285	9154	5906	2617	190	1961
江　门	11864	6923	11540	6612	2354	93	2318
台　山	1669	1040	1806	928	359	14	258
开　平	1432	1432	1271	1271	335	9	246
鹤　山	785	766	735	726	179	10	159
恩　平	1410	1365	1476	1269	285	8	280
湛　江	5846	4446	4048	4014	1155	32	1155
廉　江	1030	1018	1019	1009	669	5	668
雷　州	965	688	684	676	171	6	143
吴　川	912	634	609	598	261	7	207
茂　名	4300	3896	3663	3641	806	25	681
高　州	1850	1210	1023	1023	393	11	338
化　州	885	885	760	760	97	5	127
信　宜	2710	975	2390	750	265	6	265
肇　庆	7466	3375	5352	2851	1194	18	3778
高　要	804	804	773	770	267	2	146
四　会	906	662	767	661	214	5	55
惠　州	9017	9017	8128	8128	2663	64	1924
梅　州	2465	2267	2045	1957	619	15	448
兴　宁	2163	970	2054	952	499	8	509
汕　尾	665	665	647	647	308	13	308
陆　丰	1906	625	756	605	171	1	3
河　源	1515	1515	1388	1388	379	21	379
阳　江	1923	1788	1823	1645	458	25	458
阳　春	960	765	862	712	220	6	338
清　远	2517	2517	2196	2196	746	28	597
英　德	1164	1164	1120	1120	447	21	447

12-3 续表 13 continued 13

计量单位：公顷 Measurement Unit:Hectare

城市名称 Name of Cities	绿化覆盖面积 Green Coverage Area	建成区 Built District	绿地面积 Area of Parks and Green Space	建成区 Built District	公园绿地面积 Area of Public Recreational Green Space	公园个数（个） Number of Parks (unit)	公园面积 Park Area
连　州	547	547	522	522	198	13	198
东　莞	95797	41720	82594	38895	10475	1210	14530
中　山	4366	4366	3781	3697	1280	54	929
潮　州	3603	2959	2835	2596	886	27	887
揭　阳	4241	3548	3946	3287	1798	31	1420
普　宁	2582	2215	2133	2015	218	15	198
云　浮	1510	1053	1303	993	376	22	486
罗　定	1522	1522	1289	614	369	4	217
广　西	**79421**	**46834**	**72414**	**40245**	**11086**	**196**	**7767**
南　宁	42510	14072	39811	11373	3449	28	2835
柳　州	8430	7532	7573	6496	2098	30	1327
桂　林	2849	2849	2555	2555	949	14	597
梧　州	3180	2169	3015	2080	501	14	465
岑　溪	691	566	566	477	174	4	174
北　海	2917	2917	2454	2454	447	16	414
防城港	1234	1175	1034	1016	133	4	79
东　兴	261	261	257	254	98	3	30
钦　州	3367	3018	2893	2612	243	7	49
贵　港	1677	1674	1568	1567	521	4	196
桂　平	470	469	468	431	111	3	12
玉　林	2758	2467	2588	2139	660	15	635
北　流	1370	860	1228	747	220	13	186
百　色	1723	1521	1340	1339	292	6	161
贺　州	1093	1062	1007	928	201	8	201
河　池	657	612	602	601	159	5	100
宜　州	537	514	390	378	162	6	38
来　宾	1367	1280	1296	1239	297	4	47
合　山	432	275	250	248	57	3	39
崇　左	1183	1092	920	896	174	4	48
凭　祥	715	448	600	415	140	5	135
海　南	**16623**	**12522**	**14672**	**11176**	**3437**	**58**	**2074**
海　口	6487	6487	5745	5745	1714	19	853
三　亚	1711	1711	1571	1571	718	7	489
五指山	285	284	252	251	47	4	34
琼　海	1061	979	917	917	241	3	233
儋　州	4732	1220	4524	1095	210	9	170
文　昌	1075	612	608	581	138	10	138
万　宁	413	413	300	300	221	4	47
东　方	859	816	754	715	148	2	110

12-3 续表 14 continued 14

计量单位：公顷 Measurement Unit:Hectare

城市名称 Name of Cities	绿化覆盖面积 Green Coverage Area	建成区 Built District	绿地面积 Area of Parks and Green Space	建成区 Built District	公园绿地面积 Area of Public Recreational Green Space	公园个数(个) Number of Parks (unit)	公园面积 Park Area
重　庆	**57805**	**50000**	**52515**	**46030**	**21107**	**307**	**10751**
四　川	**92272**	**83145**	**82116**	**74435**	**22191**	**466**	**12369**
成　都	22156	21664	19757	19629	6899	81	2465
都江堰	1825	1825	1567	1567	432	6	192
彭　州	762	762	594	594	251	1	13
邛　崃	827	827	719	719	208	4	208
崇　州	1264	1264	1115	1115	199	1	3
自　贡	4483	4375	3958	3850	1187	16	571
攀枝花	2905	2852	2711	2652	660	16	431
泸　州	5148	4511	4628	3976	1051	32	907
德　阳	2882	2882	2490	2490	574	11	358
广　汉	1957	1955	1711	1707	239	9	116
什　邡	591	546	424	424	140	2	7
绵　竹	605	575	491	491	122	3	18
绵　阳	4582	4543	4306	4267	1145	10	468
江　油	1356	1348	1170	1170	350	4	138
广　元	2030	2011	1937	1937	469	13	278
遂　宁	5926	2543	5948	2365	587	24	347
内　江	2813	2480	2514	2251	584	4	80
乐　山	3461	2427	3083	2131	504	64	430
峨眉山	882	882	818	818	211	9	134
南　充	5060	4750	4224	4090	1190	21	1100
阆　中	1137	1117	988	968	265	8	235
眉　山	2347	2123	2057	1869	531	10	115
宜　宾	3902	3082	3335	2710	703	9	504
广　安	1971	1925	1718	1683	598	12	211
华　蓥	304	285	299	211	100	2	97
达　州	2658	2192	2551	1968	950	14	979
万　源	631	631	540	540	282	5	286
雅　安	2118	1266	1115	1099	254	19	192
巴　中	1456	1288	1447	1241	409	8	290
资　阳	1748	1748	1611	1611	329	6	202
简　阳	961	960	818	818	294	8	516
西　昌	1524	1508	1472	1472	474	34	479

12-3 续表 15 continued 15

计量单位：公顷 Measurement Unit:Hectare

城市名称 Name of Cities	绿化覆盖面积 Green Coverage Area	建成区 Built District	绿地面积 Area of Parks and Green Space	建成区 Built District	公园绿地面积 Area of Public Recreational Green Space	公园个数（个） Number of Parks (unit)	公园面积 Park Area
贵州	**41085**	**24587**	**35721**	**22634**	**7906**	**63**	**5066**
贵阳	23578	13007	22159	12783	4104	13	2568
清镇	716	716	670	670	95	1	7
六盘水	1523	988	1111	513	550	7	620
遵义	2671	2602	2320	2320	994	6	534
赤水	477	272	372	258	64	2	15
仁怀	480	402	410	323	202	1	1
安顺	3122	1032	3124	927	136	2	90
铜仁	1004	968	962	943	177	6	73
兴义	1245	764	762	686	258	5	58
毕节	1216	1181	1186	1160	488	4	213
凯里	4072	1721	1759	1187	510	7	684
都匀	590	585	583	581	193	6	129
福泉	391	349	304	283	135	3	74
云南	**41284**	**37266**	**37309**	**33590**	**9113**	**646**	**6673**
昆明	17345	16890	15951	15549	3912	463	3206
安宁	1233	1233	1110	1110	387	6	118
曲靖	2248	2066	1926	1891	534	5	100
宣威	1301	1236	1216	1120	268	3	156
玉溪	1195	1195	1055	1055	308	3	29
保山	1043	992	871	846	215	2	107
昭通	1152	975	721	695	192	6	140
丽江	988	942	961	893	423	48	397
普洱	1025	1025	977	977	237	3	233
临沧	732	732	649	649	195	13	181
楚雄	1768	1501	1498	1290	452	6	436
个旧	615	456	481	415	237	2	163
开远	924	828	814	719	231	20	231
蒙自	3398	1119	3523	1035	189	13	161
弥勒	932	918	844	803	234	4	187
文山	880	810	799	779	172	5	191
景洪	1319	1319	1149	1147	291	5	145
大理	1491	1491	1292	1292	287	17	267
瑞丽	982	825	841	696	148	15	148
芒市	712	712	629	629	201	7	76
西藏	**5630**	**5530**	**4195**	**4144**	**725**	**59**	**723**
拉萨	3353	3253	2554	2554	312	56	263
昌都	97	97	74	74	36		
日喀则	2180	2180	1567	1516	377	3	460

12-3 续表 16 continued 16

计量单位：公顷 Measurement Unit:Hectare

城市名称 Name of Cities	绿化覆盖面积 Green Coverage Area	建成区 Built District	绿地面积 Area of Parks and Green Space	建成区 Built District	公园绿地面积 Area of Public Recreational Green Space	公园个数(个) Number of Parks (unit)	公园面积 Park Area
陕　西	**44104**	**39143**	**36354**	**33005**	**10999**	**191**	**5417**
西　安	20456	18700	16777	14916	4621	75	2373
铜　川	1958	1911	1874	1690	464	14	58
宝　鸡	4619	3559	3935	3281	1006	26	850
咸　阳	3087	2900	2756	2475	1431	5	490
兴　平	769	766	670	669	248	2	80
渭　南	1856	1790	1626	1573	550	4	358
韩　城	922	699	680	608	158	7	36
华　阴	571	570	508	507	101	8	49
延　安	1502	1493	1384	1383	391	12	259
汉　中	1453	1300	1063	1017	576	3	78
榆　林	2779	2455	2298	2153	679	5	531
安　康	1695	1695	1575	1575	427	19	137
商　洛	1419	568	517	485	163	6	109
杨 陵 区	1019	738	692	673	185	5	9
甘　肃	**26404**	**24010**	**22342**	**21510**	**7320**	**116**	**4079**
兰　州	7548	7534	6966	6906	2253	19	1547
嘉 峪 关	2700	2696	2616	2611	446	8	483
金　昌	1472	1472	1303	1302	367	2	248
白　银	2130	2110	1908	1894	399	14	391
天　水	1635	1635	1438	1438	491	21	353
武　威	713	711	710	689	483	5	96
张　掖	2640	2131	2075	2011	1393	3	108
平　凉	2082	1274	1561	1115	264	6	133
酒　泉	1822	1813	1489	1479	401	7	292
玉　门	428	333	359	317	162	4	55
敦　煌	599	595	539	533	148	9	67
庆　阳	807	801	698	692	133	2	23
定　西	428	426	320	307	212	3	164
陇　南	986	82	119	47	36	8	11
临　夏	342	330	145	133	91	3	90
合　作	72	68	98	36	40	2	17
青　海	**5442**	**5235**	**5340**	**5142**	**1786**	**29**	**949**
西　宁	3556	3413	3467	3361	1517	22	845
海　东	248	248	180	180	46	2	39
玉　树	245	245	380	379	71		
格 尔 木	677	614	669	606	93	3	33
德 令 哈	716	715	644	615	59	2	32

12-3 续表 17 continued 17

计量单位：公顷 Measurement Unit:Hectare

城市名称 Name of Cities	绿化覆盖面积 Green Coverage Area	建成区 Built District	绿地面积 Area of Parks and Green Space	建成区 Built District	公园绿地面积 Area of Public Recreational Green Space	公园个数（个） Number of Parks (unit)	公园面积 Park Area
宁　夏	**24944**	**16760**	**23195**	**16076**	**4897**	**73**	**2282**
银　川	8694	6506	8507	6502	2404	20	660
灵　武	1430	477	1351	432	126	3	94
石嘴山	8553	4092	6793	3611	1055	9	411
吴　忠	2559	2035	2677	1982	444	15	375
青铜峡	1174	1172	1298	1143	237	5	116
固　原	1098	1098	1085	1085	234	6	93
中　卫	1436	1380	1484	1320	396	15	533
新　疆	**60879**	**41194**	**57050**	**37711**	**7774**	**163**	**4325**
乌鲁木齐	26902	15870	25931	14574	3282	28	1080
克拉玛依	4615	2986	4504	2699	419	28	364
吐鲁番	830	814	694	684	143	7	140
哈　密	1713	1588	1574	1445	267	4	44
昌　吉	2351	2351	2113	2113	381	9	339
阜　康	754	754	666	666	125	4	48
博　乐	766	745	729	709	246	2	185
阿拉山口	96	96	80	80	14	2	4
库尔勒	7571	2852	7338	2764	493	4	247
阿克苏	1594	1563	1552	1521	434	5	267
阿图什	555	245	227	227	23	1	23
喀　什	2175	2175	1970	1970	338	6	206
和　田	489	432	364	308	120	4	120
伊　宁	1486	1453	1317	1317	312	7	217
奎　屯	1391	1083	1026	967	153	4	149
乌　苏	1135	797	912	683	80	5	95
塔　城	813	561	798	542	118	7	118
阿勒泰	1248	600	1235	588	192	7	101
石河子	1707	1707	1511	1511	329	14	286
阿拉尔	645	580	600	535	72	2	72
图木舒克	410	410	373	373	32	4	81
五家渠	665	652	610	597	77	3	54
北　屯	738	738	698	698	49	5	69
铁门关	197	110	196	109	64		
双　河	33	33	33	33	12	1	15

十三、国家级风景名胜区
13. State-Level Scenic Spots and Historic Sites

简要说明

本部分主要反映经国务院审定公布的国家级风景名胜区的资料，包括风景名胜区的面积，游人量，经营收支，固定资产投资等内容。

2014 年底，全国国家级风景名胜区共有 225 处。下列风景名胜区因分由多个地区管理，故分别填报，如八达岭—十三陵按八达岭、十三陵分别填报，壶口瀑布由山西省和陕西省分报，长江三峡由重庆市和湖北省分报，王屋山—云台山按王屋山、云台山分别填报，岳阳楼洞庭湖风景区中福寿山—汨罗江单独填报，黄龙寺—九寨沟分别按黄龙、九寨沟填报。

Brief Introduction

This section mainly includes information about state-level scenic spots and historic sites approved and announced the state council, and covers indicators such as area, number of tourists, income revenue, expenditure, investment in fixed assets etc..

By the end of 2014, there were a total of 225 national scenic spots across the country. Some of the scenic spots are administered by multiple regions, therefore, data have been reported by the administering regions respectively. For instance, data of Badaling-Ming Tomb has been reported by Badaling and Ming Tomb respectively, data of Hukou Falls has been reported by Shanxi and Shaanxi Province respectively, data of the Three Gorges of Yangtze River has been reported by Chongqing Municipality and Hubei Province respectively, data of Mount Wangwu-Mount Yuntai has been reported by Mount Wangwu and Mount Yuntai respectively, data of Fushou Mountain-Miluo River within the Yueyang Tower-Dongting Lake Scenic Spot has been presented independently, and data of Huanglong Temple-Jiuzhaigou has been reported by Huanglong and Jiuzhaigou respectively.

13 2014年全国国家级风景名胜区

风景名胜区名称 Name of Scenic Spots	风景名胜区面积(平方公里) Area of Scenic Spots (km²)	供游览面积 Tourism-Only Area	游人量(万人次) Number of Visits (10,000 person-times)	境外游人 Visits by Foreign Tourists	景区资金收入合计(万元) Total Revenues of Scenic Spots (10,000 RMB)	国家拨款 Financial Allocation from Central Government
全国	**99057**	**41596**	**77594.60**	**2456.20**	**5641522**	**567921**
北京	**263**	**46**	**1361.50**	**49.70**	**62352**	**6578**
石花洞	85	40	67.60		8900	1500
十三陵	123	3	488.10	9.80	25868	4545
八达岭	55	3	805.80	39.90	27584	533
天津	**106**	**10**	**148.90**	**0.50**	**10062**	**1512**
盘山	106	10	148.90	0.50	10062	1512
河北	**4043**	**2800**	**4317.70**	**51.40**	**167130**	**1330**
西柏坡——天桂山	256	205	780.00	0.70	92000	
苍岩山	63	10	54.00	0.50	3000	80
嶂石岩	120	39	8.00		315	190
秦皇岛北戴河	366	160	1470.70	25.10	43353	
响堂山	35	2	10.00	1.00	100	
娲皇宫	132	56	400.00	3.00	2860	500
太行大峡谷	17	6	15.00	0.10	342	
崆山白云洞	161	23	65.00		1660	260
野三坡	499	499	315.00	5.00	13000	
承德避暑山庄外八庙	2394	1800	1200.00	16.00	10500	300
山西	**1384**	**237**	**662.30**	**5.30**	**36055**	**2816**
恒山	148	16	90.30		6300	
五老峰	300	30	14.00		1230	680
五台山	593	56	437.50	0.60	21989	
黄河壶口瀑布	110	25	32.00	2.10	3000	500
碛口	145	60	30.20	2.30	1636	1636
北武当山	88	50	58.30	0.30	1900	
内蒙古	**489**	**103**	**33.00**	**0.20**	**263**	
扎兰屯	489	103	33.00	0.20	263	
辽宁	**1744**	**1212**	**2321.20**	**30.60**	**200360**	**2916**
大连海滨——旅顺口	232	78	808.40	5.70	15717	
金石滩	39	13	500.00	9.20	150000	
鞍山千山	126	72	131.00	4.00	7023	866
本溪水洞	45	19	71.80		4227	
鸭绿江	824	824	240.00	11.00	6380	200
青山沟	150	82	16.00		1828	
凤凰山	217	60	32.00	0.10	2735	400
医巫闾山	64	59	402.00	0.40	10800	
兴城海滨	47	5	120.00	0.20	1650	1450

State-Level Scenic Spots and Historic Sites across The Country (2014)

经营收入 Operational Income (10,000 RMB)	门票 Ticket Fees	景区资金支出合计(万元) Total Expenditure of Scenic Spots (10,000 RMB)	经营支出 Operational Expenditure	固定资产投资完成额 Completed Investment in Fixed Assets	维护支出 Maintenance Expenditure	风景名胜区名称 Name of Scenic Spots
4560812	**2161769**	**5310453**	**2711283**	**2077325**	**577087**	**全国**
48564	**44422**	**61436**	**4634**	**38929**	**2783**	**北京**
1100	1100	5000	3000	1000	1000	石花洞
20504	17891	25674	94	23453	1320	十三陵
26960	25431	30762	1540	14476	463	八达岭
8550	**4436**	**9914**	**1181**	**8733**	**772**	**天津**
8550	4436	9914	1181	8733	772	盘山
140775	**82720**	**169827**	**131846**	**35181**	**20373**	**河北**
67000	25000	108500	95000	13500	9500	西柏坡——天桂山
2920	920	3600	1000	2600	300	苍岩山
125	125	1300	800	300	200	嶂石岩
43353	30056	14901	6011	8890	6785	秦皇岛北戴河
75	75	651	500	51	20	响堂山
2360	1616	3839	2136	1703	700	娲皇宫
342	328	526	9	517	68	太行大峡谷
1400	1400	1420	800	620	300	崆山白云洞
13000	13000	25190	25190			野三坡
10200	10200	9900	400	7000	2500	承德避暑山庄外八庙
25241	**17043**	**25760**	**3980**	**15469**	**10469**	**山西**
6300	6300	6300	1320	4980	3927	恒山
550	480	1400	880	520	50	五老峰
14801	7188	15100		9289	5812	五台山
2390	2390	90	30	60	60	黄河壶口瀑布
		1520	1400	120	120	碛口
1200	685	1350	350	500	500	北武当山
263		**263**		**263**	**85**	**内蒙古**
263		263		263	85	扎兰屯
194792	**69094**	**58055**	**23524**	**31413**	**11122**	**辽宁**
15717	7308	15034	6128	7926	672	大连海滨——旅顺口
150000	45000	18241	14283	3953	3953	金石滩
6157	3601	6929	530	6399	1899	鞍山千山
4227	4227	4324	141	4183	435	本溪水洞
5528	3556	3971	1462	2506	1002	鸭绿江
1828	1102	1526	730	796	81	青山沟
2335	2300	1450	120	1200	130	凤凰山
8800	2000	5000		3000	1500	医巫闾山
200		1580	130	1450	1450	兴城海滨

13 续表 1

风景名胜区名称 Name of Scenic Spots	风景名胜区面积(平方公里) Area of Scenic Spots (km²)	供游览面积 Tourism-Only Area	游人量(万人次) Number of Visits (10,000 person-times)	境外游人 Visits by Foreign Tourists	景区资金收入合计(万元) Total Revenues of Scenic Spots (10,000 RMB)	国家拨款 Financial Allocation from Central Government
吉林	**828**	**158**	**227.40**	**8.40**	**14212**	**200**
"八大部"——净月潭	96	9	120.00	6.10	4000	200
松花湖	550	127	92.80	1.00	10000	
防川	139	7	10.60	1.30	162	
仙景台	43	15	4.00		50	
黑龙江	**2874**	**1322**	**367.00**	**20.00**	**117949**	**34872**
太阳岛	88	88	162.00		8797	160
镜泊湖	1726	514	82.00		22452	5212
五大连池	1060	720	123.00	20.00	86700	29500
江苏	**3323**	**297**	**6960.80**	**195.10**	**198696**	**15282**
南京钟山	36	36	1270.00	15.00	24731	12000
太湖	3091	108	4485.40	153.00	137988	1900
云台山	167	145	301.00	12.00	8672	360
蜀岗瘦西湖	12	6	413.40	2.10	22983	
三山	17	2	491.00	13.00	4322	1022
浙江	**4288**	**1613**	**11295.00**	**366.50**	**357635**	**118484**
富春江——新安江	1423	413	3056.90	8.40	89145	9024
杭州西湖	59	38	2910.00	259.10	132480	86982
雪窦山风景名胜	380	140	408.00	23.80	11846	
楠溪江	671	328	440.00	0.70	9980	6974
雁荡山	448	111	779.70	3.90	11381	2630
百丈漈——飞云湖	137	23	72.90	16.50	7144	2500
莫干山	43	10	27.10	2.10	6730	1000
天姥山	143	48	264.20	5.60	7237	10
浣江——五泄	74	45	178.00	5.00	6000	120
双龙	80	60	87.20	6.10	4802	1683
大红岩	51	51	49.00	0.10	1071	130
方岩	152	88	50.10	1.80	3357	
江郎山	67	17	28.50	5.70	4973	774
普陀山	41	41	1107.60	4.50	40909	3312
嵊泗列岛	37	3	365.40	1.30	1895	
天台山	132	95	828.00	5.30	4766	566
仙居	158	32	260.00	5.20	6793	300
方山——长屿硐天	26	26	168.40	9.80	4759	2479
仙都	166	44	214.00	1.60	2367	

Continued 1

经营收入 Operational Income (10,000 RMB)	门票 Ticket Fees	景区资金支出合计(万元) Total Expenditure of Scenic Spots (10,000 RMB)	经营支出 Operational Expenditure	固定资产投资完成额 Completed Investment in Fixed Assets	维护支出 Maintenance Expenditure	风景名胜区名称 Name of Scenic Spots
13712	**1339**	**6880**	**3966**	**2392**	**570**	**吉林**
3500	300	3800	1300	2000	500	"八大部"——净月潭
10000	836	300		300		松花湖
162	162	2730	2656	52	50	防川
50	41	50	10	40	20	仙景台
73393	**13966**	**128864**	**52928**	**66356**	**27065**	**黑龙江**
8515	7319	8080	196	5295	2625	太阳岛
14938	3247	35784	16732	15612	3440	镜泊湖
49940	3400	85000	36000	45449	21000	五大连池
177377	**56336**	**217339**	**104235**	**96339**	**19967**	**江苏**
12731	9781	24752	6347	2596	1468	南京钟山
130051	17359	134554	76840	57714	8001	太湖
8312	8196	8006	1420	5630	5400	云台山
22983	19030	44927	19628	25299	1786	蜀岗瘦西湖
3300	1970	5100		5100	3312	三山
230928	**161548**	**372694**	**164889**	**204650**	**53284**	**浙江**
80121	47463	76620	42027	33054	7774	富春江——新安江
45498	30262	122779	33100	89679	33221	杭州西湖
11846	8444	45586	30956	14630	302	雪窦山风景名胜
3006	3006	3914	3914			楠溪江
8751	8619	11706	1912	9434	1625	雁荡山
2494	2494	8336	6790	986	560	百丈漈——飞云湖
5730	2167	5758	1028	4730	334	莫干山
7227	6755	6080	3080	2960	1989	天姥山
3000	2150	18600	15000	3000	600	浣江——五泄
3119	3033	6364	3252	3112	1753	双龙
498	443	453	119	334	17	大红岩
3357	2039	3612	345	3212	1123	方岩
1449	1288	1869	953	916	260	江郎山
37597	32447	45821	15724	30096	461	普陀山
1895	1895	1400	800	600	450	嵊泗列岛
4200	644	667	65	602	200	天台山
6493	3829	4230	869	3361	948	仙居
2280	2203	3099	755	2344	67	方山——长屿硐天
2367	2367	5800	4200	1600	1600	仙都

13 续表 2

风景名胜区名称 Name of Scenic Spots	风景名胜区面积(平方公里) Area of Scenic Spots (km²)	供游览面积 Tourism-Only Area	游人量(万人次) Number of Visits (10,000 person-times)	境外游人 Visits by Foreign Tourists	景区资金收入合计(万元) Total Revenues of Scenic Spots (10,000 RMB)	国家拨款 Financial Allocation from Central Government
安徽	**2229**	**1417**	**1718.90**	**67.50**	**443940**	**16252**
巢湖	1196	800	130.00	0.90	4500	
采石	64	40	58.60		1963	919
天柱山	102	102	85.00	7.00	136845	2400
花亭湖	258	169	40.00	0.50	12000	1650
黄山	161	60	297.10	14.40	233143	3679
花山谜窟——渐江	81	7	18.30	1.10	1293	
齐云山	110	60	39.30	2.00	4660	2000
琅琊山	115	37	101.00	2.00	4953	1695
九华山	120	120	900.10	32.40	40083	3659
太极洞	22	22	49.50	7.20	4500	250
福建	**1325**	**757**	**4456.40**	**145.60**	**360566**	**70468**
鼓山	50	28	802.00	30.00	2121	1916
十八重溪	62	17	15.00		195	30
青云山	52	30	30.30	1.00	3030	
海坛	71	25	182.30		860	480
鼓浪屿——万石山	104	21	2206.70	58.50	48105	24029
湄洲岛	49	49	342.00		269176	39176
玉华洞	45	10	70.50	1.60	1808	110
泰宁	215	215	78.20	22.40	3307	
桃源洞——鳞隐石林	29	29	20.00	1.00	1325	
清源山	62	25	83.70	5.30	3416	1302
灵通山	20	15	19.50	0.20	739	100
宝山	85	43	1.90			
佛子山	52	11	5.50			
武夷山	79	75	307.00	17.40	7612	1502
冠豸山	123	65	26.70	0.40	1665	
鸳鸯溪	66	22	131.50	2.30	7900	50
福安白云山	69	22	23.00		1838	1507
太姥山	92	55	110.60	5.50	7469	266
江西	**3038**	**1413**	**4998.00**	**155.50**	**492773**	**29304**
梅岭——滕王阁	144	105	538.00	2.60	5577	1000
高岭——瑶里	95	46	307.80	1.60	15813	600
武功山	302	198	162.80	9.60	16896	1210
云居山——柘林湖	655	349	188.70	9.80	14763	1200
庐山	330	129	320.00	13.00	156000	3600
仙女湖	195	94	164.10	0.50	58000	
龙虎山	220	40	1020.60	20.00	40623	
三百山	138	94	30.90		1957	
井冈山	333	114	869.30	5.80	54013	

Continued 2

经营收入 Operational Income (10,000 RMB)	门 票 Ticket Fees	景区资金支出合计（万元） Total Expenditure of Scenic Spots (10,000 RMB)	经营支出 Operational Expenditure	固定资产投资完成额 Completed Investment in Fixed Assets	维护支出 Maintenance Expenditure	风景名胜区名称 Name of Scenic Spots
396424	**106474**	**526465**	**188004**	**328600**	**13109**	**安徽**
4500	4500	4500	1200	2000	1300	巢湖
1044	1000	2050	520	1530	366	采石
110000	5800	169872	48532	116845	1130	天柱山
6800	820	12000	6800	1534	714	花亭湖
229464	57226	260624	61823	198801	6240	黄山
1293	1059	1712	749	963	16	花山谜窟——渐江
1360	1300	1100	500	600	240	齐云山
1759	1742	31263	29186	2077	54	琅琊山
36424	29477	39894	37094	2800	1929	九华山
3780	3550	3450	1600	1450	1120	太极洞
290098	**62815**	**222281**	**179445**	**38218**	**13520**	**福建**
205	130	1912	1116	796	200	鼓山
165	150	97	12	85	10	十八重溪
3030	606	2900	500	2200	200	青云山
380	380	856	508	348	55	海坛
24076	23513	26669	6621	16375	2367	鼓浪屿——万石山
230000	9089	161100	161100			湄洲岛
1698	1623	2545	1668	877	44	玉华洞
3307	3307	1948	480	1468	87	泰宁
1325	1325	790	362	360	68	桃源洞——鳞隐石林
2114	2007	3079	935	2144	990	清源山
639	253	694	156	538	135	灵通山
						宝山
		100	100			佛子山
6110	6076	5047	391	4656	3251	武夷山
1665	1665	1458	750	580	128	冠豸山
7850	5200	4200	2000	2200	600	鸳鸯溪
331	288	1377	457	371	165	福安白云山
7203	7203	7509	2289	5220	5220	太姥山
382511	**158499**	**922705**	**721587**	**193682**	**45598**	**江西**
4577	4407	8048	26	1831	450	梅岭——滕王阁
15213	5500	4810	1360	3450	1785	高岭——瑶里
11786	6173	46405	39912	6493	998	武功山
5707	5707	306000	306000			云居山——柘林湖
143950	28620	140340		139920	28720	庐山
16400	16400					仙女湖
40623	40280	55890	41924	13966	680	龙虎山
1957	826	12750	9980	2310	460	三百山
54013	27945	18220	9219	8995	7592	井冈山

13 续表 3

风景名胜区名称 Name of Scenic Spots	风景名胜区面积(平方公里) Area of Scenic Spots (km^2)	供游览面积 Tourism-Only Area	游人量(万人次) Number of Visits (10,000 person-times)	境外游人 Visits by Foreign Tourists	景区资金收入合计(万元) Total Revenues of Scenic Spots (10,000 RMB)	国家拨款 Financial Allocation from Central Government
三清山	230	76	1079.20	61.60	103136	5936
龟峰	97	39	150.10	29.50	7595	1758
灵山	102	36	71.00		14600	13600
神农源	43	11	20.50	1.50	2000	400
大茅山	154	82	75.00		1800	
山东	**884**	**458**	**3862.70**	**68.90**	**197431**	**10138**
泰山	171	131	513.00	24.80	43586	3967
青岛崂山	489	173	1731.70	19.70	34684	673
博山	73	73	380.00	0.70	5000	700
胶东半岛海滨	92	26	1198.00	20.70	110194	2343
青州	59	55	40.00	3.00	3967	2455
河南	**1395**	**1015**	**2451.30**	**60.30**	**131220**	**5227**
郑州黄河	20	17	51.00	1.20	4315	1858
嵩山	152	38	277.00	5.00	21143	
洛阳龙门	9	3	316.00	10.00	34399	21
石人山	268	268	62.00	6.00	1516	
林虑山	310	100	257.40	10.50	7080	1500
云台山	55	45	522.00	22.40	39044	748
青天河	91	80	335.00	1.50	12210	
神农山	90	90	60.60	0.20	6000	1100
桐柏山——淮源	108	82	73.00	0.90	580	
鸡公山	27	27	355.00		2435	
王屋山	265	265	142.30	2.60	2498	
湖北	**1595**	**748**	**1885.00**	**78.50**	**411606**	**95822**
武汉东湖	62	62	494.90	5.50	25711	19354
武当山	312	170	569.30	18.90	310000	70000
长江三峡	180	155	145.00	36.90	16800	
隆中	209	14	66.00	0.50	4904	1889
九宫山	210	60	60.00	1.00	1200	600
陆水	118	80	53.80	2.00	1575	612
大洪山	504	207	496.00	13.70	51416	3367
湖南	**3133**	**1258**	**6944.10**	**243.80**	**627476**	**67131**
岳麓山	35	7	815.00	40.00	11878	8578
沩山	190	120	108.00	0.50	26000	
炎帝陵	112	5	70.00	3.00	2497	
韶山	70	25	1314.00	12.10	350360	
衡山	101	52	435.30	13.10	54300	23000
白水洞	150	20	5.10		417	347

Continued 3

经营收入 Operational Income (10,000 RMB)	门票 Ticket Fees	景区资金支出合计(万元) Total Expenditure of Scenic Spots (10,000 RMB)	经营支出 Operational Expenditure	固定资产投资完成额 Completed Investment in Fixed Assets	维护支出 Maintenance Expenditure	风景名胜区名称 Name of Scenic Spots
79798	14420	295109	285477	9632	1485	三清山
5837	5721	15500	11000	4500	3000	龟峰
		15263	12903	2360	368	灵山
1400	1300	500	240	200	36	神农源
1250	1200	3870	3546	25	24	大茅山
186591	**149780**	**128849**	**19496**	**105040**	**45381**	**山东**
39619	37410	42244	2800	39444	38557	泰山
34011	13298	20050	1146	18904	1325	青岛崂山
3900	1900	5200	1300	2900	1000	博山
107561	95784	57445	12200	41932	3739	胶东半岛海滨
1500	1388	3910	2050	1860	760	青州
121693	**94368**	**178140**	**98365**	**75082**	**23461**	**河南**
2457	2304	2309	33	2276	455	郑州黄河
21143	19395	18808	822	17986	10421	嵩山
34378	27650	84200	71004	13196	6556	洛阳龙门
1516	802	7350	6300	366	304	石人山
5080	4029	17182	12710	2366	1091	林虑山
38296	22370	37444	4155	33289	1767	云台山
12210	12210	1750	860	890		青天河
1100	1100	5162	2141	3000	2036	神农山
580	560	430	340	90	71	桐柏山——淮源
2435	1450	2745		863		鸡公山
2498	2498	760		760	760	王屋山
136940	**59662**	**201013**	**111054**	**72296**	**34264**	**湖北**
6357	5781	19354	820	13695	4839	武汉东湖
64000	36100	98216	56361	35022	19500	武当山
16800	6800	7300	2000	4118	1282	长江三峡
3015	2491	17531	14583	2948	1629	隆中
600	600	1200	300	900	300	九宫山
963	963	1360		1012	320	陆水
45205	6927	56052	36990	14601	6394	大洪山
549952	**156531**	**640471**	**334128**	**144875**	**113149**	**湖南**
2901		11290	390	2901	2414	岳麓山
26000	9828	27700	27000	700	400	沩山
803	650	2682	1305	513	61	炎帝陵
350360	6494	165000	15000	15000	8000	韶山
30400	30400	86176	61614	24562	24562	衡山
30	30	347	280	67	52	白水洞

13 续表 4

风景名胜区名称 Name of Scenic Spots	风景名胜区面积(平方公里) Area of Scenic Spots (km²)	供游览面积 Tourism-Only Area	游人量(万人次) Number of Visits (10,000 person-times)	境外游人 Visits by Foreign Tourists	景区资金收入合计(万元) Total Revenues of Scenic Spots (10,000 RMB)	国家拨款 Financial Allocation from Central Government
虎形山——花瑶	118	50	87.00	0.10		
崀山	108	98	235.00	35.00	22630	4000
南山	187	19	5.80		1100	200
岳阳楼洞庭湖	333	265	205.00	25.00	6500	
福寿山——汨罗江	165	58	60.20	7.50	832	660
桃花源	158	29	51.20	0.90	5455	1704
武陵源	397	211	1539.80	69.80	68217	
苏仙岭——万华岩	46	2	100.00	0.10	5151	2387
东江湖	290	51	33.00	1.30	4018	300
万佛山——侗寨	166	91	220.00		11917	2317
紫鹊界梯田——梅山龙宫	81	53	80.00	1.80	2300	
凤凰	92	5	956.20	31.30	1232	605
猛洞河	226	82	331.30	2.30	26900	23000
德夯	108	15	292.20		25772	33
广东	**713**	**303**	**5555.10**	**20.40**	**106304**	**23937**
白云山	22	18	1920.10	8.10	19793	4152
丹霞山	292	60	284.00	2.70	7285	
梧桐山	32	11	1501.00		16304	12271
西樵山	13	13	105.00		3815	
湖光岩	5	2	101.00	0.80	6029	3698
肇庆星湖	20	13	293.00		8304	
惠州西湖	21	18	1086.00		4974	3816
罗浮山	308	168	265.00	8.80	39800	
广西	**5560**	**1582**	**3858.70**	**208.20**	**69419**	**6066**
桂林漓江	1159	1159	3695.60	200.40	61300	
桂平西山	1400	408	97.50	4.00	2626	666
花山	3001	15	65.60	3.80	5493	5400
海南	**71**	**14**	**1148.00**	**35.70**	**152448**	**3240**
三亚热带海滨	71	14	1148.00	35.70	152448	3240
重庆	**2500**	**912**	**1078.20**	**64.40**	**277268**	**3290**
潭獐峡	80	62	1.60		306	250
重庆缙云山	170	14	16.60	0.20	1566	1317
四面山	213	106	225.60	8.10	116130	1513
金佛山	441	220	91.00	1.00	29359	60
天坑地缝	400	21	140.30	1.00	22822	
芙蓉江	101	86	133.00		6493	
长江三峡	1095	403	470.10	54.10	100592	150

Continued 4

经营收入 Operational Income (10,000 RMB)	门票 Ticket Fees	景区资金支出合计(万元) Total Expenditure of Scenic Spots (10,000 RMB)	经营支出 Operational Expenditure	固定资产投资完成额 Completed Investment in Fixed Assets	维护支出 Maintenance Expenditure	风景名胜区名称 Name of Scenic Spots
		1800	1500	300	300	虎形山——花瑶
13500	5130	8800	6000	2100	700	崀山
900	250	2140	1260	880	400	南山
6500	5500	1800	1000	800	550	岳阳楼洞庭湖
100	80	832	660	60	40	福寿山——汨罗江
3751	2613	4789	1286	3503	2830	桃花源
68217	68217	290400	210200	80200	70110	武陵源
1392	1340	3380	841	2538	132	苏仙岭——万华岩
2932	2828	4298	807	2899	40	东江湖
9600	9600	1842	1743	99	30	万佛山——侗寨
2300	2300	1200		1200	1000	紫鹊界梯田——梅山龙宫
627	627	1232	605	627	627	凤凰
3900	3900	22300	1800	4300	800	猛洞河
25739	6744	2463	837	1626	101	德夯
68898	**30743**	**111421**	**36811**	**71862**	**30525**	**广东**
15641	7225	19632	1882	17750	2300	白云山
6979	5041	7370	685	6602	84	丹霞山
4033	4033	16635	3502	13132	13132	梧桐山
3565	3565	4807	179	4628	2514	西樵山
2331	1767	6572	2145	4427	1800	湖光岩
6591	6591	7600	453	6088	6088	肇庆星湖
1158		4855	230	4622	3635	惠州西湖
28600	2521	43950	27735	14613	972	罗浮山
32003	**15348**	**56410**	**15933**	**33577**	**21008**	**广西**
29950	13936	43500	5000	31600	20600	桂林漓江
1960	1319	7428	5533	1895	403	桂平西山
93	93	5482	5400	82	5	花山
120230	**80113**	**117335**	**24534**	**92800**	**17399**	**海南**
120230	80113	117335	24534	92800	17399	三亚热带海滨
269978	**78338**	**310645**	**182285**	**126228**	**21518**	**重庆**
56		695	245	450	410	潭獐峡
249	249	1563		276	215	重庆缙云山
112617	6258	195080	155810	39270	6147	四面山
27300	1999	31210	5510	25700	3084	金佛山
22822	16135	11913	4588	7325	1456	天坑地缝
6493	6493	3482	1108	2372	479	芙蓉江
100441	47204	66702	15024	50835	9727	长江三峡

13 续表 5

风景名胜区名称 Name of Scenic Spots	风景名胜区面积(平方公里) Area of Scenic Spots (km^2)	供游览面积 Tourism-Only Area	游人量(万人次) Number of Visits (10,000 person-times)	境外游人 Visits by Foreign Tourists	景区资金收入合计(万元) Total Revenues of Scenic Spots (10,000 RMB)	国家拨款 Financial Allocation from Central Government
四川	**16995**	**5116**	**3422.40**	**64.00**	**584686**	**23605**
西岭雪山	375	7	81.20		21944	
青城山——都江堰	150	49	611.80	5.10	31307	747
龙门山	81	35	20.00		90	90
天台山	106	40	38.50	0.20	2213	
剑门蜀道	685	328	433.90	7.90	10987	
白龙湖	482	334	4.40		8	
峨眉山	172	96	1233.00	12.70	359407	
蜀南竹海	103	44	135.00	6.00	6661	
石海洞乡	94	69	35.00	0.80	3477	
光雾山——诺水河	456	310	46.20	0.20	9350	3050
黄龙	1340	700	241.10	2.70	57336	17036
九寨沟	720	55	456.10	17.00	75481	
四姑娘山	560	560	17.30	0.60	3972	2682
贡嘎山	11055	2354	50.20	10.80	1578	
邛海——螺髻山	616	135	18.70		875	
贵州	**3503**	**1596**	**2360.90**	**70.20**	**80975**	**6846**
红枫湖	200	180	10.70	0.30	391	
赤水	328	217	105.00	0.10	7132	44
龙宫	60	8	256.00	45.20	9424	
黄果树	163	47	970.00	5.70	34236	
紫云格凸河穿洞	57	12	62.60	1.50	395	55
九龙洞	56	16	9.40		589	162
石阡温泉群	54	28	63.00			
沿河乌江山峡	102	45	150.00	0.30	100	
马岭河峡谷	450	74	26.00	3.00	1648	348
织金洞	307	23	81.00	0.20	8707	2463
㵲阳河	625	425	18.60	0.10	481	
黎平侗乡	156	104	213.00	4.00	8685	1500
榕江苗山侗水	168	52	65.00	9.80	14	
荔波樟江	119	119	105.00		6530	
瓮安江界河	134	17	219.00		50	50
平塘	350	55	1.30		115	
都匀斗篷山——剑江	88	88	3.60		209	70
九洞天	86	86	1.70		2269	2154
云南	**3806**	**898**	**2489.70**	**229.60**	**276823**	**2195**
昆明滇池	355	55	42.70	7.00	2604	
九乡	167	37	120.00	2.00	7958	
路南石林	350	12	380.00	13.80	66101	1300

Continued 5

经营收入 Operational Income (10,000 RMB)	门票 Ticket Fees	景区资金支出合计(万元) Total Expenditure of Scenic Spots (10,000 RMB)	经营支出 Operational Expenditure	固定资产投资完成额 Completed Investment in Fixed Assets	维护支出 Maintenance Expenditure	风景名胜区名称 Name of Scenic Spots
560605	**307631**	**473046**	**118530**	**150347**	**21946**	**四川**
21944	6778	27779	8900	18879	746	西岭雪山
30560	30299	34839	6798	28041	891	青城山——都江堰
		90		90	50	龙门山
2213	1985	25175	23170	2005	980	天台山
10666	5800	14440	11005	3155	260	剑门蜀道
8	8	458	400	21	21	白龙湖
359252	131782	331477	60888	66737	15794	峨眉山
6661	6661	6581	9	6572	751	蜀南竹海
3477	3207	3101	156	2945	84	石海洞乡
6300	2200	7000	2200	4800	1200	光雾山——诺水河
40300	40300	17457	4300	13157	1125	黄龙
75481	75481					九寨沟
1290	1071	2749	624	2125	30	四姑娘山
1578	1220	1150		1150		贡嘎山
875	839	750	80	670	14	邛海——螺髻山
66835	**49264**	**108402**	**71648**	**36496**	**2710**	**贵州**
391	391	563	3	560	465	红枫湖
7088	6978	25428	21496	3929	130	赤水
5100	4326	34904	31500	3404	125	龙宫
34236	24610	28679	6000	22679	727	黄果树
150	103	230	145	79	23	紫云格凸河穿洞
427	427	744	341	391	12	九龙洞
						石阡温泉群
100	3	354	256	80		沿河乌江山峡
1300	1300	1222	650	572		马岭河峡谷
3644	3483	8514	5789	2725	533	织金洞
481	481	359	125	234	60	㵲阳河
7185	476	3944	3713	230	146	黎平侗乡
14	14	1118	1100	18	16	榕江苗山侗水
6350	6350	1850	426	1350	334	荔波樟江
		17		17	17	瓮安江界河
115	115	142				平塘
139	92	230	100	130	120	都匀斗篷山——剑江
115	115	104	4	98	2	九洞天
228581	**141663**	**140298**	**60237**	**64608**	**19544**	**云南**
2586	2484	2407		804	102	昆明滇池
7958	7920	8491	117	8374		九乡
64801	61801	40000	20000	9600	9200	路南石林

13 续表 6

风景名胜区名称 Name of Scenic Spots	风景名胜区面积(平方公里) Area of Scenic Spots (km²)	供游览面积 Tourism-Only Area	游人量(万人次) Number of Visits (10,000 person-times)	境外游人 Visits by Foreign Tourists	景区资金收入合计(万元) Total Revenues of Scenic Spots (10,000 RMB)	国家拨款 Financial Allocation from Central Government
腾冲热地火山	115	52	158.00	146.00	16734	
丽江玉龙雪山	360	180	336.00	48.00	132000	
建水	152	20	372.90	2.60	2729	
阿庐	13	2	33.10	0.30	2018	
普者黑	145	145	38.00		8711	651
西双版纳	1147	21	498.20	3.60	31467	
大理	201	138	295.20	3.10	6501	244
三江并流	467	53	0.60			
瑞丽江——大盈江	334	183	215.00	3.20		
西藏	**14609**	**3121**	**169.90**	**0.70**	**200**	
纳木措——念青唐古拉山	1920	55	55.00			
雅砻河	920	920	114.00	0.10		
唐古拉山——怒江源	7998	1328				
纳木措——念青唐古拉山	2953					
土林-古格	818	818	0.90	0.60	200	
陕西	**760**	**359**	**2371.30**	**159.50**	**189695**	**2995**
临潼骊山	120	91	1942.00	152.00	152400	
宝鸡天台山	134	40	5.00		350	250
合阳洽川	177	165	57.80		2780	1412
华山	148	50	200.00	1.50	22000	
黄河壶口瀑布	178	12	96.50	6.00	7893	1333
黄帝陵	3	1	70.00		4272	
甘肃	**1099**	**250**	**513.40**	**50.20**	**22799**	**2394**
麦积山	215	215	188.00	9.20	6150	650
崆峒山	84	20	240.40	38.50	8928	1694
鸣沙山	800	15	85.00	2.50	7721	50
青海	**8978**	**8978**	**132.70**	**1.00**	**18577**	
青海湖	8978	8978	132.70	1.00	18577	
宁夏	**109**	**19**	**125.30**	**3.10**	**11188**	**5510**
西夏王陵	86	13	102.60	0.60	10926	5400
须弥山石窟	23	6	22.70	2.50	262	110
新疆	**7413**	**3584**	**357.80**	**1.40**	**21414**	**9511**
库木塔格沙漠	1880	250	18.10	0.10	1626	1227
天山天池	548	236	176.50	0.10	5558	
赛里木湖	1301	1301	54.60	0.50	7639	7284
罗布人村寨	134	134	13.60	0.20	566	
博斯腾湖	3550	1663	95.00	0.50	6025	1000

Continued 6

经营收入 Operational Income (10,000 RMB)	门 票 Ticket Fees	景区资金支出合计（万元） Total Expenditure of Scenic Spots (10,000 RMB)	经营支出 Operational Expenditure	固定资产投资完成额 Completed Investment in Fixed Assets	维护支出 Maintenance Expenditure	风景名胜区名称 Name of Scenic Spots
16734	8178	27577	14212	12212	1177	腾冲热地火山
87500	32870	11400	8700	2300	400	丽江玉龙雪山
2729	2268	2712	99	2613	205	建水
1879	1731	4506	2632	1874	36	阿庐
8060	1140	8392	1431	6961	1580	普者黑
30085	20421	26965	10438	15908	6694	西双版纳
6249	2850	6278	1038	3962	150	大理
						三江并流
		1570	1570			瑞丽江——大盈江
200	**6500**					**西藏**
	6300					纳木措——念青唐古拉山
						雅砻河
						唐古拉山——怒江源
						纳木措——念青唐古拉山
200	200					土林-古格
180830	**178594**	**23155**	**10532**	**11321**	**1677**	**陕西**
152400	152400					临潼骊山
100	80	160	50	100	30	宝鸡天台山
1368	705	8521	7998	523	231	合阳洽川
16980	15500	9300	2200	6100	645	华山
6560	6560	1333	75	1257	400	黄河壶口瀑布
3422	3349	3841	209	3341	371	黄帝陵
20405	**13654**	**19514**	**5305**	**14209**	**3542**	**甘肃**
5500	3251	5830	3330	2500	750	麦积山
7234	3130	8995	1820	7175	1160	崆峒山
7671	7273	4689	155	4534	1632	鸣沙山
18577	**9459**	**27237**	**14106**	**13131**	**256**	**青海**
18577	9459	27237	14106	13131	256	青海湖
5678	**4190**	**4895**	**2306**	**2479**	**976**	**宁夏**
5526	4038	4633	2306	2327	866	西夏王陵
152	152	262		152	110	须弥山石窟
10188	**7239**	**47139**	**25794**	**2749**	**1014**	**新疆**
399	347	1545	1151	394	94	库木塔格沙漠
5558	5558	20559	4765			天山天池
		7706	6587			赛里木湖
566	384	2398	1371	230	30	罗布人村寨
3665	950	14931	11920	2125	890	博斯腾湖

十四、城市市容环境卫生

14. Urban Environmental Sanitation

简要说明

本部分主要包括道路清扫保洁，生活垃圾、粪便的清运、处理等内容。

Brief Introduction

This section mainly includes such indicators as the cleaning and maintenance of roads, the transfer and treatment of domestic garbage, night soil, etc..

14 全国历年城市市容环境卫生情况(1979–2014)
National Urban Environmental Sanitation in Past Years (1979-2014)

年 份 Year	生活垃圾 Domestic Garbage				粪便清运量 (万吨) Volume of Soil Collected and Transported (10,000 ton)	公厕数量 (座) Number of Latrine (unit)	市容环卫专用车辆设备总数 (台) Number of Vehicles and Equipment Designated for Municipal Environmental Sanitation (unit)	每万人拥有公厕 (座) Number of Latrine per 10,000 Population (unit)
	清运量 (万吨) Quantity of Collected and Transported (10,000 ton)	无害化处理场(厂)座数 (座) Number of Harmless Treatment Plants/Grounds (unit)	无害化处理能力 (吨/日) Harmless Treatment Capacity (ton/day)	无害化处理量 (万吨) Quantity of Harmlessly Treated (10,000 ton)				
1979	2508	12	1937		2156	54180	5316	
1980	3132	17	2107	215	1643	61927	6792	
1981	2606	30	3260	162	1547	54280	7917	3.77
1982	3125	27	2847	190	1689	56929	9570	3.99
1983	3452	28	3247	243	1641	62904	10836	3.95
1984	3757	24	1578	188	1538	64178	11633	3.57
1985	4477	14	2071	232	1748	68631	13103	3.28
1986	5009	23	2396	70	2710	82746	19832	3.61
1987	5398	23	2426	54	2422	88949	21418	3.54
1988	5751	29	3254	75	2353	92823	22793	3.14
1989	6292	37	4378	111	2603	96536	25076	3.09
1990	6767	66	7010	212	2385	96677	25658	2.97
1991	7636	169	29731	1239	2764	99972	27854	3.38
1992	8262	371	71502	2829	3002	95136	30026	3.09
1993	8791	499	124508	3945	3168	97653	32835	2.89
1994	9952	609	130832	4782	3395	96234	34398	2.69
1995	10671	932	183732	6014	3066	113461	39218	3.00
1996	10825	574	155826	5568	2931	109570	40256	3.02
1997	10982	635	180081	6292	2845	108812	41538	2.95
1998	11302	655	201281	6783	2915	107947	42975	2.89
1999	11415	696	237393	7232	2844	107064	44238	2.85
2000	11819	660	210175	7255	2829	106471	44846	2.74
2001	13470	741	224736	7840	2990	107656	50467	3.01
2002	13650	651	215511	7404	3160	110836	52752	3.15
2003	14857	575	219607	7545	3475	107949	56068	3.18
2004	15509	559	238519	8089	3576	109629	60238	3.21
2005	15577	471	256312	8051	3805	114917	64205	3.20
2006	14841	419	258048	7873	2131	107331	66020	2.88(3.22)
2007	15215	458	279309	9438	2506	112604	71609	3.04
2008	15438	509	315153	10307	2331	115306	76400	3.12
2009	15734	567	356130	11220	2141	118525	83756	3.15
2010	15805	628	387607	12318	1951	119327	90414	3.02
2011	16395	677	409119	13090	1963	120459	100340	2.95
2012	17081	701	446268	14490	1812	121941	112157	2.89
2013	17239	765	492300	15394	1682	122541	126552	2.83
2014	17860	818	533455	16394	1552	124410	141431	2.79

注：1.1980年至1995年垃圾无害化处理厂,垃圾无害化处理量为垃圾加粪便。
2.自2006年起，生活垃圾填埋场的统计采用新的认定标准，生活垃圾无害化处理数据与往年不可比。

Note: 1.Quantity of garbage disposed harmlessly from 1980 to 1995 consists of quantity of garbage and soil.
2.Since 2006, treatment of domestic garbage through sanitary landfill has adopted new certification standard,so the datas of harmless treatmented garbage are not compared with the past years.

14-1 2014年全国城市市容环境卫生分组资料

地区名称 Name of Regions	道路清扫保洁面积(万平方米) Surface Area of Roads Cleaned and Maintained (10,000 m^2)		生活垃圾							
		机械化 Mechanization	清运量(万吨) Collected and Transported (10,000 ton)	密闭车(箱)清运量 Quantity of Garbage Transported by Airtight Vehicle	处理量(万吨) Volume of Treated (10,000 ton)	无害化处理厂(场)数(座) Number of Harmless Treatment Plants/Grounds (unit)	卫生填埋 Sanitary Landfill	焚烧 Incineration	其他 other	无害化处理能力(吨/日) Harmless Treatment Capacity (ton/day)
全　国　National Total	**676093**	**341091**	**17860.18**	**16682.82**	**17221.81**	**818**	**604**	**188**	**26**	**533455**
分类一　Group one										
东部地区 East China	380405	201842	9925.53	9501.32	9706.98	410	254	136	20	317889
中部地区 Central China	185973	86442	4773.67	4233.34	4467.43	247	207	35	5	136861
西部地区 West China	109715	52807	3160.99	2947.94	3047.39	161	143	17	1	78705
分类二　Group two										
东部地区 East China	366340	196243	9586.67	9180.15	9375.36	391	237	134	20	309798
中部地区 Central China	167766	80496	4449.11	3941.70	4155.62	221	183	34	4	125671
西部地区 West China	141987	64352	3824.41	3560.75	3690.82	206	184	20	2	97986
分类三　Group three										
东部地区 East China	332619	184529	8669.53	8405.96	8475.79	362	212	132	18	287141
中部地区 Central China	130546	63653	3391.13	3106.72	3277.82	182	153	28	1	103783
西部地区 West China	141987	64352	3824.41	3560.75	3690.82	206	184	20	2	97986
东北地区 Northeast China	70941	28557	1975.12	1609.17	1777.37	68	55	8	5	44545

National Urban Environmental Sanitation(2014)

Domestic Garbage							粪便 Excrement and Urine		公厕数 (座)		市容环卫专用车辆设备总数 (台)	
			无害化处理量 (万吨) Volume of Harmlessly Treated (10,000 ton)				清运量 (万吨) Quantity of Excrement Transported (10,000 ton)	处理量 (万吨) Quantity of Excrement Treated (10,000 ton)	Number of Latrines (unit)	三类以上 Grade Ⅲ and Above	Number of Vehicles and Equipment Designated for Municipal Environmental Sanitation (unit)	地区名称 Name of Regions
卫生填埋 Sanitary Landfill	焚烧 Incineration	其他 other		卫生填埋 Sanitary Landfill	焚烧 Incineration	其他 other						
335316	**185957**	**12182**	**16393.74**	**10744.25**	**5329.88**	**319.59**	**1551.97**	**691.97**	**124410**	**93086**	**141431**	**全　国**
												分类一
169570	138087	10232	9400.17	5260.58	3861.71	277.86	1020.54	516.94	65227	52460	76865	东部地区
104611	30450	1800	4147.95	3219.10	892.05	36.80	386.86	119.76	38997	24596	41914	中部地区
61135	17420	150	2845.61	2264.57	576.12	4.92	144.41	55.26	20186	16030	22652	西部地区
												分类二
162079	137487	10232	9076.88	4949.34	3849.67	277.86	1010.78	513.76	63098	50425	73423	东部地区
94721	29250	1700	3836.14	2932.71	867.57	35.86	338.72	110.09	34922	22732	39197	中部地区
78516	19220	250	3480.71	2862.20	612.64	5.86	202.31	68.11	26390	19929	28811	西部地区
												分类三
142004	135707	9430	8236.91	4212.06	3779.09	245.75	920.39	495.43	57745	48529	67326	东部地区
78923	24800	60	3198.02	2438.93	759.08		138.90	37.74	24129	19111	26337	中部地区
78516	19220	250	3480.71	2862.20	612.64	5.86	202.31	68.11	26390	19929	28811	西部地区
35873	6230	2442	1478.09	1231.06	179.07	67.97	290.21	90.68	16146	5517	18957	东北地区

14-2 2014年按省分列的城市市容环境卫生

地区名称 Name of Regions	道路清扫保洁面积(万平方米) Surface Area of Roads Cleaned and Maintained (10,000 m^2)	机械化 Mechanization	生活垃圾 清运量 (万吨) Collected and Transported (10,000 ton)	密闭车(箱)清运量 Quantity of Garbage Transported by Airtight Vehicle	处理量 (万吨) Volume of Treated (10,000 ton)	无害化处理厂(场)数(座) Number of Harmless Treatment Plants/ Grounds (unit)	卫生填埋 Sanitary Landfill	焚烧 Incineration	其他 other	无害化处理能力(吨/日) Harmless Treatment Capacity (ton/day)	卫生填埋 Sanitary Landfill
全　国	**676093**	**341091**	**17860.18**	**16682.82**	**17221.81**	**818**	**603**	**188**	**26**	**533455**	**335316**
北　京	15104	9282	733.84	733.84	730.83	25	16	3	6	21371	12121
天　津	10879	7197	215.89	215.89	208.71	8	4	4		9400	5100
河　北	24549	14394	614.10	539.24	566.60	40	32	7	1	17184	10524
山　西	15527	9499	445.01	417.46	409.71	23	17	5	1	10525	7115
内蒙古	18207	5946	324.56	291.65	311.81	26	24	1	1	11190	9890
辽　宁	33721	11714	917.14	774.21	899.57	29	25	2	2	22657	20075
吉　林	14504	5984	504.60	406.97	492.47	17	14	3		10893	7443
黑龙江	22716	10859	553.38	428.06	385.33	22	16	3	3	10995	8355
上　海	17490	11824	608.41	608.41	608.41	12	5	5	2	20530	11230
江　苏	55132	33509	1352.44	1326.35	1347.30	58	28	28	1	50574	20257
浙　江	36843	21498	1229.05	1215.94	1229.04	59	26	32	1	45981	16076
安　徽	26370	17194	464.79	449.29	462.49	26	20	6		15153	10203
福　建	16243	9243	598.89	597.35	586.45	27	13	13	1	18149	5349
江　西	12893	4340	308.45	271.22	308.45	17	17			9273	9273
山　东	65422	38650	958.47	935.65	958.47	59	41	16	2	35171	19211
河　南	27197	10742	832.75	721.06	773.12	43	39	4		23207	19257
湖　北	30527	12634	739.34	672.42	725.08	39	28	11		24016	13066
湖　南	18032	9244	600.79	575.32	598.97	34	32	2		21609	20009
广　东	84873	37308	2214.23	2094.96	2096.02	65	40	21	4	64901	39906
广　西	14065	5599	338.86	321.18	331.62	19	17	2		8091	7491
海　南	6084	1624	144.21	138.40	143.96	9	6	3		3880	2230
重　庆	12304	6970	399.37	394.67	396.17	16	14	2		8710	5110
四　川	28574	15218	779.99	751.57	758.44	40	32	8		21677	14217
贵　州	5129	2799	273.77	232.60	255.31	14	14			5545	5545
云　南	15547	5632	349.54	333.15	340.36	23	16	7		9943	3583
西　藏	2413	1415	30.78	2.60	28.49						
陕　西	15338	9413	517.93	498.79	496.05	17	16		1	15047	14897
甘　肃	7478	3069	252.97	239.84	249.00	16	16			4475	4475
青　海	2529	266	77.60	73.44	74.01	5	5			2110	2110
宁　夏	7482	2522	118.41	90.94	110.42	8	8			2980	2980
新　疆	12921	5503	360.63	330.36	339.14	22	22			8218	8218

Urban Environmental Sanitation by Province(2014)

Domestic Garbage						粪便 Excrement and Urine		公厕数 (座)		市容环卫专用车辆设备总数 (台)	
		无害化处理量 (万吨)				清运量 (万吨)	处理量 (万吨)				
焚烧 Incineration	其他 other	Volume of Harmlessly Treated (10,000 ton)	卫生填埋 Sanitary Landfill	焚烧 Incineration	其他 other	Quantity of Excrement Transported (10,000 ton)	Quantity of Excrement Treated (10,000 ton)	Number of Latrines (unit)	三类以上 Grade III and Above	Number of Vehicles and Equipment Designated for Municipal Environmental Sanitation (unit)	地区名称 Name of Regions
185957	**12182**	**16393.74**	**10744.25**	**5329.88**	**319.59**	**1551.97**	**691.97**	**124410**	**93086**	**141431**	**全　国**
5200	4050	730.83	488.57	156.11	86.15	216.06	197.39	5429	5429	10255	北　京
4300		208.71	102.12	106.58		32.72	14.00	1206	786	3036	天　津
6500	160	531.88	376.25	150.53	5.10	96.90	14.24	6391	3743	4820	河　北
3350	60	409.71	292.24	117.47		34.12	0.74	3234	1576	4895	山　西
1200	100	311.81	286.39	24.48	0.94	48.13	9.67	4075	1864	2717	内蒙古
1780	802	839.97	737.28	70.58	32.11	90.39	18.32	5353	1896	6097	辽　宁
3450		312.40	216.19	96.22		65.08	42.68	3729	1061	5973	吉　林
1000	1640	325.72	277.59	12.27	35.86	134.75	29.68	7064	2560	6887	黑龙江
8300	1000	608.41	328.77	238.48	41.17	199.87	59.27	6168	4967	5371	上　海
29817	500	1326.85	455.22	871.63		82.44	41.27	11178	9255	11227	江　苏
29705	200	1229.04	460.41	768.64		70.95	57.38	8026	6441	6483	浙　江
4950		462.49	333.00	129.49		18.50	4.37	3192	2684	3116	安　徽
12300	500	586.06	188.48	376.90	20.68	3.97	2.86	3113	3092	2578	福　建
		287.13	287.13			8.05	8.05	1982	1524	1630	江　西
14700	1260	958.47	533.94	386.93	37.59	127.15	57.45	6084	5266	10324	山　东
3950		773.12	635.81	137.31		44.44	12.69	7218	6545	4203	河　南
10950		666.60	322.37	344.23		19.48	4.59	5130	4171	8851	湖　北
1600		598.97	568.38	30.58		14.35	7.32	3373	2611	3642	湖　南
23235	1760	1912.70	1195.99	661.65	55.06	85.09	51.56	9666	9076	11729	广　东
600		323.29	311.24	12.04		9.75	3.18	2129	2035	3442	广　西
1650		143.96	82.31	61.64		5.33		484	474	1503	海　南
3600		396.17	260.95	135.22		66.96	17.27	2843	2234	2448	重　庆
7460		743.90	494.18	249.72		18.00	7.03	4280	3040	4436	四　川
		255.31	255.31			4.23	2.97	1375	1142	2352	贵　州
6360		323.21	132.03	191.18		16.11	6.96	2374	1995	2314	云　南
								303	172	251	西　藏
	150	496.05	491.13		4.92	15.97	6.62	3794	3707	2938	陕　西
		158.35	158.35			17.58	11.42	1430	1153	1717	甘　肃
		66.95	66.95			1.30		669	302	475	青　海
		110.42	110.42			3.88	2.71	687	576	1099	宁　夏
		295.25	295.25			0.42	0.28	2431	1709	4622	新　疆

14-3 2014年按城市分列的城市市容环境卫生

城市名称 Name of Cities	道路清扫保洁面积(万平方米) Surface Area of Roads Cleaned and Maintained (10,000 m^2)		生活垃圾								
		机械化 Mechanization	清运量 (万吨) Collected and Transported (10,000 ton)	密闭车(箱)清运量 Quantity of Garbage Transported by Airtight Vehicle	处理量 (万吨) Volume of Treated (10,000 ton)	无害化处理厂(场)数(座) Number of Harmless Treatment Plants/Grounds (unit)	卫生填埋 Sanitary Landfill	焚烧 Incineration	其他 other	无害化处理能力(吨/日) Harmless Treatment Capacity (ton/day)	卫生填埋 Sanitary Landfill
全　国	**676093**	**341091**	**17860.18**	**16682.82**	**17221.81**	**818**	**603**	**188**	**26**	**533455**	**335316**
北　京	**15104**	**9282**	**733.84**	**733.84**	**730.83**	**25**	**16**	**3**	**6**	**21371**	**12121**
天　津	**10879**	**7197**	**215.89**	**215.89**	**208.71**	**8**	**4**	**4**		**9400**	**5100**
河　北	**24549**	**14394**	**614.10**	**539.24**	**566.60**	**40**	**32**	**7**	**1**	**17184**	**10524**
石家庄	4343	3115	99.04	98.01	73.96	4	1	3		3620	220
晋　州	161	89	4.79	4.79	4.49	1	1			170	170
新　乐	120	79	3.43	3.43	3.26	1	1			220	220
唐　山	2544	1183	57.66	55.50	57.66	2	2			724	724
遵　化	395	160	9.24	9.24	9.24	1	1			240	240
迁　安	425	201	6.85	6.85	6.85	1	1			200	200
秦皇岛	1091	633	29.88	29.88	29.88	1		1		1000	
邯　郸	2465	1668	49.53	45.54	49.53	2	2			1500	1500
武　安	595	310	11.68	11.00	11.68	1	1			400	400
邢　台	1101	585	24.40	24.40	24.40	4	4			950	950
南　宫	231	160	5.30	3.50	5.30	1	1			200	200
沙　河	390	187	14.00	14.00	14.00	1	1			500	500
保　定	1972	946	46.97	4.10	45.09	1	1			1000	1000
涿　州	271	170	8.50	6.80	8.45	1	1			240	240
安　国	248	128	4.34	2.06	4.34						
高碑店	220	48	5.46	1.29	5.36	1	1			360	360
张家口	1045	475	49.50	49.00	44.55	3	3			1180	1180
承　德	790	584	37.54	36.48	37.38	2	1	1		1000	100
沧　州	753	527	20.42	20.42	19.63	1		1		800	
泊　头	190	93	6.05	6.05	5.93	1	1			200	200
任　丘	503	307	14.26	14.26	14.06	1	1			390	390
黄　骅	616	298	9.30	9.30	9.30	1	1			300	300
河　间	358	168	5.10	5.10	5.10	1			1	160	
廊　坊	992	528	16.91	16.91	16.15						
霸　州	372	135	5.43	4.51	5.18	1	1			150	150
三　河	300	190	12.32	12.30	12.32	1	1			150	150
衡　水	823	575	19.56	19.56	7.50	1		1		400	

Urban Environmental Sanitation by City(2014)

Domestic Garbage						粪便 Excrement and Urine		公厕数 (座) Number of Latrines (unit)		市容环卫专用车辆设备总数(台) Number of Vehicles and Equipment Designated for Municipal Environmental Sanitation (unit)	城市名称 Name of Cities
焚烧 Incinera-tion	其他 other	无害化处理量(万吨) Volume of Harm-lessly Treated (10,000 ton)	卫生填埋 Sanitary Landfill	焚烧 Incinera-tion	其他 other	清运量(万吨) Quantity of Excrement Tran-sported (10,000 ton)	处理量(万吨) Quantity of Excrement Treated (10,000 ton)		三类以上 Grade Ⅲ and Above		
185957	**12182**	**16393.74**	**10744.25**	**5329.88**	**319.59**	**1551.97**	**691.97**	**124410**	**93086**	**141431**	**全　国**
5200	**4050**	**730.83**	**488.57**	**156.11**	**86.15**	**216.06**	**197.39**	**5429**	**5429**	**10255**	**北　京**
4300		**208.71**	**102.12**	**106.58**		**32.72**	**14.00**	**1206**	**786**	**3036**	**天　津**
6500	**160**	**531.88**	**376.25**	**150.53**	**5.10**	**96.90**	**14.24**	**6391**	**3743**	**4820**	**河　北**
3400		70.36	6.90	63.46		19.81		515	467	685	石家庄
		4.49	4.49			0.08	0.08	40	40	16	晋　州
		3.26	3.26			1.20		52	52	37	新　乐
		53.05	53.05					1571	422	491	唐　山
		9.24	9.24			1.31		80	30	53	遵　化
		6.85	6.85			0.27		57	57	34	迁　安
1000		29.88		29.88		4.51		288	225	286	秦皇岛
		49.53	49.53			0.83		428	264	353	邯　郸
		11.68	11.68					85	85	100	武　安
		24.40	24.40			18.30		235	134	153	邢　台
		5.30	5.30			0.31	0.31	31		32	南　宫
		14.00	14.00			0.82		45	45	71	沙　河
		45.09	45.09			2.47		378	361	255	保　定
		8.45	8.45					38	38	44	涿　州
						0.29		56	50	45	安　国
		5.36	5.36			0.10		12	5	18	高碑店
		44.55	44.55			13.15		532	119	160	张家口
900		31.36	1.30	30.06		5.04		314	69	271	承　德
800		19.63		19.63		5.88		267	160	172	沧　州
		5.93	5.93			1.27		124	18	38	泊　头
		14.06	14.06			0.12		176	176	157	任　丘
		9.30	9.30			4.10	4.10	143	95	142	黄　骅
	160	5.10			5.10	4.50		69	53	33	河　间
						4.65	4.65	186	186	254	廊　坊
		5.18	5.18					175	175	38	霸　州
		12.32	12.32			3.00	1.30	75	44	256	三　河
400		7.50		7.50		1.64	1.64	156	156	162	衡　水

14-3 续表 1

城市名称 Name of Cities	道路清扫保洁面积(万平方米) Surface Area of Roads Cleaned and Maintained (10,000 m^2)		生活垃圾								
		机械化 Mechanization	清运量 (万吨) Collected and Transported (10,000 ton)	密闭车(箱)清运量 Quantity of Garbage Transported by Airtight Vehicle	处理量 (万吨) Volume of Treated (10,000 ton)	无害化处理厂(场)数(座) Number of Harmless Treatment Plants/ Grounds (unit)	卫生填埋 Sanitary Landfill	焚烧 Incineration	其他 other	无害化处理能力(吨/日) Harmless Treatment Capacity (ton/day)	卫生填埋 Sanitary Landfill
冀　州	272	163	4.70	4.70	4.70	1	1			150	150
深　州	232	159	5.12		5.07	1	1			160	160
辛　集	351	216	7.85	7.85	7.27	1	1			260	260
定　州	380	314	18.96	12.41	18.96	1	1			560	560
山　西	**15527**	**9499**	**445.01**	**417.46**	**409.71**	**23**	**17**	**5**	**1**	**10525**	**7115**
太　原	3861	3228	164.28	164.28	164.28	2	1	1		2500	1500
古　交	118	78	6.00		6.00	1	1			250	250
大　同	2600	1393	38.28	36.87	36.86	1		1		1000	
阳　泉	698	374	19.41	17.44	15.24	2	1		1	660	600
长　治	1015	377	15.74	15.74	15.74	1		1		600	
潞　城	140	39	2.18	2.18	2.18	1	1			105	105
晋　城	616	186	17.44	17.44	17.44	1	1			500	500
高　平	156	91	9.85	9.85	9.85	1	1			270	270
朔　州	745	451	19.61	19.61	19.61	2	2			500	500
晋　中	1062	595	16.20	16.20	13.77	1	1			540	540
介　休	343	249	7.53	7.53	6.92	1		1		500	
运　城	598	364	18.00	18.00	17.19	1	1			510	510
永　济	279	140	7.40	7.40	6.51	1	1			230	230
河　津	110	20	8.28	4.75	7.45	1	1			320	320
忻　州	572	418	16.80	16.80							
原　平	171	74	7.84	7.84	7.84	1	1			250	250
临　汾	521	250	17.15	17.15	17.15	1	1			600	600
侯　马	277	111	13.99		13.99	1	1			380	380
霍　州	145	48	6.96	6.30							
吕　梁	318	184	11.02	11.02	11.02	1	1			230	230
孝　义	1000	700	13.15	13.15	13.15	1	1			330	330
汾　阳	182	129	7.91	7.91	7.51	1		1		250	
内蒙古	**18207**	**5946**	**324.56**	**291.65**	**311.81**	**26**	**24**	**1**	**1**	**11190**	**9890**
呼和浩特	2592	1917	61.95	61.95	61.17	2	2			1790	1790
包　头	3080	727	49.10	48.60	47.12	3	2	1		2400	1200
乌　海	968	91	26.13	26.13	23.70	2	2			750	750
赤　峰	1515	561	41.52	40.00	40.67	2	2			650	650
通　辽	891	90	12.95	12.95	11.78	1	1			840	840

Continued 1

Domestic Garbage						粪便 Excrement and Urine		公厕数（座）Number of Latrines (unit)		市容环卫专用车辆设备总数（台）Number of Vehicles and Equipment Designated for Municipal Environmental Sanitation (unit)	城市名称 Name of Cities
焚烧 Incineration	其他 other	无害化处理量（万吨）Volume of Harmlessly Treated (10,000 ton)	卫生填埋 Sanitary Landfill	焚烧 Incineration	其他 other	清运量（万吨）Quantity of Excrement Transported (10,000 ton)	处理量（万吨）Quantity of Excrement Treated (10,000 ton)		三类以上 Grade Ⅲ and Above		
		4.70	4.70			1.65	0.83	36	24	218	冀　州
		5.07	5.07					13	13	14	深　州
		7.27	7.27			1.60	1.33	87	53	107	辛　集
		18.96	18.96					127	127	125	定　州
3350	**60**	**409.71**	**292.24**	**117.47**		**34.12**	**0.74**	**3234**	**1576**	**4895**	**山　西**
1000		164.28	113.85	50.43				632	524	2780	太　原
		6.00	6.00			0.10		19	8	77	古　交
1000		36.86		36.86		11.82		1436	17	453	大　同
	60	15.24	15.24			5.25		228	227	263	阳　泉
600		15.74		15.74		0.73	0.73	50	50	172	长　治
		2.18	2.18			0.01	0.01	10	10	31	潞　城
		17.44	17.44			10.95		76	76	131	晋　城
		9.85	9.85					9	2	26	高　平
		19.61	19.61			0.17		66	36	120	朔　州
		13.77	13.77			2.20		151	123	151	晋　中
500		6.92		6.92				69	39	103	介　休
		17.19	17.19			2.80		49	49	90	运　城
		6.51	6.51					18		24	永　济
		7.45	7.45					16	10	26	河　津
								43	43	75	忻　州
		7.84	7.84					35	35	65	原　平
		17.15	17.15					71	71	24	临　汾
		13.99	13.99					44	44	9	侯　马
								21	21	35	霍　州
		11.02	11.02					68	68	57	吕　梁
		13.15	13.15			0.09		75	75	131	孝　义
250		7.51		7.51				48	48	52	汾　阳
1200	**100**	**311.81**	**286.39**	**24.48**	**0.94**	**48.13**	**9.67**	**4075**	**1864**	**2717**	**内蒙古**
		61.17	61.17					585	431	553	呼和浩特
1200		47.12	22.64	24.48		13.01		302	287	421	包　头
		23.70	23.70			1.18		339	27	176	乌　海
		40.67	40.67			10.99	2.00	205	120	143	赤　峰
		11.78	11.78			8.80		180	46	84	通　辽

14-3 续表 2

城市名称 Name of Cities	道路清扫保洁面积(万平方米) Surface Area of Roads Cleaned and Maintained (10,000 m^2)		生活垃圾								
		机械化 Mechanization	清运量(万吨) Collected and Transported (10,000 ton)	密闭车(箱)清运量 Quantity of Garbage Transported by Airtight Vehicle	处理量(万吨) Volume of Treated (10,000 ton)	无害化处理厂(场)数(座) Number of Harmless Treatment Plants/Grounds (unit)	卫生填埋 Sanitary Landfill	焚烧 Incineration	其他 other	无害化处理能力(吨/日) Harmless Treatment Capacity (ton/day)	卫生填埋 Sanitary Landfill
霍林郭勒	413	58	6.77		5.93	1	1			120	120
鄂尔多斯	3740	886	20.39	20.39	19.42	2	1		1	600	500
呼伦贝尔	817	194	11.71	11.29	10.95	1	1			400	400
满洲里	739	86	6.60	6.60	6.00	1	1			180	180
牙克石	130	37	4.85	4.31	4.39	1	1			370	370
扎兰屯	400	80	5.30		5.15	1	1			320	320
额尔古纳	79	25	3.26	3.26	3.00	1	1			80	80
根河	93	40	3.03	1.96	2.96	1	1			90	90
巴彦淖尔	750	285	14.60		14.49	1	1			450	450
乌兰察布	480	165	14.33	14.33	14.05	1	1			400	400
丰镇	162	68	9.00	8.12	8.40	1	1			300	300
乌兰浩特	510	230	16.33	16.33	15.98	1	1			580	580
阿尔山	70	28	2.12	0.80	2.04	1	1			200	200
二连浩特	252	92	6.60	6.60	6.60	1	1			300	300
锡林浩特	526	286	8.03	8.03	8.03	1	1			370	370
辽宁	**33721**	**11714**	**917.14**	**774.21**	**899.57**	**29**	**25**	**2**	**2**	**22657**	**20075**
沈阳	8627	3294	256.69	256.69	256.69	2	2			5000	5000
新民	550	185	13.87	6.94	13.87						
大连	5284	2507	121.49	88.63	121.49	2	1	1		3300	1800
瓦房店	198	150	18.28	18.28	18.28	1	1			400	400
普兰店	605	145	7.30	7.30	7.30	1		1		280	
庄河	389	131	9.77		9.77	1	1			280	280
鞍山	4022	822	54.76	54.76	54.76	1	1			1500	1500
海城	218	198	8.73	8.73	8.70	1	1			400	400
抚顺	1578	397	36.50	29.20	36.50	1	1			1400	1400
本溪	853	278	31.88	26.05	31.88	2	2			980	980
丹东	733	364	20.20	17.59	20.20	1	1			850	850
东港	435	16	6.23	2.86	6.23	1	1			260	260
凤城	100	20	8.87	5.40	7.63	1	1			300	300
锦州	1366	326	31.46	19.92	31.46	2	1		1	750	150
凌海	121	102	5.15	2.74	5.15						
北镇	176	43	11.21	4.20	11.19	1	1			135	135
营口	761	52	32.84	32.84	32.84	1	1			1205	1205
盖州	245	140	12.51	1.76	12.51						

Continued 2

Domestic Garbage						粪便 Excrement and Urine		公厕数 (座) Number of Latrines (unit)		市容环卫专用车辆设备总数 (台) Number of Vehicles and Equipment Designated for Municipal Environmental Sanitation (unit)	城市名称 Name of Cities
焚烧 Incineration	其他 other	无害化处理量 (万吨) Volume of Harmlessly Treated (10,000 ton)	卫生填埋 Sanitary Landfill	焚烧 Incineration	其他 other	清运量 (万吨) Quantity of Excrement Transported (10,000 ton)	处理量 (万吨) Quantity of Excrement Treated (10,000 ton)		三类以上 Grade III and Above		
		5.93	5.93					34	9	51	霍林郭勒
	100	19.42	18.47		0.94	2.23		333	292	211	鄂尔多斯
		10.95	10.95			1.90		87	87	126	呼伦贝尔
		6.00	6.00					439		83	满 洲 里
		4.39	4.39					34	2	35	牙 克 石
		5.15	5.15					248	150	240	扎 兰 屯
		3.00	3.00					9		41	额尔古纳
		2.96	2.96			0.04		19		23	根 河
		14.49	14.49			3.60	3.60	335	98	87	巴彦淖尔
		14.05	14.05			1.20	1.20	304	84	137	乌兰察布
		8.40	8.40			1.52	1.40	295	126	74	丰 镇
		15.98	15.98			1.47	1.47	122		85	乌兰浩特
		2.04	2.04			0.03		12		12	阿 尔 山
		6.60	6.60			0.05		52	46	57	二连浩特
		8.03	8.03			2.11		141	59	78	锡林浩特
1780	**802**	**839.97**	**737.28**	**70.58**	**32.11**	**90.39**	**18.32**	**5353**	**1896**	**6097**	**辽 宁**
		256.69	256.69			18.54	2.88	960	614	1880	沈 阳
						1.97	1.97	80		69	新 民
1500		121.49	58.21	63.28		2.53	2.53	471	202	899	大 连
		18.28	18.28			3.20		175	34	92	瓦 房 店
280		7.30		7.30		0.58		75	5	66	普 兰 店
		9.77	9.77			2.39		291	12	45	庄 河
		54.76	54.76			7.61		218	161	269	鞍 山
		8.70	8.70			0.92		84	8	45	海 城
		36.50	36.50			3.45		228	61	408	抚 顺
		31.88	31.88			1.02	0.54	222	63	190	本 溪
		20.20	20.20			9.73		81	70	334	丹 东
		6.23	6.23			2.30	1.40	39		65	东 港
		7.63	7.63			0.54	0.46	54	3	45	凤 城
	600	27.51	3.43		24.08	1.25	1.25	154	59	241	锦 州
						2.50		107	3	49	凌 海
		6.99	6.99			1.03	0.99	84	36	38	北 镇
		32.84	32.84			3.70		162	16	210	营 口
						2.00	2.00	213	213	37	盖 州

14-3 续表 3

城市名称 Name of Cities	道路清扫保洁面积(万平方米) Surface Area of Roads Cleaned and Maintained (10,000 m^2)	机械化 Mechanization	生活垃圾 清运量 (万吨) Collected and Transported (10,000 ton)	密闭车(箱)清运量 Quantity of Garbage Transported by Airtight Vehicle	处理量 (万吨) Volume of Treated (10,000 ton)	无害化处理厂(场)数(座) Number of Harmless Treatment Plants/ Grounds (unit)	卫生填埋 Sanitary Landfill	焚烧 Incineration	其他 other	无害化处理能力(吨/日) Harmless Treatment Capacity (ton/day)	卫生填埋 Sanitary Landfill
大石桥	310	91	10.95	9.86	10.95	1	1			560	560
阜新	490	50	44.00	44.00	43.80	1	1			1374	1374
辽阳	1049	352	24.30	13.00	24.30	1	1			950	950
灯塔	430	110	6.50	5.20	6.50						
盘锦	956	484	21.90	10.93	21.90	1	1			600	600
铁岭	1074	403	13.90	13.90	13.90	1	1			370	370
调兵山	151	68	9.29	3.93	9.29	1	1			281	281
开原	406	221	8.53	8.53	8.53	1	1			210	210
朝阳	992	160	33.00	33.00	33.00	1	1			620	620
北票	310	161	13.00	13.00							
凌源	260	210	14.60	12.40	11.52						
葫芦岛	673	98	21.03	19.57	21.03	2	1		1	652	450
兴城	359	136	8.40	3.00	8.40						
吉林	**14504**	**5984**	**504.60**	**406.97**	**492.47**	**17**	**14**	**3**		**10893**	**7443**
长春	5064	3292	120.34	120.34	119.41	2	1	1		4250	2600
九台	260	150	12.60		12.60	1	1			350	350
榆树	202	15	12.54	10.20	12.54	1	1			356	356
德惠	290	82	12.59	5.18	12.59						
吉林	1634	622	36.97	36.97	36.97	1		1		1000	
蛟河	190	20	8.40	5.40	8.40						
桦甸	226	82	10.04	8.00	10.04						
舒兰	114		9.76	2.56	9.76	1	1			270	270
磐石	135	100	6.00	5.70	5.30						
四平	672	51	18.33	9.11	15.03	1		1		800	
双辽	200		5.36	2.20	5.36						
辽源	395	221	34.00	32.00	34.00						
通化	601	320	26.17	22.16	26.10						
集安	65	6	6.21	5.40	6.21	1	1			200	200
白山	342	60	19.34	17.53	18.96						
临江	131	10	7.20	2.70	7.20						
松原	848	176	21.20	21.20	20.30	1	1			556	556
扶余	110		8.80		6.84						
白城	292	228	19.00	10.20	18.25	1	1			500	500
洮南	312		6.30	0.95	6.30	1	1			260	260

Continued 3

Domestic Garbage						粪便 Excrement and Urine		公厕数 (座) Number of Latrines (unit)		市容环卫专用车辆设备总数(台) Number of Vehicles and Equipment Designated for Municipal Environmental Sanitation (unit)	城市名称 Name of Cities
焚烧 Incineration	其他 other	无害化处理量(万吨) Volume of Harmlessly Treated (10,000 ton)	卫生填埋 Sanitary Landfill	焚烧 Incineration	其他 other	清运量(万吨) Quantity of Excrement Transported (10,000 ton)	处理量(万吨) Quantity of Excrement Treated (10,000 ton)		三类以上 Grade Ⅲ and Above		
		10.95	10.95			0.06		62	7	93	大石桥
		43.80	43.80			3.20		263	80	103	阜新
		24.30	24.30			10.00		269	15	221	辽阳
		6.50	6.50			2.00		13		64	灯塔
		21.90	21.90			1.17		77	18	139	盘锦
		13.90	13.90			0.81		157	53	122	铁岭
		9.29	9.29			0.96	0.96	28	5	24	调兵山
		8.53	8.53			0.34		31		26	开原
		33.00	33.00					214	90	139	朝阳
						2.16		309	17	60	北票
								23	16	38	凌源
	202	21.03	13.00		8.03	3.36	2.59	123	35	55	葫芦岛
						1.07	0.75	86		31	兴城
3450		**312.40**	**216.19**	**96.22**		**65.08**	**42.68**	**3729**	**1061**	**5973**	**吉林**
1650		107.00	59.13	47.87		2.56	2.03	956	535	3802	长春
		12.60	12.60			1.80		154	6	66	九台
		12.54	12.54			3.20		42	4	95	榆树
						0.41	0.41	89	15	88	德惠
1000		33.32		33.32		5.63		303	74	619	吉林
						0.90		62		25	蛟河
						2.19	0.37	37	9	36	桦甸
		9.76	9.76			3.15	3.15	34		16	舒兰
						0.50	0.19	32		42	磐石
800		15.03		15.03		3.65		195	38	39	四平
						1.52	1.52	60		25	双辽
						4.00	4.00	192	70	59	辽源
						2.91	2.91	176	13	185	通化
		6.21	6.21			1.62	1.62	44	39	20	集安
						8.07	8.07	197	28	111	白山
						3.00	3.00	7	3	38	临江
		20.30	20.30			1.60		129	44	85	松原
						3.00	3.00	39		42	扶余
		18.25	18.25					88		42	白城
		6.30	6.30					48	22	23	洮南

14-3 续表 4

城市名称 Name of Cities	道路清扫保洁面积(万平方米) Surface Area of Roads Cleaned and Maintained (10,000 m^2)		生活垃圾								
		机械化 Mechanization	清运量 (万吨) Collected and Transported (10,000 ton)	密闭车(箱)清运量 Quantity of Garbage Transported by Airtight Vehicle	处理量 (万吨) Volume of Treated (10,000 ton)	无害化处理厂(场)数(座) Number of Harmless Treatment Plants/Grounds (unit)	卫生填埋 Sanitary Landfill	焚烧 Incineration	其他 other	无害化处理能力(吨/日) Harmless Treatment Capacity (ton/day)	卫生填埋 Sanitary Landfill
大安	159		6.82	6.82	6.82	1	1			260	260
延吉	618	130	35.00	35.00	34.50	1	1			823	823
图们	80		5.20	4.50	5.20						
敦化	310	174	11.00	11.00	11.00	1	1			600	600
珲春	250	66	11.31	11.31	8.88	1	1			300	300
龙井	75	16	5.61	3.80	5.61	1	1			190	190
和龙	90	40	4.30	4.30	4.30	1	1			178	178
公主岭	305	3	12.23	4.84	12.03						
梅河口	534	120	12.00	7.60	12.00						
黑龙江	**22716**	**10859**	**553.38**	**428.06**	**385.33**	**22**	**16**	**3**	**3**	**10995**	**8355**
哈尔滨	7945	4767	139.09	139.09	118.22	3	1	2		1800	1200
双城	281	62	5.78	5.78							
尚志	216	186	3.95	3.95	3.95	1			1	343	
五常	150	80	11.52	4.00	11.52						
齐齐哈尔	1394	303	50.26	22.24	31.03	1	1			850	850
讷河	185	168	4.10	4.10	4.09						
鸡西	560	311	53.66	50.00	25.80	1	1			1000	1000
虎林	135	92	4.50	4.50	4.50	1	1			155	155
密山	140	60	5.12	5.12	5.12						
鹤岗	397	210	24.22	20.35							
双鸭山	270	130	18.00	15.30	14.60						
大庆	3502	1786	31.80	31.80	31.13	3	2		1	1400	400
伊春	997	129	44.97	18.07	4.68	1		1		400	
铁力	186	70	6.10	2.20	5.50						
佳木斯	1301	417	22.00	18.50	22.00	1	1			1000	1000
同江	48	31	9.00		0.80	1	1			137	137
富锦	417	209	6.00	6.00	6.00	1	1			385	385
七台河	511	358	13.52	13.52	13.52	1	1			800	800
牡丹江	1300	364	21.02	21.02	20.66	1	1			1000	1000
绥芬河	260	164	3.65	3.65	3.65						
海林	230	190	5.55	5.55	5.55	1	1			152	152
宁安	189	52	3.00	3.00	3.00	1	1			270	270
穆棱	92	60	2.70	2.70	2.70	1	1			156	156
黑河	410	123	6.94	6.94	6.94	1			1	297	

Continued 4

Domestic Garbage						粪便 Excrement and Urine		公厕数		市容环卫专用车辆设备总数	
焚烧 Incineration	其他 other	无害化处理量（万吨） Volume of Harmlessly Treated (10,000 ton)	卫生填埋 Sanitary Landfill	焚烧 Incineration	其他 other	清运量（万吨） Quantity of Excrement Transported (10,000 ton)	处理量（万吨） Quantity of Excrement Treated (10,000 ton)	（座） Number of Latrines (unit)	三类以上 Grade III and Above	（台） Number of Vehicles and Equipment Designated for Municipal Environmental Sanitation (unit)	城市名称 Name of Cities
		6.82	6.82			0.33		160		40	大　安
		34.50	34.50			4.50	4.50	125	72	175	延　吉
						1.30		74	6	23	图　们
		11.00	11.00			3.00	2.70	115	35	70	敦　化
		8.88	8.88			1.55	1.27	97	17	42	珲　春
		5.61	5.61			0.30		92	3	24	龙　井
		4.30	4.30			1.20	1.20	62	3	20	和　龙
						2.79	2.74	30		68	公主岭
						0.40		90	25	53	梅河口
1000	**1640**	**325.72**	**277.59**	**12.27**	**35.86**	**134.75**	**29.68**	**7064**	**2560**	**6887**	**黑龙江**
600		118.22	107.85	10.37		18.25		1248	1158	3011	哈尔滨
								179		45	双　城
	343	3.95			3.95	1.90		42	18	71	尚　志
						5.00	0.50	14		40	五　常
		31.03	31.03			19.92		561	8	358	齐齐哈尔
						1.48	1.48	78		87	讷　河
		25.80	25.80			4.60	4.50	592	134	227	鸡　西
		4.50	4.50			1.20		68	21	95	虎　林
						1.50		83	12	98	密　山
						5.61		448	14	199	鹤　岗
						4.30		183	83	143	双鸭山
	1000	31.13	6.16		24.98			243	243	595	大　庆
400		1.90		1.90		17.79		583	91	381	伊　春
						0.90		48	11	51	铁　力
		22.00	22.00			10.00	10.00	515	98	103	佳木斯
		0.80	0.80			1.00		38	3	52	同　江
		6.00	6.00			2.50		86	22	45	富　锦
		13.52	13.52			0.48	0.48	210	151	185	七台河
		20.66	20.66			10.10	10.10	499	36	319	牡丹江
						0.20		25	8	96	绥芬河
		5.55	5.55			1.30		35	5	25	海　林
		3.00	3.00			0.90	0.90	60		32	宁　安
		2.70	2.70			1.30		69	15	29	穆　棱
	297	6.94			6.94	1.72	1.72	90	32	131	黑　河

14-3 续表 5

城市名称 Name of Cities	道路清扫保洁面积(万平方米) Surface Area of Roads Cleaned and Maintained (10,000 m^2)	机械化 Mechanization	生活垃圾 清运量(万吨) Collected and Transported (10,000 ton)	密闭车(箱)清运量 Quantity of Garbage Transported by Airtight Vehicle	处理量(万吨) Volume of Treated (10,000 ton)	无害化处理厂(场)数(座) Number of Harmless Treatment Plants/Grounds (unit)	卫生填埋 Sanitary Landfill	焚烧 Incineration	其他 other	无害化处理能力(吨/日) Harmless Treatment Capacity (ton/day)	卫生填埋 Sanitary Landfill
北　安	131	30	5.00								
五大连池	53		1.85	1.85	0.06						
绥　化	721	270	23.50	18.28	19.67	1	1			670	670
安　达	220	140	8.35	0.55	8.35	1	1			180	180
肇　东	230	25	12.50		12.30						
海　伦	245	72	5.75								
上　海	**17490**	**11824**	**608.41**	**608.41**	**608.41**	**12**	**5**	**5**	**2**	**20530**	**11230**
江　苏	**55132**	**33509**	**1352.44**	**1326.35**	**1347.30**	**58**	**28**	**28**	**1**	**50574**	**20257**
南　京	8457	4693	260.80	260.80	260.80	7	5	2		8750	4750
无　锡	4931	4192	122.35	122.35	122.35	3	1	2		2875	675
江　阴	814	576	17.85	17.85	17.85	1		1		1200	
宜　兴	835	310	21.14	21.14	21.14	1		1		660	
徐　州	2104	1700	75.31	75.31	71.60	2	1	1		2200	1000
新　沂	260	28	10.30	10.30	10.30	1	1			400	400
邳　州	615	165	13.28	8.25	12.75	1	1			300	300
常　州	2624	1752	61.83	61.83	61.83	3	1	2		2960	910
溧　阳	302	153	6.33	6.33	6.33	2	1	1		850	400
金　坛	409	312	6.83	6.83	6.83	1	1			350	350
苏　州	10609	5734	213.87	213.87	213.87	4	2	1		8497	5130
常　熟	998	565	25.70	21.59	25.70	3	1	2		1925	425
张家港	589	554	16.12	16.12	16.12	2	1	1		1070	470
昆　山	922	270	70.93	70.93	70.93	1		1		1810	
太　仓	786	558	29.30	29.30	29.30	1		1		750	
南　通	3410	2178	53.38	53.38	53.38	1	1			500	500
启　东	272	130	6.19	6.19	6.19	1		1		750	
如　皋	328	219	9.84	9.84	9.84	2		1	1	2000	
海　门	390	293	8.73	8.73	8.73						
连云港	1430	805	24.22	24.22	24.22	2	1	1		1300	500
淮　安	2259	1672	37.76	37.76	37.76	2	1	1		2100	1100
盐　城	1560	1104	33.54	33.54	33.54	1		1		1200	
东　台	298	120	11.08	11.08	11.08	1	1			250	250
大　丰	432	217	5.79	5.79	5.79						

Continued 5

Domestic Garbage						粪便 Excrement and Urine		公厕数		市容环卫专用车辆设备总数(台) Number of Vehicles and Equipment Designated for Municipal Environmental Sanitation (unit)	城市名称 Name of Cities
		无害化处理量(万吨) Volume of Harmlessly Treated (10,000 ton)				清运量(万吨) Quantity of Excrement Transported (10,000 ton)	处理量(万吨) Quantity of Excrement Treated (10,000 ton)	(座) Number of Latrines (unit)	三类以上 Grade III and Above		
焚烧 Incineration	其他 other		卫生填埋 Sanitary Landfill	焚烧 Incineration	其他 other						
						4.20		300		75	北安
						1.45		38		40	五大连池
		19.67	19.67			4.80		108	5	155	绥化
		8.35	8.35			5.40		173	14	67	安达
						5.00		402	370	103	肇东
						1.95		46	8	29	海伦
8300	**1000**	**608.41**	**328.77**	**238.48**	**41.17**	**199.87**	**59.27**	**6168**	**4967**	**5371**	**上海**
29817	**500**	**1326.85**	**455.22**	**871.63**		**82.44**	**41.27**	**11178**	**9255**	**11227**	**江苏**
4000		240.35	191.24	49.11		17.76	1.46	1258	1119	1526	南京
2200		122.35	49.36	72.99		9.67		1621	915	952	无锡
1200		17.85		17.85		1.17	1.17	172	172	274	江阴
660		21.14		21.14		0.28		225	95	131	宜兴
1200		71.60	11.65	59.94		0.60	0.01	632	632	546	徐州
		10.30	10.30			0.04		73	68	18	新沂
		12.75	12.75			0.20		99	29	38	邳州
2050		61.83	15.22	46.61		0.64	0.64	868	858	289	常州
450		6.33	5.61	0.72		0.16	0.16	59	59	75	溧阳
		6.83	1.77	5.06		1.06	1.06	74	74	119	金坛
3367		213.87	69.46	144.41		2.03	1.67	975	836	2638	苏州
1500		25.70		25.70		3.61		297	264	309	常熟
600		16.12	0.79	15.33		1.57	1.57	73	73	205	张家港
1810		70.93		70.93		3.03	2.68	110	108	216	昆山
750		29.30		29.30		0.94	0.94	91	60	373	太仓
		53.38	5.74	47.64		2.52	2.52	264	264	454	南通
750		6.19		6.19		3.06	3.06	83	83	140	启东
1500	500	9.84	3.83	6.00		2.41	2.41	58	58	176	如皋
		8.73		8.73		0.84	0.84	76	76	164	海门
800		24.22	1.59	22.63		6.14	1.39	506	191	300	连云港
1000		37.76	4.12	33.65		2.41	2.41	442	442	266	淮安
1200		33.54		33.54		1.41	0.69	445	440	138	盐城
		11.08	11.08			1.18	1.18	117	117	55	东台
		5.79		5.79		0.80	0.80	91	69	108	大丰

14-3 续表 6

城市名称 Name of Cities	道路清扫保洁面积(万平方米) Surface Area of Roads Cleaned and Maintained (10,000 m²)	机械化 Mechanization	生活垃圾 清运量(万吨) Collected and Transported (10,000 ton)	密闭车(箱)清运量 Quantity of Garbage Transported by Airtight Vehicle	处理量(万吨) Volume of Treated (10,000 ton)	无害化处理厂(场)数(座) Number of Harmless Treatment Plants/ Grounds (unit)	卫生填埋 Sanitary Landfill	焚烧 Incineration	其他 other	无害化处理能力(吨/日) Harmless Treatment Capacity (ton/day)	卫生填埋 Sanitary Landfill
扬　州	1904	1189	48.77	42.38	48.77	3	2	1		2110	1110
仪　征	265	102	10.69	9.79	9.79	1	1			154	154
高　邮	316	188	13.81	13.81	13.81	1	1			220	220
镇　江	1583	1396	31.97	31.97	31.97	2	1	1		1630	500
丹　阳	381	137	13.00	13.00	13.00	1		1		500	
扬　中	251	140	8.70	8.70	8.70	1		1		200	
句　容	431	107	7.12	4.97	7.12	1	1			450	450
泰　州	2000	466	27.75	20.22	27.75	1		1		1000	
兴　化	392	158	7.28	7.28	7.28	1	1			213	213
靖　江	189	60	8.07	8.07	8.07						
泰　兴	201	90	7.63	7.63	7.63	1		1		350	
宿　迁	1585	1176	25.20	25.20	25.20	2	1	1		1050	450
浙　江	**36843**	**21498**	**1229.05**	**1215.94**	**1229.04**	**59**	**26**	**32**	**1**	**45981**	**16076**
杭　州	6702	4935	283.20	283.20	283.20	5	2	3		6871	3771
建　德	145	114	4.61	4.61	4.61	1	1			300	300
富　阳	407	190	12.21	12.21	12.21	1		1		800	
临　安	390	175	12.45	12.45	12.45	1	1			250	250
宁　波	3455	2506	104.64	104.64	104.64	5	2	3		4750	1700
余　姚	713	342	44.47	44.47	44.47	1		1		1500	
慈　溪	1310	936	31.03	31.03	31.03	1		1		1500	
奉　化	340	182	24.93	24.93	24.93	1	1			683	683
温　州	2864	1848	114.90	114.90	114.90	4		4		2785	
瑞　安	597	301	12.27	12.27	12.27	1		1		1300	
乐　清	353	171	12.70	12.70	12.70	2	1	1		1500	300
嘉　兴	1669	1436	28.94	28.94	28.94	1		1		1350	
海　宁	583	285	8.28	8.28	8.28	3	1	1	1	768	98
平　湖	270	94	13.91	13.91	13.91	1		1		900	
桐　乡	701	334	7.89	7.89	7.89	1		1		800	
湖　州	1247	734	41.10	41.10	41.10	1		1		1100	
绍　兴	2064	1270	75.99	75.99	75.99	5	2	3		3100	1000
诸　暨	532	260	11.45	11.45	11.45	2	1	1		760	360
嵊　州	607	322	9.97	9.97	9.97	1	1			530	530
金　华	1597	619	41.11	41.11	41.11	2	1	1		1650	600

Continued 6

Domestic Garbage						粪便 Excrement and Urine		公厕数 (座)		市容环卫专用车辆设备总数 (台)	
焚烧 Incineration	其他 other	无害化处理量 (万吨) Volume of Harmlessly Treated (10,000 ton)	卫生填埋 Sanitary Landfill	焚烧 Incineration	其他 other	清运量 (万吨) Quantity of Excrement Transported (10,000 ton)	处理量 (万吨) Quantity of Excrement Treated (10,000 ton)	Number of Latrines (unit)	三类以上 Grade Ⅲ and Above	Number of Vehicles and Equipment Designated for Municipal Environmental Sanitation (unit)	城市名称 Name of Cities
1000		48.77	13.37	35.40		4.00	4.00	466	466	245	扬州
		9.79	9.79			0.45	0.45	76	76	66	仪征
		13.81	13.81			1.75	1.75	165	165	28	高邮
1130		31.97	9.33	22.64		0.88	0.88	315	234	230	镇江
500		13.00		13.00		2.25	2.25	140	135	81	丹阳
200		8.70		8.70		1.20	1.20	43	43	52	扬中
		7.12	7.12					42	42	50	句容
1000		27.75		27.75		2.48	2.48	425	315	566	泰州
		7.28	7.28			0.48	0.12	280	280	42	兴化
		8.07		8.07		0.29		101	101	54	靖江
350		7.63		7.63		1.46	1.46	86	86	63	泰兴
600		25.20		25.20		3.67	0.02	330	210	240	宿迁
29705	**200**	**1229.04**	**460.41**	**768.64**		**70.95**	**57.38**	**8026**	**6441**	**6483**	**浙江**
3100		283.20	175.92	107.28		6.29	0.66	1429	1160	1344	杭州
		4.61	4.61			0.12		32	32	61	建德
800		12.21		12.21		0.23		32	32	129	富阳
		12.45	12.45			0.38	0.38	30	30	93	临安
3050		104.64	20.26	84.38		13.78	13.77	446	446	712	宁波
1500		44.47		44.47		1.27	1.27	394	394	171	余姚
1500		31.03		31.03		4.02	4.02	137	100	91	慈溪
		24.93	24.93			2.45	2.45	148	42	65	奉化
2785		114.90		114.90		4.88	4.88	1365	1058	519	温州
1300		12.27		12.27		0.86	0.86	54	51	55	瑞安
1200		12.70	4.63	8.07				434	268	187	乐清
1350		28.94		28.94		4.97	4.77	195	195	216	嘉兴
470	200	8.28	1.99	6.29		1.06	1.06	68	35	38	海宁
900		13.91		13.91		2.02	2.02	70	70	39	平湖
800		7.89		7.89		0.22		57	57	52	桐乡
1100		41.10		41.10		3.81		283	198	175	湖州
2100		75.99	26.28	49.71		6.42	6.42	306	234	375	绍兴
400		11.45	3.13	8.31				49	49	128	诸暨
		9.97	9.97			1.45	1.45	94	94	54	嵊州
1050		41.11	25.47	15.63		0.12	0.12	163	163	151	金华

14-3 续表 7

城市名称 Name of Cities	道路清扫保洁面积(万平方米) Surface Area of Roads Cleaned and Maintained (10,000 m^2)	机械化 Mechanization	生活垃圾 清运量(万吨) Collected and Transported (10,000 ton)	密闭车(箱)清运量 Quantity of Garbage Transported by Airtight Vehicle	处理量(万吨) Volume of Treated (10,000 ton)	无害化处理厂(场)数(座) Number of Harmless Treatment Plants/Grounds (unit)	卫生填埋 Sanitary Landfill	焚烧 Incineration	其他 other	无害化处理能力(吨/日) Harmless Treatment Capacity (ton/day)	卫生填埋 Sanitary Landfill
兰溪	616	390	16.77	16.77	16.77	2	1	1		750	350
义乌	1394	431	67.93	67.93	67.92	2	1	1		2180	480
东阳	1006	292	29.59	29.59	29.59	1	1			800	800
永康	612	226	34.56	34.56	34.56	2	1	1		1650	850
衢州	990	416	19.79	19.79	19.79	1	1			500	500
江山	488	66	7.20	7.20	7.20	1	1			320	320
舟山	620	291	29.94	29.94	29.94	1		1		1000	
台州	2383	1218	76.13	67.48	76.13	4	3	1		2880	1880
温岭	515	273	18.07	18.07	18.07	2	1	1		1200	500
临海	624	321	13.37	13.37	13.37	1		1		700	
丽水	760	441	14.67	10.18	14.67	1	1			630	630
龙泉	289	79	5.01	5.01	5.01	1	1			174	174
安徽	**26370**	**17194**	**464.79**	**449.29**	**462.49**	**26**	**20**	**6**		**15153**	**10203**
合肥	6430	5466	110.22	110.22	110.22	2	1	1		3478	2478
巢湖	570	510	13.20	13.20	13.20	1	1			400	400
芜湖	2170	1584	40.19	40.19	39.39	2	1	1		1650	600
蚌埠	1775	1040	30.66	30.66	30.66	1	1			800	800
淮南	1871	1122	32.00	32.00	31.52	2	1	1		1500	500
马鞍山	1100	850	19.85	19.85	19.48	1	1			400	400
淮北	890	800	20.82	20.82	20.82	1		1		800	
铜陵	1131	513	12.68	12.68	12.68	1		1		300	
安庆	1344	690	27.48	26.50	27.18	1		1		800	
桐城	230	140	7.00	7.00	7.00	1	1			315	315
黄山	580	316	10.38	10.38	10.38	2	2			523	523
滁州	1213	390	12.59	12.59	12.59	1	1			450	450
天长	420	95	5.50	5.50	5.49	1	1			343	343
明光	225	135	5.56	5.46	5.56	1	1			303	303
阜阳	963	484	24.25	22.30	24.25	1	1			580	580
界首	320	148	6.69	6.69	6.35	1	1			286	286
宿州	1406	375	17.29	8.70	17.29	1	1			350	350
六安	749	445	19.09	19.09	19.09	1	1			600	600
亳州	1260	1197	17.64	16.35	17.64	1	1			375	375
池州	702	490	13.83	11.22	13.83	1	1			280	280
宣城	565	224	11.84	11.84	11.84	1	1			400	400
宁国	456	180	6.04	6.04	6.04	1	1			220	220

Continued 7

Domestic Garbage						粪便 Excrement and Urine		公厕数 (座) Number of Latrines (unit)		市容环卫专用车辆设备总数 (台) Number of Vehicles and Equipment Designated for Municipal Environmental Sanitation (unit)	城市名称 Name of Cities
焚烧 Incinera-tion	其他 other	无害化处理量 (万吨) Volume of Harmlessly Treated (10,000 ton)	卫生填埋 Sanitary Landfill	焚烧 Incinera-tion	其他 other	清运量 (万吨) Quantity of Excrement Transported (10,000 ton)	处理量 (万吨) Quantity of Excrement Treated (10,000 ton)		三类以上 Grade Ⅲ and Above		
400		16.77		16.77		0.53	0.53	57	57	71	兰　溪
1700		67.92	8.86	59.06		1.42	1.42	468	468	220	义　乌
		29.59	29.59					170	170	191	东　阳
800		34.56	2.70	31.86		0.96	0.96	91	91	106	永　康
		19.79	19.79			0.48	0.48	199	199	91	衢　州
		7.20	7.20			0.08	0.08	72	67	23	江　山
1000		29.94		29.94		2.47	0.54	207	169	152	舟　山
1000		76.13	60.15	15.98		8.07	8.07	560	250	580	台　州
700		18.07	2.81	15.26		0.30	0.30	163	43	80	温　岭
700		13.37		13.37		1.00	0.58	87	87	118	临　海
		14.67	14.67			0.29	0.29	129	127	146	丽　水
		5.01	5.01			1.00		37	5	50	龙　泉
4950		**462.49**	**333.00**	**129.49**		**18.50**	**4.37**	**3192**	**2684**	**3116**	**安　徽**
1000		110.22	76.72	33.50		2.75	2.75	226	226	754	合　肥
		13.20	13.20			1.29		116	114	80	巢　湖
1050		39.39	13.44	25.95				214	214	413	芜　湖
		30.66	30.66					360	300	249	蚌　埠
1000		31.52	22.16	9.36		0.45	0.45	234	212	172	淮　南
		19.48	19.48			0.61	0.61	94	94	72	马鞍山
800		20.82		20.82		0.29		58	58	168	淮　北
300		12.68		12.68				121	96	122	铜　陵
800		27.18		27.18		0.60	0.56	180	159	57	安　庆
		7.00	7.00					10	6	33	桐　城
		10.38	10.38					58	39	66	黄　山
		12.59	12.59			2.10		172	111	55	滁　州
		5.49	5.49					166	144	37	天　长
		5.56	5.56					19	19	13	明　光
		24.25	24.25			3.31		173	82	189	阜　阳
		6.35	6.35			1.08		34	34	36	界　首
		17.29	17.29			1.47		133	98	149	宿　州
		19.09	19.09			3.85		276	260	83	六　安
		17.64	17.64			0.38		265	177	95	亳　州
		13.83	13.83			0.32		140	99	87	池　州
		11.84	11.84					108	108	140	宣　城
		6.04	6.04					35	34	46	宁　国

14-3 续表 8

城市名称 Name of Cities	道路清扫保洁面积(万平方米) Surface Area of Roads Cleaned and Maintained (10,000 m^2)	机械化 Mechanization	生活垃圾 清运量(万吨) Collected and Transported (10,000 ton)	密闭车(箱)清运量 Quantity of Garbage Transported by Airtight Vehicle	处理量(万吨) Volume of Treated (10,000 ton)	无害化处理厂(场)数(座) Number of Harmless Treatment Plants/Grounds (unit)	卫生填埋 Sanitary Landfill	焚烧 Incineration	其他 other	无害化处理能力(吨/日) Harmless Treatment Capacity (ton/day)	卫生填埋 Sanitary Landfill
福　建	**16243**	**9243**	**598.89**	**597.35**	**586.45**	**27**	**13**	**13**	**1**	**18149**	**5349**
福　州	3317	2654	100.62	100.62	96.60	2	1	1		2000	800
福　清	760	126	29.44	29.44	29.13	1		1		600	
长　乐	280	145	7.52	6.93	6.98	1	1			160	160
厦　门	3780	2305	142.15	142.15	142.15	5	1	3	1	3860	1660
莆　田	1003	702	34.71	34.71	34.41	1		1		1050	
三　明	265	98	11.70	11.65	11.48	1	1			250	250
永　安	130	52	5.48	5.37	5.37	1	1			200	200
泉　州	2190	867	46.22	46.22	45.48	2	2			825	825
石　狮	356	245	26.90	26.90	26.37	1		1		2200	
晋　江	718	320	58.85	58.85	57.69	1		1		1800	
南　安	431	281	28.00	28.00	27.45	1		1		600	
漳　州	943	377	20.36	20.36	20.20	2	1	1		1450	400
龙　海	151	51	9.78	9.78	9.60						
南　平	233	70	7.50	7.50	7.50	1	1			300	300
邵　武	101	57	4.30	4.00	4.15	1	1			150	150
武夷山	98	40	3.83	3.83	3.29						
建　瓯	135	81	4.94	4.94	4.21						
建　阳	112	36	4.31	4.31	4.30	1		1		600	
龙　岩	378	360	19.15	18.65	19.06	1		1		600	
漳　平	110	68	3.77	3.77	3.71	1	1			200	200
宁　德	353	182	12.38	12.38	11.64	1		1		900	
福　安	208	50	8.63	8.63	7.92	1	1			190	190
福　鼎	191	76	8.36	8.36	7.77	1	1			214	214
江　西	**12893**	**4340**	**308.45**	**271.22**	**308.45**	**17**	**17**			**9273**	**9273**
南　昌	2884	1459	57.63	57.63	57.63	1	1			2099	2099
景德镇	330	76	14.73		14.73	1	1			360	360
乐　平	210		6.86		6.86	1	1			255	255
萍　乡	645	204	15.98	15.98	15.98	1	1			503	503
九　江	1339	498	21.62	21.62	21.62	1	1			800	800

Continued 8

Domestic Garbage						粪便 Excrement and Urine		公厕数 (座)		市容环卫专用车辆设备总数 (台) Number of Vehicles and Equipment Designated for Municipal Environmental Sanitation (unit)	城市名称 Name of Cities
焚烧 Incineration	其他 other	无害化处理量 (万吨) Volume of Harmlessly Treated (10,000 ton)	卫生填埋 Sanitary Landfill	焚烧 Incineration	其他 other	清运量 (万吨) Quantity of Excrement Transported (10,000 ton)	处理量 (万吨) Quantity of Excrement Treated (10,000 ton)	Number of Latrines (unit)	三类以上 Grade Ⅲ and Above		
12300	**500**	**586.06**	**188.48**	**376.90**	**20.68**	**3.97**	**2.86**	**3113**	**3092**	**2578**	**福　建**
1200		96.60	38.10	58.50				928	928	510	福　州
600		29.13		29.13				63	63	39	福　清
		6.98	6.98					76	76	36	长　乐
1700	500	142.15	75.74	45.72	20.68			602	602	836	厦　门
1050		34.41		34.41				112	112	171	莆　田
		11.48	11.48			2.86	2.86	77	77	47	三　明
		5.37	5.37					67	67	46	永　安
		45.48	13.01	32.47				436	436	177	泉　州
2200		26.37		26.37				34	29	46	石　狮
1800		57.69		57.69				103	103	140	晋　江
600		27.45		27.45				52	52	97	南　安
1050		20.20	4.88	15.32				121	121	72	漳　州
		9.60	1.85	7.75				38	38	44	龙　海
		7.50	7.50					48	48	38	南　平
		4.15	4.15					40	40	29	邵　武
		3.29		3.29		0.18		20	20	34	武夷山
		4.21		4.21		0.93		30	30	32	建　瓯
600		3.90		3.90				29	29	28	建　阳
600		19.06		19.06				113	101	80	龙　岩
		3.71	3.71					20	19	11	漳　平
900		11.64		11.64				41	38	34	宁　德
		7.92	7.92					34	34	20	福　安
		7.77	7.77					29	29	11	福　鼎
		287.13	**287.13**			**8.05**	**8.05**	**1982**	**1524**	**1630**	**江　西**
		57.63	57.63			0.40	0.40	263	222	677	南　昌
		14.73	14.73					199		30	景德镇
		6.86	6.86					90	90	14	乐　平
		15.98	15.98			1.61	1.61	146	146	85	萍　乡
		21.62	21.62			0.58	0.58	257	182	154	九　江

14-3 续表 9

城市名称 Name of Cities	道路清扫保洁面积(万平方米) Surface Area of Roads Cleaned and Maintained (10,000 m²)	机械化 Mechanization	生活垃圾 清运量(万吨) Collected and Transported (10,000 ton)	密闭车(箱)清运量 Quantity of Garbage Transported by Airtight Vehicle	处理量(万吨) Volume of Treated (10,000 ton)	无害化处理厂(场)数(座) Number of Harmless Treatment Plants/Grounds (unit)	卫生填埋 Sanitary Landfill	焚烧 Incineration	其他 other	无害化处理能力(吨/日) Harmless Treatment Capacity (ton/day)	卫生填埋 Sanitary Landfill
瑞　昌	409	123	5.58	5.58	5.58						
共青城	101	37	4.45	4.45	4.45						
新　余	1060	420	16.00	16.00	16.00	1	1			635	635
鹰　潭	177	49	7.59	5.31	7.59	1	1			400	400
贵　溪	190	80	5.72	5.72	5.72						
赣　州	799	177	33.94	33.94	33.94	2	2			1193	1193
瑞　金	459	110	10.67	9.94	10.67	1	1			338	338
吉　安	348	294	16.24	16.24	16.24	1	1			445	445
井冈山	108	30	3.15	3.15	3.15	1	1			35	35
宜　春	802	321	16.45	16.45	16.45	1	1			350	350
丰　城	557	4	10.81		10.81	1	1			260	260
樟　树	178	46	8.26	8.26	8.26						
高　安	221	79	8.03	8.03	8.03						
抚　州	1090	130	19.31	19.31	19.31	1	1			650	650
上　饶	849	178	19.94	19.94	19.94	1	1			800	800
德　兴	137	25	5.50	3.67	5.50	1	1			150	150
山　东	**65422**	**38650**	**958.47**	**935.65**	**958.47**	**59**	**41**	**16**	**2**	**35171**	**19211**
济　南	4423	3777	93.39	83.10	93.39	1		1		2000	
章　丘	670	345	8.78	8.70	8.78	1	1			300	300
青　岛	5664	2232	100.94	100.94	100.94	5	3	1	1	4190	2090
胶　州	699	334	13.68	13.68	13.68	1	1			600	600
即　墨	894	348	18.30	18.30	18.30	1	1			600	600
平　度	580	352	15.61	15.61	15.61	1	1			366	366
莱　西	527	205	10.62	10.62	10.62	1	1			543	543
淄　博	3938	1431	49.98	49.98	49.98	2		2		2900	
枣　庄	1619	1109	29.32	29.32	29.32	4	4			1540	1540
滕　州	750	432	11.43	11.43	11.43	1	1			450	450
东　营	2645	1427	20.76	19.35	20.76	2	1	1		680	80
烟　台	3088	1729	54.06	53.51	54.06	1	1			1400	1400
龙　口	543	311	9.40	9.40	9.40	1	1			560	560
莱　阳	350	315	10.31	10.31	10.31	1	1			220	220
莱　州	290	235	12.15	12.15	12.15	1	1			350	350
蓬　莱	297	211	5.78	5.78	5.78	1	1			350	350

Continued 9

Domestic Garbage						粪便 Excrement and Urine		公厕数 (座) Number of Latrines (unit)		市容环卫专用车辆设备总数(台) Number of Vehicles and Equipment Designated for Municipal Environmental Sanitation (unit)	城市名称 Name of Cities
焚烧 Incinera-tion	其他 other	无害化处理量(万吨) Volume of Harm-lessly Treated (10,000 ton)	卫生填埋 Sanitary Landfill	焚烧 Incinera-tion	其他 other	清运量(万吨) Quantity of Excrement Tran-sported (10,000 ton)	处理量(万吨) Quantity of Excrement Treated (10,000 ton)		三类以上 Grade III and Above		
		0.90	0.90			0.11	0.11	37	37	20	瑞　昌
		4.09	4.09					5	5	17	共青城
		16.00	16.00					91	50	89	新　余
		7.59	7.59					22	22	25	鹰　潭
		5.72	5.72			0.07	0.07	20	20	24	贵　溪
		33.94	33.94			3.61	3.61	148	97	111	赣　州
		10.67	10.67			0.67	0.67	20	20	25	瑞　金
		16.24	16.24					121	117	33	吉　安
		3.15	3.15					4	4	20	井冈山
		16.45	16.45			0.56	0.56	105	105	75	宜　春
		10.81	10.81			0.07	0.07	48	48	36	丰　城
						0.11	0.11	58	46	32	樟　树
						0.26	0.26	20	16	39	高　安
		19.31	19.31					194	175	64	抚　州
		19.94	19.94					105	93	43	上　饶
		5.50	5.50					29	29	17	德　兴
14700	**1260**	**958.47**	**533.94**	**386.93**	**37.59**	**127.15**	**57.45**	**6084**	**5266**	**10324**	**山　东**
2000		93.39		93.39		51.00	15.18	832	582	960	济　南
		8.78	8.78			6.98	6.98	139	135	483	章　丘
1500	600	100.94	43.61	46.39	10.94	7.15	5.96	529	396	2198	青　岛
		13.68	13.68					17	17	120	胶　州
		18.30	18.30			0.71	0.71	32	32	255	即　墨
		15.61	15.61			0.68	0.68	23	23	104	平　度
		10.62	10.62			0.47	0.47	31	31	152	莱　西
2900		49.98		49.98		5.52		344	294	469	淄　博
		29.32	29.32			0.41	0.41	369	313	182	枣　庄
		11.43	11.43			4.10	4.10	118	118	126	滕　州
600		20.76	3.26	17.50				162	155	293	东　营
		54.06	54.06			5.75	2.55	186	186	413	烟　台
		9.40	9.40			0.15	0.15	48	48	74	龙　口
		10.31	10.31			0.85	0.85	56	56	62	莱　阳
		12.15	12.15					60	60	49	莱　州
		5.78	5.78			0.52	0.52	42	42	44	蓬　莱

14-3 续表 10

城市名称 Name of Cities	道路清扫保洁面积(万平方米) Surface Area of Roads Cleaned and Maintained (10,000 m^2)		生活垃圾								
		机械化 Mechanization	清运量(万吨) Collected and Transported (10,000 ton)	密闭车(箱)清运量 Quantity of Garbage Transported by Airtight Vehicle	处理量(万吨) Volume of Treated (10,000 ton)	无害化处理厂(场)数(座) Number of Harmless Treatment Plants/Grounds (unit)	卫生填埋 Sanitary Landfill	焚烧 Incineration	其他 other	无害化处理能力(吨/日) Harmless Treatment Capacity (ton/day)	卫生填埋 Sanitary Landfill
招远	441	422	6.60	6.60	6.60	1	1			250	250
栖霞	180	102	5.72	5.72	5.72	1	1			160	160
海阳	307	196	8.44	8.44	8.44	1	1			100	100
潍坊	2775	2479	39.56	39.56	39.56	1	1			700	700
青州	1130	852	10.78	10.78	10.78	1	1			340	340
诸城	1351	574	15.32	15.32	15.32	1	1			500	500
寿光	1079	923	11.24	11.24	11.24	1	1			500	500
安丘	832	700	10.85	10.85	10.85	1	1			450	450
高密	520	375	8.87	8.87	8.87	1	1			200	200
昌邑	550	478	5.02	5.02	5.02	1	1			300	300
济宁	1826	1136	42.24	42.24	42.24	1		1		1000	
曲阜	372	160	6.80	6.80	6.80						
邹城	1500	750	9.88	9.88	9.88	1	1			400	400
泰安	1643	398	20.57	20.57	20.57	1		1		800	
新泰	600	382	16.65	16.65	16.65	1	1			400	400
肥城	385	135	8.44	8.44	8.44	1		1		200	
威海	2336	1850	29.24	29.24	29.24	3	2	1		2192	1492
荣成	1000	950	12.33	12.33	12.33	2	1	1		1150	450
乳山	416	110	6.19	6.19	6.19	1		1		500	
日照	1877	725	20.59	20.59	20.59	2	2			700	700
莱芜	1398	1065	18.79	18.79	18.79	1	1			800	800
临沂	8093	4390	62.05	62.05	62.05	2	1	1		2400	900
德州	1407	1095	26.99	25.88	26.99	1		1		600	
乐陵	460	200	8.29	3.65	8.29	1	1			220	220
禹城	420	386	5.65	5.65	5.65	1		1		300	
聊城	1483	988	22.52	22.52	22.52	1		1		600	
临清	279	223	10.19	10.19	10.19	1	1			400	400
滨州	2005	922	23.15	23.00	23.15	1	1			500	500
菏泽	1780	891	21.00	16.41	21.00	2		1	1	1460	
河南	**27197**	**10742**	**832.75**	**721.06**	**773.12**	**43**	**39**	**4**		**23207**	**19257**
郑州	4174	2505	186.34	186.34	177.02	2	1	1		4700	2400
巩义	318	90	9.86	9.86	9.86	1	1			350	350
荥阳	379	148	6.84	6.74	6.84						

Continued 10

Domestic Garbage						粪便 Excrement and Urine		公厕数（座） Number of Latrines (unit)		市容环卫专用车辆设备总数（台） Number of Vehicles and Equipment Designated for Municipal Environmental Sanitation (unit)	城市名称 Name of Cities
焚烧 Incineration	其他 other	无害化处理量（万吨） Volume of Harmlessly Treated (10,000 ton)	卫生填埋 Sanitary Landfill	焚烧 Incineration	其他 other	清运量（万吨） Quantity of Excrement Transported (10,000 ton)	处理量（万吨） Quantity of Excrement Treated (10,000 ton)		三类以上 Grade III and Above		
		6.60	6.60			0.16		63	50	90	招远
		5.72	5.72			0.30		18	11	22	栖霞
		8.44	8.44			1.20	1.20	24	24	50	海阳
		39.56	39.56					158	158	347	潍坊
		10.78	10.78			0.44	0.44	59	59	201	青州
		15.32	15.32			3.35	3.35	98	98	77	诸城
		11.24	11.24					76	73	650	寿光
		10.85	10.85			1.80		41	41	62	安丘
		8.87	8.87					25	22	50	高密
		5.02	5.02			0.56		14	12	114	昌邑
1000		42.24		32.54	9.70	2.51	2.47	242	232	158	济宁
		6.80			6.80	0.38	0.38	104	104	46	曲阜
		9.88	9.88			0.35	0.35	40	40	90	邹城
800		20.57		20.57		2.78	2.78	124	124	162	泰安
		16.65	16.65					98	29	59	新泰
200		8.44		8.44		1.43	1.43	78	78	42	肥城
700		29.24	12.02	17.23		2.49		168	168	346	威海
700		12.33	11.33	1.00		5.23		40	40	142	荣成
500		6.19		6.19				53	53	43	乳山
		20.59	20.59			1.83		117	117	253	日照
		18.79	18.79			1.31	1.31	199	188	132	莱芜
1500		62.05	34.35	27.70		3.50	0.95	609	574	518	临沂
600		26.99		26.99		1.90	1.90	61	54	164	德州
		8.29	8.29			1.67	1.58	9		40	乐陵
300		5.65		5.65				17	13	60	禹城
600		22.52		22.52		0.75	0.75	220	220	147	聊城
		10.19	10.19			0.50		146	11	44	临清
		23.15	23.15			2.65		54	51	115	滨州
800	660	21.00		10.85	10.15	5.77		141	134	116	菏泽
3950		**773.12**	**635.81**	**137.31**		**44.44**	**12.69**	**7218**	**6545**	**4203**	**河南**
2300		177.02	88.66	88.36				963	946	1269	郑州
		9.86	9.86			0.08		37	37	43	巩义
		6.84		6.84		0.68		48	48	41	荥阳

14-3 续表 11

城市名称 Name of Cities	道路清扫保洁面积(万平方米) Surface Area of Roads Cleaned and Maintained (10,000 m^2)	机械化 Mechanization	生活垃圾 清运量(万吨) Collected and Transported (10,000 ton)	密闭车(箱)清运量 Quantity of Garbage Transported by Airtight Vehicle	处理量(万吨) Volume of Treated (10,000 ton)	无害化处理厂(场)数(座) Number of Harmless Treatment Plants/Grounds (unit)	卫生填埋 Sanitary Landfill	焚烧 Incineration	其他 other	无害化处理能力(吨/日) Harmless Treatment Capacity (ton/day)	卫生填埋 Sanitary Landfill
新密	317	62	9.07		9.05	1	1			230	230
新郑	190	110	8.00	8.00	8.00	1	1			160	160
登封	317	2	7.02	0.07	6.35	1	1			200	200
开封	1400	1100	27.06	27.06	27.06	1		1		1050	
洛阳	2759	1380	73.04	46.13	60.68	3	3			2332	2332
偃师	197	58	8.50	7.00	8.50	1	1			230	230
平顶山	1080	462	30.30	30.30	28.12	1	1			800	800
舞钢	147	25	4.87	4.87	4.87	1	1			180	180
汝州	204	60	8.70	8.70	8.50	1	1			220	220
安阳	997	553	46.00	46.00	46.00	1	1			700	700
林州	376	200	9.52	4.12	9.52	1	1			260	260
鹤壁	692	8	15.96	7.97	14.82	2	2			650	650
新乡	1080	480	34.34	34.34	34.34	1	1			865	865
卫辉	247		7.30		7.30	1	1			210	210
辉县	180		7.98		7.98	1	1			300	300
焦作	1469	390	28.55	28.55	27.81	2	1	1		1070	970
沁阳	245	3	4.78		4.45	1	1			190	190
孟州	253	19	4.83	4.40	4.40	1	1			150	150
濮阳	668	56	16.61	14.60	15.11	1	1			600	600
许昌	540	85	23.30	23.30	22.47	2	2			810	810
禹州	545	205	13.20	13.20	8.85	1	1			240	240
长葛	155	140	7.13	4.17	6.55	1	1			300	300
漯河	650	230	23.73	23.73	23.70	1	1			840	840
三门峡	240	60	10.66	8.66	8.44	1	1			360	360
义马	225		5.60	5.50	3.90	1	1			210	210
灵宝	181	50	8.10	8.10	8.10	1	1			220	220
南阳	2250	723	51.92	50.45	39.56	1	1			1100	1100
邓州	516	120	12.33		11.28	1	1			320	320
商丘	882	345	28.17	23.71	25.50	1	1			700	700
永城	510	300	12.52	10.27	11.52	1	1			400	400
信阳	671	320	20.69	20.69	19.46	1	1			600	600
周口	557	180	13.52	12.30	12.30	1		1		500	
项城	351	49	11.40	7.34	11.40	1	1			290	290
驻马店	814	100	18.73	18.29	17.21	1	1			570	570
济源	421	124	16.30	16.30	16.30	1	1			300	300

Continued 11

Domestic Garbage						粪便 Excrement and Urine		公厕数 (座)		市容环卫专用车辆设备总数 (台)	
焚烧 Incinera-tion	其他 other	无害化处理量 (万吨) Volume of Harm-lessly Treated (10,000 ton)	卫生填埋 Sanitary Landfill	焚烧 Incinera-tion	其他 other	清运量 (万吨) Quantity of Excrement Tran-sported (10,000 ton)	处理量 (万吨) Quantity of Excrement Treated (10,000 ton)	Number of Latrines (unit)	三类以上 Grade Ⅲ and Above	Number of Vehicles and Equipment Designated for Municipal Environmental Sanitation (unit)	城市名称 Name of Cities
		9.05	9.05					56	52	55	新密
		8.00	8.00					47	37	54	新郑
		6.35	6.35					44	39	17	登封
1050		27.06		27.06		2.00	2.00	842	842	224	开封
		60.68	60.68			0.48	0.48	562	557	294	洛阳
		8.50	8.50					35	35	20	偃师
		28.12	28.12			0.77	0.77	400	400	136	平顶山
		4.87	4.87			0.62		75	43	45	舞钢
		8.50	8.50			0.50		40	33	33	汝州
		46.00	46.00			0.45		434	434	191	安阳
		9.52	9.52					42	42	22	林州
		14.82	14.82			1.99		73	73	42	鹤壁
		34.34	34.34			1.68	1.39	302	302	102	新乡
		7.30	7.30			0.14		21	18	21	卫辉
		7.98	7.98			4.79		46	46	28	辉县
100		27.81	25.06	2.75		1.48		159	159	128	焦作
		4.45	4.45					27	27	24	沁阳
		4.40	4.40					17		14	孟州
		15.11	15.11					141		172	濮阳
		22.47	22.47			0.75	0.75	261	261	99	许昌
		8.85	8.85					46	46	95	禹州
		6.55	6.55					29	17	50	长葛
		23.70	23.70			5.30	5.00	333	308	91	漯河
		8.44	8.44			0.74	0.70	121	39	31	三门峡
		3.90	3.90					28	28	29	义马
		8.10	8.10					45	45	17	灵宝
		39.56	39.56			18.61		542	512	323	南阳
		11.28	11.28					84	54	70	邓州
		25.50	25.50					302	165	82	商丘
		11.52	11.52					108	85	34	永城
		19.46	19.46			1.60	1.60	366	366	104	信阳
500		12.30		12.30				107	101	38	周口
		11.40	11.40			0.25		58	53	32	项城
		17.21	17.21			1.03		273	191	69	驻马店
		16.30	16.30			0.50		104	104	64	济源

14-3 续表 12

城市名称 Name of Cities	道路清扫保洁面积(万平方米) Surface Area of Roads Cleaned and Maintained (10,000 m²)		生活垃圾								
		机械化 Mechanization	清运量 (万吨) Collected and Transported (10,000 ton)	密闭车(箱)清运量 Quantity of Garbage Transported by Airtight Vehicle	处理量 (万吨) Volume of Treated (10,000 ton)	无害化处理厂(场)数(座) Number of Harmless Treatment Plants/Grounds (unit)	卫生填埋 Sanitary Landfill	焚烧 Incineration	其他 other	无害化处理能力(吨/日) Harmless Treatment Capacity (ton/day)	卫生填埋 Sanitary Landfill
湖　北	**30527**	**12634**	**739.34**	**672.42**	**725.08**	**39**	**28**	**11**		**24016**	**13066**
武　汉	15837	4804	257.36	257.36	257.36	8	2	6		11250	4000
黄　石	757	449	29.00	29.00	29.00	2	1	1		1479	679
大　冶	260	100	9.65	9.65							
十　堰	745	387	32.16	32.16	32.16	1	1			650	650
丹江口	174	81	7.30	7.30	7.30						
宜　昌	1098	653	32.69	29.37	31.10	2	2			732	732
宜　都	395	44	5.83	5.35	5.32	1	1			166	166
当　阳	186	114	5.23	5.23	5.23	1	1			220	220
枝　江	158	38	4.53	4.53	4.53	1	1			250	250
襄　阳	1925	1371	30.57	30.57	30.43	1		1		1000	
老河口	170	88	7.72	5.52	7.39	1	1			288	288
枣　阳	520	436	9.40	9.40	9.40	1	1			272	272
宜　城	251	58	6.21	3.10	6.21	1	1			170	170
鄂　州	452	379	17.80	15.00	17.80	1	1			488	488
荆　门	378	265	14.79	14.79	14.79	1	1			500	500
钟　祥	344	241	10.33	8.80	10.33						
孝　感	536	431	14.60	14.60	14.40	1	1			400	400
应　城	130	80	7.30	7.30	7.30	1	1			250	250
安　陆	171	79	8.68	6.75	8.66	1	1			300	300
汉　川	219	60	11.65	9.86	11.00						
荆　州	992	413	23.06	23.06	23.06	1		1		1000	
石　首	138	30	6.38		6.38						
洪　湖	380	31	18.00	16.50	18.00						
松　滋	182	164	5.48	3.83	5.48						
黄　冈	353	264	18.70	18.70	18.70	1	1			500	500
麻　城	237	121	9.13	5.92	8.78	1	1			250	250
武　穴	212	76	11.29	9.29	11.29	1		1		300	
咸　宁	485	273	15.18	15.18	15.04	1		1		600	
赤　壁	320	50	14.20	6.20	14.20	1	1			371	371
随　州	456	141	22.35	1.10	22.30	2	2			530	530
广　水	200		11.00	11.00	10.38	1	1			200	200

Continued 12

Domestic Garbage						粪便 Excrement and Urine		公厕数 (座) Number of Latrines (unit)		市容环卫专用车辆设备总数(台) Number of Vehicles and Equipment Designated for Municipal Environmental Sanitation (unit)	城市名称 Name of Cities
焚烧 Incineration	其他 other	无害化处理量(万吨) Volume of Harmlessly Treated (10,000 ton)	卫生填埋 Sanitary Landfill	焚烧 Incineration	其他 other	清运量(万吨) Quantity of Excrement Transported (10,000 ton)	处理量(万吨) Quantity of Excrement Treated (10,000 ton)		三类以上 Grade Ⅲ and Above		
10950		**666.60**	**322.37**	**344.23**		**19.48**	**4.59**	**5130**	**4171**	**8851**	**湖　北**
7250		257.36	21.95	235.41				1203	1203	5112	武　汉
800		29.00		29.00				286	286	182	黄　石
								30	30	27	大　冶
		32.16	32.16			0.22		110	110	239	十　堰
						0.80	0.80	50	50	17	丹江口
		31.10	31.10					278	238	211	宜　昌
		5.32	5.32					54	54	37	宜　都
		5.23	5.23					16	16	44	当　阳
		4.53	4.53			2.42		38	38	25	枝　江
1000		30.43		30.43		1.69		382	382	1295	襄　阳
		7.39	7.39			0.75	0.70	98	25	18	老河口
		9.40	9.40					37	37	37	枣　阳
		6.21	6.21					20		19	宜　城
		17.80	17.80			2.00	2.00	318		100	鄂　州
		14.79	14.79					136	136	74	荆　门
								84	84	53	钟　祥
		14.40	14.40					67	67	76	孝　感
		7.30	7.30					47	47	15	应　城
		8.66	8.66			0.02		38		46	安　陆
								70	65	28	汉　川
1000		23.06		23.06				238	238	151	荆　州
						0.09		51	33	16	石　首
								182	182	63	洪　湖
								34	17	24	松　滋
		18.70	18.70					85	82	141	黄　冈
		8.78	8.78			2.31	1.09	83	82	49	麻　城
300		11.29		11.29		2.20		70		161	武　穴
600		15.04		15.04				112	112	97	咸　宁
		14.20	14.20					32	32	53	赤　壁
		22.30	22.30					179	49	48	随　州
		10.38	10.38			3.40		129	23	27	广　水

14-3 续表 13

城市名称 Name of Cities	道路清扫保洁面积(万平方米) Surface Area of Roads Cleaned and Maintained (10,000 m^2)	机械化 Mechanization	生活垃圾 清运量(万吨) Collected and Transported (10,000 ton)	密闭车(箱)清运量 Quantity of Garbage Transported by Airtight Vehicle	处理量(万吨) Volume of Treated (10,000 ton)	无害化处理厂(场)数(座) Number of Harmless Treatment Plants/Grounds (unit)	卫生填埋 Sanitary Landfill	焚烧 Incineration	其他 other	无害化处理能力(吨/日) Harmless Treatment Capacity (ton/day)	卫生填埋 Sanitary Landfill
恩　施	320	192	10.22	10.22	10.22	1	1			200	200
利　川	167	40	7.40	5.48	7.40	1	1			150	150
仙　桃	450	170	19.00	19.00	19.00	1	1			600	600
潜　江	531	331	11.30	11.30	11.30	1	1			300	300
天　门	398	180	13.87	10.00	13.87	1	1			600	600
湖　南	**18032**	**9244**	**600.79**	**575.32**	**598.97**	**34**	**32**	**2**		**21609**	**20009**
长　沙	2861	1726	173.25	173.25	173.25	1	1			5660	5660
浏　阳	255	125	18.00	15.00	18.00	1	1			360	360
株　洲	1056	769	38.95	38.95	38.95	2	1	1		2172	1172
醴　陵	501	195	8.25	8.25	8.25	1	1			50	50
湘　潭	1024	521	27.90	18.49	27.90	1	1			1000	1000
湘　乡	120	55	10.60	10.60	10.60	1	1			400	400
韶　山	120	12	4.01	4.01	4.01	1	1			100	100
衡　阳	1654	1108	39.00	39.00	39.00	1	1			1200	1200
耒　阳	280	92	19.92	19.92	19.92	1	1			760	760
常　宁	111		8.63	8.63	8.63	1	1			300	300
邵　阳	800	320	16.40	16.40	15.70	1	1			720	720
武　冈	260	150	4.42	4.42	4.24	1	1			270	270
岳　阳	883	526	30.15	30.15	30.15	3	3			1400	1400
汨　罗	281	50	7.80	7.80	7.41	1	1			800	800
临　湘	120	50	6.80	6.80	6.80	1	1			370	370
常　德	898	284	26.03	26.03	26.03	1		1		600	
津　市	381	163	5.52	5.52	5.52	1	1			220	220
张家界	359	330	15.69	15.69	15.69	2	2			400	400
益　阳	1270	541	17.32	17.32	17.32	1	1			400	400
沅　江	180	90	7.00	7.00	7.00	1	1			300	300
郴　州	1269	620	21.74	21.74	21.74	1	1			500	500
资　兴	188	58	4.98	4.98	4.98	1	1			200	200
永　州	1048	479	22.24	22.24	22.24	2	2			1720	1720
怀　化	923	435	18.40	18.40	18.40	1	1			500	500
洪　江	90	73	4.00		4.00	1	1			107	107
娄　底	555	222	15.33	15.33	15.33	1	1			250	250
冷水江	185	60	8.40	7.80	8.10	1	1			300	300
涟　源	70	40	8.55	8.55	8.30	1	1			250	250
吉　首	290	150	11.52	3.04	11.52	1	1			300	300

Continued 13

Domestic Garbage						粪便 Excrement and Urine		公厕数 (座) Number of Latrines (unit)		市容环卫专用车辆设备总数(台) Number of Vehicles and Equipment Designated for Municipal Environmental Sanitation (unit)	城市名称 Name of Cities
焚烧 Incinera-tion	其他 other	无害化处理量(万吨) Volume of Harm-lessly Treated (10,000 ton)	卫生填埋 Sanitary Landfill	焚烧 Incinera-tion	其他 other	清运量(万吨) Quantity of Excrement Tran-sported (10,000 ton)	处理量(万吨) Quantity of Excrement Treated (10,000 ton)		三类以上 Grade Ⅲ and Above		
		10.22	10.22			3.56		126	121	82	恩　施
		7.40	7.40					14	14	25	利　川
		19.00	19.00			0.02		190	190	135	仙　桃
		11.30	11.30					139	108	83	潜　江
		13.87	13.87					104	20	41	天　门
1600		**598.97**	**568.38**	**30.58**		**14.35**	**7.32**	**3373**	**2611**	**3642**	**湖　南**
		173.25	173.25					519	519	828	长　沙
		18.00	18.00					57	57	52	浏　阳
1000		38.95	34.40	4.55				239	113	256	株　洲
		8.25	8.25			6.02		70	70	81	醴　陵
		27.90	27.90					323	198	340	湘　潭
		10.60	10.60					26	26	39	湘　乡
		4.01	4.01					5		9	韶　山
		39.00	39.00					369		218	衡　阳
		19.92	19.92					42	42	103	耒　阳
		8.63	8.63					15	6	35	常　宁
		15.70	15.70					142	142	120	邵　阳
		4.24	4.24			0.17		45	35	29	武　冈
		30.15	30.15					110	110	165	岳　阳
		7.41	7.41					22	22	28	汨　罗
		6.80	6.80					45	25	37	临　湘
600		26.03		26.03				239	220	90	常　德
		5.52	5.52			0.50		40	40	39	津　市
		15.69	15.69					41	41	73	张家界
		17.32	17.32			1.21	1.21	217	188	170	益　阳
		7.00	7.00					26	16	23	沅　江
		21.74	21.74			2.13	2.13	226	226	233	郴　州
		4.98	4.98					11	11	40	资　兴
		22.24	22.24			2.79	2.79	125	125	146	永　州
		18.40	18.40					129	129	208	怀　化
		4.00	4.00					17		7	洪　江
		15.33	15.33					157	146	117	娄　底
		8.10	8.10					37	37	47	冷水江
		8.30	8.30					11		38	涟　源
		11.52	11.52			1.53	1.19	68	67	71	吉　首

14-3 续表 14

城市名称 Name of Cities	道路清扫保洁面积(万平方米) Surface Area of Roads Cleaned and Maintained (10,000 m^2)	机械化 Mechanization	生活垃圾 清运量(万吨) Collected and Transported (10,000 ton)	密闭车(箱)清运量 Quantity of Garbage Transported by Airtight Vehicle	处理量(万吨) Volume of Treated (10,000 ton)	无害化处理厂(场)数(座) Number of Harmless Treatment Plants/ Grounds (unit)	卫生填埋 Sanitary Landfill	焚烧 Incineration	其他 other	无害化处理能力(吨/日) Harmless Treatment Capacity (ton/day)	卫生填埋 Sanitary Landfill
广　东	**84873**	**37308**	**2214.23**	**2094.96**	**2096.02**	**65**	**40**	**21**	**4**	**64901**	**39906**
广　州	11614	5475	430.21	430.21	373.43	3	1	2		10290	7000
增　城	370	73	35.11	35.11	18.18	1	1			507	507
从　化	475	120	8.80	8.80	8.80	1	1			300	300
韶　关	1224	333	21.94	21.94	21.94	1	1			600	600
乐　昌	150		3.81	3.81	3.81	1	1			115	115
南　雄	128	45	4.93	4.93	4.93						
深　圳	21740	8995	541.14	541.14	541.14	10	4	6		13625	6200
珠　海	4464	2627	80.16	80.16	80.16	2	1	1		2450	1700
汕　头	1606	626	76.24	55.04	70.40	2	1	1		1650	1200
佛　山	3848	1711	89.27	89.27	84.09	5	3	2		11152	9052
江　门	2344	757	43.16	43.16	43.16	1	1			1425	1425
台　山	450	61	8.75	7.90	8.75	1	1			420	420
开　平	570	51	10.20	5.04	10.20	1	1			251	251
鹤　山	316	96	7.75	7.75	7.75	1	1			350	350
恩　平	22	4	6.38	1.88	6.38	1	1			300	300
湛　江	1271	362	31.69	31.69	31.69	1	1			1000	1000
廉　江	264	87	9.04	7.50	9.04						
雷　州	204	29	10.16	10.16	10.16						
吴　川	291		8.03	6.10	7.91	1	1			300	300
茂　名	451	204	22.12	17.38	22.12	2		1	1	1100	
高　州	250	90	9.52	8.30	9.52	1	1			300	300
化　州	100	15	6.73	6.00	6.73	1	1			200	200
信　宜	135	25	9.20	1.50	9.20	1			1	300	
肇　庆	1386	607	20.67	20.67	20.67	1	1			900	900
高　要	109	40	5.00	5.00	5.00						
四　会	455	36	9.40	9.40	9.40	1	1			400	400
惠　州	3036	1688	73.11	72.19	70.29	3	2	1		1520	920
梅　州	760	235	20.14	20.14	20.14	1	1			646	646
兴　宁	245	95	9.13	9.13	9.13	1	1			250	250
汕　尾	331	66	10.22	9.13	10.22	1	1			280	280

Continued 14

Domestic Garbage						粪便 Excrement and Urine		公厕数 (座) Number of Latrines (unit)		市容环卫专用车辆设备总数 (台) Number of Vehicles and Equipment Designated for Municipal Environmental Sanitation (unit)	城市名称 Name of Cities
焚烧 Incineration	其他 other	无害化处理量 (万吨) Volume of Harmlessly Treated (10,000 ton)	卫生填埋 Sanitary Landfill	焚烧 Incineration	其他 other	清运量 (万吨) Quantity of Excrement Transported (10,000 ton)	处理量 (万吨) Quantity of Excrement Treated (10,000 ton)		三类以上 Grade Ⅲ and Above		
23235	**1760**	**1912.70**	**1195.99**	**661.65**	**55.06**	**85.09**	**51.56**	**9666**	**9076**	**11729**	**广　东**
3290		373.43	281.12	92.31		24.63	24.63	1186	1186	2612	广　州
		18.18	18.18			0.50	0.50	42	26	40	增　城
		8.80	8.80			0.22	0.22	13	13	70	从　化
		21.94	21.94			1.39	1.39	90	90	68	韶　关
		3.81	3.81			0.07	0.07	12		8	乐　昌
								13	13	18	南　雄
7425		541.14	278.07	263.07		8.25	8.25	2590	2590	1325	深　圳
750		80.16	58.87	21.29		0.16		170	48	407	珠　海
450		58.64	47.69	10.95		1.86		658	658	375	汕　头
2100		84.09	60.77	23.32		0.75	0.58	474	463	1115	佛　山
		43.16	43.16			3.23	3.23	374	374	388	江　门
		8.75	8.75			1.29	1.29	34	34	22	台　山
		10.20	10.20			0.24	0.24	26	26	54	开　平
		7.75	7.75					11	11	41	鹤　山
		6.38	6.38					10	10	36	恩　平
		31.69	31.69			0.27	0.27	157	157	429	湛　江
								15		30	廉　江
						0.52	0.52	13		14	雷　州
		7.91	7.91			0.41	0.41	26	12	34	吴　川
800	300	22.12		14.72	7.40	2.10		99	50	121	茂　名
		9.52	9.52			0.08		44	40	57	高　州
		6.73	6.73					24	18	34	化　州
	300	9.20			9.20	0.65	0.65	33	31	45	信　宜
		20.67	20.67			0.26		65	59	157	肇　庆
		5.00	5.00					5	5	17	高　要
		9.40	9.40			3.70	3.70	29	11	33	四　会
600		70.29	52.75	17.54		0.03	0.03	154	153	247	惠　州
		20.14	20.14			2.78	2.78	170	170	62	梅　州
		9.13	9.13					24		30	兴　宁
		10.22	10.22					10		22	汕　尾

14-3 续表 15

城市名称 Name of Cities	道路清扫保洁面积(万平方米) Surface Area of Roads Cleaned and Maintained (10,000 m^2)	机械化 Mechanization	生活垃圾 清运量(万吨) Collected and Transported (10,000 ton)	密闭车(箱)清运量 Quantity of Garbage Transported by Airtight Vehicle	处理量(万吨) Volume of Treated (10,000 ton)	无害化处理厂(场)数(座) Number of Harmless Treatment Plants/Grounds (unit)	卫生填埋 Sanitary Landfill	焚烧 Incineration	其他 other	无害化处理能力(吨/日) Harmless Treatment Capacity (ton/day)	卫生填埋 Sanitary Landfill
陆　丰	150		12.05		9.58						
河　源	535	278	18.71	18.71	18.71	1	1			500	500
阳　江	783	163	14.42	8.09	14.42	1	1			650	650
阳　春	118	37	7.05	0.64	7.05	1			1	300	
清　远	1040	947	30.03	30.03	30.03	1	1			823	823
英　德	460	322	5.48	5.11	5.48						
连　州	162	67	2.95	2.95	2.95						
东　莞	16794	8257	380.08	374.06	380.08	8	3	5		7500	1700
中　山	1563	1005	25.30	25.30	25.30	3	1	2		2374	354
潮　州	605	206	38.90	9.12	31.41	1			1	860	
揭　阳	2516	1228	29.63	29.63	27.85	1	1			763	763
普　宁	660	32	18.79	12.02							
云　浮	577	213	7.91	7.91	7.91	1	1			200	200
罗　定	301		0.95	0.95	0.95	1	1			300	300
广　西	**14065**	**5599**	**338.86**	**321.18**	**331.62**	**19**	**17**	**2**		**8091**	**7491**
南　宁	3733	1507	91.38	91.38	91.38	1	1			1200	1200
柳　州	1827	911	44.35	40.94	44.35	1	1			600	600
桂　林	1271	743	33.79	33.79	33.19	1	1			1000	1000
梧　州	509	43	15.66	10.20	15.66	1	1			400	400
岑　溪	202		4.75	3.29	4.75	1	1			200	200
北　海	1135	502	23.38	22.90	23.38	1	1			700	700
防城港	627	371	6.72	6.43	6.52	1	1			300	300
东　兴	230	150	5.91	4.90	4.90	1	1			121	121
钦　州	942	163	17.72	16.50	15.36	1	1			530	530
贵　港	360	196	21.09	21.09	20.81	1	1			380	380
桂　平	165	100	5.22	5.22	5.21	1	1			200	200
玉　林	462	188	19.62	19.62	19.62	1	1			650	650
北　流	390	99	9.68	9.68	9.68	1	1			200	200
百　色	557	384	6.02	6.02	6.02	1	1			230	230
贺　州	440	90	7.75	6.75	7.75	1	1			180	180
河　池	170	57	4.47	4.47	4.47	1	1			400	400
宜　州	118		3.62	3.62	3.62						
来　宾	592	30	8.76	8.76	8.76	1		1		500	

Continued 15

焚烧 Incineration	其他 other	无害化处理量(万吨) Volume of Harmlessly Treated (10,000 ton)	卫生填埋 Sanitary Landfill	焚烧 Incineration	其他 other	粪便 Excrement and Urine: 清运量(万吨) Quantity of Excrement Transported (10,000 ton)	处理量(万吨) Quantity of Excrement Treated (10,000 ton)	公厕数(座) Number of Latrines (unit)	三类以上 Grade Ⅲ and Above	市容环卫专用车辆设备总数(台) Number of Vehicles and Equipment Designated for Municipal Environmental Sanitation (unit)	城市名称 Name of Cities
Domestic Garbage											
						3.16		9		15	陆丰
		18.71	18.71			1.20	1.20	121	121	104	河源
		14.42	14.42			0.04		42	42	51	阳江
	300	7.05			7.05			17	17	19	阳春
		30.03	30.03					40	27	108	清远
						0.72	0.70	23		40	英德
								24	24	38	连州
5800		252.27	59.12	193.14		26.24	0.89	2133	2129	2532	东莞
2020		25.30		25.30		0.33		101	101	526	中山
	860	31.41			31.41			414	239	119	潮州
		27.85	27.85					111	101	139	揭阳
								14		28	普宁
		6.29	6.29			0.01	0.01	25	23	53	云浮
		0.95	0.95					21	4	46	罗定
600		**323.29**	**311.24**	**12.04**		**9.75**	**3.18**	**2129**	**2035**	**3442**	**广西**
		91.38	91.38			1.62		909	909	1375	南宁
		44.35	44.35			1.59	1.59	304	290	471	柳州
		24.86	24.86					288	288	249	桂林
		15.66	15.66			0.48		58	45	68	梧州
		4.75	4.75					6	6	13	岑溪
		23.38	23.38			0.74		116	116	196	北海
		6.52	6.52					22	18	142	防城港
		4.90	4.90			2.63		30	9	19	东兴
		15.36	15.36			0.75		70	54	62	钦州
		20.81	20.81			0.35		44	44	95	贵港
		5.21	5.21					23	23	57	桂平
		19.62	19.62					43	43	53	玉林
		9.68	9.68			1.00	1.00	22	22	31	北流
		6.02	6.02			0.59	0.59	87	86	254	百色
		7.75	7.75					17		39	贺州
		4.47	4.47					26	25	45	河池
		3.62	3.62					10	10	33	宜州
500		8.76		8.76				24	24	48	来宾

14-3 续表 16

城市名称 Name of Cities	道路清扫保洁面积(万平方米) Surface Area of Roads Cleaned and Maintained (10,000 m^2)	机械化 Mechanization	生活垃圾 清运量(万吨) Collected and Transported (10,000 ton)	密闭车(箱)清运量 Quantity of Garbage Transported by Airtight Vehicle	处理量(万吨) Volume of Treated (10,000 ton)	无害化处理厂(场)数(座) Number of Harmless Treatment Plants/Grounds (unit)	卫生填埋 Sanitary Landfill	焚烧 Incineration	其他 other	无害化处理能力(吨/日) Harmless Treatment Capacity (ton/day)	卫生填埋 Sanitary Landfill
合　山	52		1.09		0.95						
崇　左	173	40	5.01	2.90	2.90	1	1			200	200
凭　祥	110	25	2.87	2.72	2.34	1		1		100	
海　南	**6084**	**1624**	**144.21**	**138.40**	**143.96**	**9**	**6**	**3**		**3880**	**2230**
海　口	3612	748	72.07	72.07	72.07	2	1	1		2200	1000
三　亚	963	465	33.65	33.65	33.65	1	1			500	500
三　沙	1		0.15	0.15							
五指山	72	55	2.00	2.00	2.00	1	1			100	100
琼　海	315	63	7.60	7.55	7.60	1		1		225	
儋　州	395	161	10.68	10.68	10.68	1	1			280	280
文　昌	246	45	6.65	6.60	6.65	1		1		225	
万　宁	100	19	5.70		5.60	1	1			190	190
东　方	380	68	5.70	5.70	5.70	1	1			160	160
重　庆	**12304**	**6970**	**399.37**	**394.67**	**396.17**	**16**	**14**	**2**		**8710**	**5110**
四　川	**28574**	**15218**	**779.99**	**751.57**	**758.44**	**40**	**32**	**8**		**21677**	**14217**
成　都	9986	5962	267.20	267.18	267.20	4	1	3		8335	3535
都江堰	880	528	8.10	8.10	8.10	1	1			450	450
彭　州	435	218	11.00	8.03	9.80	1	1			503	503
邛　崃	374	91	6.21	6.21	6.21	1	1			400	400
崇　州	280	150	8.76	8.76	8.76	1	1			200	200
自　贡	1150	658	34.16	34.16	31.77	1		1		800	
攀枝花	633	389	17.00	17.00	16.75	3	3			700	700
泸　州	931	800	33.80	33.80	33.80	1	1			650	650
德　阳	622	240	17.80	10.95	17.80	1	1			500	500
广　汉	592	30	10.72	8.31	10.62	1	1			180	180
什　邡	210	138	6.82	6.82	6.82	1		1		260	
绵　竹	151	131	4.21	4.21	4.21	1		1		200	
绵　阳	1447	626	28.99	28.99	28.99	1	1			800	800
江　油	638	10	7.72	7.72	7.72	1	1			206	206
广　元	535	507	18.19	16.85	16.30	3	3			500	500
遂　宁	1533	633	43.49	42.00	40.00	1	1			450	450

Continued 16

Domestic Garbage						粪便 Excrement and Urine		公厕数 (座) Number of Latrines (unit)		市容环卫专用车辆设备总数 (台) Number of Vehicles and Equipment Designated for Municipal Environmental Sanitation (unit)	城市名称 Name of Cities
焚烧 Incineration	其他 other	无害化处理量 (万吨) Volume of Harmlessly Treated (10,000 ton)	卫生填埋 Sanitary Landfill	焚烧 Incineration	其他 other	清运量 (万吨) Quantity of Excrement Transported (10,000 ton)	处理量 (万吨) Quantity of Excrement Treated (10,000 ton)		三类以上 Grade III and Above		
		0.95		0.95				12	12	27	合山
		2.90	2.90					12	11	129	崇左
100		2.34		2.34				6		36	凭祥
1650		**143.96**	**82.31**	**61.64**		**5.33**		**484**	**474**	**1503**	**海南**
1200		72.07	24.68	47.39		4.90		168	168	364	海口
		33.65	33.65					108	108	328	三亚
										13	三沙
		2.00	2.00					10	10	28	五指山
225		7.60		7.60		0.31		47	45	450	琼海
		10.68	10.68					30	30	80	儋州
225		6.65		6.65				25	23	34	文昌
		5.60	5.60			0.12		47	41	19	万宁
		5.70	5.70					49	49	187	东方
3600		**396.17**	**260.95**	**135.22**		**66.96**	**17.27**	**2843**	**2234**	**2448**	**重庆**
7460		**743.90**	**494.18**	**249.72**		**18.00**	**7.03**	**4280**	**3040**	**4436**	**四川**
4800		267.20	96.51	170.69		2.70		669	460	1321	成都
		8.10	8.10					71	71	39	都江堰
		9.80	9.80					24	24	24	彭州
		6.21	6.21					27	27	66	邛崃
		8.76	8.76					58	57	32	崇州
800		31.77		31.77		1.00	1.00	360	90	269	自贡
		16.75	16.75			0.05	0.05	361	329	169	攀枝花
		29.04	29.04			1.94	1.94	210	146	207	泸州
		17.80	17.80					99	92	91	德阳
		10.62	10.62			4.08		75	57	55	广汉
260		6.82		6.82				27		49	什邡
200		4.21		4.21				18		43	绵竹
		28.99	28.99					207	205	165	绵阳
		7.72	7.72					54	54	33	江油
		16.30	16.30					87	63	175	广元
		40.00	40.00			0.20		257	148	154	遂宁

14-3 续表 17

城市名称 Name of Cities	道路清扫保洁面积(万平方米) Surface Area of Roads Cleaned and Maintained (10,000 m^2)	机械化 Mechanization	生活垃圾 清运量(万吨) Collected and Transported (10,000 ton)	密闭车(箱)清运量 Quantity of Garbage Transported by Airtight Vehicle	处理量(万吨) Volume of Treated (10,000 ton)	无害化处理厂(场)数(座) Number of Harmless Treatment Plants/Grounds (unit)	卫生填埋 Sanitary Landfill	焚烧 Incineration	其他 other	无害化处理能力(吨/日) Harmless Treatment Capacity (ton/day)	卫生填埋 Sanitary Landfill
内江	471	422	18.76	14.18	15.43	1	1			200	200
乐山	784	439	17.41	17.41	17.29	2	2			410	410
峨眉山	193	105	4.95	4.95	4.95	1	1			300	300
南充	1340	480	36.28	33.97	35.95	2	1	1		1100	500
阆中	320	110	9.62	6.12	8.67	1	1			300	300
眉山	760	454	24.20	24.20	19.28	2	2			800	800
宜宾	664	375	26.34	26.34	25.98	2	2			873	873
广安	931	232	13.65	11.85	13.65						
华蓥	188	76	3.55	3.00	3.55						
达州	371	295	20.15	20.15	18.22	1		1		800	
万源	62	19	5.28	5.28	5.28						
雅安	332	251	13.72	13.12	13.43	1	1			300	300
巴中	420	90	13.40	13.40	13.40	1	1			300	300
资阳	497	401	18.57	18.57	18.57	1	1			300	300
简阳	260	80	12.98	12.98	12.98	1	1			360	360
西昌	584	278	16.98	16.98	16.98	1	1			500	500
贵州	**5129**	**2799**	**273.77**	**232.60**	**255.31**	**14**	**14**			**5545**	**5545**
贵阳	2289	1306	119.26	102.56	114.69	2	2			1600	1600
清镇	122	86	4.86	4.86	4.66	1	1			300	300
六盘水	291	111	11.19	10.01	10.78	1	1			500	500
遵义	552	187	42.20	42.20	39.06	1	1			800	800
赤水	70	60	3.80	3.80	3.34	1	1			140	140
仁怀	69	59	7.88	7.88	7.70	1	1			140	140
安顺	290	240	15.15	12.69	12.29	1	1			310	310
铜仁	220	71	11.73	7.50	10.59	1	1			210	210
兴义	158	58	9.60	9.60	9.40	1	1			330	330
毕节	355	232	17.23	17.23	16.14	1	1			425	425
凯里	463	253	11.78	11.78	10.83	1	1			340	340
都匀	190	136	12.19	2.48	11.70	1	1			350	350
福泉	60		6.90		4.14	1	1			100	100

Continued 17

焚烧 Incineration	其他 other	无害化处理量（万吨）Volume of Harmlessly Treated (10,000 ton)	卫生填埋 Sanitary Landfill	焚烧 Incineration	其他 other	粪便 Excrement and Urine 清运量（万吨）Quantity of Excrement Transported (10,000 ton)	处理量（万吨）Quantity of Excrement Treated (10,000 ton)	公厕数（座）Number of Latrines (unit)	三类以上 Grade Ⅲ and Above	市容环卫专用车辆设备总数（台）Number of Vehicles and Equipment Designated for Municipal Environmental Sanitation (unit)	城市名称 Name of Cities
		Domestic Garbage									
		15.43	15.43			1.70		150	130	151	内江
		14.36	14.36					136	112	134	乐山
		4.95	4.95			0.05		46	46	41	峨眉山
600		35.95	17.95	18.00				350	346	96	南充
		8.67	8.67					120	120	26	阆中
		19.28	19.28					84	74	118	眉山
		25.98	25.98			3.32	3.32	111		245	宜宾
		13.65	13.65					53	43	121	广安
		3.55	3.55					20	12	19	华蓥
800		18.22		18.22				202	9	160	达州
						0.72	0.72	49	31	30	万源
		11.87	11.87			0.28		43	35	96	雅安
		13.40	13.40					48	48	100	巴中
		18.57	18.57					42	42	50	资阳
		12.98	12.98			0.36		33	20	47	简阳
		16.98	16.98			1.60		189	149	110	西昌
		255.31	**255.31**			**4.23**	**2.97**	**1375**	**1142**	**2352**	**贵州**
		114.69	114.69			0.90		540	540	1061	贵阳
		4.66	4.66					19	19	63	清镇
		10.78	10.78			0.20		41	12	94	六盘水
		39.06	39.06					312	312	286	遵义
		3.34	3.34					15	15	26	赤水
		7.70	7.70					44	42	107	仁怀
		12.29	12.29					46	46	330	安顺
		10.59	10.59			0.06		124	30	38	铜仁
		9.40	9.40					99		39	兴义
		16.14	16.14					51	50	130	毕节
		10.83	10.83					38	38	60	凯里
		11.70	11.70			3.07	2.97	38	38	83	都匀
		4.14	4.14					8		35	福泉

14-3 续表 18

城市名称 Name of Cities	道路清扫保洁面积(万平方米) Surface Area of Roads Cleaned and Maintained (10,000 m^2)	机械化 Mechanization	生活垃圾 清运量(万吨) Collected and Transported (10,000 ton)	密闭车(箱)清运量 Quantity of Garbage Transported by Airtight Vehicle	处理量(万吨) Volume of Treated (10,000 ton)	无害化处理厂(场)数(座) Number of Harmless Treatment Plants/Grounds (unit)	卫生填埋 Sanitary Landfill	焚烧 Incineration	其他 other	无害化处理能力(吨/日) Harmless Treatment Capacity (ton/day)	卫生填埋 Sanitary Landfill
云　南	**15547**	**5632**	**349.54**	**333.15**	**340.36**	**23**	**16**	**7**		**9943**	**3583**
昆　明	9177	3836	155.84	155.84	150.05	5	1	4		4680	80
安　宁	416	174	7.86	7.85	7.85	1		1		360	
曲　靖	781	141	17.69	17.69	17.69	1		1		800	
宣　威	312		12.46	9.33	12.46	1	1			250	250
玉　溪	400	73	11.75	11.75	9.94	1	1			400	400
保　山	252	48	10.00	10.00	9.96	1	1			250	250
昭　通	426	149	15.17	5.50	15.17						
丽　江	220	72	12.64	12.64	12.64	1	1			270	270
普　洱	310	73	7.82	7.82	7.12	1	1			200	200
临　沧	210	38	7.43	6.43	6.98	1	1			150	150
楚　雄	439	71	10.95	10.95	10.95	1	1			350	350
个　旧	100	25	6.70	4.10	6.70	1	1			160	160
开　远	161	54	6.30	6.30	6.30	1	1			200	200
蒙　自	450	96	9.49	9.49	9.49	1	1			200	200
弥　勒	195	40	5.72	5.72	5.72	1	1			220	220
文　山	503	402	9.14	9.14	8.78	1	1			250	250
景　洪	236	25	10.90	10.90	10.90	1	1			298	298
大　理	396	182	19.69	19.69	19.69	1		1		600	
瑞　丽	303		6.89	6.89	6.89	1	1			175	175
芒　市	260	133	5.11	5.11	5.11	1	1			130	130
西　藏	**2413**	**1415**	**30.78**	**2.60**	**28.49**						
拉　萨	1203	723	23.10		22.96						
昌　都	30	12	3.56		2.93						
日喀则	1180	680	4.12	2.60	2.60						
陕　西	**15338**	**9413**	**517.93**	**498.79**	**496.05**	**17**	**16**		**1**	**15047**	**14897**
西　安	9303	6441	308.08	308.08	307.68	3	2		1	8587	8437
铜　川	418	225	14.06	13.54	12.47	1	1			363	363
宝　鸡	1180	422	36.34	36.34	36.34	2	2			1320	1320
咸　阳	875	413	28.89	28.89	27.84	1	1			900	900
兴　平	247	43	7.32		6.99	1	1			260	260
渭　南	528	210	18.40	18.40	11.91	1	1			500	500
韩　城	143	43	7.05	7.05	6.53	1	1			200	200
华　阴	50		6.23	6.23	5.91	1	1			200	200

Continued 18

Domestic Garbage						粪便 Excrement and Urine		公厕数 (座) Number of Latrines (unit)		市容环卫专用车辆设备总数 (台) Number of Vehicles and Equipment Designated for Municipal Environmental Sanitation (unit)	城市名称 Name of Cities
焚烧 Incineration	其他 other	无害化处理量 (万吨) Volume of Harmlessly Treated (10,000 ton)	卫生填埋 Sanitary Landfill	焚烧 Incineration	其他 other	清运量 (万吨) Quantity of Excrement Transported (10,000 ton)	处理量 (万吨) Quantity of Excrement Treated (10,000 ton)		三类以上 Grade Ⅲ and Above		
6360		**323.21**	**132.03**	**191.18**		**16.11**	**6.96**	**2374**	**1995**	**2314**	**云　南**
4600		148.07	2.12	145.95		0.05		1164	1018	1259	昆　明
360		7.85		7.85		0.38	0.38	103	88	39	安　宁
800		17.69		17.69		2.10		162	160	152	曲　靖
		12.46	12.46			3.13		90		33	宣　威
		9.94	9.94			1.00	1.00	38	29	80	玉　溪
		9.96	9.96			0.37	0.37	18		48	保　山
								51	51	57	昭　通
		12.64	12.64					59	59	88	丽　江
		7.12	7.12			0.50		126	126	56	普　洱
		6.98	6.98			0.11		29	8	33	临　沧
		10.95	10.95			1.83	1.83	62	56	55	楚　雄
		6.70	6.70			1.20	1.20	37	33	48	个　旧
		6.30	6.30			0.10		46	45	43	开　远
		9.49	9.49			0.37	0.37	62	54	51	蒙　自
		5.72	5.72					18	16	61	弥　勒
		8.78	8.78			0.10		89	69	34	文　山
		10.90	10.90			0.70	0.61	35	13	41	景　洪
600		19.69		19.69		2.97		92	78	82	大　理
		6.89	6.89					18	17	29	瑞　丽
		5.11	5.11			1.20	1.20	75	75	25	芒　市
								303	**172**	**251**	**西　藏**
								172	172	171	拉　萨
								6			昌　都
								125		80	日喀则
	150	**496.05**	**491.13**		**4.92**	**15.97**	**6.62**	**3794**	**3707**	**2938**	**陕　西**
	150	307.68	302.76		4.92	2.90	2.90	2016	2016	1888	西　安
		12.47	12.47			1.55		162	162	78	铜　川
		36.34	36.34					313	308	192	宝　鸡
		27.84	27.84			3.05	3.05	331	331	196	咸　阳
		6.99	6.99					46	46	43	兴　平
		11.91	11.91			0.19		43	43	63	渭　南
		6.53	6.53					33	33	22	韩　城
		5.91	5.91					46	35	7	华　阴

14-3 续表 19

城市名称 Name of Cities	道路清扫保洁面积(万平方米) Surface Area of Roads Cleaned and Maintained (10,000 m^2)	机械化 Mechanization	生活垃圾 清运量(万吨) Collected and Transported (10,000 ton)	密闭车(箱)清运量 Quantity of Garbage Transported by Airtight Vehicle	处理量(万吨) Volume of Treated (10,000 ton)	无害化处理厂(场)数(座) Number of Harmless Treatment Plants/Grounds (unit)	卫生填埋 Sanitary Landfill	焚烧 Incineration	其他 other	无害化处理能力(吨/日) Harmless Treatment Capacity (ton/day)	卫生填埋 Sanitary Landfill
延安	330	168	12.69	10.00	11.30	1	1			503	503
汉中	450	105	12.50	12.50	11.68	1	1			600	600
榆林	1110	901	28.23	22.50	25.80	1	1			600	600
安康	223	74	14.13	14.13	14.09	1	1			800	800
商洛	139	60	6.98	6.98	6.75	1	1			200	200
杨陵区	342	308	17.03	14.15	10.76	1	1			14	14
甘肃	**7478**	**3069**	**252.97**	**239.84**	**249.00**	**16**	**16**			**4475**	**4475**
兰州	2341	1398	96.96	96.96	95.75	1	1			330	330
嘉峪关	604	176	7.50	7.50	7.50	1	1			250	250
金昌	751	266	9.13	9.13	9.13	1	1			250	250
白银	570	110	15.90	15.90	15.20	2	2			410	410
天水	290	93	21.55	21.55	21.55	1	1			665	665
武威	254	90	17.00	17.00	16.83	1	1			300	300
张掖	388	52	7.71	7.71	7.71	1	1			280	280
平凉	550	17	14.35	12.96	14.31	1	1			500	500
酒泉	561	380	11.50	11.00	11.50	1	1			250	250
玉门	240	84	3.60	3.60	3.60	1	1			134	134
敦煌	115	34	4.00	4.00	4.00	1	1			150	150
庆阳	270	210	15.64	8.05	14.49	1	1			350	350
定西	160	60	6.50	5.00	6.50	1	1			180	180
陇南	62	12	6.05	5.77	6.05						
临夏	271	87	12.28	12.28	12.09	1	1			331	331
合作	51		3.30	1.43	2.80	1	1			95	95
青海	**2529**	**266**	**77.60**	**73.44**	**74.01**	**5**	**5**			**2110**	**2110**
西宁	1502	52	55.55	55.55	52.45	3	3			1360	1360
海东	80		3.10	2.80	3.00	1	1			120	120
玉树	65		3.87		3.65						
格尔木	581	180	11.58	11.58	11.50	1	1			630	630
德令哈	301	34	3.51	3.51	3.41						

Continued 19

Domestic Garbage						粪便 Excrement and Urine					
焚烧 Incineration	其他 other	无害化处理量 (万吨) Volume of Harmlessly Treated (10,000 ton)	卫生填埋 Sanitary Landfill	焚烧 Incineration	其他 other	清运量 (万吨) Quantity of Excrement Transported (10,000 ton)	处理量 (万吨) Quantity of Excrement Treated (10,000 ton)	公厕数 (座) Number of Latrines (unit)	三类以上 Grade Ⅲ and Above	市容环卫专用车辆设备总数 (台) Number of Vehicles and Equipment Designated for Municipal Environmental Sanitation (unit)	城市名称 Name of Cities
		11.30	11.30			1.07		142	116	100	延　安
		11.68	11.68			0.05		123	112	49	汉　中
		25.80	25.80			6.48		387	355	169	榆　林
		14.09	14.09			0.68	0.67	98	96	84	安　康
		6.75	6.75					16	16	29	商　洛
		10.76	10.76					38	38	18	杨陵区
		158.35	**158.35**			**17.58**	**11.42**	**1430**	**1153**	**1717**	**甘　肃**
		19.20	19.20			7.25	7.25	460	433	1126	兰　州
		7.50	7.50			0.23	0.23	123	113	45	嘉峪关
		9.13	9.13			0.26	0.26	72	57	62	金　昌
		15.20	15.20			0.18	0.18	90	81	91	白　银
		14.16	14.16					48	29	27	天　水
		16.83	16.83					96	70	55	武　威
		7.71	7.71					83	38	15	张　掖
		13.65	13.65			6.04		75	60	20	平　凉
		11.50	11.50			0.50	0.50	100	98	60	酒　泉
		3.60	3.60					27	4	19	玉　门
		4.00	4.00					49	45	16	敦　煌
		14.49	14.49			2.40	2.40	70	52	64	庆　阳
		6.50	6.50					49	44	33	定　西
								42		26	陇　南
		12.09	12.09			0.60	0.60	33	29	51	临　夏
		2.80	2.80			0.12		13		7	合　作
		66.95	**66.95**			**1.30**		**669**	**302**	**475**	**青　海**
		52.45	52.45			1.30		530	242	330	西　宁
		3.00	3.00					7	3	28	海　东
								29		61	玉　树
		11.50	11.50					67	53	34	格尔木
								36	4	22	德令哈

14-3 续表 20

城市名称 Name of Cities	道路清扫保洁面积(万平方米) Surface Area of Roads Cleaned and Maintained (10,000 m^2)	机械化 Mechanization	生活垃圾 清运量(万吨) Collected and Transported (10,000 ton)	密闭车(箱)清运量 Quantity of Garbage Transported by Airtight Vehicle	处理量(万吨) Volume of Treated (10,000 ton)	无害化处理厂(场)数(座) Number of Harmless Treatment Plants/Grounds (unit)	卫生填埋 Sanitary Landfill	焚烧 Incineration	其他 other	无害化处理能力(吨/日) Harmless Treatment Capacity (ton/day)	卫生填埋 Sanitary Landfill
宁　　夏	**7482**	**2522**	**118.41**	**90.94**	**110.42**	**8**	**8**			**2980**	**2980**
银　　川	3885	1090	44.32	44.32	39.25	1	1			1000	1000
灵　　武	266	111	4.92		4.90	1	1			170	170
石 嘴 山	1365	431	16.75	14.38	16.22	2	2			690	690
吴　　忠	651	208	17.02	17.02	16.85	1	1			340	340
青 铜 峡	213	55	10.40	10.30	9.20	1	1			250	250
固　　原	452	90	12.00		11.00	1	1			330	330
中　　卫	650	537	13.02	4.92	13.00	1	1			200	200
新　　疆	**12921**	**5503**	**360.63**	**330.36**	**339.14**	**22**	**22**			**8218**	**8218**
乌鲁木齐	2682	1712	136.30	130.56	126.81	2	2			2939	2939
克拉玛依	1386	643	16.34	10.16	16.34	3	3			450	450
吐 鲁 番	508	137	7.20	6.92	6.48	1	1			300	300
哈　　密	767	267	10.60	10.60	9.50	1	1			350	350
昌　　吉	1275	260	15.48	15.48	15.17	1	1			430	430
阜　　康	345	67	4.10	4.10	3.85	1	1			150	150
博　　乐	187	66	5.80		4.96	1	1			150	150
阿拉山口	54	23	1.79		1.52						
库 尔 勒	1180	319	29.28	29.28	27.97	1	1			500	500
阿 克 苏	600		13.82	13.82	12.70						
阿 图 什	129	100	3.00	3.00	2.80	1	1			140	140
喀　　什	580	301	25.42	25.42	24.92	1	1			530	530
和　　田	342	54	20.00	19.00	18.35						
伊　　宁	752	397	29.21	29.21	28.62	1	1			600	600
奎　　屯	346	120	7.54	7.19	7.39	1	1			600	600
乌　　苏	280	84	2.66	2.13	2.63	1	1			160	160
塔　　城	120	46	7.08	5.10	6.78	1	1			209	209
阿 勒 泰	92	60	3.05	3.05	2.96	1	1			140	140
石 河 子	586	385	11.14	8.28	10.01						
阿 拉 尔	142	118	2.76	2.76	2.53	1	1			127	127
图木舒克	120		1.14	1.14	1.14	1	1			110	110
五 家 渠	148	120	3.30		3.15	1	1			250	250
北　　屯	249	200	2.35	2.26	2.26	1	1			83	83
铁 门 关	6	4	0.49	0.49	0.30						
双　　河	45	20	0.77	0.42							

Continued 20

Domestic Garbage						粪便 Excrement and Urine		公厕数 (座) Number of Latrines (unit)		市容环卫专用车辆设备总数(台) Number of Vehicles and Equipment Designated for Municipal Environmental Sanitation (unit)	城市名称 Name of Cities
焚烧 Incineration	其他 other	无害化处理量(万吨) Volume of Harmlessly Treated (10,000 ton)	卫生填埋 Sanitary Landfill	焚烧 Incineration	其他 other	清运量(万吨) Quantity of Excrement Transported (10,000 ton)	处理量(万吨) Quantity of Excrement Treated (10,000 ton)		三类以上 Grade Ⅲ and Above		
		110.42	**110.42**			**3.88**	**2.71**	**687**	**576**	**1099**	**宁　夏**
		39.25	39.25			1.00	1.00	215	204	634	银　川
		4.90	4.90					24	1	33	灵　武
		16.22	16.22			1.99	1.12	154	113	174	石嘴山
		16.85	16.85					90	90	87	吴　忠
		9.20	9.20			0.59	0.59	69	55	36	青铜峡
		11.00	11.00			0.30		70	48	69	固　原
		13.00	13.00					65	65	66	中　卫
		295.25	**295.25**			**0.42**	**0.28**	**2431**	**1709**	**4622**	**新　疆**
		125.97	125.97			0.13	0.13	1065	738	2666	乌鲁木齐
		16.18	16.18					199	144	280	克拉玛依
		6.48	6.48					20	20	26	吐鲁番
		9.50	9.50					93	35	98	哈　密
		15.17	15.17					101	90	231	昌　吉
		3.85	3.85					20	20	45	阜　康
		4.96	4.96			0.20	0.15	45		47	博　乐
								3	1	4	阿拉山口
		27.97	27.97					162	162	157	库尔勒
								21	21	26	阿克苏
		2.80	2.80					16	4	21	阿图什
		24.92	24.92					130	120	60	喀　什
								33	10	22	和　田
		28.62	28.62					173	173	395	伊　宁
		7.39	7.39					55		112	奎　屯
		2.63	2.63					25		69	乌　苏
		6.78	6.78					30	30	52	塔　城
		2.96	2.96					57	14	54	阿勒泰
								95	95	134	石河子
		2.53	2.53					15	12	14	阿拉尔
		1.14	1.14					4	2	3	图木舒克
		3.15	3.15					38		54	五家渠
		2.26	2.26					24	13	43	北　屯
						0.01		2		5	铁门关
						0.08		5	5	4	双　河

主要指标解释

Explanatory Notes on Main Indicators

主要指标解释

人口密度

指城区内的人口疏密程度。计算公式：

$$人口密度=\frac{城区人口+城区暂住人口}{城区面积}$$

人均日生活用水量

指每一用水人口平均每天的生活用水量。计算公式:

$$人均日生活用水量=\frac{居民家庭用水量+公共服务用水量}{用水人口}\div 报告期日历日数\times 1000升$$

用水普及率

指报告期末城区内用水人口与总人口的比率。计算公式:

$$用水普及率=\frac{城区用水人口}{城区人口+城区暂住人口}\times 100\%$$

燃气普及率

指报告期末城区内使用燃气的人口与总人口的比率。计算公式：

$$燃气普及率=\frac{城区用气人口}{城区人口+城区暂住人口}\times 100\%$$

建成区供水管道密度

指报告期末建成区内供水管道分布的疏密程度。计算公式：

$$建成区供水管道=\frac{供水管道长度}{建成区面积}$$

人均道路面积

指报告期末城区内平均每人拥有的道路面积。计算公式：

$$人均道路面积=\frac{城区道路面积}{城区人口+城区暂住人口}$$

建成区排水管道密度

指报告期末建成区内的排水管道分布的疏密程度。计算公式：

$$建成区排水管道密度=\frac{排水管道长度}{建成区面积}$$

污水处理率

指报告期内污水处理总量与污水排放总量的比率。计算公式：

$$污水处理率=\frac{污水处理总量}{污水排放总量}\times 100\%$$

污水处理厂集中处理率

指报告期内通过污水处理厂处理的污水量与污水排放总量的比率。计算公式：

$$污水处理厂集中处理率=\frac{污水处理厂处理的污水量}{污水排放总量}\times 100\%$$

人均公园绿地面积

指报告期末城区内平均每人拥有的公园绿地面积。计算公式：

$$人均公园绿地面积=\frac{城区公园绿地面积}{城区人口+城区暂住人口}\times 100\%$$

建成区绿化覆盖率

指报告期末建成区内绿化覆盖面积与建成区面积的比率。计算公式：

$$建成区绿化覆盖率=\frac{建成区绿化覆盖面积}{建成区面积}\times 100\%$$

建成区绿地率

指报告期末建成区内绿地面积与建成区面积的比率。计算公式：

$$建成区绿地率=\frac{建成区绿地面积}{建成区面积}\times 100\%$$

生活垃圾处理率

指报告期内生活垃圾处理量与生活垃圾产生量的比率。计算公式：

$$生活垃圾处理率=\frac{生活垃圾处理率}{生活垃圾产生量}\times 100\%$$

生活垃圾无害化处理率

指报告期内生活垃圾无害化处理量与生活垃圾产生量的比率。计算公式：

$$生活垃圾无害化处理率=\frac{生活垃圾无害化处理量}{生活垃圾产生量}\times 100\%$$

在统计时，由于生活垃圾产生量不易取得，用清运量代替。

市区面积

指城市行政区域内的全部土地面积(包括水域面积)。地级以上城市行政区不包括市辖县(市)。

城区面积

指城市的城区包括：(1)街道办事处所辖地域；(2)城市公共设施、居住设施和市政公用设施等连接到的其他镇（乡）地域；（3）常住人口在3000人以上独立的工矿区、开发区、科研单位、大专院校等特殊区域。

连接是指两个区域间可观察到的已建成或在建的公共设施、居住设施、市政设施和其他设施相连，中间没有被水域、农业用地、园地、林地、牧草地等非建设用地隔断。

对于组团式和散点式的城市，城区由多个分散的区域组成，或有个别区域远离主城区，应将这些分散的区域相加作为城区。

城区人口

指划定的城区（县城）范围的人口数。按公安部门的户籍统计为准。

暂住人口

指离开常住户口地的市区或乡、镇，到本市居住半年以上的人员。一般按公安部门的暂住人口统计为准。

建成区面积

城市行政区内实际已成片开发建设、市政公用设施和公共设施基本具备的区域。对核心城市，它包括集中连片的部分以及分散的若干个已经成片建设起来，市政公用设施和公共设施基本具备的地区；对一城多镇来说，它包括由几个连片开发建设起来的，市政公用设施和公共设施基本具备的地区组成。因此建成区范围，一般是指建成区外轮廓线所能包括的地区，也就是这个城市实际建设用地所达到的范围。

城市建设用地面积

指城市用地中除水域与其他用地之外的各项用地面积，即居住用地、公共管理与公共服务用地、商业服务业设施用地、工业用地、物流仓储用地、道路交通设施用地、公共设施用地、绿地与广场用地八大类用地。

城市维护建设资金

指用于城市维护和建设的资金，资金来源包括城市维护建设税、公用事业附加、中央和地方财政拨款、国内贷款、债券收入、利用外资、土地出让转让收入、资产置换收入、市政公用企事业单位自筹资金、国家和省规定收取的用于城市维护建设的行政事业性收费、集资收入以及其他收入。资金支出包括固定资产投资支出、维护支出和其他支出。

本年鉴中仅统计了用于城市维护和建设的财政性资金。

城市维护建设税

指依据《中华人民共和国城市维护建设税暂行条例》开征的一种地方性税种。现行的征收办法是以纳税人实际缴纳的增值税、消费税、营业税税额为计税依据，与增值税、消费税、营业税同时缴纳。根据纳税人所在地不同执行不同的纳税率：市区的税率为百分之七；县城、镇的税率为百分之五；不在市区、县城或镇的税率为百分之一。

城市公用事业附加

指在部分公用事业产品（服务）价外征收的用于城市维护建设的附加收入。包括工业用电、工业用水附加，公共汽车、电车、民用自来水、民用照明用电、电话、煤气、轮渡等附加。

固定资产投资

指建造和购置市政公用设施的经济活动，即市政公用设施固定资产再生产活动。市政公用设施固定资产再生产过程包括固定资产更新（局部更新和全部更新）、改建、扩建、新建等活动。新的企业财务会计制度规定，固定资产局部更新的大修理作为日常生产活动的一部分，发生的大修理费用直接在成本费用中列支。按照现行投资管理体制及有关部门的规定，凡属于养护、维护性质的工程，不纳入固定资产投资统计。对新建和对现有市政公用设施改造工程，应纳入固定资产统计。

新增固定资产

指报告期内交付使用的固定资产价值。包括报告期内建成投入生产或交付使用的工程投资和达到固定资产标准的设备、工具、器具的投资及有关应摊入的费用。

新增生产能力(或效益)

指通过固定资产投资活动而增加的设计能力。计算新增生产能力(或效益)是以能独立发挥生产能力(或效益)的工程为对象。当工程建成，经有关部门验收鉴定合格，正式移交投入生产，即应计算新增生产能力(或效益)。

供水设计综合生产能力

指按供水设施取水、净化、送水、出厂输水干管等环节设计能力计算的综合生产能力。包括在原设计能力的基础上，经挖、革、改增加的生产能力。计算时，以四个环节中最薄弱的环节为主确定能力。

供水管道长度

指从送水泵至用户水表之间所有管道的长度。在同一条街道埋设两条或两条以上管道时，应按每条管道的长度计算。

供水总量

指报告期供水企业（单位）供出的全部水量。包括有效供水量和漏损水量。

有效供水量指水厂将水供出厂外后，各类用户实际使用到的水量。包括售水量和免费供水量。售水量指收费供应的水量。免费供水量指无偿供应的水量。

漏损水量指在供水过程中由于管道及附属设施破损而造成的漏水量、失窃水量以及水表失灵少计算的水量。

按用水用途可分为生产运营用水、公共服务用水、居民家庭用水和消防及其他特殊用水四类。

生产运营用水指在城市范围内生产、运营的农、林、牧、渔业、工业、建筑业、交通运输业等单位在生产、运营过程中的用水。

公共服务用水指为城市社会公共生活服务的用水。包括行政事业单位、部队营区和公共设施服务、社会服务业、批发零售贸易业、旅馆饮食业等单位的用水。

居民家庭用水指城市范围内所有居民家庭的日常生活用水。包括城市居民、农民家庭、公共供水站用水。

消防及其他特殊用水指城市灭火以及除居民家庭、公共服务、生产运营用水范围以外的各种特殊用水。包括消防用水、深井回灌用水、其他用水。

新水取用量

指取自任何水源被第一次利用的水量。新水量就一个城市来说，包括城市供水企业新水量和社会各单位的新水量。

用水重复利用量

指各用水单位在生产和生活中，循环利用的水量和直接或经过处理后回收再利用的水量之和。

节约用水量

指报告期新节水量，通过采用各项节水措施(如改进生产工艺、技术、生产设备、用水方式、换装节水器具、加强管理等)后，用水量和用水效益产生效果，而节约的水量。

人工煤气生产能力

指报告期末燃气生产厂制气、净化、输送等环节的综合生产能力，不包括备用设备能力。一般按设计能力计算，如果实际生产能力大于设计能力时，应按实际测定的生产能力计算。测定时应以制气、净化、输送三个环节中最薄弱的环节为主。

供气管道长度

指报告期末从气源厂压缩机的出口或门站出口至各类用户引入管之间的全部已经通气投入使用的管道长度。不包括煤气生产厂、输配站、液化气储存站、灌瓶站、储配站、气化站、混气站、供应站等厂（站）内的管道。

供气总量

指报告期燃气企业（单位）向用户供应的燃气数量。包括销售量和损失量。

汽车加气站

指专门为燃气机动车（船舶）提供压缩天然气、液化石油气等燃料加气服务的站点。

供热能力

指供热企业（单位）向城市热用户输送热能的设计能力。

供热总量

指在报告期供热企业（单位）向城市热用户输送全部蒸汽和热水的总热量。

供热管道长度

指从各类热源到热用户建筑物接入口之间的全部蒸汽和热水的管道长度。不包括各类热源厂内部的管道长度。

城市道路

指城市供车辆、行人通行的，具备一定技术条件的道路、桥梁、隧道及其附属设施。城市道路由车行道和人行道等组成。在统计时只统计路面宽度在 3.5 米（含 3.5 米）以上的各种铺装道路，包括开放型工业区和住宅区道路在内。

道路长度

指道路长度和与道路相通的桥梁、隧道的长度，按车行道中心线计算。

道路面积

指道路面积和与道路相通的广场、桥梁、隧道的面积（统计时，将人行道面积单独统计）。

人行道面积按道路两侧面积相加计算，包括步行街和广场，不含人车混行的道路。

桥梁

指为跨越天然或人工障碍物而修建的构筑物。包括跨河桥、立交桥、人行天桥以及人行地下通道等。

道路照明灯盏数

指在城市道路设置的各种照明用灯。一根电杆上有几盏即计算几盏。统计时，仅统计功能照明灯，不统计景观照明灯。

防洪堤长度

指实际修筑的防洪堤长度。统计时应按河道两岸的防洪堤相加计算长度，但如河岸一侧有数道防洪堤时，只计算最长一道的长度。

污水排放总量

指生活污水、工业废水的排放总量，包括从排水管道和排水沟（渠）排出的污水量。

（1）可按每条管道、沟（渠）排放口的实际观测的日平均流量与报告期日历日数的乘积。

（2）有排水测量设备的，可按实际测量值计算。

（3）如无观测值，也可按当地供水总量乘以污水排放系数确定。

城市分类污水排放系数

城市污水分类	污水排放系数
城市污水	0.7～0.8
城市综合生活污水	0.8～0.9
城市工业废水	0.7～0.9

排水管道长度

指所有排水总管、干管、支管、检查井及连接井进出口等长度之和。

污水处理量

指污水处理厂（或污水处理装置）实际处理的污水量。包括物理处理量、生物处理量和化学处理量。

污水处理厂干污泥产生量

指报告期内污水处理厂在污水处理过程中干污泥的最终产生量。干污泥是指污水处理过程中分离出来的固体。折算为含水率为 0 的重量。

污水处理厂干污泥处置量

指报告期内经过污泥消化、调理、浓缩、脱水等手段进行处理后，采用土地填埋、焚烧等方法对污泥进行最终安全处置的量。

绿化覆盖面积

指城市中的乔木、灌木、草坪等所有植被的垂直投影面积。包括公园绿地、防护绿地、生产绿地、附属绿地、其他绿地的绿化种植覆盖面积、屋顶绿化覆盖面积以及零散树木的覆盖面积。乔木树冠下重迭的灌木和草本植物不能重复计算。

绿地面积

指报告期末用作园林和绿化的各种绿地面积。包括公园绿地、生产绿地、防护绿地、附属绿地和其他绿地的面积。

公园绿地

城市中向公众开放的、以游憩为主要功能，有一定的游憩设施和服务设施，同时兼有健全生态、美化景观、防灾减灾等综合作用的绿化用地。它是城市建设用地、城市绿地系统和城市市政公用设施的重要组成部分。

公园

指常年开放的供公众游览、观赏、休憩、开展科学、文化及休闲等活动，有较完善的设施和良好的绿化环境、景观优美的公园绿地。包括综合性公园、儿童公园、文物古迹公园、纪念性公园、风景名胜公园、动物园、植物园、带状公园等。不包括居住小区及小区以下的游园。统计时只统计市级和区级的综合公园、专类公园和带状公园。

国家级风景名胜区

风景名胜区指风景名胜资源集中、自然环境优美、具有一定规模和游览条件，供人游览、观赏、休息和进行科学文化活动的地域。国家级风景名胜区指经国务院审定公布的风景名胜区。

风景名胜区面积

指经政府审定批准所确定的风景名胜区规划面积。

供游览面积

指报告期末风景名胜区内实际可供游人游览的面积。

道路清扫保洁面积

指报告期末对城市道路和公共场所（主要包括城市行车道、人行道、车行隧道、人行过街地下通道、道路附属绿地、地铁站、高架路、人行过街天桥、立交桥、广场、停车场及其他设施等）进行清扫保洁的面积。一天清扫保洁多次的，按清扫保洁面积最大的一次计算。

生活垃圾、粪便清运量

指报告期收集和运送到各生活垃圾、粪便处理场（厂）和生活垃圾、粪便最终消纳点的生活垃圾、粪便的数量。统计时仅计算从生活垃圾、粪便源头和从生活垃圾转运站直接送到处理场和最终消纳点的清运量，对于二次中转的清运量不要重复计算。

公共厕所

指供城市居民和流动人口使用，在道路两旁或公共场所等处设置的厕所。分为独立式、附属式和活动式三种类型。统计时只统计独立式和活动式，不统计附属式公厕。

独立式公共厕所按建筑类别应分为三类，活动式公共厕所按其结构特点和服务对象应分为组装厕所、单体厕所、汽车厕所、拖动厕所和无障碍厕所五种类别。

市容环卫专用车辆设备

指用于环境卫生作业、监察的专用车辆和设备，包括用于道路清扫、冲洗、洒水、除雪、垃圾粪便清运、市容监察以及与其配套使用的车辆和设备。如垃圾车、扫路机（车）、洗路车、洒水车、真空吸粪车、除雪机、装载机、推土机、压实机、垃圾破碎机、垃圾筛选机、盐粉撒布机、吸泥渣车和专用船舶等。对于长期租赁的车辆及设备也统计在内。

Explanatory Notes on Main Indicators

Population Density

It refers to the quality of being dense for population in a given zone. The calculation equation is:

$$\text{Population Density}=\frac{\text{Population in Urban Areas} + \text{Urban Temporary Population}}{\text{Urban Area}}$$

Daily Domestic Water Use Per Capita

It refers to average amount of daily water consumed by each person. The calculation equation is:

Daily Domestic Water Use Per Capita=

(Water Consumption by Households + Water Use for Public Service)

÷Population with Access to Water Supply ÷Calendar Days in Reported Period×1000 liters

Water Coverage Rate

It refers to proportion of urban population supplied with water to urban population. The calculation equation is:

$$\text{Water Coverage}=\frac{\text{Urban Population with Access to Water Supply}}{\text{Urban Permanent Population} + \text{Urban Temporary Population}}\times 100\%$$

Gas Coverage Rate

It refers to the proportion of urban population supplied with gas to urban population. The calculation equation is:

$$\text{Gas Coverage}=\frac{\text{Urban Population with Access to Gas}}{\text{Urban Permanent Population} + \text{Urban Temporary Population}}\times 100\%$$

Surface Area of Roads Per Capita

It refers to the average surface area of roads owned by each urban resident at the end of reported period. The calculation equation is:

$$\text{Surface Area of Roads Per Capita}=\frac{\text{Surface Area of Roads in Given Urban Areas}}{\text{Urban Permanent Population} + \text{Urban Temporary Population}}$$

Density of Road Network

It refers to the extent which roads cover given urban area built-up districts at the end of reported period. The calculation equation is:

$$\text{Density of Road Network}=\frac{\text{Length of Roads}}{\text{Floor Area of Given Urban Area (Built}-\text{up Districts)}}$$

Density of Drainage Pipelines

It refers to the extent which drainage pipelines cover given urban area (built-up districts) at the end of reported period. The calculation equation is:

$$\text{Density of Drainage Pipelines}=\frac{\text{Length of Drainage Pipelines}}{\text{Floor Area of Given Urban Area (Built}-\text{up Districts)}}$$

Wastewater Treatment Rate

It refers to the proportion of the quantity of wastewater treated to the total quantity of wastewater discharged at the end of reported period. The calculation equation is:

$$\text{Wastewater Treatment Rate}=\frac{\text{Quantity of Wastewater Treated}}{\text{Quantity of Wastewater Discharged}}\times 100\%$$

Centralized Treatment Rate of Wastewater Treatment Plants

It refers to the proportion of the quantity of wastewater treated in wastewater treatment plants to the total quantity of wastewater discharged at the end of reported period. The calculation equation is:

$$\text{Centralized Treatment Rate of Wastewater Treatment Plants}=\frac{\text{Quantity of wastewater treated in wastewater treatment facility}}{\text{Quantity of wastewater discharged}}\times 100\%$$

Public Recreational Green Space Per Capita

It refers to the average public recreational green space owned by each urban dweller in given areas. The calculation equation is:

$$\text{Public Recreational Green Space Per Capita}=\frac{\text{Public green space in given urban areas}}{\text{Urban Permanent Population + Urban Temporary Population}}\times 100\%$$

Green Coverage Rate of Built Districts

It refers to the ratio of green coverage area of built districts to surface area of built districts at the end of reported period. The calculation equation is:

$$\text{Green Coverage Rate of Built Districts}=\frac{\text{Green Coverage Area of Built Districts}}{\text{Area of Built Districts}}\times 100\%$$

Green Space Rate of Built Districts

It refers to the ratio of area of parks and green land of built districts to the area of built up districts at the end of reported period. The calculation equation is:

$$\text{Green Space Rate of Built Districts}=\frac{\text{Area of parks and green land of built districts}}{\text{Area of Built Districts}}\times 100\%$$

Domestic Garbage Treatment Rate

It refers to the ratio of quantity of domestic garbage treated to quantity of domestic garbage produced at the end of reported period. The calculation equation is:

$$\text{Domestic Garbage Treatment Rate}=\frac{\text{Quantity of Domestic Garbage Treated}}{\text{Quantity of Domestic Garbage Produced}}\times 100\%$$

Domestic Garbage Harmless Treatment Rate

It refers to the ratio of quantity of domestic garbage treated harmlessly to quantity of domestic garbage produced at the end of reported period. The calculation equation is:

$$\text{Domestic Garbage Harmless Treatment Rate}=\frac{\text{Quantity of Domestic Garbage Treated Harmlessly}}{\text{Quantity of Domestic Garbage Produced}}\times 100\%$$

Urban District Area

It refers to the total land area (including water area) under jurisdiction of cities.

Urban Area

Urban area of a city includes: (1) areas administered by neighborhood office; (2) other towns (villages) connected to city public facilities, residential facilities and municipal utilities; (3) Independent Industrial and Mining District, Development Zones, special areas like research institutes, universities and colleges with permanent residents of 3000 above.

Towns (villages) connected to city public facilities, residential facilities and municipal utilities means that towns and urban centers are connected with public facilities, residential facilities and municipal utilities that are constructed or under construction, and not cut off by non-construction land like water area, agricultural land, parks, woodland or pasture.

As to conurbation or cities organized in scattered form, urban area should include the separated or decentralized area.

Urban Permanent Population

It refers to permanent residents in urban areas, which are in compliance with the number of permanent residents registered in public security authorities.

Temporary Population

Temporary population includes people who leave permanent address, and live for over half one year in a place, which are in compliance with the number of temporary residents registered in public security authorities.

Area of Built District

It refers to large scale developed quarters within city jurisdiction with basic public facilities and utilities. For a nucleus city, the built-up district consists of large-scale developed quarters with basic public facilities and utilities, which are either centralized or decentralized. For a city with several towns, the built- up district consists of several developed quarters attached in succession with basic public facilities and utilities. Range of built-up district is the area encircled by the limits of the built-up district, i.e. the range within which the actual developed land of this city exists.

Area of Urban Land for development Purpose

It refers to area of land except water area and land for other purposes, including land for residential development, Administration and Public Services, Commercial and Business Facilities, Industrial, Manufacturing, Logistics and Warehouse, Road, Street and Transportation, Municipal Utilities, Green Space and Square.

Urban Maintenance and Construction Fund

It refers to fund used for urban construction and maintenance, including urban maintenance and construction tax, extra-charges for public utilities, financial allocation from the central government and local governments, domestic loan, securities revenue, foreign investment, revenue from land transfer and assets replacement, self-raised fund by municipal utilities, charges by administrative and institutional units for urban maintenance and construction, pooled revenue and other revenues.

Urban Maintenance and Construction Tax

It is one of local taxes imposed according to *Temporary Regulations of People's Republic of China on Urban Maintenance and Construction Tax*. It is levied based on actual value-added tax, consumption tax and business tax paid by a taxpayer. It is also paid with value-added tax, consumption tax and business tax at the same time. Different rates apply different places. The rate comes to 7% in urban areas, 5% in counties and towns and 1% beyond these places.

Extra Charge from Urban Utilities

It is additional revenue obtained from additional fees imposed on provision of products and service of such urban utilities as power generation, water supply for the industry, operation of public bus and trolley bus, taped water supply, electricity for lightening, telephone operation, gas and ferry etc. for the purpose of urban construction and maintenance.

Investment in Fixed Assets

It is the economic activities featuring construction and purchase of fixed assets, i.e. it is an essential means for social reproduction of fixed assets. The process of reproducing fixed assets includes fixed assets renovation (part and full renovation), reconstruction, extension and new construction etc. According to the new industrial financial accounting system, cost of major repairs for part renovation of fixed assets is covered by direct cost. According to the current investment management and administrative regulations, any repair and maintenance works are not included in statistics as investment in fixed assets. Innovation projects on current municipal service facilities should be included in statistics.

Newly Added Fixed Assets

They refer to the newly increased value of fixed assets, including investment in projects completed and put into operation in the reported period, and investment in equipment, tools, vessels considered as fixed assets as well as relevant expenses should be included in.

Newly Added Production Capacity (or Benefits)

It refers to newly added design capacity through investment in fixed assets. Newly added production capacity or benefits is calculated based on projects which can independently produce or bring benefits once projects are put into operation.

Integrated Water Production Design Capacity

It refers to a comprehensive capacity based on the design capacity of components of the process, including water collection, purification, delivery and transmission through mains. The integrated capacity also includes added capacity through reform and renovation of water system based on the original design capacity. In calculation, the capacity of weakest component is the principal determining capacity.

Length of Water Pipelines

It refers to the total length of all pipes from the pumping station to individual water meters. If two or more pipes line in parallel in a same street, the length of water pipelines is the length sum of each line.

Total Quantity of Water Supplied

It refers to the total quantity of water delivered by water suppliers during the reported period, including accounted water and unaccounted water.

Accounted water refers to the actual quantity of water delivered to and used by end users, including water sold and free. Water sold refers to the quantity of water billed. Free water refers to water supplied without charge.

Unaccounted water refers to sum of water leakage, theft water due to degeneration of water pipes and accessories as well as non-billed water due to malfunction of water meters.

Water supplied are classified into four types due to different purposes: water for production and operation, water for public service, water for domestic use, water for fire control and other special purposes.

Water for production and operation refers to the quantity of water used by units in sectors of agriculture, forestry, animal husbandry, industry, construction, and transportation for production and operation within cities.

Water for public service refers to water used for public services by units in administration, military, utilities, retails, hotel and food services etc.

Water for domestic use refers to daily water quantity consumed by all urban households, such as urban dwellers, farmers. It also includes water used by public water supply stations.

Water for fire control and other special purposes refers to water used for fire control within cities and other specific purposes, including deep-well recharge, other than for domestic, public service, production and operation purposes.

Quantity of Fresh Water Used

It refers to the quantity of water obtained from any water source for the fist time. As for a city, it includes the quantity of fresh water used by urban water suppliers and customers in different industries and sectors.

Quantity of Recycled Water

It refers to the sum of water recycled, reclaimed and reused by customers.

Quantity of Water Saved

It refers to the water saved in the reported period through efficient water saving measures, e.g. improvement of production methods, technologies, equipment, water use behavior or replacement of defective and inefficient devices, or strengthening of management etc.

Integrated Gas Production Capacity

It refers to the combined capacity of components of the process such as gas production, purification and delivery with an exception of the capacity of backup facilities at the end of reported period. It is usually calculated based on the design capacity. Where the actual capacity surpluses the design capacity, integrated capacity should be calculated based on the actual capacity, mainly depending on the capacity of the weakest component.

Length of Gas Supply Pipelines

It refers to the length of pipes operated in the distance from a compressor's outlet or a gas station exit to pipes connected to individual households at the end of reported period, excluding pipes through coal gas production plant, delivery station, LPG storage station, bottled station, storage and distribution station, air mixture station and supply station.

Quantity of Gas Supplied

It refers to amount of gas supplied to end users by gas suppliers at the end of reported period. It includes sales amount and loss amount.

Gas Stations for Gas- Fueled Motor Vehicles

They are designated stations that provide such fuels as compressed natural gas, LPG to gas-fueled motor vehicles.

Heating Capacity

It refers to the design capacity of heat delivery by heat suppliers to urban customers.

Total Quantity of Heat Supplied

It refers to the total quantity of heat obtained from steam and hot water, which is delivered to urban users by heat suppliers during the reported period.

Length of Heating Pipelines

It refers to the total length of pipes for delivery of steam and hot water from heat sources to entries of buildings, excluding lines within heat sources.

Urban roads

They refer to roads, bridges, tunnels and auxiliary facilities that are provided to vehicles and passengers for transportation. Urban roads consist of drive lanes and sidewalks. Only paved roads with width with and above 3.5 m, including roads within on-limits industrial parks and residential communities are included in statistics.

Length of Roads

It refers to the length of roads and bridges and tunnels connected to roads. It is calculated based on the length of centerlines of traffic lanes.

Surface Area of Roads

It refers to surface area of roads and squares, bridges and tunnels connected to roads (surface area of sidewalks is calculated separately). Surface area of sidewalks is the area sum of each side of sidewalks including pedestrian streets and squares, excluding car-and-pedestrian mixed roads.

Bridges

They refer to constructed works that span natural or man-made barriers. They include bridges spanning over rivers, flyovers, overpasses and underpasses.

Number of Road Lamps

It refers to the sum of road lamps only for illumination, excluding road lamps for landscape lightening.

Length of Flood Control Dikes

It refers to actual length of constructed dikes, which sums up the length of dike on each bank of river. Where each bank has more than one dike, only the longest dike is calculated.

Quantity of Wastewater Discharged

It refers to the total quantity of domestic sewage and industrial wastewater discharged, including effluents of sewers, ditches, and canals.

(1) It is calculated by multiplying the daily average of measured discharges from sewers, ditches and canals with calendar days during the reported period.

(2) If there is a device to read actual quantity of discharge, it is calculated based on reading.

(3) If without such ad device, it is calculated by multiplying total quantity of water supply with wastewater drainage coefficient.

Category of urban wastewater	Wastewater drainage coefficient
Urban wastewater	0.7-0.8
Urban domestic wastewater	0.8-0.9
Urban industrial wastewater	0.7-0.9

Length of Drainage Pipelines

The total length of drainage pipelines is the length of mains, trunks, branches plus distance between inlet and outlet in manholes and junction wells.

Quantity of Wastewater Treated

It refers to the actual quantity of wastewater treated by wastewater treatment plants and other treatment facilities in a physical, or chemical or biological way.

Quantity of Dry Sludge Produced in Wastewater Treatment Plants

It refers to the final quantity of dry sludge produced in the process of wastewater treatment plants. Dry sludge is the solid mass with moisture below 85%, which is separated from the wastewater treatment process.

Quantity of Dry Sludge Treated in Wastewater Treatment Plants

It refers to total quantity of dry sludge that has been treated through land fill or incinerated after being digested, conditioned, densified and dewatered at reported period.

Green Coverage Area

It refers to the vertical shadow area of vegetation such as trees (arbors), shrubs and grasslands. It is the area sum of public recreational green space, shelter belt green land for production, attached green space and other green space, roof greening and scattered trees coverage. The coverage area of bushes and herbs under the shadow of trees should not be counted for repetitively.

Area of Green Space

It refers to the area of all spaces for parks and greening at the end of reported period, which includes area of public recreational green space, green land for production, shelter belt, attached green spaces, and other green space.

Public Recreational Green Space

It refers to green space with recreation and service facilities. It also serves some comprehensive functions such as improving ecology and landscape and preventing and mitigating disasters. It is an important part of urban construction land, urban green space system and urban service facilities.

Parks

They refer to places open to the public for the purposes of tourism, appreciation, relaxation, and undertaking scientific, cultural and recreational activities. They are fully equipped and beautifully landscaped green spaces. There are different kinds of parks, including general park, Children Park, park featuring historic sites and culture relic, memorial park, scenic park, zoo, botanic garden, and belt park.

Recreational space within communities is not included in statistics, while only general parks, theme parks and belt parks at city or district level are included in statistics.

State-level Scenic Spots and Historic Sites

Scenic spots and historic sites are areas boasting concentrated natural beauty and resources of historic interests, where people could tour, sightsee, rest or conduct scientific and cultural activities. State-level scenic spots and historic sites are scenic spots and historic sites approved and publicized by the State Council.

Area of Scenic Spots and Historic Sites

It is the planned area of scenic spots and historic sites that has been examined and approved by the state council.

Tourism Area

It is the actual area for tourists in scenic spots and historic sites at the end of the reported period.

Area of Roads Cleaned and Maintained

It refers to the area of urban roads and public places cleaned and maintained at the end of reported period, including drive lanes, sidewalks, drive tunnels, underpasses, green space attached to roads, metro stations, elevated roads, flyovers, overpasses, squares, parking areas and other facilities. Where a place is cleaned and maintained several times a day, only the time with maximum area cleaned is considered.

Quantity of Domestic Garbage and Soil Transferred

It refers to the total quantity of domestic garbage and soil collected and transferred to treatment grounds. Only quantity collected and transferred from domestic garbage and soil sources or from domestic garbage transfer stations to treatment grounds is calculated with exception of quantity of domestic garbage and soil transferred second time.

Latrines

They are used by urban residents and flowing population, including latrines placed at both sides of a road and public place. They usually consist of detached latrine movable latrine and attached latrine. Only detached latrines rather than latrines attached to public buildings are included in the statistics.

Detached latrine is classified into three types. Moveable latrine is classified into fabricated latrine, separated latrine, motor latrine, trail latrine and barrier-free latrine.

Specific Vehicles and Equipment for Urban Environment Sanitation

They refer to vehicles and equipment specifically for environment sanitation operation and supervision, including vehicles and equipment used to clean, flush and water the roads, remove snow, clean and transfer garbage and soil, environment sanitation monitoring, as well as other vehicles and equipment supplemented, such as garbage truck, road clearing truck, road washing truck, sprinkling car, vacuum soil absorbing car, snow remover, loading machine, bulldozer, compactor, garbage crusher, garbage screening machine, salt powder sprinkling machine, sludge absorbing car and special shipping. Vehicles and equipment for long-term lease are also included in the statistics.